廖奔文存 1

古典艺术卷

廖奔 著

中原出版传媒集团
中原传媒股份公司
大象出版社
·郑州·

图书在版编目(CIP)数据

廖奔文存.1,古典艺术卷/廖奔著.— 郑州:大象出版社,2019.2

ISBN 978-7-5347-9248-9

Ⅰ.①廖… Ⅱ.①廖… Ⅲ.①古典艺术—中国—文集 Ⅳ.①J-53

中国版本图书馆 CIP 数据核字(2017)第 118512 号

廖奔文存1 古典艺术卷

LIAOBEN WENCUN 1 GUDIAN YISHU JUAN

廖 奔 著

出 版 人 王刘纯
责任编辑 管 昕
责任校对 张迎娟 安德华 牛志远 裴红燕
装帧设计 付锬锬

出版发行 大象出版社(郑州市郑东新区祥盛街 27 号 邮政编码 450016)
发行科 0371-63863551 总编室 0371-65597936
网 址 www.daxiang.cn
印 刷 北京汇林印务有限公司
经 销 各地新华书店经销
开 本 787mm×1092mm 1/16
印 张 34.75
字 数 513 千字
版 次 2019 年 2 月第 1 版 2019 年 2 月第 1 次印刷
定 价 598.00 元(全四卷)

印厂地址 北京市大兴区黄村镇南六环磁各庄立交桥南 200 米(中轴路东侧)
邮政编码 102600 电话 010-61264834

我的学术路径(代序)

我应该定位为文化与戏剧学者,时代际遇把我引向这方面的学术写作已经有三四十年了。这期间,无论我从事什么工作,始终笔耕不辍,到今天为止,大约出版了30本著作,其中有专著,也有论文、散文和剧作集。回视我的文字,大约涵括了如下内容:古典艺术、戏曲戏剧、文艺批评、传统文化。这也就是我的研究圈域,折射了我的学术面貌。

我下乡时写诗歌散文,大学读的是中文系,硕士读的是戏剧戏曲学,博士读的是中国古典文学,这是奠定我一生专业和事业的基础课程。而儿时住处邻着戏校,终日耳濡目染的是刀枪把子、悲欢离合和高亢悠扬的梆子旋律,这埋下我终生的乡音乡情。

我的学术生涯应当从读大学时算起。当时河南、山西出土了不少宋金墓葬,里面有杂剧演出的雕砖和壁画,各地也发现了一些宋元戏曲文物和戏台,这激发了我的研究兴趣,为此我进行了大量的田野踏勘和调查工作,足迹遍布黄河两岸的晋豫腹地,最终成果形成了我的第一本学术专著《宋元戏曲文物与民俗》。后来我进入中国艺术研究院戏曲研究所工作,长期进行中国戏曲史的研究。此外,20世纪80年代极其活跃的文化思潮使我眼界大开,除专业深入,积极投身其中去鼓涌,在报刊喷涌式地发表文章外,还参与主持编撰了大型传统文化反思丛书"蓦然回首"系列,引起社会广泛关注。一个偶然的机会,我有幸进入美国伯克利加州大学中国中心的中国民间文化—民间戏曲的博士后研究项目,得以一窥西方学府与学术堂奥,确立起东西方文化的宏阔视野,并写出《中国戏曲声腔源流史》一书。

归国后,在出版纪实文学《美利坚的诱惑》的同时,我锲而不舍地继续自己戏曲文物研究的延伸项目：考察和研究古戏台，完成了《中国古代剧场史》。以后，我从戏剧起源、宗教戏剧、民间戏剧文化、戏曲格律与曲学各个方面进行突破，开始了写作中国戏曲史的攻坚战。这个写作持续了多年，是对功力、毅力和耐力的长久考验，最终形成四卷本150万字的《中国戏曲发展史》(与刘彦君合作，她负责戏曲文学部分)，成为20世纪中国戏曲史研究的全面总结。另外，经过对东西方戏剧的观察与思考，心得归集于《东西方戏剧的对峙与解构》一书。

调入中国戏剧家协会以后，我失去了潜心科研的环境，但剧协工作提供了戏剧评论的新天地，我又兼任《剧本》月刊主编，从此开始了看戏、读戏、评戏的新经历。其间我马不停蹄，写出许多评论文章，也留下大量的观剧日记，后来都汇集成文集出版。长期的接触、熟悉和深入研究，使我对中国传统戏曲及众多的戏曲剧种产生了深厚情感，而基层民众对于戏曲火爆狂热的迷恋和情感家园式的留恋，更让我看到它的超常价值。然而，戏曲生态的一天天恶化，剧团和从业者生存条件的一天天恶化，让我痛心疾首。我写出《中华戏曲文化美学及其现代转型》《戏曲生态八论》《论地方戏》等论文讨论戏曲的价值，并在各种场合不断为戏曲呐喊和呼吁，希望能够改变现状。

事实上我在对民间戏曲进行长年考察调研的过程中，研究兴趣和视野早已扩大到广义的民间文化。早在我进行戏曲文物研究时，眼光就已经覆盖了戏曲砖雕、石刻、泥塑、壁画、年画、绘画、剪纸、织绣、陶塑、瓷器、器物装饰、戏台建筑等，这些今天都属于人类物质与非物质文化遗产的范畴。当联合国提出非物质文化遗产概念以后，我开始进行其理论构设，写出《中国非物质文化遗产特性论》等专门论文，同时也在四处行走的过程中，用考察报告、文化散文的形式表达我对文化遗产保护的强调和担忧，体现在《乡村社会报告》《千年丽江》《文化苏州》《梯田中国》等作品中。

这期间我的工作又发生变化，登上中国文学艺术界联合会和中国作家协会这样更高更广阔的平台，它使我能够站在中国文学艺术的整体基点上观察和思考问题，接触到不同的文艺领域，也使我越加开阔了眼界，我的学术生涯于是进入另一重天地。我开始更多撰写文艺评论方面的文章，同时也培养起更广泛的创作兴趣，涉及戏曲、话剧、舞剧、音乐剧、儿童剧、电影、电视剧等，同时也爱好诗词歌赋、散文杂文的写作，自幼的书法爱好得到更多的实践和展现。

这套文存，是我此前学术方面文章的一个大致汇总。

我生是幸运的。与父辈比，我没有遭遇战争、瘟疫、饥荒和逃难，得以在和谐平稳的社会发展中施展自己的人生抱负，并亲眼见证了伟大祖国的和平崛起。我受到了最好的教育训练，一生能够凭自己的兴趣、爱好和目标读书并从事文化研究和著述，同时发展和延伸了自己的文艺创作兴致。我感恩于时代，感恩于国家，感恩于一切给了我这种条件和机会的人们。

2018 年 3 月 1 日于北京紫竹公寓

目 录

诗、词、曲之分途

一

诗、词、曲三者皆由歌唱而来,也可以说来自民歌和民间唱曲,它们最初的句式、格律都是从民歌和民间曲子的歌词句式里模仿、提炼出来的,但是它们却判为三途,成为中国诗歌史上三种重要的诗体形式。诗、词、曲之间有着明显的形式、风格、意境方面的差异,例如人们常说的:诗庄、词媚、曲俗;诗阔、词幽、曲畅;诗境浑厚、词境尖新、曲境平易;诗重含蓄、词重婉约、曲重清新,等等。李泽厚《美的历程》曾引例说:"'夜阑更秉烛,相对如梦寐'是诗,'今宵剩把银釭照,犹恐相逢在梦中'是词。'小楼一夜听春雨,深巷明朝卖杏花'是诗,'杏花疏影里,吹笛到天明'是词,'觉来红日上窗纱,听街头卖杏花'是曲。'寒鸦千万点,流水绕孤村'是诗,'斜阳外,寒鸦数点,流水绕孤村'是词,'枯藤老树昏鸦,小桥流水人家,古道西风瘦马'是曲。"①诗、词、曲既然同出于歌唱,为什么会有这些区分呢?一言以蔽之:形成的时代先后有别,随风气转换、口语转型、曲调变化而发生变迁而已。

诗最初都是歌词,无诗不歌。"诗三百"是民歌和宫廷乐歌词,"九歌"是巫歌词,《古诗十九首》是汉乐府民歌词,南北朝民歌更是歌词记录。《尚书·虞书·舜典》所谓"诗言志,歌永言,声依永,律和声",指出了这一规律。然后有文人出来,在民歌组词格律基础上写出仿作的诗,例如屈原在楚

① 李泽厚:《美的历程》,北京:北京文物出版社,1981年,第186页。

地民歌基础上写的骚体诗，曹魏诗人在汉乐府民歌基础上所写的五言诗、七言诗。这些诗慢慢脱离原有的音乐曲调而成为单纯的语言艺术，诗的独立就出现了，我们看宋人郭茂倩所编《乐府诗集》里收录的历代文人的众多仿乐府歌词体诗就知道了。唐诗格律奠定之后，文人习惯于用律、绝、古三体作诗，又各分为五言与七言，其中多数是不能歌唱的，仅七绝便于歌唱，因而出现“旗亭竞诗”的佳话，刘禹锡、白居易曾借用其句式结构谱入当时民间流行传唱的曲调【竹枝】【杨柳枝】。正因为七绝利于传唱，因此为文人所重视，中唐以后仿作者日渐增多，这里且看一组统计数字：《全唐诗》中存诗一卷以上的作者所创作的七绝，初唐仅 77 首，盛唐为 472 首，中唐和晚唐却激增为 2930 首和 3591 首①。

文人仿作歌词通常采取齐言体诗的形式，这恐怕是因为它在句式上比较容易掌握，因而日渐形成格律规则的缘故。民歌却为了曲调婉转而越来越多地采用杂言体歌词，特别是在隋唐大量吸收了西域音乐，中原音乐风格为之一变之后。我们注意到：隋唐以来流行的民间曲子，例如敦煌曲子词，里面大量都是杂言体句式，到了五代及宋朝流传更广，所以宋人王灼《碧鸡漫志》卷一曰：“盖隋唐以来，今之所谓曲子者渐兴，至唐稍盛，今则繁声淫奏，殆不可数。古歌变为古乐府，古乐府变为今曲子，其本一也。”只是在中唐以前，文人运用的尽为传统的齐言格律诗，对民间曲子词普遍视而不见、充耳不闻。

晚唐重歌，于是有一些心巧的文人出来，在民歌曲子声律音节基础上进行“倚声填词”，入乐歌唱，一时风靡，于是词体诗形成，诗与词开始分途。当然，晚唐文人所写的诗和词，除句式不同外，在境界、风格方面彼此却是十分接近的，例如韩偓《五更》诗和韦庄【荷叶杯】词，情调何其相似乃尔：

> 往年曾约郁金床，半夜潜身入洞房。怀里不知金钿落，暗中唯觉绣鞋香。此时欲别魂俱断，自后相逢眼更狂。光景旋消惆怅在，一生赢得是凄凉。
>
> ——《五更》

---

① 沈祖棻：《唐人七绝诗浅释》，上海：上海古籍出版社，1981 年，第 20 页。

记得那年花下，深夜，初识谢娘时。水堂西面画帘垂，携手暗相期。惆怅晓莺残月，相别，从此隔音尘。如今俱是异乡人，相见更无因。

——【荷叶杯】

同样吟咏艳情、偷期，同样满足于促狭、侥幸的记忆，也同样留下怅惘、迷离的余音袅袅。这是因为晚唐诗走入了绮丽纤巧一路，而词正是在这个基础上诞生的，于是二者彼此相靠。这时诗与词的差别并不明显，只是体现在语言体式上齐言与杂言的区别。但是，诗的境界远为阔大，风格更有浑朴壮健的一面，一旦社会条件转换使它得以发挥自己的优长，就会拉开与词的距离。

二

词是模仿民间曲子而作，在文人心目中较之传统的诗等而下之，成为“诗余”“小道”，于是文人视它不像诗那么正统。作诗不免要“明道”“言志”，作词就不必拘泥，可以随意抒发个人琐细微妙的情感。民间曲子在爱情歌咏方面大胆火爆，像“枕前发尽千般愿，要休且待青山烂，水面上秤锤浮，直待黄河彻底枯”（【菩萨蛮】）之类。文人转而借用它来描写露骨的艳情，付于歌妓演唱，如【虞美人】即是此等作品：“偷期锦浪荷深处，一梦云兼雨。臂留檀印齿痕香，深秋不寐漏初长，尽思量。”（《花间词》）

通过创作实践，文人发现由参差句式构成的词体结构，在细致描绘、赋形状物、抒发幽情、曲尽人意方面，有着齐言句式诗体所无法企及的长处。它那婉转曲折、顿挫有致的语言组合形式中，蕴含着一种柔韧的张力，一种跳跃而连贯的音节美，一种委曲周折的形式感，它与人的情感发展节律更加合拍，便于对其做出随体贴切的赋形，而不像齐言诗的写情那样粗率直露。如王灼《碧鸡漫志》卷二指出：“长短句能曲折尽人意，轻巧尖新，姿态百出。”张炎《词源》卷下“赋情”则说，词比诗“稍近乎情”，“簸弄风月，陶写性情，词婉于诗，盖声出莺吭燕舌间”。因此，文人投注于词体写作的日益增多。而词的兴起恰值西蜀、南唐醉生梦死衰靡之时，于是温馨丽艳、倚玉偎香、婉转软美、肤润腮红的文人词就盛行起来，在抒发男女之情方面完全将诗取代，奠定了“词为艳科”的基础。

宋代理学思想盛行，文人惯常利用诗来言道，诗于是更加端起架子，成为正襟危坐、端庄严肃、循循说理的产物。而词的创作则沿袭了五代的传统，软媚温馨依旧。于是诗与词开始形成题材和风格上的自然分工，形成截然不同的面貌。前者供文人展示对时代、政局、人生的见解和自己的雄才抱负，用于向公众言志咏怀、推理议政；后者供文人表现内心情感世界的细腻微妙感受，用于私第歌宴、绿软红柔环境里的吟咏演唱。中国诗歌传统承载的“言志”“缘情”功能被诗与词所分离。诗保留它传统的言志功能，而缘情功能中有很大一部分——专言男女恋情的，为词所分去并专享。诗成为大雅正声，词则独占了言情的鳌头，“诗庄词媚”的风格特征于是形成。在诗里身洁志高、壮怀激烈的正统文人，到了词里就不妨松懈一下内心的道德防线，轻松地进行一次情调调侃。两种创作态度使得诗、词二途判然而别。诗的形象正如理学家在板着面孔训诫，词的形象则如人性的本色那样新鲜活泼。我们读宋人的文集总有一种强烈的感觉，一些注重身份名誉的名公大僚，他们出现在诗和词中的形象是有着显著差异的，这里略举几例：

> 诗：白发垂两鬓，黄金腰九环。奈何章绶荣，饰此木石顽。于国略无补，有惭常在颜。（《与子华原父小饮坐中寄同州江十学士休复》）
>
> 词：粉面丽姝歌窈窕，清妙，尊前信任醉醺醺。不是狂心贪燕乐，自觉，年来白发满头新。（【定风波】）
>
> ——欧阳修

> 诗：宫中美人一破颜，惊尘溅血流千载……我愿天公怜赤子，莫生尤物为疮痏。雨顺风调百谷登，民不饥寒为上瑞。（《荔枝叹》）
>
> 词：笑拈红梅亸翠翘，扬州十里最妖娆。夜来绮席亲曾见，撮

得精神滴滴娇。娇后眼，舞时腰，刘郎几度魂欲消。明朝酒醒知何处，肠断云间紫玉箫。（【鹧鸪天】）

——苏轼

诗：耕犁千亩实千箱，力尽筋疲谁复伤？但得众生皆得饱，不辞羸病卧残阳。（《病牛》）

词：意态何如涎涎，轻盈只恐飞飞。华堂偏傍主人栖，好与安巢稳戏。揽断楼中风月，且看掌上腰肢。（【西江月】）

——李纲

写诗的时候，他们都是老成厚重、行为敦朴的恂恂大儒，写词时则都成了弄玉偎香、纤柔侧艳的能手。也就是说，在写诗的时候，他们都要把自己正统庄重的形象嵌入进去，以便使人敬畏崇仰，但一到了写词的时候，这根紧绷的弦就松弛下来了，因为词只是写给身边歌妓看、唱给朋友听的。

王灼举李清照的例子说，宋人作词，“闾巷荒淫之语，肆意落笔”，“夸张笔墨，无所羞畏”，自古以来“未见如此无顾籍也”①，就是因为词形成了这种功能所致。李清照作为一位女子，本该谨言恪行、严守妇道，但她却写出这样的词句：“寂寞深闺，柔肠一寸愁千缕。惜春春去，几点催花雨。”（【点绛唇】）“谁怜流落江湖上，玉骨冰肌未肯枯。谁教并蒂连枝摘，醉后明皇倚太真。”（【瑞鹧鸪】）“牵牛织女，莫是离中，甚霎儿晴、霎儿雨、霎儿风。”（【行香子】）把自己难以泯灭的情欲准确地捕捉在词中，生动地状摹出来，真情充沛，感人肺腑。当然，她也不只是写这些仅仅体现一己情怀的小词，我们都记得她那首著名的《夏日绝句》诗：“生当作人杰，死亦为鬼雄。至今思项羽，不肯过江东。”这里所映现的作者形象，岂止是一位伤春惜花、羸弱无依的孤寂女子！可以说，宋诗和宋词的分途，恰恰体现了作者人性的两面，体现了情与理的两极，体现了人性的分裂，也体现了雅与俗的分途。

① 〔宋〕王灼：《碧鸡漫志》卷二，中国戏曲研究院编：《中国古典戏曲论著集成》（一），第 118～119 页，北京：中国戏剧出版社，1959 年。

三

将诗与词两相对照，我们可以明显感到二者的风格不同。总结其不同的原因可以有多种角度，这里拈出以下几条：第一，以诗言志故浑厚，以词言情故尖新。试比较“早岁哪知世事艰，中原北望气如山。楼船夜雪瓜州渡，铁马秋风大散关”（陆游《书愤》）和“少年不识愁滋味，爱上层楼，爱上层楼，为赋新词强说愁”（辛弃疾【丑奴儿】），前者是诗，后者是词。第二，诗重比兴故含蓄，词重叙述故婉约。我们看李白《送孟浩然之广陵》诗：“故人西辞黄鹤楼，烟花三月下扬州。孤帆远影碧空尽，唯见长江天际流。”再读柳永【八声甘州】词：“不忍登高临远，望故乡渺邈，归思难收。叹年来踪迹，何事苦淹留！想佳人，妆楼颙望，误几回天际识归舟。争知我，倚栏干处，正恁凝愁。”诗空灵，词曲折。第三，诗境开阔，词境促狭。同样是咏月，诗是“海上生明月，天涯共此时”（张九龄《望月怀远》），词是“绣帘开，一点明月窥人”（苏轼【洞仙歌】）。

当然，宋词风格经苏轼一变，境界大开，豪气横生，突破传统羁绊，言志咏怀，指陈时事，竟然与诗相颉颃，一时从者云集，开南宋辛、张豪放词一派。王灼《碧鸡漫志》卷二说：“东坡先生非心醉于音律者，偶尔作歌，指出向上一路，新天下耳目，弄笔者始知自振。”苏轼使词走上与诗争胜的局面，尤其是在破郁抒愤时，词由于它的婉转曲折和铿锵节奏，反而易于体现情感的跌宕起伏、高下抑扬，试读张孝祥【六州歌头】词句“闻道中原遗老，常南望翠葆霓旌，使行人到此，忠愤气填膺，有泪如倾”。较之陆游《秋夜将晓出篱门迎凉有感》诗句“遗民泪尽胡尘里，南望王师又一年”，就更加沉雄顿挫、郁闷难张，令人读之感愤泣血。然而，词到北宋已经形成传统，人们对它的认识开始固定，所以李清照提出词“别是一家”①的著名论断，指出词以狭境、婉约为正宗，不承认苏轼写的是词。于是，苏轼“以诗为词”的说法风靡一时。王灼《碧鸡漫志》卷二说，有人称苏词为“长短句中诗”，又说“今少年妄

① 〔宋〕李清照：《词论》，〔宋〕胡仔：《苕溪渔隐丛话》后集卷三十三引，四部备要本。

谓东坡移诗律作长短句”。陈师道《后山诗话》则说:“退之以文为诗,子瞻以诗为词。如教坊雷大使舞,虽极天下之工,要非本色。”

否定苏词的理由,除说它“形貌”不像外,还有它的不符合声律。李清照《词论》评论说:“苏子瞻学际天人,作为小歌词,直如酌蠡水于大海,然皆句读不葺之诗耳,又往往不协音律。”按照当时人的理解,写诗只需考虑韵律平仄,而不必先考虑曲调音节和语词发音。写词则不同,由于词是付之歌唱的,必须按照固定的声律格式来填充文字,不得随意,所谓“倚声填词”。换句话说,写诗是纯案头的文学创作,填词则是在文学创作的同时还要考虑到登场的效果,要把歌唱发声的因素加进去。王灼《碧鸡漫志》卷一认为,古代诗歌是歌诗合一的,先有声后填词的方法背离了古道,造成本末倒置,他说:“有心则有诗,有诗则有歌,有歌则有声律,有声律则有乐歌。永言,即诗也,非于诗外求歌也。今先定音节,乃制词从之,倒置甚矣。”又说:“今人于古乐府,特指为诗之流,而以词就音,始名乐府,非古也。”但这也说明写词是“倚声填词”而便于歌唱的。

所谓“以诗为词”,除内容、题材、风格突破了词的传统范围外,还包括不顾语词是否上口可歌、率意落笔的含义。《遁斋闲览》批评苏轼说:“子瞻词虽工,而多不入腔。”①苏轼、辛弃疾、刘过的词都有此病,导致了词的案头化倾向,所以宋末仇远《山中白云词序》说:“陋邦腐儒,穷乡村叟,每以词为易事,酒边兴豪,即引纸挥笔,动以东坡、稼轩、龙洲自况……不知宫调为何物,令老伶俊娼,面称好而背窃笑,是岂足与言词哉。”于是,词脱离了它的歌唱功能,“倚声填词”变成了“依格律填词”,词被用作了一种单纯的诗歌体裁。在这些批评中,说苏词适宜于“关西大汉持铜琵琶、铁绰板唱大江东去”的讥评最具形象意义②。在时人的理解中,词是由纤纤歌妓,手捧红牙拍板、轻启朱唇、漫洒歌喉而唱的,彪悍而操秦音的关西汉子自然不适宜于唱词。因此,由苏轼开启的豪放派词虽然影响颇巨,毕竟不被视作词的正宗。

① 〔宋〕胡仔:《苕溪渔隐丛话》前集卷四十二引,四部备要本。

② 参见〔宋〕俞文豹:《吹剑续录》及〔清〕冯金伯《词苍萃编》卷十一、王奕清《历代词话》卷五等。

四

词的源头虽然是民间曲子,但由于文人士大夫的介入,走的是逐渐雅化的道路,从音律到文辞都日益走向规整和高雅。北宋苏、黄以后,诗歌讲究格律、修饰字句、运用古典成语,词也受到影响,南宋词人更是堆砌雕琢。于是,词逐渐从周邦彦的雅练发达走向了吴文英的晦奥艰深。而民间流行的大量曲子则仍然一直停留在口语的基础上,保持着自然朴素、活泼生动的面貌。当然,文人词和民间曲子并没有完全脱节,填词中间典雅雕饰的风尚并未完全取代运用通俗口语的倾向。北宋欧阳修的词就比较浅易,其中有一些很通俗,十分接近口语,例如“去年元夜时,花市灯如昼。月上柳梢头,人约黄昏后”(【生查子】)。黄庭坚的词风虽然通常和他的诗一样“尚故实”,但也有用俗语、俚语写成的风格相反的词,像“何处青旗夸酒好,醉乡路上多芳草。提着葫芦行未到,风落帽,葫芦却缠葫芦倒”(【渔家傲】)之类。而北宋时期已有相当一部分文人爱好北方的民间曲子,并且在据曲填词时模仿民间情趣与格调,写出风格诙谐的词来。当然,这样做的结果是被正统士大夫嗤之以鼻,贬称其为“滑稽无赖语”,我们看王灼《碧鸡漫志》卷二是怎样说的:

> 长短句中作滑稽无赖语,起于至和。嘉祐之前,犹未盛也。熙丰、元祐间,兖州张山人以诙谐独步京师,时出一两解……元祐间王齐叟彦龄,政和间曹组元宠,皆能文,每出长短句,脍炙人口。彦龄以滑稽语噪河朔。组潦倒无成,作【红窗迥】及杂曲数百解,闻者绝倒,滑稽无赖之魁也……同时有张衮臣者,组之流,亦供奉禁中,号“曲子张观察”。其后组述者益众,嫚戏污贱,古所未有。

这种被称为“滑稽无赖语”的词,呈现的是什么状貌呢?我们有幸可以从宋人胡仔《苕溪渔隐丛话》后集卷三十九里找到上面提到的曹组所作的【红窗迥】词,这是一首咏脚的词,抄在这里以为观赏:

春闱期近也，望帝京迢迢犹在天际。懊恨这一双脚底，一日厮赶上五六十里。争气，扶持我去，搏得官归，恁时赏你：穿对朝靴，安排你在轿儿里，更选个弓样鞋，夜间伴你。

果然是滑稽之尤，与我们通常所理解的宋词风格相去甚远。它与一般意义上的词之所以不同，首先是题材的琐细猥亵。词多用于抒发羁旅别情，状摹不定的暗绪幽思，很少有具体描写某件事物者。这里不仅用于咏物，所咏对象还是不登大雅之堂之物，一下就改变了词的格调。其次是作者故意用超然的心境和诙谐的语言来对待填词，一改词作的真诚动情为调侃淡漠，就如将深闺幽阁密藏之物曝于市井摊贩。再次是运用口语，不避俚俗，不讳浅近，不雕饰辞藻，变古典之优雅为现时之俗白。这些特色，正是后世“曲”的特征，所以我们读这首词，其感受就与读元散曲相似。这说明，到了北宋末期，诗、词、曲之区分已经分明，只是作为一种文体的曲还为当时盛行的词所掩，未能独立出来而已。

曲的文体尚未独立，不等于说它在民间没有出现，这里举一个典型的例子来说明。宋人话本《柳耆卿诗酒玩江楼记》里，收有【浪里来】词一首，由话本前后文可以看出来，它大概是当时的街市传唱小词，被话本采入。从词律与风格看，它不像宋词，而更接近后来的元曲。所以元代前期杂剧作家戴善甫在创作《柳耆卿诗酒玩江楼》杂剧时，就将这首词直接移入其中的【商调】套曲，用作尾曲，仅文辞稍作改动，而标曲牌名为【浪来里煞】，它插在周围的语言环境中显得十分和谐。【浪来里煞】在元曲中成为【商调】组曲里的固定曲牌。[①] 现将一词一曲并列如下，以示对照：

【浪里来】柳解元使了计策，周月仙中了机扣，我交那打鱼人准备了钓鳌钩。你是惺惺人算来出不得文人手，姐姐免劳惭皱。我

① 参见〔元〕周德清：《中原音韵》、陶宗仪：《南村辍耕录》卷二十七“杂剧曲名”条。

将那点钢锹，掘倒了玩江楼。①

【商调·浪来里煞】这的是双解元使的计策，小苏卿中了机彀，我去那打鱼船上准备了钓鳌钩。他是个惺惺人算来出不得渔父手。相公呵免劳台候，我将那点钢锹，掘倒了这玩江楼。②

后者仅仅更换了人称和个别衬字，可以说把话本里的词几乎原封不动地就用作了曲。从这里知道，宋代民间流行传唱的小词，也就是后世曲的先声。

用【红窗迥】和【浪里来】两首词与当时的文人词相对照，可以清晰地看到两者在文学风格上的显著区别，两者之间的分野大约相当于民间艺术与士大夫艺术的划分。民间传唱的曲词由敦煌曲子词开始，一直走的是平俗浅显、乐观诙谐的一路，虽然不能不受到士大夫词的影响，但它有着自己的主导方向。这个方向并不受文人的干扰，无论文人案头流行的文学样式叫作词还是曲，民间歌唱的潜流都始终在按照自己的方向前进，并不断向文人创作传导本源信息。王灼把士大夫模仿民间曲子所作的词体号为“滑稽无赖语”，将其与通常所说的词划为二类，视之为不上大雅之堂而在“北里狭斜间横行者”，这倒是符合它的源出。虽说有不少士大夫爱好这类词体的创作，但毕竟因为其托体卑下，颇影响清誉，例如曹组的儿子曹勋后来就因此受到名誉上的牵连③，因此它们被排除在宋词之外。

五

一旦文人真正改变创作路径，直接向民间曲子模仿写作，其文本形式就形成与词明显不同的风格，显得更加通俗、平易、清新。这个过程虽然开始于北宋，但其时曲并没有正式独立，只被视作词之卑体。入金以后，北方成为女真统治地界，民间曲子的传唱愈演愈烈，并且受到女真音乐的影响，曲

① 载〔明〕洪楩：《清平山堂话本》，北京：文学古籍刊行社，1955年，第4页。

② 《雍熙乐府》《盛世新声》《词林摘艳》俱收录。

③ 〔宋〕洪迈《夷坚志》支乙六说，南宋绍兴时期，曹组之子曹勋出使金国，好事者戏作小词，其中有句：“单于若问君家世，说与教知，便是【红窗迥】底儿。”涵芬楼排印本。

调旋律与风格也发生了很大的变化，逐渐发展成为北曲体系。当文人把这种曲体格式引入填词，所谓的曲就产生了。

金朝中原一带俗间俚曲极其盛行，风俗所好，各地流行不同的曲调，金人燕南芝庵《唱论》指出："凡唱曲有地所：东平唱【木兰花慢】，大名唱【摸鱼子】，南京唱【生查子】，彰德唱【木斛沙】，陕西唱【阳关三叠】【黑漆弩】。"其中所涉及的地域涵括了山东、河北、河南、陕西的黄河流域沿线。民间俚曲因为其风格的清新活泼，引起当时文人的喜爱与重视。金末刘祁《归潜志》卷十三说：

> （予）尝与亡友王飞伯言："唐以前诗在诗，至宋则多在长短句，今之诗在俗间俚曲也，如所谓【源土令】之类。"飞伯曰："何以知之？"予曰："古人歌诗，皆发其心所欲言，使人诵之至有泣下者。今人之诗，惟泥题目、事实、句法，将以新巧取声名，虽得人口称，而动人心者绝少，不若俗谣俚曲之见其真情而反能荡人血气也。"飞伯以为然。

俗谣俚曲的文学风格与宋词有很大差异，其内容朴素而见真情，其语言直率而荡人血气，更加充满生机和朝气，因此带来金代文人的模仿兴趣，再经过刘祁一辈的推波助澜，曲的形式就诞生了。由于文献遗失的缘故，我们难以看到金人的散曲作品，由金入元作者写的曲，已经沾染了浓郁的文人气，但仍有一些保留了较多的民歌风味，例如刘秉忠小令【南吕·干荷叶】："干荷叶，水上浮，渐渐浮将去。跟将你去，随将去。你问当家中有媳妇，问着不言语。"其情调浅显直白，活画出一位随妓飘荡而不还家的嫖客心态，风格与前引民间曲子词【菩萨蛮】如出一辙。

曲的特征主要在于它的通俗化和口语化，如果用一句话概括从诗到词再到曲的语言特征，可以说是"渐近口语"，亦即它们对于语言的运用日渐贴近日常用语。请看，同样表述兴亡之感，诗是："朱雀桥边野草花，乌衣巷口夕阳斜。旧时王谢堂前燕，飞入寻常百姓家。"（刘禹锡《乌衣巷》）词是："燕子不知何世，向寻常、巷陌人家，相对如说兴亡，斜阳里。"（周邦彦【西河】）

曲是："语喃喃，忙劫劫，春风堂上寻王谢，巷陌乌衣夕照斜。兴，多见些；亡，都尽说。"(赵善庆【山坡羊】)曲之能够在民间风靡而压倒文人词调，就是因为它口语化的表述句式较为浅白，更适合于直接传达人们在日常生活中流露出的真情实感，因而更加活泼生动。我们注意到，女真和蒙古民族入主中原以后，民间口语发生了较大的变化，体现在曲里，就使其浅俗的语言风格特征更为突出，拉大了它与诗、词的距离。我们看卢挚【蟾宫曲】的例子："沙三伴哥来嗏，两腿青泥，只为捞虾。太公庄上，杨柳阴中，磕破西瓜。小二哥昔涎剌塔，碌轴上渰着个琵琶，看荞麦开花，绿豆生芽。无是无非，快活煞庄家。"全篇都用白描的手法，对于日常的、习见的、普通的农村生活场景进行了亲切逼真、淋漓尽致的敷叙，不饰辞藻，不用比兴，俗语、俚语一起入曲，其效果是曲意的酣畅明达、直率洁净。

以口语入曲，势必在某种程度上要求它放宽传统诗词所严格执行的格律规范。果然，我们将今天传存下来的唐诗宋词与北曲作品比较一下，可以清楚地看出其在这方面的差异：后者不过于纠缠字音的平仄，平、上、去三声常常可以互叶，不像诗词里那样平仄韵一般不能通押。后者还可以增加众多的衬字，不像诗词中的字数是固定了的。这些都是曲朝向口语化发展的明显特征，它使得曲格灵活而富于变化，再加上它的用韵加密，几乎一句一韵，于是显露出与诗、词十分不同的风格面貌。

由词到曲的过渡，体现在音乐上面的动力，是北方民族音乐注入中原，所谓"中原自金元二虏猾乱之后，胡曲盛行"①，这种情形改变了中原流行曲调的风格气质和旋律。我们今天来统计宋代词牌和金元曲牌，多数名目都不相同，说明其间民间传唱的曲子有一个大的变动和发展。曲牌中也有相当一部分与词牌名称相同的②，但它们的面貌已经很不相同，这是由于，在长期的传唱过程中，民间依据自己的审美倾向不断对之进行加工改造，例如在歌词格律上突破词的规范，增添衬字、忽视平仄、放松韵辙、加密韵脚等，同

---

① 〔明〕徐渭：《南词叙录》，读曲丛刊本。

② 王国维统计过《中原音韵》所收录的335个北曲曲牌，指出其中出于唐宋词者75个。见王国维：《宋元戏曲考·元杂剧之渊源》，《王国维戏曲论文集》，北京：中国戏剧出版社，1982年，第57页。

时还会逐渐改变音乐旋律,因而它们已经成为同名不同质的东西。

六

就审视对象来说,从诗到词到曲,日益从对外在物象的描绘过渡到对人类社会的关切,从对自然的关注过渡到对于人世的倾注,从对客观世界美感的把握过渡到对日常生活苦涩温馨的感受。诗是“天门中断楚江开,碧水东流至此回。两岸青山相对出,孤帆一片日边来”(李白《望天门山》);词是“翠叶藏莺,朱帘隔燕,炉香静逐游丝转。一场愁梦酒醒时,斜阳却照深深院”(晏殊【踏莎行】);曲是“恰离了绿水青山那答,早来到竹篱茅舍人家。野花路畔开,村酒槽头榨,直吃的欠欠答答。醉了山童不劝咱,白发上黄花乱插”(卢挚【沉醉东风】)。就对于审美对象的把握来说,诗、词、曲的转化,日益从笼统化之到逼近审视。与大而化之的诗相比,纤细柔媚的词已经朝向捕捉更为细腻的官能感受和情感色彩发展,曲则更加追溯到人的生活情感的丰富性与鲜活性。诗如刘禹锡《杨柳枝词》:“城外春风吹酒旗,行人挥袂日西时。长安陌上无穷树,唯有垂杨管别离。”词如秦观【满庭芳】:“此去何时见也?襟袖上、空染啼痕。伤情处,高城望断,灯火已黄昏。”曲如关汉卿【沉醉东风】:“咫尺的天南地北,霎时间月缺花飞。手执着饯行杯,眼阁着别离泪。刚道得声保重将息,痛煞煞教人舍不得。好去者,望前程万里。”

诗是含蓄的,词是委婉的,曲是直率的。同样描写对于女人的爱慕与思恋,诗可以写得极其蕴藉:“相见时难别亦难,东风无力百花残。春蚕到死思方尽,蜡炬成灰泪始干。”(李商隐《无题》)词常表达得曲折婉转:“西楼月下当时见,泪粉偷匀,歌罢还颦,恨隔炉烟看未真。别来楼外垂杨缕,几换青春,倦客红尘,长记楼中粉泪人。”(晏几道【采桑子】)曲则毫不遮掩修饰、借助于比喻拟物,而是单刀直入、剖明心迹。杜仁杰有【雁儿落过得胜令】小令,题名即直书《美色》,其文曰:“他生得柳似眉莲似腮,樱桃口芙蓉额,不将朱粉施,自有天然态。半折慢弓鞋,一搦俏形骸。粉腕黄金钏,乌云白玉钗。欢谐,笑解香罗带。疑猜,莫不是阳台梦里来。”直爽、坦率、赤裸裸,虽染有市井俗气,但也率性天真。

诗是庄重的，词是真诚的，曲是调侃的。诗人总是把自己的抱负、信仰、志向、向往、理想、希冀正面写进诗里，杜甫所谓“穷年忧黎元，叹息肠内热。取笑同学翁，浩歌弥激烈。非无江海志，潇洒送日月。生逢尧舜君，不忍便永诀。当今廊庙具，构厦岂云缺？葵藿倾太阳，物性固难夺”（《自京赴奉先县咏怀五百字》）。词人满怀真诚地把自己的情思、哀怨、踌躇、怅惘、离绪、别恨一一寄寓于词，总是一片挚心如水，如柳永的【雨霖铃】：“多情自古伤离别，更那堪、冷落清秋节。今宵酒醒何处？杨柳岸、晓风残月。此去经年，应是良辰好景虚设。便纵有千种风情，更与何人说？”曲作者常常保持着与世事若即若离的态度，更多从旁观的角度来品评事物，冷然静观，超脱潇洒，甚至是冷嘲热讽，即使是在作品中把自己的形象写进去，也常常不乏自我揶揄，且看王和卿小令【仙吕·醉扶归】：“我嘴揾着他油鬏髻，他背靠着我胸皮。早难道香腮左右偎，则索项窝里长吁气。一夜何曾见他面皮，则是看一宿牙梳背。”一片自嘲与自我挖苦情态，跃然纸上。

于是，曲比诗、词增添了超然、诙谐与冷静之气，致使元曲里涌现出众多的嘲讽散曲。著名者如睢景臣的《高祖还乡》，用一名村汉的眼光来看刘邦还乡时的威风与排场，把皇帝驾行时的众多銮仪器杖和随从说作是：“一面旗白胡阑套住个迎霜兔，一面旗红曲连打着个毕月乌，一面旗鸡学舞，一面旗狗生双翅，一面旗蛇缠葫芦。红漆了叉，银铮了斧，甜瓜苦瓜黄金镀。明晃晃马镫枪尖上挑，白雪雪鹅毛扇上铺。这几个乔人物，拿着些不曾见的器仗，穿着些大作怪的衣服。”帝王的凛然威严一下就被滑稽化为装腔作势。尤其是村汉面对刘邦的惺惺假态——“那大汉觑得人如无物”，激愤地揭开他的老底：“只道刘三谁肯把你揪捽住，白什么改了姓更了名唤作汉高祖。”将皇帝与平民间的转换关系一语点破，戳破了君权神授的幻象。同是表现对于伦理社会的反叛，柳永词“忍把浮名，换了浅斟低唱”（【鹤冲天】）还是说反话，透示着内心的失落与痛苦；关汉卿散曲“你便是落了我牙歪了我嘴瘸了我腿折了我手，天赐与我这几般歹症候，尚兀自不肯休。则除是阎王亲自唤，神鬼自来勾，三魂归地府，七魄丧冥幽，天哪，那其间才不向烟花路儿上走”（《不伏老》），却铁了心地用游戏人生的态度去对待现实。诗、词、曲不同的创作心态，反映的是唐、宋、元不同的时代背景与人文精神。

尽管与词的高雅婉约相比，曲在整体上显得通俗直白，但文人散曲也发展出追求精巧致密的一路，我们看从金末的燕南芝庵《唱论》到元人周德清《中原音韵》，都极其强调散曲语言的文采，甚至从这个基点出发，把散曲分作两类：有文采的称作乐府，无文采的叫作俚歌。为体现文采，周德清强调散曲要“造语必俊”，不用衬字，不用俗语、谑语、市语，这种倾向导致一部分散曲在风格上靠向爽洁清丽的词境，例如马致远的“枯藤老树昏鸦，小桥流水人家，古道西风瘦马。夕阳西下，断肠人在天涯”（《天净沙·秋思》），就是典型的代表。当然，散曲毕竟是全部都要付诸歌唱的，与词不同，它没有走上案头化的道路，因此即使是在强调文采的时候，理论家们也没有忘记它应该保持曲词的特点，于是周德清提出散曲语言要遵循“文而不文，俗而不俗”的标准，最终目的是“要耸观，又耸听，格调高，音律好”。剧曲则因需要为大众登场演唱的缘故，普遍停留在口语化的基础上，其中常有众多衬字的运用，这构成它一个鲜明的特点。无名氏《货郎担》杂剧第三折【货郎儿六转】是最突出的例子：“我则见黯黯惨惨天涯云布，万万点点潇湘夜雨。正值著窄窄狭狭沟沟堑堑路崎岖，黑黑黯黯彤云布，赤留赤律潇潇洒洒断断续续，出出律律忽忽鲁鲁阴云开处，霍霍闪闪电光星注。正值著飕飕摔摔风，淋淋渌渌雨，高高下下凹凹答答一水模糊，扑扑簌簌湿湿渌渌疏林人物，却便似一幅惨惨昏昏潇湘水墨图。”类似情形在元杂剧中十分多见，引此即见一斑。

（原载《学林漫录》2000年第15辑）

论岑参边塞诗

一

岑参以擅写边塞诗著称于盛唐。他曾于天宝八载(749)和十三载(754)两次出塞,前后共约六年时间,有着丰富的边塞生活实践和体验,写下很多边塞诗。岑参边塞诗有着独自的艺术风格,在内容上、美学境界上都有新的开拓。他不仅能够在盛唐诗坛上独辟门户,也历来被人们视为盛唐边塞诗的大宗。

关于岑参边塞诗的评价,由于牵涉唐玄宗天宝年间边境战争的性质,问题比较复杂。有人认为,唐朝天宝年间对边境的用兵都属于不义战争,而岑参边塞诗中对战争持赞颂态度,就是"放声高唱唐王朝实行民族压迫的暴行",用"笔和剑支持了不义战争"①,从而否定了其这方面的积极意义。这种结论未免过于武断了。就天宝年间边境战争的性质来说,固然,李隆基好大喜功,在任用和奖励边将、处理民族矛盾等问题上屡犯错误,发动了如征南诏那样的不义战争,然是否由此便能够否定唐王朝的一切用兵呢?恐怕不好这样讲。具体到岑参所参与的西域战争来说,就是不能一言以蔽之。

岑参第一次出塞,是天宝八载(749)赴安西节度使高仙芝幕府掌书记,到天宝十载(751)归。其间高仙芝曾于天宝九载(750)攻破臣服于吐蕃的竭师国,掳其王,这是唐朝和吐蕃长期争夺西域的一个插曲。天宝十载

---

① 吴学恒、王绶青:《边塞诗派评价质疑》,《文学评论》1980年第3期。

(751),高仙芝又征石国,掳石国王,引起大食诸国起兵共攻唐安西四镇,高仙芝大败而返。岑参第二次出塞,是天宝十三载(754)随封常清出任安西北庭节度判官,到至德三年(758)归。其间史书无战事记载,考岑诗中内容,似经历了两次战争。《走马川行奉送封大夫出师西征》《轮台歌奉送封大夫出师西征》《北庭西郊候封大夫受降回军献上》写的应是一次战争,原因为:三首诗均作于北庭,其中言"匈奴""单于"云云,当指突厥余部。时突厥臣服于唐,无战事,先是,天宝四载(745)回纥怀仁可汗杀突厥白眉可汗,突厥国已亡。天宝十载(751)后,突厥余部阿布思又侵扰北庭,天宝十二载(753)为葛逻禄叶护所擒。故当时突厥已无大的军事力量。由《北庭西郊候封大夫受降回军献上》亦可看出,此次出师西征的结局乃不战受降。《献封大夫破播仙凯歌六首》写的是另一次战争。播仙即隋且末郡,唐高宗上元三年(676)改名,其地距突厥远而近吐蕃。由诗中所描写的"万箭千刀一夜杀,平明流血浸空城"(其五)①,"昨夜将军连晓战,蕃军只见空马鞍"(其六)的场景来看,战斗是比较残酷的,不同于上一次的轻松获胜②。诗中所言"蕃"字,可为对西域少数民族的泛指,我们不能据此就判定这次战争的对象即吐蕃。但从西域整个形势看,突厥已衰,无力侵占播仙,吐蕃则方盛,正不断伺机侵扰唐边境(见后述),且地又邻近,吐蕃经由萨毗泽山口(今新疆境内)侵占播仙是完全有可能的。故破播仙当为对吐蕃作战。由此看来,岑参所经历的战争,主要是平定吐蕃、突厥的侵扰及与吐蕃争夺西域诸国的战争

① 此诗有人解释为描写封常清战胜回军后,坑杀战俘的情景。细味诗意,似不尽妥。录全诗如下:"蕃军遥见汉家营,满谷连山遍哭声。万箭千刀一夜杀,平明流血浸空城。"疑点有五:其一,既为战俘,就不宜再称之为"蕃军",而应曰"降蕃""降虏",此乃唐人习惯。其二,"汉家营"与"空城"解为一处似觉牵强,此"营"应为"凯歌"其二中"营幕旁临月窟寒"之营,非指城廓。其三,杀俘何必入城?又何必夜杀?其屠俘后城中尚有唐朝军民人等,何得曰"空城"?其四,既欲杀俘,想必不会事先走漏消息,使其于押解途中既知,以致"遥见汉家营",便"满谷连山遍哭声"。其五,既题为"破播仙凯歌",当以写破蕃城事为切题,不宜写回到都护府后杀俘之事,况如此且触岑参"献封大夫"之微旨。故此诗似以解为描写唐军围蕃城及深夜取城之情景为当,亦与"凯歌"其六"昨夜将军连晓战,蕃军只见空马鞍"相照应,仅备一考。

② 闻一多《岑嘉州系年考证》(见《闻一多全集》)谓《轮台歌奉送封大夫出师西征》《走马川行奉送封大夫出师西征》二诗与《献封大夫破播仙凯歌六首》乃指同一次战争,作于轮台,而以《北庭西郊候封大夫受降回军献上》为另一次战争,作于北庭,似与诗意不符。今采陈铁民《岑嘉州系年商榷》(《北京大学学报》1963年第3期)一文说。

(高仙芝征石国除外)。

汉武帝时张骞出使西域,开辟了通往中亚的商业、交通道路。隋初突厥分为东西二部,西突厥建牙(衙)于龟兹北之三弥山及千泉(今比什凯克西北、楚河南),统治天山北部各游牧部落,并控制了天山南部的西域诸国。唐朝随着国内秩序的稳定和经济文化的发展,需要重新确保沟通西域道路的畅通,与西突厥展开了斗争。唐太宗时高昌国(今新疆吐鲁番一带)臣于西突厥,联兵抗唐,封锁唐朝与西域诸国的使臣、商贾往来,直接威胁唐河西走廊一带的国境,引起了一系列的战争。唐朝随后在龟兹设立安西都护府,统领龟兹、疏勒、于阗、焉耆四个军镇,即所谓"安西四镇"①。后西突厥势力逐渐衰弱了,吐蕃兴起,唐高宗时即"入残羁縻十八州,率于阗取龟兹拨换城(今新疆阿克苏),于是安西四镇并废"②。武后立主收复四镇,以后围绕着安西四镇的争夺反复进行了战争。唐朝确保安西四镇的战争有着十分重要的意义:首先,它保卫了唐朝西北部的边庭要塞,防止了当时还处于奴隶社会的落后游牧民族的入侵;其次,它保证了唐朝与西域诸国乃至今天的欧洲的经济文化往来。这些都符合历史进步的原则。

唐玄宗天宝年间同西域战争的基本性质未变。突厥虽在天宝初年由于内部争权,为回纥所灭,然尚有余部对唐边境进行骚扰,危害人民的和平生产。吐蕃则时刻觊觎唐西部疆土。安史之乱后,吐蕃乘机侵占河西、陇右、伊吾等地,并曾一度攻陷长安,最后攻占安西四镇,占据了整个西部中国。可见,在其他族强大的军事压力下,当时唐朝对西域用兵是必要的、不容否定的。当然,在封建社会里,战争的情况常常是复杂的,由于统治阶级的贪婪野心、少数边将的个人私欲,往往在正义的战争中夹杂着许多非正义的行动,如高仙芝以诈骗方法掳石国国王就是一例。对于这样的战争,是应该批判的。

根据以上分析,岑参所经历的战争大部分应该肯定其进步意义,他对这

① 参见高海夫:《岑参边塞诗的思想性》,《光明日报》1960年10月9日《文学遗产》专栏。

② 《新唐书·吐蕃传上》。

些战争的歌颂更不能说是“支持了不义战争”①。这还是就那些具体针对某次战争所作的诗而言，至于其他一些不特指哪一次战争，而表现了人民普遍保家卫国的爱国热情的诗，就尤不能以此标准来衡量了。

二

由于岑参个人经历、生活环境、个性气质诸方面的原因，加上时代的影响，他的边塞诗具有一种明显的积极乐观精神，这是他区别于其他边塞诗人的一个显著特色。岑参边塞诗既体现了唐朝社会经过开元盛世后普遍高涨的民族热情，反映了人民在国力雄厚的基础上要求确保安定生活的和平愿望和巩固国防、抵御外侮的爱国主义精神，又代表了当时一般知识分子希图乘时立业、建树功名、向往沙场征战的思想倾向。我们研究岑参这些诗，应把它们放到当时具体的历史背景中去考察，用客观的、历史的态度来品评其优劣。

岑参边塞诗中对战争的歌颂多于对战争的诅咒，这一点已经有人指出过了②。对于“国家六叶，吾门三相”③的岑参来说，他看到更多的是唐王朝日益走向繁荣强盛的过程，向往的是立功异域，像祖上那样位至台辅。时代和环境的熏陶，使他养成了一种乐观进取的浪漫主义气质，这是他热烈歌颂唐朝经济军事强大、威力达乎八方的主要原因。另外，汉族人民自西晋后遭受了落后部族长期的压迫和蹂躏，在唐朝大一统的局面下，积极支持安边卫国的战争，将士们英勇赴敌，这亦对岑参有着巨大影响。而岑参出塞后，所

---

① 岑参有一首《武威送刘单判官赴安西行营便呈高开府》诗，歌颂高仙芝出击大食诸国兵，这是应该具体分析的。高仙芝以诈骗方法掳石国国王，乃不义之举。石国王子引大食诸国举兵侵犯安西四镇，高仙芝展开防御性进攻，却具有积极意义。故岑参此诗应该肯定。参见刘开扬：《略谈岑参和他的诗》，《光明日报》1956年6月24日《文学遗产》专栏。

② 参见陆侃如、冯沅君：《中国诗史》。又见陆侃如、冯沅君：《中国文学史稿》，《文史哲》1955年第3期。陆、冯二先生原以此结论概岑参全诗，似不甚妥当。据粗略统计，岑参边塞诗有六七十首，仅占全部诗作的十分之一二，故不得以对战争态度如何这一标准来衡量其全诗。然本文引以专指岑参边塞诗特点，可供大家参考。

③ 〔唐〕岑参：《感旧赋》。此文所引岑参诗文，俱核以廖立：《岑嘉州诗笺注》，北京：中华书局，2004年。（2006年4月1日作者补记）

看到的战争基本上都是唐朝以强大的武力获胜，因而就更增加了他对战争的热情。我们看他那些描写战争的诗歌如《轮台歌奉送封大夫出师西征》《走马川行奉送封大夫出师西征》《献封大夫破播仙凯歌六首》等，都是写得激情澎湃的：

轮台城头夜吹角，轮台城北旄头落。
羽书昨夜过渠黎，单于已在金山西。
戍楼西望烟尘黑，汉兵屯在轮台北。
上将拥旄西出征，平明吹笛大军行。
西边伐鼓雪海涌，三军大呼阴山动。
虏塞兵气连云屯，战场白骨缠草根。
剑河风急雪片阔，沙口石冻马蹄脱。
……（岑参《轮台歌奉送封大夫出师西征》）

这首诗描写唐军出师的浩大场面和显赫声威，虽然也涉及一些战地阴森悲惨的景象，却没有凄怆的气氛。通过对艰苦卓绝战争环境的描写，烘托出边防将士的英勇无畏，给人极其慷慨悲壮的感觉。又如：

日落辕门鼓角鸣，千群面缚出蕃城。
洗兵鱼海云迎阵，秣马龙堆月照营。（岑参《献封大夫破播仙凯歌六首》其四）

通篇是对唐军得胜归来豪气的抒发，写得豪迈热情，充满蓬勃的力量。岑参这一类诗歌很多，这在当时边塞派当中是十分突出的。这些诗歌的积极意义在于：歌颂了边防将士在保家卫国的战争中所表现出来的英雄气概，以高亢、激越的情调鼓舞了部队的士气；用艺术作品歌颂了汉族人民不屈外侮、英勇抗敌的民族精神，赞扬了爱国主义的光荣传统。当然，这种爱国主义仅是当时具体历史条件下的产物，在今天已经形成多民族统一国家的情况下，各族人民历史上的热爱祖国、抵御外来侵略的传统都将成为我们伟大中华民族精神上的宝贵财富。

岑参对正义战争持积极的赞颂态度，具有进步意义，同时也透露了他的时代局限性。封建统治者所发动的战争，尽管是正义的，也必然带有其本身的不合理性。岑参过多地醉心于盛唐时期的表面繁荣，对唐代的社会矛盾及战争给人民带来的苦难却不能够有深刻的认识，因而在他的作品中，几乎看不到像高适、李颀、常建所写的那样一些揭露军中苦乐不均、抨击战争罪恶的诗篇，这不能不说是岑参边塞诗一个明显的缺陷。当然，他的个别诗作也曾不自觉地对边将穷奢极欲的生活进行了揭露，如《玉门关盖将军歌》：

暖屋绣帘红地炉，织成壁衣花氍毹。
灯前侍婢泻玉壶，金铛乱点野酡酥。
紫绂金章左右趋，问着即是苍头奴……

又如《卫节度赤骠马歌》，在描写了马身上富丽堂皇的装饰以后，他也发出了这样的感叹："始知边将真富贵，可怜人马相辉光。"这些都有一定的认识价值，但他毕竟不是十分自觉地注意到了这些社会矛盾。如果我们把他后期所写的诗拿来比较，则形成了鲜明的对照。如："战士常苦饥，糗粮不相继。胡兵犹不归，空山积年岁。"（岑参《送狄员外巡按西山军》）可见岑参在安史之乱后，思想有所发展，逐渐注意到了民族矛盾下内部矛盾的存在。

和歌颂战争相连的是岑参对一些边将的歌颂，这也是应该一分为二地看的。镇守边庭，保卫祖国，需要有好的将领，而赢得战争的胜利，与主将的指挥若定、身先士卒分不开。"汉家大将西出师，将军金甲夜不脱。"（岑参《走马川行奉送封大夫出师西征》）这本身就带有值得歌颂的英雄气概。岑参也并非对边将进行无原则的吹捧，他主要还是以功名来鼓励边将报效国家："中岁学兵符，不能守文章。功业须及时，立身有行藏。男儿感忠义，万里忘越乡。"（岑参《武威送刘单判官赴安西行营便呈高开府》）这是有一定积极意义的。岑参常常献诗歌颂封常清的战功，这在当时是士人求进的一种门路，我们不可过分苛责，而且有一点应该指出：封常清在安定西部边疆的战争中是有功的，他本人又“性勤俭，耐劳苦”[1]，居官较为清正。另外，岑参与他也不仅仅是上下级关系，封常清亦是一个文人。史书上载，他担任高仙芝傔人（副官）时，曾作捷书一封，“条最明审”[2]，引起人们惊叹，遂知名。可见他能文。封常清在宴饮时常与幕僚们一起拈字赋诗，岑参也常写诗给他，说明他们亦有诗赋之交。因而岑参对封常清的赞美含有文人交往的意味。至于对那些不顾国事，一味享乐的将领，岑参是厌恶并加以谴责的，如：“圣朝正用武，诸将皆承恩。不见征战功，但闻歌吹喧。”（岑参《潼关镇国军句覆使院早春寄王同州》）

岑参在许多边塞诗中抒发了他建功立业的抱负，这是和他歌颂战争的诗篇的昂扬奋发精神相一致的。岑参的人生态度一直都是积极用世的，在当时高涨的时代精神鼓舞下，他一生都在往来奔波，希望为社会做出一番贡献。他说：“小来思报国，不是爱封侯。”（岑参《送人赴安西》）盛唐时内地是比较稳定的，而边塞上却常常有战争，当时一般士人都抱有“宁为百夫长，胜作一书生”（杨炯《从军行》）的思想，重视实际的功业。岑参也向往到边塞去驰驱沙场，建立功业：“功名只向马上取，真是英雄一丈夫。”（岑参《送李副使赴碛西官军》）抱着这个信念，他抛舍家园，不畏艰险，奔赴边塞：“万里奉王事，一身无所求。也知塞垣苦，岂为妻子谋。”（岑参《初过陇山途中呈宇文判官》）在岑参边塞诗里，这种积极进取精神随处都有流露，可以说是他边塞诗的主调。当然，边地的荒凉、乡思的懊恼也使他有时发出“沙上见日出，沙上见日没。悔向万里来，功名是何物”（岑参《日没贺延碛作》）的愤激之词；长期的塞外风霜雨雪生活也使他感叹“十年只一命，万里如飘蓬。容鬓老胡尘，衣裘脆边风”（岑参《北庭贻宗学士道别》），悔恨自己“读书破万卷，何事来从戎”（岑参《北庭贻宗学士道别》）。但可以看出，他的思想并不消沉，这些诗句正是他积极进取态度变换了角度的折光。事实上，岑参的济世思想一直保持到晚年，就在寓居蜀中临死的前一年他还说：“莫言圣主长不用，其那苍生应未休。”（岑参《客舍悲秋有怀两省旧游呈幕中诸公》）他对

① 《新唐书·封常清传》。

② 同上。

国家和人民念念不可忘怀。

在岑参这些诗歌中,洋溢着一种浓郁的爱国热情。当然,他的爱国总是与忠君混淆在一起,打着深深的时代烙印,但这种请缨报国思想与人民希望祖国强盛、能过上安定美满生活的愿望是相通的。另外,岑参这部分诗里也流露出很强的功名心:“何为廊庙器,至今居外藩。”(岑参《潼关镇国军句覆使院早春寄王同州》)这是士大夫的心声,无可厚非。但我们也应该看到,岑参的求取功名,并没有像当时许多利禄小人一样,趋走于权宦门下,图谋荣华富贵。他说:“儒生直如弦,权贵不须干。”(岑参《送张秘书充刘相公通汴河判官便赴江外觐省》)岑参求取功名的方式,是亲身从事保卫边疆的工作,希望能在“万里西击胡”的战场上建树实际的功勋。这种慷慨从戎、卫国立功的思想有着积极的意义。

岑参边塞诗中描写得最多的是边塞风光、边塞人民的生活习俗,它们为盛唐诗坛带来了瑰丽奇特的色彩,扩大了边塞诗歌的范围。描写边塞风光的主要有《白雪歌送武判官归京》《热海行送崔侍御还京》《经火山》《天山雪歌送萧治归京》《火山云歌送别》等。岑参把祖国边疆罕见的火山、热海、沙漠、雪峰、狂风暴雨、屯云积冰等壮丽奇异景象,都形象地、色彩强烈地表现在诗歌中,这些“古今传记所不载”①的景象,开拓了诗歌新的美学境界,为盛唐诗歌中所描绘的祖国万里江山图增添了新景。

岑参之所以能够将边疆景色通过艺术之笔变成一幅幅绚丽多姿的图画,与他热爱祖国边疆的深厚感情是分不开的,这是他能够超出当时一般封建士大夫之处。由于时代的局限和偏见,古人往往对边疆的态度十分冷漠,更多地只看到边塞的萧条和荒凉,因此在诗歌中也难得见到明朗的色调。如描写边地的雪,人们一般只是突出它的寒冷和凄苦:“五月天山雪,无花只有寒。”(李白《塞下曲》之一)“野云万里无城廓,雨雪纷纷连大漠。”(李颀《古从军行》)岑参则突破了这种悲苦情调的氛围,创造出奇丽雄伟的艺术境界:“忽如一夜春风来,千树万树梨花开。”(岑参《白雪歌送武判官归京》)岑参能够发现边疆千变万化的自然景色中存在着壮美,并能满怀热情地将

① 〔宋〕徐觊:《彦周诗话》,百川学海本。

它表现出来，因而形成了自己边塞诗独具一格的风格。

值得注意的是，在岑参描写边塞生活、习俗的诗中，反映出了边疆地区汉族和少数民族人民之间融洽、和睦的友好关系。唐政府官员经常和当地首领一起欢宴："座参殊俗语，乐杂异方声。"（岑参《奉陪封大夫宴》）大家一起歌唱谈笑："花门将军善胡歌，叶河蕃王能汉语。"（岑参《与独孤渐道别长句兼呈严八侍御》）有时唐将也和少数民族首领在一起博戏："将军纵博场场胜，赌得单于貂鼠袍。"（岑参《赵将军歌》）岑参还写有一首《戏问花门酒家翁》诗，更将他与当地人民的友好往来活现了出来：

老人七十仍沽酒，千壶百瓮花门口。
道傍榆荚青似钱，摘来沽酒君肯否？

写得活泼、诙谐，充满欢乐气氛，丝毫没有轻视边境民族人民的语气。我们在看他的《胡笳歌送颜真卿使赴河陇》《田使君美人舞如莲花北铤歌》《优钵罗花歌》，其中表现出对少数民族音乐、舞蹈甚至当地花草的喜爱之情，岑参热爱边疆人民、热爱边疆各族人民平等相处的和平生活的感情便明显地流露出来了。

三

岑参边塞诗在艺术上是独具特色的，能够在群星灿烂的盛唐诗坛上另辟蹊径，独标异彩。对于岑参，历来评论家评价都很高。同时代的杜甫就说他"谢朓每篇堪讽诵"（杜甫《寄岑嘉州》）；宋人严羽说他的诗"悲壮，读之令人感慨"①；明人胡应麟说"嘉州格调严整，音节宏亮"②；等等。这些评价虽是针对岑参全部诗作而言的，然专指其边塞诗也无不适用。本文打算从三个方面来谈谈岑参边塞诗的艺术特色。

---

① 〔宋〕严羽：《沧浪诗话·诗评》，四库全书本。
② 〔明〕胡应麟：《诗薮·内编》。

(一)在写实基础上的大胆夸张和丰富想象

岑参边塞诗求奇。过去的评论家往往喜欢用“好奇”“奇峭”“奇逸”这些字眼儿来评论他的诗,这很大程度上是由于他在边塞诗中运用了大胆夸张和丰富想象这种具有浪漫主义特色的创作手法。岑参能够通过夸张和想象,突出地刻画出边塞自然现象的某一独特之处,使之色彩强烈、形象鲜明、气势逼人,给人以如临其境、如闻其声的感觉。如描写西域的热海,他创造出了这样的句子:“蒸沙烁石燃虏云,沸浪炎波煎汉月……势吞月窟侵太白,气连赤坂通单于。”(岑参《热海行送崔侍御还京》)黄昏时西天出现火焰一样的晚霞,他想象那是海水的高温流金烁石,蒸腾的烈焰把天上的云彩都烧着了。东方的一轮金月从地平线上升起,他幻想月亮是放在沸浪奔腾、炎波翻滚的海水中煎煮。他夸张地说热海的气势吞噬了山脉高原,甚至侵动了天上的星宿。岑参写景的这种惊人笔法、雄伟气魄,在边塞诗人中真是少见。

再如我们在前面举过的以梨花喻雪的名句,想象得多么奇特而又美妙。岑参把祖国西部边疆一场风暴后出现的冰光雪色的世界,比作中原一夜春风吹开了满世界的梨花,这个比喻用得度越常情!以雪喻梨花,这是古代诗人在状写梨花纷繁、春深如海的景色时常用的笔法,岑参自己就有过“梨花千树雪”的诗句。这里作者却把比喻倒置了过来,将大自然的一种雄阔场景凝括在它的天工造化的另外一种较狭窄然而更美妙的境界中来表现,雄奇和秀丽得到了完美的统一,升华了这种比喻的意境。

岑参的“奇”和李白这位浪漫主义大师的“奇”既有共同之处,又有不同之处。例如夸张修辞方法的运用,有些是相同的。我们看岑参的诗句:“君不见走马川、雪海边,平沙莽莽黄入天。轮台九月风怒吼,一川碎石大如斗,随风满地石乱走。”(岑参《走马川行奉送封大夫出师西征》)不难联想到李白“黄河之水天上来”(李白《将进酒》)、“燕山雪花大如席”(李白《北风行》)的名句,二者除了表达内容的不同,在表现方法上是非常相似的。但李白更多的是通过神奇的联想,创造出美妙的仙境来出奇制胜,岑参则善于在真实的生活体验基础上发挥想象力,在实中求奇,如下面的诗句:“看君走马去,直上天山云”(岑参《醉里送裴子赴镇西》),“将军狐裘卧不暖,都护宝刀冻欲断”(岑参《天山雪歌送萧治归京》),“马汗踏成泥,朝驰几万蹄”(岑参《宿铁关西馆》),都奇得扎实有力,既创造了比现实生活更集中、更突出、更典型的艺术境界,又不脱离现实世界的范围。如果没有对生活长期深入细致的观察体验,是写不出这样的诗句的,可见岑参基本上是遵照写实原则的。前人就曾经说过他的风格更接近于杜甫。如清人翁方纲说:“嘉州之奇峭,入唐以来所未有。又加以边塞之作,奇气益出。风会所感,豪杰挺生,遂不得不变出杜公矣!”①翁氏说岑参“变出杜公”,是指他的“奇”有些接近于杜甫“语不惊人死不休”的那种奇,是力求将现实主义的描写通过峭拔奇特的语言表现出来,这是比较符合实际的。从岑参整个创作倾向上看,还是偏重于表现现实世界的。当然翁氏的说法也不够准确,杜甫的语求惊人不但是从意境上,也包括从格律形式如对仗工整等方面来讲。岑参却是在格律上于“顿挫处略作对偶,于局势散漫中求整饬”②。但翁氏毕竟还是有他的一定道理的。

(二)动景与静景的描写

岑参边塞诗的一个突出特点,是他擅长动态的景物描写,这是和他所要表现的千变万化的边疆奇异景象及战争场面的内容相联系着的。他总是用灵动的笔墨,将捕捉得来的迅速变化的世界的印象变成鲜明的形象,在读者眼前呈现出一幅幅活动的、跳跃的画面。例如《白雪歌送武判官归京》描写天山风雪,开首便说:“北风卷地白草折,胡天八月即飞雪。”起笔突兀,横空而来,景色的陡然变换将读者带入了一个冰天雪地的世界,使人立刻感受到边疆气候的骤变。再如我们前面提到的描写轮台狂风的例子,似乎亲眼看到满川的巨石随着狂风的呼啸,四处乱滚、敲击碰撞的情景。

岑参将动态描写的手法用来刻画战争场面,收到了强烈的艺术效果。如著名的《走马川行奉送封大夫出师西征》,描写一次雪夜急行军,在狂风大

① 〔清〕翁方纲:《石洲诗话》卷一,丛书集成本。

② 〔清〕沈德符:《说诗晬语》卷上,丁福保辑清诗话本。

作、飞雪扑面的情景中，一支队伍悄悄地衔枚疾进，脚步杂沓，铁器相撞，急进的队伍就像射向雪海边的一支利箭。人们评价这首诗，都说它情绪高昂、节奏急促、音调铿锵、一气呵成，将其推为七言歌行的夺魁之作。而这种成就的获得，则是由于岑参通过动态描写的手法，将急行军的内容同七言歌行体的艺术表现力高度统一、融合起来的结果。

岑参的景物描写也不是一味只写动。他有时会在万马奔腾的形势下，突然将大自然的千变万化一下收住，留下一个特写的静场镜头。如《灭胡曲》就是一例：残酷的战争结束了，沙场格斗停止了，剩下的是“萧条虏尘静，突兀天山孤”这样一个死寂的场面，创造出一种静场神伤的艺术效果，战后萧条的景象被如神地刻画出来。由此可见岑参写景手法的多变。

岑参更多的还是将动景描写和静景描写的手法结合起来运用。他抓住大自然中动物与静物的形象特征，在互相映衬对照中表现，或写出它们的转化过程，使他笔下的形象更生动鲜明，具有立体感。这种情况很多，我们举《武威送刘判官赴碛西行军》为例：

火山五月人行少，看君马去疾如鸟。
都护行营太白西，角声一动胡天晓。

前两句：火山下阒无人迹的旷野，是静景；一匹骏马像鸟一样掠过，留下一瞬间的投影，是动景。这种在万物静态的苍茫背景中对于一点动态形象的捕捉，已充分显示出作者高超的形象表现力。我们再看后两句的独到之处：黎明时分传来雄壮的号角声，这是边塞战场上惯有的情况，而作者却把它说成是号角声带来了黎明，这样便构成了动与静的矛盾转化：起初，大地是在黑幕笼罩下沉睡的，一声号角震落了天幕，黎明好像是突然地来到了。诗的境界由于这种手法的运用一下变得光亮、开阔起来，那匹骏马的投影便融入到曙色中去了。这种构思是别具特色的。岑参动、静对照的写法，还可举《白雪歌送武判官归京》中的诗句为例：“纷纷暮雪下辕门，风掣红旗冻不翻。”在一片纷繁的风雪世界里，一点红旗凝固其中，显得格外突出、鲜明。这样的描写,加深了诗的意境。

(三)平易、真挚的乡思之情

岑参有许多思乡诗都写得平易、真挚。他运用了多种抒情手法,把征人离家万里、客居异域的愁肠思绪刻画得淋漓尽致。岑参描写边塞风光、战争场面的诗中,喜欢用寓情于景的手法,不作主观评价,将感情的抒发尽包含在对景物、场面的描写中。思乡诗里也体现了他这个特色。如《碛中作》一首:

> 走马西来欲到天,离家见月两回圆。
> 今夜不知何处宿,平沙万里绝人烟。

只客观地描写了一幅月夜踏沙而行的画面,没有思乡的句子。但说辞家后见月亮已经圆了两次,便说出离家时间已经很长了;说月下荒漠的冷清无人,便有一种孤独、飘零之感,且月圆总是和归家联系着,诗人望着天上的一轮明月,孤寂地在茫无边际的大沙漠里行走,不知住处在哪儿,思家之情便不言自现了。

岑参的思乡诗与他的风景诗、战争诗不同的是更加喜欢直抒胸臆,而在抒情中融合了景物的描写,主观的感情比较浓厚。我们看《题苜蓿峰寄家人》一首:

> 苜蓿峰边逢立春,胡芦河上泪沾巾。
> 闺中只是空思想,不见沙场愁杀人。

这是写春来思家之情,念及闺中唯知想念,却想象不到征人此时的愁苦,用反衬的方法更突出了自己的愁思。同时,在抒情中也写出了西域的景物。苜蓿峰、胡芦河,满目的塞外之景,又渲染了诗人的客居流离之感。

岑参有一首千古传诵的绝句:

故园东望路漫漫，双袖龙钟泪不干。

马上相逢无纸笔，凭君传语报平安。（岑参《逢入京使》）

诗中融合了几种抒情手法。分开来讲，前两句触景生情，后两句寓情于事。望家乡“泪不干”的情，是由于“路漫漫”的景所致；“凭君传语”的事，是因为心里郁结着思家之情所致。融会贯通起来，就刻画出一个典型的场面，突出地表达了作者对于家乡的怀念，写景为抒情服务，达到了情景交融的完美艺术境界。

岑参的边塞诗在盛唐边塞诗派中成就最高，艺术上也达到了前人没有涉猎过的境地，是盛唐诗歌百花园中的一朵奇葩，也是祖国文化库藏中的宝贵遗产。

（原载《河南师范大学1980年度科学讨论会论文集·文科学生专集》）

为情造景

——柳宗元《渔翁》诗小议

一首成功的咏景诗，不独能够以洗练的笔墨勾画出一幅生动形象的山水画，更重要的是能够恰当地传达出作者所寄寓的思想感情。王国维说："一切景语皆情语也。"所以，为情造景乃古来高手所共同着力之处。明白此理，在进行艺术鉴赏时，才好探得诗人胸襟，而不致妄测臆断，割断了诗中感情贯穿的脉络。文学史上对于柳宗元《渔翁》诗的评价，就出现过这种情况。诗如下：

渔翁夜傍西岩宿，晓汲清湘燃楚竹。
烟销日出不见人，欸乃一声山水绿。
回看天际下中流，岩上无心云相逐。

这首诗极尽山水秀美之状，清丽、恬淡，而又韵味无穷。古人有叹之曰："气清而飘逸，殆商调欤？"但也有人认为诗中最后两句是"蛇足"。如苏东坡云："熟味此诗有奇趣。然其尾两句，虽不必亦可。"以后沈德潜、王士祯等都随声附和，皆欲删之而后快。

东坡之言有一定的道理。诗共六句，前四句一描一转，勾勒出一幅完整的画面，情趣亦沛然而出：石岩间鹤发童颜一老翁，清晨起来燃竹做饔。湘水粼粼，翠竹摇摇，青烟袅袅，老翁的身影漫入了晨雾。等到朝日初升之时，湘水泛红，石岩增辉，青竹滴翠，露珠闪耀。青烟散处，老翁却不知去向。疑惑之间，一声"欸乃"从旁传来，转眼看去，山水在晨光中全都绿透了，一叶轻舟就在这黛山碧水间打桨而去，融进了晨光里。到此一个境界已经完成，如果诗戛然而止，确实给人以回味不尽之意，而复添两句，则似乎成了赘尤。故严羽认为东坡删去后两句，“使子厚（宗元字）复生，亦必心服”[①]。

那么，这四句诗中所包含的“奇趣”是什么呢？其实只不过是一种清绝、峭绝、奇绝的意境，一种自在逍遥、怡然自得的情调，一种沉醉自然、流连忘返的意趣。说到底，只是成了一首像张志和《渔歌子》一样的典型咏渔诗，青箬绿蓑，斜风细雨，写尽“渔家”之乐，没有多少思想内容。因此，有人就提出了异议，如明朝李东阳说：“予谓若此用前四句，则与晚唐何异？”[②]他认为这不是柳诗应有的气质，这种风格应属于晚唐诗。他给了我们这样的启示，即柳宗元就是柳宗元，他并不是那种只会吟山咏水的诗人。

我们知道，这首诗作于永贞元年（805）柳宗元参加王叔文革新失败，被贬为永州司马时。这时他“仕虽未达，无忘生人之患”[③]，虽然放情山水，但是纵观他这一个时期所写的山水诗文，几乎没有一篇不寄寓了自己复杂的思想感情。《新唐书·本传》就说他“既窜斥，地又荒疠，因自放山泽间，其烟厄感郁，一寓诸文”。例如作于同一个时期的咏景小诗《江雪》，透过画面的清冷幽深之境，我们可以感觉到漫天大雪的重压下有一个孤独、压抑、坚毅的灵魂存在，这正是诗人对自己境遇、心情的写照，可见他此时心境并不自在逍遥，也不能沉醉于自然而忘却世事。

显然，作者的“情”并不在这里。他真正的“情”只有在经过了后两句诗的补充之后才能够清晰、明白地表露出来。这两句诗开辟了一个新的艺术境界：渔翁乘舟直下千里，回望天际之上夜宿处，团团白云在翻卷弥漫、追逐不息。作者以“无心云”称之，实为说反话。联系全篇，这样一个清高绝俗、栖霜餐露的渔翁，摆脱了追逐的云团，放舟没入青山绿水间，难道不能引起我们一个完整的联想吗？可见此诗并非纯粹吟咏“渔家”生活，而是将作者的身世和政治态度融入了诗的意境之中。这一层意思，是前四句诗中所容括不下的。

柳宗元不是不能写洁净干练的绝句，他的《江雪》就是一首绝美的仄韵

---

① 〔宋〕严羽：《沧浪诗话·考证》，四库全书本。

② 〔明〕李东阳：《怀麓堂诗话》，四库全书本。

③ 〔唐〕柳宗元：《柳河东集》卷三十二《答周君巢书》，四库全书本。

五绝,为后人所交口称誉。而此诗单单拖出一条“尾巴”,原因为一句话:意未尽也。写诗要意尽而止,祖咏十二句应科诗只写了四句便因意尽而辍笔,赢得千古佳话。然写诗既为“达情”而作,也应将所要表达的意思完整地写出来。意未尽而止,尽管诗显得越加玲珑剔透,又何益乎?比如此诗如果删去后面两句,就改变了作者的原意和初衷,倘子厚复生,定不缄口也。

诗人为情造景,全为尽己意而作。故体味诗情,应“以意逆志”地去体会作者的原意,而不能以读者之情代之。如苏轼所言,固然也会有一番幽趣,但将不成其为柳子厚的诗了。

(原载《安阳师专学报》1983 年第 1、2 合期)

“传奇四变”说发微

文学史上曾出现过一个有趣的现象，即“传奇”这个名称产生以后，在不同的时代，其概念内涵屡有变化，分别代表了几种不同的文艺体裁。王国维曾经对这种文学现象进行归纳，总结为“传奇四变”说，即第一，其名称始于唐代裴铏所作文言小说集《传奇》；第二，至宋则以诸宫调为传奇；第三，元人乃以元杂剧为传奇；第四，明中叶以后传奇专指南戏。① 此说一倡，在近古以来中国文坛流变纷繁的俗文学中确实能够条分缕析、提纲挈领，所以后来一些文学史和研究著作一般都从王国维之说，虽然有时在枝节上亦略存异议，但“四变”说似乎已成定论。

我们注意到，这一奇特的文学现象，既关系到戏曲史上名称概念的限定，又牵涉到古人的文体流变观念——其中也包括对待俗文学的看法。

“传奇”这个名称在文学史上究竟代表过哪几种文艺体裁？我们从文献记载中可以略得其要。继唐代传奇小说隆盛之后，宋代俗文学勃兴，其中数种形式都曾借用传奇的徽号。如言诸宫调，有周密《武林旧事》“诸宫调传奇”；言戏文，有张炎《山中白云词》“【满江红】赠《韫玉》传奇”；言话本小说，有灌圃耐得翁《都城纪胜》、吴自牧《梦粱录》“烟粉、灵怪、传奇”（在这里，“传奇”仅指话本题材中的一类）；等等。及至元代，诸宫调已未见以传奇称的，似乎这一名称专门为戏曲所用，但在具体运用环境中又不尽一致。周德清《中原音韵》、钟嗣成《录鬼簿》都以传奇指北杂剧，以戏文与之对举。南戏《小孙屠》中则以传奇指戏文。而南戏《宦门子弟错立身》中却又将二

① 参见王国维：《宋元戏曲考》《录曲余谈》。

者统一了，它在列举“时行的传奇”名目的四支曲文【排歌】【那吒令】【排歌】【鹊踏枝】里，同时开出了北杂剧和南戏的剧目名称29种。明初贾仲明绍继钟嗣成，例如他为《录鬼簿》中萧德祥所补挽词云：“戏文南曲衡方脉，共传奇乐府谐。”①以后传奇逐渐为戏文所专用，故明人徐渭曰：“传奇……借以为戏文之号，非唐之旧矣！”②待南杂剧出现，传奇则特指具有传统结构和表现方式的戏文，以与之区别。

综上所述，我们看到：“传奇四变”说不够准确、严密，它概括不了一些复杂的具体情况。如果说，传奇由特指文言小说，到兼指说话、说唱、戏曲，进而到特指戏曲，这条脉络还是较为清晰的话，那么还必须在“特指戏曲”后面加上如下注脚：这仅仅是约而言之，也还有例外，并且也不能在所有的时代里都包括戏曲的所有种类。这样才比较精确。

传奇所指称过的上述几类文艺体裁，在表现形式上并不相同，或是纯案头供阅读用的，或借助于声音来传达，或托赖于综合的舞台艺术手段来展现。从这一点来说，它们是不同质的。不同质的东西在概念上怎么能够统一呢？因此明人就有对此提出疑问的。如胡应麟认为所谓传奇，“则固以为文也”，“然中绝无歌曲乐府，若今所谓戏剧者，何得以传奇为唐名”③？徐渭也说明代传奇“非唐之旧矣”④。

那么，传奇之变仅仅是一种名称上的偶然重复吗？否。事实上，上述几种文艺体裁之间有着密切的内在联系，即内容取材上的共性。传奇，顾名思义，所传皆奇事也。因此在创作上追求一个“奇”字，所谓“作意好奇”，所谓“极谈幽玄，访奇述异”。其肇始者裴铏《传奇》，宋人晁公武《郡斋读书志》言“其书多记神仙诙谲之事”。其继者孔三传诸宫调，《梦粱录》称“编成传奇灵怪入曲说唱”。但在南宋人的概念里，“传奇”的内涵似乎逐渐限定在男女欢爱的范畴内，即承袭了元稹《莺莺传》一路，而将神仙灵怪之类判为他属。于是就出现了宋人罗烨《醉翁谈录》中小说家数的分类法，诸如灵怪、烟

① 天一阁本《录鬼簿》。

② 〔明〕徐渭：《南词叙录》，读曲丛刊本。

③ 〔明〕胡应麟：《庄岳委谈》卷下，《少室山房笔丛》卷四十一，四库全书本。

④ 〔明〕徐渭：《南词叙录》，读曲丛刊本。

粉、公案、朴刀、杆棒、神仙、妖术等,而以传奇与之并列。其"传奇"类剧目有《莺莺传》《章台柳》《卓文君》《李亚仙》《崔护觅水》《唐辅采莲》之类。胡士莹先生认为这一类作品专门"讲人世间悲欢离合的奇闻轶事"[①],很有道理。戏文初兴,似乎专以表现这类内容为己任,而更集中于传书生负心、佳人被弃故事之奇,致使《王魁》《赵贞女蔡二郎》《张协状元》之类剧目得以盛演一时,成为当时科举制度破坏正常人伦关系的社会投影,戏文生旦为主体体制的形成,恐怕与对内容的这种择取也不无关系。虽然戏文的创作现实意义非常强,但它的作者却仍然要以"奇"相标榜,如《张协状元》开首【烛影摇红】:"精奇古怪事堪观,编撰于中美……此段新奇差异,更词源移宫换羽。"这恐怕与勾栏中招徕观众的宣传有关了。这些不同的文艺体裁在内容上的联系,明人的说法也颇可资证。如胡应麟称董解元《西厢记》诸宫调"当是古今传奇鼻祖"[②]。王骥德言:"古新奇事迹,皆为人做过,今日欲作一传奇,毋论好手难遇,即求一典故新采可动人者,正亦不易得耳。"[③]他们都从选材的角度接触到了传奇创作的共性。

其实,一些古人在论及传奇的流变时,对于这个问题是清楚的,元人夏庭芝《青楼集·志》曰:"唐时有传奇,皆文人所编,犹野史也,但资谐笑耳。宋之戏曲,乃有唱念,有诨……"元人陶宗仪曰:"唐有传奇,宋有戏曲、唱诨、词说,金有院本、杂剧、诸宫调。"[④]他们并非以形式,而是以内容作为论证的基点,因此都直视唐代传奇为后世诸种变体之祖。从戏曲的角度来说,他们实际上都无意中接触到了戏曲的本质——必须扮演情节,从内容上把握了戏曲的这一特征。胡应麟虽然对于传奇流变说持有疑问,但他试图对之做出的解说却也颇抓住了问题的症结,即"或以中事迹相类,后人取为戏剧张本,因辗转为此称不可知"[⑤]。

古人在不同的时代里,对于不同的文艺体裁分别以"传奇"相标示,视之

---

① 胡士莹:《话本小说概论》上册,北京:中华书局,1980年,第111页。

② 〔明〕胡应麟:《庄岳委谈》卷下,《少室山房笔丛》卷四十一。

③ 〔明〕王骥德:《曲律·杂论第三十九上》,读曲丛刊本。

④ 〔元〕陶宗仪:《辍耕录》卷八"院本名目"条,四库全书本。

⑤ 〔明〕胡应麟:《庄岳委谈》卷下,《少室山房笔丛》卷四十一。

为唐代传奇的嫡传，这与当时社会对俗文学的看法，与当时一些人的文体流变观有着密切的联系。宋金元时期，作为俗文学的戏曲、曲艺大量兴起，它们主要以词之余——曲的形态作为自身的存在形式，一开始就被摒弃在封建正统文学之外，成为不登大雅之堂的小道、末技。为了争得社会的承认，俗文学力图得到一个“正名”，在那个尚古的时代里，便以绍继古人作为标榜。由于内容上的承袭关系，唐传奇就被抬了出来。

北宋文苑，复古革新呼声甚高，推崇韩柳古文，但对于唐代传奇文则訾为卑下，见人作文稍有新意，就以“传奇体”相讥，范仲淹《岳阳楼记》即曾遭此厄运。可见这种文体当时声望并不甚高。然而唐传奇毕竟风行于文人之中，投谒时尚以之行卷，文坛巨擘如元稹之流时亦措手，其所传之奇事亦往往为文人士大夫所乐道，因此还有一定的号召力，加之出于前代文宗，因而被后世俗文学假以标名，也是顺理成章的事情。

唐传奇与后世俗文学的沟通，亦有迹可寻。北宋时民间说唱繁兴，初时不为文人所重，待其蔚为极盛，文人也时而仿作之。如赵令畤所作【商调·蝶恋花】鼓子词，其唱念夹杂的形式，就与当时话本《刎颈鸳鸯会》中的【商调·醋葫芦】说唱全同。赵词咏《莺莺传》，其题注言：“夫传奇者，唐元微之所述也……惜乎不被之以音律，故不能播之声乐、形之管弦。”[①]因以原传，“分之为十章，每章之下，属之以词”，于是就成为民间鼓子词的形式。赵令畤是见于记载的第一个将唐传奇与后世曲艺联系起来的人（不仅仅从内容题材上），使“传奇”走向民间说唱。当然他并不愿将自己的创作与民间鼓子词等同起来，这一点视《刎颈鸳鸯会》中说用白话而赵作中念白仍照搬原传文言可以看得很清楚。

赵词既出，戏曲、曲艺便找到了直系古文体的隧径。孔三传在汴京勾栏中“首创”诸宫调而以“古传”称，士大夫亦皆喜而能诵之[②]。南戏《小孙屠》作者自诩“试追搜古传”，“编撰出乐府新声”[③]。贾仲明吊王实甫词称：“新

① 〔宋〕赵令畤：《元微之崔莺莺·鼓子词》【商调·蝶恋花】，《侯鲭录》卷五，四库全书本。
② 参见〔宋〕王灼：《碧鸡漫志》卷二，四库全书本。
③ 钱南扬校注：《永乐大典戏文三种校注》，北京：中华书局，1979年，第257页。

杂剧,旧传奇,《西厢记》天下夺魁。"[①]都到古人那里去寻找渊源。陶宗仪《辍耕录》卷二十七"杂剧曲名"条更是做出明确的界说:"稗官废而传奇作,传奇作而戏曲继。金季国初,乐府犹宋词之流,传奇犹宋戏曲之变,世传谓之杂剧。"认为北曲杂剧的正名应该是"传奇",而被俗称作"杂剧",还把它说成是稗官野史的后裔,这未免比附。但能用变化的观点看待文坛现象,承认后起文艺现象的合法地位,这种"文体代变"的认识毕竟要比"文体代衰"观正确得多。

要之,在文体数变而屡屡沿袭旧称这一现象背后,隐藏着时人抬高俗文学在社会和文坛上地位的观念。古人创作俗文学作品,却又不得不攀附正宗以减轻社会的压力,其可怜可以概见。钟嗣成为戏曲家作传,但又恐落他人訾垢,于是先以守为攻,在《录鬼簿序》中称言:"若夫高尚之士,性理之学,以为得罪于圣门者,吾党且啖蛤蜊,别与知味者道。"这种临渊履冰的心境,又怎能不促使他们产生改变境遇的企图呢?这就是中国俗文学的特点,这也是中国文论的某种特点。

(原载《光明日报》1984年5月1日)

① 天一阁本《录鬼簿》。

宋文化的转型

由五代十国开始，中国社会发展迈入了新的历史时期，经由宋朝的统一中原，宋与辽、西夏、金的长期南北对峙以至最终亡于元，中国传统社会悄悄实现了自身的转型。五代十国的频繁递嬗、相互攻代和接替，虽然是晚唐藩镇割据政治局面的延展，但是变幻之间有发展，动荡之中现生机，中晚唐以来悄悄孕育而出的新的社会政治与经济因素，也在逐渐开始发挥制导作用，它推动着中国传统社会走向一个重大的历史性转折——从古代社会向近代社会过渡。两宋文化就在这种社会基础上凝聚，辽、西夏、金文化则在向化于中原文化的同时，也受到这种社会基因的制约与影响，它们又共同酿就了一代文化的转型。

宋代是中国传统思想观念转折的时期，由于时代与客观环境的变迁，宋人开始形成新的哲学意识、新的思想方法和新的处世态度。从心理意象看，宋人静弱而不雄强，幽微而不开朗，收敛而不扩张。从行事倾向看，宋人重文轻武，不追求外部事功，重视内在修养。从行为方式看，宋人喜好坐而论道，多议论而少决断，缺乏行动能力。从行为准则看，宋人推崇沉稳庄重老成，反感轻举躁进。在这种趋势的整体支配下，宋人最终走向文化心理的封闭、内倾与保守。宋人文化心性的奠定取决于当时文化环境的变迁，而这种心性又对于宋代文化达到辉煌顶峰起了决定性的作用。

一、一种崭新物质文化生活的展开

中国传统社会的步伐，自汉魏到隋唐，走出了一条日渐宏阔坦荡的道路，其封建经济不断高涨，社会生产力大幅度提高，发展到唐朝开元、天宝年间（713—755），终于实现了社会的极盛，诗人杜甫唱出"忆昔开元全盛日，小邑犹藏万家室。稻米流脂粟米白，公私仓廪俱丰实"（《忆昔》）这样的盛世之音。然而，乐极哀来，其制度的弊病随之发作，一场安史之乱使得大唐元气丧失殆尽，接踵而来的是长期藩镇割据、拥兵自强、"风兼残雪起，河带断冰流"（唐人于良史《冬日野望寄李赞府》）的局面，最终导致唐末大规模的农民起义，"泽国江山入战图，生民何计乐樵苏"（唐人曹松《己亥岁》）。这场旨在改变生产关系的农民战争，彻底摧毁了士族门阀制度的残余，使得中唐以来农村经济制度由授田制向庄田制的重大历史转变得以完成。通过这一转变，农村普遍将魏晋到唐代一直通行的部曲佃客制改为契约租佃制，它既培植了广大世俗地主的队伍和力量，同时也减弱了农民对地主的人身依附关系。这种变化提高了农民的生产积极性，以后随着宋朝的统一，社会走向安定，农业生产突飞猛进地发展起来。又由于科技进步促进了农具和种子的改进，宋朝耕地面积迅速扩大、农作物单位产量普遍上升。于是，一幅生机勃勃的农业图景开始呈现出来，所谓"麦行千里不见土，连山没云皆种黍"（宋人王安石《后元丰行》）。农业生产力的提高从根本上支持了商业与手工业的繁荣，越来越多的农业人口转为商业人口，新型商业契约关系开始产生，中心城市日益向商业化大都市发展，一个新兴的商业社会的雏形已经在宋代显现。

宋代社会生产力发展与提高的最突出例子，体现为科学技术的极大进步。如果翻阅一部中国科学技术史，我们会发现，它的涓涓细流到了宋代突然变得波澜壮阔起来。中国好像进入了一个科技发明的时代，一系列直接影响到近代文明的重大发明成果都在这时涌现出来。票券发展为"交子"，成为纸币的先声，使得一种新的商业信用流通手段得以确立，有力地促进了商业贸易的发展。活字排版的发明，火药的发明，火焰器的使用，航海开始使用指南针，天文时钟的架设，鼓风炉、水力纺织机的运用，船只使用不漏水舱壁，都于宋代出现。这种种发明的普及运用，推动社会生产进入到一个崭新的阶段，带动了经济的突飞猛进。于是我们就看到了这样一幅社会生产与生活的生动图景：在从南到北的地域幅面上，缀满了星罗棋布的大小新兴城镇。这些城镇中,每日每时都在发生种类繁多的商业贸易现象,“每一交易,动即千万”①。为了支持这些贸易,鼓风炉、纺织机的声音在全国大地上到处回响,稠密的乡间驿路上蹄踵交道、运货的大车络绎不绝,蛛网般的内陆河流中风帆繁密、载物的舟楫头尾相衔。市镇上各行各业、五花八门的店铺座座相连,构成一道道繁华的商业街,每日销售着品类繁多的货物,各类服饰、丝织品、谷物、肉鲞、菜蔬、茶酒、饮食果品、药材、香料、印版书籍、花鸟虫鱼、竹木家具、瓷器、漆器、金银器、日常用品、年节应景之物等应有尽有。这种与以前不同的历史图景,标志着一种崭新的物质文化生活的展开,一种与以前单纯农业社会内容、节奏、观念、情趣都截然不同的新的生活方式的诞生,标志着中国近代社会生活序幕的开启。

传统社会历史性转折的实现为宋代文化提供了崭新的生存环境。它创造了一个广大而富裕的民间社会,为文学艺术脱离对于宫廷和贵族的依附地位,自信而朝气蓬勃地走向民间、走向城乡、走向士子、走向大众铺平了道路;它创造了一个商业化的传播与流通渠道,为文艺成果直接进入大众消费,从而获得自身独立的生存价值提供了保证;它创造了一个有着高水准物质与文化生活需求的社会环境,为文化真正融入普通人的生活质量开辟了途径。

二、文化人集团的壮大

两种直接影响了宋代文化性向的社会机制,早在北宋之初即已形成,一种是修文偃武的国策,一种是科举取士的方略。两种机制把宋代文化人推向一个极为有利的境地。在这种特殊的社会条件下,宋代的文化呈现出了最为成熟的面貌,从而创造了一代辉煌。

(一)武将尽读书,臣庶贵文学

宋朝开国之时,晚唐藩镇割据、拥兵自重,终于造成中央集权的统一国

① 〔宋〕孟元老:《东京梦华录》卷二,四库全书本。

家分崩离析，这种飘去不远的历史阴影还深深留在宋王朝的记忆里。而宋太祖赵匡胤亲自出演的"陈桥兵变，黄袍加身"闹剧，反过来更成为他猜忌武将的心腹之病。于是，在赵匡胤夺取后周政权的第二年，他就采取赵普的建议，导演了"杯酒释兵权"一剧，解除了自己的拥立者、禁军统帅石守信等一批有功之臣的军事指挥权，把军队直接掌握在自己手里。从此，北宋兵制形成了一种历史新貌：在京师屯驻全国的主要精兵，"兵无常帅，帅无常师"①，"兵不知将，将不知兵"②。强藩割据、皇权旁落之虞是彻底消除了，但却带来宋王朝另外一个方面的问题：兵将分离使军队缺乏战斗力，中央统兵使军队缺乏机动性，这种"守内虚外"的国策造成对外军事防范力量的极大削弱，于是形成宋王朝一代积弱的根源，它对于宋人心理方面的最终影响将导致宋文化的羸弱性格。

猜忌与排抑武人的结果，就是对于文人的极其优渥。赵匡胤一方面要求武人读书，实现武臣"文"化，一方面把军政大权都交到文人手中。他曾经对臣下说："朕欲尽令武臣读书，知为治之道。"于是弄得"臣庶贵文学"③。他又憎恶武臣的骄纵贪鄙，说是"五代方镇残虐，民受其祸。朕今选儒臣干事者百余，分治大藩，纵皆贪浊，亦未及武臣一人也"④。于是，把官僚机构都送交文人掌握。不仅文官系列由文人主持，即使是武官系列中的要职，例如中央掌兵的枢密使，各地统兵的都统制，也同样由文人充任。这样，文人集团把持了全国的政权、军权、财权，成为宋代最具实力的社会阶层。宋代统治阶层的文人化，带来社会的"文治"与社会文化的蓬勃发展。

（二）朝为田舍郎，暮登天子堂

科举取士虽然是从隋唐沿袭下来的政治制度，但它在宋代发展得更为完善与制度化，规模也更大，其直接后果是推动了普天之下人人热衷于读书，从而制造了一个庞大的文化人集团，这个集团成为开创有宋一代文化局

---

① 《文献通考・兵考》，四库全书本。
② 《宋史・兵志二》，四库全书本。
③ 《宋史纪事本末》卷七，四库全书本。
④ 《续资治通鉴长编》卷十三，四库全书本。

面的生力军。

科举制度的确立本身,反映了隋唐以来一种新生社会力量的崛起:寒门士子开始突破门阀士族的垄断,充满朝气地踏上政治舞台。皇族则通过科举的手段,把广大中小地主阶级的代表网罗到自己门下,以便增加和稳固对于社会建构的支撑。然而,唐代的科举制度还很不完善,考试往往为王公贵宦所把持,投考者常常要先向他们投献诗文——所谓"行卷",以便事先得到青睐与鼓吹,通过走他们的门路来取得进身之阶。因而,尽管唐太宗李世民在长安宣武门望着熙熙攘攘的考试大军,得意忘形地说:科举制的推行使得"天下英雄入吾彀中矣"[①],但是事实上门阀士族很大程度上还是控制了科举考试的成果——唐代宰相多出豪门巨族,就是一个典型的例证。宋朝对科举制度进行了很大的改革:不许官员推荐考生,考试实行"锁院""糊名""誊录"制度,考官随时更换,不许考生私淑考官为"宗师""座主",特别是增加了殿试,最终由皇帝直接出面来选定考生,定出品级并授职,得中的士子都成为"天子门生"。这种种措施的直接目的,是切断考生与考官之间的联系,使得科举制度真正成为皇帝广为网罗天下人才的途径。宋太祖赵匡胤在推行殿试制度之后,曾经骄傲地说:"昔者科举多为势家所取,朕亲临殿试,尽革其弊矣。"[②]可谓一语道破了问题的实质。

宋代科举不重出身,所谓"家不尚谱牒,身不重乡贯"[③],因而无论工商杂类、僧道百家皆可应试,通过科举考试来改变家庭地位,这种情形反映的是统治中国几个世纪之久的门阀地主势力的荡然无存和通过自由买卖获取土地的庶族地主取得社会政治、经济、文化的全面统治,以至造成社会阶级力量的大变更。参加科举的士子们一旦得中,立即得到极高的荣誉与优厚的待遇,跻身于官僚阶层而成为社会上层人物。殿试得中者,尤其是头名状元,皇帝对之赐袍笏、赐宴、赐驺从游街,给以盛大的荣耀,届时城市人民倾巢出观,造成万民空巷,情景盛极一时。北宋尹洙曾经评论这种情形说:"状元登第,虽将兵数十万,恢复幽蓟,逐强蕃于穷漠,凯歌劳还,献捷太庙,其荣

① 《唐摭言》卷一《述进士上篇》,四库全书本。

② 《宋史·选举志一》,四库全书本。

③ 〔宋〕陈傅良:《止斋文集》卷三十五《神恩》,四库全书本。

不可及也。”[①]考中状元者，自然成为天下注目的对象，为皇帝所重用，日后官阶升转极快，有时三五年便至公卿，迅速上升为上层官僚。因而，“每殿廷胪传第一，则公卿以下无不耸观”[②]。于是，“朝为田舍郎，暮登天子堂”的神话在宋代变为了现实，出身下层的士子有了通过个人奋斗而到达“天阙”的路途。于是，天下人都被吸引到读书应举做官的道路上来，在这种人生模式里实现自己的价值。

（三）士大夫阶层的有闲

宋代的社会条件培植起一个广大而特殊的社会阶层——士大夫阶层。由于科举制度的普及与冗滥，这个阶层的人数入宋以后急剧增长，那些为进入这个阶层而从事准备的人群更是构成了这个阶层庞大的底座。我们从一些数字的对比中，可以触到这种社会变化的脉搏。同是在开国百年后的经济文化繁荣时期，唐代开元年间（713—741）每年在京师应举的士子为一千人左右，宋代嘉祐年间（1056—1063）每年在京师待试的士子为六七千人[③]；唐代每科取士不过数十人，宋代达到四五百人。宋代设置冗官极多，层层累累，叠床架屋。设官分官、职、差遣三种，有官无职、有职无权现象严重，中央官职里三省、六部、二十四司的众多仆射、尚书、侍郎、郎中、员外；地方官职里的节度使、防御使、团练使、州刺史等，都是徒有空衔。中央负责监察的既有御使台，又有谏院，负责刑狱的既有刑部、大理寺，又有审刑院；地方上的钱谷运输和刑狱之事都有专门机构管理，无须地方行政长官负责，州官既有知州，又有通判，互相牵制。因而北宋仁宗时候的翰林学士宋祁说，当时“州县之地不广于前，而官五倍于旧。”[④]宋代文官的生活条件十分优厚，他们俸禄多，赏赐重，日常除定例的禄米外，还得到绫、绢等实物和职钱。官员年老不能任事或因其他原因不能任实职的，按照“祠禄之制”也可以按原有品秩支取干俸。

---

① 〔宋〕田况：《儒林公议》，四库全书本。

② 同上。

③ 《宋史·选举志一》，四库全书本。

④ 〔宋〕宋祁：《景文集》卷二十六《上三见三费疏》，四库全书本。

种种优渥条件,把宋代士大夫阶层置身于一种饱食雍容的境地。他们既然衣食无忧,不需要从事其他具体的实业和实践,便有充裕的条件、时间和精力来开掘自己的智力和才思,充分用于读书写作、琴棋书画以及其他文学艺术创作。士大夫是中国古代从事文化和艺术创造的一支生力军,到了宋代,这支队伍实现了真正意义上的壮大,同时由于社会文化的推进,这支队伍也真正实现了创造文学艺术的自觉。

在士大夫之外,还有一支准士大夫的文学艺术创作队伍,这就是皇家仿照士大夫制度培养起来的宫廷画院、乐府机构的成员,他们虽然是专业的创作人才,并不参与官僚政治,待遇却比照士大夫的规格设定,担任朝廷任命的职衔,甚至还运用类似的学校教育和科举选拔手段来培养梯队。他们成为宋代文化创造的有生力量。

三、市民阶层的崛起

在新的政治机制促成士大夫文化繁荣的同时,宋代另外一种社会机制——新型商业经济结构的形成,则造成中国有史以来最为显著的进步,突出体现为城市的急剧勃兴与繁荣,它带来市民阶层的迅速壮大与市井艺术的普遍兴盛,这成为宋代文化的另一个突出景观。

宋代的商业贸易发达,国内与国际贸易都达到空前的高峰。在此基础上,引起强大的制造城市运动:大量建立在集市基础上的商业贸易点逐渐发展为城镇,两宋期间共有数以千计这样的新兴城镇建立起来,而原有的中心城市则逐渐向商业化大都市发展。在这些商业城镇中,聚集着众多的市民,他们都是脱离了土地和农业生产、定居于城市之中而从事各行各业商业贸易或商业服务的民众,在创造城市经济繁荣的同时,他们也创造着城市文化的繁荣。

这里以北宋都城汴京为例。宋初,由于禁军宿卫、七国遗民入徙以及商业极度繁荣,汴京很快便聚集起一百多万人口,其人口成分除了驻军、皇亲国戚、达官显宦,大多是商贾摊贩、小手工业者、船夫脚夫、艺人妓女、僧尼奴婢、日者郎中、叫花子、无业游民等,形成庞大的市民阶层。元丰(1078—

1085)以后汴京城拥有160种商行约6400家店铺,包括香药行、珠宝行、金银行、彩帛行、衣物行、鞋帽行、饮食行、蔬菜行、书画行、鞍辔行、器械行、车行、牛马行、禽鸟行、兽畜行、鱼行、医药行、杂货行、脚店、酒楼、茶坊等,每年仅商税额就达55万贯①,已经成为东方最大的商业化城市。汴京从事手工业的工匠,仅官营的就有八万多人,其总数有十几万人。以经商为业的有两万多户十几万人,另外还有大量妓馆、勾栏,以及经营小食摊、水果摊、零食担儿、杂货担儿、测字算卦的普通民众。汴京的商人地主和新兴市民阶级力量迅速崛起,其势力逐渐可与王公世族相抗,这使旧有的社会结构和习俗都被打破。人们已不看重家世,而以财富作为身份的标志:"王公之女苟贫乏,有盛年而不能婚者,闾阎富室,便可以婚侯门、婿甲科。"②这种阶级关系的调整,迫使宋朝政府在城市中彻底摆脱了门阀观念而完全按照资产来确定人们的社会等级③。这样庞大的人口堆积,这样复杂的社会阶层,这样繁盛的商业条件,必然要求纷繁多彩的文化生活,加上中央王朝在此立都的政治原因以及宫廷乐府机构、宴乐机构、画院机构的巨大影响,汴京很快就成为全国的文化活动中心,并在北宋末发展到历史上的极盛。

南北宋之交时人孟元老,曾经于北宋末在汴京度过他的童年和青年时代,他在《东京梦华录》自序中所描述的繁华景象,可以作为我们了解当时汴京日常商业和娱乐生活的实录:

> 太平日久,人物繁阜,垂髫之童,但习鼓舞,班白之老,不识干戈。时节相次,各有观赏:灯宵月夕,雪际花时,乞巧登高,教池游苑。举目则青楼画阁,绣户珠帘,雕车竞驻于天街,宝马争驰于御路,金翠耀目,罗绮飘香。新声巧笑于柳陌花衢,按管调弦于茶坊酒肆。八荒争凑,万国咸通。集四海之珍奇,皆归市易;会寰区之异味,悉在庖厨。花光满路,何限春游;箫鼓喧空,几家夜宴。伎巧则惊人耳目,侈奢则长人精神。

① 参见《文献通考》卷十四"征榷考"。

② 〔宋〕赵彦卫:《云麓漫抄》卷三,丛书集成初编本。

③ 参见《宋会要辑稿》卷六十九至七十九。

这是一幅极其生动、充满勃勃生机的市井生活图画，恰与北宋画院画工张择端的《清明上河图》对于汴京街景的细腻描画互相映衬。当时其他众多的大城市如洛阳、扬州、杭州、温州、成都等，情形也都相似。例如杭州，北宋中期词人柳永【望海潮】词描写其情形是："东南形胜，三吴都会，钱塘自古繁华。烟柳画桥，风帘翠幕，参差十万人家"，"市列珠玑，户盈罗绮，竞豪奢"。到了南宋灌圃耐得翁的时候，其状貌更是变成了"山水明秀，民物康阜，视京师（汴京）其过十倍矣。虽市肆与京师相侔，然中兴已百余年，列圣相承，太平日久，前后经营至矣，辐辏集矣，其与中兴时又过十倍也……车书混一，人物繁盛，风俗纯厚，市井骈集"①。于是，就在这万众集聚、游风熏染的文化环境中，市井艺术得以在最适宜生存的土壤中茁壮成长，迅速勃发为灿烂的艺术景观。

四、南北文化的趋同性与变异

由五代开始，历经长期的宋辽、宋金、宋元南北对峙局面，一直到元朝的统一，其间三百余年，中国文化发展的主导力量在宋，北方民族则向化于中原文化。当然，北方民族质朴文化气质的注入，也使中原文化的演进获得了新鲜活力、展露出蓬勃的生机。这种因素的强力作用，使得宋文化的转型得以实现。

秦朝统一之后的中国历史，曾经发生过两次民族大融合，一次是西晋时期北方少数民族的内迁，另一次就是从五代开始的北方民族内迁到两宋时期的南北对峙与最终统一。与第一次的胡汉杂糅局面不同，宋朝中原文化的成熟与极度发展，使得北方游牧民族产生对之极力向化的倾向。虽然后者在军事上强大，步步进逼，最终亡宋，但随着进入中原程度的加深，他们也就日益宋化，显现出与宋文化同化的明显趋势。当他们取得了中央政权、其文化成为统治文化时，他们并没有改变宋文化的实质，而是对之基本接受，

---

① 〔宋〕灌圃耐得翁：《都城纪胜・序》，上海：古典文学出版社，1957年，第89页。

使之成为自身的主流文化。

辽(契丹)、西夏(党项)、金(女真)原来都是十分原始的草原部落民族,在与中原文化的长期密切交流中,他们都模仿唐宋文化,获得很快发展。他们从生产和生活方式上都学习汉人,逐步实行定居开垦并建立起城市,改变了游牧式的流动生活;在国家政体上都仿照唐宋官制和礼制建立起自己的政治体制和礼制结构,设立朝廷与地方官职并开科取士;在语言符号上都利用汉字的偏旁部首和组成部分重新结构编组,创造出本民族的表音文字;其间还有许多包括皇室在内的上层人物推崇汉学、喜好儒学、搜集和传播汉文经书史书,学习汉人从事文学艺术创造,例如写诗、填词、绘画等。在辽、西夏、金三朝都向化于中原文化的总体趋势中,金朝由于最终入主中原,甚至实现了全盘汉化。金熙宗皇统元年(1141)宋金和议,以后经过二十年的休养生息和接受宋文化的影响,于金世宗大定年间(1161—1189)开始了北半部中国的文化繁盛。金世宗完颜雍改变了女真初期完全排汉的统治政策,逐步学习和推行汉文化,用儒臣,崇诗书,开创了一种崭新的文化局面,受到当时汉族文人的普遍赞许,史家刘祁称:“大定三十年几致太平”,“偃息干戈,修崇学校,议者以为有汉文景风”①;著名诗人元好问称:“大定以还,文治既洽,教育亦至……一变五代辽季衰陋之俗。”②大定的经济文化恢复又为章宗明昌、承安(1190—1200)之盛奠定了基础,因而届时“政令修举,文治烂然,金朝之盛极矣”③。金章宗好儒术,喜辞章,日与儒臣“谈经论道,吟哦自适”④,一时向风,造成辞章与学术皆文采斐然的状貌,时人誉称“庶几文物彬彬矣”⑤。

然而,契丹、党项、女真毕竟都是起于马上的边地民族,他们的文化基因中有着牢固的质朴本色,他们的血管里流淌着北方草原的鲜活血液,尽管他们的统治阶层尽力模仿汉人的上层文化,其民间对于士大夫的趣味与趋向

---

① 〔金〕刘祁:《归潜志》卷十二,四库全书本。

② 〔金〕元好问:《内相文献杨公神道碑铭》,《元遗山先生集》卷十八,四库全书本。

③ 〔金〕刘祁:《归潜志》卷十二,四库全书本。

④ 〔金〕宇文昭:《大金国志》卷二十一,四库全书本。

⑤ 同上。

却难以共鸣，倒是中原世俗文化和市井艺术，迅速传播到边陲各地并在那里盛行，与北方文化发生广泛的融合。一个最突出的例子就是中原宫廷和市井盛行的杂剧演出，在辽、西夏、金都受到欢迎，很快成为当地艺术表演的一种流行样式①。辽、西夏、金的民间文化发展重实用、尚质朴，这里也举出一个典型的例子：金朝治下的河东平阳（今山西临汾）地区为当时中国北方的刻书中心，盛行平水版书籍，其刻印内容主要是医书、堪舆书、知识丛书、词曲本子、版画以及卷帙浩繁的佛经等。这些印刷品不但在金国普及，甚至还远销夏国，20世纪初期在西夏黑水城遗址发掘出土的平水版画《四美人图》、诸宫调唱本《刘知远诸宫调》以及众多实用文献等，说明了问题。当北方民族这种质朴的文化气质介入中原地区，就对矫揉造作的宋文化输了氧，给中原文化注入了新鲜的血液，这为中国文化和艺术的嬗变带来亮色，其直接结果是有力地刺激起中原民俗艺术的茁壮成长，从而开启了中国封建社会晚期的一大文化景观。

五、三教合一与理学的奠定

控制中国人心灵的儒、释、道三教经过激烈的斗争，度过了博约精神高涨的唐代，到宋金时期开始走向明显融合互补、互相吸收、相互为用的阶段。宋代士大夫阶层重修养，故而传统儒学中的心性之学极盛，而佛教禅宗的崛起、道教的复归老庄，都迎合了这股思想潮流，这一切又为宋代理学的成熟准备了条件。三教互补的观念影响到许多文化人的文学艺术观，支配着他们的文化创造。

（一）儒、释、道合流

习儒出身的士大夫阶层在宋代确立了自己的牢固地位，他们拥有政治权和几乎一切权力，他们的好恶成为时代的度量衡，他们的审美心理支配着

---

① 参见〔宋〕邵伯温《邵氏见闻录》卷十、司马光《涑水记闻》、《靖康稗史》之一载宋人许亢宗《宣和乙巳逢使金国行程录》等。

时代思潮。面对着这一庞大而有实力的阶层,佛教与道教都领悟到:不能再继续采取以往三教抗争、褒我诋人的手段来对待儒教,那样佛、道将失去士大夫阶层的支持,从而失去在社会上层的立足之基。他们适时地改变自身,对于旧有教义做出适应新形势的阐释,向儒教的精义靠拢。而儒教也由于中唐以来的社会大变动,产生了调整、改变、充实、丰富自身理论武库以适应形势的需要,从而向佛、道寻找思想材料。于是,三教精神的合流趋势就呈现出来了。

宋代佛教的许多大师名僧都在佛理上兼容并包,思想驳杂,精于外学,沟通儒、释。北宋时期的佛教已经和儒携手,契嵩和尚用佛教的五戒比附儒家的五常,认为两者同样教人为善,可以相资为用;智圆和尚则主张"修身以儒,治心以释"①。宋金时代的道教亦是如此,由于道教历来陷于形而下的实验宗教层次,缺乏理念上的深奥义理,多为士大夫所不齿,更需要借助儒释思想源泉来丰富和支撑自己。全真教的始祖王喆"立说多引六经为证据",和人交谈"必先使读《孝经》《道德经》","皆所以明正心诚意少思寡欲之理"②,他还"引儒释之理证道"③,都是这种思想倾向的典型例子。这使道教在理念上愈加朝向儒、释靠拢。

释、道向儒靠拢,确实在士大夫中间造成强烈好感,加之其义理中原本即有吸引士大夫的地方,因之便有许多文士出来说话,调和三教,鲜明提出儒、释、道互补的观点。苏轼就曾经在一篇为辩才法师写的祭文里说,"我见大海,有北南东,江河虽殊,其至则同",既然三教最终的目的是同一的,江河总归汇聚为大海,那又何必"孔老异门,儒释分宫,又于其间,禅律相攻"呢④?苏轼的观点代表了当时相当一部分儒士的见解。士大夫已经发话,释、道不禁欣喜,即刻攀缘而上,全真教祖王喆即作有诗句:"儒门释户道相通,三教从来一祖风。"⑤他的弟子丘处机也有诗云:"儒释道源三教祖,由来

① 〔宋〕智圆:《中庸子传》卷上,《闲居编》卷十九,四库全书本。
② 〔金〕刘祖谦:《重阳仙迹记》。
③ 如《重阳真人授丹阳二十四诀》。引文为元李道纯《三天易髓》语。
④ 〔宋〕苏轼:《东坡后集》卷十六《祭龙井辩才文》,明嘉靖刊本。
⑤ 〔金〕王嚞:《孙公问三教》,《重阳全真集》卷一,《正统道藏》本。

千圣古今同。”①

在这种背景下，宋代文化人中习佛求道的风气特盛。佛教禅宗的直接简易、不尚仪轨，修持方式极其简单，更是为士大夫阶层所乐于接受。多数文化人习佛，平时并不做佛礼，只是保持与僧徒的时常接触，乐于听其言道，与之研琢穷究佛理，偶或心有所得，便与自己所崇奉的儒道要义相参证，疑惑释然冰消，顿时心境澄澈。士大夫的特殊社会位置，避免不了官场倾轧、人际浮沉，他们需要随时调整自己的人生态度和处世哲学，更是惯于到释、道避尘遁世原则中去寻找一方净土，以求得个体精神的解脱。于是，宋代士大夫的心灵日益走向深沉，走向超逸，走向清空，走向外儒内释，随孔孟而好老庄。

北宋文化的巨匠，集诗、文、词、书、画于一身的苏轼，就是这方面的代表人物，他经年往返佛寺，只是由于那里有“茂林修竹、陂池亭榭”，于其中“焚香默坐，深自省察”，可以“一念清净，染污自落，表里翛然，无所附丽”，达到“物我两忘、身心皆空”的境界②。其他如黄庭坚、王安石这样的文坛或政坛骄子，也都有相同的思想经历。这些人都是多才多艺的杰出人物，当他们带着这种心迹投入到创作中时，自然就把自己的精神胎痕打在作品上，使其内有了道气禅心。

佛教与道教攻破了士大夫的精神堡垒，就等于为自身生存打下了牢固的根基。至于民间信仰中的俗世阵地，早已为它们所占领、所控制。中国民间信仰中的杂神崇拜、实用主义情结，在宋代随着社会上层儒、释、道合流的实现，更是膨胀得无以复加。普通百姓不明白不同宗教意旨及其各自神系之间的差异，随意吸收一切崇拜物，无论佛、道、儒神圣先师，在民间信仰里都被混杂地堆放在一起构成崇拜对象。民间重祭祀，宋金时期的三教庙宇及各类杂神淫祠如雨后春笋般涌现，遍及都城市镇、山村乡野。佛、道都没有忽视民间这一广阔的阵地，佛教的合水陆、做法会，道教的重巫仪、行箓醮，都适应着民间的需要而愈演愈烈，从而获得其最大的影响值。民俗宗教

① 〔金〕丘处机：《师鲁先生有宴》，《磻溪集》卷一，《正统道藏》本。

② 〔宋〕苏轼：《东坡集》卷三十三《黄州安国寺记》，宋刻本。

信仰的盛行,深刻影响到了宋金民俗文化发展的状貌。

(二)理学的确立

中国传统儒学自汉代定为一尊之后,长期以来成为统治社会的正统思想,但这种统治在中唐以后被严重削弱,引起士大夫阶层的精神恐慌。他们认为导致社会纷乱的根源在于正统文化观的丧失,要求绍继道统,重建儒家思想的统治地位。这股思潮在宋代发展为理学。理学虽然以承继道统为己任,但其思想路径并不完全从辟斥一切杂学与宗教而独尊儒术出发。事实上,传统儒学缺乏从哲学本体来认识世界的思想材料,仅仅以政治伦理思想为主体,显示出理性的贫乏和抽象思维的羸弱,而佛、道哲学却都在宇宙观方面积累起丰富的理念,发展出高深精奥的义理,这对长于思考的士大夫阶层有着极强的精神吸引力。于是,宋儒开始利用禅宗和道教现成的思想材料,将儒家伦理置于佛、道宇宙观之上,结构出一个穷理见性的完整理学体系。理学家把正统秩序视作自然法规,视作永恒的"理",而将人们生活层面上的一切需求看作"欲",将两者置于对立的位置,要求人们通过自我修养与严苛的思想反省来克制自己的天生欲望,使之符合于"理"的需要,因而提出"尊天理,窒人欲"的理念,这使理学最终走向了佛、道的禁欲主义。可以说,理学是掺和儒家伦理与佛教和道教宇宙观的大杂烩,是一种调和三教的产物。

理学对于中国哲学的贡献在于它把政治的伦理的儒学向思致精微的道路上发展了,可以说,吸收了庄禅之后的理学,已经达到了儒家哲学的最高峰。当然,理学虽然将人引向对于宇宙与人生的思考,但它并不从存在的价值与意义出发去推衍这一命题,却单纯思索二者之间的关系亦即天人关系,引导人们去体认主观世界中的天理,确认封建道德伦理的天然合理性,并引导人们通过主观的修养与反省去自觉地实践它。因而从本质上说,理学仍然是一种政治的道德的和伦理的哲学,而不是本体的哲学,但它对儒家哲学做出了极大的推动却是不争的事实。

理学的兴起对于宋代特别是后世的文学艺术发展产生了极大的影响。其一是理学的思想方法深入融贯到了社会的思考方式中,它带来宋代诗、文、赋写作的思理化与议论化，所谓“宋诗好议论”即是一个突出的例证，它使宋诗与唐诗划出了鲜明的界限。其二是理学出于正心明道的目的，在修辞方法上倡质抑文，一些理学家如朱熹的著述甚至不避俚俗、时引民间口语来表达哲意，这种导向引起文风的改变。其三是理学家在人生态度上提倡修身正性，反对耽于淫逸，因而对于歌舞戏曲等表演艺术持鄙弃态度。朱熹的弟子、理学家陈淳以消除民间淫乐、端正民风民俗为己任，曾经数次上书当政请求禁止此类活动。其四是理学之兴造成宋代的复古主义思潮，例如复古主义的音乐思想一直支配着宫廷的雅乐活动和音乐政策，这对于封建统治起到维护作用，却阻碍了音乐本身的时代性发展。

理学家以理压情，要求存天理、灭人欲的说教，对于后来的明清文学艺术产生了极大的影响，但是在宋朝还没有产生太大的窒欲作用。反过来，理学导致宋代士大夫理性思考的深层化、学理化、形而上化，却引起文艺创作从内容到风格的嬗变。

六、内趋性文化心理结构的形成

宋代是中国历史上版图狭小的一代。尽管汉唐辽阔幅域的掠影还飘荡在记忆里，但已经转化为宋人心理上挥之不去的悲凉情结。虽然也形成了统一的帝国，但宋人连收复包括今天的北京在内的燕云十六州的企图，都被南下强辽的铁蹄踏作齑粉。宋真宗为解除辽国的军事入侵，在澶州与之匆匆订立的“澶渊之盟”，以每年向辽输银十万两、绢二十万匹的代价，换得了宋朝一代人的畏缩心胸。我们从历史地图上看到的北宋形势是：北有大辽压顶，西有吐蕃争胜，西夏切断了兰州以西的丝绸之路，大理阻住了通往南亚之途。南宋更又失去整个中原，成为龟缩于长江流域的地方政权。两宋三百年间，曾经与辽、西夏、金发生无数次大大小小的战争，几乎每发生一次，宋朝就失败一次，丧师覆地，接着就是求和送礼、割地赔款，日益掏空了廪库、削减了国力。宋朝成为历史上最为软弱的王朝，不但再也没有汉朝开边拓土、勒石燕然的气概，也丧失了唐朝“但使卢城飞将在，不教胡马度阴山”（王昌龄《出塞》）的胆魄，甚至连燕然、阴山本身都成为意念中遥远而不可企及的地域概念。在宋人“无可奈何花落去”(晏殊【浣溪沙】)的整体悲剧氛围中,虽然还未曾泯灭“待从头收拾旧山河”(岳飞【满江红】)的个体壮勇,也已经染上了“知其不可而为之”的浓郁悲凉情绪。

宋人所面对的这一外部世界,给宋人带来的心理影响是极其深刻的,它使宋人失去了汉唐那种博大、开阔、外向、奋发的眼界、胸襟、抱负与理想,变得畏缩、胆怯、内荏、羸弱,收回了对于外界投注、企盼、搜寻的目光,转为对于内心的反视、内省、调息与自控。宋人这一精神趋势,虽然是直接由宋代的社会环境所决定,但却恰恰与中唐以来中国社会所发生的一场重大思想和观念变革相连接、相鼓荡,因而获得了极大的能量。

由汉至唐,中国传统社会逐渐建立起儒学的强大思想和精神统治,人们的社会与人生理想体现为“修身齐家治国平天下”的道德秩序,由内而外,由个人而社会,形成一种强大而有序的社会运转模式,它被儒学家与统治者说成是万古不变的自然法则。然而,这种虚幻的谎言被中唐以来严酷的社会现实碰得粉碎。人们的旧有社会信仰崩溃了,怀疑精神普遍高涨。在这种情况下,传统儒学的弱点日益暴露出来:它虽然强调以“礼”的外在社会道德规范去约束人们的行为,但却没有根本解决控制人性、人欲的问题,由自身到家庭到国家再到天下的人生指向终极于对外部事功的追求,是鼓励人的内在欲望无限放大,而一旦人的欲望冲破了“礼”的束缚,社会危机就会出现。因之,伴随着中唐之后的儒学复古运动,与重建正统社会秩序的努力相辅相成的,是心性之学的广为展开。它讲求治内、治心,把人生理想的追求方向由向外转为向内,以修身为本,强调压抑与克制个体的欲求,家、国、天下的事不用多想,只要自己的心性修炼好就万事大吉。因而,从中唐的韩愈、李翱到北宋的程颢、程颐,再到南宋的陆九渊、朱熹,传统儒学逐步过渡到了新理学。

中唐以来传统儒学向内寻求的发展趋势,恰好与当时佛教的向禅宗演变和道教的向老庄复归趋势相鼓荡,形成一股强大的社会思潮。中唐以后迅速兴起、在宋代达到鼎盛的佛教禅宗,其基本教义是提倡内省自悟、克制情欲,通过严酷自我修养、自我反省的控制,平息人的天然情欲的躁动,从而达到一种静心恬意、无欲无求、淡漠外事、专注内心的境界。道教的精神出自老庄,其教义中包含清静无为、随遇而安一脉,只是魏晋之后日益朝向醮醮施术、巫咒炼丹一路发展,变成粗俗鄙陋、形而下的实验宗教。晚唐特别是宋代以后,道教也开始向心性本源复归,入金以后甚至形成新的全真教派,以"识心见性、除情去欲、忍耻含垢、苦己利人"①为之宗。佛教、道教都把人的内在修养提到了首要位置,主张向内心、本性中去寻觅人生的真谛,追求清静、空寂、恬淡、无为的境界,这就与儒学的精神趋势相吻合了。

理学的根本作用是将人对于外部世界的欲望压抑窒息,而将其导向一种对于个体内心世界的探求,它要求人们像和尚坐禅一样,不去管外部世界的变化,终日在思想路径上闭目内视,追求思理精微、洞彻心性。理学对于传统思想方法的变革,恰与宋人面对特殊历史环境所产生的心理需求相吻合,旋即成为统治社会的支配力量。从此,中国传统人格框架在其影响下走向另外一个方向,中国传统社会后期内倾封闭式的文化心理结构开始定型。理学使中国哲学在本体论方面建立起丰厚的理论体系,但也使中华民族失去了外向的开拓精神和征服世界的欲望与力量。它对于宋人的直接影响是造成精神的猥琐孱弱,缺乏勇武反抗的精神,以恬然自适的态度去面对国土渐失、江山日蹙的局面,平静地走向帝国的灭亡。

中国文化的进程由鼎盛期的唐代过渡到转型期的宋代,由开放的唐文化过渡到封闭的宋文化,由古典文化的峰巅过渡到近代文化的滥觞,完成了一次极大的历史转折与精神递嬗。唐人那种恢宏阔大、博约高涨、豪放外向、爽朗自信的气魄从此失去,代之而起的是宋人克制自持、含而不露、温文儒雅、谨小慎微的心理品性。人们所追求的人生理想不再是唐代的出将入相、金戈铁马、高歌凯旋、轰轰烈烈的外部功业,转而为一种琴棋书画、诗礼弦歌、调息养气、宁静自适的内在充实。人们的审美情趣不再关注大漠孤烟、长河落日,变为对于幽径深庭、飞花落红的挂牵留恋。人们的心理性格不再对陌生事物产生好奇与兴奋,而停驻于感受日常熟悉事物的亲切与温馨。外部世界仿佛已经与自己无关,人们躲在封闭的内心天地里,用天理调整着自己的一切思维、行为,调节着自己的心理平衡。这种封闭式的心理特

① 〔元〕李道谦:《甘水仙源录》卷二《郝宗师道行碑》,《正统道藏》本。

征，虽然不利于国力的强盛，却有利于精神的深邃发展，有利于文化的创造，因而后者的成就也就体现为宋代的突出特色。

七、文治烂然的朝代

内趋性的文化心理结构，使得宋人放弃了对外在事功的追求，把更多的精力用于知识积累、提高文化修养、探索宇宙观和从事文学艺术创造。这种特殊的社会条件，为宋文化的走向集历史之大成奠定了基础。于是，宋代理所当然地成为一个文治烂然的朝代，在哲学、史学、文学艺术、教育等各个方面都创造出辉煌的成就。人们在谈到中国文化各个方面的历史成就时习惯于用朝代相标举，而宋朝在多数情况下都是不可或缺的，例如讲学术思想时说汉宋，讲诗歌、散文、书法时说唐宋，讲绘画、话本小说、南戏时说宋元，讲理学时说宋明，词则以宋朝独标一代之帜。可以说，宋代文化是中国文化史上最为辉煌的一段，它既是继往开来、从历史的纵深走向近代坦途的中继点，又是总汇古典文化结晶、开辟近代文化先声的中转站。宋代在中国文化史上的这种特殊位置，也为宋代文化的性质做出了定位。

宋代文化所取得的重大历史成就首先体现为学术之盛。与唐人昧于经学、诸子学、史学的研究相反，宋人在这些方面都取得了重大的成就。宋代理学的奠定是中国传统学术思想的重大历史转折与发展，它总结了此前千余年的儒学之道，而成为后世千年社会的支配思想。宋代史学处于一个开创的时代而高度发展，在中国传统史学史上占有重要地位，其特征一是在撰史体例上有新的突破，二是在史著总量上有大的增加。北宋司马光编撰的史学巨著《资治通鉴》294 卷，是中国古代有关中国历史的第一本编年体通史性著作，司马光之所以能够以一人之力完成这部著作，得益于他渊博的学识，历史、音乐、律历、天文、术数无所不通，而这种坚实饱满的知识基础，则是宋人文化水平整体提高的产物。南宋袁枢在《资治通鉴》基础上编纂的《通鉴纪事本末》42 卷，是第一本以历史事件为轴心撰写的史著，它标志着传统历史编纂学史新纪元的开始。宋代史学发达的标志还体现在史学著作的浩繁，北宋欧阳修编的《新唐书》225 卷与《旧唐书》并行，南宋郑樵编纂的

《通志》200 卷成为有关中国古代典章制度重要文献的“三通”之一，满地别史、杂史、野史的大量涌现助长了史学的兴盛，舆地与金石学的发展则推动了史学进入新的天地，至于类书编纂进入高峰时期，《太平御览》《册府元龟》《玉海》《事物纪原》《太平广记》，林林总总，动辄上千卷，为文化与学术留下了丰厚财富。

文学艺术的兴盛体现了宋代文化的另一个历史成就。宋代的诗、词、古文、书法、山水花鸟画、瓷器、建筑、园林皆继承前人而臻于完善，或发展至纯熟阶段，或别出一格。宋代文学是与唐代并驾齐驱的一代文学，诗不如唐而量超之，文胜之，词过之。宋诗虽缺乏清新，但多了跌宕；虽少了天然，但多了思理。宋文以抒情议论见长，较之唐人，文理更为细致周备，文气愈加流动贯通，与唐文并立起“唐宋八大家”。宋词独为一代天骄，以其轻扬倩俊、曲致婉转的细腻笔触，捕捉住人们日常稍纵即逝、难绘难描的心绪意态，遣词造意，开中国诗歌之新境，启曲词畅达之先声，其立意之峭、造境之幽，后人最终也难以企及。宋代山水花鸟画都在五代基础上走向高峰。山水画勾皴点染各种技法成熟，求境重神，内在气韵充沛，建树卓著，成绩斐然，得以取代唐代占统治地位的人物画而独领画界风骚。花鸟画奠定工笔设色的规范，生机盎然、绚丽华彩，开元明清千年画坛之风。宋代书法虽不如唐人工稳严谨，但抒卷逞意过之，苏黄米蔡四家皆备一格，各领时尚。宋代工艺、建筑皆发展到精审细密、巧夺天工的地步，其中宋瓷为绝妙代表，以其冰晶雪莹的色泽、质地与神韵而留名青史。市井瓦舍勾栏众多通俗文艺品种的簇花般兴盛，形成宋代艺术一道独特的风景线，其中戏曲、小说的泉涌汩汩，成为元明清滚滚而东的滂沛大河的源头。

宋代文化成就的根基之一是教育的兴盛。宋代的教育普及程度是前所未有的。为适应科举选士、培养人才的需要，宋王朝从中央到地方，在全国各地设立了众多的各级学校，一时国子学、太学、州学、县学林立，另外又有专门的律学、算学、书学、画学、医学等专科学校。此外，宋代官私书院盛极一时，著名的有六大书院，为白鹿洞书院（在今江西庐山）、石鼓书院（在今湖南衡阳）、应天府书院（在今河南商丘）、岳麓书院（在今湖南长沙）、嵩阳书院（在今河南登封）、茅山书院（在今江苏句容），都是当时的文化与学术中心，聚集了众多一流的名师，培养了一代人才。书院制度本始自唐代，五代到北宋发展为士子会集讲论之所。宋代民间书院的广为存在，成为当时林立的民间学系派生传衍的最好基地，宋代理学的兴起与这种传学方式的存在密不可分。理学各派多是各以书院为中心进行讲学活动，书院成为理学家建立学派、传习思想的最好阵地。如周敦颐曾于庐山莲花峰下建濂溪书院授学，程颐曾在嵩阳书院讲学，朱熹曾主持重建白鹿洞书院，后又到岳麓书院讲学，象山书院是陆九渊讲学之所，丽泽书院是吕祖谦讲学之所。这些书院的规模很大，有时生徒多至数千人，它们对于宋代文化所产生的影响不容低估。

与上述所有文化成就相辅相成的，是宋代在中国历史上第一次实现了书籍的普及，这是科技发展与商业繁荣给宋文化带来的一股强劲的生命力。五代之前，书籍被视为难制品，通过抄写来流通与传承。虽说雕版印刷术已于中唐时期诞生，但尚未开发出印书的商业用途，一般读书人手中的书籍还是靠自己去抄写。可以想见，在那种条件下，拥有众多图书是一种奢侈，普通寒门士子根本不敢想象，这就阻碍了文化知识的普及。北宋庆历（1041—1048）以后，各种刻本书籍开始大量刊行，价格日减，特别是建本书籍，尽管因为质量低劣而招致讥评，但它的低价位与高销量，给文献的广为流通带来极大的便利条件。印本书籍的大量出现，使得读书与藏书不再成为奢侈行为，公方和私方为了阅读的方便开始建立大大小小的藏书楼。从中央的三馆、秘阁到各州学、县学以及民间书院，都拥有众多的书籍，提供给读书者阅览。私人藏书家开始出现在历史舞台上，知名者如宋敏求、叶梦得、晁公武等人都藏书数万卷。书籍的广为流通大大扩充了读书士子的文化视野，使得宋人所掌握的历史文化和科技知识大大超过前人，如果将唐宋一般文人的学问层次进行对照，可以很明显地得出前者浅陋、后者宏博的结论，这种情形有力推动了宋代艺术的发展。

书籍刊刻与流通的便利，反过来又刺激了宋人著书立说和从事文学艺术创作的兴趣，一时各类著作如雨后春笋般涌现，其内容从史书、政书、农书、工书、文书、诗书、乐书、佛书、道书一直到杂流百家，样样都有刊本。宋代的私家著述量远远超过前代，动辄几十卷、上百卷；宋代的野史笔记极其盛行,人辄一记;宋代的许多文人把刊印自己的文集当作毕生夙愿来对待。尤其是宋代市民社会的膨胀及其精神需求,使得通俗唱本、话本、剧本等类印本书籍,风俗画、节令画、招贴画等年画的先声,也广泛进入商业流通领域。于是我们看到了许多此类书籍与绘画作品的印刷与售卖,例如汴京"中瓦"里出售"纸画令曲"①,临安中瓦子张家刻印的《大唐三藏取经诗话》,今天还可以见到,到了元代"临安府瓦子印行小令人家尚存"②。这些书籍的流通为民俗文化的传播提供了条件,作为中国普通民众的文化启蒙读本而发挥了日益巨大的历史作用。这些都直接为宋代文化的繁荣提供了条件。

(原载《中华文史论丛》2005 年第 80 辑)

① 〔宋〕孟元老:《东京梦华录》卷二"东角楼街巷",四库全书本。

② 〔元〕长谷真逸:《农田余话》卷上。

宋艺术论

宋代艺术在中华民族的艺术史上占有特殊的地位。可以说，经过数千年的历史演进，在不断地开拓、丰富、提炼、完善之后，到了宋代，中华艺术进入一个集大成的时代。虽然在疆土、国运、气势、境界方面，宋代不如汉唐的博大开阔、沉雄浑厚，然而它却以郁郁乎文哉的君子风范、厚积薄发的文化修养、幽雅醇清的艺术气质、丰富细腻的审美感受，通过全面的而又极富时代特色的创造，修建起一所前无古人后无来者的艺术殿堂，从而得以彪炳史册，辉映千古。

宋代的诗、词、古文、书法、山水花鸟画、瓷器、建筑、园林皆继承前人而臻于完善，或发展至纯熟阶段，或别出一格。宋代文学是与唐代并驾齐驱的一代文学，诗不如唐而量超之，文胜之，词过之。宋诗虽缺乏清新，但多了跌宕；虽少了天然，但多了思理。宋文以抒情议论见长，较之唐人，文理更为细致周备，文气愈加流动贯通，与唐文并立起“唐宋八大家”。宋词独为一代天骄，以其轻扬倩俊、曲致婉转的细腻笔触，捕捉住人们日常稍纵即逝、难绘难描的心绪意态，遣词造意，开中国诗歌之新境，启曲词畅达之先声，其立意之峭、造境之幽，后人最终也难以企及。宋代山水花鸟画都在五代基础上走向高峰。山水画勾皴点染各种技法成熟，求境重神，内在气韵充沛，建树卓著，成绩斐然，得以取代唐代占统治地位的人物画而独领画界风骚。花鸟画奠定工笔设色的规范，生机盎然、绚丽华彩，开元明清千年画坛之风。宋代书法虽不如唐人工稳严谨，但抒卷逞意过之，苏黄米蔡四家皆备一格，各领时尚。宋代工艺、建筑皆发展到精审细密、巧夺天工的地步，其中宋瓷为绝妙代表，以其冰晶雪莹的色泽、质地与神韵而留名青史。市井瓦舍勾栏众多通俗文艺品种的簇花般兴盛,形成宋代艺术一道独特的风景线,其中戏曲、小说的泉涌汩汩,成为元明清滚滚而东的滂沛大河的源头。

盛唐之时在庙堂奏响的黄钟大吕的旷世宏音,虽然在人们心中经久回荡,毕竟余音渐渐消歇,接续而起的是宋代千巷万弄的急管繁弦,嘈嘈切切,此起彼伏,如夏夜荷池骤雨,如雨后池塘蛙鸣,集为多乐章的交响乐,汇成多声部的大合唱——中国古典艺术从此拉开了崭新的一幕。

一

宋代是中国历史上版图狭小的一代。尽管汉唐辽阔幅域的掠影还飘荡在记忆里,但已经转化为宋人心理上挥之不去的悲凉情结。虽然也形成了统一的帝国,但宋人连收复包括今天的北京在内的燕云十六州的企图,都被南下强辽的铁蹄踏作齑粉。宋真宗为解除辽国的军事入侵,在澶州与之匆匆订立的“澶渊之盟”,以每年向辽输银十万两、绢二十万匹的代价,换得了宋朝一代人的畏缩心胸。我们从历史地图上看到的北宋形势是:北有大辽压顶,西有吐蕃争胜,西夏切断了兰州以西的丝绸之路,大理阻住了通往南亚之途。南宋更又失去整个中原,成为龟缩于长江流域的地方政权。两宋三百年间,曾经与辽、西夏、金发生无数次大大小小的战争,几乎每发生一次,宋朝就失败一次,丧师覆地,接着就是求和送礼、割地赔款,日益掏空了廪库、削减了国力。宋朝成为历史上最为软弱的王朝,不但再也没有汉朝开边拓土、勒石燕然的气概,也丧失了唐朝“但使龙城飞将在,不教胡马度阴山”(王昌龄《出塞》)的胆魄,甚至连燕然、阴山本身都成为意念中遥远而不可企及的地域概念。在宋人“无可奈何花落去”(晏殊【浣溪沙】)的整体悲剧氛围中,虽然还未曾泯灭“待从头收拾旧山河”(岳飞【满江红】)的个体壮勇,也已经染上了“知其不可而为之”的浓郁悲凉情绪。

宋人所面对的这一外部世界,给宋人带来的心理影响是极其深刻的,它使宋人失去了汉唐那种博大、开阔、外向、奋发的眼界、胸襟、抱负与理想,变得畏缩、胆怯、内荏、羸弱,收回了对于外界投注、企盼、搜寻的目光,转为对于内心的反视、内省、调息与自控。宋人这一精神趋势,虽然是直接由宋代的社会环境所决定,但却恰恰与中唐以来中国社会所发生的一场重大思想和观念变革相连接、相鼓荡,因而获得了极大的能量。

宋代是中国传统思想观念转折的时期,由于时代与客观环境的变迁,宋人开始形成新的哲学意识、新的思想方法和新的处世态度。从心理意象看,宋人静弱而不雄强,幽微而不开朗,收敛而不扩张。从行事倾向看,宋人重文轻武,不追求外部事功,重视内在修养。从行为方式看,宋人喜好坐而论道,多议论而少决断,缺乏行动能力。从行为准则看,宋人推崇沉稳庄重老成,反感轻举躁进。在这种趋势的整体支配下,宋人最终走向文化心理的封闭、内倾与保守。宋人文化心性的奠定取决于当时文化环境的变迁,而这种心性又对宋代文化达到辉煌顶峰起了决定性的作用。

中国文化的进程由鼎盛期的唐代过渡到转型期的宋代,由开放的唐文化过渡到封闭的宋文化,由古典文化的峰巅过渡到近代文化的滥觞,完成了一次极大的历史转折与精神递嬗。唐人那种恢宏阔大、博约高涨、豪放外向、爽朗自信的气魄从此失去,代之而起的是宋人克制自持、含而不露、温文儒雅、谨小慎微的心理品性。人们所追求的人生理想不再是唐代的出将入相、金戈铁马、高歌凯旋、轰轰烈烈的外部功业,转而为一种琴棋书画、诗礼弦歌、调息养气、宁静自适的内在充实。人们的审美情趣不再关注大漠孤烟、长河落日,变为对于幽径深庭、飞花落红的挂牵留恋。人们的心理性格不再对陌生事物产生好奇与兴奋,而停驻于感受日常熟悉事物的亲切与温馨。外部世界仿佛已经与自己无关,人们躲在封闭的内心天地里,用天理调整着自己的一切思维、行为,调节着自己的心理平衡。这种封闭式的心理特征,虽然不利于国力的强盛,却有利于精神的深邃发展,有利于艺术的创造,因而后者的成就也就体现为宋代的突出特色。

宋代艺术有两个明显的特点:一是繁荣的市民文化消费生活带来通俗文艺的极端兴盛,后世一切通俗文艺品种几乎都在此时产生,小唱、鼓子词、诸宫调、词话、讲史、说经、杂剧、南戏、傀儡戏、影戏、版画、招贴画、话本、剧本、词曲本、小泥塑,应有尽有,这在中国艺术史上造成一个大的转折;二是丰裕和有闲使得士大夫阶层充满精力,庄、禅、理的作用使其心境清简,于是他们把目光投向艺术,发挥出极强的创造力,对于古典艺术做了全面的总结与完善，同时又撷取市井艺术的精华而开辟出生机勃勃的新境界。宋代艺术的延展趋势被金朝拦腰切断，士大夫流入民间，开始注意结合民众的审美趣味进行创作，于是新的审美风气出现，预示着之后的大转机——士大夫艺术与通俗文艺的结合。

二

宋代的商业贸易发达，推动了都市城镇的发展。北宋都城汴京成为当时东方最大的商业化城市，孟元老在《东京梦华录》自序里描述其情状为："八荒争凑，万国咸通。集四海之珍奇，皆归市易；会寰区之异味，悉在庖厨。""举目则青楼画阁，绣户珠帘"，"金翠耀目，罗绮飘香"。这是一幅极其生动、充满勃勃生机的市井生活图画，恰与北宋画院画工张择端的《清明上河图》对于汴京街景的细腻描画互相映衬。当时其他众多的大城市如洛阳、扬州、杭州、温州、成都等，情形也都相似，词人柳永【望海潮】词描写杭州情形是："东南形胜，三吴都会，钱塘自古繁华。烟柳画桥，风帘翠幕，参差十万人家"，"市列珠玑，户盈罗绮，竞豪奢"。在这些商业都市中，商人地主和新兴市民阶级的力量迅速崛起，其势力逐渐可与王公世族相抗，这使旧有的社会结构和习俗都被打破，人们已不看重家世，而以财富作为身份的标志："王公之女苟贫之，有盛年而不能婚者，闾阎富室，便可以婚侯门、婿甲科。"（赵彦卫《云麓漫抄》卷三）阶级关系的调整，迫使宋朝政府在城市中彻底摆脱了门阀观念而完全按照资产来确定人们的社会等级。庞大的人口堆积，复杂的社会阶层，繁盛的商业条件，必然要求纷繁多彩的文化生活，于是，就在这万众集聚、游风熏染的文化环境中，市井艺术得以在最适宜生存的土壤中茁壮成长，迅速勃发为灿烂的艺术景观。

宋太祖、太宗平定天下之后，宋真宗、仁宗休养生息，太平渐久，城市生活日渐繁华。宋真宗天禧元年(1017)晏殊描写汴京已经是"百万人家户不扃，管弦灯烛沸重城"(《元献遗文补编》卷三《丁巳上元灯夕》)。仁宗朝以后，汴京成为一座东方最大的游艺场，市井中产生了大大小小的游艺区——瓦子。每个瓦子里有许多专门供表演用的勾栏棚，平日都有众多的"富工"

"闲人"在游荡,往往聚集数千人观看杂剧以及各种技艺表演,并且"不以风雨寒暑,诸棚看人,日日如是"(《东京梦华录》卷五)。除日常性的演出外,一年中还有许多大的节日庆祝活动,例如元宵、上巳、中元和皇帝诞辰、神祇生日等,届时勾栏民间艺人和宫廷艺人一起在街市人烟稠密、交通要闹处临时扎架起的台子上演出音乐歌舞、杂剧百戏,引得万人聚观、城市空巷。在这种繁盛的近代商业都市文化生活中,人们终日"烂赏迭游,莫知厌足"(《东京梦华录·序》),歌乐遍及市肆,小民放纵冶游,这种情形是最为强盛的汉、唐王朝也不曾有过的。

支撑起城市文娱生活的是众多的官籍、私籍艺人,其中主要是市井艺人,他们的队伍十分庞大。汴京城中官籍的教坊、云韶部、钧容直、东西班乐人达千人,开封府衙前乐和军队乐尚未计算在内,瓦舍勾栏里的艺人则无可计量,金人攻陷汴京时,一次即索要"露台祗候妓女千人"(《三朝北盟会编》卷七十七)。瓦舍艺人日常都在市井里演出,官籍艺人除了年节大庆公演,平时与民间也有着广泛的接触:"教坊、钧容直每遇旬休按乐,亦许人观看","或军营放停乐人,动鼓乐于空闲,就坊巷引小儿妇女观看"(《东京梦华录》卷五、卷三)。这种文娱条件极大地提高了市井的欣赏水平。官籍乐人的补充来自市井民户,徽宗朝礼部侍郎陈旸曾指责当时"歌工乐吏多出市井廛畎亩规避大役素不知乐者为之"(《乐书·雅部·歌曲·调上》),正可反映市肆习乐风气之盛。流风浸染,就出现了廖莹中《江行杂录》引《旸谷漫录》所说"京都中下之户,不重生男,每生女则爱护如捧璧擎珠"的现象,当她们"甫长成,则随其姿质,教以艺业",如歌舞、说唱、杂剧等,以便到市肆上去从事商业演出。市井艺人队伍的扩大,是中唐以后社会所发生变化的征象之一。中唐之前,社会艺人主要依附于宫廷和贵族为生,安史之乱发生后,大量的艺人流落民间,开始从事商业性演出,所谓"旧时王谢堂前燕,飞入寻常百姓家"(刘禹锡《乌衣巷》)。宋代适宜的城市商业环境,为市井艺人提供了极好的生存空间,使其队伍得到空前的发展。宋代贵族家乐和富民家养艺人的数量仍然很多,但他们已经不是表演技艺发展的主要力量,市井演出成为时代审美娱乐活动的主流。

充沛的娱乐生活培养了民间的高度审美兴趣、鉴赏能力与创作热情。

市井中的业余创作者大量涌现。歌曲的创作自宋太宗以来已经蔚然成风,民间“作新声者甚众”(《宋会要辑稿·乐五·教坊乐》),创作技巧亦臻高明,听到早上的公鸡司晨,就能够模仿其声音而谱出【鸡叫子】的曲子。平时市民歌乐遍及闾阎,以至于到宋仁宗末年出现了王灼《碧鸡漫志》卷一所记载的情景:“嘉祐间,汴都三岁小儿在怀饮乳,闻曲皆捻手指作拍,应之不差。”虽不免夸张,却反映了当时汴京市井讴歌的盛景。在这蹈咏升平、寻欢作乐的时代里,就日益产生出新的世俗文艺品种来,宋仁宗时期就产生了多种通俗文艺品种,如小说、陶真、吟叫等。影戏则从此时开始表演三国故事。北宋后期又产生了嘌唱、杂扮等①。其中一些歌唱品种是直接从市井生活中产生的,例如吟叫源自市井中的“叫果子”腔(参见高承《事物纪原》卷九)。市民店铺和居室的布置则追求艺术化、雅化,讲究挂画插花、陈设摆放,因而市场上绘画、工艺品交易极其繁盛,买卖各类图画、珍玩、小工艺品、文房四宝的店铺林立,四方收购绘画作品到都市销售的远销商十分活跃,而历来为庙堂画壁的画家,竟然开始为商肆画壁,汴京宋家生药铺的两侧墙壁上满布北宋著名山水画家李成所画山水(参见邓椿《画继》卷一)。

南宋以后,由于市井技艺的高度发达,民间兴起新型的商业聘赁演出方式。吴自牧《梦粱录》卷二十“妓乐”条说,临安士庶人家,“筵会或社会,皆用融和坊、新街及下瓦子等处散乐家”的艺人来演出,临时点唤,即喊即到。甚至宫廷都不再支付巨大的开支来豢养专门的教坊机构,转而依靠市井艺人。当需要组织各类庆典仪式时,只要临时“和雇”市井表演团体到宫廷里来演出,现场支付一定的劳务报酬即可,操作灵便,经济简省,艺术水平也不低。商业交易关系渗入了王朝最高礼仪和娱乐方式中,表明了市井艺术的真正独立与成熟。当然,市井艺术在一部分士大夫眼中仍然是缺乏档次的,例如曾慥《类说》引吴处厚《青箱杂记》曰:“今乐艺亦有两般:教坊则婉媚风流,外道则粗野嘲哳,村歌社舞,拟又甚焉。”但是,这并不能阻挡市井艺术迅速发展为澎湃洪流的趋势。

通俗文艺的兴盛与文化生活的普及,市井繁华的现实人生乐园对于人

① 参见廖奔:《汴京杂剧兴衰录》,《河南大学学报》(哲学社会科学版)1987年第2期。

们的诱惑,改变了整个社会的时代心理。上自皇帝、下及平民,人们都沉溺于对现世物质享受和世俗欢乐的追求之中。宋太祖赵匡胤在导演"杯酒释兵权"时,曾劝大将石守信等人说:"人生如白驹过隙耳。所谓富贵,不过欲多积金钱,厚自娱乐……多置歌儿舞女,日饮相欢,以终天命。"(邵伯温《邵氏闻见录》卷一)宋徽宗更是在年节时纵民游赏,赐小民金杯饮酒,与百姓共观散乐百戏演出,还常往来于市井小唱艺人、露台妓女之家(参见《大宋宣和遗事》亨集)。皇权与市俗社会的连接,一方面是市民阶层经济和政治力量强大的象征,反过来又成为促进市民文化繁盛的重要原因。

与宫廷和贵族艺术的闭锁于深宫广府、文人士大夫艺术的赏玩于案头庭院不同,市井艺术借助商业经营与市场传播的双翼,极其广泛地深入到闾里巷弄、广场街头,其服务对象是任何一个具有文化娱乐需求的普通对象,从而就获得了极强的生命力和支撑力。

三

宋代的社会条件培植起一个广大而特殊的社会阶层——士大夫阶层。由于科举制度的普及与冗滥,这个阶层的人数入宋以后急剧增长,那些为进入这个阶层而从事准备的人群更是构成了这个阶层庞大的底座。宋代文官的生活条件十分优厚,俸禄多,赏赐重。种种优渥条件,把宋代士大夫置身于一种饱食雍容的境地。他们既然衣食无忧,不需要从事具体的实业,便有充裕的条件、时间和精力来开掘自己的智力和才思,充分用于读书写作、琴棋书画以及其他文学艺术创作。士大夫是中国古代从事文化和艺术创造的一支生力军,到了宋代,这支队伍实现了真正意义上的壮大,同时由于社会文化的推进,这支队伍也真正实现了创造文学艺术的自觉。

由各种丰裕营养滋补起来的宋代士大夫阶层是一个有着高度文化修养的阶层,他们在充分继承了中国文化全部精神遗产的基础上,也继承了历代儒学精义中修身养性、节操慎行的一套升华个人精神境界的方法并将其推向极端,但同时他们又最懂得享受生活。宋代士大夫在理性上是克制、自省、超脱的一代人,他们极其重视完善个体的精神建构,追求外部形象的雍容大度,内心世界的恬静寡欲,生活情趣的清雅闲逸,人生理想的恬淡高洁。这一切导致他们关注的对象由外部转向内在,由对天下事功的追求转向对于人生奥义的乞索、对于艺术才思的开掘,从而培养出知识层次与文化品位都极高的审美观照方式。但在生活态度上他们又是纵逸的一代人,市廛幽宅中优裕雍容的生活条件,使得他们不脱艳冶丽情、慕爱欢歌,积极参与并投入市井艺术的创作。

宋代士大夫既有着较唐人更加敏锐细腻的艺术感觉能力,又比唐人更会有滋有味地享受生活。他们告别了戎马倥偬、征尘满面的生活方式,只在瑞脑沉香、幽闲恬淡的平静书斋里寻觅情态意趣。他们不是仗剑去国的勇士豪杰,只是温文尔雅的词人墨客;他们也不是隐居山林的高人逸士,只是混迹市廛的风流才子。他们虽喜爱名山大川、天地自然,但更留恋都市红尘、良辰美景。他们既要享受造化的精气雨露陶冶,也要享受人世的佳酿美食滋润。因而,他们在公退之余,将充分的时光和精力投注于艺术。郭熙、郭思《林泉高致·山水训》中曾经深刻分析了宋代文人山水画的兴盛原因,其精见恰恰可以作为我们这里论述的支撑:

> 君子之所以爱夫山水者,其旨安在?丘园养素,所常处也;泉石啸傲,所常乐也;渔樵隐逸,所常适也;猿鹤飞鸣,所常观也。尘嚣缰锁,此人情所常厌也;烟霞仙圣,此人情所常愿而不得见也。直以太平盛日,君亲之心两隆,苟洁一身出处,节义斯系!……然则林泉之志,烟霞之侣,梦寐在焉,耳目断绝。今得妙手,郁然出之,不下堂筵,坐穷泉壑;猿声鸟啼,依约在耳;山光水色,滉漾夺目;此岂不快人意,实获我心哉?

不能身处山水之间,就用山水画壁、悬栋,不能亲睹自然风物,就用自然风物作为装饰。于是,宋代文人既不违君亲之意、节义两旺,又不背高洁之心、情操清爽。在这种自我培植起来的均衡心态中,宋代士大夫欣之怡之地开始从事他们对于美的创造。

宋代这些知识渊博、兴趣广泛的文人雅士,在艺术的各个领域无处不施展自己的才华、展示其精神风采。"苏子美尝言:'明窗净几,笔砚纸墨,皆极精良,亦自是人生一乐。'"(欧阳修《试笔·学书为乐》)他们以华轩幽室为基地,以文房四宝为伴侣,以歌姬侍女为佳偶,从书法到绘画,从诗词到文赋,从音乐到歌舞,将艺术的笔触探到自己日常饮食起居的各个生活角落,到处逞才使学,赋予对象以浓厚的文人雅趣,创造着韵味盎然的美。这是一种对于自身能力的充分显现、对于自身价值的自我欣赏。宋代艺术中文人情趣膨胀的结果,是文人画兴起,绘画讲究神韵,书法讲究意态,诗文讲究义理,词曲讲究婉约,一种浓郁幽邃的意境油然而出,在艺术史上涂上一层异色。

北宋文人最有艺术气质,士大夫中诗书画乐兼擅、艺术修养全面发展的大有人在。苏轼能诗能文能词、能书能画,俱成大家,在诸多方面都开一代之风,卓有建树,成为北宋文人艺术禀赋高绝的突出代表。苏轼的古文笔力纵横、挥洒自如,如行云流水、姿态横生,与韩、柳、欧三家并称,成为北宋古文运动的中坚。苏轼的诗气势澎湃、自由奔放,虽以文为诗、逞才使气,然而清新畅达、舒卷如意,继李、杜之后为一大家。苏轼的词境界大开、恢宏变化,一改词为艳科的旧旨,突破其仅仅局限于婉约缠绵的风格疆域,横放杰出、豪迈不羁,一新天下之耳目,开宋词豪放派一路。苏轼的书法点画飞动、浓耸棱侧,位居北宋四家苏、黄、米、蔡之首。苏轼的绘画以书法笔法入画,强调文人意趣神韵,成为北宋文人水墨画之宗师。苏轼在艺术理论方面也有着许多极其精到的见解,他的丰富文学艺术实践,帮助他提出了著名的"诗画一律论"和"绘画传神论",产生了深远的影响。综上所述,苏轼真正是中国古代难得的一位艺术全才人物,他出现在北宋时期实在不是一件偶然的事。苏轼培养出了一批弟子,著名的如"苏门四学士"黄庭坚、晁补之、秦观、张耒等人,皆为艺坛才子,多为诗、词、书、画兼能,虽成就不如苏轼,然各有造诣。南宋以后,由于理学家将文、理分别对待,人们开始重理而轻文,造成文衰理胜局面,艺术气质逐渐减弱。宋代文人中还出了一批音乐天才,如周邦彦、姜夔、张炎诸人,识古音、审乐律、能撰曲,他们的成就推动了宋代词曲的发展。

市井文娱生活的兴盛,为宋代士大夫文人提供了一个极好的陶冶环境。

他们耽溺于市井冶游，醉心于享乐、放纵的生活，终日消沉于歌楼酒馆之中，吟唱着“烟花巷陌，依约丹青屏障，幸有意中人，堪寻访”的倚翠偎红曲调，把理想建立在世俗享受之上。北宋宰相王迥少年时在烟柳巷里的风流情事，曾被“狭邪辈”“播入乐府”，以【六幺】广为传唱（朱彧《萍州可谈》卷一）。词人柳永更是视功名而不顾，满足于伴酒眠妓、吟唱艳曲的生活，“忍把浮名，换了浅斟低唱”（柳永【鹤冲天】）。这样的艳冶环境，对于熏染士大夫文人的人品格调，促使其创造出新一代的文风，甚至推动其直接参与市井创作，起了重要作用。柳永长调慢词就产生于这种都市冶游中。仁宗至和年间（1054—1055），开始有文人在“长短句中作滑稽无赖语”，嘉祐之后逐渐兴盛，到“熙宁、元丰间（1068—1085），兖州张山人以诙谐独步京师，时出一两解。泽州孔三传者，首创诸宫调古传，士大夫皆能诵之……（王）彦龄以滑稽语噪河朔。（曹）组潦倒无成，作【红窗迥】及杂曲数百解，闻者绝倒，滑稽无赖之魁也”（王灼《碧鸡漫志》卷二）。所谓“长短句中作滑稽无赖语”和“作杂曲”，就是模仿民间俚曲（类似民歌）的风格而创作的曲词，它是推动词体发生变革、朝向更为通晓畅达的散曲发展的开始。而诸宫调受到士大夫喜爱，则更是它蓬勃发展的契机。另外，苏轼、宋祁等文豪也都为宫廷杂剧和歌舞演出写过“勾队词”“放队词”，尽管是应景之作，以苏轼一代文豪的笔力，仍然写得一气灌注、情景交融。

在那个特殊的文化环境里，士大夫的总代表、“与士大夫共天下”（《续资治通鉴长编》卷二二一）的封建帝王的修养也表现在对艺术的多能上。北宋几个皇帝，太宗、真宗、仁宗皆洞晓音律，自己能度曲。宋真宗爱写优词，“或为杂剧词，未尝宣布于外”（《宋会要辑稿 · 乐五 · 教坊乐》）。宋仁宗则“每禁中度曲以赐教坊”（同上），又善书，曾作飞白书答谢辽兴宗所赠绘马。宋徽宗更是一位钟情于艺术的皇帝，他对艺术无所不工，能书善画，独创的“瘦金体”书堪称一绝，花鸟画独造其妙，山水画则有“徽宗山水”之名。更有甚者，徽宗创办起皇家绘画学院，仿照科举制度，用命题取士的办法招收学生，并亲自教授，用皇室收藏的大量书画珍品作教材，培养出众多高水准的画家。至于他在节庆时到市廛与百姓共观散乐百戏演出，创九五之尊“与民同乐”之风，此举成为南宋历代皇帝的定制，则更是脍炙人口的事例。

宋代艺术的审美主导心理是士大夫审美心理。在传统社会里，士大夫艺术永远是一个时代的精英艺术，它领导着时代的潮流。因而，士大夫自发创造并自我欣赏的艺术，成为宋代审美趋势的主流，它影响着市井艺术，导引着宫廷艺术，发挥着潜移默化的支配作用。

四

由于社会条件的变化，宋代艺术发生了深刻的嬗变。要说明这一问题，须从五代艺术状貌说起。五代十国艺术主要承袭了唐代的余韵，其中又分为二途。北方政权皆为胡姓，一心只关注代嬗攻伐之事，既无唐王的文化修养和旨趣，又无其裕如心境，成为形而下的朝廷，除了爱好通俗文艺如优戏之类，缺乏艺术建树。南方政权大不一样，特别是南唐、西蜀等朝廷，其国主通常具有较高文化艺术修养，例如南唐李璟、李煜都是极好的词人，西蜀王建则是乐舞爱好者，由于其统治地域偏安一隅、相对稳定，聚集了一大批艺术人才，保存了众多唐代的风物文化，又痛感国运日衰、气数殆尽，唯能新亭对泣、坐以待毙，因而朝欢暮乐、醉生梦死，耽于粉饰太平的靡靡之音，一时艺术大盛，人物画、花鸟画、花间词、二主词俱擅一时之名，达到极高的成就，宫廷宴乐、优戏表演也得到长足发展。只是由于气运不正，其艺术气质琐碎萎细、浮丽华靡、虚晃雕饰，令人观之颇有“梦里不知身是客，一晌贪欢”（李煜【浪淘沙令】）的感喟。

北宋统一，雄心大涨，“一轮顷刻上天衢，逐退群星与残月”（赵匡胤《咏初日》）。然而毕竟国土不广、气势乏振，又耽于歌舞升平，搜罗得十国宫廷宴乐技艺工匠尽集朝中，因而晚唐五代以来形式浮华、内容贫瘠的审美习尚在宋初仍然沿习流行，御用文人讴歌盛世，杨亿、刘筠等台阁大佬们以雕章丽句为能事，形式主义的“西昆体”诗派统治诗坛，画坛上则院体画派独擅盟主，投合统治者趣味，以图写珍禽瑞鸟、奇花怪石为能事，富丽新巧，缺乏生机。当然，由于时运改变，绘画在画种方面已经开始发生变化，例如唐、五代占重要分量的人物画退位，花鸟画、山水画跃居统治地位。院体画花鸟，文人画山水，院体画与文人画开始角逐，各自推出了自己的代表人物与画风。

花鸟有"黄筌富贵,徐熙野逸";山水有荆、关、范、李、董、巨的"南北宗";卷轴画增多,壁画则逐渐沦为工匠之作,为文人画家所不屑。北宋中期郭若虚敏锐地注意到了当时绘画题材发生的这种改变,在他的《图画见闻志》里指出:"若论佛道、人物、仕女、牛马,则近不及古;若论山水、林石、花竹、禽鱼,则古不及近。"题材的变化反映了创作者美学观念的转变,透示出一种从重人事到重自然的倾向。

北宋中期承平百年以后,随着国力的恢复与社会矛盾的逐渐尖锐化,浮靡艺术再不能满足时代心理的需要,一些上层文人如范仲淹、欧阳修、王安石、苏轼等人在文艺领域内掀起有声势的革新运动,诗文词画的风气从而为之一变,诗尚朴质,文尚缜密,词尚清新,书尚意态,画尚简括,平淡之风于是代替了奢靡之风,成为时代趋势。一时之间,艺坛之上云蒸霞蔚,大家迭出,精品泉涌,蔚为一朝之盛。古文有欧(阳修)、王(安石)、曾(巩)、苏(洵、轼、辙);诗有苏(舜卿)、梅(尧臣)、王(安石)、黄(庭坚);词有晏(殊、几道)、柳(永)、秦(观)、周(邦彦);山水画有郭(熙)、米(芾);人物画有李(公麟);花鸟画有崔(白)、吴(元瑜);书法有苏(轼)、黄(庭坚)、米(芾)、蔡(襄)。其中一位划时代的巨星苏轼,更是集众艺之长、聚百卉之晶,在诗文书画词艺各个领域都卓然独立,开文人画之风,扛古文之鼎,拓诗词之境,成为中国文化史上的一代天骄。文人写意画的兴起与尚意书法的流行是这个时期艺坛发生的重要事件,这是士大夫阶层将自身审美情趣与审美理想注入艺术领域的杰作,他们在绘画书法中"以意趣为宗"(谢肇淛《五杂俎》),大胆突破法度的限制,随意挥洒,"聊以写胸中逸气"(倪瓒《书自画竹》,《倪云林先生诗集·附录·杂著》)。苏轼所谓"醉时吐出胸中墨",用山水画表现"林泉之志,烟霞之侣"(郭若虚《图画见闻志》),用书法表现人品气韵,推崇野逸幽静、萧条淡泊的艺术情怀,从此奠定中国书画艺术中一个重要而成就斐然的流派。

北宋中期到北宋末期,随着城市商业文化生活的充分开展,市井艺术创作空前高涨。以往只在宫廷广厦、文人书斋中进行的艺术创作,现在被搬到了闾里民间、勾栏瓦舍,各类小唱嘌唱传踏唱赚曲词、鼓子词诸宫调传奇、杂剧影戏傀儡戏剧本、小说讲史说三分说五代史话本,如雨后春笋般涌现出来，在市场上印卖，在勾栏里演出。艺术表演从宫廷贵族的红氍毹上走入民间勾栏，各类技艺里都产生一批“诚其角者”（《东京梦华录》卷五）的著名表演艺术家，独享绝技，各领风骚。其中杂剧艺术异军突起，成为众技之中最受瞩目与欢迎者，从日常演到年节，从瓦舍演到宫廷，成为民间和朝廷活动都不可或缺的艺术样式，从而招致一些主张谨守古法的士大夫的抨击。北宋太学博士陈旸于徽宗建中靖国元年（1101）献上《乐书》200卷，其中称：“圣朝尝讲习射曲燕之礼，第奏乐行酒进杂剧而已，臣恐未合先王之制也。”（《乐书》卷二〇〇）然而时代风气的浸染，并不以人的意志为转移。市井生活的内容影响到绘画，促成了界画与风俗画的兴盛，尤以张择端气势磅礴、工稳细致的《清明上河图》长卷为突出代表。画中所描绘的12世纪初期宋朝都城汴梁的城市面貌：店铺林立客栈丛集、水陆货运源源不绝、街市拥挤贸易万千、士庶齐至闲人游荡、摊商拦道小贩叫卖，一派熙熙攘攘的繁华市景，一团郁郁勃勃的民俗之气，开创了中国绘画的盛景绘派。

南宋的山河破碎，激起民众和士大夫强烈的爱国热忱与高涨的民族情绪，这导致南宋豪放型诗风词格的出现，张元干、张孝祥、岳飞、辛弃疾词，陆游、范成大诗，悲歌慷慨、壮怀激烈之作，一改此前诗风的萎靡空洞、词风的细琐羸弱。即使是婉约词派代表李清照，也有“生当作人杰，死亦为鬼雄。至今思项羽，不肯过江东”（《夏日绝句》）这样豪壮的绝句出现。北宋时期“扫千里于咫尺，写万趣于指下”（刘道醇《圣朝明画评》）的水墨山水画，则因为南宋的沦为半壁河山而一转成为“残山剩水”，视界从全景到边角，幅面从巨帙长卷到丸扇册页，出现了夏“半边”、马“一角”式山水，“画家虽以剩水残山目之，然可谓精工之极”（屠隆《画鉴》）。

南宋偏安和东南城市的畸形繁荣，保证了市井艺术的继续兴盛与成熟。小市民对于逸事奇闻的兴趣有增无减，于是勾栏技艺都在这个方面一竞短长。诸宫调是“编撰传奇灵怪入曲说唱”，覆赚是“变花前月下之情及铁骑之类”。说话被按照内容分为“四家”：“小说谓之银字儿，如烟粉、灵怪、传奇。说公案，皆是朴刀杆棒及发迹变泰之事。说铁骑儿，谓士马金鼓之事。说经，谓演说佛书。说参请，谓宾主参禅悟道等事。讲史书，讲说前代书史文传、兴废战争之事。”（灌圃耐得翁《都城纪胜》）在这种趋势的导引下，南宋艺坛终于发生了一件开天辟地之事：成熟的舞台戏曲样式——南戏正式形成。南戏之初，将笔锋对准了人世命运的悲欢离合，《王魁》《赵贞女蔡二郎》《张协状元》一类剧目得以盛演一时，成为当时科举制度破坏正常人伦关系的社会投影。风俗画在南宋初达到大盛，城郭、集镇、街市、舟桥、车马、客商、仕女、货郎、婴戏、耕织、放牧、村医、村学，内容应有尽有。这种市井小民的艺术，直接影响了元明清插图画和年画的兴起。

由于气势所限，宋代艺术在整体上透出“弱小”二字，然而文化生活质量和人的艺术素质的提高，推动了艺术朝向精致细密的方向发展，精巧性成为宋代艺术的基本面貌。宋词缺乏阔大浑厚的底蕴，境小而狭，却意尖而新，情境与日常生活也更贴近更亲切，人们各种复杂细腻的心境意绪都通过各种微妙精细的景物比兴，客观传神地表达出来。唐代宫廷十部乐和立部伎、坐部伎的宏大乐部组合消失了，转为宋朝一再缩减最终甚至取消的教坊乐，声势浩大规模宏巨的大曲乐舞到了宋代只剩下零星“摘遍”演奏，然而从高庭广厦转到垂幕低帘，从钟釜齐鸣转为浅斟低唱，从宏大的队舞操练转成个体的轻扬舞袖，大曲摘遍出来的慢、引、近、曲破，被细搓密揉为柔情如水的抒情段子。

人们注重物质与文化生活的环境与质量，在一切方面都追求精美细致。生活用品，无论是瓷器、漆器、玉器、金银器、木器、丝织品、砖雕、石刻，皆研琢雕饰，精益求精，其装饰格调一洗唐代的自由奔放、豪迈壮丽，代之以巧密工稳、婉丽纤秀。生活用品逐渐向工艺品转化，开始追求材料的珍贵和做工的精细，实用性与观赏性融为一体。房屋建筑也玲珑剔透、华丽奇巧，增设各类结构复杂的亭台楼阁，增饰数量众多的铺作、闹斗、飞檐以及遍施彩绘，但体积却日趋狭小，精巧、工细、华丽超过唐人，宏大却远逊于唐人。坟墓也小巧精致，模仿人世木结构房屋式样，雕砌为繁密精致的地下建筑，墓壁装饰也从唐代的出猎、冶游、球戏等外向扩张的内容，转为居室家庭的桌椅杯盘、茶炊案台、庭堂乐舞和戏曲娱乐，向家庭小世界内寻求稳定。

对于天国的精神崇仰为世俗的物质享受欲所代替，因而五代、宋绘画的主题从神佛转向贵族，再到市民日常生活风俗，宗教画日益为风俗画所取代。宋代石窟雕塑减损了数量和规模，消逝了宗教精神的庄严、神圣与热情，转为另外一种世俗的、人间的美。大足、麦积山、敦煌雕塑中那些面容秀丽妩媚、体态文弱动人的观音、普贤、文殊像，脱离了可畏可怖的神的形象，失去了宗教天国的神秘意味，走向和蔼可亲的普通人的形象，充满了人间的烟火气和世俗韵味，比唐代雕塑写实、逼真、可亲、可昵，流动着人间真情。尤其是观音像，常常是面庞柔嫩、星眼微眯、相貌俊美、肢体窈窕，成为人间的动人少女。晋祠雕塑中那些娇柔温丽的侍女像，更是人间妇女的真实造型，她们身上散发出温馨浓郁的生活气息。语言传播中，唐代寺院的经筵俗讲，演变和普及为宋代民间的说话。这种以广大市民为对象的近代说唱文学，已经拥有广阔的题材园地，它不再借佛国的神异物事来满足信徒们的猎奇心理，而是以描述人间生活的真实情状来供广大听众们消闲取悦。

五

唐宋艺术是中国艺术史上两个高峰，二者相比，可以看出风格上的明显差异，而用唐代艺术作为背景，能够凸显出宋代艺术的特色。由国运与文化气势所决定，唐人的性格开放、开朗、豪爽、壮阔，唐文化极其宽容、充满自信、开拓进取、一往无前，体现出博大的盛唐气象；宋人的性格沉稳、谨慎、内敛、封闭，宋文化十分温文尔雅、精致细密、纤弱敏感、妩媚婉转，体现出柔美的缠婉宋风。在这种时代趋势支配下，宋代艺术失去了唐代那种激扬亢奋的强烈情感冲击力量，它不像唐代艺术那样用整个身心去拥抱生活、去歌唱和赞美时代，而是在一种自然和社会的压挤状态下，向狭小锁闭的个人天地中寻求躲避、遮掩与心灵的慰藉。然而，相对于唐代艺术的粗放、单纯、质朴来讲，宋代艺术则推进到一种精巧、深沉、纯熟的境地，显示出审美心理的进化与成熟。

疆域收缩、心灵闭塞给宋人带来的直接影响是造成审美视界的狭小与内敛。就创作意象说，唐人的阔大、开展、充满生机，宋人的促狭、紧缩，况味深沉。唐人笔下的长江、黄河，是纵观上下、一览全流的景象，水流带有千钧之力、破竹之势，如“黄河之水天上来，奔流到海不复回”（李白《将进酒》），如“朝辞白帝彩云间，千里江陵一日还”（李白《早发白帝城》）；宋人笔下的长江、黄河，是断流、壅塞的景象，是“底事昆仑倾砥柱，九地黄流乱注”（张元干【贺新郎】），是“正目断、关河路绝”（辛弃疾【贺新郎】）。唐人之月，是海天之月，是万川之月，是“海上生明月，天涯共此时”（张九龄《望月怀远》），是“滟滟随波千万里，何处春江无月明”（张若虚《春江花月夜》）；宋人之月，是闲庭之月，是眼底之月，是“庭户无人秋月明”（张耒《夜坐》），是“云破月来花弄影”（张先【天仙子】），是“最堪爱，一曲银钩小”（王沂孙《眉妩》），是“绣帘开，一点明月窥人”（苏轼【洞仙歌】）。唐人喜游历，诗境多有对名山大川、自然意境的讴歌；宋人重人事，词境多有对朱栏绣栋、深径幽园的吟咏。唐人好新奇，追索新鲜事物，唐代边塞诗里有雄奇的塞外风光：“一川碎石大如斗，随风满地石乱走”（岑参《走马川行奉送封大夫出师西征》），“忽如一夜春风来，千树万树梨花开”（岑参《白雪歌送武判官归京》）；宋人梦臆不到，宋人有的只是对于身边熟悉景物、细碎琐事的流连与关切：“梦后楼台高锁，酒醒帘幕低垂”（晏几道【临江仙】），“翠叶藏莺，朱帘隔燕，炉香静逐游丝转”（晏殊【踏莎行】）。唐人自强、自信，自恃“天生我材必有用”，相信“长风破浪会有时，直挂云帆济沧海”（李白《行路难》）；宋人踌躇、无奈，哀叹“心曾许国终平虏，命未逢时合退耕”（苏舜卿《览照》），“却将万字平戎策，换得东家种树书”（辛弃疾【鹧鸪天】）。

与视界内敛的趋势相一致，宋人的审美标准由前朝的好勇尚武向文质彬彬转化。文化人和他们创造的文化在宋人心目中的地位扶摇直上，寒窗苦读的文人堂而皇之地取代了杀伐征战的武士，成为社会与时代推崇的美学风范。宋人只热心于通过科举的道路来求取荣誉和成功，把读书做官视作唯一的奋斗正途，平日沉湎于诗礼书画，日益朝向“文弱书生”的形象靠拢。他们鄙视武夫，视边地军事生活为畏途，唐人那种“功名只向马上取，真是英雄一丈夫”（岑参《送李副使赴碛西官军》）、“宁为百夫长，胜作一书生”（杨炯《从军行》）的雄豪价值观遭到了彻底摒弃。我们看唐代诗人写出那么多的《从军行》，吟唱出多少脍炙人口的豪勇诗句：“黄沙百战穿金甲，不破楼兰终不还”（王昌龄《从军行》），“孰知不向边庭苦，纵死犹闻侠骨香”（王维《少年行》），“醉卧沙场君莫笑，古来征战几人回”（王翰《凉州词》），虽苍劲而不苍凉，虽悲壮而犹进取，体现出向往边塞、向往在军事斗争中建功立业的积极昂扬心态。他们的实际行事也是持剑走马闯荡天下，足迹遍布塞北西域、天山葱岭。这种争胜心态到宋代以后丧失殆尽，转化为一种内在的畏缩、踌躕、恐惧心理。它改变了人们的价值尺度，如晁补之所说："便似得班超封侯万里，归计恐迟暮。"（【摸鱼儿】）宋人对于从军和边地生活带有先天的畏惧感，对于他们来说，军旅生涯是一种背井离乡、隔绝故土、家国渺远、久滞不归的炼狱生活，他们的足迹所覆也不及唐人的一半甚至更小，超出这个范围就会泛起莫名的瑟缩感。北宋的范仲淹仅仅在陕西延安抵御西夏，却吟诵出"浊酒一杯家万里，燕然未勒归无计"的诗句，于是牵动起"将军白发征夫泪"（【渔家傲】）的悲剧性联想。

南北战争的心理阴影和南宋国策的忍辱偷安，使得南宋人的创作里更平添了一股浓郁的悲剧性，一种万劫不复的历史悲凉情绪，不要说坚持抗战的志士仁人如此，即便一般吟咏风花雪月的人亦是如此，这在唐人那里了无踪影。我们看，张孝祥说："追想当年事，殆天数，非人力。"（【六州歌头】）陆游说："早岁那知世事艰，中原北望气如山"，"塞上长城空自许，镜中衰鬓已先斑"（《书愤》）。吕本中说："只言江左好风光，不道中原归思转凄凉。"（【南歌子】）在这种不可逆转的历史大势面前，一些性刚之人则产生出有志不得伸的强烈激愤："江南游子，把吴钩看了、栏杆拍遍，无人会，登临意。"（辛弃疾【水龙吟】）"念腰间剑，匣中箭，空埃蠹，竟何成。"（张孝祥【六州歌头】）浓郁的哀感情绪，使得宋人对于亲身建功立业失却了雄心与豪情，仅余一丝梦魂之中的无望牵挂，所谓"铁马冰河入梦来"（陆游《十一月四日风雨大作》），所谓"王师北定中原日，家祭无望告乃翁"（陆游《示儿》）。在这种历史语境中，宋人最喜言愁："载不动许多愁"（李清照【武陵春】），"怎一个愁字了得"（李清照【声声慢】），甚至无端闲愁时就涌上笔端："一场愁梦酒醒时，斜阳却照深深院。"（晏殊【踏莎行】）"花自飘零水自流，一种相思，两处闲愁。"（李清照【一剪梅】）特殊的历史语境造成宋人特殊的文化心态，他们强作旷达："多少事，欲说还休。"（李清照【凤凰台上忆吹箫】）"醉里且贪欢笑，要愁那得功夫。"（辛弃疾【西江月】）但却抹不去那千丝万缕的郁闷情绪："才下眉头，却上心头。"（李清照【一剪梅】）这就是这个时代的心理氛围和艺术色调，缺乏开朗、明快、天真，欢歌笑语中隐含着苦意，强自消遣里掺杂着无可奈何的悲哀。

与宋朝转为婉约、深沉的时代精神相一致,宋代的艺术特质也朝向注重意态和内在神韵发展,形成一种新的审美思潮,它决定了宋朝一代艺术的成就,也影响了后世的历代艺术。

经由庄禅哲学与理学的过滤与沉淀,宋人的审美情感已经提炼到极为纯净的程度,它所追求的不再是外在物象的气势磅礴、苍莽浑灏,不再是炽热情感的发扬蹈厉、慷慨呼号,不再是艺术造境的波涛起伏、汹涌澎湃,而是对某种心灵情境的精深透妙的观照,对某种情感意绪的体贴入微的辨察,对某种人生况味的谨慎细腻的品味,这是识尽愁滋味之后,"却道天凉好个秋"(辛弃疾【丑奴儿】)的人生境界,是一种旷达、超然、深沉、内潜的人生态度的折光。宋代艺术在形貌上不取丰腴雄硕而取瘦削矍铄,在气质上不取浅表声容而取深潜意态,在神韵上不取春华之精而取秋叶之容。它如同汇集了千万条溪流之后的湖水,消失了激流漩涡,沉匿了浪音涛声,托浮而出的是饱涨、平静、清澈的水面,这是一种"玉鉴琼田三万顷,着我扁舟一叶"(张孝祥【念奴娇】)的境界,一种清波容与、波光荡漾、秋水般"表里俱澄澈"(张孝祥【念奴娇】)的境界。从而,意境、神韵就成为宋代艺术的重要美学范畴与特色。

宋人爱讲意境、韵味。释普闻说:"意从境中宣出。"(《诗论》)黄庭坚说:"凡书画当观韵。"(《题摹燕郭尚父图》)"书画以韵为主。"(《题北齐校书图》)所谓意境,唐代司空图解为"象外之象""景外之景""可望而不可置于眉睫之前"(《二十四诗品》)。所谓韵味,范温说:"有余意之谓韵。"(《潜溪诗眼》)它们共同的地方都是追求一种由外物形象自然触发而产生的审美情趣,用宋末严羽的话来讲,就是"言有尽而意无穷",是艺术品中一种深层的意蕴,它如"羚羊挂角,无迹可求","如空中之音、相中之色、水中之月、镜中之象","其妙处透彻玲珑,不可凑泊"(《沧浪诗话》)。对于艺术品言外之意的追求,自然就酝酿了宋代文人把"逸品"视为最上品的审美准则,它具体体现于北宋黄休复把绘画分为逸、神、妙、能四品并被士大夫视为定论上。所谓逸品,就是在法于造化、师于自然之上,作品还能够放逸出一股超尘脱俗之气,透示出深沉的人生况味与历史领悟。逸品展现了艺术家本人超然的生活态度和精神境界，与现实人生拉开了距离，因而显示出简古、淡泊、闲逸、平淡的审美意象，其中又包含有深远无穷的余味，令人感觉余音袅袅，有一唱三叹之效。追求言外之意、韵外之致，把逸品放在神、妙、能品之上，反映了宋代审美趋势从再现到表现、从写实到写意的转化。

对于意境、韵味的追求，势必导致艺术风格的日益趋于平远幽淡，所谓“行于简易闲澹之中，而有深远无穷之味”（范温《潜溪诗眼》），所谓“作诗无古今，惟造平淡难”（梅尧臣《读邵不疑学士诗卷》），所谓“古淡有真味”（欧阳修《再和圣俞见答》），所谓“寄至味于澹泊”（苏轼《书黄子思诗集后》）。我们看传世宋人山水，无一不体现出淡泊静谧、幽深渺远的浓郁意境，其题材多为雪景寒林、渔村小雪、秋江瞑泊、烟岚萧寺、寒江独钓等，透示出幽远、静谧、闲逸、疏淡的意境，追求一种旷远清空、远离人世的超尘脱俗感，其中又以水墨山水画为主流，更为突出萧索寥落的空寂感，物化出天人相融、物我两忘的人生哲理，染有浓郁的禅意道心。

典雅平淡是宋代艺术追求的最高境界，而宋瓷又最能代表它的这一风格。宋瓷的造型质朴平易，很少有繁缛的装饰，色彩晶莹透亮、清淡纯一。这种风格从南青北白的五代十国瓷即已奠定，类银类雪的邢窑瓷、似玉似冰的越窑瓷成为宋瓷最好的先声。尽管在瓷质、釉料和色彩上，各地宋瓷的风格诡谲多变，但清纯雅洁却是它们一致的趋势，无论是汝窑瓷的天青葱绿，官窑瓷的古典雅洁，哥窑瓷的粉青开片，钧窑瓷的乳光焰红，磁州窑瓷的白釉黑彩，耀州窑瓷的青釉刻花，吉州窑瓷的黑釉玳瑁，龙泉窑瓷的粉青梅青，景德镇窑瓷的青白印花，建窑瓷的兔毫油滴，都充分体现了宋瓷的这一突出风格特征。如果拿唐三彩与宋瓷相比，则前者繁缛华丽，后者清淡幽雅；前者粗犷豪爽，后者严谨含蓄；前者情感奔放，后者思致深微。宋瓷可说是一洗绮罗香泽之态，摆脱绸缪婉转之度，真正达到了雅淡精纯的艺术境界。宋瓷的特征在宋代艺术中有着广泛的代表性，可以说，平淡典雅是宋代一切文人艺术所追求的境界。

六

由于正统观念支配社会，宋代士大夫的雅艺术始终是占统治地位的艺术，但经过北宋宣和年间的充分酝酿，市民阶层喜闻乐见的通俗文艺日渐强大到足以与文人士大夫的高雅文艺、书斋美学分庭抗礼，独树一帜，到南宋终于正式实现了文学艺术的雅俗分流。这次雅俗分流对于中国美学发展史产生了深远影响，为宋以后市民通俗文艺指出了方向，突破了传统雅文学的规范。雅俗艺术都对金代产生深刻影响，尤其是民间文艺，在金代相对松弛的文化环境中，没有传统礼教和新兴理学的束缚，发展得更为蓬勃兴盛。

士大夫艺术与市民艺术的审美追求是不同的。士大夫追求的是内心宁静、清静恬淡、超尘脱俗的生活，这种以追求自我精神解脱为核心的适意人生哲学，使得中国士大夫的审美情趣趋向于清、幽、寒、静，自然适意、不加修饰、浑然天成、平淡幽远的闲适之情，乃是士大夫追求的最高艺术境界。市民艺术追求的却是世俗的欢乐、肉欲的横流、男欢女爱的生活，这种人生哲学与生活态度把人们的审美情趣导向轻佻放荡、庸俗刺激，它使人们喜爱那种色彩鲜艳的绘画、轻灵飘荡的音乐、挑逗粗俗的小曲，以精细、逼真、生动、形象为美。士大夫与市民艺术的这种情趣差异构成宋代艺术的雅俗分途，构成宋代艺术的审美二极。

宋代艺术审美二极呈现的一个明显特征为：离形得似与精细入微两种审美境界，同时成为绘画原则而指导了不同的艺术实践，前者主要体现在文人画中，后者主要体现在院体画中。

为体现个体的情感和审美追求、体现个性，文人画家在风格上推崇逸品，在手法上提倡写意传神。无论是欧阳修《盘车图诗》中说的“古画画意不画形”“忘形得意知者寡”，还是苏轼《书吴道子画后》里说的“得之于象外”，抑或沈括《书画》里说的“得心应手，意到便成”，都在强调一种以神会不以形求的绘画原则：只要传达出了某种高雅的审美情趣，绘画就达到了目的，不在于形绘的毛发逼肖，后者往往是下等工匠的做法。所以沈括在《书画》中说：“书画之妙，当以神会，难可以形器求也。世之观画者，多能指摘其间形象、位置、彩色瑕疵而已，至于奥理冥造者，罕见其人。”“此乃得心应手、意到便成，故造理入神，迥得天意，此难可与俗人论也。”苏轼也在《书鄢陵王主簿所画折枝二首》里说：“论画以形似，见与儿童邻；赋诗必此诗，定非知诗人。”以神会而不以形求的美学原则，出自晚唐司空图《二十四诗品·形容》

中“离形得似”的理念。由于它提出了一种脱略形迹、以气韵为主的审美观照原则,超出了市俗绘画拘泥于形貌的束缚,便于创作者寓神于形、一吐胸中虹霓之气,因而为文人画家所推崇。欧阳修说:“萧条淡泊,此难画之意。画者得之,览者未必识也。故飞走迟速,意浅之物易见,而闲和严静,趣远之心难形。若乃高下向背,远近重复,此画工之艺尔,非精鉴者之事也。”(《试笔·鉴画》)这种脱略形迹、追求象外意境的思想,成为宋代美学的主要思想潮流。宋代文人画的代表人物苏轼的著名画作《枯木怪石图》,逸笔草草,失形存意,是其重神轻形美学思想的生动体现。在书法领域,文人则推崇尚意书法。从尚法到尚意,书法已经走过了它的初期模拟阶段,而进入随心所欲进行个性发挥的时代。宋人书法四大家苏黄米蔡的创作,标示了尚意书风的确立,无论是苏轼的丰肥圆润、浑厚爽朗,黄庭坚的中宫紧收、四缘发散,米芾的承意放肆、沉着飞舞,还是蔡襄的端庄正丽、健而洒脱,都充分体现了个性与个体精神的突起。

就在以离形得似自我标榜的文人画风靡时,精细入微的院体画风也在继续发展。院体画受到市井美学趣味的影响,注重诗意的形象展现,观察物象的细致入微,以及写实表现的逼真精切,其画作的精雕细刻,对日常细微自然景物的体会之深,令人叹为观止。邓椿《画继》卷十所载宋徽宗能区分月季花“四时朝暮花蕊叶皆不同”“孔雀升高,必先举左”的例子,说明了对于客观观察的重视。《画继》还载有一幅院画,其中宫女“以箕贮果皮作弃置状,如鸭脚、荔枝、胡桃、榧栗、榛芡之属,一一可辨,各不相因”,他因此感叹“笔墨精微有如此者”。审美评价精细入微到如此程度,于是柔细纤纤的工笔花鸟画很自然地成了这一标准的最好体现和独步一时的艺坛冠冕。院体画注重形似与细部真实的原则,与文人画的离形得似原则恰好背道而驰,因此,被文人画推为最能表现人的内在精神蕴含的逸品,在画院标准中则被判为二等,置于神品之下。

宋代艺术的雅俗分途,还明显体现在诗与词的功能区分上。词是从市井文艺中产生的艺术样式,为文人所喜爱,将其引入了文学殿堂。然而,由于受到市井艺术的深刻影响,文人在写词时仍然把它作为排遣俗世之情的载体,而把诗作为抒发高尚之志的寓情物。

诗作为传统言志传情的工具，到了宋代，由于庄禅与理学之风的渗入，渐渐失却了其原初的天真与清新，多了折皱与筋脉。宋人好以议论入诗，在诗中说理谈禅，虽然给人以思致精微之感，但也增加了学究气与头巾气，反之就是丧失了诗的纯真、生动与明朗。与唐诗相比，前者才气发扬，后者思虑深沉；前者多以丰神情韵擅长，后者多以筋骨思理见胜；前者充满青春朝气，后者满布迟暮之感。虽然思理较之情韵显得成熟，然而却减弱了艺术的才情与灵性。就在宋诗日益走向议论一途，成为文人以一本正经面目出现的东西之时，它的言情功能恰恰为新起的词所代替。

词与诗的不同在于，它是在市井灯红酒绿环境里培养起来的艺术样式，它最初只写男女之情，后来境界逐渐扩大，但仍以抒情为主，温馨香艳、倚玉偎香、婉转软美，所谓“词为艳科”，与诗自然形成题材和风格上的分工。在正襟危坐、儒雅端庄、高谈阔论、言志咏怀状态下创作出来的宋诗成为大雅正声之际，长于表现文人士大夫个体内心世界微妙细腻感受，专供私第歌宴绿软红柔环境里吟咏演唱的词，就独占了言情的鳌头。在诗里身洁志高、壮怀激烈的正经文人，到了词里就不妨松懈一下内心的道德防线，轻松地进行一次情调调侃甚至猥亵。两种创作态度使得诗、词二途判然而别，诗的形象正如理学家在板着面孔训诫，词的形象则如人性的本色那样新鲜活泼。我们读宋人的文集总有一种强烈的感觉，一些注重身份名誉的名公大僚，他们出现在诗和词中的形象是有着显著差异的，晏殊就不用讲了，以清绝之词助妖娆之态；即使是写出“忧劳可以兴国，逸豫可以亡身”（《五代史・伶官传序》）这样政治抱负极高的文句，以改革天下弊政为己任的欧阳修，也长于撰写小词，也有“弄笔偎人久，描花试手初”（【南歌子】）这样的艳词媚语；即使是司马光这样的恂恂大儒，以老成持重为人称道，也有“宝髻松松挽就，铅华淡淡妆成”（【西江月】）这样的妆奁之情；即使是苏轼这样“曲子中缚不住者”，突破与拓展了词境，也不缺乏“人未寝，倚枕钗横鬓乱”（【洞仙歌】）这样侧艳香柔的情调。

宋人把词与诗分开，词和诗有一定的分工，对于那些便于纵横驰骋地展开议论或说理的题材，主要用诗来写，词则被用于写男女恋情。宋诗和宋词的分途，恰恰体现了人性的两面，体现了人性的分裂，体现了情与理的两极，也体现了雅与俗的分途。

就在雅俗分流不可阻挡的历史趋势中,宋代的市井艺术发育成熟并走上了独立的发展道路。它在中国艺术史上第一次凸显出来,以自身强烈的审美特征,吸引了社会广大民众的兴趣,甚至也吸引了士大夫的目光。市井艺术在街头巷尾孕育产生,于瓦舍勾栏发育成形,生长于缺少正统观念约束的底层市民环境,有着自由不羁的性格,它新奇生动、俚俗浅显、活泼诙谐、色情惊险、香辣浓郁、生机勃勃,为中国艺术史注入了一股强劲、鲜活、充满青春朝气的新鲜血液,并日益发展得汹涌澎湃。

市井艺术的一个特色是将传统文艺对自然、事功的关注融入对人世生活的津津品味之中。市井艺术甩开了士大夫审美情趣、政治理想的包袱,"极摹人情世态之歧,备写悲欢离合之致",将目光放在了普通的世俗人情上,那些从来不登大雅之堂的社会下层人物及其命运,堂而皇之地出现在其中而受到切近的注目。从诗到词再到叙事说唱,日益从对外在物象的描绘过渡到对人类社会的关切,从对自然的关注过渡到对于人世的倾注,从对客观世界美感的把握过渡到对日常生活甜美温馨的感受。在市井艺术里,有带着香艳肉欲色彩但体现了一定平等互爱观念的男女性爱,有对物欲追求表现出赤裸裸兴趣但强调正当商业贸易秩序的人生追求,有出自强烈猎奇心理但表现了人间正义的公案神怪,尽管充满了小市民的种种卑琐、低级、庸俗、无聊、浅薄、阴涩,远远不能与文人士大夫艺术趣味的高雅、恬淡、静谧、纯净相比,但它情节处理的生动性、技巧掌握的高超性、描写手段的精确性、艺术形式美的通俗性,都在与市井观众、听众反复交流的长期实践中提炼到了极其准确到位、合宜适度的程度,因而具有强烈的艺术感染力,所谓"最畏小说人,盖小说者能以一朝一代故事,顷刻间提破"(灌圃耐得翁《都城纪胜》)。《醉翁谈录》卷一描述出了说话艺术的效果和感染力:"说国贼怀奸从佞,遣愚夫等辈生嗔;说忠臣负屈衔冤,铁心肠也须下泪;讲鬼怪令羽士心寒胆战,论闺怨遣佳人绿惨红愁;说人头厮挺令羽士快心,言两阵对圆使雄夫壮志。"市井艺术这种充满生命活力的本质特性,使它一旦出现,立即结束了高雅艺术在一切领域的无上统治,开辟出一方广大的民间天地。

市井艺术的另一个特色是对于审美对象的把握从笼统化之到逼近审

视。与大而化之的唐诗相比,纤细柔媚的宋词已经朝向捕捉更为细腻的官能感受和情感色彩发展,宋代说唱艺术则更加追索到人的生活情感的丰富性与鲜活性。人们常说:诗境浑厚,词境尖新,曲境畅达;诗重含蓄,词重婉约,曲重通俗。宋代说唱艺术的曲文,酣畅明达、直率痛快,常常是用白描的手法,对于俗世的、日常的、普通的生活场景进行亲切逼真、淋漓尽致的敷叙,说唱艺术在篇幅上的解放则为它的功能的解放提供了前提条件。诗和词都是以一首咏一事,以一首描一境,因此或含义阔大而失之于境界浑莽,或形象细腻而失之于意象琐细。魏晋志怪小说与唐代文人传奇以短篇文言为载体,拘于遣词造句、抒情状物。宋代说唱艺术却是用广博的篇幅、酣畅淋漓的通俗语言来歌咏一个完整的故事——诸宫调以多套联曲歌咏一事,南戏以多场次演出表演一个长篇情节,小说更以无限制的篇幅叙说一个故事,因而它们得以在体内既充分展开恢宏的时间和空间,又对于所描绘对象、事物、情节进行具体、逼近、细致、精巧的状摹。市井艺术的这个长处使得它便于敷写人生命运、悲欢离合,因而开创了叙事艺术的崭新局面。

市井艺术的再一个特色是在表现技巧方面减弱了抒情性,增强了叙事性。中国诗歌艺术具有传统的抒情性,却缺乏典型的叙事诗,这一特点到了唐代变文开始打破,发展到宋代的市井说唱,对于情节的敷写和对于生活情态的状摹成为一大特色。宋代叙事艺术的勃兴,致使其涵盖了众多的表演样式,不但从杂剧、杂扮、诸宫调、唱赚、傀儡戏、影戏到南戏是这样,即使是历来以抒情与节奏为特征的舞蹈,也从唐代的纯粹形态过渡到了叙事形态,我们看宋代大曲舞多以故事为本,在它的长篇结构中往往夹杂了一个到数个历史或神话故事的情节,诸如鸿门宴、巫山神女、公孙大娘舞剑器等;即使是民间社火舞队、抬阁,也变成了包含有故事情节在内的历史和传说人物的造型展览,舞队是孙武子教女兵、穿心国入贡、回丹阳、十斋郎,抬阁是渔父习闲、竹马出猎、八仙过海。叙事性与情节性的加强满足了市井小民对于猎听传闻的爱好与兴趣,使得市井艺术拥有了最大的普及率和观众人数,这一点是其他任何艺术都无法比拟的。

市井艺术从俗世需要的角度改变了社会的审美情趣。如果说唐诗更多展现的是诗人的个体胸怀与社会抱负,宋词更多展现的是词人的私人情怀与心境意绪，宋代说唱艺术和表演艺术展现的则是市民社会的公众心理和集体企盼。如果说宋词和宋人山水画更多展示了文人的襟怀和意态，宋代通俗文艺则描绘了近代市井生活的风俗人情，展开了一幅幅虽平淡无奇却五花八门、虽平凡琐细却多彩多姿的社会风习图画。市井艺术把人世间世俗生活的方方面面，用生动细腻的语言和形象，描绘得那样富丽流光、新奇壮观、鲜活美味、富于吸引力和诱惑力，从而召唤市井小民去充分地享受生活、感受人世的温馨，它就得到了这支日益扩大的读者和观众队伍的支持与关怀，它同时也就为自身确立了在艺术殿堂中不败的地位。

（原载《文艺研究》2002 年第 1 期）

两宋时期表演艺术的时代性辉煌

一、承上启下的五代十国宫廷艺术

唐朝由于国力的强盛和对于西域表演艺术的大规模吸纳，促进了自身艺术的极大发展。历代帝王的好尚与重视，使得唐朝宫廷乐部机构从规模到建制都日益扩大，得到逐步充实与完备，并在唐玄宗李隆基时期达到了历史的最高峰。以后，随着安史之乱及之后长期的藩镇割据，唐朝宫廷力量日渐削弱，宫廷艺术也开始走下坡路。但是，各地拥兵自重的军阀却都模仿宫廷式样，建立起自己的地方乐部机构，有些还很完备。

907 年唐朝灭亡，历史进入五代十国时期。所谓五代十国，即相继统治中原地区的五个比较大的割据政权后梁、后唐、后晋、后汉、后周，以及主要分布于南方的十个较小的割据政权吴、吴越、南唐、楚、闽、南汉、北汉、前蜀、后蜀、荆南。五代十国是中国历史上一个大分裂的时期，在半个世纪中，军阀混战，政权更迭。各个割据政权的统治者，或者朝不虑夕、日耽淫乐，或者偏安一隅、歌舞升平。只要有一定的条件，这些小朝廷的君主一般都要沿袭唐代的做法，建立起教坊机构，豢养众多的乐伎、舞人和优人。五代十国各割据政权的乐舞机构和建制，都是从唐代承袭而来，虽然已经远远没有唐朝宫廷的规模和气魄，但仍然保留了唐代的风范。

唐代许多著名的大曲乐舞段子，在五代一些小朝廷中都有保留和传存，例如唐代著名宫廷软舞《绿腰》（即《六幺》），就在南唐得到流传，我们今天看到的南唐画家顾闳中的名画《韩熙载夜宴图》中即绘有当时的名伎王屋山舞《绿腰》的轻盈舞姿。清人吴任臣编《十国春秋·前蜀本纪》还载有前蜀宫廷乐人文武坚善舞唐代著名大曲《剑器》,被蜀主王建收为养子的事。唐代著名大曲舞蹈《霓裳羽衣》,虽然经过战乱已经失传,但还留有残谱,宋代陆游《南唐书·昭惠国后周氏传》说,南唐后主李煜的皇后周氏还对其进行过整理,然后用琵琶演奏;宋代张唐英《蜀梼杌》卷上载,前蜀主王衍也曾于乾德五年(923)宴于怡神亭时,自己手执拍板伴奏,高唱一段《霓赏羽衣》曲,引来鸟雀数百;《新五代史·崔棁传》载,后晋高祖石敬瑭于天福五年(940)命崔棁制乐,崔棁也吸收了《霓裳法曲》的成分。宋初循旧制,设教坊,所奏乐曲十八调四十大曲,这些大曲大都是经由五代各小朝廷保存下来的唐朝宫廷乐舞。

唐代盛极一时的优戏,尤其成为这些倏忽而逝的小朝廷中颓废君王赖以度日的添加剂,各政权中都豢养有许多优人来供统治者追欢买笑,一些君主甚至终日混在优人队伍中,亲自粉墨登场。由于政治混乱,仪礼残缺,这些政权中的宫廷优人具有了较正常社会秩序中大得多的活动空间,于是他们参与政治、控制君王,甚至发动政变,扮演了历史主人的角色。

在五代十国的众多小朝廷里,中原政权的后唐庄宗、东南和西南地区的历届国主十分注重舞乐和优戏的发展,应该在此重点叙述。

(一)后唐庄宗

中原各个政权是在唐王朝版图的中心部位形成的政权,有些政权如后梁和后唐还曾一度直接操纵唐室,所谓"挟天子以令诸侯",因而唐宫舞乐机构人员或被他们掠去,或逐渐集于其麾下。这些政权既以正统自居,于是就都比较注重宫廷乐部机构的设置和扩充,各自都保持着类似于唐代教坊和太常寺的建制,也能演奏许多唐代雅乐和大曲,表演出色的优戏。

中原政权的国主大多起于军阀,文质粗劣,又都在急速而匆遽的政权更迭中忙于攻伐和自保,无暇顾及自己的文化修炼,因而一般都昧于音律词章。但却有一个人例外,这就是后唐庄宗李存勖。李存勖虽然出身沙陀,然而却精通音律,擅长度曲,《旧五代史·唐书·庄宗纪第八》注引《五代史补》说:"初庄宗为公子时,雅好音律,又能自撰曲子词。其后凡用军,前后队伍皆以所撰词授之,使揭声而歌之,谓之御制。”今天仍然能够见到庄宗所作曲词【一叶落】【忆仙姿】【歌头】等。《五代史平话·唐话》卷下说,庄宗建都洛阳,宫中优戏盛行,他本人“好优伶之戏,或时自付粉墨,与伶人共舞于庭”。《五代史·唐书·庄宗纪》记载了一则实例,很能说明问题:庄宗皇妃刘氏的父亲刘叟为卖药占卜之人,庄宗于是装扮成刘叟的模样,背着药包,让儿子提着破帽相随,来对刘妃进行取笑,气得刘妃鞭打儿子一通。庄宗平时宠幸优伶,荒疏政治,时而因优乱政。《资治通鉴》卷二七三说,庄宗喜欢的优人周匝,曾一度被后梁掳去,他时常思念,后来唐军攻破梁都,周匝返回,他十分高兴,殷殷询问,周匝泣诉别情,说是曾得到梁朝两位小臣教坊使陈俊和内园栽接使储德源的帮助,请求庄宗封他们为州刺史,他立即照办,此时班师的唐军将士都未封赏,庄宗先为自己的宠优而赏降臣,引起众怒。庄宗的这种嗜好,推动了后唐优戏的繁荣,其结果一直影响到以后北宋宫廷杂剧的成就。庄宗一生宠幸优伶的结果,是最后为伶人所杀,尸体还被杂入乐器堆中焚化,具有极深刻的讽刺意义。

(二)吴、南唐、吴越

与中原地区屡遭践踏相比,东南和西南地区则相对安定,盘踞江、浙、皖和两湖地区的吴、南唐、吴越,盘踞四川、陕南、甘南地区的前蜀后蜀,都凭借着自然隔绝的地理条件,使经济文化得到发展。统治者偏安一隅,醉舞酣歌,客观上促进了舞乐文化的兴盛。

吴国政权居地南京,其时盛演参军戏。《资治通鉴》卷二七〇后梁贞明四年(918)载:“知训狎侮吴王,无复君臣之礼。尝与王为优,自为参军,使王为苍鹘,总角弊衣、执帽以从。”这是一则很出名的政治事例,权臣徐知训不仅逼迫吴王杨隆扮演参军戏,而且还让他装扮成下贱的角色苍鹘来捉弄戏侮他,臣犯君纲达到如此严重的地步,历史上十分少见,因此诸多史籍如《新五代史·吴世家》、宋人姚宽《西溪丛语》引《吴史》都有载录。

徐知训的义兄徐知诰(本名李昪)篡吴,改国号为南唐。李昪以唐室正宗为标榜,于典章制度各方面极力模仿唐朝,也建立起宫廷乐部机构,歌舞升平,观优赏乐。他生前宠幸优人申渐高,死后还在墓中以舞人俑和优人俑陪葬[①],开王公之先例。中主李璟、后主李煜先后继位,他们都沉湎于声色享受,昧于理政。他们都是一代著名词人,都写出了艺境绝佳的词作。在他们身边,聚集了一批词人墨客,终日吟哦词章,品点声律,写出新词即付于歌伎演唱,助宴添欢,南唐人陈世修《阳春集序》所谓“金陵盛时,内外无事,朋僚亲旧或当宴集,多运藻思为乐府新词,俾歌者倚丝竹而歌之,所以娱宾而遣兴也”。宋人马令《南唐书》卷二十五说,李璟好游,平时优人常从,“宴乐击鞠不辍”,宠幸优人李家明、王感化。《宋史·南唐李氏世家》载,宋太祖赵匡胤登基后,发兵征讨李重进,李璟恐惧,“遣其户部尚书冯延鲁贡金买宴,并伶官五十人作乐上寿”,希望通过供奉优伶来延续自己的统治,这说明当时南唐的优戏是比较发达的。李璟死后也照样在墓中以舞人俑和优人俑陪葬[②]。后主李煜的两个弟弟韩王从善、吉王从谦文学修养都极高,李煜的两位妃子大、小周后也都多才多艺,据陆游《南唐书·昭惠国后周氏传》说,大周后“通书史,善歌舞,尤工琵琶”,一次雪夜酣宴,举杯邀请李煜起舞。李煜说,你能创为新声即可。大周后于是当场“命笺缀谱,喉无滞音,笔无停思,俄顷谱成,所谓【邀醉舞破】也”。生活在这样的环境中,李煜的个人素质可知,《新五代史·南唐世家》说他“善属文,工书画”。李煜尤爱歌舞,清人毛先舒《南唐拾遗记》说,李煜的宫嫔窅娘以纤丽善舞著称,李煜曾令她以帛缠脚,足弓纤纤,着素袜在六尺高的金莲台上翩翩起舞,一时追随者成风。

吴越避地浙江,远离中原战乱,宫廷优戏演出活跃,时而借演戏讥讽不法大臣,宋人郑文宝《江表志》里记载了几则此类逸事,极其开人耳目。例如魏王徐知训镇宣州,行苛政,入宫朝觐时,宫廷伶人扮作宣州土地神模样,演戏讽刺他连地皮都掠来了。张崇帅庐州,横征暴敛,入觐观戏,优人扮为阴间府判,判他去“焦湖百里,一任作獭”。

(三)西蜀

前蜀王建,起于利州(今四川广元)刺史,逐渐取得全蜀的霸业。西蜀与

① 参见南京博物院:《南唐二陵发掘报告》,北京:文物出版社,1957年。

② 同上。

东南一样较为偏安，政局较稳，君主又都爱好文艺，因此也聚集了一批文人词客，形成当时与东南并立的另外一个经济文化中心。王建喜好歌舞俳优，自立为帝前，就宠幸一批优人。唐代高择《群居解颐》、五代孙光宪《北梦琐言》都说，有一名为王舍城的优人，为滑稽之尤，尤为王建所宠爱，出征攻伐都不离左右。《十国春秋·前蜀本纪》说，王建生前还曾收善舞《剑器》的艺人文武坚为养子，赐名王宗阮。王建死后，他的墓棺座基上还浮雕出完整庞大的宴乐乐队，一共雕有 24 个坐姿乐伎，手持各种乐器进行演奏，所持乐器有排箫、箫、笛、觱篥、箜篌、琵琶、吹叶、螺、钹、腰鼓、羯鼓、鼗鼓、拍板等，显示出蜀政权乐舞机构的发达。

王建之子王衍继位，荒靡无度，《新五代史·前蜀世家第三》说他"颇知学问，能为浮艳之词"，"常自歌而使宫人皆和之"。今天仍能见到王衍所作宫词【醉妆词】等。《旧五代史·僭伪列传第三》说他"构怡神亭，以佞臣韩昭等为狎客，杂以妇人，以恣荒宴。或自旦至暮，继之以烛"。宋代田况《儒林公议》记载他曾亲作《折红莲队舞》，华奢至极。五代孙光宪《北梦琐言》说他："蜀主裹小巾，其尖如锥。宫妓多衣道服，簪莲花冠，施脂夹粉，名曰'醉妆'。自制【醉妆词】云云。又尝宴于怡神亭，自执板，歌【后庭花】【思越人】曲。"《新五代史·唐臣传·毛璋传》还说到他宫中"宫戏"盛行。种种史录，衬托出一个耽溺于笙歌酒宴之中的昏聩君王形象。

后蜀孟昶，词才亦高，清人张思岩辑《词林纪事》卷二引《温叟诗话》，说孟昶"尝夜同花蕊夫人避暑摩诃池上，作【玉楼春】词"。孟昶宫中优戏兴盛，宋人张唐英《蜀梼杌》卷下载有广政元年(938)孟昶宴从官于成都玉溪院，"俳优以王衍为戏"；广政三年(940)六月，教坊部头孙廷应、王彦洪，纠结起十二人，准备在侍宴优戏演出时发动政变，用所持木杖尽杀诸将，因事泄而败等事例。孟昶的儿子孟玄喆更是终日混杂于优人队伍中，置国家大事于不顾。《宋史·西蜀孟氏世家》说，宋乾德二年(964)赵匡胤遣将伐蜀，孟玄喆发兵抵敌，"但携姬妾、乐器及伶人数十辈，晨夜嬉戏，不恤军政"，遂至西蜀亡于宋。宋初设立教坊机构，其乐人来源以西蜀为多，尤能反映蜀地戏乐之盛。

二、盛大的宋朝宫廷宴乐

(一)北宋宫廷宴乐机构的设立

五代十国时分散于各割据政权的舞乐和戏剧力量,与各地不平衡的舞乐和戏剧发展因素,随着宋王朝的统一和宋朝廷所采取的文化政策,被集中起来,获得全面发展。北宋继承周祚,定都汴京,在宫廷乐部制度上沿袭旧制,设教坊四部乐。宋太祖、宋太宗在出兵征讨七国时注意将各国乐人和艺人搜括入京,使天下乐工得以集中在汴京,汴京宫廷里会聚了全国最为优秀的各类表演艺人。元代马端临《文献通考》卷一四六乐十九"俗部乐·女乐"条记载此事说:

> 宋初循旧制,教坊凡四部。其后平荆南得乐工三十二人,平西川得一百三十九人,平江南得一十六人,平太原得一十九人,余藩臣所贡者八十三人,又太宗藩邸有七十一人,由是四方执艺之精者皆在籍中。

天下优秀乐工都被集中到汴京,就为汴京表演艺术的发展提供了前提。

教坊职掌岁时宴享演出,也就是说,在年节庆典时、皇族寿诞时、招待外国使臣宴会时,由其主持表演节目,其内容属于俗乐,包括器乐、歌唱、舞蹈、戏剧、杂技等。教坊演出的是宴乐,与太常寺所职掌而在正规朝会时演奏的宫廷雅乐相对应。

教坊之外,宋太祖赵匡胤又建立了箫韶部(后改为云韶部),最初由降服的南汉宦官里挑选出80位有表演才能者充任,以后就由宫中宦官沿袭承担。箫韶部属于皇帝的私用乐团,专门在宫内宴会时表演节目。宋代陈旸《乐书》卷一八八"乐图论·俗部·杂乐·云韶乐"条说:

> 圣朝开宝中平岭表,择中人警悟者得八十员,置箫韶部,使就

教坊习乐。至雍熙初改为云韶焉。以宫寺内品充之。凡歌员三，笙、琵琶、筝、拍板员各四，方响员三，笛员七，筚篥员各二，杂剧员二十四，傀儡员八。每正月望夜及上巳、端午观水嬉，命作乐宫中，冬至、元会、清明、元社，宫中燕射用之。

从记载中可以看出，云韶部演出由三部分人组成——歌唱者、器乐演奏者和扮戏者，扮戏者又分为杂剧演员和傀儡戏演员。这说明早在北宋初期，汴京宫廷宴会演出已经世俗化了。

宋太宗赵光义即位后，留意于宴乐。一方面，《宋会要辑稿·乐五·教坊乐》说他对于当时流行的曲调进行了加工整理以及再创造的工作；另一方面，他又陆续增设了几个宫廷宴乐机构。太平兴国二年(977)，他把军队里的善乐者征集到一起，组成一个叫作引龙直的乐部机构，淳化四年(993)改名为钧容直，负责跟随皇帝出行时表演节目，设额 434 人。也是在太平兴国中，又选东西班善乐者为东西班乐。于是成为宋朝一代之制。

宫廷之外，诸军有诸军乐，诸州府都有衙前乐，它们一起构成宋代官方表演机构，成为宋代表演艺术兴盛的重要原因。

(二)北宋宫廷宴乐的盛景

北宋宫廷活动配乐继承唐代传统，《宋史·乐志十七》说："凡祭祀、大朝会则用太常雅乐，岁时宴享则用教坊诸部乐。"例如每春秋圣节三大宴，皇帝与群臣一起饮酒庆贺，都于酒次使用教坊乐助兴。元人马端临《文献通考》卷一四六、《宋史·乐志十七》分别对其有着记载，宋人孟元老《东京梦华录》卷九"宗执亲王宗室百官入内上寿"条更对其表演场景有着具体的描述。本文仅以《宋史·乐志十七》为例：

每春秋圣节三大宴：其第一、皇帝升坐，宰相进酒，庭中吹觱篥，以众乐和之；赐群臣酒，皆就坐，宰相饮，作【倾杯乐】；百官饮，作【三台】。第二、皇帝再举酒，群臣立于席后，乐以歌起。第三、皇帝举酒，如第二之制，以次进食。第四、百戏皆作。第五、皇帝举酒，如第二之制。第六、乐工致辞，继以诗一章，谓之“口号”，皆述德美及中外蹈咏之情。初致辞，群臣皆起，听辞毕，再拜。第七、合奏大曲。第八、皇帝举酒，殿上独弹琵琶。第九、小儿队舞，亦致辞以述德美。第十、杂剧罢，皇帝起更衣。第十一、皇帝再坐，举酒，殿上独弹琵琶。第十二、蹴踘。第十三、皇帝举酒，殿上独弹琵琶。第十四、女弟子队舞，亦致辞如小儿队。第十五、杂剧。第十六、皇帝举酒，如第二之制。第十七、奏鼓吹曲，或用法曲，或用龟兹。第十八、皇帝举酒，如第二之制，食罢。第十九、用角抵，宴毕。

皇帝与群臣一边饮酒，一边观赏器乐、歌舞、戏剧、杂技、体育表演，循循有度，其乐陶陶。春秋盛节大宴是正规的朝廷宴乐，其礼乐节次都有固定的规范，不得随意。皇帝平时观看的演出就不同了，可以根据表演需要来随意安排空间和时间，场面就会更加红火热烈。《东京梦华录》卷七“驾登宝津楼诸军呈百戏”条详细描述的三月清明宋徽宗观看的诸军百戏表演，就是一次很好的实例。

（三）宫廷和官方表演与民间的渗透

宋代宫廷和官方乐部机构，除了为朝廷与官府服务，也时而与民间百姓见面。例如每逢年节庆典，宫廷与诸军、各州府衙前乐都在京城以及各大都市举行公开演出，形成普天同庆的盛大场景。其中最为重要的节庆是元宵节，《东京梦华录》卷六载，元宵之夜，“（宣德）楼下用枋木垒成露台一所，采结栏槛”，“教坊、钧容直、露台弟子，更互杂剧”，“百姓皆在露台下观看”；到了十六日晚上，“（大相国）寺之大殿前设乐棚，诸军作乐”，汴京“诸门皆有官中乐棚，万街千巷，尽皆繁盛浩闹”。城市里的重要庙会活动也是如此，例如《东京梦华录》卷八载，六月二十四日神保观二郎神生日，“于殿前露台上设乐棚，教坊、钧容直作乐，更互杂剧、舞旋”，“社火呈于露台之上……自早呈拽百戏，如上竿、趯弄、跳索、相扑、鼓板、小唱、斗鸡、说诨话、杂扮、商谜、合笙、乔筋骨、乔相扑、浪子杂剧、叫果子、学像生、掉刀装鬼、砑鼓牌棒、道术之类，色色有之，至暮呈拽不尽”。宫廷和官方的乐人在平时精研技艺时，也与民间有所接触,例如宋人孟元老《东京梦华录》卷五说:“教坊、钧容直每遇旬休按乐,亦许人观看。”卷三说:“或军营放停乐队,动鼓乐于空闲,就坊巷引小儿妇女观看。”这种渗透提高了民间的欣赏水平。

宫廷和官府艺人也随时保持着与民间乐人的交流,包括技艺方面和人才方面的。民间艺人经常会因为演技高超而被宫廷、官府录用,例如北宋著名杂剧演员丁仙现就是从勾栏艺人中被选拔到宫廷的,他还担任了教坊大使,勾栏中的杂扮艺人刘乔、散乐王颜喜也都到教坊里担任了副使。宫廷、官府里的乐人也会经常被淘汰出来,回到都市瓦舍勾栏里演出,重新与市井小民见面,例如《东京梦华录》卷五“京瓦伎艺”条所记载的“教坊减罢”演员张翠盖、张成,就是从教坊淘汰的杂剧艺人。这些出入于宫廷和民间的艺人,势必会带来双方演技的交流,促进共同提高。

(四)南宋乐部机构的精简

宋高宗赵构在南京应天府(今河南商丘)即位,继而南逃,宫廷建制皆从权宜,草率组合,不置教坊。绍兴十一年(1141)宋与金人议和,十四年(1144)正式设立教坊,到绍兴三十一年(1161),闻金主完颜亮欲兴兵南下,又撤销。高宗退居德寿宫后,孝宗即位,曾经想恢复教坊,为时议所阻,《宋史·乐志十七》说:

> 孝宗隆兴二年天申节,将用乐上寿。上(高宗)曰:“一岁之间,只两宫诞日外,余无所用,不知作何名色。”大臣皆言:“临时点集,不必置教坊。”上曰:“善。”乾道后,北使每岁两至,亦用乐,但呼市人使之,不置教坊,止修内司先两旬教习。

当时一方面宋金仍在交战,不宜过于逸乐,另一方面临安瓦市中的艺人作场已经十分兴盛,可以临时“和雇”来承应,因此恢复教坊之议作罢,南宋称之为“教坊”的,实际上是修内司教乐所。钧容直的设置也是一样,《宋史·乐志十七》曰:

绍兴中,钧容直旧营四百人,杨存中请复收补,权以旧营之半为额。寻闻其招募骚扰,降诏止之……绍兴三十年,复诏钧容班可蠲省,令殿司比拟一等班直收顿,内老弱癃疾者放停。教坊所尝援祖宗旧典,点选入教,虽暂从其请,绍兴三十一年有诏,教坊即日蠲罢,各令自便。

绍兴中重组钧容直,只是人数未达到旧制之半。绍兴三十年罢钧容直时,将演员身体条件仍能演出的归属殿前司军乐,而优秀者被教坊挑去,然而不久教坊也罢免,乐人只好自谋出路。

南宋罢教坊后,事实上宫廷宴乐机构并没有减少,只是变换了名头,以便遮人耳目、装装省简的门面而已。宋人赵升《朝野类要》卷一"教坊"条说:

……后有名伶达伎,皆留充德寿宫使臣,自余多隶临安府衙前乐。今虽有教坊之名,隶属修内司教乐所。然遇大宴等,每差衙前乐权充之。不足,则又和雇市人。近年衙前乐已无教坊旧人,多是市井歧路之辈,欲责其知音晓乐,恐难必也。

高宗不同意置教坊,但却在他退位所居的德寿宫内组织了自己的乐部团体,选拔名伶达伎参加,成为一个新的宴乐机构,临安府衙前乐也经过扩充,成为常在御前供奉的乐部单位。再加上修内司及和雇艺人,数量当然也不少。例如周密《武林旧事》卷四"乾淳教坊乐部"条记载当时宫廷演员情况,演员分为五种归属:德寿宫、衙前、前教坊、前钧容直、和顾(雇)。其中"前教坊"应该隶属修内司,"前钧容直"大概隶属殿前司。书中详细开列了各类演员的名单,仅杂剧一项就有:德寿宫 10 人,衙前 22 人,前教坊 2 人,前钧容直 2 人,和雇 30 人,共计 66 人。这是一个不小的数字。当宫廷举办喜庆宴会时,这些杂剧演员就竞相呈艺了。《武林旧事》卷一"圣节"条记载了"理宗朝禁中寿筵乐次"里的杂剧表演,其中就有吴师贤、周朝清、何宴喜、时和等人表演《君圣臣贤爨》《三京下书》《杨饭》《四偌少年游》。四人中,吴师贤、何宴喜、时和都是“和雇”来的临安瓦市杂剧艺人,在《武林旧事》卷六“诸色伎艺人”条中列有名单。

三、市井艺术的崛起

(一)城市构造的市井化

从后周到北宋,中国的城市生活发生了极大的改变,这种改变突出反映在其都城建制的改造上。宋前的城坊制度沿袭隋唐以来的传统,城市的建筑布局为棋盘式平面结构,划定坊里,商业开市有着明确的地区规定,并普遍实行宵禁,不可随意,越制就要遭受刑罚。这种状况严重阻碍着城市商业经济的繁荣,因此受到迅速兴盛起来的市民社会的毁灭性冲击。后周时期为了解决汴梁“坊市之中,邸店有限”与“工商外至,络绎无穷”[①]的矛盾,已经开始在汴河沿岸兴建台榭楼阁以居商旅。北宋初期,汴京由于其水陆都会的地理位置和北宋王朝在此建都的政治原因,迅速聚集起一百多万人口,并成为有着高度发达的城市经济水平和贸易交换条件的消费都市。于是,商业市场的繁荣进一步推动了城市制度的改革。

首先是将汴河沿岸建设商旅邸店的做法扩大,变成在城市街道两侧都可以进行商业开市,逐渐地,隋唐以来在固定坊市行商的城市布局就被临街道热闹处随地开设商业活动中心的情况所代替。这种情形使得隋唐以来的城市坊制遭到破坏,宋人朱长文《吴郡图经续记》卷上曰:“近者坊市之名多失标榜,民不复称。”其次是早市、夜市的兴起。坊中市易受到时间上的制约,每日坊门要定时开闭。街市商业则没有这种限制,可以任意延长互易时间。从宋太祖朝开始,夜市就已经逐渐兴起。《宋会要辑稿》“食货”条六十七载:“太祖乾德六年四月十三日诏开封府,令京城夜市至三鼓以来不得禁止。”到了仁宗中期的庆历、皇祐年间(1041—1054),已经彻底“不闻街鼓之

① 《五代会要》卷二十六“城郭”条,四库全书本。

声，金吾之职废矣”①。至于早市，北宋时期通常是从五更时分开始，然后一天的繁忙就此展开②。

夜禁废弛，坊制破坏，加剧了汴京的城市商业化步伐，这在宋人孟元老《东京梦华录》和张择端《清明上河图》里有着真切的反映。《东京梦华录》卷二说汴京的“东角楼街巷”“最是铺席要闹”，如潘楼街，“街南曰鹰店，只下贩鹰鹘客，余皆是真珠疋帛、香药铺席”；如界身巷，“并是金银采帛交易之所，屋宇雄壮，门面广阔，望之森然。每一交易，动即千万，骇人闻见”。《清明上河图》则具体描绘了汴京通津门内沿汴河街市的情况，画上可以看到有扎彩楼欢门的三层大酒楼“孙家正店”，有挂“王家罗锦匹帛铺”幌的丝绸店，有挂“刘家上色沉檀楝香”幌的香药店，有挂“刘三叔精装字画”幌的裱褙店，有挂“孙羊店”幌的食店，有挂“久住王员外家”幌的邸店，有挂“赵太丞家”幌的药铺等，并立毗邻，连接成市，其间还有说书棚，以及众多挂“神课”“看命”“决疑”幌而临街招揽生意的占卜者。由此可知，汴京已经变成了一座自由贸易的商业大都市，与此相配套，它的市井游艺活动也必然兴盛起来。

（二）汴京瓦舍勾栏的产生

果然，商业经济兴盛之后，汴京城里陆续产生了众多的市民冶游点，亦即商业性的游艺场所，当时人称之为“瓦舍”（或“瓦子”“瓦肆”）。瓦舍是从唐代寺庙戏场过渡来的市井商业游乐区，拥有很大的面积，内设众多的表演棚——勾栏（或“勾阑”“钩栏”“构肆”），同时还有很多辅助设施，供应饭食和其他游艺消费品，是平日冶游的好处所，因而得到了市民的普遍欢迎，它也成为宋代民间表演艺术的栖身之地。

据孟元老《东京梦华录》统计，崇宁、大观（1102—1110）以后，汴京有名可数的瓦舍有：朱雀门外西边新门瓦，城东南角桑家瓦、中瓦、里瓦，旧曹门外朱家桥瓦，梁门西边州西瓦，相国寺南保康门瓦，旧封丘门外州北瓦，宋门

① 〔宋〕宋敏求：《春明退朝录》卷上，四库全书本。

② 参见〔宋〕孟元老：《东京梦华录》卷三“天晓诸人入市”条，四库全书本。

外瓦子等,一共9座。这些瓦舍的占地面积都很大,例如州西瓦,“南自汴河岸,北抵梁门大街,亚其里瓦,约一里有余”①。从文中还知道,里瓦比州西瓦更大一些。

瓦舍里建有多少不等的勾栏,是各种技艺进行商业性演出之处。例如《东京梦华录》卷二载,皇城东南角为瓦舍集中区域,其中“街南桑家瓦子,近北则中瓦,次里瓦,其中大小勾栏五十余座。内中瓦子莲花棚、牡丹棚,里瓦子夜叉棚、象棚最大,可容数千人。自丁先现、王团子、张七圣辈,后来可有人于此作场”。桑家瓦、中瓦、里瓦三座瓦子里,一共有50多座勾栏,平均每座瓦子里有勾栏十七八座。最大的勾栏里可以容许数千人进入,其规模可谓巨大!不要说一座勾栏棚装几千人,即使我们把它理解为四座勾栏容量的总和,也是让人叹为观止的。因为勾栏棚是全封闭式的棚木结构建筑,要装进一千人,必须有足够的面积,而一个能容一千人的现代剧场其面积已经相当可观(当然,勾栏里面的座位不会像今天的剧场那样宽敞,这使它的面积比现代剧场要打很大折扣)。每座勾栏都有自己的名字,如上述莲花棚、牡丹棚、夜叉棚、象棚等。勾栏是棚木结构建筑,这从勾栏都以“棚”为名可以知道。从这条记载里还可以推测出汴京瓦舍兴起的时间。其中提到的人物丁仙现,在神宗熙宁九年(1076)以前已经进入教坊,并且担任了教坊大使②,宋人朱彧《萍州可谈》卷三说他“在教坊数十年”,因此丁仙现在瓦子里作场应该是进入教坊以前的事情。那么,在神宗熙宁以前,这几个瓦子就已经出现了。

瓦子勾栏里聚集了各类时兴的表演技艺,每日轮流不断地进行演出。在瓦舍勾栏中作场的是大批的“露台弟子”,他们的身份是在商业化城市条件中发展起来的进行固定演出的民间艺人。他们的艺业各有专工,《东京梦华录》卷五“京瓦伎艺”条对崇宁、大观以来汴京瓦肆主要艺人的姓名、艺业记载得十分详细,其中包括一批杂剧演员,特载引在这里:

---

① 〔宋〕孟元老:《东京梦华录》卷三“大内西右掖门外街巷”条,四库全书本。

② 参见〔宋〕彭乘《续墨客挥犀》卷五、〔宋〕蔡绦《铁围山丛谈》。

> 崇观以来，在京瓦肆伎艺：张廷叟、孟子书主张；小唱李师师、徐婆惜、封宜奴、孙三四等，诚其角者；嘌唱弟子张七七、王京奴、左小四、安娘、毛团等；教坊减罢并温习张翠盖、张成，弟子薛子大、薛子小、俏枝儿、杨总惜、周寿、奴称心等般杂剧；枝头傀儡任小三，每日五更头回小杂剧，差晚看不及矣；悬丝傀儡张金线，李外宁药发傀儡；张臻妙、温奴哥、真个强、没勃脐、小掉刀，筋骨上索杂手伎；浑身眼、李宗正、张哥球杖踢弄；孙宽、孙十五、曾无党、高恕、李孝详讲史；李慥、杨中立、张十一、徐明、赵世亨、贾九小说王颜喜、盖中宝、刘名广散乐；张真奴舞旋；杨望京小儿相扑杂剧；掉刀蛮牌董十五，赵七、曹保义、朱婆儿、没困驼、风僧哥、俎六姐影戏；丁仪、瘦吉等弄乔影戏；刘百禽弄虫蚁；孔三传耍秀才诸宫调；毛详、霍伯丑商谜；吴八儿合生；张山人说诨话；刘乔、河北子、帛遂、胡牛儿、达眼五重明、乔骆驼儿、李敦等杂班；外入孙三神鬼；霍四究说三分；尹常卖五代史；文八娘叫果子；其余不可胜数。

这些艺人都是当时最为著名者，可以想见还有大批次一流的艺人未能在此落名，其数量十分可观，所以到了靖康之变金人攻陷汴京城时，才能成百上千地将他们掳走。

勾栏演出一般在白天，通常一演就是一整天。早晨有时开场得很早，如《东京梦华录》卷五说：“每日五更头回小杂剧，差晚看不及矣。”一直演到天黑，同书卷二所谓“终日居此，不觉抵暮”。勾栏演出受到市民观众的极大欢迎，繁盛一时，《东京梦华录》卷五说是：“不以风雨寒暑，诸棚看人，日日如是。”瓦舍勾栏演出吸引了各阶层人士的目光，不仅有普通市民，还包括文士和官宦子弟，例如宋人郭彖《睽车志》卷五曰：“士人便服，日至瓦市观优。”王明清《挥麈后录》卷六曰：“熙宁中，王和父尹开封……令释薛而追其甥，方在瓦市观傀儡戏。”都说明了这种情况。

汴京瓦舍里的演出活动可能有人统一管理。《东京梦华录》卷五说“崇观以来，在京瓦肆伎艺：张廷叟、孟子书主张”。“主张”有“主持”“安排”的意思，张廷叟、孟子书两人可能就是汴京瓦舍的总管理人。孟子书在宫廷里担任教坊乐官[①],张廷叟身份不明,可能也是官府中人物,大概两人受官府委派管理汴京的众多瓦舍勾栏事宜。

北宋时的瓦舍勾栏记载似乎仅见于汴京,可资考证的史料只有孟元老《东京梦华录》一种。或许瓦舍勾栏在汴京兴起时还是一种新生事物,没有来得及向其他城市扩散。但从宋仁宗中期到宋室南迁,瓦舍勾栏的活动也持续了数十年,从情理上推,至少在汴京周围地区的城市应该已经有瓦舍勾栏的建造。因为一方面,汴京的经济文化中心地位,使之成为全国风习效仿之源;另一方面,出土文物提供的资料也证明,北宋晚期至少在东京汴梁到西京洛阳之间已经形成一个杂剧传播区域,在这个区域中的市镇不可能没有瓦舍勾栏的建设。

(三)临安瓦舍勾栏的继起

靖康之变后,宋室南渡,京师和中原一带百姓也大批向南方移民。例如《京本通俗小说》卷十六所收宋人《冯玉梅团圆》话本入话里说:"其时东京一路百姓,惧怕鞑虏,都跟随车驾南渡。"其中也包括各类表演艺人,例如汴京瓦肆艺人"小唱李师师",靖康之难后就流落到浙中、湖湘一带[②]。南渡之人有很多聚集在南宋皇帝的驻跸之地临安,仿照汴京之制开设市肆店铺[③],流寓临安的伎艺人则又仿照汴京之制,创立瓦舍勾栏进行演出。宋人潜说友《咸淳临安志》卷十九载:

> 故老云:绍兴和议后,杨和王为殿前都指挥使,从军士多□(西)北人,故于诸军寨左右,营创瓦舍,招集伎乐,以为暇日娱戏之地。其后修内司又于城中建五瓦以处游艺。今其屋在城外者多隶殿前司,城中者隶修内司。[④]

---

① 参见〔宋〕王明清:《挥麈后录》卷四。

② 参见〔宋〕张邦基:《墨庄漫录》卷八、〔宋〕刘子翚《屏山先生文集》卷十八《汴京纪事》诗其二十。

③ 参见〔宋〕灌圃耐得翁:《都城纪胜》"食店"条、"市井"条,〔宋〕周密:《武林旧事》卷七"乾淳奉亲"条。

④ 文中原缺一字,括弧内字系笔者据宋吴自牧《梦粱录》卷十九"瓦舍"条(知不足斋丛书本)校补。

从这条资料可以看出:1.临安的瓦舍是北人南渡后创立的。2.其中的作场艺人都是招集来的北方流寓艺人。3.瓦舍的创立初时是为了北方士兵的闲暇娱乐,后来发展为市井游艺场所。4.临安城外瓦舍为殿前司营建,城内为修内司营建,分别隶属这两个机构掌管。

南宋偏安一隅,从宋高宗起,就开始在临安大兴土木,修建明堂、太庙,已经无志恢复中原,因而城市建设比汴京规模还大。临安瓦舍从绍兴以后初创,到南宋中期成书的西湖老人《繁胜录》和《咸淳临安志》里已经提到的有城内5座,城外20座,一共25座,大大超过了汴京的数量,可见临安市井的演出活动比汴京有增无减。这25座瓦子分别为:南瓦、中瓦、大瓦、北瓦、蒲桥瓦、钱湖门瓦、勾栏门外瓦、嘉会门外瓦、候朝门瓦、小堰门瓦、新门瓦、荐桥门瓦、菜市门瓦、山门瓦、米市瓦、旧瓦、北关门新瓦、羊坊桥瓦、王家桥瓦、行春桥瓦、赤山瓦、龙山瓦、便门瓦、北郭店瓦、独勾栏瓦。

临安勾栏全年营业,没有间隔,南宋西湖老人《繁胜录》说,临安市民"深冬冷月无社火看,却于瓦市消遣",就说明了这种情况。《都城纪胜》说瓦舍勾栏是"甚为士庶放荡不羁之所,亦为子弟流连破坏之地"。甚至连士大夫阶层也流连于此,宋人张端义《贵耳集》曰:"临安中瓦在御街,士大夫必游之地,天下术士皆聚焉。"从此,临安又开始了类似于汴京的那种杂剧技艺演出的繁荣,而且愈演愈烈,穷极歌舞,"直把杭州作汴州",一直到南宋灭亡。

南宋勾栏里演出的技艺种类,比北宋更为增加。宋末周密《武林旧事》卷六"诸色伎艺人"条所记有演史、嘌唱赚色、鼓板、杂剧、杂扮、弹唱因缘、唱京词、诸宫调、唱耍令、唱拨不断、说诨话、商谜、覆射、学乡谈、舞绾百戏、神鬼、撮弄杂艺、泥丸、头钱、踢弄、傀儡、顶橦踏索、清乐、角抵、乔相扑、女飐、使棒、打硬、举重、打弹、蹴球、射弩儿、散耍、装秀才、吟叫、合笙、沙书、教走兽、教飞禽虫蚁、弄水、放风筝、烟火、说药、捕蛇、七圣法、消息等。这个记录并不完备,例如南宋吴自牧《梦粱录》卷二十还提到许多其他技艺,像小唱、唱叫、大曲舞、叫果子、覆赚、杂手艺、影戏、小说、说参请、说诨经等。吴自牧把这些技艺分为四类,分别归入"妓乐""百戏伎艺""角抵""小说讲经史"

里，这四类大体接近今天所说的戏曲说唱、杂技、体育、评书几项，可见当时勾栏里的演出范围是十分宽泛的。

勾栏演出的内容可以是不固定的，通常由各种技艺轮换演出。但临安由于看客集中，有些技艺能够长期占据一个固定的勾栏。例如宋人西湖老人《繁胜录》说：北瓦里“常是两座勾栏专说史书”，莲花棚里则“常是御前杂剧”（这里“御前杂剧”的意思是“曾经为皇上表演过的杂剧”），还有表演小说的小张四郎，“一世只在北瓦，占一座勾栏说话，不曾去别瓦作场。人叫作‘小张四郎勾栏’”。这说明了演出受欢迎的程度。

随着时间的推移，临安的瓦舍勾栏设置逐渐被周围其他城镇所效仿，因而南宋中期以后，江、浙一带的城镇很多都建设了瓦舍勾栏，例如明州（今浙江宁波）、湖州（今浙江吴兴）、镇江、平江（今江苏苏州）都留下了史料记载，并且向更为广大的地区推广。

（四）表演与创作组织的建立

瓦舍勾栏技艺的表演，有些是个体的，有些则需要建立团体，例如杂剧是一种综合艺术，每场演出中都有多个上场人物，宋人吴自牧《梦粱录》卷二十“妓乐”条所谓“每一场四人或五人”，因此需要组合多人成为戏班。宋末周密《武林旧事》卷四“乾淳教坊乐部”条载有宫廷“杂剧三甲”的组织，实际上就是戏班，班中角色各有分工，例如：“刘景长一甲八人：戏头李泉现，引戏吴兴祐，次净茆山重、侯谅、周泰，副末王喜，装旦孙子贵。盖门庆进香一甲五人：戏头孙子贵，引戏吴兴祐，次净侯谅，副末王喜。内中祗应一甲五人：戏头孙子贵，引戏潘浪贤，次净刘衮，副末刘信。潘浪贤一甲五人：戏头孙子贵，引戏郭名显，次净周泰，副末成贵。”《梦粱录》卷二十“妓乐”条说，在这些杂剧戏班中以“末泥为长”，他负责安排每次的演出，所谓“末泥色主张”。

城镇瓦舍勾栏里演出的活跃，使得各类表演技艺都得到极大的发展，它们彼此互相促进又互相竞争，逐渐建立起市场规范，于是形成了行会。临安瓦舍里的各种技艺已经纷纷组建行会社团，《武林旧事》卷三“社会”条记载临安霍山桐川王庙的庙会祭祀情况，提到了一批前来参与演出的临安技艺社团的名字，曰：

> 二月八日为桐川张王生辰，霍山行宫朝拜极盛，百戏竞集，如绯绿社杂剧，齐云社蹴球，遏云社唱赚，同文社要词，角抵社相扑，清音社清乐，锦标社射弩，锦体社花绣，英略社使棒，雄辩社小说，翠锦社行院，绘革社影戏，净发社梳剃，律华社吟叫，云机社撮弄。

这些社团都是同行公会性质的机构，它们和城镇中的商会一样，对内起调节市场作用，对外行使保护本行业利益的职能，因此在参加庙会一类社会活动时，它们就以行会的名义出现了。瓦舍中的表演技艺纷纷建立行会本身，充分说明了其从业之众、活动频繁的事实。

杂剧"绯绿社"，是临安著名的杂剧社团，其他戏曲团体在夸说自己的演技和名声时，常常以之为标榜。例如宋代南戏剧本《张协状元》在开场时让末出台念诵致语云："教坊格范，绯绿可同声。"这是在自我鼓吹演技高超，说自己的表演比得上教坊的档次、绯绿社的水平。《张协状元》是浙江温州产生的作品，演出也在温州一带，它举出临安的社团名称相标榜，足见绯绿社名声之远播。唱赚以歌唱为主，"遏云社"取名以歌声响遏行云之意。宋人陈元靓《事林广记》卷七所录《遏云主张》，可以看作唱赚"遏云社"的艺术宣言，录以见之：

> 【满庭芳】（集曲名）共庆清朝，四时欢会，贺筵开，会集佳宾风流，鼓板法曲献仙音，鼓笛令无双多丽，十拍板音韵宣清，文序子双声叠韵，有若瑞龙吟。当筵闻品令，声声慢处，丹凤微鸣。听清风八韵，打拍底更好精神。安公子倾杯未饮，好女儿齐隔帘听。真无比，最高楼上一曲，称人心。
>
> **诗曰：**
>
> 鼓板清音按乐星，那堪打拍更精神。三条犀架垂丝络，两只仙枝击月轮。
>
> 笛韵浑如丹凤叫，板声有若静鞭鸣。几回月下吹新笛，引得嫦娥侧耳听。

【水调歌头】八蛮朝凤阙，四境绝狼烟。太平无事，超烘聚哨，效梨园。笛弄昆仑上品，筛动云阳妙选，画鼓可人怜。乱撒真珠迸，点滴雨声喧。韵堪听，声不俗，驻云轩，谐音节奏，分明花里遇神仙。到处朝山拜岳，长是争筹赌赛，四海把名传。幸遇知音听，一曲赞尧天。

诗曰：

鼓似真珠缀玉盘，笛如鸾凤啸丹山。可怜一片云阳木，遏住行云不往还。

从其他史料里还可以看到鼓板“驻云社”的名称，取名也以乐声停驻行云为意。鼓板又称太平鼓，以鼓、笛、拍板组成器乐小合奏。南宋乾淳时期(1165—1189)教坊乐部里就有鼓板，《武林旧事》卷四“乾淳教坊乐部”条称其“衙前一火”有“鼓儿尹师聪，拍张顺，笛张胜、张师孟”。另外还有一些社团，如演奏清乐的清音社、表演小说的雄辩社、演出影戏的绘革社等，也都值得关注。

从《张协状元》可以知道，南宋时期在温州已经有编写南戏剧本的书会存在，并且还不止一个，彼此展开竞争，所以其开场曲里说《张协状元》是“九山书会，近目翻腾”，“这番书会，要夺魁名”。书会是瓦舍勾栏里下层文人的商业组织，他们聚集其中进行各类通俗文艺作品的编撰工作。周密《武林旧事》卷六“诸色伎艺人”条说：“书会：李霜涯，作赚绝伦；李大官人，谭词；叶庚，周竹窗，平江周二郎(猢狲)，贾廿二郎。”指出了一批书会人物的姓名和其中一些人的专长。九山书会就是这样一个书会组织。宋代各种通俗文艺作品大多是书会才人创作的，或者是产自民间而经过其加工的。

四、各民族表演艺术及其交流

宋朝是一个未曾真正实现国土统一的朝代，即使是在它最强盛的开国时期，也没能收回唐代的燕云十六州。在它的北方有辽国，西北有西夏，西部有吐蕃，东南有大理。到了南宋时期，宋朝甚至成为偏安东南的地方政权。在此期间,辽、宋、西夏、金之间长期战争,金国逐渐强盛,灭辽侵宋,入主中原。因此,在这一时期中华各民族文化之间发生了重大的互相渗透与融合。由于战争在北部开展的原因,这种渗透与融合也主要发生在北方各民族之间,西部和南部的吐蕃、大理与内地的交往较少。在这一节里,主要介绍辽、宋、西夏、金之间表演艺术的交流情况。

(一)辽国表演艺术

以契丹民族为主,包括奚人、汉人和渤海人共同建立的辽国,与北宋、西夏相对峙,是统治中国北部的一个王朝,它大体上与五代相始,与北宋相终,其疆域本鲜卑之地,东北到今之黑龙江口,西北到今之俄罗斯额尔齐斯河的斋桑泊,南到今之天津海河、河北霸州、山西雁门关一线,与北宋接界,有5府6州209县。历9帝,1125年为金所灭,统治210年。

契丹起于临潢一带(今辽宁巴林左旗附近),原为游牧性质的部落联盟,后逐渐强大,于916年模仿汉族政治制度的模式建立起辽国,造文字、定法律、建都城、崇佛教,辽太祖阿保机于918年建立孔子庙,把孔子奉为“万世所尊”的“大圣人”,要皇太子春秋释奠。契丹民族在汉族文化的熏陶和影响下日益汉化。

契丹原有其本民族舞乐,辽国酋长都会歌舞。辽朝建国后,将本民族舞乐称作“国乐”。辽国又模仿汉制,在宫廷建立起太常、教坊等乐部机构,设雅乐、大乐、散乐等,这些都是源自中原的后晋政权。后晋高祖石敬瑭借契丹力量做上儿皇帝,对辽朝觍颜趋奉,帮助它建立起宫廷乐部机构,但中原各类乐舞表演得以由此进入辽朝宫廷,也是民族文化交流的一桩盛事。《辽史·乐志》“雅乐”条曰:“大同元年,太宗自汴将还,得晋太常乐谱、宫悬、乐架,奏所司先赴中京。”其雅乐所用“八音器数,大抵因唐之旧”。又“大乐”条说:“晋高祖使冯道、刘昫册应天太后、太宗皇帝,其声器、工官与法驾,同归于辽……辽国大乐,晋代所传。”“散乐”条说:“今之散乐,俳优、歌舞杂进,往往汉乐府之遗声。晋天福三年,遣刘昫以伶官来归。辽有散乐,盖由此矣。”

辽朝宫廷大宴模仿中原礼节,也用散乐助兴。《辽史·乐志》记载皇帝生辰朝廷庆贺节仪中散乐表演的情况说：

> 酒一行，筚篥起，歌。酒二行，歌，手伎入。酒三行，琵琶独奏，饼，茶，致语，食入，杂剧进。酒四行，阙。酒五行，笙独吹，鼓笛进。酒六行，筝独弹，筑球。酒七行，歌曲破，角抵。

同书还记载了辽朝宫廷设宴招待宋国使者时的散乐表演情况，也与宫廷大宴情形相仿：

> 酒一行，筚篥起，歌。酒二行，歌。酒三行，歌，手伎入。酒四行，琵琶独弹，饼，茶，致语，食入，杂剧进。酒五行，阙。酒六行，笙独吹，合法曲。酒七行，筝独弹。酒八行，歌，击架乐。酒九行，歌，角抵。

从辽朝宫廷宴会的礼仪节次看，它与宋朝宫廷的情景是十分接近的。虽然较为简陋，比不上宋朝宫廷宴会节仪的繁缛盛大，缺少大曲舞蹈和小儿、女童舞队，但已具雏形。

（二）西夏表演艺术

西夏是以党项为主体，包括汉族、回鹘、鞑靼、吐谷浑等民族，于 11 世纪到 13 世纪建立的政权。党项是西羌的一支，原为游牧部落。唐末，居住在夏州（今陕西横山县西）一带的党项族平夏部酋长拓跋思恭被唐僖宗封为定难军节度使，爵号夏国公，赐李姓，以后逐渐强大，形成以夏州为中心的地方割据势力。夏延祚元年（1038）十月十一日，李元昊筑坛受册，正式即皇帝位，称景宗，国号大夏，定都兴庆府（今宁夏银川）。传十主，公元 1227 年被蒙古成吉思汗所灭，历时 190 年。如果从拓跋思恭建立夏州政权（881）算起，则历时 346 年，比宋朝的统治时间还长 27 年。夏有州郡 22 个，疆域是北宋的五分之一，是辽的两倍，与辽、宋、金成三足鼎立之势。

西夏建国后，模仿汉族政治制度，立官制、定仪服、制礼乐、建蕃学，仿照汉字造出自己的文字。夏仁宗于1147年实行科举制，他先于1144年在各州县设立学校，收授生员，次年建立太学，学校讲授汉学，主要是儒学，然后正式实行科举，通过科举策试任用官员，科举也以儒学取士。1146年又尊孔子为文宣帝。宋人富弼曾说：西夏“得中国土地，役中国人力，称中国位号，仿中国官属，任中国贤才，读中国书籍，用中国车属，行中国法令”①，准确描绘出了西夏汉化的程度。

西夏宫廷建立起与汉族类似的礼乐制度，就一定要模仿宋朝的宫廷礼乐机构建制。唐僖宗在赐封拓拔思的同时，已经赐他鼓吹全部，西夏从此具有了唐鼓吹乐。李元昊之父李德明臣宋，他在小朝廷里建立起来的律度声音悉皆遵依宋制。李仁孝时夏国曾派乐官李元儒采集汉族乐书，参照夏国制度，增修新律。夏国宫廷中模仿汉制建立起各种乐部机构，例如教坊、“蕃汉乐人院”等。“教坊”一词见于西夏汉文辞书《杂字》的“司分部十八”，职掌宫廷大宴等仪节中的演奏任务。由同书“音乐部第九”里还可以看到“杂剧”“傀儡”“影戏”等词，知道夏国教坊里也有类似于宋朝的杂剧、傀儡、影戏等表演内容。这些表演的伴奏乐器至少有笛子。西夏汉文辞书《文海》里对“笛”一词的解释是：“此者鼓吹用，乐人戏中用。”可见笛既能用在鼓吹乐里，也能用在杂剧表演里。“蕃汉乐人院”一词见于清人戴锡章《西夏纪》卷十三。“蕃汉乐人院”的性质和职掌虽然不详，但它被列为夏国宫廷五品机构中之“末品”，《西夏纪》卷十三说：“末品：刻字司、造案司、金工司、绢织院、番汉乐人院、仪容院、铁工院、木工院、造纸院、砖瓦院、出车院。”在这里，“蕃汉乐人院”和诸多手工制造组织列为一类，大体上是一种服务性质的宫廷机构，从名称看，大约是将蕃族、汉族乐人聚集在一起以备需求的机构，由它别于教坊而单设的情况看，应该是以表演各民族民间歌舞杂技为主。

西夏诸国王都喜好汉族乐舞。宋人王偁《东都事略·西夏传》载，“曩霄（元昊）得中国无艺者，使耕于河。”李元昊掳掠到汉人，就把没有技艺者送到河西从事农耕生产，而把有技艺的人留下为他服务。技艺当然包括表演技艺。同书又说：“元丰四年（1081）……有李（清）将军者，为秉常（西夏

① 〔宋〕李焘：《续资治通鉴长编》卷一五〇“庆历四年六月”条，四库全书本。

第三代国主)诱汉倡妇、乐人。"用丰厚报酬为诱饵把汉人妓女和乐人吸引到西夏宫廷里去,供夏王享乐。据《西夏纪》卷十三,西夏第二代国主谅祚还曾派使臣向宋朝要伶官,"买乐人幞头","买绫为壁衣"等,供自己的优人装扮用。司马光《涑水记闻》说,夏国谅祚曾派使臣,向宋朝请要伶官、工匠,又要买戏剧服装和化装用品。

(三)金国表演艺术

1.金朝宫廷乐部的建立

金与南宋、西夏相对峙,是统治中国北部的一个强大王朝。1115 年女真族完颜部阿骨打创建了金。金太宗天会三年(1125)灭辽,次年灭北宋。疆域东北到今之日本海、鄂霍次克海、外兴安岭,西北到蒙古,西以河套、陕西横山、甘肃东部与西夏接壤,南以秦岭、淮河与南宋接界,府州 179 个,县 683 个。天兴三年(1234)在蒙古与南宋联合进攻下灭亡。历 9 帝,统治 120 年。

金朝统治者为女真民族,最初是游牧部落,金人宇文昭《大金国志》卷三十九"初兴风土"条称:"其乐唯鼓笛,其歌唯【鹧鸪】曲,第高下长短如鹧鸪声而已。"1122 年 1 月,金太祖阿骨打率众攻破辽中京,得辽教坊四部乐,于是金朝也有了类似于中原的乐舞表演机构,但其表演内容里仍然加进了一些本民族的东西。例如北宋宣和七年(1125),宋使许亢宗前往金朝祝贺金太宗吴乞买登基,沿途以及到达金朝宫廷接受宴乐款待,曾经看到这些演出,他在日记里记下了其场面。一次是抵达咸州(今辽宁开原)时观看州衙宴乐表演:

> 未至州一里许,有幕屋数间,供帐略备。州守出迎,礼仪如制。就坐,乐作,有腰鼓、芦管、笛、琵琶、方响、筝、笙、箜、篌篌、大鼓、拍板,曲调与中朝一同。但腰鼓下手太阔,声遂下,而管瑟声高,韵多不合,每拍声后继一小声。舞者六七十人,但如常服,出手袖外,回

旋曲折，莫知起止，甚觉可观也。①

演奏的乐器和曲调都是从契丹传来的中原旧物，因此与宋基本没有两样，只是演奏技巧稍有差异，这大约是女真艺人掌握的问题，或者是长期流传过程中的转型。但舞蹈却是女真民族样式，舞人身着女真日常服装，不像中原舞者要穿长袖舞衣，舞姿也是宋使没有见过的，因此看不懂它的节拍。用中原音乐演奏却用女真舞蹈相配，说明舞蹈传承的困难，最初传到契丹的中原乐舞当然是统一的。但在长期传承过程中，乐器演奏和曲调保存了旧貌，舞蹈却失传了，只好用本民族舞蹈来代替。

许亢宗也看到了金朝宫廷宴乐演出，大致情形与咸州相同，都有所传承又有所改变。例如初次朝见金主，“乐如前所叙，但人数多至二百人，云乃契丹教坊四部也。每乐作，必以十数人高歌以齐管也，声出众乐之表，此为异尔”②。奏乐中又加进了合唱，与宋乐不同。另外一次正式宴请宋使，金廷安排了正规的欢迎宴会，仍然与宋有异：

次日谒金庭，赴花宴，并如仪。酒三行则乐作，鸣钲击鼓，百戏出场，有大旗、狮豹、刀牌、砑鼓、踏索、上竿、斗跳、弄丸、挝簸旗、筑球、角抵、斗鸡、杂剧等。服色鲜明，颇类中朝。又有五六妇人，涂丹粉，艳衣，立于百戏后，各持两镜，高下其手，镜光闪烁，如祠庙所画电母，此为异尔。③

也是在酒盏之间奏乐，也有杂剧与百戏的表演，服饰装扮也与宋朝相类似，但却又加进了反光镜效果，这不知是契丹还是女真民族的发明。

2.吸收宋朝宫廷乐部成分

1127 年，金人攻陷了北宋都城汴京，继而将汴京的大量财富、典籍、工匠、宫廷乐人、市肆艺人和乐器分期分批地北掳。金人北掳的汴京各类乐人

---

① 〔宋〕徐梦莘：《三朝北盟会编》卷二十“政宣上秩”，四库全书本。

② 同上。

③ 同上。

和艺人名目以及人数，宋人耐庵辑《靖康稗史》里所收录的宋人各种私家记述有不同的说法，例如李天民辑《南征汇录》引克锡《青城秘录》说："女乐等一千五百人，各色工艺三千人。"无名氏《宋俘记》说："诸色目三千余人，教坊三千余人。"等等。而宋人徐梦莘《三朝北盟会编》卷七十七记载得更为具体，这里引述如下：

> 金人来索御前祗候：方脉医人、教坊乐人、内侍官四十五人；露台祗候：妓女千人……又要御前后苑作、文思院、上下界明堂所、修内司、军器监：工匠、广固搭材兵三千余人，做腰带、帽子、打造金银、系笔和墨、雕刻图画工匠三百余家，杂剧、说话、弄影戏、小说、嘌唱、弄傀儡、打筋斗、弹筝、琵琶、吹笙等艺人一百五十余家。令开封府押赴军前。

卷七十八又载："……又取画工百人，医官二百人，诸般百戏一百人，教坊四百人，木匠五十人……弟子帘前小唱二十人，杂戏一百五十人，舞旋弟子五十人。"虽然诸说不一，但汴京宫廷乐人和市井艺人被大批北掳则是事实。

汴京宫廷乐人被掳至金国上京会宁府（今哈尔滨一带）入朝，加强了金国宫廷乐部的力量，金国开始仿照宋朝形式来建立自己的礼乐制度。《金史·乐志上》说："初，太宗取汴，得宋之仪章钟磬乐虡，挈之以归。皇统元年，熙宗加尊号，始就用宋乐。"金国宫廷乐部也建立起太常乐和教坊乐两部，分别为雅乐和俗乐，各有职能，"其隶太常者，即郊庙、祀享、大宴、大朝会宫悬二舞是也。隶教坊者，则有铙歌鼓吹，天子行幸卤簿导引之乐也，有散乐，有渤海乐，有本国旧音"。其中，散乐："元日、圣诞称贺，曲宴外国使，则教坊奏之。"鼓吹乐："金初用辽故物，其后杂用宋仪。"

金朝礼乐制度的逐渐走向完备，经历了一个过程。《金史·乐志上》说：开始时，教坊乐人也夹杂于朝官之中，参加朝廷参拜仪式，"皇统二年宰臣奏：'自古并无伶人赴朝参之例，所有教坊人员只宜听候宣唤，不合同百寮赴起居。'"然后这种情形才改变。宫廷乐部的组建也同样："金初得宋，始有金石之乐，然而未尽其美也。及乎大定、明昌之际，日修月葺，粲然大备。"然而一直到金章宗时期,祭祀太庙还由教坊乐工来演奏古乐,因此熟稔汉仪的章宗曾经下诏说:“祭庙用教坊奏古乐,非礼也。”

3.金朝市肆技艺的承宋而盛

金人押解汴京艺人,选择河东路北上,行进途中,被俘的艺人工匠们纷纷逃亡,宋代无名氏《宋俘记》说:“……逮至燕、云,男十存四,妇十存七,孰存孰亡,瞢莫复知。”这些散亡的艺人流落河东一带,以后就成为这一地区杂剧和歌舞百戏艺术的主要力量。例如金国的西京大同府,就有一个名叫刘敏的说书艺人在活动,讲说《五代史》等①。当局势平定下来,他们就助成了河东地区的两种文化兴盛:一是使之成为北方最大的书籍刊刻中心,“平水版”图书流行于世;二是使之成为杂剧的兴盛地,因之也成为杂剧砖雕墓葬的集中产生地。

剩余的艺人,被金人押解到燕山。因为女真贵族酋长有很大一批居住在燕山,因此在这里将北掳的汴京人口一半分充赏赐,散入各酋长家。另一半则继续押解北上至金国上京会宁府(今哈尔滨一带)入朝②。留在燕山的,为以后金中都戏曲文化的发展准备了基础。带到会宁府的,有些可能进入金朝教坊,和以前得到的辽朝教坊乐人混合,形成金朝的宫廷杂剧队伍。后来,金海陵王于天德四年(1152)由上京会宁府迁都燕京,金宫廷杂剧又与燕京遗留的宋代艺人会合,开始在燕京一带发展。

(原载《黄河文化论坛》2004 年第 11 辑)

① 参见〔宋〕苗耀:《神鹿记》,徐梦莘:《三朝北盟会编》卷二四三。

② 参见〔宋〕耐庵辑:《靖康稗史》之六无名氏《呻吟语》。

中州出土北宋戏曲文物论考

北宋立都汴梁，180余年间，以汴京为中心的中州地区达到其历史上经济文化发展的最繁盛时期。戏曲活动的广为普及，则是这一地区文化繁荣的主要标志之一。北宋戏曲的发展在中州一带留下了许多文物遗迹，然而以往由于时代的距离、历史风沙的掩埋，人们已经对它们产生了认识隔阂。定海方氏旧藏宋砖五块，其中之一即著名的北宋汴京杂剧演员丁都赛雕砖，然考古及戏曲学大师王国维鉴定，却误断为六朝前之物！[①] 中华人民共和国成立以后，随着研究工作的深入开展，北宋戏曲文物之谜才被揭开，研究者也陆续写出一些具体考证文章。近年来，北宋戏曲文物的出土已经积累了一定的量，为我们从更加广泛的角度对其进行综合研究提供了可能。本文即试图就中州地区出土北宋戏曲文物的存在形式和内容、其产生的时期和分布区域、其所反映出的宋杂剧演出形态诸问题进行一些综合性的论述和推考，以探讨北宋戏曲文物产生的某种规律，为戏曲史和文化史研究提供某些帮助。

一、中州出土北宋戏曲文物综论

（一）

中州地区北宋戏曲文物的主要表现形式是当时墓葬中的戏曲工艺装饰——砖雕、石刻、壁画等，也包括瓷枕、铜镜一类殉葬物品上的图案，而以

---

① 《王国维遗书·观堂别集·古画砖跋》，上海：商务印书馆，1940年。

砖雕最为普遍。这类戏曲文物的出现是与当时仿木结构砖雕墓的广泛兴起相联系的。

北宋中期以后,在日渐发达的商品经济刺激下,社会风俗趋于繁缛侈靡,表现在当时的房屋建筑上是竞相追求华丽奇巧,增饰数量众多的铺作、闹斗、飞檐以及遍施彩绘①,但体积却渐趋狭小②,这种狭小而厚饰的房屋建筑是与中小商人的经济财力相适应的。房屋木建筑中小木作的流行,反映到墓葬制度中就是小型仿木结构建筑砖室墓的普遍兴起。据统计,这类墓葬的分布地区遍及河南、河北、山西、陕西、甘肃、安徽、贵州等省,而以河南较为集中。③ 其建筑形式,外形为穹隆式构造,内部则或四角,或六角,模仿当时木结构房屋式样,雕砌为厅堂内室的形状,四周墙壁还遍布桌、椅、屏风一类砖雕装饰。以戏曲工艺为装饰的内容,主要就出现于河南一带的此类墓中,其最一般的做法,是将戏曲作场的情景,绘图模勒,制为雕砖,于砌墓时镶嵌入墓壁,使之既成为整个墓室结构的组成部分,又成为厅堂之中戏曲演出场面的象征性装饰,与整个墓室的厅堂内室构造相配合,就组成一个完整的当时家庭戏曲文化生活的立体环境。

北宋有戏曲装饰的仿木结构砖雕墓葬中皆无墓志和其他有关墓主人生平情况的文字记载。宿白先生 1957 年在《白沙宋墓》一书中曾经剖析了白沙宋墓,根据当时政府规定品官才可用墓志④和墓主仅称“赵大翁”而未具官封等情况,推断出该墓主身份当为乡村财主,或者还经营商业。这一推论,为后来发现的同时期同类墓葬墓主身份鉴定提供了借鉴。以此来考察北宋戏曲装饰墓,其墓主身份无一例外地当为没有功名的世俗地主和商人。这种情况反映了社会生活中发生的一次变革。为说明这场变革给当时的墓葬习俗带来的影响,这里对于古代墓葬制度稍稍作一回顾。汉代流行画像砖墓,皆为贵族所营建。皇室贵族一方面以庞大积重的巨型砖石平铺堆垛起他们豪华的地下殿堂;另一方面以陶俑、画像砖石、壁画等手段来反映他

---

① 《宋史·舆服志》、〔宋〕郑居中:《政和五礼新仪》引大观四年蔡薿札子。

② 〔宋〕周煇:《清波杂志》卷八。

③ 宿白:《白沙宋墓》,北京:文物出版社,1957 年。

④ 《政和五礼新仪》卷二一六“凶礼品官丧仪·葬”。

们日常生活中车马宾从、宴乐游戏的盛大场面。一般平民则无力营构此类墓葬。唐代砖墓体积渐趋缩小,出现穹隆式小型砖体建筑墓,但仍沿袭汉代多室墓的构造,一般仍为达官贵人所营建,其中多以戏乐俑陪葬或绘制乐舞壁画。平民则多为仅能容棺的土洞墓。宋代随着商人经济势力的发展,富裕民开始在社会的各个方面顽强地表现出自己的力量,墓葬建筑中一个显著的变化即是平民小型单室砖雕墓的大量出现。这些墓葬中极少有殉葬品,大概和当时流行商品化的纸制明器有关①,但开始在墓室本身的细部构造和装饰上极尽讲究,于是花样繁多的戏曲装饰便应运而生了。汉、唐贵族墓葬中装饰的伎乐歌舞场面,在宋代已经成为一般平民墓中常有的内容,这是一个时代的变化,它标志着世族势力的彻底解体和新兴市民阶层的崛起;从另一个角度来说,则反映了戏曲已经从贵族的红氍毹上走向民间,成为活跃在广大平民中间的普及艺术。

（二）

中州出土北宋戏曲文物的年代仅一例有确切记载,即 1978 年于荥阳县东槐西村出土的杂剧图刻石棺,其棺盖上篆刻“大宋绍圣三年十一月初八日朱三翁之灵男朱允建”21 字,字体半楷半行。绍圣是宋哲宗年号,绍圣三年为 1096 年,其时已处北宋晚期,距靖康之变仅余 30 年时间了。

另一例可大致确定产生年代范围的是“丁都赛”雕砖墓。丁都赛是北宋末期汴京的知名杂剧演员。孟元老《东京梦华录》卷七记述上巳节皇帝登宝津楼观看百戏表演,其演出杂剧的露台弟子中有“丁都赛”之名。孟元老未指明这次演出的年代,然而从序中可知,此书所载均为崇宁至宣和年间(1102—1125)之事,统贯整个徽宗朝,故而丁都赛参加演出当在这段时间内。从丁都赛在汴京演出,到名声传播至二百里外的荥阳县,再到将其形象模勒造型、烧制成砖,最后在建造墓葬时砌入墓壁,这要有一个过程,因而丁都赛雕砖墓的修造年代大约应在政和(1111—1117)以后了。但其下限不超

---

① 〔宋〕赵彦卫:《云麓漫钞》卷五:“古之明器,神明之也。今之以纸为之,谓之冥器……”丛书集成初编本。

过1126年。因靖康之后,中州一带自然经济已为战争彻底摧毁,人们的经济力量已无兴建此类雕饰豪华的雕砖墓的可能,而战争在河淮一线的反复进行,又使这种可能久久不能恢复。事实上,靖康以后,类似的仿木结构雕砖墓在黄河南岸长时期内再也未出现。故而,丁都赛雕砖墓的兴建时间当在政和、宣和间(1117—1125)。

由丁都赛雕砖墓的产生年代,可推知偃师县酒流沟水库杂剧雕砖墓出现的相对年代。本文开篇曾提到丁都赛雕砖为定海方氏旧藏,同藏还有另外四块仕女雕砖,内容为烹茶、涤器、斫鲙及结发①,传系偃师同墓所出。酒流沟水库墓中亦出有仕女砖三块,分别作斫脍、司炉、抱经瓶状,其造型、内容、风格均与上述砖接近,尤其斫脍砖,与之构图完全一样,显系据同一画范模勒。据此,这些画像砖的时代应当比较接近,故二墓建造年代当相去不远,酒流沟墓亦应砌于北宋末期。

林县"张家造"大曲舞蹈图瓷枕的年代可据其形制大致推出。"张家造"瓷枕属于宋代北方最大的民窑体系——磁州窑系的产品。传世的磁州窑瓷枕中带有"张家造"标记款的数量相当多,如甘肃省博物馆藏一长方形瓷枕,枕面绘一卧虎,其右上侧题"明道元年巧月造青山道人醉笔于沙阳"16字,底有"张家造"铭文。② 林县"张家造"瓷枕与甘肃明道元年(1032)枕极多相同之处,如皆为长方形,枕面边框皆有突棱,纹饰皆褐色。尤其值得注意的是,甘肃枕面绘卧虎泥土花卉图,林县枕亦有此图,除无题记外,与之几乎完全一样,只是林县枕将此图由枕面移至前侧面,而在枕面另绘出大曲舞蹈图,林县枕卧虎图明显亦是以青山道人所绘图样为模的。又二枕各图面均以三条曲线勾出棱形框,底面"张家造"题记皆为双边框正楷书,各上覆荷叶、下托荷花,只是甘肃枕为阴文,林县枕为阳文。以二枕相较,林县枕图绘线条更为工稳细致,甘肃枕就显得粗疏。看来林县枕的制造时间当晚于甘肃枕,即晚于明道元年。将青山道人初时为枕面绘制的卧虎图移至枕侧,而将当时已经流行于民间的大曲舞蹈图搬上瓷枕,反映了瓷枕制造业在竞争中力求从质量上、图案式样上不

---

① 石志廉:《北宋妇女画像砖》,《文物》1979年第3期。

② 中国硅酸盐学会:《中国陶瓷史》第六章第一节及图版24,北京:文物出版社,1982年。

断出新的趋势。反过来，林县枕又不能晚于甘肃枕太多，因为它毕竟还保存了青山道人的绘画，应该说它们是属于相近的两个阶段。因此，林县枕的时代，当在北宋中期，它所绘制的当是仁宗时期的大曲演出图像。

总括上述戏曲文物的产生时代，可发现一个很明显的倾向，即都出现于仁宗朝以后，尤其集中产生于北宋末期。这里面有着社会内部发展的原因。北宋立国至仁宗朝已历四代，中原息兵，太平渐久，经济文化日趋繁荣，至北宋末发展到鼎盛。唐末五代之乱所造成的新型生产关系的扩展改进，刺激了商业经济的发展，商人地主和新兴市民阶级力量迅速崛起，其势力逐渐可与王公世族相抗，“王公之女苟贫乏，有盛年而不能婚者，闾阎富室，便可以婚侯门、婿甲科”[①]，迫使宋政府在城市中彻底摆脱门阀观念而完全按照资产定等。[②] 真宗以后，地主豪右兼并土地也愈演愈烈，他们倚仗经济势力，生活极尽浮夸侈靡。大观元年(1107)八月二十一日何诣直所上徽宗札子言：“豪右兼并之家，雕楹刻桷，异服奇器，极珠玑纨绮之饰，备声乐妙妾之奉，伤生以送死……专利自厚，莫知艺极。”[③]北宋仿木结构砖雕墓就是在这种社会基础上普遍兴起的，它所产生的时间受到社会发展里程的制约，而戏曲文物的出现又是依附于此类墓葬的。

戏曲文物的产生还受到民间戏曲普及程度的决定，其成批出现必然是戏曲活动在民间广为普及以后。这个过程亦始自仁宗时期。据考证，大约在仁宗中期的庆历、皇祐间(1041—1054)，汴京的坊市制度已彻底废弛了[④]，隋唐以来棋盘式平面结构的城市布局被临街道热闹地点随处开设商业活动中心的情况所代替，而在市民聚居区则出现了许多冶游点——瓦子。瓦子是各种技艺进行商业性演出的地方，它为民间表演技艺的生存和发展提供了理想的基地，成批的世俗文艺新品种便应运而生。今知起自仁宗朝的技艺有小说、陶真、吟叫，有着悠久历史的影戏则从仁宗朝开始表演三国故事，另外知其为北宋后期出现的技艺还有嘌唱和杂班。杂剧原为宫廷中

---

① 〔宋〕赵彦卫：《云麓漫钞》卷三，丛书集成初编本。

② 《宋会要辑稿》食货六十九至七十九，上海：上海古籍出版社，2014 年影印本。

③ 《政和五礼新仪》卷首，四库全书本。

④ ［日］加藤繁：《中国经济史考证·宋代都市的发展》，吴杰译，北京：商务印书馆，1959 年。

物,杂剧演员由宫廷或贵族豢养,民间没有观瞻的可能,直到仁宗中期瓦舍出现后,才找到了与市民群众结合的途径,成为勾栏中最为市民欢迎的表演艺术。瓦舍演出活动兴起后,为戏曲在民间的广为普及提供了基础,渐渐便有路歧艺人带着技艺走向四方,将戏曲在中州一带广为传播。

（三）

如果把北宋戏曲文物的出土地点按照地理方位进行排列,则发现它们集中于今天的河南省西部地区、当时的汴京到洛阳之间的黄河沿岸一带。对于这一带的地理环境,我们做出如下描述:

黄河南出禹门后,至潼关而东入河南境。其北侧耸峙着太行山脉南端的中条山、王屋山,其南侧绵亘着秦岭山脉的崤山、熊耳山。在这两大山脉的间隙里,黄河先是以湍急之势通过三门峡,至孟津以东进入黄淮平原,河床顿宽,流速骤减,形成巨大的冲积扇,历经洛阳、孟县、巩县、温县、荥阳、郑州、开封而东北流入渤海。在冲积扇的北部,有沁、丹二水自太行山南来注于黄河,南部有伊、洛二水自熊耳山北来注入黄河,这些水道形成冲积扇上的水利网,使这一带成为河南省的主要农业区之一。目前发现的宋代戏曲文物主要就集中在这个冲积扇上的汴洛一带。

戏曲文物集中分布在这一带,有其历史的和现实的原因。唐代都关中,以"其土地狭,所出不足以供京师备水旱,故常转漕东南之粟"[①],利用运河岁漕米数十万石以给关中,由江淮船运至洛阳,转陆路驮载入长安。汴洛由于转漕地位重要,日趋繁华。汴洛之途则极其热闹,水路,"自江淮达于河洛,舟车辐辏"[②];陆路,"东至宋汴,西至岐州,夹路列店肆待客,酒馔丰溢。每店皆有驴赁客乘、倏忽数十里,谓之驿驴"[③]。宋朝都汴,以洛阳为西京,两京所需仍然倚重东南漕运,因而路途畅通。宋王朝为巩固中央皇权,加强东西二京区域间的建设,如宋太宗曾多次迁徙云、朔等边地之民到这里垦荒

① 《新唐书·食货志》,四库全书本。
② 《旧唐书·齐澣传》,四库全书本。
③ 〔唐〕杜佑:《通典》卷七,四库全书本。

居住①,更促进了这一带的经济繁荣。北宋历代皇陵均设在巩县,又恰处汴洛之间,常设人夫开山采石,督工兴建,并设守陵户,适时祭扫,皇帝及外国使臣亦常前往拜谒,因而增加了这一带的热闹程度。这些都为戏曲文化的发展传播提供了条件。仁宗朝以后,随着城市勾栏商业戏曲活动的兴盛,戏曲艺人开始沿着商业通道向城市周围地区流动演出,而两京间的活动最为频繁。戏曲成为当地人民文化生活中的重要内容,因而从现世继而进入墓葬,引起此地墓葬中戏曲装饰的普遍流行。

二、从中州出土戏曲文物看北宋杂剧演出形态

(一)

中州北宋墓葬中的戏曲装饰,从其所反映的内容看,表现了如下表演艺术门类(这里是从“戏曲文化”的广义概念来理解戏曲文物范围的):

1.小唱

禹县白沙颖东墓区二号墓室西南壁壁画,绘一内室,上悬绛帐,墓主夫妇对坐宴饮,后立一团冠高髻女子手执拍板,轻启朱唇,正在清唱小曲。② 宋代小唱多是在酒席宴间由妙龄女郎清唱令曲小词、慢曲曲破以侑觞助欢,所谓“樱唇玉齿,天上仙音心下事。留住行云,满座迷魂酒半醺”③。词的演唱在宋代是极为普遍的艺术现象,许多歌妓以唱词著称,如《东京梦华录》所载汴京瓦肆技艺中即有“小唱李师师”,李师师是一代名妓,尤以小唱为本业。一些著名词人还能即席填词付诸歌妓当场演唱,留下许多词坛佳话。小唱这种伴随着宋词的兴盛而普及的歌唱艺术形式,以其简略、方便(一歌板色以一拍板自我伴奏即可祗应)而受到普遍欢迎。南宋吴自牧《梦粱录》卷二十“妓乐”条总结其唱法曰:“小唱、唱叫,执板(唱④)慢曲曲破,大率轻起重

① 《宋史·太宗本纪》,四库全书本。

② 宿白:《白沙宋墓》附图,北京:文物出版社,1957年。

③ 〔宋〕欧阳修:《减字木兰花》,《六一词》,四库全书本。

④ 此“唱”字原无,据灌圃耐得翁《都城纪胜》“瓦舍众伎”条补。

杀，正谓之浅斟低唱……但唱令曲小词，须是声音软美，与叫果子、唱要令不犯腔一同也。”词的演唱为以后的唱曲积累了艺术经验。

2.大曲舞旋

禹县白沙颍东墓区一号墓前室东壁绘有一幅声势颇大的舞旋图，绛幔下由十人组成的伴奏乐队，携带乐器有大鼓一、杖鼓一、拍板一、横笛一、觱篥三、琵琶一、排箫一、笙一，前面一乐工正扬袖踏足作舞。恰如宋陈旸在《乐书》卷一八五“俗部雅乐女乐下”中所描写的：“至于优伶常舞大曲，惟一工独进，但以手袖为容、踏足为节，其妙串者，虽风旋鸟骞不逾其速矣。”大曲结构分为散序、排遍、入破三部分，“大曲前缓迭不舞，至入破则羯鼓、震鼓、大鼓与丝竹合作，句拍盖急，舞者入场，投节制容，故有催拍、歇拍之异姿，致俯仰百态横出”（同上）。晏殊所谓“入破舞腰红乱旋”①即指此。宋大曲承唐而来，宋初设教坊，所奏十八调四十大曲，后由教坊传至民间（曾慥辑《乐府雅词》将这些“九重传出”的曲词“冠于篇首”），遂盛行于宴会酒座间。宋人王灼《碧鸡漫志》卷三言：“后世就大曲制词者，类从简省，而管弦家又不肯从首至尾吹弹，甚者学不能尽。”宋墓中所表现的民间大曲舞旋演出，大概只能是简省以后的情况。大曲舞蹈，今天见诸记载的许多已具有演故事的倾向，成为歌舞剧，如宋人史浩《鄮峰真隐漫录》卷六所录剑舞，演鸿门宴上项庄舞剑和张旭、杜甫观公孙大娘舞剑器二故事。林县宋墓出土“张家造”瓷枕枕面即绘制一幅歌舞剧图②，一琴伴奏，二人扮演，其一人身着铠甲、手执利剑追逐另一着团花长袍士人，剧情待考。可见这类歌舞剧当时相当盛行。

3.傀儡戏

傀儡戏在北宋末达到极盛，技术精巧，门类繁多，见于《东京梦华录》的记载。傀儡戏在民间亦流传极广，文物遗留也十分普遍，今天所见传世图绘中有水傀儡（见宋张择端《金明池龙舟争标图》中的水傀儡戏）、药发傀儡（见天籁阁旧藏宋人《傀儡牵机图》），出土文物有悬丝傀儡（见济源县出土宋代瓷枕二号枕童戏图③）、杖头傀儡（同上一号枕童戏图）等。值得注意的

---

① 〔宋〕晏殊：《木兰花·池塘水绿风微暖》，《珠玉词》，疆村丛书本。

② 张增午：《河南林县的两件北宋瓷枕》，《文物》1981年第1期。

③ 卫平复：《两件宋三彩枕》，《文物》1981年第1期。

是，博爱县月山出土宋代铜镜上铸有一幅舞蹈浮雕：一人肩负一儿童，儿童作舞状，后随一人执莲叶形伞盖，伴奏者有一锣一拍板。此种形式谓之“肉傀儡”，《都城纪胜》“瓦舍众伎”条曰：“肉傀儡，以小儿后生辈为之。”《梦粱录》卷二十“妓乐”条载：“街市有乐人三五成队，擎一二女童舞旋，唱小词，专沿街赶趁。”也是这种表演，亦即《武林旧事》所谓“乘肩小女”者。吴文英《玉楼春·京市小女》词曰：“茸茸貍帽遮梅额，金蝉罗翦胡衫窄。乘肩争看小腰身，倦态强随间鼓笛。”即专门描写乘肩小女演出。

4.杂剧

杂剧是当时最主要的表演艺术之一，在南宋勾栏“散乐传习教坊十三部”中，取得了唯一“正色”的地位。[①] 北宋时亦已受到普遍重视，宫廷教坊有记载的几位大使、副使都由“杂剧色”充任，如丁仙现、鳖膨、刘乔等人。中州出土仿木结构砖雕宋墓中的戏曲装饰内容主要也是杂剧雕刻。因这一部分戏曲文物是本文的主要研究对象，为叙述方便计，这里列出其基本情况一览表。

北宋杂剧雕刻基本情况一览表

墓名及年代	杂剧雕刻	乐器雕刻	其他雕刻	墓葬发掘情况	报道
荥阳县东槐西村墓，宋绍圣三年	石棺右侧面阴线雕刻厅堂杂剧演出图，四个杂剧人物	无	棺主夫妇并坐桌后饮宴观看杂剧演出，另有童仆、烧爨人若干，与四个杂剧人物构成一幅图画。石棺左侧另有一幅亲眷、僧侣扬幡鼓吹送葬场面线刻画	砖砌墓室，于1978年冬发现时已坍毁。墓葬曾被盗掘，室内仅有石棺一口，已运至河南博物馆保存	吕品《河南荥阳北宋石棺线画考》，《中原文物》1983年第4期
偃师县出土，宋政和、宣和年间	杂剧艺人雕砖一块，平面浅浮雕丁都赛形象	不详	平面浅浮雕烹茶、涤器、斫鲙、结发仕女雕砖各一块	不详。原系定海方氏旧藏，现藏中国历史博物馆	刘念兹《宋杂剧丁都赛雕砖考》，《文物》1980年第2期

① 参见《都城纪胜》《梦粱录》。

续表

墓名及年代	杂剧雕刻	乐器雕刻	其他雕刻	墓葬发掘情况	报道
偃师县酒流沟水库西岸墓，北宋末期	杂剧雕砖三块，平面浅浮雕五个杂剧角色，嵌于墓室北壁	无	平面浅浮雕斫鲙、司炉、抱经瓶侍女雕砖各一块，与杂剧雕砖并嵌于北壁	仿木结构长方形砖雕墓，1958年4月发现时墓顶已损毁，出土瓷盘、铁铲等物。墓已拆毁，杂剧雕砖现藏河南博物馆	董祥《偃师酒流沟水库宋墓》，《文物》1959年第9期
禹县白沙沙东墓，宋政和、宣和年间	杂剧雕砖四块，凸面浮雕四个杂剧角色	凸面浮雕乐队七人，所操大鼓一、笛一、拍板一、腰鼓二、觱篥二。与杂剧雕砖分嵌二墓壁	牵马人、捧合侍童、捧镜侍女雕砖各一块	仿木结构八角形砖雕墓，1952年春发现。墓已拆毁，雕砖现藏中国社会科学院考古研究所资料室	徐苹芳《白沙宋墓中的杂剧雕砖》，《考古》1960年第9期
温县前东南王村墓，北宋末期	杂剧雕砖一块，平面浅浮雕五个杂剧角色，嵌于墓室西北壁	平面浅浮雕乐队六人，所操杖、琴、笛、觱篥(笛?)、方响各一，腰鼓二，嵌于墓室东北壁	平面浅浮雕厨娘、侍女五人烹饪、温酒、送膳图一幅，与乐队并嵌于墓室东北壁	仿木结构八角形砖雕墓，1982年4月发现，墓室现仍原地封存	张思青等《温县宋墓发掘简报》，《中原文物》1983年第1期
温县出土雕砖Ⅰ组，北宋末期	杂剧雕砖两块，平面浅浮雕两个杂剧角色(已有散失)	平面浅浮雕乐妓雕砖三块，所操琵琶、方响、排箫（已残）各一	平面浅浮雕捧鸟笼侍女、老者坐像、孝子哭泣雕砖各一块	不详。现藏温县文化馆文物陈列室	笔者按：温县文化馆藏一批雕砖，据说出土于两座宋墓。现据砖雕技法及砖质、砖色不同，分为Ⅰ、Ⅱ两组
温县出土雕砖Ⅱ组，北宋末期	杂剧雕砖五块，凸面浮雕五个杂剧角色	不详	凸面浮雕斫鲙、研矗末、送膳雕砖各一块	同上	

上述各类北宋戏曲文物中，小唱、大曲舞旋、傀儡戏均非中州特产，在其他地区墓葬装饰中亦时有发现。唯有杂剧一类，迄今为止，未能在中州以外的任何地区出土，它标示了北宋杂剧发展的地域性。从广义的范畴来看，小唱、大曲舞旋、傀儡戏与其他多种表演技艺一起构成北宋戏曲文化的基因，它们或为后世成熟了的综合戏曲艺术所吸收，或为之所借鉴。从狭义的范畴来看，后世戏曲的直接渊源则是杂剧，一切综合过程的发生都是围绕杂剧本身的发展而展开的，因此本文的注意力也集中在杂剧雕刻上。

（二）

北宋杂剧的演出形态史籍语焉不详，甚至当时有关杂剧的记载也寥寥无几。南宋后文人笔记中涉猎渐多，但综观众多说法，我们对宋杂剧的演出也仅能得出一个模糊的印象。北宋杂剧雕刻为我们的研究提供了一定的形象资料，尽管由于文献记载的缺乏，我们对于某些雕刻形象还不能做出完善而全面的解释，但它毕竟使我们得到一些更具体和更切合实际的看法。下面拟从几个方面来论证北宋杂剧的演出形态。

1.男女扮演

北宋杂剧雕砖，如果就雕刻技法论，无论是构图、线条、人物造型，都当推温县墓和偃师墓所出为好，大概这两个墓中的雕砖是依据当时高手所绘画范模勒而成。这两组雕砖人物，个个毫发毕现，形象逼真，情态传神，因而从灰色砖质的冰冷构图上，还可窥见其绘画人物的神韵。如果细心观察即可发现，雕砖中各个人物除了角色行当的区分在服饰、形体外貌上的反映，还有一些细微的不同点。例如，温县墓雕砖左第二、第三人，偃师墓左第三、四、五人①皆细指纤纤、脑后露出发髻，温县砖还可看出演员杏眼柳眉秀鬓。特别是，两组雕砖的左第三人（皆引戏色）都明显看出为小足，与其他演员形成明显对照。又，丁都赛雕砖亦可看出手足纤小，鬓发柔细。这些都体现了雕塑者的用意，即雕出这几个演员的女性特征来。宋人绘画中仕女形象的

① 偃师县酒流沟宋墓杂剧雕砖以及下文提及的丁都赛雕砖、二杂剧图人物形象均可参看《中国戏曲通史》上册所附图片，但偃师雕砖位置摆错，其左边一块当在中间。本文所述雕饰人物位置皆按原墓中顺序排列。

表现有一定的成熟手法，女性明显不同于男性的外部特征即手脚的纤小。

今存两幅宋人杂剧画是极好的说明，如《眼药酸》图中的眼医，另一图中的两人皆为女子扮演男性，但又都突出了其女性特征。据说女子裹脚即从宋代始，南北宋之间人张邦基《墨庄漫录》卷八称："妇人之缠足起于近世，前世书传皆无所自。"其说不一定可靠，如唐代敦煌壁画中民间乐人舞蹈图，其舞女即皆小足[①]。然宋代女子已裹脚则是事实。宋代画家即抓住了这一明显的性别特征入画。

北宋杂剧雕砖中出现的这一现象证实了当时杂剧男女合演的事实。北宋汴京勾栏中杂剧演员多为女子，《东京梦华录》卷七"驾登宝津楼诸军呈百戏"条载："……继而露台弟子杂剧一段，是时弟子萧住儿、丁都赛、薛子大、薛子小、杨总惜、崔上寿之辈。后来者不足数。"露台弟子即女演员，宋程大昌《演繁露》在提及唐代梨园后曰"至今谓优女为弟子"，可知露台弟子杂剧即全部由女演员扮演，与前面一场男子演出的"诸军缴队杂剧"自然别是一番风格。《东京梦华录》卷五"京瓦伎艺"条又记载杂剧演员有"教坊减罢并温习张翠盖、张成，弟子薛子大、薛子小、俏枝儿、杨总惜、周寿"，其中四人为"宝津楼"条提到的露台弟子[②]，他人尚不知性别，可见当时汴京勾栏中杂剧女演员数量占很大比重，著名者如丁都赛，其形象尚被图写模勒塑入墓葬成为永久的神主陪侍。

从优人表演的历史来看，虽然也有女子演出的记载，如唐赵璘《因话录》言"女优有弄假官戏"，但不常见，至北宋杂剧中则出现大批女演员。从雕砖形象看，女子多是扮演末泥、引戏及装孤一类表演庄重的行当。以女子应工此类角色，在后世文献中颇有记载，末泥、引戏无论，如装孤，元人刘庭信【双调·夜行船】散曲《青楼咏妓》曰："新梦青楼一操琴，是知音果爱知音。笺锦香寒，帕罗粉渗，遥受了些妆孤处眼余眉甚。"宋杂剧表演中出现了女子，这是由当时城市中市民阶层的世俗审美趣味所决定的。汴京的瓦舍勾栏是

---

① 沈从文：《中国古代服饰研究》插图 71，商务印书馆香港分馆，1981 年。

② 邓之诚注本《东京梦华录》于"周寿"下注曰："案周寿，此《录》卷七'诸军呈百戏'条有杨总惜、崔上寿，疑此夺一'上'字。周、崔二字必有一讹。"（中华书局 1982 年版）以为周寿与崔上寿为一人，甚是，此取其说。

富工、宋人们出入的场所,是男子的天下,其中占主导地位的审美心理是男性心理。王灼《碧鸡漫志》卷一载有这样一条材料:“古人善歌得名,不择男女……今人独重女音,不复问能否……政和间,李方叔在阳翟,有携善讴老翁过之者,方叔戏作品令云:‘唱歌须是玉人,檀口皓齿冰肤……老翁虽是解歌,无奈雪鬓霜须。’大家且道:是伊模样,怎如念奴?”很能说明问题。这就促成了妓女、歌妓们向杂剧中的渗入,这也成为促进杂剧由单纯的滑稽表演向综合化表演过渡的积极因素。

2.角色形象

北宋杂剧雕刻形象,由于不同的雕造目的而出现了不同的画面。除丁都赛雕砖是体现名角崇拜的艺术造型外,荥阳石棺线刻图表现的是棺主夫妇观赏演出场面,雕出了几个杂剧人物的作场形象,十分生动具体①,这与两幅杂剧画的立意是一样的。其他杂剧雕砖则雕出各个角色的代表特征以展示角色阵容。徐苹芳先生在研究偃师县酒流沟宋墓杂剧雕砖时,曾根据五个演员分雕作三块砖,其二人一组的互有交流,推断这一组雕砖表现了宋杂剧演出的三段形式:艳段、正杂剧、杂扮。这是不能成立的。因为至少在北宋时,杂扮尚未成为杂剧的后散段,在崇宁宣和间“京瓦伎艺”中,杂剧尚与小唱、嘌唱、杂剧、傀儡等二三十种技艺并列演出,互不连属。而《东京梦华录》记载北宋杂剧演出皆为“一场两段”,尚无散段连缀于后。另外也有人认为每组雕砖皆为一场戏的表演场面。笔者的看法是,北宋几组杂剧雕砖形象并未具体展示杂剧的段数,而是为突出角色行当的区分,抓住最具角色特征的动作形象来进行表现。其表演的背景则不拘场次,或是艳段,或是正杂剧。故而,每一组雕砖所展示的场景,可以是由不同表演片段中的具体角色造型结合而成。下面具体分析。

首先应该确认,中国戏曲行当化表演的特点在北宋末期已经形成了。第一次记载了宋杂剧角色名称及其分工的是成书于南宋端平乙未(1235)的灌圃耐得翁《都城纪胜》,其时距靖康之变已近110年,但从北宋杂剧雕刻的人物造型来看,已出现了五个角色,而且每一组多为四至五人,恰与记载

① 参见廖奔:《荥阳北宋石棺杂剧图考》(载《戏曲研究》第15辑)所附图。

相符。

北宋杂剧雕砖中的各个角色造型一般都有自己的独特特征,这与角色的行当类型及其职掌有着紧密关系。引戏,《都城纪胜》言其角色职能为“分付”,何为分付?其义不明。① 但王国维考证引戏当出自大乐中的引舞,颇是。引舞为舞蹈队伍中的率领指挥者,见诸史籍如《文献通考》卷一四五乐一八:“龙池舞……舞者十有二人……四工执蓬花以引舞……”又《宋会要辑稿》第七册乐二:“引乐官二人押引二舞,引武舞乐工二十八人……舞师一人引二舞头二人,引文舞执纛,引武舞并执旌……”引舞最早似见于唐段安节《乐府杂录·傀儡子》:“其引歌舞有郭郎者……凡戏场必在俳儿之首也。”明指引歌舞者在演出中列于主要地位。引戏在杂剧演出中的地位当如引舞。今人多指元杜善夫【般涉调·耍孩儿】散套《庄家不识勾栏》【四煞】“一个女孩儿转了几遭,不多时引出一伙”的描写为引戏表演,当是。盖宋杂剧上场,必先由引戏色出场舞蹈一回,然后“分付”众角色上场。这种在正戏开始前的舞蹈称为“踏场”,在后世戏曲中尚有遗留,如南戏《张协状元》首出有生上场“踏场数调”即为其例。在院本中则称之为“踏爨”。引戏职司舞蹈,可由下述记载中推测。《武林旧事》卷四“乾淳教坊乐部”中杂剧色吴兴祐,在“杂剧三甲”刘景长及盖门庆二甲中皆为引戏,在德寿宫中为“引(戏)兼舞三台”,而卷七“乾淳奉亲”条又有御宴“至第三盏,都管使臣刘景长供进新制【泛兰舟】曲破,吴兴祐舞”的记载。吴兴祐既为引戏色,又祗应大曲舞蹈,盖杂剧中引戏色本为舞蹈角色。以上花费了许多篇幅来考证引戏色的职司,是为确定杂剧雕砖的角色判属提供依据。温县雕砖中间一人,左侧立,上身右扭,左手挥一纨扇置于右肩,右手左伸握绦带,右脚左前伸呈丁字舞步,明显正在踏舞,动作极典型,当为引戏色。温县馆藏杂剧雕砖Ⅱ组左第四人与之舞姿全同,亦执扇,可见这是引戏色的惯常舞蹈身段。这种判断可在后世戏曲文物中找到证明,如稷山马村四号金墓杂剧雕砖左第三

① 有人根据明人陈与郊《鹦鹉洲》第六出插演傀儡戏中有“引戏”一色,掌介绍剧中人上下场、讲解剧情,推测宋杂剧中引戏之“分付”即此职能,可参考。然又引申引戏由“竹竿子”演变而来,不可从。参见郭涤:《引戏考》,《戏剧学习》1983年第1期。

人、侯马金代董墓砖俑左第四人皆执扇[1]作此身段表演。禹县白沙宋墓杂剧雕砖左第一人亦作舞姿,左肘前弓,右手后拂长袖,翩翩潇洒,亦当为引戏色。偃师雕砖中间一人则略有不同,未作舞蹈状,而双手展一卷轴,恐亦为引戏色的一种开场表演。

《都城纪胜》言"副净色发乔,副末色打诨",这两种角色的职司比较清楚。副净副末在宋杂剧中构成一对滑稽角色,在雕砖中与他种角色的庄重造型不同,一般有着明显的诙谐特征,较易辨认,温县墓雕砖右侧两人、偃师左两人、禹县右两人皆是。副净与副末色也有形象差异,这里先引一条时代稍晚的材料来说明二角色的职能区分。明初汤舜民《新建构栏教坊求赞》散曲【二煞】:"付末色说前朝论后代演长篇歌短句江河口颊随机变,付净色腆嚣庞张怪脸发乔科咭冷诨立木形骸与世违。"副末色的滑稽特点体现在念说上,所谓"打诨",副净色则体现在形体上,所谓"发乔"。盖副净色更以装呆弄痴为能事,如《太和正音谱》曰:"靓(净,亦即副净[2]),献笑供谄者也。"《水浒传》第八十二回言贴净(亦副净)曰:"忙中九伯,眼目张狂。队额角涂一道明戗(创伤),匹面门搭两色蛤粉。裹一顶油油腻腻旧头巾,穿一领刺刺塌塌泼戏袄。吃六棒丫鼓不嫌疼,打两杖麻鞭浑是要。"故在雕砖外部形象上突出了其怪嚣痴呆的一面。副净色形象的一个特征是敷粉涂墨,除《水浒传》所言外,如朱有燉《刘金儿复落娼》杂剧一折【混江龙】:"付净的取欢笑抹土搽灰。"如杜善夫《庄家不识勾栏》散套【四煞】:"满脸石灰更着些黑道儿抹。"副净色形象的另一个特征是打呼哨,此多见于文献记载。而南戏《宦门子弟错立身》十二出【调笑令】咏副净色做院本更是对副净形象的具体描绘:"我这爨体,不查梨,格样全学贾校尉。趋抢嘴脸天生会,偏宜抹土搽灰。打一声哨子响半日,一会道牙牙小来来胡为。"虽有些语句不易读通,但大体仍可勾出副净色的特征来。由此看,温县墓左第四人、偃师墓左第二人当为副净色。但在雕砖中要全部准确地区分开副净、副末二色还是有困难的。

温县墓、偃师墓二组雕砖中的副净、副末色皆作丁字舞步,似正应同一

---

① 稷山马村四号金墓杂剧雕砖左第三人左手挥至右肩,手握拳,中有小孔,盖初塑时有物插入,以他例证之,插入之物当为纨扇,或为竹木做成,年久朽坏。

② 胡忌:《宋金杂剧考》,北京:古典文学出版社,1957年,第118页。

拍节而踏舞。文献中有关于杂剧演员"挼曲子"的记载,《东京梦华录》卷九"宰执"条言御宴时,诸杂剧色"自殿陛对立,直至乐棚。每遇舞者入场,则排立者叉手,举左右肩,动足应拍,一齐群舞,谓之'挼曲子'"。挼者,搓摩也,杨万里《诚斋集》卷十一《冻蝇》诗:"隔窗偶见负暄蝇,双脚挼挲弄晓晴。"杂剧艺人以双足按节踏动,即为"挼"。此雕砖形象恐即为挼曲子,温县右一人还确实为叉手踏足,与记载恰合。但这里的挼曲子更有可能是在艳段中的表演,前引《庄家不识勾栏》言引戏上场转了几圈,"不多时引出一伙",其"中间一个央人货"即为副净,同时还有其他角色,一齐加入踏场。这样,温县墓副净、副末与引戏三个角色可能都是截取自艳段中的踏场舞蹈形象。艳段的演出谓"先做寻常熟事一段",大概即指这类踏场,再加上一些副净、副末之类"央人货"的表演,内容是数说"家门",所谓"唇天口地无高下,花言巧语记许多"。

《都城纪胜》中另外一个角色为"装孤"。文献记载中的"装孤"即扮演官员者,如《太和正音谱》:"孤,当场装官者。"《新建构栏教坊求赞》:"装孤的貌堂堂雄纠纠口吐虹霓气。"很明显,凡北宋杂剧雕砖中的扮官者皆应为装孤。宋杂剧中的扮官由唐代参军戏发展而来,因而其中装官者还常以"参军"称之。考任二北先生所辑《优语集》中宋杂剧演出逸事,如"元来也只好钱"中的"推一参军作宰相","此镮掉脑后可"中的参军"但坐太师交椅,请取银绢例物","第二场更不敢"中的"一绿衣参军,自称教授","被鬎篥坏了"中的"参军肆筵张乐,胥辈请签文书"等,剧中官员,皆称参军。到写于1206年的《云麓漫钞》卷五里则称:"优人杂剧,必装官人,号为参军色……今人多装状元进士,失之远矣。"很清楚,以往杂剧中装官的皆扮作参军,到南宋中期则逐渐变为扮演状元进士,而最早提到装孤的《都城纪胜》写于1235年,在此前的乾道、淳熙年间(1165—1189)的教坊乐部杂剧色中还无装孤的名称①,可见这一名称兴起较晚,大概北宋时尚未出现。为简明见,我们姑且在雕砖形象中如此称之。

剩下的一个角色即末泥色。末泥的问题比较复杂,它在后世戏曲中是

① 参见〔宋〕周密:《武林旧事》卷四"乾淳教坊乐部"。

一主唱的角色,所谓"末泥色歌喉撒一串珍珠"①。然在宋杂剧中职司则仅知为"主张",由《东京梦华录》卷五"京瓦伎艺"条"崇观以来,在京瓦肆技艺,张廷叟、孟子书主张",可大致推测出"主张"为主持、指挥之意,但这是戏剧扮演之外的职能,其实质亦不甚明了。故而今天所见杂剧雕砖中角色身份最难判断的即末泥色。以理推之,温县墓左第一人、偃师墓左第四人当为末泥色,或许偃师墓中为扮演中的形象,其演员手执砌末正与旁一装孤交流,估计其造型取自正杂剧中的一个片段,盖末泥亦参加人物扮演。

本文之所以认为北宋杂剧雕砖多为角色展示,另外一个理由是:正杂剧临场扮演中并不局限于各个角色只有一人,也不是每个角色全部上场,这要视剧情内容而定。荥阳石棺杂剧作场雕刻图上场三人:左第一人为执杖公吏,按例当为副末色充任;左第二、三人则或诨裹独角髻、光腿、脖子扎缚巾带,或戴尖顶冠、身打补丁、叉手谄笑,皆为发乔人物;而左第四人头发披散、双眼贯墨迹,亦当由副净色充任。则这一台戏全部由滑稽角色表演,无庄重角色上场,这在以滑稽表演为主的宋杂剧中是常例,文献中多有例证。事实上,滑稽角色在当时剧班配备中也常常是最多的,《武林旧事》"杂剧三甲"中刘景长一甲,即有次净(即副净)三人,他角则各一人。正杂剧中,也不是各类人物形象仅有一个代表,如可以同时有几个官员,宋张端义《贵耳集》卷下记载"拍户"杂剧即有"三个官人,一曰京尹,二曰常州太守,三曰衢州太守"。而《武林旧事》"官本杂剧段数"中有"双孤惨""三孤惨""四孤夜宴"等。稷山马村二号金墓杂剧雕砖雕作演出场面,也同时雕出两个官员。北宋杂剧雕砖中各种角色齐全,各为一人,且又互无交流(或仅个别交流),可见非演出场面。临场扮演不易辨认角色,因为人物特征掩盖了角色特征,如宋岳珂《桯史》卷十三载"钻遂改"杂剧扮演孔门弟子,"为古衣冠服数人",即皆穿古人服装。虽各不同角色也必有其化装和表演特点,但在雕砖中却难以区别,故而雕砖造型只好取其特征最著的形象体态。这也是雕砖非演出场面的原因。

有人推测这几组雕砖可能是一种开戏或结束时的"亮台",但角色之间

---

① 〔明〕汤式:《新建构栏教坊求赞》,《全元散曲》下册,北京:中华书局,1964年,第1496页。

的个别交流和表演动作似乎于此说不利，特别是温县馆藏雕砖Ⅱ组装孤作正侧面造型，就绝非是“亮台”的身段了。但稷山出土多组金墓雕砖却有此种可能，或者是截取了艳段各角色初上台时一字排开的场面。

3.服饰装扮与砌末

从北宋杂剧雕刻形象可以看出当时演出的部分化装特点。我们先来考察一下当时一般演出服装与日常生活服装的关系。偃师、温县、禹县宋墓以及温县馆藏Ⅱ组雕砖中“装孤”服饰皆大袖袍服束带，裹展脚幞头，乘乌皮靴或云头履，秉笏。与当时品官服饰制度相较，《宋史·舆服志五》载诸臣公服，“三品以上服紫，五品以上服朱，七品以上服绿，九品以上服青。其制，曲领大袖，下施横襕，束以革带，幞头，乌皮靴。自王公至一命之士，通服之”。演员穿戴基本上是与之一致的。《云麓漫钞》所谓杂剧演出过去扮参军，现在扮状元进士，可见戏中一定是模仿现实服装，只是在颜色和质量上是否有所差别则不得而知。《东京梦华录》卷九“宰执”条载教坊乐部杂剧色“各服本色紫绯绿宽衫、义襕、镀金带”，是教坊乐官之常服，非为演出服装，不得为据。然宋廖莹中《江行杂录》载优戏装官“古穿绿衣，今则改穿红袍，即执象笏上场者是也”。可见在服色上也是有讲究的。不仅如此，宋朝品官服饰的变化在优人装扮中亦反映出来。宋人幞头，“君臣通服平脚”①，而这种二脚平伸两旁的幞头，据《云麓漫钞》卷三载：“国初时脚不甚长，巾子势颇向前，今两脚加长而巾势反仰向后矣。”其所谓“今”指南宋中期，而幞头形制的变化在北宋后期的杂剧雕砖形象中已经有所表现，可见这种变化在北宋中期已经发生。品官服饰的变化与演员服饰的对应，更证实北宋杂剧演出服装基本上是模仿当时现实生活中的服装。上面只是以装孤服饰为例来进行分析，其他角色服装亦是现实服装的搬用，这里不一一论列了。当然扮演古人的服装又当别论。

然而，为了增加演出的审美愉悦作用，杂剧装扮中也加进了一些化装美饰。一个很突出的方法是在幞头上簪戴花草一类饰物。如温县墓副净、副末，一簪竹枝，一簪牵牛花，丁都赛雕砖形象头簪大朵叶子花，《梦粱录》卷六

---

① 《宋史·舆服志五》，四库全书本。

“孟冬行朝飨礼遇明禋岁行恭谢礼”条也有“教坊所伶工、杂剧色，诨裹上高簇花枝”的记载，这大概是妇女于发髻上簪戴花朵、步摇一类装饰品的变形。男子簪花是北宋风习，宋吴曾《能改斋漫录》卷十三“御亲赐戴花”条载北宋真宗时御宴，“真宗与二公（陈尧叟、马知节）皆戴牡丹而行……真宗亲取头上一朵为陈簪之……”又载“寇莱公为参政，侍宴，上赐异花。上曰‘寇准年少，正是戴花吃酒时’。众皆荣之”。至《东京梦华录》言徽宗时戴花更是滥习。杂剧艺人簪花即以此为现实根源。服饰美化的另一个方法是将幞头的素脚改为花脚，如温县、偃师、禹县三墓引戏色均裹花脚幞头。花脚幞头据说起自唐代。程大昌《演繁露》卷十二载：“秦再思《洛中纪异》云：‘唐太宗令马周雅饰幞头。至昭宗乾符初，教坊内教头张口笑者，以银撚幞头脚上簪花钗，与内人裹之。上悦，乃曰：“与朕依此样进一枚来。”上亲栉之，复览镜大悦。由是京师贵近效之。’庞元英著《文昌录》，乃以为宣宗，未知孰是。”至宋代记载中亦有此物，《东京梦华录》卷九“宰执”条：“第七盏御酒……参军色作语，勾女童队入场。女童皆选两军妙龄容艳过人者四百余人，或戴花冠，或仙人髻、鸦霞之服，或卷曲花脚幞头，四契红黄生色销金锦绣之衣，结束不常，莫不一时新妆、曲尽其妙。”可见多由女童裹戴，亦为女性扮引戏色所常服。

除对服装进行一定的美饰外，在副末、副净一类滑稽角色身上常常出现对丑陋形态的夸张装扮。如偃师、温县馆藏Ⅱ组雕砖皆有一人作腆腹怪态，北宋杂剧雕砖中的副末、副净二色，一般皆作市井小民、泼皮无赖打扮，综观宋人张择端《清明上河图》及其他各种反映市井生活的宋代写实图绘，其市井人物服饰皆是此类，但都未发现有腆腹出游的，可见这是为了加强表演的滑稽效果。副净、副末二色一个突出的特征是软巾诨裹。诨裹是教坊杂剧艺人的常服，《东京梦华录》卷九载皇帝庆寿场面，有“教坊色长二人……皆诨裹、宽紫袍、金带、义襕看盏”，又“诸杂剧色皆诨裹”，丁都赛雕砖形象即诨裹幞头。但在扮演中，则随行当定服装，唯副净、副末二滑稽色诨裹。所谓“诨裹”，即将头巾裹成滑稽样式以逗乐取笑。如温县墓副净色裹成偏坠式，荥阳、温县馆藏Ⅱ组副净色裹成独角斜挑式。诨裹是与副净、副末二角色“发乔”“打诨”的职能相适应的，增加表演的喜剧色彩即是目的。

可以看出,北宋杂剧服装一般以当朝生活常服为基础,增加一定的美化装饰或形态夸张,特别表现在幞头的形制和簪戴上,并以此来区分角色和人物的身份。

北宋杂剧雕砖中的滑稽角色已出现粉墨涂面的花脸化装,这在中国戏曲史脸谱的发展中是值得注意的。史籍曾出现过下述记载:徽宗时佞臣王黼与蔡攸二人在禁中,“或涂抹粉墨作优戏,多道市井淫言媟语,以媚惑上”①。这应是指北宋杂剧的涂面化装。但出土文物由于自然剥蚀,一般都已无色彩痕迹。笔者于 1983 年 6 月 2 日前往温县考察前东南王村宋墓时,下至墓中仔细观察,由于墓葬发现后即原地封存,风化不严重,故看到副净的化装:“其幞头蓝色,眉、眼圈、鬓发皆墨染,另有一条墨迹直贯右眼眉上下,右颊处亦有一团墨迹。”②可见当时涂面化装至少是以墨迹贯眼、画黑眼圈,但是否涂粉、涂彩则看不出了。荥阳石刻右侧一女子形象(净扮)亦刻两条线直贯双眼上下,可知这是当时涂墨化装的一种固定程式,亦见于稷山马村一号金墓及侯马董墓副净形象。涂面化装当时叫作“抹抢”,《三朝北盟会编》“炎兴下秩”三十五有云:“……又用墨抹抢于眼下,如伶人杂剧之戏者。”《东京梦华录》卷七“驾登宝津楼诸军呈百戏”条载:“……又爆仗响,卷退。次有一击小铜锣,引百余人,或巾裹,或双髻,各着杂色半臂、围肚看带,以黄白粉涂其面,谓之‘抹跄’。”涂面化装来源甚远,至五代时也有后唐庄宗“自傅粉墨,与优人共戏于庭”的记载③,宋杂剧中则已行当化了。副净为“花面”,其他角色雕砖中未见涂抹痕迹,大概当为“素面”。

从北宋杂剧雕刻还可看到当时演出中已有小件砌末的运用,如笏板、扇子、木杖、骨朵、木掉刀、画轴、印袱、鸟笼等,一般是将生活中的实物器具带进表演。其中最常见的为扇子与木杖。扇子是引戏色在踏场舞蹈时常用以伴舞的道具,这种习惯是对古来歌舞必执扇传统的继承。《能改斋漫录》卷八记古来咏歌舞诗多以“歌扇”对“舞衣”,如北齐萧放《冬夜对妓》诗:“歌还团扇后,舞出妓行前。”陈李元操《春园听妓》诗:“红树摇歌扇,绿珠飘舞

① 〔宋〕徐梦莘:《三朝北盟会编》“靖康中秩”卷六。

② 廖奔:《温县宋墓杂剧雕砖考》,《文物》1984 年第 8 期。

③ 〔宋〕孔平仲:《续世说》卷六。

衣。”释法宣《观妓》:“舞袖风前举,歌声扇后娇。”等等。由歌与扇的关系更为密切来看,引戏色是否也唱曲呢?除引戏外,其他杂剧人物也常离不开扇子,丁都赛雕砖形象腰后即插一扇,同样的情况也出现在两幅宋杂剧画中,大概这也是一种杂剧中常见的形式。《眼药酸》图中右侧老者扇上书“诨”字,另一图右侧人物扇上书“末”字,扇皆中裂为二,是否即末色的身份标记?① 扇上单书一字是当时一种习俗,《中国历代名画集》第320页北宋图绘戴重楼子花冠妇女手执一扇,上即书一“安”字。这种习俗被杂剧艺人借用来表现角色了。后世戏曲中外角上场“开场”亦手中拿扇。② 杖为副末色所常操,借以击打调笑,这在宋代优戏演出记载中经常出现。多数北宋杂剧雕刻中皆有优人持杖形象,温县馆藏雕砖Ⅰ组副末色腰中还别一大棒。

4.伴奏问题

宋杂剧的伴奏问题,史不能明。《武林旧事》卷十所载“官本杂剧段数”二百八十本中多缀以曲名,据王国维考证:“其用大曲者一百有三,用法曲者四,用诸宫调者二,用普通词调者三十有五。”③共计144种,占总数的51%,可知南宋杂剧多唱,《梦粱录》也说杂剧“唱念应对通遍”。但今天所能见到的所有宋杂剧演出逸事中既无唱例也未标明配器情况。北宋杂剧雕刻中,有些无伴奏乐队,如荥阳石棺作场图即是,大概是在表演滑稽说白戏。有些则出现了配器完整的乐队,如禹县与温县墓各出现一支由七人和六人组成的伴奏乐队。但这两支乐队不像稷山金墓那样设置于杂剧演员之后,而是与杂剧演员分置两处,互不连属,这就在伴奏形式及配器程度上与后世戏曲有较大差异,或者说戏剧尚未发展到以唱为主的阶段。北宋杂剧的伴奏大概有两种用途。一种是作为杂剧演员出入场时的“断送”。《梦粱录》卷二

---

① 有人认为两幅宋杂剧绢画中人物身后所插破扇为磕瓜,不确(见郭涤《破扇还是磕瓜》,《戏曲研究》第12辑)。此除可以丁都赛雕砖为证外,稷山马村三号金墓杂剧雕砖中间一人所执扇与画中之扇形状一样可证,只是未中裂为二罢了。笔者于1983年10月2日前去考察时,曾于墓室中仔细临摹出此扇之图形。扇形上大下小中凹呈葫芦形,中有一横线,由扇柄处向上方散开许多纹线。其扇盖为纸扇,纹线当为竹篾以充骨架,有今出土宋扇可证,见江苏省金坛县茅麓公社南宋补中太学生周瑀墓1975年出土“君玉”团扇,载《文物天地》1983年第4期。

② 参见《水浒传》下册第五十一回,北京:人民文学出版社,1992年,第709页。

③ 王国维:《宋元戏曲考·五·宋官本杂剧段数》,《王国维戏曲论文集》,北京:中国戏剧出版社,1984年。

十“妓乐”条言杂剧中“先吹曲破断送,谓之把色”。即“把色人”在杂剧开场时要先吹奏乐曲曲破来为杂剧演员上场进行“断送”,如《武林旧事》卷一“圣节”条载:“吴师贤以下,做《君圣臣贤爨》,断送【万岁声】”,“周朝清以下,做《三京下书》,断送【绕池游】”,“何晏喜以下,做《杨饭》,断送【四时欢】”,“时和以下,做《四偌少年游》,断送【贺时丰】”,皆为断送乐曲的实例。另外,宋代南戏剧本《张协状元》中有一段有关演员上场时断送乐曲的记载:“(生上白)讹末。(众喏)(生)劳得谢送道呵!(众)相烦那子弟!(生)后行子弟,饶个【烛影摇红】断送。(众动乐器)(生踏场数调)(生白)【望江南】……出入须还诗断送……适来听得一派乐声,不知谁家调弄?(众)【烛影摇红】(生)暂借轧色。(众)有。(生)罢!学个张协状元似像。(众)谢了!”生上场,“后行子弟”奏【烛影摇红】乐曲,生连“踏场数调”,边念【望江南】词一首。念完,正戏开始。这种正戏开场前“饶个【竹影摇红】断送”的饶头,应该是从宋杂剧中承袭而来。前文提到的院本开场的踏爨:“见几个妇女向台儿上坐,又不是迎神赛社,不住的擂鼓筛锣。一个女孩儿转了几遭,不多时引出一伙。”亦在打击乐伴奏声中踏场舞蹈一番。据此推断,宋杂剧开始时引戏出场也是在断送器乐中踏场。杂剧开场时以器乐伴奏,还可以从苏轼乐语中看出来,如元祐四年《紫宸殿正旦教坊词》勾杂剧词:“以雅以南,既毕陈于众技;载色载笑,期有悦于威颜。舞缀暂停,优词间作,金丝徐韵,杂剧来欤!”其他勾杂剧词也多见“缓调丝竹,杂剧来欤”“再调丝竹,杂剧来欤”“金丝再举,杂剧来欤”的记载。这虽是宫廷宴会节次中杂剧与舞蹈、杂技穿插演出时的情景,但也说明杂剧开场时要奏丝竹。北宋杂剧伴奏的另外一种用途大概是为场中歌唱配器,但北宋杂剧中歌唱部分究竟占多大比重尚不明了。王国维认为“官本杂剧段数”中的《王子高六么》杂剧系出自北宋,若北宋杂剧中确实以【六么】曲调演唱王迥狭邪事迹,则器乐伴奏就是必然现象,限于资料,不好推测。然而由北宋杂剧雕砖中乐队分置的情况来看,这种伴奏应当还不是很多。

上面提及的两组乐队,其乐器配备分别为:禹县,大鼓一、腰鼓二、拍板一、觱篥二、笛一共七器;温县,腰鼓二、方响一、觱篥(笛?)一、琴一共五器,另外有一人执杖指挥。从乐器构成来看,已基本奠定了金元杂剧伴奏乐器以鼓、笛、板为主的基调。温县尚有一方响、一琴,明显为小庭画堂歌唱配器的遗留,当杂剧逐渐变成勾栏舞台艺术后,广场高台众声嘈杂的环境,使戏曲淘汰了小音量的丝弦乐器。温县无板节拍而以杖指挥,亦是清歌软唱的反映。

北宋戏曲文物主要出现于中州地区,特别是北宋杂剧雕刻集中出现于当时的汴京到洛阳一带,其时间则是北宋后期,这是当时当地戏曲文化生活一度繁荣的具体验证。它表明在 11 世纪到 12 世纪之交的这一段时期内,中国戏曲取得了长足的发展,奠定了广泛的社会基础,与人民群众的日常生活发生了日益紧密的联系,其影响覆盖了除汴京等大城市外更为广阔的地域。北宋杂剧雕刻所反映出的宋杂剧演出形态,使我们较为明晰地看到了中国戏曲初步发展的雏形状态,虽然研究尚需进一步加深,但已经为我们提供了较之以前更多的形象认识。随着文物考古工作的进展,新的戏曲文物将不断积累,中国戏曲史研究中的宋杂剧演出形态之迷雾也会逐渐荡清。本文限于资料,目前只能勾画出一个大致的轮廓,阙如之处尚多,乞读者谅解。

(原载《戏曲研究》1986 年第 18 辑)

晋南金代戏曲文物考索

引　子

12世纪初叶，在政治上极度昏聩而艺术上颇具修养的宋徽宗赵佶时期，汴京实现了戏曲文化的全盛。北宋杂剧，煊赫一时。靖康之劫，涤除了这里的一切声嚣！

一个多世纪以后，中国戏曲史上的第一个高峰——元杂剧在北部中国赫然崛起，蔚为一代壮观！

这期间，女真贵族统治了一百多年，而有关戏曲情况的文献记载却寥若晨星。金代戏曲的发展是一种怎样的情形？数十年来，戏曲史家希冀着发现填补空白的资料。

1959年，侯马牛村金大安二年(1210)董墓杂剧雕砖的出土①，在金代戏曲史研究领域中传来了空谷足音。1973年到1979年，稷山成批金代杂剧雕砖墓的陆续发掘②，开阔了人们的视野。这些戏曲文物，以实物造型的方式展现出当时杂剧演出的舞台形象，是更为直观的珍贵资料。

本文拟从研究晋南地区戏曲文物入手，来考索金代河东杂剧的渊源流布、兴盛时间及特点，从而探讨金代北部中国杂剧的活动情况。

① 山西省文管会侯马工作站：《侯马金代董氏墓介绍》，《文物》1959年第6期。

② 山西省考古研究所：《山西稷山金墓发掘简报》，《文物》1983年第1期。

一、晋南金代戏曲文物基本情况

（一）分布概况

晋南地区金代戏曲文物与北宋汴京一带的戏曲文物有着一脉相承的关系。

北宋中后期，伴随着社会商品经济的发展以及由此而带来的社会风习变化，仿木结构的砖室墓广为流行。这类墓葬建筑由唐代穹隆式小型砖体结构墓沿袭而来，但却向着巧事雕琢发展。墓体结构模仿民间木建筑的形制，砖雕厅堂楼阁、长廊屏风，有的还雕出祗候、供作人像等，并遍施彩绘。墓中多有十分精美的工艺装饰，如砖雕、石刻和壁画等。中华人民共和国成立以来陆续发现的禹县白沙、偃师县酒流沟、温县前东南王村等几处北宋墓葬中，都出现了雕造精美的杂剧人物砖刻[①]；荥阳县东槐西村北宋绍圣三年（1096）墓葬石棺则刻有杂剧作场图[②]；北宋末期政和、宣和年间（1111—1125）汴京勾栏中的著名青年杂剧女演员丁都赛的画像，当时被制作成雕砖砌入偃师县的墓葬中。[③] 这些都是当时杂剧兴盛的明证。此类有戏曲人物装饰的墓室，往往没有墓志，根据当时政府规定品官才可用墓志的情况[④]来看，这些墓主的身份多为没有功名、属于平民阶层的乡村世俗地主和商人。由此可以推知汴京一带广大乡野，曾经是北宋杂剧的繁盛区域。这个结论与当时的文献记载也是吻合的。

靖康之难后，此类墓葬已在黄河南岸潜迹，代之而起的是在金代河东南路的集中兴起。与宋墓相较，金墓更加浮华，气魄更趋恢宏，装饰日添繁缛。金墓与宋墓的明显不同主要表现为：第一，须弥座的普遍加设；第二，变简单的内室构造为四合院内天井式构造；第三，多设墓主夫妇对坐神主雕像；第

---

① 徐苹芳：《白沙宋墓中的杂剧雕砖》，《考古》1960 年第 9 期；董祥：《偃师县酒流沟水库宋墓》，《文物》1959 年第 9 期；张思青等：《温县宋墓发掘简报》，《中原文物》1983 年第 1 期。

② 吕品：《河南荥阳北宋石棺线画考》，《中原文物》1983 年第 4 期。

③ 刘念兹：《宋杂剧丁都赛雕砖考》，《文物》1980 年第 2 期。

④ 〔宋〕郑居中等撰：《政和五礼新仪》卷二一六“凶礼品官丧仪·葬”，四库全书本。

四，建筑与雕刻的工艺技术和精密度大大提高。

由于戏曲活动的发展，金墓中的戏曲人物装饰亦更加普遍。稷山县马村发掘金墓9座，其中6座嵌有杂剧雕砖；化峪镇苹果园发掘金墓5座，两座有杂剧雕砖。而侯马市、襄汾县、新绛县近年来出土的金墓中，很多砌有伎乐、乐舞雕砖和百戏社火雕砖。

这些戏曲雕砖多是模制的，相同的雕砖构图形象常常在不同的墓穴中重复出现，可见当时有专门的烧造作坊进行批量生产，以供应当地修砌墓葬的不时之需。从雕造工艺来看，北宋后期汴京地区杂剧雕砖多是依据画范进行平面浅浮雕，即于略凸出于浅地的人物像上作阴线剔刻，而其构图基本上还是在绘画的基础上进行加工的，汴京宫廷画院和当时民间的大量画士、画工的作品可能是其画范的来源。金代河东地区已经没有那种画工云集的条件，杂剧雕砖主要是雕造工匠们的创作，技法改为半圆和全圆雕，然而演员造型、情态、气质诸方面更加生动传神，展示了砖雕匠人工艺技术的极大进步。河东金代墓葬中戏曲砖雕的普及、工艺的定型化和雕造技巧的提高等特点，应是民间需求量增加所刺激的结果。

（二）地理条件

金代戏曲文物主要分布在晋南一带，即金代河东南路所辖地区，而集中出现于汾河两侧的平原富庶地带。由于地理条件的便利，这一带的文明开发很早，传说中的尧都平阳、舜都蒲坂、禹都安邑，皆在其地。而其“表里山河”[①]的重要军事位置，又使它成为历史上的兵家必争之地，清代顾祖禹称：“自古天下有事争雄于河山之会者，未有不以河东为噤喉者也。”[②]

河东与汴京虽属两个不同的自然经济区域，但在古代这里是关东通向长安的要道，而且两地的语言民俗十分相近，所以在靖康之难后，戏曲活动中心由汴京北移至河东，便是很自然的事了。

① 《左传·僖公二十八年》，四库全书本。

② 〔清〕顾祖禹《读史方舆纪要》卷四十一“山西三·平阳府”清纬萧草堂本。

（三）产生时间

晋南出土的金代杂剧雕砖墓多无确切的年代，一个重要的杂剧雕砖墓葬群——稷山县马村段氏家族墓群的起讫时间，还未搞清楚。发掘简报①根据墓群中所出铜钱年代最迟的为北宋"大观通宝"，遂定墓群的上限为北宋晚期，这是缺乏科学依据的。我们知道，女真初入中原时，还不会铸钱，市易货币沿用宋钱。金代刘祁《归潜志》卷十载："金朝钱币旧止用铜钱，正隆、大定、泰和间始铸新钱，余皆宋旧钱。"又宋代范成大《揽辔录》载："虏本无钱，惟炀王亮尝一铸正隆钱，绝不多，余悉用中国旧钱。"既然金代在前30年中流行宋币，那么根据宋钱断为宋代就不足为凭了，何况墓葬中用前朝古钱常常是通例呢！发掘报告又根据墓群的分布似呈自北向南排列，而位处墓群南端的7号墓出土有金世宗大定二十一年（1181）"段楫预修墓记"铭文砖，推定这是墓群的下限。于是，将整个墓群的产生年代定在金代前期。这个结论还可推敲，仅提出以下证据来论证：

其一，1982年稷山县吴城村（紧靠马村）发现一座杂剧雕砖墓，其中有金章宗承安四年（1199）铭文砖。② 其人物雕砖中，两人为墓主人夫妇，两人为侍女，三人为仆吏状人物，一人为杂剧净角，这些砖都与马村段氏金墓群8号墓中人物雕砖形象和尺寸规格完全一致，应该是一模所制，因而年代不会相去太远。据此知道马村段氏墓群里有建于金章宗中期的。

其二，根据当时当地的历史条件分析：河东一带人稠地狭、民生不裕，南宋绍兴年间即曾因穷人无葬地流行火化而被官府禁止，后又因势难遽革，"除豪富士族申严禁止外，贫下之民并客旅远方之人，若有死亡，姑从其便"③。金代这种自然条件并未改观，《金史·食货志》中就多有河东地狭土瘠、人稠民贫的记载。金

---

① 杨富斗：《山西稷山金墓发掘简报》，《文物》1983年第1期。

② 墓已毁，仅存铭文砖一块、人物雕砖8块。承山西省考古研究所侯马工作站杨富斗先生提供方便，笔者见到实物。

③ 《宋史·礼志二十八》"士庶人丧礼"条，四库全书本。

代前期，当地人民初遭靖康之难、备罹女真贵族兵燹洗劫之苦[1]，短时期内无力营构如此豪奢堂皇、耗资巨大的墓葬建筑，唯至世宗、章宗时期，宋金媾和既久，河东经济渐繁，民间于生养之外崇建地下土木建筑才有可能。

由于上述理由，我认为将稷山县马村段氏家族墓群的产生时间定在大定、承安间（1161—1200）恐无大误。而稷山县化峪镇、苗圃两处发现的杂剧雕砖墓，其结构形制和墓中装饰内容与马村段氏墓基本相同，应属同一时期的建筑。另外，晋南金代杂剧雕砖墓时间最晚的是侯马董墓，买地券上写明为章宗泰和八年（1208）买地建墓，卫绍王大安二年（1210）葬，从建墓到下葬历时两年，而墓的建筑形制应为初时即设计好了的，还应算作章宗世。以后，距此墓五年时间的金宣宗贞祐三年（1215），蒙古军队已经掠地河东，自潼关渡河进攻金都汴京，河东从此被覆战争疮痍，此类墓葬不复出现了。因此，晋南金代戏曲文物集中产生于世宗、章宗统治下的大定到承安时期。

（四）小结

上述考察，可引导出如下看法：金代河东地区戏曲雕刻是汴京地区戏曲雕刻的延续和发展。随着宋金政权的交替，戏曲雕刻的产生地由汴京转移到河东。继北宋末期（即 12 世纪初叶）汴京地区戏曲雕刻盛行之后，金代初年经过一段时间的沉寂，到金世宗、章宗时期（即 12 世纪后半叶到 13 世纪初叶）在河东地区更集中地产生了戏曲人物雕刻。晋南金代戏曲文物的存在，使金代河东杂剧发展的历史得以记录下来。

二、汴京杂剧向河东的转移

（一）汴京杂剧北移的历史条件

汴京地区戏曲文化活动在北宋末期达到极盛，还未来得及孕育出更高

① 女真南侵，河东先被战火屠戮之外，又“大索两河（河东、河北——笔者）之民”为奴，或驱至回鹘等国易马，还有卖于蒙古、高丽者（见《大金国志》卷六，商务印书馆 1936 年铅印本）。天会九年（1131）又起河东民伕赴漠北运粮，少有返回者（同卷七）。这些动乱造成了河东地区农村经济的破败。

级综合形式的戏曲艺术,便随着北宋王朝的覆灭,被女真贵族的铁蹄践踏殆尽了。曾经盛行一时的汴京杂剧也随之结束了其兴盛的历史。

战争最直接最严重的破坏,是使汴梁这座历经梁、晋、汉、周、北宋五朝的都城,整整220年的帝王基业,毁于一旦。汴京在两次被围中,因缺乏炮石及燃料,将城里的建筑大量破坏,“台榭宫室,悉见拆毁,官不能禁也”①。宋代刘子翚《汴京纪事》诗其六咏其事曰:“内苑珍林蔚绛霄,围城不复禁刍荛。舳舻岁岁御清汴,才足都人几炬烧。”②城破后,金人又将城中财物毫无孑遗地北掳而去,宋代李心传《建炎以来系年要录》卷四载:“二百年积蓄,一旦扫地。凡人间所须之物,无不毕取以去。”③致使汴京“祖宗七世之遗,厥存无几”④。这座11世纪至12世纪初东方最大的文化名城从此湮废了。

战火所及,广大中原地区皆被荼毒,而汴京和两京之间尤为残毁。女真贵族到处抢掠焚烧,《三朝北盟会编》卷八七引《宣和录》载:靖康三年三月二十八日,金人将百姓“悉驱而北,舍屋焚爇殆尽。东至柳子,西至西京,南至汉上,北至河朔,皆被其毒……郡县为之一空”。建炎二年二月,金人又掳掠“洛阳、襄阳、颍昌、汝、郑、均、房、唐、邓、陈、蔡之民”,将他们迁移到河北。⑤ 战争使汴京地区繁荣的经济文化变为历史烟云,庄季裕于1127年秋由邓县经许昌到汴京去,沿途所见,“几千里无复鸡犬,井皆积尸莫可饮”,“大逵(大路——笔者)已蔽于蓬蒿,菽粟梨枣亦无人采刈”⑥。至靖康之变四十年后,范成大为宋朝祈请使出使金国,看到的汴京景象依然是一片破败:“新城内大抵皆墟,至有犁为田处”,“旧城内……皆旧宫观寺宇,无不颓毁”⑦。

---

① 〔宋〕张淏:《云谷杂记》补编卷一《寿山艮岳》前记,转引自刘大杰:《中国文学发展史》(中册),北京:中华书局,1962年,第562页。

② 〔宋〕刘子翚:《屏山先生文集》卷十八,三余书室1933年铅印本。

③ 清光绪八年仁寿萧藩刻本。

④ 〔宋〕徐梦莘:《三朝北盟会编》卷七十七“靖康中秩五十二”,清光绪四年铅印本。

⑤ 《金史》卷三《太宗本纪》,四库全书本。

⑥ 〔宋〕庄季裕:《鸡肋编》卷上,北京:中华书局,1983年。

⑦ 〔宋〕范成大:《揽辔录》,丛书集成初编本。

（二）汴京杂剧向河东地区的流播

随着汴京地区经济文化的破坏，戏曲文化活动也就烟消云散了。当时活跃在这一带的艺人和杂剧演员，除被杀戮者外，一部分向南方逃亡。如汴京瓦肆艺人“小唱李师师”①，靖康难后就流落到浙中、湖湘一带。宋代张邦基《墨庄漫录》卷八载：“李生（指师师——笔者注）流落浙中，士大夫犹邀之以听其歌，然憔悴无复向来之态矣。”刘子翚《汴京纪事》诗其二十亦咏师师事：“辇毂繁华事可伤，师师垂老过湖湘。缕衣檀板无颜色，一曲当时动帝王。”流亡南方的艺人，后来又纷纷聚集在南宋皇帝的驻跸之地临安，仿照汴京之制创立瓦舍勾栏进行演出。据宋代吴自牧《梦粱录》卷十九记载，临安瓦舍建立的原因是：“殿岩杨和王因军士多西北人，是以城内外创立瓦舍，招集妓乐，以为军卒暇日娱戏之地。”从此，临安又开始了类似于汴京的戏曲文化活动，而且愈演愈烈、穷极歌舞，“直把杭州作汴州”了。

汴京的另一部分艺人则被金人北掳。其北掳的各类艺人名目及人数，宋耐庵辑《靖康稗史》中所收宋人各种私家记述有不同的说法，如李天民辑《南征录汇》引克锡《青城秘录》云“女乐等一千五百人，各色工艺三千人”，无名氏《宋俘记》云“诸色目三千余人，教坊三千余人”等。而徐梦莘《三朝北盟会编》记载得更为具体，这里引述如下：“金人来索御前祗候：方脉医人、教坊乐人、内侍官四十五人；露台祗候：妓女千人……又要御前后苑作、文思院、上下界明堂所、修内司、军器监：工匠、广固搭材兵三千余人，做腰带、帽子、打造金银、系笔和墨、雕刻图画工匠三百余家，杂剧、说话、弄影戏、小说、嘌唱、弄傀儡、打筋斗、弹筝、琵琶、吹笙等艺人一百五十余家。令开封府押赴军前。”“又取画工百人，医官二百人，诸般百戏一百人，教坊四百人，木匠五十人……弟子帘前小唱二十人，杂戏一百五十人，舞旋弟子五十人。”（卷七七、七八）虽然诸说不一，但汴京艺人（其中包括杂剧演员）有大批被北掳则是事实。

金人将这些艺人北掳的第一站是燕山。因女真贵族酋长有很大一批居

① 〔宋〕孟元老：《东京梦华录》卷五“京瓦伎艺”条，中华书局1982年重印邓之诚注本。

住在燕山,故而在这里将北掳的汴京人口一半分充赏赐,散入各酋长家;另一半则继续押解北上至金国上京会宁府(今哈尔滨市一带)入朝。[①] 这看起来似乎与河东地区无关。但重要的是:1.金人押解这些工技艺人北上的道路恰恰是选择了河东路。李天民辑《南征录汇》引《秘钞》[②]载:"四月一日,国相退师,分作五起:宝山大王押朱后一起,固新押贡女三千人二起,达赉押工役三千家三起,高庆裔押少主(宋钦宗赵桓——笔者注)四起,从河东路进发。"无名氏《呻吟语》引司马朴云:"帝自四月朔青城(汴京南薰门外青城寨——笔者)起程……初十日由巩县渡河……六月初二日抵云中……七月初九日抵燕山。"即由巩县渡黄河经太行山北上,由河东路绕道云中(今大同)再折向燕山。2.金人押解艺人北上行进途中,俘工纷纷逃亡,《宋俘记》载:"……逮至燕、云,男十存四,妇十存七,孰存孰亡,瞢莫复知。"这些散亡的艺人流落在河东一带,以后就成为这一地区杂剧及歌舞百戏艺术的主要力量。到达燕山的,也为以后金中都戏曲文化的发展奠定了基础。从此,中国北方杂剧活动的主要地区移到了金朝统治的河朔一带。

金代杂剧的兴起,由于来源途径的不同,形成了两个系统:一是由辽、宋宫廷杂剧承袭而来的燕京杂剧,一是由汴京地区民间杂剧流播而来的河东杂剧。

金人初为游牧部族,"其乐唯鼓笛,其歌唯'鹧鸪'曲,第高下长短如鹧鸪声而已"[③]。1122 年 1 月,金太祖阿骨打攻破辽中京,得辽教坊四部乐,始用宴乐。辽朝散乐,承自五代时汴京的石晋政权[④],系源出中原,以后与宋朝通使,更加强了与中原的文化交流,宋代邵伯温《邵氏闻见录》卷十有仁宗嘉祐年间辽宫廷伶人扮演司马光的记载就与宋代宫廷杂剧十分相似。金继辽统,故宋使许亢宗于宣和七年(1125)前往金朝贺金太宗吴乞买登位时,见到金朝宴乐演奏的乐器、曲调都与中原相同,也有杂剧与百戏的表演。[⑤] 金海陵王于天德四年(1152)迁都燕京后,金代宫廷杂剧始得与当年掳至的汴京

---

① 《靖康稗史》之六《呻吟语》载:"……闻贡三千人,吏役工作三千家,器物二千五十车,是日始至。点检后,半解上京,半充分赏。内侍内人均归酋长……"

② "钞"疑为"录"之误,《秘录》,即克锡《青城秘录》。

③ 〔金〕宇文昭:《大金国志》卷三十九"初兴风土"条,上海:商务印书馆,1936 年铅印本。

④ 《辽史·乐志》。

⑤ 《靖康稗史》之一宋代无名氏:《宣和乙巳奉使金国行程录》。

杂剧合流。以上为金代宫廷杂剧的来源,它孕育了燕京的杂剧活动。

当北宋后期汴京杂剧在汴京地区传播时,其中一支可能已经顺着商业通道到达河东地区,成为河东杂剧的先驱。宋代河东与河南之间有着密切的经济交往和商业联系,河东出产的解盐、白矾、薪炭等每年源源不断地输入河南和两京[①],宋朝廷为支援河东的兵费,也充分利用了北上太行山的路径。[②] 大批河南商人到河东做生意,当金人侵占河东地区时,尚有许多人被阻不得南归。[③] 文化交往也十分兴盛,在汴京勾栏中"首创诸宫调古传"的孔三传[④],就是河东泽州人,他有可能是在家乡民间艺术培养下成长起来而进入汴京的有成就的艺人。因而,汴京杂剧自然发展浸润到河东是可能的。

1982年发现的河南省温县宋墓杂剧雕砖可以视作汴京杂剧向河东传播的一个痕迹。温县宋代属孟州,地处太行山之南、黄河之北一线的平原地带。自温县南渡黄河至汴口入汴水,即可抵达东京。当时汴京街市上出售的河阴石榴、河阳查子[⑤],皆为孟州特产,均由此路运来。温县经怀州河内县而北出太行山,即至河东路的泽州。从地理位置上讲,温县恰处于汴京到河东的要道上。[⑥] 因而温县杂剧雕砖墓,应是北上的汴京杂剧影响了这一带的社会生活所产生的结果。汴京杂剧在北宋末期流布到河东地区,以后又与散亡在此地的金掳乐工汇合,遂成为金世宗、章宗时期河东杂剧兴盛的前奏。

金杂剧的两个系统,就造成了金代戏曲活动分别集中在两个地区——

---

① 《宋史》卷一八一、卷一八五、卷一七五"食货志",四库全书本。

② 《宋史·食货志上三》:河东"租税薄,不足以供兵费",朝廷"岁出内藏库金帛及上京榷货务缗钱,皆不翅数百万",运往河东。

③ 〔金〕佚名:《大金吊伐录》卷三《聂昌说谕河东士民》:"昌启:守土之臣,自合遵奉朝命,令守则守,令弃则弃。即令若坚守,则必招大兵(指金兵——笔者)攻打残破。应河南官员军人百姓商旅既不得南还,而土人又不免屠戮之祸……"("中国历史研究资料丛书"《避戎夜话》所收本,上海书店1982年5月据神州国光社1951年版复印)

④ 〔宋〕王灼:《碧鸡漫志》卷二。

⑤ 《东京梦华录》卷二"饮食果子"条,四库全书本。

⑥ 〔清〕顾祖禹:《读史方舆纪要》卷四十六"河南"一:"《里道记》:'自晋阳趣河内、入洛阳,必经太行。太行在怀泽间,实据南北之喉隘。'"(清嘉庆十六年敷文阁活字本)按:古史记历史征战之事,其往来河东河南多由此径,至金军南侵时,西路宗翰所部由云中南下,亦经太原、平阳、潞州、泽州而出太行山,至河阳渡黄河,遂攻陷宋东西京。北返时又沿此路退回。

燕京和河东的局面。

三、金世宗、章宗时期河东杂剧的兴盛及其特点

（一）金世宗、章宗时期河东杂剧兴盛的社会文化背景

金源初兴，以父系氏族社会的部落酋长国崛起于“白山黑水”之间，十数年中，灭辽侵宋，铁蹄驰骋处，中原扰攘，狼烟纷起。至金熙宗皇统元年（1141）宋金和议成，经过20年的休养生息和接受汉文化的影响，终于在金世宗大定年间（1161—1189）开始了北半部中国的强盛。元代脱脱撰《金史·世宗本纪》称：“当此之时，群臣守职，上下相安，家给人足，仓廪有余。”金世宗完颜雍改变了女真初期完全排汉的统治政策，逐步学习与实行汉文化，用儒臣，崇诗书，“故大定三十年几致太平……偃息干戈，修崇学校，议者以为有汉文景风”[①]。元好问在《内相文献杨公神道碑铭》中称：“维大定以还，文治既洽，教育亦至。……一变五代辽季衰陋之俗。”[②]金宇文昭《大金国志》卷十八甚至说：“是致户口殷繁充实，北人谓小尧舜云。”大定的经济文化恢复又为章宗明昌、承安（1190—1200）之盛奠定了基础，因而“政令修举，文治烂然，金朝之盛极矣！”（《归潜志》卷十二）章宗好儒术，建太学，日与儒臣“谈经论道，吟哦自适”，“庶几文物彬彬矣”。金代戏曲活动就在世宗、章宗的繁盛时期开展起来。

当宋金战争在陕西、河南、山东、安徽、江苏一线反复进行时，河东地区逐渐稳定了秩序，于是杂剧艺人便结合当地的习俗，在节庆日、家寿日、社日、祭祀日开始以艺博食，并传授徒弟。一旦逢到适宜的土壤——大定、承安之盛，便在已经奠定的具有广泛性群众基础上迅速蔚为一代盛事。

金世宗、章宗时期，河东地区经济文化兴盛起来，几项与戏曲文化有紧密联系的事业得到了发展。一是各地纷纷将战争破坏了的庙宇进行大规模

① 〔金〕刘祁：《归潜志》卷十二，北京：中华书局，1983年据“知不足斋丛书”本校点排印本。
② 《元遗山先生集》卷十八，清道光二十七年定襄李氏重刻本。

的翻修，并陆续创建了一批新庙宇。查考各种金石目录书籍的有关记载和实地考察当地宋金庙宇的遗存碑碣就可以看到，金代多数庙宇都是在大定、承安间翻新或重建的。这些庙宇成为金代杂剧作场的主要场所。二是河东印刷业大盛，成为金代主要的刻书中心。当时稷山县的竹纸和平阳府的白麻纸是极好的印书材料，发展印刷事业具有十分便利的条件。《金史》卷二十六《地理志》载："平阳府，有书籍。"清人钱大昕据此认为："盖置局设官于此。"①虽属推测，但从当时平水版图书的盛行及元初仍立经籍所于平阳府以便刊书看，大致不误。平阳刊刻书籍内容主要是医书、堪舆书、知识丛书、词曲本子、版画以及卷帙浩繁的佛经等②，这从一个侧面反映了当时文化发展重实用的倾向。《书林清话》卷四所举平水版书籍的刊刻年代，亦多是于大定、泰和间付梓。这些书籍版画还远销域外，流传到西夏黑水城一带。刻书业的兴盛，为金杂剧剧本的普及提供了极大的方便。三是说唱词曲撰作的风习。金代诸宫调已盛行于河东。因为民间的广泛爱好，所以书贾将其曲本刊刻以行，平水版《刘知远诸宫调》即是极受欢迎的一部。金章宗时，诞生了董解元《西厢记诸宫调》这样划时代的宏伟巨制，成为后世北曲的第一部奠基性作品。③《董西厢》产生于何地虽不可考见，但它的内容是描写河东蒲州事，从作者对于蒲州环境的熟悉程度来看，他也许曾在这一带生活过④，还很可能受到了当地民间说唱诸宫调风习的熏陶。《董西厢》卷上【般涉调·柘枝令】中提到八种诸宫调名目：《崔韬逢雌虎》《郑子遇妖狐》《井底引银瓶》《双女夺夫》《离魂倩女》《谒浆崔护》《双渐豫章城》《柳毅传书》，反

---

① ［清］钱大昕：《潜研堂文集》卷二十七《跋平水新刊韵略》，商务出版社 1919 年影印"潜研堂全书"本。

② 叶德辉：《书林清话》卷四。又俄柯智洛夫探险队 1907—1908 年发掘夏国黑水城遗址，所获汉文书籍中有《刘知远诸宫调》（一般认为是平水版）、平阳姬氏刻"四美人图"和平阳徐氏刻"义勇武安王位图"等（见文物出版社 1958 年影印本《刘知远诸宫调》，郑振铎跋）。又金皇统八年至大定十三年（1148—1173）解州天宁寺雕刻赵城金藏 4300 余卷（现存北京图书馆）。

③ 这里仅从《董西厢》对于后世北曲有重大影响的角度取古人的成说。按［元］钟嗣成《录鬼簿》将董解元排在第一位，并称："以其首创，故列诸首。"［明］朱权《太和正音谱》称董解元"始制北曲"。（均为《中国古典戏曲论著集成》所收本，北京：中国戏剧出版社，1959 年）

④ 近年不断有人从语言角度来论证《董西厢》产地，认为其中多用晋南方言，当产于这一带。然尚缺乏足够的证据，备考。

映了当时包括河东在内的北部中国诸宫调创作的繁盛。在这种风习影响下，当时居住在河东平阳府的女真宗室贵胄也有人撰写词曲，如《金史》卷八十五《永中传》与卷九十九《孙即康传》都提到世宗之子镐王完颜永中于明昌年间判平阳府事时，其第二子神徒门因"所撰词曲有不逊语"而获罪。神徒门所撰词曲属何种类不详，但一定是当地流行的曲调。以上可知，金章宗时河东以及整个北方词曲创作已开北曲之先河，因而朱权《太和正音谱》卷上析定乐府体式一十五家，其中之一就是"承安体"，自注云："承安，金章宗正朔。"并评价其风格是"华观伟丽，过于洪乐"。这正是章宗朝由盛极而浮靡、即将走向衰亡的特色。朱权或为有所见而发，可惜金章宗时的词曲除《董西厢》外我们见不到更多了。说唱文学的发达，为北曲杂剧的形成起了导引作用。上述诸种情况，促成了杂剧在河东地区的兴盛。

（二）金世宗、章宗时期河东杂剧的兴盛及其特点

金世宗大定年间，金立国已五代，又经过几十年的经济文化发展，民间渐渐医治了战争的疮痍，杂剧便繁衍起来。虽然，我们今天找不到文字记载，但晋南金墓中保存着如此众多的杂剧雕砖装饰，足证杂剧演出已与当地人民的文化生活发生了极其密切的关系；而杂剧雕砖多为模制的事实，更能说明当时以杂剧作为墓葬装饰已成风习。透过这些沉睡地底数百年的墓葬杂剧雕砖，我们不是可以感受到河东民间戏曲蓬勃兴旺、热闹红火的演出声势吗？

汴京杂剧流传至河东，由于没有一个像汴京那样拥有众多市民观众的大都市，因而缺乏瓦舍勾栏以容身。但当地却有着深厚的民间娱乐习俗，如庆贺红白喜事、年节社火、庙会祭祀活动等。杂剧发展到河东以后，进一步削弱了它对都市的依附性，而更加紧密地与民间娱乐活动形式结合起来，它的主要观众组成也由市民转化为农民。

从戏曲文物所体现的杂剧演出形式来看，金世宗、章宗时期河东杂剧的演出主要采取两种方式，一种是民家堂会演出，一种是神庙祭祀演出。

稷山金墓杂剧雕砖所反映的演出形式都是在民家厅堂院落里为墓主人进行的堂会演出。发掘简报将稷山金墓杂剧雕砖的演出场所指为"舞亭""舞楼""舞厅"，是不确切的。金元时代，河东地区确实建造了大批的"舞

亭”“舞楼”“舞厅”,但全部是建在神庙中,成为当时神庙的一项主要附属建筑(这一点下文还要提及),决不同于这些墓葬中的建筑形制。这只要以侯马金大安二年(1210)董墓舞台模型和侯马104号金墓舞台模型[①]与之相较即可看出(侯马两座舞台模型并非墓室建筑的组成部分,而是以大大缩小了的比例镶砌在墓室上方作为装饰)。稷山金墓墓室构造一般是内天井式四合院,这是当时当地现实房屋建筑式样的反映,如山西省芮城县永乐宫纯阳殿东壁壁画即绘有两个此类四合院。壁画记年为“至正十八年(1358)”,虽为元代,亦可窥见当地房屋建筑传统。这一点,简报本身亦承认,如云:“墓室四壁全部枋(当作“仿”——笔者注)木结构,四面由四座房屋的外檐建筑构成前厅后堂、左右厢房式的四合院。”完全正确!这正是仿木结构砖雕墓由宋代的内室构造发展到金代的内天井式构造的特征。那么,杂剧雕砖所镶嵌的南壁应该是四合院的前厅。事实上,这些南壁的建筑构造与北壁基本一致,即前厅与后厅一致,这也是为简报所承认的。按照简报“舞楼”之类的说法,就造成下列矛盾:第一,马村M1、M2、M3、M4、M5、M8 6座墓内皆于四周砌有回廊,恰将前后厅、左右厢房串组起来,构成一座完整的内组合式建筑,如果前厅换成“舞楼”就破坏了四合院建筑的格局。第二,其他无杂剧雕砖墓室的南壁亦是此类建筑形制,难道也称之为舞台?第三,最难解释的是,马村M8南壁杂剧雕砖未镶砌于正中的所谓“舞楼”中,却出现于“舞楼”旁边即南壁西侧的回廊中进行表演!当然,四合院中也可以有小型舞台建筑,如山西省襄汾县丁村清代民居建筑中就有一例[②],但那只是作为前厅之后的附属建筑,即不破坏四合院格局而添加的小舞台。稷山金墓中杂剧演出场所似不是此类小舞台,而是在前厅里甚至可能是在天井里演出,为便于雕砖表现而砌在南壁上的。总之,这是一种非大庭广众式的、一家一户观赏的堂会杂剧表演。

---

① 侯马104号金墓舞台模型与董墓舞台模型完全一样,上有杂剧人物雕砖亦与董墓同模。前者墓室现已搬迁至山西大学(太原)。

② 院子设前厅、正厅、左右厢房,中间为方形天井。前厅背面有一伸入天井的小型戏台,高尺余,阔数尺,砖砌基、青石压周遭。上原有棚,已毁。正厅前壁为六抹槅扇门,平时仅开中间两扇,如果大宴宾客看戏则可六扇全部打开,坐在正厅里即可看戏。据正厅屋梁上墨书题记为乾隆三十六年(1772)建。(笔者曾于1983年10月4日、1984年4月17日两次前往考察)

金代河东地区堂会杂剧演出亦承自北宋汴京地区习俗。温县前东南王村宋墓即于内室建筑中雕出杂剧演员一组、乐队一组,中间隔以四抹屏风,反映出室内演出的情景。荥阳东槐西村宋墓朱三翁石棺更直接刻出一幅墓主人夫妇对坐宴饮观看杂剧演出图:“棺主夫妇并排拱手坐于靠椅上,男左女右,前置一长条桌,上设酒注、碗勺、筷子以及馒头、点心等物,旁立一叉手侍童,桌前有四个杂剧演员正在作场,远处还有烧爨、揉做馒头以及迤逦往桌上送酒送饭的。”①这是一幅典型的堂会杂剧演出图,只是未刻出演出场所的具体背景而已。金代河东地区由于房屋建筑式样的变化,变宋代内室演出为内天井式演出,如稷山马村 M4、M8,苗圃 M1 北壁皆雕出墓主人神主塑像,坐在椅子上面向南看戏,马村 M2 更雕出墓主人夫妇宴饮图:“中间一桌,上置注子茶盏及果子等,夫妇二人对坐桌前,一面饮宴,一面看戏。”②这与荥阳宋墓石棺所表现的场景何其相似。

堂会杂剧雕砖的成批出现,反映出金代河东大量路岐演员的存在。路岐艺人自古有之,称为“散乐”,其演出方式是四处漂流,随地作场,到处赶趁人家的红白喜事、村中的社日庙会。北宋以后,杂剧表演成了路岐艺人作场的一项重要内容,苏轼所说的“俯仰东西隔数州,老于歧路岂伶优”③的“伶优”,王君玉所说的“冷淡——村伶打诨”④的“村伶”,都是指的这类路岐艺人。南宋亦有此类记载,如刘克庄《纵笔》诗提到的“荒村偶有优旃至,且伴儿童看戏场”⑤,也是这种演出。北宋汴京固定的勾栏杂剧演出占据主要地位,因而那些偶尔也到城市来进行流动演出的路岐艺人被称为“打野呵”,被看作是街市上“装妇人神鬼敲锣击鼓巡门乞钱”的“贫者”一类人。⑥ 而金代河东路岐杂剧在农村的演出却受到当地群众的热爱,因而他们的演出场面才被砌入墓葬,永远陪侍着神主度过那冥冥长夜。

稷山金墓杂剧雕砖所反映的演出形态较之北宋杂剧已有很大的进步,

---

① 引自廖奔:《北宋杂剧演出的形象资料——荥阳北宋石棺杂剧雕刻研究》,《戏曲研究》第 15 期。

② 杨富斗:《山西稷山金墓发掘简报》,《文物》1983 年第 1 期。

③ 〔宋〕苏轼:《次韵周开祖长官见寄》,《苏东坡全集》卷十一,民国间影印清光绪刻本。

④ 〔唐〕李义山:《杂纂》卷中,王君玉《续纂》,《说郛》本卷五引商务印书馆铅印,1971 年。

⑤ 《后村大全集》卷三〇,四部丛刊初编本。

⑥ 《东京梦华录》卷十“十二月”条。

这是金代杂剧正在进一步向综合性表演过渡的痕迹。其中一个明显的转变是杂剧表演与歌唱技艺的结合。北宋时的杂剧演出以说白为主,乐队伴奏大多是充当“断送”之职[①],因而出土墓葬杂剧雕砖或无乐队,或以乐队另置,与杂剧演员的表演不相连属。金代杂剧已将乐队伴奏与演员的表演结合为一体,稷山马村 M1、M4、M5 都雕作杂剧表演居前、伴奏在后的场景,M5 中还出现了伴奏者所坐“乐床”,明示杂剧表演中音乐已占据极其重要位置,很可能已经有歌唱羼入。另一转变是路歧艺人已经组成行当齐全、器乐完整的流动杂剧班子,一洗北宋之陋[②],如马村 M1 拥有 5 个杂剧角色和 6 个“把色”——伴奏者,组成一个 11 人的杂剧演出团体。如此庞大的杂剧班子,如果没有表演艺术上的进步是不可能存活的。

侯马金墓则反映了另外一种情况——神庙祭祀演出。从侯马董墓戏台模型的样式来看,应当是依据当时神庙戏台的建筑形制雕造的,这从晋南保存至今的元代戏台可以得到印证。更重要的是,董墓戏台模型和杂剧演出俑的位置不是像稷山金墓那样置于墓主神像的对面——南壁正中,而是砌于北壁上方,在墓主人夫妇神主雕像之上。若依据常理来说这是悖礼的,然而或许正因为此类演出本为娱神而非娱人,有着比世俗观赏更为崇高的目的,因此戏台模型才被给予特殊的尊重。侯马 104 号金墓舞台模型则砌于南壁上方,其性质与董墓是一样的。

杂剧与祭神活动的结合,见于北宋汴京的记载[③],至金代河东地区则成为一种主要的演出方式。河东土神小庙广布城乡,庙会香火旺盛,祭祀活动频繁隆重。当杂剧在这里兴起之后,就成为祭神仪式中一项不可或缺的内容。

中国北方的杂神淫祠,见于先秦,盛于唐宋,滥于金元。宋时开封府曾一次

---

① 参见廖奔:《温县宋墓杂剧雕砖考》,《文物》1984 年第 8 期。

② 北宋荥阳石棺杂剧图所反映的路歧杂剧表演较为简陋,角色少,无伴奏,接近于南宋周仲南《山房集》卷四所记载的那个以兄弟妻姒组成的“打野呵”班子。参见前面提到的《北宋杂剧演出的形象资料——荥阳北宋石棺杂剧雕刻研究》一文。

③ 《东京梦华录》卷八载:六月二十四日汴京城西万胜门外一里许神保观庆贺灌口二郎神生日,有“教坊、钧容直作乐,更互杂剧舞旋”。

拆毁神祠1038座，并禁止军民擅立大小神祠[1]，这反映了当时民间祀神风俗之盛。金朝女真贵族入主中原，苛禁严厉，动辄杀戮，乡民终日惶恐，度日如年，唯有乞求神灵保佑，因而大批巫神小庙在平定后渐次建立。《华州城隍神济安侯新庙记》曰："吾乡虽屡遭兵革，残毁之甚，□而不被弑逆之名者，赖此神之力也。"[2]此碑立于大定二十四年(1184)，修庙原因虽托词为他事[3]，真实动因却是乞求神灵保佑乡民于乱兵乱世中苟得生存。河东地区祀神习深，一些文人也承接唐人撰作迎神送神的词曲。大定年间"授校书郎，入教宫掖"的平水毛麾，就撰有《康泽王庙迎神送神曲》[4]；金代河东著名文士，被称作"二妙"之一的段克己，亦写有【水调歌头】二首，题曰《迎送神二词为刘润之赋》。[5] 文人肯以词体形式来撰作迎送乡村土神的歌词，足以证明当地俗化之深。

神庙祭祀的主要内容，一是呈献祭品，一是敷衍歌舞。其歌舞娱神有固定的场所，这就是宋代发展起来的露台。山西省芮城县东关东岳庙金泰和三年(1203)《东岳庙新修露台记》曰："惟有露台一所，累土为之，岁律迁□，风颓雨圮，屡修屡坏，终不称于庙□。凡有时祭月享，当奏音其上，用荐庶羞。今以卑隘，不克行列□人，乐失其备，□□格思，居民常以为憾。……"[6]这一段碑文载明了露台陈列乐队奏乐娱神的用途。从使用功能出发，当时也称这种露台为"乐台"[7]。河东地区神庙歌舞献祭之台的建筑在北宋时已发展得十分可观，出现了"舞亭""舞楼"等建筑名称[8]。顾名思义，亭、楼都已非上引东岳庙露台那种仅仅"累土为之"的露天台子，其上可能已

① 《文献通考》卷九十"郊社"二十三"杂祠淫祠"条。

② 〔清〕王昶:《金石萃编》卷一五六"金三"，嘉庆十年经训堂刻本。

③ 碑称:唐昭宗被李茂贞攻，至华州，州刺史韩建欲弑之，被城隍神斥退，昭宗因封神为济安侯。言"不被弑逆之名者"，即指此事。

④ 康熙十二年《临汾县志》卷九"艺文"。

⑤ 《二妙集》卷七"乐府"，太原山西书局民国25年铅印本。

⑥ 碑存芮城县博物馆。

⑦ 《耀州三原县荆山神泉谷后土庙记》，《金石萃编》卷一五八"金五"。

⑧ 舞亭，见万荣县桥上村后土庙宋天禧四年(1020)《河中府万泉县新建后土庙记》碑阴载，碑存原处。舞楼，见沁县关帝庙宋元丰二年(1079)《威胜军关亭侯新庙记》碑阴载，碑存。(以上参见丁明夷:《山西中南部的宋元舞台》，《文物》1972年第4期)舞楼又见平顺县北社公社东河村九天圣母庙宋元符三年(1100)《潞州县三池东圣母仙乡之碑》碑文载，碑存(参见黄竹三等:《从北宋舞楼的出现看中国戏曲的发展》，《曲苑》第一辑)

经拥有瓦木建筑的顶棚之类,可以遮蔽风雨,是很适宜于戏剧演出的场所,因而杂剧传播至此自然就把这些舞台变成了戏台。金代一般神庙中舞台建筑的主要形式虽然仍是露台,但土木结构的戏台已发展到了一个新的水平,金大安二年(1210)侯马董墓北壁上方砖雕戏台模型即是当时实际建筑水准的反映。戏台雕作正面歇山式屋顶,前台二角各立石柱支撑,上设额枋、斗拱等梁架结构,俨然一座规模宏伟的中国楼阁式建筑。这种永固性戏台,也是中国固定性剧场的最早民间形式,它奠定了后世神庙戏台建筑结构的基本式样,在今存元代戏台中有着明显的体现。①

神庙戏台建筑的进步,与杂剧的发展互为促进。侯马董墓戏台模型上设有五个杂剧人物砖俑,表明杂剧演出当时已经成为祭神献乐的主要形式。戏台要适应杂剧多人次的唱念做打综合表演,便促进了戏台形制的变化。一方面,当时普遍存在的神庙露台日益完成把临时设置的乐棚②变为永久性建筑——乐亭、乐楼的过渡;另一方面则逐渐开始由四面观向三面观转化。③戏台结构的变化,又为杂剧演出提供了合宜的场所。

戏曲演出进入神庙舞台是由河东地区农村文化娱乐活动集中于神庙的风尚造成的,农事活动的季节性与祀神礼仪的随农事需要安排决定了这种活动的定期举行。每当神事到来,村民远近咸集,蔚为大观。金陈赓《游龙祠》诗记载了平水神祠④生日时的致祭情况:“是时三月游人繁,男女杂沓箫

---

① 临汾市东羊村东岳庙元至正五年(1345)戏台为十字歇山顶式建筑,与此相类。又刘念兹先生《中国戏曲舞台艺术在十三世纪初叶已经形成——金代侯马董墓舞台调查报告》一文指出,万荣县四望村后土庙元代至正年间戏台与之亦“如出一辙”,载《戏剧研究》1959年第2期。该戏台已毁于日寇,现仅存北平国剧陈列馆1932年所摄照片。

② 《东京梦华录》卷八“六月六日崔府君生日二十四日神保观神生日”条载:“……于殿前露台上设乐棚。”这是北宋末期神庙露台上临时设置乐棚的记载。

③ 这个过程完成于元代,在今存晋南元代戏台遗迹中有明显反映。参见柴泽俊:《平阳地区元代戏台》,《戏曲研究》第11辑。

④ 陈赓此诗《河汾诸老诗集》卷三收录,题为《游龙祠》。康熙十二年《临汾县志》卷九“艺文”亦收录,题为《平水神祠》。按唐李吉甫《元和郡县图志》卷十二“河东道一·晋州临汾县”:“龙子祠,在姑射山东平水之源,其地茂林蓊郁,俯枕清流,实晋之胜境也。”(清嘉庆二年孙星衍岱南阁丛书本)明代李贤修《大明一统志》卷二十“山西平阳府·祠庙”:“平水神祠,在平水上,亦名龙子祠。唐宋以来皆封神以爵号。”(明嘉靖三十八年归仁斋重刊本)知为一祠二名。

鼓喧。骞菱沉玉答灵贶,割牲酾酒传巫言。”[①]借歌舞乐神来达到自己文化娱乐的需要,这是当时民间祀神的目的之一,故《耀州三原县荆山神泉谷后土庙记》曰:“每当季春中休前二日张乐祀神,远近之人不期而会,居街坊者倾市而来,处田里者舍农而至,肩摩踵接,塞于庙下。不知是报神庥而专奉香火,是纵己欲而徒为佚游,何致民如此之繁伙哉?”[②]耀州属京兆府路,与河东南路接壤,其民俗是相近的。这种情况说明神庙演戏是受到更下层人民欢迎的,限于自身经济力量,他们只有在这种场合才能够参加戏曲文化活动。

金代杂剧通过堂会演出和祀神演出的方式与河东地区群众生活建立了密不可分的联系,故而能够不断繁衍壮大、盛极一时。

四、余论

以上论述主要是由晋南汾河流域出土金代杂剧雕砖展开的,事实上当时晋东南地区以及向南翻过太行山的新乡西部地区,亦应划入这一金代戏曲繁盛圈。晋东南和新乡西部地区恰恰是当年汴京杂剧北移的通路,金代又同属河东南路所辖,因而有着相近的戏曲发展条件。今天虽未能在这一带直接发现金代杂剧雕砖,但在新乡西部一带却发现许多金世宗、章宗时期的戏乐文物,如沁阳县捏掌村尧王祠大定年间戏台[③]、焦作市王庄承安四年(1199)邹瑱墓大曲舞蹈石刻[④]、修武县曹平陵村出土石棺上与邹瑱墓石刻构图大致相同的“小石调·嘉庆乐”舞蹈图[⑤]、沁阳县宋寨泰和二年(1202)

① 《河汾诸老诗集》卷三,四部丛刊本。

② 《金石萃编》卷一五八“金五”,清嘉庆刊本。

③ 据捏掌村李长起回忆,原戏台台基石上刻有“大定××年”字样。戏台已于“文革”中拆毁。尧王祠建于北宋,乾隆《怀庆府志》卷五“建置”载:“帝尧庙,在府城北三十里,宋绍圣二年建。”戏台盖为金代补建。

④ 河南博物馆等:《河南焦作金墓发掘简报》,载《文物》1979年第8期,指“散乐图”。

⑤ 石棺现藏修武县文化馆,笔者曾于1983年5月27日前去考察,见到实物。按:周到《修武金代石棺杂剧图研究》(载河南《戏曲艺术》1983年第2期)指为“兰陵王”杂剧,误。

墓戏乐雕砖[1]等。焦作市西冯封村墓出土一大批戏剧舞乐俑,也有可能是金代的产物。[2] 这些俱反映了这一带在金世宗、章宗前后民间戏乐活动的兴盛。

金代杂剧活动的另一据点是金中都燕京。关于燕京杂剧的活动情况,所知不多。仅知汴京艺人初到此地时,由于城市社会结构的变动和严重的民族压迫,谋生困难。[3] 海陵王天德四年(1152)将都城由上京会宁府迁到燕京,带来了宫廷杂剧。而有关燕京宫廷杂剧的文献记载则仅有寥寥几则,即《金史》卷六十四《元妃李氏传》载宫中优人曾演"凤凰四飞"杂剧讥刺章宗元妃李氏势盛;又《大金国志》卷十九载明昌二年(1091)正月加上太后尊号,章宗曾在宣华殿宴集百官及宫人内外命妇,"纵诸伶人百端以为戏";同年十一月又"禁伶人不得以历代帝王为戏"[4]。

章宗后期,蒙古兴起。以后连年南侵,三次围困金中都,金宣宗被迫于贞祐二年(1214)由燕京迁都汴梁。其时士民百姓纷纷随车驾南逃[5],燕京的杂剧艺人可能也在同时向南方流亡。燕京守城抗战时,破坏已十分严

---

① 原砖于出土不久即遭毁坏,笔者见到原照片。周到《金代院本杂剧在河南的流传》(载河南《戏曲艺术》1981 年第 3 期)指为"杂剧雕砖",误。按:此砖共雕 5 人,3 人操乐器,2 人作舞蹈状,与已知的宋金墓葬杂剧雕砖形态皆不符合。

② 此墓葬时代尚有异说。河南博物馆等《河南焦作金墓发掘简报》指为金代,孙传贤《焦作市西冯封村雕砖墓几个有关问题的探讨》(载《中原文物》1983 年第 1 期)指为元代。按:此墓中出土有二舞俑,头戴尖顶笠子帽,身穿小袖袍,腰间扎辫穗,虽为元代流行服饰,然均系承自金代。沁阳县宋寨村金代雕砖左二舞者皆为此类装束可证。故指为金代不为无据。

③ 〔宋〕无名氏《呻吟语》附无名氏《燕人麈》云:"天会时掠致宋国男妇不下二十万。能执工艺自食力者颇足自存。富戚子弟降为奴隶,执炊牧马,皆非所长,无日不撄鞭挞,不及五年,十不存一。妇女分入大家,不顾名节犹有生理;分给谋克以下,十人九娼,名节既丧,身命亦亡。"(《靖康稗史》之六)按金初行奴隶制,所掳宋囚分配猛安谋克为奴,百工诸色虽以技艺得以谋生,然亦处于异族统治重压之下,含辱忍垢。当时燕山阴云笼罩,文化不兴,宋话本《郑意娘传》(明洪楩《清平山堂话本》收录)中对此有深刻描写。

④ 《金史》卷九《章宗本纪》。

⑤ 当时情景在关汉卿杂剧剧本《闺怨佳人拜月亭》中有着生动的描写。第二折正旦白:"车驾起行了,倾城的百姓都走。俺随那众老小每出的中都城子来,当日天色又昏暗,刮着大风,下着大雨,早是赶不上大队,又被哨马赶上,轰散俺子母两人,不知阿者那里去了。"(徐沁君:《新校元刊杂剧三十种》,中华书局 1980 年版排印本)

重[①],宣宗南迁的第二年,蒙军攻破燕京,将库藏珍籍掳掠一空,次年,金辽东安抚使万肃奴又付之一炬。这座中国北部第一大城市被毁坏殆尽,北方戏曲活动的这一据点也不复存在了。

于围燕的同时,蒙军已遍掠太行东西两侧、黄河以北地。[②] 这种原始游牧部族所发动的以掠夺人口、财富为主要目的的战争,使中原地区蒙受了巨大的损失。[③] 1215 年,蒙军取道河东渡黄河趋汴京,继续灭金的战争,直至 1234 年金哀宗于蔡州自杀,20 年间,中原扰攘,生灵涂炭。戏曲活动所赖以生存的社会基础被摧毁。河东民间戏曲活动的主要场所——神庙戏台,在战乱兵燹过后多成为一片瓦砾劫灰,康居时的祀神戏乐活动也阒无影迹了。洪洞县霍泉水神明应王庙至元二十年(1283)《重修明应王庙碑》载:"金季兵戈相寻,是庙煨烬。居民遑遑,孑遗者生有不给,奚暇水神之祀哉。"[④]元房祺所辑金末河东一带诗人的诗作集《河汾诸老诗集》中多收"废宫""废寺""废亭"诗,亦可说明这种情况。

中国北方杂剧的发展再次进入低潮时期。历史就是这样此起彼伏,但却不断继往开来。金代杂剧虽又蒙受了劫难,但当若干年后以北曲杂剧的崭新面貌重新崛起时,却已经形成遍布整个中国北方之势!

(原载《中华戏曲》1986 年第 2 辑)

---

① 〔金〕张师颜《南迁录》载录颇详(见北京图书馆藏天尺楼抄本)。

② 参见〔金〕宇文懋昭:《大金国志》卷二十四。

③ 如人口掠夺一项,蒙军一次"尽驱山东、两河少壮数十万而去"(《大金国志》卷二十四)。

④ 碑存原处。刘念兹:《元杂剧演出形式的几点初步看法——明应王殿元代戏剧壁画调查札记》附录收录,载《戏曲研究》1957 年第 2 辑。

从平阳戏曲文物遗存看元杂剧发展的时空序列

元杂剧的发展态势,呈时间与地域的阶段性推进,有其自身的时空序列。以往的研究已经接触到这个问题,如对元杂剧兴盛时期、兴盛地域的判断,然而由于资料的不足,臆测成分很大,未能客观地勾画出元杂剧发展过程的全貌。

近年来,戏曲文物的普查、发掘工作取得了很大的进展,为研究元杂剧活动情况提供了更多的实证数据。用元杂剧活动遗迹与文献资料相印证,将获得一些崭新的印象。

山西省晋南地区,元代属平阳路,是元杂剧的发源与盛行地区之一,保存了成批的元代戏曲文物。本文即从考察平阳戏曲文物遗存出发,来论证元杂剧发展的时空序列。

一、平阳地区元代戏曲文物概观

平阳是金代戏曲文物的集中地,出土了成批的杂剧砖雕,代表了金代戏曲文物的特色。到了元代,地下的杂剧砖雕变得粗拙、简陋,然而地上的舞台建筑却是空前的宏丽、繁盛,遍布晋南城乡。为了本文的论证需要,这里将笔者考察搜集的平阳地区元代戏曲文物按照时间顺序排列如下:

平阳地区元代戏曲文物统计表

年号	年份	戏曲文物名称	情况介绍
中统元年	1260	芮城县永乐宫旧址潘德冲石椁杂剧雕刻	1959年12月—1960年发掘，石椁现藏永乐宫文物保管所
至元二年	1265	渑池县昭济侯庙"舞亭"石碑	不详
至元八年	1271	万荣县太赵村稷王庙"舞厅"石碑	现存原处
至元十五年	1278	翼城县武池村乔泽庙"舞楼"	保存完好
至元十六年	1279	新绛县吴岭庄墓杂剧雕砖	1981年11月发掘，墓室现仍原地封存
至元二十年	1283	临汾县魏村牛王庙"乐厅"	保存完好
至元二十六年	1289	稷山县店头村墓杂剧雕砖	1983年5月发现，尚未发掘，墓室现仍原地封存
至元三十年	1293	河津县清涧村东岳庙戏台石碑*	已失
至元三十一年	1294	襄汾县汾城城隍庙"乐亭"石碑*	同上
大德五年	1301	万荣县孤山风伯雨师庙"舞停"石柱	已毁，刻字残段现藏中国艺术研究院戏曲研究所陈列室
皇庆元年	1312	河津县连伯村高禖庙戏台	已毁
皇庆元年	1312	洪洞县上张村灵贶庙戏台*	同上
延祐五年	1318	河津县窑窊村后土圣母庙戏台	存
延祐七年	1320	河津县干涧村××庙戏台石碑*	已失
至治二年	1322	永济县董村三郎庙戏台	保存完好
泰定元年	1324	洪洞县霍山明应王殿杂剧壁画	同上
至正元年	1341	新绛县城葫芦庙戏台*	已毁
至正二年	1342	洪洞县景村牛王庙戏台石柱	现仍立在原处
至正五年	1345	临汾县东羊村东岳庙戏台	保存完好
至正七年	1347	石楼县屏山寺村圣母庙戏台	同上
至正十四年	1354	万荣县西景村东岳庙"舞厅"石碑	现存万荣县博物馆
至正二十四年	1364	襄汾县北膏腴村××庙"舞楼"石碑*	不详
至正年间	1341—1368	翼城县曹公村四圣宫戏台	保存完好
至正年间	1341—1368	万荣县四望村后土庙戏台	已毁，现存北平国剧陈列馆所摄照片
不详		河津县北寺庄禹庙"舞楼"残碑	已失

续表

年号	年份	戏曲文物名称	情况介绍
不详		临汾县王曲村东岳庙戏台	保存完好
不详		洪洞县封里村××庙戏台*	已毁
不详		洪洞县南秦村玉皇庙戏台	同上
不详		新绛县娄庄××庙戏台*	同上
不详		运城县三路里村三官庙戏台	保存完好
不详		襄汾县汾城社稷庙戏台	不详

说明：

1.凡注*的见墨遗萍《蒲剧史魂》(山西省文化局戏剧工作室编印)或山西省临汾市蒲剧团资料室潘尧黄先生整理的《临汾、运城地区戏剧文物统计表》,为墨遗萍和潘尧黄先生历年考察积累所得,由于原物皆已毁坏,笔者无法核实(潘尧黄先生将统计表出示于笔者,谨在此致谢)。

2.表中收录戏曲文物范围有两个限定:(1)不包括歌舞、说唱、技艺、杂耍、社火表演等,仅以杂剧为限。(2)戏台不包括"露台"。露台为一般神庙中的常见建筑设置,宋、金时期即建置,其用途不限于以歌舞表演祭神,尚且陈列珍馐以奉祭享,如山西省芮城县东关东岳庙金泰和三年(1203)《□(东)岳庙新修露台记》所载碑文可证:"……迩者方□(弥)厥功……□(布)牲陈皿者得以展□(其)仪,流宫泛羽者得□(以)奏其雅。神人之心,由是知焉。"①故而戏台只统计露台已经发展了的形式——以"乐亭""乐厅""乐楼"称者。神庙露台发展为"乐亭""乐厅""乐楼"的建筑形制,由无盖顶的露天台子到台上建亭以遮蔽风雨,由亭式"四面观"建筑到屋式"三面观"建筑,完全是为了适应元杂剧演出的需要,因而元代北方戏台皆应视为元杂剧活动的遗迹。

3.戏台中有未知确切纪年,仅据建筑形制、各类记载及传说知其建于元代者,不加次序排列于有纪年者之后。

综观全表,可以明确地看到一种趋势:平阳地区戏曲文物发生的年代,基本上均衡地填满了有元一代。换句话说,在整个元代不断地并且时间相对均衡地产生着戏曲文物。这个事实,将使我们明确或纠正以往一些有关元杂剧发展情况的看法。

---

① 庙已毁,碑藏芮城县博物馆。碑上字迹多有漫漶,引文凡缺字后面以括弧标出者为笔者据前后文意校补。

二、以平阳戏曲文物时序印证元杂剧发展的两个问题

（一）元杂剧的“黄金时代”

元杂剧的“黄金时代”一词，最早似见于青木正儿《中国近世戏曲史》，其说为：“按之《录鬼簿》，自蒙古灭金至灭南宋之间，元曲大家以大都为中心，人才辈出。……当新兴杂剧脱却院本窠臼而一跃前进也，群英蜂起，而成北曲之黄金时代。既而元兵南下……”①文意很清楚，青氏以元朝统一(1279)之前的杂剧创作为“黄金时代”。

冯沅君则说法不同：“元贞、大德时，广义的说，一三〇〇年前后数十年，元剧极盛。”②将元杂剧的兴盛期向后延长了几十年。王季思说与冯氏略同：“……大德年间，正是元人杂剧的黄金时代。”③冯沅君、王季思都是以贾仲明对《录鬼簿》所补吊词为立论根据的。董每戡撰《说元剧“黄金时代”》一文④，肯定青氏，驳冯、王二人之说，其基本论点有二：

其一，元成宗铁穆耳统治的元贞、大德时期，天灾人祸使人民生活遭受极大痛苦。天灾“每年有，各处有，种类多，灾情重”，官吏贪污成风，如《元史·成宗本纪四》：大德七年“七道奉使宣抚所罢赃污官吏凡一万八千四百七十三人，赃四万五千八百六十五锭”；冤狱极多，《成宗本纪》所载就有两万多件。元贞、大德时期政治、经济已显露衰退现象，元杂剧也在“勉强维持”。

其二，贾仲明吊词作于明永乐二十年(1422)，时年80岁，因而他生于元至正三年(1343)，“至多由父祖辈口头听来一些元贞、大德时期的掌故，并非身经目睹”，而偏“好侈谈一百二十年前事”，不足为据。

---

① ［日］青木正儿，王古鲁译：《中国近世戏曲史》第三章“南北曲之分歧”，北京：作家出版社，1958年。

② 冯沅君《古剧四考跋》十三“才人考：关汉卿的年代”，见冯沅君：《古剧说汇》，北京：作家出版社，1956年。

③ 王季思：《〈西厢记〉叙说》，《人民文学》1955年第9期。

④ 董每戡：《说剧》，北京：人民文学出版社，1983年。

上述论点,第一条与元杂剧的盛衰似不能作直接因果联系式的挂钩,第二条对贾仲明说法的否定亦无根据。那么,元杂剧的兴盛时期究竟是在元朝统一前还是整个至元时期(1264—1294)并继续延伸到元贞、大德之后呢?

按照贾仲明的说法,“一时人物出元贞”,“乐府词章性,传奇么末情,考兴在大德元贞”,认为元杂剧作家集中于这一时期,甚至说:“元贞大德秀华夷,至大皇庆锦社稷,延祐至治承平世,养人才,编传奇,一时气候云集。”[①]干脆将元杂剧的兴盛一直拉到至治年间。贾仲明是否在“逞臆”呢?根据平阳戏曲文物发生的时序来看,从中统至元开始,经大德、皇庆、延祐、至治,陆续不断地在修盖戏台,直到泰定元年(1324),平阳还产生了著名的“忠都秀”作场壁画,这应该是当地元杂剧演出繁盛的实证。贾仲明的说法是有一定可信度的。笔者认为,以戏曲文物作为印证,元杂剧的繁盛期应该是从至元到大德年间,并且以后又持续了一段时期。有两个理由可以支持这一判断:

第一,从《录鬼簿》载述推论,这一段时期作家云集,创作繁兴。《录鬼簿》卷上所录作家,钟嗣成所谓“前辈已死名公才人,有所编传奇行于世者”,一般到大德年间仍然在世。如关汉卿,一般推断他活到了大德年间。如白朴,大德十年(1306)尚作【水龙吟】,自作小注“丙午秋到维扬”云云[②],以后行年无考。关汉卿、白朴一辈人尚活至大德年间,“前辈已死名公才人”中又有晚关一辈者,如费唐臣,《录鬼簿》小注云:“大都人,君祥之子。”而费君祥小注云:“大都人,唐臣父。与汉卿交。”费君祥与关汉卿交结,当为同辈,则费唐臣又晚二十年。由大德年间(1297—1307)后推20年,就到了至治年间(1321—1323),可见此期作家有一直活到至治时期的。例如马致远,至治年间尚作【中吕·粉蝶儿】散套,其中有语:“至治华夷,正堂堂大元朝世。”[③]《录鬼簿》卷下所载作家,许多在大德年间也已经开始创作。如钟嗣

① 天一阁本《录鬼簿》,贾仲明所补挽词,中国戏曲研究院编:《中国古典戏曲论著集成》(二),北京:中国戏剧出版社,1959年。

② 白朴:《天籁集》,兹据王文才《白朴戏曲集校注》,北京:人民文学出版社,1984年。

③ 《北词广正谱》所收马致远散套,青莲书屋本。

成本人，一般推测他生于1275—1281年左右[①]，则大德年间已二三十岁，而卷下作家，多有与之年纪相仿，甚至长其一辈者。如“方今已亡名公才人，余相知者”项下，宫天挺，“先君与之莫逆交，故余常侍坐”；金仁杰，则“余自幼时，闻公之名”；曾瑞，则“余尝接音容，获承言话，勉励之语，润益良多”；鲍天祐，则“余与之谈论节要，至今得其良法”；等等，皆为钟嗣成自认晚辈者。至于与钟嗣成同辈相交者，甚至为之同窗者，遍数历历，兹不再列举。因而，元贞、大德年间为元代前期、后期作者同时创作时期，自然应该是元杂剧的“黄金时代”。

第二，判断元杂剧繁荣的标准，不能仅仅依据创作情况，由于元杂剧舞台艺术的特点，还必须结合民间的演出活动。前面提到，平阳戏曲文物从至元到泰定，一直不断地产生，这是民间杂剧演出从未衰落的证明。戏班演出，可以与创作直接挂钩，如《蓝采和》杂剧第二折【梁州】：“若逢对棚，怎生来妆点的排场盛？倚仗着粉鼻凹五七并，依着这书会社恩官求些好本令。”[②]即描写了上演新剧目靠书会才人供应的情况。但更多的是上演流传剧目。一个演员有时能记住许多剧目，如元代女艺人李芝秀，“赋性聪慧，记杂剧三百余段。当时旦色，号为广记者，皆不及也”[③]。这样，即使在元杂剧前期作家退出创作后，他们的作品仍然能够在舞台上长期盛演不衰。《蓝采和》杂剧中末泥许坚唱“俺将这古本相传”，“古本”即指流传作品。许坚会演的作品有《于祐之金水题红怨》《张忠泽玉女琵琶怨》《老令公刀对刀》《小尉迟鞭对鞭》《三王定政临虎殿》《诗酒丽春园》《雪拥蓝关马不前》等。又如元代南戏作品《宦门子弟错立身》第五出中杂剧艺人王金榜会唱的“传奇”有29种，其中就有杂剧前期作家关汉卿、白朴、马致远等人的作品，第十二出中延寿马也自称会演九种杂剧。因而，在确定元杂剧的“黄金时代”时，也不能不把这一重要因素考虑进去。

---

① 李春祥《钟嗣成生卒年辨析》一文所引各家说法，载《河南大学学报》1984年第5期。

② 隋树森编：《元曲选外编》本，北京：中华书局，1959年。

③ 〔元〕夏庭芝：《青楼集》，中国戏曲研究院编：《中国古典戏曲论著集成》（二），北京：中国戏剧出版社，1959年。

（二）元杂剧的盛行区域

元杂剧前期盛行于北方各地，其发展脉络大致清楚，无须置词。需讨论的是元杂剧南下后，其盛行区域是否亦随之南移。

王国维根据《录鬼簿》所载作家作品进行统计，发现元中叶以后作家杭州人居多，其他亦皆北籍流寓浙江者，从而得出结论曰："盖杂剧之根本地，已移而至南方。"①以后学者多从此说，然而，细审《录鬼簿》的内容所包含范围，有一点值得注意，即《录鬼簿》基本未收当代北方作家作品。《录鬼簿》作者钟嗣成，自幼寄寓杭州多年。其著《录鬼簿》，自言"余僻处一隅，闻见浅陋。散在天下，何处无才。盖闻则必达，见则必知"。书中"前辈已死名公才人"项所收皆北方作者，盖其作品创作日久，流传广远，播至南方，声名籍籍，故为人所知。而于"方今已亡名公才人"以下所著录当代作家，则由于北方才人声名不及于传入江南，少有著录。仅"董君瑞，真定冀州人，隐语、乐府多传于江南"，故获知而入簿。又"见在都下擅名"的秦简夫，亦因"近岁来杭"而被录。恰如钟氏自言："盖有一乡之士、一国之士、天下之士。名誉昭然者，自乡及国，可及天下矣。故无闻者不及录。"因而《录鬼簿》不足以概括当时南北创作的基本形势。今确知为元人杂剧作品而未被《录鬼簿》著录的剧本已有若干种。例如今确知作家名姓而为《录鬼簿》失载的元人作品有下列八部：其一，关汉卿《包待制智斩鲁斋郎》，存。其二，白朴《李克用箭射双雕》，存佚文。其三，郑廷玉《崔府君断冤家债主》，存。其四，吴昌龄《张天师断风花雪月》，存。其五，李直夫《火烧袄庙》，佚。其六，杨梓《霍光鬼谏》，存。其七，杨梓《豫让吞炭》，存。其八，杨梓《不伏老》，存。又确知其为元人作品而失载作家名姓、未见《录鬼簿》著录的有下列四种：第一，《诸葛亮博望烧屯》；第二，《张千替杀妻》；第三，《小张屠焚儿救母》；第四，《剐王莽》。② 由此可以推测，与钟嗣成同时人中定还有许多作家因远居北方，声名未噪而致埋没。明初贾仲明《录鬼簿续编》收录无名氏杂剧 78 种，

① 王国维：《宋元戏曲考》九"元剧之时地"，《王国维戏曲论文集》，北京：中国戏剧出版社，1957年。

② 据傅惜华《元代杂剧全目》统计，上海：作家出版社，1957 年。

到洪武三十一年(1398)朱权撰《太和正音谱》又增至110种,其中于元代后期北方产者恐为数不少。至今存北曲杂剧剧本中,为《录鬼簿》《录鬼簿续编》《太和正音谱》所未著录的无名氏作品,裁去有明显迹象为明人作的以外,尚余98本[①],其中作于元代者恐亦有之。元朝于延祐元年(1314)开科取士后,文人士子的注意力转向功名,始以仕进为业。这一变化给戏曲创作带来的影响一是减少了作家作品的数量,二是著者始匿姓藏名,一反前期作家之所为。钟嗣成即"累试于有司,命不克遇",而所作杂剧则"皆在他处按行,故近者不知"[②]。这就是当时大批无名氏作品出现的原因。如果将《录鬼簿》的收录范围以及后来众多无名氏作品出现等因素考虑进去,王国维的结论恐失之偏颇。

从成书于元末至正乙未年(1355)的《青楼集》中的材料来看,当时杂剧在大都和江南一些大的商业都市如杭州、建康等地的演出活动都十分繁盛。《青楼集》记载了一百多位女艺人(主要是杂剧演员)的事迹,以在大都献艺者为多,其中一部分即生活于元代中后期。故而作者夏庭芝于《青楼集志》中称:"内而京师,外而郡邑,皆有所谓勾栏者,辟优萃而隶乐,观众挥金与之。"可见元后期的杂剧活动,大都仍占有重要的地位。由于戏曲与城市商业经济和水陆交通的密切关系,杂剧的兴盛区集中出现在大都至杭州沿运河一线的主要商埠码头,这是必然的,夏庭芝也以其见闻所至,记载了这些地方的杂剧活动情况。但杂剧还有其更广阔的活动基地——北方广大农村。

元杂剧所赖以生存的基础是中原大地,决定了元杂剧本质构成的诸种因素,气质、风俗、语言、曲调是在中原的特定地理环境中形成的,它的最基本的观众群也是北方的广大人民群众。从平阳戏曲文物的产生统贯了元朝整个一代,元朝统一后平阳地区有许多戏班在城乡间到处流动作场,农村乡民们一直在积极地修建戏台(均详见后述)可以看出,尽管元杂剧的势力已经蔓延到江南,但它真正的基地还是在北方的城市和乡村。王国维对于元

① 据庄一拂《古典戏曲存目汇考》统计,上海:上海古籍出版社,1982年。

② 〔清〕曹寅《楝亭藏书十二种》本《录鬼簿》卷末元至顺元年(1330)朱士凯后序,中国戏曲研究院编:《中国古典戏曲论著集成》(二),北京:中国戏剧出版社,1959年。

代后期“杂剧之根本地”大势的把握,仍主要基于对文人创作数量的估计,忽视了元杂剧的舞台性和民间性基础。

三、元杂剧发展时空序列扫描

依据平阳地区戏曲文物所提供的线索,结合文献资料的印证,我们将元杂剧发展的时间和空间序列勾画出来,就可以看到,元杂剧推移的历史进程大体上可分作三个阶段。下面进行具体描述。

(一)中原流布期

从今知金代最后一个戏曲遗存——大安二年(1210)侯马董墓到蒙元时代最早一件戏曲文物——中统元年(1260)芮城永乐宫旧址潘德冲石椁,其间约有50年时间,平阳地区未有戏曲活动的遗迹出现。这正是蒙古军队1213年第一次侵入河东到元世祖忽必烈登极前夕的一段历史时期,戏曲文物的中断标示了战争与经济复苏之前平阳戏曲活动的停滞。这种情况恰恰是当时北方杂剧发展的现实状貌。

蒙古灭金,据有北部中国后,逐渐接受了汉族地区以儒学为核心的封建制度和文化,统治秩序渐趋稳定。1236年(金亡后二年)在燕京和平阳这两个有着较深厚文化传统的地区分别设立编修所和经籍所来保存文化典籍[①],又于次年举行了元朝前80年间唯此一次的开科考试。经过20年的恢复,到中统、至元间(1260—1294)出现了经济文化的复苏。《元史》卷九十三《食货志》言“世称元治以至元、大德为首”。至元年间平阳地区各地纷纷开始翻修或创建庙宇及戏台,平阳府城内景行里就曾于至元十二年(1275)新修岱岳庙、建造“乐亭”。[②] 文人则开始讴歌升平,胡祗遹咏诸宫调诗曰:“唱到至元供奉曲,篆烟风细蔼春和。”“留著才情风调曲,缓歌中统至元年。”咏迓鼓诗曰:“至元二载万年春。”[③]从胡氏的歌咏对象来看,当时诸宫调、迓鼓

① 参见《元史·太宗本纪》。

② 〔元〕王恽:《平阳路景行里新修岱岳行祠记》,《秋涧集》卷三十七,四部丛刊本。

③ 〔元〕胡祗遹:《诸宫调》二首,《迓鼓》二首之二,《紫山大全集》卷七,三怡堂丛书本。

一类与戏曲有密切血缘关系的说唱杂戏已十分兴盛。

元杂剧就在这种社会基础上崛起,并于至元年间达到了大盛。由于金代后期戏曲活动的盛行和传播,又由于战争造成戏曲艺人的流亡,因此当杂剧又在中国北方复兴时,已成遍布中原之势。如果我们借用王国维的方法来统计钟嗣成《录鬼簿》所收元杂剧一期作家的籍里,并大体按照地理方位排列连接,就形成下表:

元杂剧一期作家籍里方位表

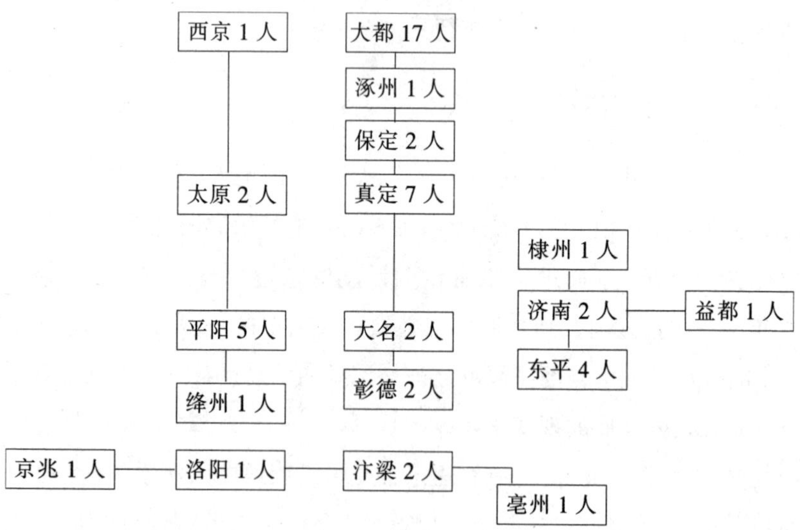

由表中排列可以看出,元杂剧作家的分布已遍及黄河以北中书省所辖的三个地理区域,即山西(9 人)、河北(31 人——包括彰德,今河南安阳)、山东(8 人)[①],又发展到黄河以南诸地区(5 人)。其中大都、真定、东平、平阳[②]作家较为集中,而这几个地区恰是北曲杂剧的兴盛之地,有史籍可寻,下面分述之。

大都:燕京于 13 世纪 20 年代毁于战火,到 40 年代已渐恢复,故编修所得以成立。元世祖忽必烈于 1261 年诏修复旧城,1264 年正式迁都于此,1267 年又在旧城东北建新城。从此,大都成为当时东方第一座大城市。大都戏曲文化于迁都前即已兴起,中统初(1260 年左右),关汉卿的好友王和

① 《元史·地理志》:"中书省统山东西、河北之地,谓之腹里。"

② 此处指元中书省晋宁路平阳府,与文中惯用的"平阳地区"概念范围不同。

卿已在燕京开始了他的散曲创作[1],大概同时也已经出现了杂剧创作。中统二年(1261),朝廷设立宴乐机构教坊司[2]掌管宫廷演剧。马可·波罗13世纪70年代到大都后,曾看到宫廷团拜“席散后,有音乐家和梨园子弟演剧以娱众宾”[3]。至元二十二年(1285),元政府又“徙江南乐工八百家于京师”[4],更增添了大都的艺人队伍。

真定:元葛逻禄乃贤《河朔访古记》卷上言:“真定路之南门曰阳和……左右挟二瓦市,优肆娼门,酒炉茶灶,豪商大贾并集于此。大抵真定极为繁丽者,盖国朝与宋约同灭金,蔡城既破,遂以土地归宋,人民则国朝尽迁于北,故汴梁、郑州之人多居真定,于是有故都之遗风焉。”[5]真定二瓦市出现的时间,书中未提及,大概在至元前期就已经兴盛了。因为至元十一年(1274)河北河南道巡行劝农官申奏,在临近真定府的束鹿县村社中,“见人家内聚约百人,自搬词传,动乐饮酒”,并“攒钱置面戏等物”,“学习散乐,般说词话”[6],“农民市户良家子弟”学戏风习的形成与附近大都市中戏曲的盛行恐怕不无关系。

东平:因曲阜所属的缘故,东平向为封建文化的朝圣处,亦是弦歌地,礼乐邦。“金亡,士人多流寓东平……故东平一时人材多于他镇。”[7]元太宗十年(1238)又“降旨,令各处管民官,如有亡金知礼乐旧人,可并其家属徙赴东平,令元措领之,于本路税课所给其食”[8]。东平儒户、乐工大集,为文化的繁荣奠定了基础。元宫廷太常乐人最初的主要来源即是东平。[9] 杂剧作者、艺人在东平的集中产生也是渊源有自。

---

① 〔元〕陶宗仪《南村辍耕录》卷二十三“嗓”条。

② 《元史·百官志》。

③ [意]马可·波罗:《东方见闻录》,转引自《中国戏曲通史》,北京:中国戏剧出版社,1980年,上册第99页。

④ 《元史·世祖本纪》。

⑤ 守山阁丛书本。

⑥ 《元典章》卷五十七“刑部”十九“杂禁”,诵芬室丛刊本。

⑦ 《续资治通鉴》宋纪·理宗嘉熙元年,古籍出版社1957年校点本。

⑧ 《元史·礼乐志》。

⑨ 同上。

平阳:"平阳当河汾间,为巨镇"[①],其文化活动皆承金而来,人民一喜冶游,二好祀神。王恽《醉歌行》描写了至元年间平湖三月燕游盛况:"湖光照眼明罗绮,碧潋瑶翻歌扇底","郡人亦喜岁华新,四面纵观空巷里"。王恽《平阳府临汾县重修后土庙碑》则称平阳"风俗率勤俭,尽地利,忧思深远,有陶唐之遗风焉,用是富庶。而事神报本之礼尤恪,岁时单出,唯恐居后,岂终岁之劳一日蜡者之意欤?"逢及迎神赛社,则"霹雳弦声斗高下,笑喧哗"[②],以戏舞乐神。因而元代杂剧即在金杂剧的基础上又重新繁衍起来,至元年间戏曲文物遗存的众多就说明了这个问题,元代郭嗣兴《咏临晋》诗中所描写的那种"使令稀婢仆,歌舞盛优娼"[③]的现象,则可作为这一地区戏曲极其繁盛的印证。

至元年间元杂剧在北方各地的普遍兴盛,使中国戏曲第一次流布到如此广阔的地域和拥有如此众多的观众,而各地区不同的风俗、气质、语音、曲调差异,又影响到元杂剧演唱风格的形成。元代燕南芝庵《唱论》言:"凡唱曲有地所,东平唱【木兰花慢】,大名唱【摸鱼子】,南京(指汴梁——笔者注)唱【生查子】,彰德唱【木斛沙】,陕西唱【阳关三迭】【墨漆弩】。"[④]这是从散曲角度讲的,杂剧则有"冀州调""中州调"之分。[⑤]

(二)南下期

1279年南北统一后全国杂剧发展的大势是,随着元朝政治力量的南下,元杂剧亦很快传播至南方,即如徐渭所言:"元初,北方杂剧流入南徼,一时靡然向风。"[⑥]北剧入南有二途,一是随军南下[⑦],二是平定后顺水陆航道

---

① 王恽至元丙午(1276)撰,《平阳府临汾县新廨记》,《秋涧集》卷三十七,四库全书本。

② 王恽小令【越调·绛桃春】《尧庙秋社》,《秋涧集》卷七十七"秋涧乐府"四。

③ 雍正《山西通志》、乾隆《蒲州府志》均引。

④ 中国戏曲研究院编:《中国古典戏曲论著集成》(一),北京:中国戏剧出版社,1959年,第161页。

⑤ 〔明〕魏良辅:《南词引正》,载钱南扬《汉上宧文存》,上海:上海文艺出版社,1980年。

⑥ 〔明〕徐渭:《南词叙录》,中国戏曲研究院编:《中国古典戏曲论著集成》(三),北京:中国戏剧出版社,1959年,第239页。

⑦ 〔宋〕孟珙《蒙鞑备录》载:"蒙古国王出师,亦从女乐随行。"(涵芬楼《说郛》本)又《大越史记全书》卷七"陈纪"载:蒙古将领唆都于至元二十二年(1285)侵越时,军中带有杂剧优人李元吉,曾"作古传戏,有《四方王母献蟠桃》等传"(转引自文研所编:《中国文学史》第三册,北京:人民文学出版社,1957年,第716页)。

逐渐传至江南,后者是主要途径。元统一后,为便于江南财赋粮食运送至北方的大都以供应皇室贵族的消费,于1289年修凿会通河,1291年又开通惠河,使江南财物由杭州转相漕运可直抵大都。运河的开凿使宋金以来早已阻绝的南北航运重新沟通,在江南繁华富庶的自然经济和丰厚的文化传统吸引下,北方的杂剧作家和艺人便纷纷南下,关汉卿、马致远、白朴在晚年都曾到了南方。以后南方文人在北曲风气的影响下也开始了北杂剧的创作,壮大了北曲的声势。

北方城市与乡村中杂剧的根基相当稳固,平阳地区的杂剧活动就是北方的一个缩影。杂剧艺人多在当时的“巨镇”——平阳府的勾栏中立脚,并以此为基地,活动在周围地区,四处沿村转庄,寻会赶赛。戏曲文物为我们保存了如下史迹:大德五年(1301)清明节,平阳府艺人张德好率领一个杂剧班子沿汾河南下至万荣县孤山风伯雨师庙进行祀庙演出,施钱三百贯,并在戏台石柱顶部刻下了“尧都大行散乐人张德好在此作场”的字迹。泰定元年(1324),平阳府著名女演员忠都秀也领班北上至洪洞县霍山为祭祀霍泉水神明应王而献艺,其演出形象保留在明应王殿南壁东侧“尧都见爱大行散乐忠都秀在此作场”壁画中。平阳地区其他城镇的杂剧团体也在周围乡间活动,处于汾河入黄口——禹门一带的河津县,就曾有过一个戏班的足迹,在北寺庄禹庙戏台台基石上刻着“庆楼台,大行散乐古弄①吕怪眼、吕宣,旦色刘秀春、刘元”等字迹②,似乎是为戏台的建成而进行庆贺演出。

这种流动作场,是当时北方杂剧活动的主要方式。元代南戏《宦门子弟错立身》③就描写了一个杂剧班子自东平到洛阳流动作场的情况,其女主角王金榜尝自诩:“奴家年少正青春,占州城煞有声名。”这是惯于“冲州撞府”

① 按无名氏《墨娥小录》(北京中国书店1959年影印明隆庆五年吴氏聚好堂刻本)卷十四“行院声嗽”收元人市语中各类事物名称,如“官人(孤老)”,“秀才(酸丁)”,“勾栏看杂剧(团里睃末)”等,皆此类。其“人物”门有:“□□(古弄)净(嗟末)。”以“嗟末”为“净”的市语,则“古弄”亦当为另一角色之市语,惜原书已残,未知究竟。然据石碑中以“旦色”与“古弄”相承,则“古弄”当为“末泥”之市语。

② 见墨遗萍《蒲剧史魂》(山西省文化局戏剧工作室编印)第45页,原石已毁。

③ 钱南扬先生认为《错立身》乃南宋人作品(见《宋金元戏剧搬演考》,收入钱南扬论文集《汉上宧文存》,上海:上海文艺出版社,1980年),似误。笔者认为当出元人之手,见拙文《南戏〈宦门子弟错立身〉时代考辨》,《中州学刊》1983年第4期。

的戏班。一直延及明初,仍有山东一带的戏班子到汴梁来演出。[①] 促使杂剧艺人流动演出的原因,一是能够扩大观众面,亦即增加商业化的寄食条件;二是可以缓和观众不断更新剧目的要求和演员、戏班受到种种条件限制、制约之间的矛盾。

元杂剧在平阳的深入民间,由乡民们常常自愿集资修建戏台的举动中可以得到反映。万荣县太赵村稷王庙至元八年(1271)刻"舞厅石□"称该庙已"修建年深",然"既有舞基,自来不曾兴盖。今有本村□□□等谨发虔心,施其宝钱二百贯文,创建修盖舞厅一座"。这是村民集资在旧有庙宇中创建戏台以备演出的极好例证。元时神庙戏台结构多为四角立柱,上设雀替大斗,斗上架大额枋四道构成"井"字形框架结构[②],用以承接屋顶的重量。立柱是戏台结构中的基础部件,地位十分重要,因而捐舍石柱人的名字常被刻在所捐石柱上。又由于石柱多是用三米来长整条巨石雕成,要由山区运来,常常是"众社搬载",因而也在石柱上刻下载迹。例如临汾市魏村牛王庙至元二十年(1283)戏台二石柱刻:"石泉(村名——笔者注)南施石人杜秀","交底(村名——笔者注)众社人施石柱一条"。临汾市东羊村东岳庙至正五年(1345)戏台石柱刻:"本村施主王子敬男王益夫,施到石柱一条,众社搬载。"洪洞县景村牛王庙至正二年(1342)戏台亦有同类刻石。这些记载中所提到的"社",是当时城镇乡村中的一种社会组织,设有社头,主持村里的日常公务和民事活动。迎神赛社即是活动的一个重要项目。临汾魏村牛王庙在清光绪二十四年(1898)重刻元《广禅侯碑》提到"今有乡赛二十余村",即此等社会组织。

碑阴又补刻说明曰:"忆我西社三王圣庙,自昔元时至治初年,由河东相

---

① 〔明〕朱有燉《吕洞宾花月神仙会》杂剧第二折末云:"小生昨日街上闲行,见了四个乐工,自山东瀛州来到此处,打踅觅钱。""办净同捷讥、付末、末尼上,相见了,做院本《长寿仙献香添寿》。"(《古本戏曲丛刊》第四集影印脉望馆钞校本古今杂剧本)按朱有燉于明洪熙元年(1425)袭封周王,藩邸在开封。他"奉藩多暇",因而撰杂剧,所传杂剧多作于开封,且令府中戏班上演。"自山东瀛州来到此处"的"此处",当即指开封。

② 参见柴泽俊:《平阳地区元代戏台》,《戏曲研究》第11辑。

分之际,同心者二十二社,合志者廿有七村,工程浩大,庙貌辉煌,其盛极矣!"[①]是对社会祀神的具体说明。元碑文还提到当时迎神赛社盛况:"至于清和诞辰,敬诚设供演戏,车马骈集,香篆霭其氤氲,杯盘竞其交错,途歌里咏,伛偻提携,往来而不绝者,至日致祭于此也。"这和元明时期无名氏杂剧《王矮虎大闹东平府》第三折有关社会的描写恰可互相参看,引如下:外扮社头云:"自家东平府在城社头。时逢稔岁,岁遇上元,在城内鼓楼下作一个元宵社会。数日前出了花招告示。俺这社会,端的有驰名的散乐,善舞的歌工,做几段笑乐院本,搬演些节义戏文。更有那鱼跃于渊的筋斗,惊眼惊心的百戏。……你看城里城外,四村上下,老小男女,都来看社,好是快乐也。"[②]遍布平阳地区的神庙戏台是连接乡民与戏曲的纽带,也是戏曲活动得以繁盛的物质基础。上述反映的应是整个北方的情况。

(三)衰竭期

元杂剧传入南方之后,先是依靠元朝的政治力量占据了优势地位,"一时靡然向风",致使南方作家纷纷学习创作北曲杂剧。然而由于北曲杂剧方音、曲调方面的限制,仅局限于在商埠勾栏或士大夫的宴会上演出,并未能够在人民群众中站住脚、扎下根;又由于其音乐和表演体制的谨严不化,在与南戏的竞争中处于劣势。而南戏则是南方土生土长的艺术,有着广泛的群众基础,又能够发挥其本身灵活性、随意性的特点,吸收北曲杂剧的长处,迅速提高了表演技艺。因而,元代后期杂剧在南方出现了衰势,《南词叙录》曰:"顺帝朝,忽又亲南而疏北,作者蝟兴。"正是反映了这种情况。

元杂剧在北方城乡的演出则一直持续到元朝结束,上面提及的东羊村、景村戏台都是在元代最末一个皇帝——顺帝的最后一个年号中建立的。其时元朝统治已经风雨飘摇,从至正元年(1341)起的十年之内,岭北、西南、东南、西北、东北各地人民起义此起彼伏,唯有河东一带还较为安定,因而平阳

---

① 碑存原处。据碑阴文,此碑本为元代所立,清光绪二年(1876)"重刻元时碑文于原碑",则今日碑面之文乃原文,碑阴之文为清人补刻。又上引碑阴文提及元至治初年有同心者二十二社、二十七村事,不见碑面文中,当另有所据。

② 《古本戏曲丛刊》第四集影印脉望馆钞校本古今杂剧本。

戏曲还继续活动。1357 年刘福通红巾军的中路军取道山西北上,被元察罕帖木儿军战败退走,以后战争主要在东南、西南地区进行,河东破坏较小。元钟迪《河中府修城记》称:“逮夫至正辛卯(1351),颍、亳寇兴,荡然而千里萧条。蕞尔而一方如故,徒以今总兵陕西诸道行御史台侍御史察罕帖木儿公为蒲也。……此城耆旧相聚而语曰:‘当今天下,劫火燎空,洪河南北,噍类无遗。而河东一方,居民丛杂,仰有所事,俯有所育……’”①因而,平阳地区于至正二十四年(1364)还在襄汾县北膏腴村修建了元代的最后一个戏台,其时距朱元璋部徐达攻占大都后回兵河东(1368)仅仅只剩下四年时间了。平阳地区的杂剧活动贯穿了整个有元一代,可以说,这里是元杂剧的基地之一。

(原载《中华戏曲》1988 年第 5 辑)

① 乾隆二十五年刻《蒲州府志》卷十九“艺文”引。

温县宋墓杂剧雕砖考

1982年4月，河南省温县前东南王村社员郑怀伶在建房掘基时，发现了一座北宋墓葬。墓室为八角形穹隆顶砖券仿木结构建筑。墓门南向，正对墓门的北壁上，用青砖雕成四抹格扇门。其右侧（东北壁）和左侧（西北壁）均雕有人物图像，右面为乐部图与庖厨图，左面为五人杂剧角色图，图皆为平面浅浮雕。[①] 浮雕的青砖底胚上，印有明显的模框痕迹，似用预制的图像模子压印雕琢，然后烧制而成。图像少数部位涂有赭黄、蓝、白诸色及墨迹。未发现墓志，墓主人似为一般士庶身份。

这一组雕砖，构图精致细密，刀法遒劲纯熟，线条流畅，毫无滞涩之感。乐部图与庖厨图，虽人物众多，然而各司其职，井然有序；五个杂剧角色，各个情态传神，毫发毕现，具有较高的艺术价值和审美价值，是研究宋代雕砖艺术和戏剧史的重要实物资料。

一

近30年来，北宋杂剧雕砖在河南数有发现，温县宋墓杂剧雕砖向我们展示了宋代戏剧演出情况的又一形象资料。

我们先来考察一下这组杂剧雕砖人物的扮饰、使用砌末等情况。杂剧角色图共五人，自左至右为：

---

① 张思青等：《温县宋墓发掘简报》，《中原文物》1983年第1期。墓室现仍原地封存，笔者于1983年6月2日前往考察时，见到墓内人物雕砖表层已有部分风化畲落，亟待采取保护措施。

第一人，裹幞头，着圆领长袍，束带，右手二指前指，左手执骨朵。骨朵涂为赭黄色。这种式样的幞头，为宋代文吏所常用，可参看南宋萧照《中兴祯应图》。河南偃师酒流沟宋墓杂剧雕砖[①]左第四人执包裹者[②]裹戴与此相同。一说这种幞头为“东坡巾”，不确。宋王立《直方诗话》载东坡巾特征为“短檐高桶”，洪迈《夷坚志》甲二“诗谜”条有“人人皆戴子瞻帽”，谜底为“仲长统”（人名，谐音为“众长筒”——笔者注）。此类记载又见程大昌《演繁露》卷七、周密《齐东野语》卷二十。今存南宋刘松年作《会昌九老图》、元赵孟頫画无款识苏轼像所戴即东坡巾，都与此图中款式不同。[③] 又宋李廌《诗友谈纪》载：“……优人以相与自夸文章为戏者。一优丁仙现曰：‘吾之文章，汝辈不可及也。’众优曰：‘何也？’曰：‘汝不见吾头上子瞻乎？’上为解颐。”丁仙现当时一定是头裹东坡巾而冒充文士，以此可知这类巾裹并非杂剧艺人所常服，故偶尔效之才能得到科诨效果。执骨朵为朝廷卤簿仪仗，如《东京梦华录》卷六“元宵”条载，皇帝坐宣德楼观看楼前露台杂剧，露台“两边皆禁卫排立，锦袍幞头簪赐花，执骨朵子”。当时民间亦有僭用仪仗者，景祐三年曾诏禁民间“以银骨朵、水罐子引喝随行”[④]，所以杂剧人也可能仿效之。又《东京梦华录》卷七“宰执亲王宗室百官入内上寿”条记，女童舞队中有名“杖子头”者，“执银裹头杖子”，“进口号，且舞且唱”，亦相似。存疑。

第二人，裹展脚幞头，着圆领大袖袍服，束带，乘云头履，双手秉笏。据沈括《梦溪笔谈》卷一，幞头唐代士庶皆垂脚，唯皇帝硬脚，晚唐方镇始僭用硬脚。又据南宋赵彦卫《云麓漫钞》卷三：幞头“国初时脚不甚长，巾子势颇向前，今两脚加长而巾势反仰向后矣”。则幞头脚伸长盖为北宋中期以后事。宋时品官服饰的变化在杂剧雕砖中有所反映，说明这些雕砖可能是北宋后期的舞台形象。笏，宋制文散五品以上用象牙，九品以上用木，遇朝会则随官品执笏。今存宋人画像中，官员执笏皆较短，此图中却甚长，或者是

---

① 董祥：《偃师县酒流沟水库宋墓》，《文物》1959 年第 9 期。

② 周贻白先生言此人所执为“印匣”，似是。见《北宋墓葬中人物雕砖的研究》，《文物》1961 年第 10 期。

③ 沈从文：《中国古代服饰研究》，香港：商务印书馆，1981 年。

④ 《宋会要辑稿·舆服四》，北京：中华书局，1957 年。

有意加长而作为戏剧道具，偃师宋墓杂剧雕砖右一扮官者所执笏与此相类，可为佐证。此演员杏眼柳眉秀鬓，细指纤纤，脑后露发髻，似为女子。

第三人，裹花脚幞头，着圆领加肩补子四褛衫、绦带长垂，系鞋打蝴蝶结，右手握带，左手挥扇①作舞蹈状。扇面及左肩上补子为赭黄色。花脚幞头乃唐代教坊内教头张口笑首制，“以银撚幞头脚上簪花钗，与内人裹之”，昭宗喜而令张口笑“依此样进一枚”，亲自裹戴，“由是京师贵近效之”②。宋代记载见《东京梦华录》卷九“上寿”条：“第七盏御酒……参军色作语，勾女童队入场。女童皆选两军妙龄容艳过人者四百余人，或戴花冠，或仙人髻、鸦霞之服，或卷曲花脚幞头、四契红黄生色销金锦绣之衣，结束不常，莫不一时新妆，曲尽其妙。”可知花脚幞头是一种美饰，张口笑初制本为妻室装扮用，至宋仍然多由女童裹戴，但式样迭新，为“一时新妆”。它作为伎乐人裹饰，又见于偃师杂剧雕砖中间一展卷轴人及宣化辽墓壁画乐舞图中舞者所戴。③ 温县雕砖中这一演员作执扇舞蹈状，其舞姿与侯马金代董氏墓杂剧俑左第四人全同④，可见这是宋金时期杂剧演出中的固定身段造型。舞者蛾眉秀鬓垂髻，纤指小足，明显是一女性。

第四人，诨裹簪竹枝、补子衩衫一角塞入腰带，宽帛结带，左手握带穗木刀(?)，右手拇、食指入口作打呼哨状。其幞头蓝色，眉、眼圈、鬓发皆墨染，另有一条墨迹直贯右眼眉上下，右颊处亦有一团墨迹，衫除肩补处外皆涂为赭黄色，白袜皂鞋。按《东京梦华录》卷九“上寿”条言教坊中“诸杂剧色皆诨裹”，又《宋会要辑稿·乐五》记小儿舞队：“五曰诨臣万岁乐队，衣紫绯绿罗宽衫，诨裹簇花幞头。”这种舞队当扮作优人弄臣，故有“诨臣”之名，其衣饰与《东京梦华录》所记教坊杂剧色全同可证。图中这一演员巾子歪向左侧打结，显然是诨裹。头上簪竹枝而非花饰，当为杂剧演出中随时更换。又宋

---

① 按1975年出土于江苏省金坛县茅麓公社南宋补中太学生周瑀墓中的“君玉”团扇，与此雕砖扇形极其相似。又南宋福州黄昇墓出土团扇(已残)亦同，见《江苏金坛南宋周瑀墓发掘简报》《福州市北郊南宋墓清理简报》，均载《文物》1977年第7期。

② ［宋］程大昌：《演繁露》卷十二引秦再思《洛中纪异》，四库全书本。

③ 郑绍宗：《河北宣化辽壁画墓发掘简报》，《文物》1975年第8期。

④ 山西省文管会侯马工作站：《侯马金代董氏墓介绍》，《文物》1959年第6期。

杂剧演员"丁都赛"画像砖①即雕为簇花幞头。打呼哨是杂剧表演中的惯常科范,又见于偃师雕砖左第二人,后世戏曲文献中亦多有记载。

第五人,诨裹簪花幞头加抹额,圆领补子宽缘短袍,铁角带,裸腿,筒袜翻裹,有须,作叉手状。抹额、须皆墨染。其幞头簪花,与左起第四人簪竹枝互相映衬。光腿翻袜,则与偃师雕砖左第二人全同。叉手为示敬的姿势,这里可能是作为杂剧人调科之状。这一演员与左第四人皆作丁字舞步,大概在应同一拍节而踏舞。据《东京梦华录》卷九"上寿"条载,君臣饮酒时,诸杂剧色"自殿陛对立,直至乐棚。每遇舞者入场,则排立者叉手,举左右肩,动足应拍,一齐群舞,谓之'掇曲子'"。可知杂剧中确有这种舞姿。这两个演员当正在"掇曲子"。偃师雕砖左边两人亦同。

由上述考察可以看到,北宋杂剧的演出,其服装一般是仿照当时的生活常服,但进行了一些美化装饰。这些装饰特别表现在幞头的形制和簪戴上,以此区分角色和人物身份。演员角色大致可分为庄重与滑稽两类,他们在装扮上有着明显区别。各类演员有一定的固定动作和情态表现。化妆方面,脸敷粉墨的形象已经出现,开后世脸谱的滥觞。道具方面,已有少量小件砌末的使用,一般是将生活器具带进表演,或者也稍有夸张性加工。

再来看一下乐部的情况。温县宋墓雕砖中的乐部图共有 6 人,皆裹展脚幞头,4 人着圆领大袖长袍,腰系带,2 人穿交领缺胯衫、长裤、系鞋、戴窄套袖。其所执司为:杖一、琴一、杖鼓二、笛(?)一、方响一。图中所绘似为演奏前或偃乐时的恭候场面,诸乐人皆屏息肃立,其中掌琴者叉手,余皆双手谨执所司。琴横置于两个裹有围幔的圆形立几之上,方响亦置于一围幔台桌上。

琴面及鼓面均涂为赭黄色。各人幞头及执杖者袍服以墨涂黑,各人手脸及执笛者袍服以石灰涂白。乐人后立一屏(?),上似有山水画。②

按《宋史·乐志十七》载,教坊大曲"乐用琵琶、箜篌、五弦琴、筝、笙、觱

---

① 刘念兹:《宋杂剧丁都赛雕砖考》,《文物》1980 年第 2 期。

② 河北井陉县柿庄六号墓西壁南侧伎乐壁画,于六个乐人后面亦画有一屏,上有墨书草字,可见这是当时庭堂奏乐习俗的反映。见河北省文化局文物工作队:《河北井陉县柿庄宋墓发掘报告》,《考古学报》1962 年第 2 期。

篥、笛、方响、羯鼓、杖鼓、拍板”。此乐部图中所列乐器皆属教坊大曲乐，只是不尽完备。

乐部图中有两处值得注意：一是执杖子者，为我们提供了当时乐队指挥的形象资料，这是很难得的。关于乐队指挥，文献记载可以追溯到汉代，张衡《西京赋》描写“总会仙倡”的乐舞场面中有“洪涯立而指麾，被毛羽之襳襹”。唐宋太常乐中皆有协律郎行指挥奏乐之事，《旧唐书·职官志三》载，协律郎“若大祭祀飨宴奏于庭，则升堂执麾以为之节制，举麾，工鼓柷而后乐作，偃麾，戛敔而后止”。宋代又增置一名“挟杖色”，受协律郎节制，“协律郎一员押麾，挟杖色一人主麾举偃”（见《宋会要辑稿·乐二》）。又宋教坊有参军色执竹竿子，于朝廷宴会节次中进致语口号，未知是否亦掌节制奏乐之事。周密《武林旧事》卷八“皇后归谒家庙”条则于礼仪乐次中有“都管一人，幞头、公服、腰带、系鞋、执杖子”行指挥之职，与图中所示颇相似。以上资料所载都是宫廷礼仪，私第奏乐指挥的例子则见唐苏思勗墓壁画舞乐图①，其左右两组乐人中各有一人站立，平举一手作指挥状，但未执器杖，可与此图互参。此图中执杖子者未举杖，所以乐未奏。

二是击杖鼓人与其他乐人装束不同，套有窄袖套，明显是为利于击鼓。《东京梦华录》卷九“上寿”条于“教坊乐部”中特别标明鼓手的穿戴：“击鼓人背结宽袖，别套黄窄袖，垂结带，金裹鼓棒，两手高举互击，宛若流星。”又：“两旁对列杖鼓二百面，皆长脚幞头，紫绣抹额，背系紫宽衫，黄窄袖，结带，黄义襕。”击鼓人需套窄袖这一点，在图中得到了印证。此种装束又见于河北宣化辽墓乐舞壁画以及河南焦作金墓乐舞画像石②，可见宋、金、元伎乐之相通。

这里还有一个问题。从乐部服装来看，雕砖所表现的似乎不是一般士庶家中奏乐所能具有的场面。我们对此试作如下解释：雕砖的画法细致传神，不似出自一般民间画匠之手，或者竟是将某个名画家的作品取来模勒，而原作品可能反映的是京城甚至宫廷的生活。

---

① 陕西考古所唐墓工作组：《西安东郊唐苏思勗墓清理简报》，《考古》1960 年第 1 期。

② 河南博物馆、焦作市博物馆：《河南焦作金墓发掘简报》，《文物》1979 年第 8 期。

二

北宋时期,商品经济不断发展,市民阶层日益兴起,与这种情况相适应,戏剧艺术发展到了一个新的重要阶段。其表现主要为:专业化的演员队伍出现,角色分工日趋复杂完善①,演出形式更为多样。但由于文献记载大多语焉不详,北宋杂剧的演出情况还难以窥见全貌,因此,文物资料的发现就更为珍贵。

偃师酒流沟宋墓杂剧雕砖出土后,曾有人做过一些有意义的研究。由于偃师5个杂剧人物分雕于3块砖面之上,因此,或认为他们分别表现杂剧演出的3段,即艳段、正杂剧、后散段。所征引的资料为吴自牧《梦粱录》。但《梦粱录》记述的是南宋时期杂剧发展以后的情形,与北宋有所不同。如说杂剧演出是"先做寻常熟事一段,名曰'艳段';次做'正杂剧'。通名'两段'"。这与《东京梦华录》记载北宋杂剧演出是"一场两段"相符,但后面又加上了"杂扮"作为散段,就与北宋有所不同了。"杂扮"在北宋崇宁宣和年间的"京瓦伎艺"中,是与小唱、嘌唱、杂剧、傀儡等二三十种技艺并列的②,可见北宋时杂剧与杂扮是不相连属的两种技艺。又《梦粱录》言杂剧"每一场四人或五人",如果分雕砖中5人为3段,则艳段仅1人,正杂剧仅2人,亦与记载不符。

温县宋墓杂剧雕砖的发现使我们加深了对这个问题的认识。温县雕砖5人,各人单雕,神态上未见交流,不可强作段数的划分。事实上,这种出自墓葬的雕砖仅为象征性地代表杂剧演出而已,它所展示的并不是杂剧演出的程序,而应为杂剧的全部角色。它是以各个不同角色富有特征的扮饰和形象来展现杂剧的表演风貌的。

通过文献记载,我们可以考证出这一组杂剧人物的角色名称。南宋人耐得翁《都城纪胜》"瓦舍众伎"条曰:"杂剧中末泥为长,每四人或五人为一

---

① 唐代参军戏中的"参军"与"苍鹘"所扮演的人物类型还只局限在一定的范围以内,其角色职能并不完善,真正的角色产生还是在宋杂剧中。

② 参见〔宋〕孟元老:《东京梦华录》卷五"京瓦伎艺"条,四库全书本。

场……末泥色主张,引戏色分付,副净色发乔,副末色打诨。又或添一人装孤。”这里说的虽然是南宋杂剧的角色情况,但根据元人陶宗仪《南村辍耕录》卷二十五中所记金院本角色名目与《都城纪胜》全合的情况,可知金院本与南宋杂剧在尚未分支之前,杂剧中角色的分工及其名目当已固定如上述。如果这个推论与事实相去不远,则温县杂剧角色五人自左至右应分别为末泥、装孤、引戏、副净、副末。

副净色发乔,副末色打诨,这两个角色是宋杂剧中主科诨的人物。雕砖中左起第四、五两人形象滑稽,特别明显,一望即知乃此二角色。副净色在后世记载中面敷粉墨,抹土搽灰,雕砖左起第四人脸上多以墨涂绘,当为副净。其衣饰亦多涂以彩绘,明显是一发乔角色。另一老者则为副末。装孤,《太和正音谱》释为“当场妆官者”,则应为左起第二人。元人汤式《笔花集》中散曲《新建构栏教坊求赞》【二煞】:“装孤的貌堂堂雄纠纠口吐虹霓气”,与此形象亦合。装孤可由女子扮演,元刘庭信散曲《【双调·夜行船·青楼咏妓》曰:“新梦青楼一操琴,是知音果爱知音。笺锦香寒,帕罗粉渗,遥受了些装孤处眼余眉甚。”则这一形象为女性可以理解。“引戏色分付”,其义不甚明确。一般认为,引戏与大乐中的引舞职司相似,如杜善夫【般涉调·耍孩儿】散套【四煞】:“一个女孩儿转了几遭,不多时引出一伙。”就是引戏的表演,则引戏与舞蹈关系密切,又可以由女子扮演。《武林旧事》卷四“乾淳教坊乐部”条中杂剧色李泉现、吴兴祐皆引戏兼舞三台,或许因为引戏在杂剧内职司舞蹈,因而平时亦多以舞蹈祗应。雕砖左起第三人作舞蹈状,应即引戏。其为女子扮演,也是杂剧中的常例。以上考定了副净、副末、装孤、引戏四人,余下的左起第一人当为末泥了。“末泥色主张”,此人或正以手点画安排亦未可知。

温县宋墓中乐部图与杂剧角色图同时出现,二者之间应该有着某种联系。我们对此可以做出两种解释:一是奏乐与杂剧演出交叉进行。考宋代春秋圣节宫廷宴会节次,乐部各色都有专司,而杂剧与舞队穿插其中。如《东京梦华录》卷九“上寿”条:“第五盏御酒,独弹琵琶。宰臣酒,独打方响。……百官酒,乐部起三台舞如前毕。参军色执竹竿子作语,勾小儿队舞。……勾杂剧入场,一场两段……”这虽是御宴的情况,但士庶家中的演出方式应该是基本相同的,当然要简陋得多。另外一种解释是,乐部正在为杂剧伴奏,由图中乐部诸色皆侧向杂剧人物一边站立的情况看,这一点是可能的。

宋杂剧中有音乐伴奏,这由《武林旧事》卷十所载“官本杂剧段数”中多缀以曲名可以证明。但史籍中未见有关于宋杂剧作场时配乐的明确记载,所以今人已弄不清其如何配乐了。按苏轼《兴龙节集英殿宴教坊词》曰:“勾杂剧:金奏铿纯,既度九韶之曲;霓裳合散,又陈八佾之仪。舞缀暂停,优伶间作。再调丝竹,杂剧来欤!”[①]明确标示出杂剧上场时要奏丝竹。又《梦粱录》卷二十“妓乐”条言杂剧中“先吹曲破断送,谓之把色”。则杂剧前奏丝竹乃“断送”杂剧人出场,其所奏乐为“曲破”,演奏人称“把色”。宋代南戏《张协状元》中有断送的实例:生上场后要求“后行子弟,饶个【竹影摇红】断送”。然后“众动乐器,生踏场数调”。念【望江南】词一首,其中有“出入须还诗断送”的句子。由此知道,演员出场后念诗踏场,同时乐部奏乐断送。南戏吸收了宋杂剧的演出成分,所以这可以作为宋杂剧中断送的参考。又《武林旧事》卷一“圣节”条在记载宫廷宴会中杂剧名目时,皆注明断送的曲调名称,如“吴师贤以下,做《君圣臣贤爨》,断送【万岁声】”;“周朝清以下,做《三京下书》,断送【绕池游】”;“何晏喜以下,做《杨饭》,断送【四时欢】”;“时和以下,做《四偌少年游》,断送【贺时丰】”。由此可见,出入场时以器乐断送乃宋杂剧通例。

“断送”一词虽未见于北宋杂剧演出的记载中,但北宋的舞队里却确实有之。《东京梦华录》卷九“上寿”条载女童队采莲舞入场:“参军色作语问队,杖子头者进口号,且舞且唱,乐部断送【采莲】讫。”杂剧盖仿舞队之例。由此可见,温县宋墓雕砖中的乐部应该担任为杂剧断送之职。除此之外,也不排除乐部仍旧有独奏、合奏等职分。禹县白沙沙东宋墓中也出土了杂剧与乐部两组雕砖[②],其乐部设置的意义应该与此墓相同。

---

① 苏轼:《东坡全集》卷一百一十五“乐语十六章”,四库全书本。

② 徐苹芳:《白沙宋墓中的杂剧雕砖》,《考古》1960年第9期。

三

温县宋代属孟州,处于太行山与黄河之间的一线平原地带。自温县东渡黄河至汴口入汴水,即可抵达东京。北出太行山,即至河东路的泽州,崇宁以后有泽州人孔三传首创诸宫调,在汴梁瓦肆中说唱。[①] 从地理位置上讲,温县是沟通东京到河东的一条通道。

北宋杂剧盛行于东京,女真贵族侵占河朔地区后,由宋杂剧衍变而来的金院本又盛行于平阳、绛州,其间流传播迁必有轨迹可寻。过去偃师酒流沟宋墓、禹县白沙宋墓杂剧雕砖的发现,使我们可以看到北宋杂剧在黄河南岸东西两京之间的传播情况;温县宋墓杂剧雕砖的发现,则填补了宋金戏剧由开封流传到山西通路上的一个空白。温县与偃师隔河相望,其杂剧雕砖砖质相近,形象相似,技法又均为平面浅浮雕,可视为同一时期宋杂剧艺术的形象资料。因此可以说,就在北宋杂剧盛行于汴洛之间的同时,其一支已经由汴京西渡黄河,沿黄河与太行山中间的平原地带继续向西蔓延发展,至王屋山折而北,出太行入山西境,由泽州进入平阳、绛州。其时间约当北宋后期。又根据现在已经掌握的材料,山西曾于北宋景德二年(1005)建舞亭(万荣县桥上村后土庙),熙宁末元丰初(1077—1078)建舞楼(沁县关帝庙)[②],此类舞台均为神庙中的附属建筑,乃献祭歌舞以娱神之所,不一定就是供杂剧演出的舞台。但如果当时确实已有杂剧艺人登台演出,则宋杂剧的广泛流传时间亦应提前。

北宋杂剧经孟州向北发展到河东的一路是与当时商业通道的畅通分不开的。河东地方产矾,唐代曾于晋州置"平阳院"以收其利。[③] 宋代矾仍由

---

① 〔宋〕孟元老《东京梦华录》卷五"京瓦伎艺"条:"孔三传耍秀才诸宫调。"王灼《碧鸡漫志》卷二:"泽州孔三传者,首创诸宫调古传,士大夫皆能诵之。"

② 丁明夷:《山西中南部的宋元舞台》,《文物》1972 年第 4 期。

③ 《宋史·食货下七》,四库全书本。

官卖,然而商人亦多私贩,其自河东到东京必然经由此径。[①] 又河东时而输送薪炭入京,亦当经由此道。[②]《宋史·食货志》尚载有:河东租税薄,兵费不足用,宋朝廷"岁出内藏库金帛及上京榷货务缗钱",由黄河船运至孟州河阳渡,然后"或用铺兵厢军,或发义勇保甲,或差雇夫力,车载驮行,随道路所宜",运往河东,亦由此路。杂剧艺人循着这条商业繁盛之路走向山西,是十分自然的事。

北宋杂剧在东京可以分为两类:一类是宫廷杂剧,一类是"京瓦伎艺"中的民间杂剧。[③] 当时的市井民间杂剧已经具有很高的演技和旺盛的生命力,如在中元节时配合节序演出《目连救母》,连演七天,"观者增倍"[④]。民间杂剧更在百姓中广泛传播,其直接原因是艺人们为求衣食的温饱不得不过着"冲州撞府"的流浪生活。苏轼《次韵周开祖长官见寄》诗:"俯仰东西阅数州,老于歧路岂伶优。"就借当时艺人们一生奔波、千里风尘的生活来比喻仕途的艰辛。又刘克庄《纵笔》诗:"荒村偶有优旃至,且伴儿童看戏场。"所述虽为南宋后期事,但也反映出当时的时代习尚。另外,河南省荥阳县出土的"大宋绍圣三年十一月初八日朱三翁之灵"石棺棺侧阴线雕刻一幅夫妇宴饮观看杂剧演出图[⑤],可以作为北宋杂剧在民间发展的一个实例。由于民间杂剧的盛行,处于杂剧流传地的州、县以及乡村的一般富户人家,在墓室中雕作杂剧人物图像,以便死后能够继续享乐,也就成为当地一种十分普遍的现象。

(原载《文物》1984年第8期)

---

① 《东京梦华录》卷二"酒楼"条有"白矾楼"。宋吴曾《能改斋漫录》卷八:"京师东华门外景明坊有酒楼,人谓之'矾楼'。或者以为楼主之姓,非也。本商贾鬻矾于此,后为酒楼。本名'白矾楼'。"按《宋史·食货志下七》:"白矾出晋、慈、坊州、无为军及汾州之灵石县。"坊州在陕西,无为军在安徽巢湖南,均较河东(山西)之晋、慈、汾州为远,以理推之,东京所鬻白矾以山西出产之可能性最大。

② 《宋史·食货上三》:"繇京西、陕西、河东运薪炭至京师,薪以斤计一千七百一十三万,炭以秤计一百万。"

③ 刘念兹:《宋杂剧丁都赛雕砖考》,《文物》1980年第2期。

④ 〔宋〕孟元老:《东京梦华录》卷八"中元节"条,四库全书本。

⑤ 吕品:《河南荥阳北宋石棺线画考》,《中原文物》1983年第4期。

荥阳石棺杂剧雕刻研究

北宋是中国戏曲形成的重要历史时期,北宋杂剧的基本形态,已经略具后世戏曲的综合性特征,在此基础上,得以产生南方的南戏和北方的金元杂剧两大戏曲声腔系统。因此,对于北宋杂剧的研究,在戏剧史上是一件十分重要的工作。中华人民共和国成立后,北宋杂剧雕砖陆续有所出土,使我们得以逐步认识北宋杂剧的舞台形象,扩展了文献资料所打开的视野。荥阳北宋石棺杂剧图的发现①,更为我们提供了重要的形象资料,这可以说是戏剧史上的一次重要收获。

一

石棺出土于河南省荥阳县东槐西村墓中,长 1.93 米、宽 1.02 米、高 0.93 米,棺盖上刻有正楷一行:“大宋绍圣三年十一月初八日朱三翁之灵男朱允建。”石棺系以整块条石凿成。其前面浮雕门额一座,门微开露一侍童半身,这是宋金墓葬中常见的装饰型雕法,在中原出土的同期石棺中亦有相类者。② 其他三面皆为阴线雕刻,左面雕一整幅丧葬送殡场面;右面雕棺主夫妇饮宴观看杂剧演出图;后面雕出二鹿相向,一狮蹲式,一虎走势。三面下部均雕成带有云水纹装饰的栏杆。

---

① 吕品:《河南荥阳北宋石棺线画考》,《中原文物》1983 年第 4 期。

② 洛阳岳家村北砖瓦厂出土北宋陶棺前雕有大门两扇,关闭,上有铺首衔环、门钉。孟津县张盘村出土北宋崇宁五年(1106)石棺前雕大门半开露一侍童,门旁尚立有四侍者。二棺均藏洛阳关林关帝庙文物保管所。

古人以石棺乃亡人在地下的寝处之所,因此多在上面雕刻各种祥瑞图景以求阴世之福。魏晋时人多乐仙好道,故魏晋墓葬石棺雕刻常带有神仙色彩,表明了当时人追求仙世享受的生活态度。宋以后石棺雕刻内容则多偏重于人世故事,追求现世的享受,反映了世俗观念在祭奠礼仪范畴中的加强。这是一种时代的变化。[①] 宋以后石棺雕刻以剧、舞为内容的十分常见,除荥阳这一石棺雕有杂剧图外,河南省修武县李万公社曹平陵村于 1978 年出土一金代石棺[②],上刻有"小石调·嘉庆乐"大曲舞图;山西永乐宫元潘德冲石椁上刻有戏楼及院本作场图。[③] 这些文物的存在,表明了人世间的戏剧娱乐向墓葬制度中的渗入,恰恰反映了那个时代戏剧已经深入民间的历史状貌。

荥阳石棺饮宴观看杂剧演出图,雕有棺主夫妇并排拱手坐于靠椅上,男左女右,前置一长条桌,上设酒注、碗勺、筷子、馒头、点心等物,旁立一叉手侍童,桌前有四个杂剧演员正在作场,远处还有烧爨、揉做馒头以及迤逦往桌上送酒送饭的。

由石棺及此图所显示的情况看,这一棺主人身份显系平民。宋制:品官"诸葬不得以石为棺椁"[④]。又,棺主之子在为父亲造棺时于棺盖上只题"朱三翁",未具官封,称××翁是当时对无功名老者的尊称,一般以姓氏加上排行,此多见于文献记载。而对有功名者则要称其官封,洛阳出土的"大宋宣和五年癸卯金紫光禄大夫孙王十三秀才"石棺,甚至还将棺主人祖父的官秩冠于其名字前面以相标榜。另外,据陆游《老学庵笔记》卷四:往时士大夫家妇女坐椅子,则被人讥笑为无法度。此棺主人夫妇并坐椅子之上观看杂剧表演,可见亦非士大夫家庭,没有这项规矩。[⑤] 再由石棺雕刻来看,刀法十分简拙,图像失形,亦明显出自一般民间石匠之手,这也可反映出棺主人的

---

① 例如洛阳关林关帝庙文物保管所藏有一北魏石棺,上即刻有棺主夫妇升仙图;而北宋崇宁五年张君石棺则雕有孝子故事图;又洛阳出土的"大宋宣和五年癸卯金紫光禄大夫孙王十三秀才"石棺(见杨大年:《宋画像石棺》,《文物参考资料》1958 年第 7 期)亦刻了 15 幅孝子故事图。

② 石棺现藏修武县文化馆,笔者曾于 1983 年 5 月 27 日前去考察。

③ 徐苹芳:《关于宋德方和潘德冲墓的几个问题》,《考古》1960 年第 8 期。

④ 《宋史·礼志二十七》,四库全书本。

⑤ 参见宿白:《白沙宋墓》,第 83 页对于墓主人赵大翁身份的考定,文物出版社 1957 年版。

身份。

现在我们可以涉及杂剧图本身了。这幅杂剧图的重要意义在于:第一,在所有出土的北宋杂剧画像砖、石中,这是唯一有确切年代记载的,它确定地展示出了北宋哲宗绍圣三年(1096),即11世纪末期的杂剧演出形象。第二,以往出土的北宋杂剧砖雕人物,都是一字排列作“亮场”状,唯独这一幅图雕出了杂剧正在作场时的情景,因而是北宋杂剧演出的非常宝贵的形象资料。并且,在迄今出土的所有宋金元时期戏剧文物雕塑中,直接雕作演出形象的也不多见,因此就愈加珍贵。第三,这幅图把棺主人的饮宴和杂剧的演出雕成一个完整的场面,同时展示了演员、观者、演出场所和环境,是最早的一幅“堂会”演剧图。第四,这是北宋民间杂剧演出的实物记载,它反映了当时杂剧在民间的广泛流行及为习俗所好的情形。

二

荥阳石棺杂剧图是一幅生动的作场图,图中演员各自有着不同的服饰和装扮,各自有着自己的情态和动作,十分形象。现在让我们来对之进行一些分析。

图中一共绘有4个演员:

演员左起第一人,裹帕头,着圆领窄袖长袍,腰系带,右手持杖,左手旁指另一发科者,似作呵斥状。按此一人装扮为宋代皂吏形象,这在传世宋画中多有反映,如南宋《中兴祯应图》中所绘吏卒服饰即如此,且多执杖。杖乃公人、衙吏的械斗、行刑之具,多用于督工、捕快,金代翻刻的《重修政和证类备用本草》中的木版插图《解盐图》中一皂吏即执杖督盐,可参看。杖还有尺寸规定,如《宋史·刑法志》载:“常行官杖如周显德五年制,长三尺五寸,大头阔不过二寸,厚及小头径不得过九分。徒、流、笞通用常行杖……”这一演员扮为皂吏,所执即此类杖的道具。优人以杖作为道具是有传统的,宋代张唐英《蜀梼杌》载后蜀孟昶“广政三年六月,教坊部头孙廷应、王彦洪等谋为逆……期以宴日,因持杖为俳优,尽杀诸将,而夺其兵”。这一方面说明俳优持杖是惯例,因而不被人疑;另一方面也说明当时的杖尚是以实物作道具。另外,大约从后唐庄宗时起,优戏中出现了以互相击打来发科打诨的科范。[①] 到宋代又发展为杖击,如洪迈《夷坚志》支乙四所载北宋徽宗崇宁年间御前杂剧,推一参军作宰相贪钱,“副者举所持梃,抶其背”,“副者”即参军旁侍立的持杖衙吏。执杖吏人的形象在宋金杂剧雕砖中很常见,如河南省温县文化馆藏宋代雕砖中有两人[②],山西稷山县马村二号金墓左第三人、化峪三号金墓左第四人亦是。[③]

演员左起第二人,幞头诨裹作独角斜挑状,脖系巾打结于前,着窄袖长袍,裸腿,双手执一物似倒拿拍板(?),配合皂吏的手势,神情注视于左第三人。由此人装扮看似一诨角,其头裹独角偏坠,与温县文化馆藏一杂剧雕砖颇类,可见此类裹式应是杂剧艺人发诨的惯常装束。

演员左起第三人,头戴尖顶冠,着圆领宽袖袍服,左肩背处有一大块补丁,高颧大颐,喜眉笑眼,叉手躬身向衙吏作揖拜状。这一演员显然居于演出的中心位置上,左侧两个演员都在和他配合进行表演。从他奇特的装扮、生动滑稽的表情动作来看,显然是一位发乔的角色。尖顶冠不是北宋汉人的服饰,而是当时契丹族的冠戴。宋、辽自景德元年澶渊会盟后,辽国每年派使臣贺宋元正、圣节。[④]《东京梦华录》卷六“元旦朝会”条载:“诸国使人:大辽大使顶金冠,后檐尖长如大莲叶,服紫窄袍、金蹀躞。副使展裹、金带如汉服。”辽国大使所戴冠,应即此种形状。杂剧演员可能有意模仿北方民族这种习俗来进行调笑。到了金元杂剧雕刻中,则此类尖顶冠经常出现,如稷山马村八号金墓左第二人、化峪三号金墓左第二人皆戴这种冠,又永乐宫元潘德冲石椁院本图左第三人亦是。或许因为北方民族服饰接近的缘故吧,所以在契丹、女真、蒙古族的统治下都有这种服装。

演员左起第四人作女子装束,披发,着交领衣,系百褶裙,眼睛上斜贯两条墨迹,双手翻掌向外、五指叉开作击掌状。以其披发而不挽髻以及用墨画

---

① 《新五代史·伶官传》载有敬新磨于优戏中手批庄宗脸颊的事,这大约是今天所见优戏中互相击打的最早的一条资料。

② 温县文化馆藏有宋代杂剧及伎乐雕砖若干,笔者曾于 1983 年 6 月 2 日前去考察。

③ 杨富斗:《山西稷山金墓发掘简报》,《文物》1983 年第 1 期。

④ 《宋史·真宗本纪二》《宋史·礼志二十二》,四库全书本。

眼来看,似亦是一诨角,恐为男子所假扮。据后世戏剧角色装扮记载,副净色乃面敷粉墨,证以温县宋墓杂剧雕砖左第四人[①]、侯马金代董墓杂剧砖俑左第五人[②]、稷山马村一号金墓一杂剧残俑头部皆以墨贯眼,可知当时副净脸上涂墨的一般格式。后世戏剧中净、丑可扮作女性,如宋南戏《张协状元》中净角先后扮张协母、李大婆、店婆、胜花养娘等人,丑角亦扮过张协妹,由此看来,图中这一女子很可能为副净扮。[③] 净扮作女子总要留一些痕迹,如《张协状元》第十六出[④]:"(旦)大婆赤脚来。(净挈鞋出唱)【赛红娘】先来是我脚儿小,步三寸莲。(末白)一尺三寸。"故意点出净角的一双大脚。所以这一披发很可能是有意为之。

这4个演员,左边3个互有科范,动作、表情配合明显,显然正在进行一场戏的演出。右边一人则独自立于一旁,未加入表演,可能是尚未上场的角色,其击掌,大概是为场上人物掌握节奏。以掌击节,在汉代百戏演出的陶俑、壁画、画像石中即常见,称作"抃"。这一场杂剧演出中没有乐器伴奏,所以临时以击掌代之,例如在表演者念诵韵语时,则节其节奏。这幅图所表现的杂剧演出作何内容不详,似乎是皂吏与平民之间的事情,或是类似后世"院本名目"中"赶村禾"一类的节目。

三

荥阳北宋石棺雕刻明显地展示出是在一个家庭的庭堂当中,主人夫妇一边饮酒,一边观看杂剧演出的情景。民家演出优戏的习俗,早在汉代就已见于记载,如《盐铁论》卷六《散不足》第二十九:"今俗因人之丧,以求酒肉,幸与小坐,而责辨歌舞俳优,连笑伎戏。"又卷七《崇礼》第三十七:"夫民家有客,尚有倡优奇变之乐,而况县官乎?"其时倡优歌舞已作为民家治丧、宴

---

① 张思青等:《温县宋墓发掘简报》,《中原文物》1983年第1期。涂墨的考察见拙文《温县宋墓杂剧雕砖考》,《文物》1984年第8期。

② 山西省文管会侯马工作站:《侯马金代董氏墓介绍》,《文物》1959年第6期。

③ 北宋时的"副净"与后世的"净"应属同一类角色,胡忌先生考之甚详,见《宋金杂剧考》,上海:古典文学出版社,1957年,第118页。

④ 钱南扬:《永乐大典戏文三种校注》,北京:中华书局,1979年。

客时所必备的排场。唐代又有富民用优戏来贺寿的现象,如五代范资《玉堂闲话》载:“唐营丘有豪民姓陈,藏镪巨万……每年五月,值生辰,颇有破费。召僧道,启斋筵,伶伦百戏毕备。”到了宋代这些演出就多用杂剧来祇应了。此图中所雕可能是为主人做寿所准备的“家会上寿”[①]的内容。以杂剧作为“献寿”的节目,这在宫廷活动中有常例,宋代彭乘《续墨客挥犀》卷五载:“熙宁九年,太皇生辰,教坊例有献香杂剧。”而民间亦出现这种形式,表明当时杂剧已成为一般老百姓所欢迎的、所喜闻乐见的娱乐形式。宋代还未发现有专门用于祝寿的剧目[②],《续墨客挥犀》所载宫廷献香杂剧,其内容为僧道作法事,亦与祝寿无关。但后世却有这类记载,如朱有燉《吕洞宾花月神仙会》杂剧第二折就附有《长寿仙献香添寿》院本。

北宋时的“堂会”杂剧演出,其演员由来有两种途径。一种是家乐,即由家庭豢养的乐人组织演出。宋代家乐十分盛行,刘贡父《诗话》云:“起居驸马在南都,家乐甚盛,诮诋南河市中乐人……”陈旸《乐书》一八七卷乐图论·俗部杂乐·俳倡上言,当时“王侯将相歌妓填室,鸿商富贾舞女成群”。除了以上所说贵宦巨贾以外,一般富户人家也多养有歌舞姬一类人,设宴会宾时即命她们歌舞以佐觞,满足声色之娱,这在宋代笔记小说中也多有描写。宋杂剧兴起后,就逐渐成为筵席上助欢的一项内容,宫廷中每逢“大排”(即宴会),必以歌舞百戏间以杂剧,而官宦府第也起而效之,每宴聚则“出家妓作优戏”[③]。朱弁《曲洧旧闻》卷六载:“宋子京修唐书,尝一日,逢大雪……其间一人来自宗子家,京曰:‘汝太尉遇此天气,亦复何如?’对曰:‘只是拥炉命歌舞,间以杂剧,引满大醉而已。如何比得内翰。’”可见北宋时以家乐演出杂剧是十分盛行的。演员由来的另一种可能是出资到外面“和雇”一班乐人来演出,如《梦粱录》卷二十“妓乐”条载临安士庶人家“筵会或社会,皆用融和坊、新街及下瓦子等处散乐家”祇应。这虽是南宋城市中的情

---

① 〔宋〕王铚:《默记》卷上,四库全书本。

② 宋代教坊所奏大曲中有此类节目,如仙吕宫曲有“延寿乐”,般涉调曲有“长寿仙”。建隆中教坊高班都知郭延义制作“紫云长寿乐”鼓笛。均见《文献通考》卷一百四十六·乐十九·俗部乐·女乐。按周密《武林旧事》卷十“官本杂剧段数”条中有“打勘长寿仙”“偌卖妲长寿仙”“分头子长寿仙”等目,似乎仅以“长寿仙”曲调歌唱,与祝寿内容无关。

③ 〔宋〕蔡绦:《铁围山丛谈》卷五,四库全书本。

况,但北宋时已经有了“冲州撞府”的路歧艺人,他们终年四处漂流,随处作场,遇有社会、宴会或红白喜事即前往祗应,这些人就是“和雇”的对象。

家中养有乐人,终日“拥炉命歌舞,间以杂剧”,这只能是贵族所为,一般老百姓是享受不起的。当时拥有一门技艺,在高门巨族家中当差的祗应人,其聘金相当昂贵。洪巽《旸谷漫录》载:“京都中下之户,不重生男,每生女则爱护如捧璧擎珠。甫长成,则随其资质,教以艺业,用备士大夫采拾娱侍,名目不一,有所谓身边人、本事人、供过人、针线人、堂前人、杂剧人、折洗人、琴童、棋童、厨子,等级截乎不紊。就中厨娘最为下色,然非极富贵家不可用。”像朱三翁这样的平民百姓是养不起这类人物的,因此,他只能是临时雇用一些路歧艺人来助兴。而且,举办这类活动也不可能是常有的事,只能是一年当中偶一为之,例如操办生葬婚娶等红白喜事时才可舍此一笔重金。

宋朝是各种杂戏技艺极其繁盛的时代。在一些大都会中,设有大大小小的瓦子勾栏,网罗了一大批艺人在其中卖艺。而在城镇之间的交通繁华之处,也流浪着许多的路歧艺人,“冲州撞府,求衣觅食”。(南戏《宦门子弟错立身》)他们在都市里受到本埠行帮的排挤,不得进入勾栏献艺,“只在耍闹宽阔之处作场”,市人称之为“打野呵”①,瞧不起他们的技艺,把他们与街市上“装妇人神鬼敲锣击鼓巡门乞钱”的“贫者”②相同看待。在这种恶劣环境的逼迫下,为了求得温饱,他们不得不经常更换演出场所,从一个地方挪到另一个地方,从一座城市挪到另一座城市。而长年的流浪生活,没有固定的作场地点,使他们没有条件、没有时间来研磨自己的技艺,因而更无法与勾栏中的艺人竞争,他们只有到农村去,“沿村转庄,撞工耕地”(南戏《宦门子弟错立身》)。宋代文人对这部分艺人的技艺亦有评价,如王君玉续李义山《杂纂》云:“冷淡——村伶打诨。”又曾慥《类说》引吴处厚《青箱杂记》曰:“今乐艺亦有两般:教坊则婉媚风流,外道则粗野嘲哳;村歌社舞,抑又甚焉。”反映了士大夫的艺术观。荥阳石棺所绘可能就是这类艺人的作场情况。

---

① 〔宋〕周密:《武林旧事》卷六“瓦子勾栏”条。

② 〔宋〕孟元老:《东京梦华录》卷十“十二月”条,四库全书本。

荥阳县宋时属京西北路郑州所辖，东至郑州 60 里，南临嵩岳，北带黄河，地处黄河由山地流入平原的出口之处，是东西二京之间的交通要道。路歧艺人在两京间流动作场，必经此路，因而促进了这块地区杂剧艺术的兴盛，并培养起了观众的兴趣和爱好。荥阳平民朱三翁之子朱允在他父亲的石棺上请人刻上堂会杂剧作场图，这绝不是偶然的事情，而有它深厚的社会基础，反映了时代的艺术风貌。

四

荥阳石棺所雕这个路歧杂剧班子的演出形式是比较简单的，文献记载的宫廷杂剧演出有一定的程序规定，要做“一场两段”①，还要吹奏曲破断送。这个简陋的杂剧班子恐怕没有力量这么做，也不需要这么做。它的演出大概更接近于周仲南《山房集》卷四所记载的那个“不逞者三人、女伴二人”，以兄弟妻姒组成的杂剧班子，演出方式主要是进行滑稽表演，“以谑丐钱”。图中所刻 4 个演员中，诨角就占了 3 个，也可证明这一点。宫廷杂剧演出的场面铺排有时是很大的，可以同时上场七八人之众，其内容多选择一些涉及现实政治的题材来进行表演。而这种流动于民间的杂剧班子的演出，一方面受到其自身人力物力的限制，一方面也要考虑到老百姓的艺术趣味，因此通常演出反映下层人民生活的短小题材，如“赶村禾”之类。宋杂剧一般有乐器伴奏，这在一些宋墓杂剧雕砖中有所反映，如温县杂剧雕砖就有俨然一部乐队进行配乐②，看来这个民间杂剧班子也从省了，只临时以不上场的演者击节来调整节奏。

《山房集》所记载的那个杂剧班子的表演主要是以模仿世俗奇态的手段来达到调笑的目的，“其所仿效者、讥切者”是“语言之乖异者、巾帻之诡异者、步趋之伛偻者、兀者、跛者”。这主要是继承了“杂扮”的艺术传统。“杂扮”又名“拔和”，“拔和”即“拔禾”，意即“农家人”“村人”的意思③。据《梦

---

① 〔宋〕孟元老：《东京梦华录》卷九“宰执亲王宗室百官入内上寿”条，四库全书本。

② 廖奔：《温县宋墓杂剧雕砖考》，《文物》1984 年第 8 期。

③ 胡忌：《宋金杂剧考》，上海：古典文学出版社，1957 年，第 142 页。

粱录》卷三十“妓乐”条称，汴京杂扮“多是借装为山东、河北村叟以资笑端”。从这个角度讲，我们在荥阳石棺杂剧图中也可以看到它的影响，如中间的两个演员，似乎都装扮成村人，其右边的一个身上打着特大而醒目的补丁，还戴着辽国人的奇异冠戴来发科。但他的表演又不单纯是模仿调笑，还应该穿插了一定的故事情节在内，这在表演形态上就比上述那个杂剧班子进步。如果我们把他的演出设想为“赶村禾”的故事，则很可能是农家人捡到辽国大使的帽子，自己戴在头上到官府去求赏，或是自己做了一顶这样的帽子扮作辽国使臣，结果被皂吏用棍棒赶了出来。当然这只不过是臆测而已，想来，大致的演出情景也就是如此吧。

这种路歧艺人的表演在当时被封建文人视作粗俗的东西，这是带有偏见的。应该看到，虽然路歧艺人的生活环境决定了他们的技艺有粗糙、幼稚的一面，但也正是这种环境同时又促进了其技艺的发展。路歧艺人的演出可以不受限制，对于演出的内容可以自由选择，由于他们活动于民间，熟悉下层人民的生活，因而所表现的内容也多是反映了人民的观点；其表演方式可以随意发挥，非常诙谐活泼。这对于宫廷杂剧来说是不可能办到的。宫廷杂剧总是受到各种封建礼仪和伦理道德的束缚，演出很不自由。例如当时屡有禁止以先圣先师为戏的情况出现，又《东京梦华录》卷九“宰执亲王宗室百官入内上寿”条载：“内殿杂戏，为有使人预宴，不敢深作谐谑。”由此亦可窥见平时的他类演出也定会有其他的种种避讳和讲究，这就捆住了艺人们的手脚，使他们的才能得不到充分发挥。正是由于路歧杂剧具有自己的优越性，它才在民间日益发展，对于宋杂剧表演方式的不断成熟、对于后世更加进步的戏剧形式的形成，起到了极大的推动作用。

荥阳石棺杂剧雕刻的发现，使我们确定地看到了11世纪末期北宋民间“堂会”杂剧的作场形象，这对于我们研究当时杂剧的表演形态有着直接的帮助，因而，这是一个极其有价值的发现。

（原载《戏曲研究》1986年第15辑）

广元南宋墓杂剧、大曲石刻考

近年来,四川省广元县(后改为市)陆续发现一批南宋石刻墓,其中保存了南宋杂剧、大曲表演的有关资料,对于中国戏曲史的研究有着十分重要的意义。笔者前往该地进行了考察,现将有关情况整理考释如下。

一、广元南宋墓杂剧、大曲石刻的基本情况

(一)广元南宋石刻墓的一般情况

广元城坐落于四川北部的嘉陵江南岸,四周为丘陵地带,远处被群山围绕。南宋石刻墓多发现于广元近郊。墓皆用当地所产黄沙岩质条石、石板砌成,以槽榫卯合,多为夫妇合葬双室墓,单室平面作长方形,双室并列,两室间隔断不通。各室以条石叠涩砌为券顶,并列的双室上部剖面形成双拱。各室前以石板为门,向外开启。各室左、右壁石板多浮雕武士像、伎乐图、庖厨图、出行图以及孝行故事图,条石多浮雕卷叶花卉、四宿神兽等。内壁皆砌为墓主神龛,浮雕室内陈设,如槅扇门、桌、椅、茶盏等,也雕出侍者,但很少有墓主形象。墓中石刻人物,如侍者、武士、乐人等,女墓室一般为女性,男墓室一般为男性。各室墓底以整块石板铺为棺台,棺台石板下有腰坑,内常置黄沙石板所制矩形买地券以及陶罐、铜钱等物。墓中少有随葬品。

广元县文管所对南宋墓葬石刻的发掘和征集做了很多工作,已陆续将一些雕造精美的石刻集中保存,于皇泽寺内五佛亭和吕祖阁之间的崖壁下建一石廊,将宋墓石刻镶嵌于内。石廊长 23 米、宽 0.72 米(不计座基)。

（二）072 医院宋嘉泰四年杂剧石刻墓

此墓于 1975 年 3 月 072 医院（现 410 职工医院）基建施工中发现，县文管所进行了清理。墓门面南，石砌，双室，券顶。各单室宽 1.27 米、高 1.07 米、长 2.5 米，两侧壁均有浮雕人物及花卉图案。后壁各有石龛，石龛内高 0.65 米、宽 0.55 米。

西（左）室龛内浮雕一桌，罩桌幔，上有带托酒盏一件，装带叶硕果的盘子一个。桌侧立一丫髻侍女，双手捧莲花塞酒注，正向盏内注酒。另一侧有一交椅，上铺椅帔。桌椅上方悬帷幔。东（右）室龛内浮雕带幔桌一，上置带温碗酒注一把、馒头一盘，另一盘内扣一碗。桌侧有带帔交椅一把，椅后立一叉手侍童。桌后立雕花屏风。

二墓室腰坑内皆有买地券一件、白釉双耳罐一个、铜钱数枚。铜钱年号有绍兴、正隆、庆元三种。买地券为黄沙岩质，0.33 米见方，上刻阴文，一行正刻一行倒刻，周围刻八封符号。西室所出买地券字迹较为清晰，引录如下：

维大宋嘉泰四年岁次甲子三月初一日甲子朔十五日戊寅谨有利州宁武军绵谷县第九郡绍兴钱监营居住正宅门下女弟子郑氏本命乙酉行年四十岁十二月十一日丑时见生近命羽流占等点相童□□□今岁山空命利宜造吉宅今用钱玖阡玖伯玖拾玖贯文于皇天父后土母社稷主边买得寿山一□命立寿堂以备千年之计所有四界东至青龙南至朱雀西至白虎北至玄武上至苍天下至黄泉把钱交付了讫保人张坚固见人李定度书契人石功曹读契人金主簿一如后土帝君敕。

从券文知此为女墓室，南宋宁宗嘉泰四年（1204）修造。女墓主生于孝宗乾道元年（1165），40 岁时预先修墓备用。东室买地券字迹多已漫漶，由可辨文字看，二券书写格式相同，内容亦大体相同，其略异处为："……钱监营居住男弟子王再立，本命辛巳，行年四十四年，六月二十一日午时见生。……赤松子地下老鬼母书……"知东室为男墓室，男墓主生于高宗绍兴三十一年（1161），时年 44 岁。由二买地券内容看，墓主身份为平民。

女墓室左右两侧壁石板浮雕孝行故事图。其一为"唐氏乳姑"，石宽

0.42米、高0.58米;其二为“曾参(或蔡顺)心痛”,石宽0.42米、高0.56米。又有内容为“郭巨埋儿”等三图,似亦为女墓室所出①。照片从左至右:第一图石宽0.63米、高0.63米,内容为“刘庸行孝”。第二图石宽0.57米、高0.58米,内容为“郭巨埋儿”。第三图石宽0.57米、高0.64米,内容似为“丁兰侍木”。各石原镶嵌方位已不明。

男墓室左右两侧壁石板浮雕杂剧演出图。每侧各有二图,雕于同一块石板上。图皆有直角边框,面积相同,长0.51米、高0.43米。现分别介绍如下。

杂剧图Ⅰ:左一人裹展脚幞头,着四褛衫(前摆短去一节),系带,内着裤,面左,以手绞袖向右一人作拱揖状;右一人头部残损,着长袖衫,内着裤,正曲肘折袖向左一人作态。

杂剧图Ⅱ:左一人裹硬胎幞头(疑有脚垂脑后),着圆领窄袖衫,足穿靴,腰悬一杖鼓,右手执杖而击;中一人裹展脚幞头,着大袖袍服,束带,内着裤,足穿靴,双手按觱篥而吹;右一人裹展脚幞头,着圆领袍服,袖捋至肩胛,腰系带,内着裤,足穿靴,前置一教坊鼓,双手扬桴击鼓。

杂剧图Ⅲ:二人皆裹幞头,着圆领窄袖袍服,内着裤,足穿靴,相背坐于一大石之上。左一人以右手食、中二指背指另一人;右一人以右手握左脚,曲左膝置于右腿之上,面露愤懑之态。石后以阴线刻大竹数株。

杂剧图Ⅳ:二人皆裹展脚幞头,圆领大袖袍服长至足,腰束带,各人双手擎一笏板,相向作敬揖状。

杂剧图Ⅰ、Ⅱ雕于一石,石长1.26米、高0.59米;图Ⅲ、Ⅳ雕于一石,石长1.22米、高0.57米。两石原镶嵌壁面方位已不明,然知二石在墓中位置相对。

(三)罗家桥南宋大曲石刻墓

1976年4月,上西公社罗家桥村农民在农田水利基本建设中发现两座

---

① 石刻出土搬迁并镶嵌至皇泽寺石廊后,失去次序。据发掘者之一盛伟回忆,确认“唐氏乳姑”“曾参心痛”二石系072医院宋墓女墓室所出,又疑“郭巨埋儿”等三石亦出自同墓室。奔案:据石质颜色皆发黄、雕刻技法近似等因素判断,此说似可信。然石板尺寸似与前二石不符,存疑。

南宋墓。两墓并列,相距1.5米,皆为双室墓,墓门东向。其建筑形制相同,与072医院墓亦类似。两墓出土“宣和通宝”“淳熙元宝”数十枚。买地券已毁,据当时文管所王培清回忆,买地券上有“大宋××年”字样①。

墓中石壁浮雕,现存孝行故事图四幅,刻为四石。其一为“杨香打虎”图,石宽0.77米、高0.61米。其二为“董永别妻”图,石宽0.78米、高0.62米。其三为“原谷谏父”图,石宽0.63米、高0.62米。其四为“伯俞泣杖”图,石宽0.5米、高0.6米。四图均刻有长方形内收角边框,其中“伯俞泣杖”一石边框残损甚多。又有大曲演奏图三幅,刻为三石,均有长方形边框,分述如下。

大曲图Ⅰ:共8人,全部为女伎。其中奏乐7人,皆梳高冠髻,着褙子,内着抹胸。中有一人褙子较短,且着双重,内着长裙,有一人下部残缺,另5人褙子长至足面。这是南宋时期妇女服装的特点。程大昌《演繁露》言,褙子“状如单襦袷袄,特其裾加长,直垂至足”即是。各人所执乐器,自左至右为拍板、笛、腰鼓、手鼓、架子鼓、笛、拍板。舞旋一人,裹展脚幞头,着圆领窄袖袍服,以手绞袖,腰束带,正屈膝挥袖作舞。石长1.69米、高0.55米。

大曲图Ⅱ:共8人,全部为女伎。其中奏乐7人,3人头梳双环髻,3人梳高冠髻,发前际皆梳作广额式,另一人头部残损。所着似皆为褙子,然前襟收短,又腰中束带,此为奇异之处。下皆着长裙掩足。各人所执乐器自左至右为三弦、三弦、拍板、笛(右吹)、笛(左吹)、拍板、手鼓。舞旋一人,裹展脚幞头,着交领窄袖袍服,以手绞袖,腰束带,正扭腰扬手作舞。石长1.69米、高0.6米,已残为两截。

大曲图Ⅲ:共8人,皆男性。其中右立5人正在演奏,头裹各色巾式。赵彦卫《云麓漫钞》卷四云,南渡后“巾之制有圆顶、方顶、砖头、琴顶”,于此可以概见。着圆领窄袖袍服,下露足,腰系绦带,带穗或垂于腹前,或挽于腰中。所执乐器,自右至左为笛、拍板、筚篥、手鼓、腰鼓(残)。左立3人。左边一人裹幞头,着圆领四䙆衫,衫角掖入腰带,下着裤,双手捧一方形物,上

① 据王培清告:此墓(?)买地券为木板,比较特殊,上涂有蓝绿色漆,以朱笔书写。发现时已残毁,仅余残片,上有“大宋××年”字样。残片现亦失。

画一圆(似亦为乐器)。另2人道扮,束发不冠,皆着交领袍服,腰束绦带,左者叉手侍立,右者有髯,抄手立,背负一囊状物,似为渔鼓(琴?)。石长1.7米、高0.49米,亦已残为两截。

孝行故事图与大曲演奏图俱已不知出自何墓何室,由伎乐人性别来看,大曲图Ⅰ、Ⅱ可能出自女墓室,图Ⅲ可能出自男墓室。

二、广元南宋墓杂剧、大曲石刻研究

(一)确定杂剧石刻内容的依据

对072医院宋嘉泰四年墓四幅杂剧石刻内容性质的确定,主要基于以下认识:

首先,它们表现的应是演出场景而非生活图景和其他内容。这一点从图Ⅰ、Ⅱ比较容易确认。图Ⅰ2人作表演状,图Ⅱ3人皆手持乐器,侧向图Ⅰ一方,明显在为演出进行伴奏。图Ⅲ、Ⅳ则无特别迹象。但根据广元南宋墓两侧壁石刻装饰内容往往对称的常例,图Ⅲ、Ⅳ所表现的内容亦应是演出场景。另外,图Ⅲ、Ⅳ石刻形象本身也排除了生活场景、孝行图画的可能。图Ⅲ所刻2人作赌气状,与一般墓葬刻绘墓主起居、出行、庖厨等内容皆不合,且2人无主次之分,没有墓主人的标志。有人根据图中的竹子解释为"孟宗哭竹"的故事。按《三国志·吴书·孙皓传》"司空孟仁卒"注引《楚国先贤传》:"宗母嗜笋,冬节将至。时笋尚未生,宗入竹林哀叹,而笋为之出,得以供母,皆以为至孝之所致感。"图像内容显然不合。图Ⅳ表现两个官人对揖,而墓主人由买地券文看仅为一般平民,身份不同。历代孝行故事中似亦无相近内容。

其次,这几幅演出场景图只能是宋杂剧而非他种表演形式。图Ⅲ、Ⅳ很明显都是带有故事情节的表演,人物各有扮饰,彼此进行交流,因而其演出形式应该是戏剧。

图Ⅳ两人对揖的科范，与北京故宫博物院藏南宋杂剧绢画[1]之一的形式相同，只是前者扮为官员，手执笏板，而后者扮为平民罢了。南宋杂剧中以官员为内容的剧目很多，宋张端义《贵耳集》卷下载，宁宗嘉定年间，有“御前杂剧，三个官人：一曰京尹，二曰常州太守，三曰衢州太守。3 人争坐位……”宋末元初周密《武林旧事》卷十所列“官本杂剧段数”中，直接标明与官员有关的即有 19 种，如《思乡早行孤》《睡孤》《双孤惨》等。孤，官也。南宋杂剧里有“装孤”角色，见《都城纪胜》《梦粱录》。明初朱权《太和正音谱》即释“装孤”为“当场妆官者”。上列名目中的《双孤惨》即是表现两个官员之间故事的。直承宋杂剧的金元院本中也有许多以“孤”为题的名目，详见元末陶宗仪所撰《南村辍耕录》卷二十五“院本名目”条。此条中还另外记有《同官不睦》《同官贺授》《官吏不合》三目，一望即知其内容是表现官吏之间事情的。宋杂剧演出多是艺人的即兴创作，四川广元县的民间杂剧演出与杭州宫廷“官本杂剧”的内容不会相同，因而其名目不便臆断，但其内容大致不会出官员行为的范围。

图Ⅰ二人的科范带有舞蹈成分，有人说是“踏摇娘”的演出。踏摇娘，唐代歌舞戏，隋末（一说北齐）起于河朔，唐代教坊入鼓架部，唐人记载多及之。然经过唐末及五代战乱，入宋后史籍绝无记载，此戏已成“广陵散”。历宋朝 200 余年又在巴蜀发现此戏，可能性极小。以图Ⅲ、Ⅳ内容证之，图Ⅰ亦应该是杂剧演出。杂剧中兼司舞蹈，宋人笔记里多有记载，宋代孟元老《东京梦华录》卷七“驾登宝津楼诸军呈百戏”条：“后部乐作，诸军缴队杂剧一段，继而露台弟子杂剧一段，合曲舞旋讫。”在正剧结束后要有一节用器乐伴奏的“舞旋”。杂剧演员有些还能兼司舞蹈。《武林旧事》卷四“乾淳教坊乐部”中杂剧色李泉现、吴兴祐名下皆注称“引兼舞三台”，“引”即杂剧的引戏角色，又兼三台舞，可见这一角色职能与舞蹈有密切关系。事实上我们今天所见宋金墓葬中杂剧砖雕形象，引戏也都作舞蹈状[2]。三台舞为大曲舞蹈，《东京梦华录》卷九“宰执亲王宗室百官入内上寿”条载：“三台舞旋，多是雷

---

① 周贻白：《南宋杂剧的舞台人物形象》，《文物精华》1959 年第 1 期。

② 廖奔：《中州出土北宋戏曲文物论考》，《戏曲研究》第 18 辑。

中庆。……舞曲破攧前一遍,舞者入场。至歇拍,续一人入场,对舞数拍,前舞者退,独后舞者终其曲,谓之舞末。"舞至歇拍,有两人对舞。图Ⅰ石刻内容会不会是大曲舞蹈呢?不会。原因为:其一,图中二人更似在进行表演而不像是舞蹈,偏重于角色间的交流而缺少舞蹈韵致,与大曲舞蹈不类,应属杂剧中的舞姿。这一点参照当时其他出土文物里双人大曲舞姿形象即能看得很清楚①。其二,证以罗家桥宋墓大曲石刻,雕出乐器较多,不像此墓仅3件。尤其是此墓乐器中缺少拍板一项,而大曲舞蹈不可无拍板节拍(详后),因而可作为否定的一个力证。其三,图Ⅲ、Ⅳ内容可作为互证。

(二)确定大曲石刻内容的依据

图Ⅰ、Ⅱ各有7人乐队伴奏,1人作舞蹈表演,可见表现的是舞曲。宋代舞曲有大曲、转踏。大曲之名,始见于后汉蔡邕《女训》。梁人沈约《宋书·乐志》载有大曲名目16种。唐代大曲极盛,西部边地民族乐曲大量输入,扩充了大曲的曲调,见于名目的如【凉州】【伊州】【柘枝】【胡僧破】【突厥三台】【龟兹乐】【醉浑脱】【胡渭州】等。唐代崔令钦《教坊记》载有大曲名目46种。宋代承唐,宋初置教坊,所奏乐凡十八调四十大曲;置云韶部,奏大曲十三;置钧容直,旧奏十六调三十六大曲,嘉祐二年罢十六调,改用教坊十七调。② 大曲为舞曲,宋洪适《盘洲集》里有《句(勾)降黄龙舞》《句(勾)南吕薄媚舞》两篇,为勾大曲舞词。其中,【南吕宫·薄媚】大曲名目见于《宋史·乐志》和《文献通考》乐考十九所载教坊四十大曲中。【降黄龙】大曲名目见宋代张炎《词源》卷下:"如【六么】、如【降黄龙】,皆大曲。"大曲舞式,见于宋代陈旸《乐书》卷一八五"俗部·雅乐·女乐下":"至于优伶常舞大曲,惟一工独进,但以手袖为容、踏足为节。其妙串者,虽风旋鸟骞不逾其速矣。"以陈旸所言对照石刻形象,若合符节:谓"一工独进"者,独舞也。"以手袖为容、踏足为节"者,举手踏足,应合节律也。"风旋鸟骞"者,身体旋转、舞态轻扬也。以此确定图Ⅰ、Ⅱ石刻内容为大曲舞旋。

---

① 如焦作金承安四年(1199)邹瑱墓大曲石刻,见《河南焦作金墓发掘简报》,《文物》1979年第8期。

② 《宋史·乐志十七》,四库全书本。

舞旋时常用双手将袖子撮起，元曲中对此有许多描写。如《太平乐府》卷二载元代孙周卿【双调 · 水仙子】散曲《赠舞女赵杨花》："霓裳一曲锦缠头，杨柳楼心月半钩。玉纤双撮泥金袖，称珍珠络臂鞲。"又元白朴《梧桐雨》杂剧第二折杨贵妃舞《霓裳》，唐明皇唱【鲍老儿】云："双撮得泥金衫袖挽，把月殿里霓裳按。"《霓裳》属大曲中法曲。图Ⅰ、Ⅱ中舞者"以手绞袖"大概即是大曲里"双撮泥金袖"的舞姿。

又，大曲遍数极多，宋代王灼《碧鸡漫志》卷三云："凡大曲有散序、靸、排遍、攧、正攧、入破、虚催、实催、衮遍、歇指、杀衮，始成一曲，谓之'大遍'。……后世就大曲制词者，类从简省，而管弦家又不肯从首至尾吹弹，甚者学不能尽。"宋代沈括《梦溪笔谈》卷五亦举大曲各遍名称，多与上述不同，然亦言："……凡数十解。每解有数迭者，裁截用之，谓之'摘遍'。今之大曲，皆是裁用，非大遍也。"则南宋所奏大曲，已皆是"摘遍"，民间当更为简省，石刻所表现大曲演出可能仅为片断。"大遍"虽多至数十解，但实分三部分：散序、中序、入破。《碧鸡漫志》卷三引白乐天《和元微之霓裳羽衣曲歌》注云："散序六遍无拍，故不舞。中序始有拍，亦名拍序。"《乐书 · 女乐下》云："大曲前缓迭不舞，至入破则羯鼓、震鼓、大鼓与丝竹合作，句拍益急，舞者入场，投节制容，故有催拍、歇拍之异姿，致俯仰百态横出。"图Ⅰ、Ⅱ皆丝竹合作，拍鼓齐鸣，舞者翩翩，当正奏入破后迭。

宋代舞曲尚有转踏（亦名传踏），其演出体制为队舞，前有勾队词，后有放队词，中间以一诗一词交相连接，其词必为【调笑令】。宋代曾慥《乐府雅词》中收有郑仅《调笑转踏》词，其勾队词云："良辰易失，信四者之难并；佳客相逢，实一时之盛会。用陈妙曲，上助清欢。女伴相将，调笑入队。"由"女伴相将，调笑入队"可知，转踏由多人组成舞队，边舞边歌，与大曲"一工独进"的独舞不同（大曲中亦有双人舞、队舞）。因而可以排除罗家桥宋墓石刻内容为转踏的可能。至于有人以为图Ⅰ右半块石面所刻演奏鼓、板、笛三人为唱赚演出,实因未了解原石全貌所致。[①]

图Ⅲ伎乐人亦列8人,其中5人正演奏,3人静待。当为大曲入破之前只奏不舞的场景。图中2人道扮,疑与道调宫法曲有关。法曲亦大曲,曲调及乐器稍有特点。白居易《霓裳羽衣舞歌》自注云:“凡法曲之初,众乐不齐,惟金、石、丝、竹次序发声。”图中老者所负乐器未展,似即因“次序发声”故。

(三)广元戏曲文化发展的历史条件

广元在南宋中期能够产生杂剧、大曲石刻墓,与这一地区的地理条件和文化发展历史有着密切的关系。

广元,唐宋时为利州绵谷县,地处巴西,据于剑阁之北、汉中之南,入蜀栈道由此经过,为秦蜀交通要途。元代李祖仁《广元路复行古道记》曰:“古今皆循千佛崖以行。”[②]千佛崖,北去广元市5千米,造于嘉陵江东岸崖壁上。广元扼川蜀咽喉,为战略要地,历来为兵家所重。明代曹学佺《蜀中广记》卷二十四曰:“广元蜀口,古今所必争之地。”清代顾祖禹《读史方舆纪要》卷六十八论广元形势曰:“然广元一邑,实当蜀口,前界关表(谓阳平关——原注),后据剑北。自南北朝以来,建郡设州,以为咽喉要路。秦蜀有事,此其必争之所。”广元实为川蜀与关中陆路交通的重镇。

唐代乐舞极盛,其兴盛中心在国都长安及其周围关中地区。长安之外,一些经济文化繁荣地区的重要城镇,亦成为乐舞歌伎集中繁衍之地,西蜀益

---

① 参见《音乐探索》1985年第1期《四川省广元县罗家桥一、二号墓伎乐石雕的研究》一文。按:原石在搬运中折断,而镶嵌于皇泽寺石廊时又错与他石对接,故令人误解。然依据原石尺寸及人物造型,极易辨认。又此文认为唱赚中歌者非执拍板者而为击鼓者,误。唱者自执拍板伴奏,是当时惯例。如宋代张唐英《蜀梼杌》载:“三月上巳,王衍宴怡神亭,衍自执板唱【霓裳羽衣】【后庭花】【思越人】曲。”又《碧鸡漫志》引《洞微志》:“五代时,齐州章丘北村任六郎……多唱异曲。八月望夜,待月私第,六郎执板大噪一曲,有水鸟野雀数百,集其屋舍,倾听自造。”又宋元话本《菩萨蛮》:“那新荷姐……手拿象板,立于筵前唱起……”又《都城纪胜》:“唱叫、小唱,谓执板唱慢曲、曲破,大率重起轻杀,故曰浅斟低唱,与四十大曲舞旋为一体。”皆为执板自唱例。又出土文物中亦有见,如禹县白沙颍东二号宋墓西南壁壁画,恰绘一团冠高髻女子手执拍板、轻启朱唇唱曲(见宿白:《白沙宋墓》,文物出版社1957年版)。

② 参见乾隆二十二年刻《广元县志》卷十三下“艺文记”。

州(成都)即其中之一。唐代卢求《成都记序》称:"大凡今之推名镇为天下第一者,曰扬、益。以扬为首,盖声势也。(益州)人物繁盛,悉皆土著,江山之秀,罗锦之丽,管弦歌舞之多,伎巧百工之富……熟较其要妙,扬不足以侔其半。"推举益州"管弦歌舞之多"在扬州之上。唐文宗太和三年(829)十二月,"南蛮军陷成都"①,"共掠九千人,成都郭下成都、华阳两县只有八十人,其中一人是子女锦锦,杂剧丈夫两人,医眼太秦僧一人,余并是寻常百姓,并非工巧"②。"子女锦锦""杂剧丈夫"就是"管弦歌舞"之人。唐代蜀中歌舞戏剧演出繁盛,史料里多有记载,其种类有弄参军、弄假妇人、傀儡戏、歌舞戏等,其名目有《刘辟责买》《麦秀两歧》《灌口神队》等。蜀中这种戏曲文化活动与长安时有交流,唐代段安节《乐府杂录》"俳优"条载:"弄假妇人……僖宗幸蜀时,戏中有刘真者,尤能,后乃随驾入京,籍于教坊。"这是蜀中演员进入京城例。五代时期孙光宪《北梦琐言》卷六载:"唐昭宗劫迁,百官荡析。有琵琶石潨者……乱后入蜀,不隶乐籍,多游诸大官家。"这是京都教坊艺人流入蜀中例。另外,如元代费著的《岁华纪丽谱》云:"旧记称:唐明皇上元京师放灯,灯甚盛。叶法善曰:'成都灯亦盛。'遂引帝至成都市,市酒于富春坊。"虽然是传说,但也反映了长安与成都之间民间文化活动的交流。这种交流的路途,必须经由广元。广元处于两大戏曲文化繁盛地区之间,自然受到极大的影响,广元本地的戏曲文化因而趋于繁荣。

五代时期,藩镇割据,广元基本上划归蜀政权的政治、军事和文化范围,而与关中隔绝。与中原屡经战火相比,蜀地相对安定,经济文化得到发展。统治者偏安一隅,醉舞酣歌,客观上促进了戏曲文化的兴盛。前蜀王建,起于利州刺史,以广元为基地,逐渐取得全蜀的霸业。王建喜好歌舞俳优,史籍曾有王建令俳优作剧戏诮降将李继密事。③ 王建死后,他的墓棺座基浮雕出完整庞大的宴乐乐队④,显示出蜀政权乐舞机构的发达。又,王建假子王

① 《旧唐书·文宗纪》,四库全书本。

② 《李文饶文集》卷十二"第二状奉更商量奏来者",四部丛刊本。

③ 参见《资治通鉴》卷二六三,四库全书本。

④ 杨有润:《王建墓石刻》,《文物参考资料》1955年第3期。

宗侃曾拒任维州司户参军,称:"谁能作此措大官,使俳优弄为参军耶?"[①]反映了参军戏盛行对时人心理的影响。王衍继位,亦屡演宫戏。[②] 后蜀孟昶时期,优戏兴盛,史载有广政元年(938),孟昶宴从官于成都玉溪院,"俳优以王衍为戏";广政三年(940),蜀政权教坊部头孙廷英、王彦洪在宴日"持杖为俳优"等[③]。宋太祖伐蜀时,孟昶之子孟玄喆发兵抵敌,"但携姬妾、乐器及伶人数十辈,晨夜嬉戏,不恤军政"[④]。宋初设立教坊机构,其乐人来源以西蜀为多,尤能反映蜀地戏乐之盛。《文献通考》卷一四六载:"(宋)平荆南得乐工三十二人,平西川得一百三十九人,平江南得一十六人,平太原得一十九人,余藩臣所贡者八十三人,又太宗藩邸有七十一人,由是四方执艺之精者皆在籍中。"广元既处于蜀文化圈中,又是蜀政权所重视的军事门户,可以想见当地的戏曲文化直接受到成都影响而发展的情况。

北宋建都汴京,戏曲文化中心东移至中州一带,宋代戏剧歌舞在汴京及其周围地区盛极一时。仁宗朝以后,汴京杂剧开始在勾栏中兴盛,并随之沿商业通道向他处商埠流播[⑤],其中最重要的一支,可能由汴京经西京洛阳到达关中地区,进而与蜀地戏曲文化发生交流。北宋时蜀地仍为西南戏剧演出中心,宋代庄季裕《鸡肋编》卷上载有北宋末成都演戏情况:"成都自上元至四月十八日,游赏几无虚辰。使宅后圃名西园,春时纵人行乐。初开园日,酒坊两户各求优人之善者较艺于府会。……自旦至暮,惟杂戏一色。""自旦至暮"整日演出,其盛况可以概见。中州、关中与川蜀的戏曲文化联系,当仍以广元作为中介。

宋金绍兴议和后,大散关以北为金国所据有,广元又成为南宋的西北屏障。南宋戏剧演出中心首先是杭州,其次是成都。南宋成都杂剧演出达到了很高的水平,并出现了一批著名的演员,当时一些文人在笔记里往往对此有着专门记载。周密《齐东野语》卷十三记录了一组蜀优活动事迹,即对成

---

① 〔宋〕胡仔:《苕溪渔隐丛话》后十六,四库备要本。

② 《五代史记·毛璋传》,知不足斋丛书本。

③ 〔宋〕张唐英:《蜀梼杌》,四库全书本。

④ 《宋史·西蜀孟氏世家》,四库全书本。

⑤ 参见廖奔:《宋元北方杂剧发展序列的历史沉积》,《戏曲研究》第19辑。

都艺人大加赞赏，其言曰："蜀优尤能涉猎古今，援引经史，以佐口吻，资笑谈。……有袁三者，名尤著。"并记载了这些艺人的一些成功演出。宋代岳珂《桯史》卷十三亦言："蜀伶多能文，俳语率杂以经史，凡制帅幕府之燕集多用之。"蜀地艺人有较高的文化修养，这与当地深厚的戏曲文化传统是分不开的。广元一邑在蜀地戏剧的长期浸染下，能够产生反映杂剧、大曲演出的石刻墓，就是十分自然的了。

（四）广元杂剧、大曲石刻发现对于戏曲史研究的意义

北宋戏曲文物的出土集中在中州地区，表明当时戏曲文化在以汴京为中心的范域内兴盛发展。南宋时期，北方戏曲文物的集中发生地区北移到山西南部，这就标示出一个变化，即北方戏曲活动中心已经转移到了金国统治下的河东一带。当时南方的戏曲活动亦极其繁盛，然而久未见有典型的戏曲文物出土，这大概与南方的丧葬习惯以及地势低、气候潮湿不易保存的地理条件有关。在这种情况下，广元南宋戏曲文物的发现就弥足珍贵了。它虽然不能代表南宋戏曲演出中心杭州的水平，亦非蜀郡成都戏曲发展程度的直接反映，但毕竟为研究南宋戏曲提供了一批可贵的实物资料。

广元在南宋的版图上处于西北一角，其北有大金，西有吐蕃，临近国界。然而在距靖康之变80年、绍兴和议60年后，长期处于宋金边境的战备形势下，当地仍然保存并发展了戏曲文化，这反映了中国戏曲已经日益成熟的历史趋势。

广元杂剧石刻墓建造于南宋嘉泰四年（1204），亦即金朝泰和四年，其时金国所辖河东地区的杂剧文物，在考古发掘中已见成批出现。今知建于金大定、泰和间（1161—1208）的杂剧雕砖墓已发现十余座[①]。著名的山西侯马董玘坚砖雕杂剧戏台模型墓则建造于泰和年号之后的大安二年（1210）[②]，可见其时亦正值金代杂剧的繁盛时期。广元石刻与山西南部杂剧雕砖墓遥遥相对，分别反映了同时期中国南方与北方杂剧的发展情况。

① 参见廖奔：《宋元北方杂剧发展序列的历史沉积》，《戏曲研究》第19辑。

② 山西省文管会侯马工作站：《侯马金代董氏墓介绍》，《文物》1959年第6期。

将二者作一比较,可以发现,晋南金墓杂剧雕砖所雕场景往往是杂剧全部角色的排列展示,人数较多,角色齐全,这是对北宋中州墓葬杂剧雕砖形式的继承。广元石刻则雕出杂剧作场的情景,而每场仅雕出两个上场人物,其形式与南宋绢画杂剧作场图相似。南宋杂剧演出一场分为三段:艳段、正杂剧、后散段[①],绢画所绘《眼药酸》图即为正杂剧段子。而广元四幅杂剧石刻除一幅为乐队外,其余三幅极有可能表现了杂剧的三段演出。当然不是说杂剧每一段只限定两个角色出场,从南宋杂剧演出载录来看,同场演员有多到六七人的[②],选择角色少的场面可能仅仅为便于石刻表现。金代中期杂剧正处于向北曲杂剧过渡时期,因而其雕砖形象更接近于洪洞明应王殿元杂剧作场壁画[③]。

广元南宋墓葬大曲石刻的发现,证明了"简省"之后的大曲已达到极其普及的程度,因而在偏远州县的平民墓葬中才能出现厅堂演出场面的刻石[④]。而广元大曲与杂剧石刻的同时出现,展示了宋杂剧与大曲实现综合的社会条件。周密《武林旧事》卷十"官本杂剧段数"条所载 280 种杂剧名目中,很多都配有大曲曲名,如《莺莺六么》《裴少俊伊州》《郑生遇龙女薄媚》等,可见这些杂剧是用大曲来伴奏甚或演唱的。据王国维统计,其数量共有 103 种[⑤]。而杂剧与大曲的综合是在长期共同演出过程中实现的。根据《东京梦华录》和《武林旧事》,可知宫廷宴乐里杂剧与大曲为交互演出,民间的情况则缺乏材料。广元杂剧与大曲石刻,使人们看到了两种表演艺术的共同发展。

(原载《文物》1986 年第 12 期)

---

① 参见〔宋〕灌圃耐得翁《都城纪胜》、吴自牧《梦粱录》。

② 如《桯史》卷十三所载《钻遂改》杂剧上场七人,《齐东野语》卷十三所载《钻弥远》杂剧上场六人。

③ 参见《中国大百科全书·戏曲曲艺卷》图版八,北京:中国大百科全书出版社,1983 年。

④ 罗家桥大曲石刻墓虽墓主身份不明,但由 072 医院墓及当地其他同类墓葬推测,亦应为平民墓。其大曲石刻所反映场景,应是墓主家中奏乐的情况,当然场景可能有所夸大。

⑤ 参见王国维:《宋元戏曲考》五"宋官本杂剧段数"。

河南洛宁上村宋金社火杂剧砖雕叙考①

河南省洛宁县文化馆藏有三组人物砖雕,系 1973 年出土于该县小界乡上村两座砖墓中。两墓相距 10 米左右,当时已被拆毁。从砖雕色质、雕刻技法、人物服饰以及人物表演形象诸因素看,应是宋金遗物。三组砖雕表现了社火百戏和杂剧演出的内容,具有民俗学和戏曲史学的研究价值。现分述如下。

一、社火杂剧砖雕

社火杂剧砖雕共 8 块。皆约高 31 厘米、宽 28 厘米、厚 4.9 厘米。各凸面浮雕双人形象,皆作表演状。

砖一,前雕一人作女子装束。头上盖有织物,似盖头。身着褙子长至膝,内套长衫,下着裤,鞋上有翘尖。双手绞袖交臂于前。后雕一人,幞头诨裹,着短衫、长裤,双手擎一罗伞于前人脑后。

两人当正在表演宋金社火中的"乔宅眷""乔做亲"一类节目。此类节目在宋人著作《梦粱录》《繁胜录》等书中常见记载。"乔"者,假也,以男性扮为女性,扭捏作态,故作娇羞,称之为"乔宅眷"。宋人周密《武林旧事》卷二描述临安民间元宵社火舞队中,即有"装宅眷笼灯,前引珠翠,盛饰少年尾其后,诃殿而来,卒然遇之,不辨真伪"。其演出目的在于滑稽调弄"以资一笑"。其表演渊源当由隋唐"弄假妇人"承袭而来。此砖所雕女子"乔"的迹

① 本文原与杨建民一起具名发表。

象亦很明显，盖盖头作伪装，裙下露裤，大脚着弓鞋，都是乔装的痕迹。

一人作妇人舞于前，一人撑罗伞尾于后的表演形象，在宋元文物中时常见到。南宋朱玉《灯戏图》所绘社火舞队行列中，即有与此极其相似的一例形象。山西省新绛县南范庄、吴岭庄两座金元墓葬中，亦皆有此类形象的砖雕。文献记载和文物资料互证，可以看出宋元时期在南北中国的广大地域内，民间都盛行这种乔装妇人以图嬉闹的社火舞蹈。

砖二，雕二人作相同装束，皆着短衣、长裤，各双手抱持一面大锣，左手持槌敲击，二人相向而舞，脑后各有长物垂下。

考宋人孟元老《东京梦华录》卷七描写暮春三月汴京诸军演出百戏，有“抱锣”一项，其情景为：“有假面披发，口吐狼牙烟火，如鬼神状者上场，着青帖金花短后之衣，帖金皂裤，跣足携大铜锣，随身步舞而进退，谓之抱锣。”诸军百戏与民间社火多有类同之处，皆由各类杂耍技艺、扮饰表演组成。其实二者是不可分开的，只是前者更加正规化，并且多一些战阵格刺表演罢了。因此，此砖雕形象，或即与上述“携大铜锣，随身步舞而进退”的“抱锣”表演属于一类。至于引文所说“假面披发”而装鬼，在砖雕上看不出来，但此二人既非如前一块砖雕的装假妇人，脑后所垂就一定不是盖头，笔者颇疑此即为装鬼的“披发”。当时人装鬼的一个习惯就是戴上红头发，这在南宋南戏剧本《张协状元》里有描写。其第十二出①，旦骂丑三分像人，七分像鬼，丑说：“我像鬼！鬼头发须红。”装鬼者的红头发是长长的披着的，所以该剧第十九出贫女剪下长发卖给李大婆，李大婆打诨说黑头发不好，想要红色的，李大公就说：“你要装鬼。”此砖雕二人或许即是在表演“抱锣装鬼”，因而戴上了红色假发，只是砖雕颜色不好辨认罢了。

抱锣而舞的形象，在山西新绛县南范庄金墓社火砖雕中曾出现。但这组社火砖雕是雕作儿童舞蹈，没有披发装鬼的形象。

砖三，左雕一人与上述抱锣者装束相同，脑后亦披物，双手握持一物，似刀或棒槌之类。此人或正在表演“掉刀装鬼”。这一演出项目名称见于《东京梦华录》卷八关于祭神社火内容的记载。又该书卷七所载诸军百戏中还

① 据钱南扬《永乐大典戏文三种校注》本分出，北京：中华书局，1979 年。

有“硬鬼”表演,似与此亦有关:“有面涂青绿,戴面具金睛,饰以豹皮锦绣看带之类,谓之硬鬼。或执刀斧,或执杵棒之类,作脚步蘸立,为驱捉视听之状。”“掉刀装鬼”和“硬鬼”都有两个特点,一是装成鬼状,二是手持刀斧杵棒而表演。砖雕形象与之似乎相合。

《梦粱录》所记社火表演项目中又有“掉刀鲍老”,《武林旧事》中有“斫刀鲍老”,《繁胜录》中有“神鬼听(“听”应为“斫”之误)刀”,都是这一类节目。舞鲍老是一种民间滑稽舞蹈,唐时即已出现。据明代金木散人《鼓掌绝尘》所说,小儿跳鲍老要“戴鬼脸”。鲍老的跳法今已不可详知,明版《水浒传》第三十二回描写宋江在青风镇看跳鲍老,也只说“那跳鲍老的身躯扭得村村势势的,宋江看了呵呵大笑”,从中只能知道跳鲍老是滑稽身段。但书中此处插图,绘一老者与一儿童,二人各手持棒槌状物表演,与此砖雕形象极像。因此,所谓“掉刀鲍老”之类,大概和“掉刀装鬼”属相似表演,其演出形象即是此砖雕形象一类。

此砖右侧雕另一人,着长袍,左手挥一扇至右肩,右手甩袖而舞。当为社火中另一滑稽舞蹈。宋金时期执扇舞蹈的文物形象屡有发现,但都是属于杂剧表演中的特定戏剧角色的舞蹈,其舞姿却都与此相近。此处或许为社火中模仿杂剧舞蹈以调笑亦未可知。从这一演员面部表情诙谐夸张,也可看出其所追求的效果。是否脸上戴有面具,则不能肯定了。

砖四,雕二人扮饰、动作一致,皆裹幞头,着圆领长袍束带,双手绞袖,左手高扬,右手甩至腹前作舞蹈状。此类形象在宋元文物中初次见到,表演内容尚不详。

砖五,雕二滑稽人物,面部表情皆夸张。左一人着短袍,双手拢袖至胸前。右一人着圆领长袍,左手握一短棒,右手曲袖甩向左面之人。所雕当为杂剧角色副净副末,二人表情交流,正在演出杂剧段子。右一人所执短棒,当即为杂剧道具“皮棒槌”。此人角色为副末,与对方副净调侃,最后用“皮棒槌”击打对方脑袋以发科。

砖六,右侧雕一官员,着圆领大袖长袍,双手执笏。左侧雕一皂吏,着公服,叉手而立。两人同面向一侧观望。此二人亦当为杂剧角色,是宋元杂剧文物中最为常见的形象。

砖七,左雕一人戴尖顶冠,着短袍,双手绞袖合十于胸前,向左前方出大跨步。此人亦似一杂剧人物,所戴尖顶冠,在宋元杂剧文物形象中亦屡见,非生活常服,当为杂剧表演中用来增加诙谐气氛的。右雕一人着小袖长袍束带,双手握笛横吹,为社火演出中的伴奏者。

砖八,与第七块砖为同模所制,二者完全一样。

这一组社火杂剧雕砖,构图稚拙,雕法质朴,可能出自当地民间工匠之手。虽然观赏价值并不很大,但保存完好,具有重要的文物价值。尤其是把社火表演与杂剧表演混合在一起雕出,使我们看到当时民间的一种演出惯例。《东京梦华录》卷七描写汴京百戏表演,其中即有杂剧混杂于内。元明无名氏杂剧《王矮虎大闹东平府》第三折描写民间社会活动,亦是戏剧与百戏并行,引如下:

> 外扮社头云:自家东平府在城社头。时逢稔岁,岁遇上元,在城内鼓楼下作一个元宵社会。数日前出了花招告示。俺这社会,端的有驰名的散乐,善舞的歌工,做几段笑乐院本,搬演些节义戏文。更有那鱼跃于渊的筋斗,惊眼惊心的百戏……

这种戏剧与杂技、把戏合演的方式,能够增加热闹红火的气氛,故为民间所欢迎,而在墓葬雕刻中也体现出来。

二、杂剧砖雕

杂剧砖雕共 3 块。其中较为完整的约高 47 厘米、宽 23 厘米、厚 6 厘米。各凸面浮雕一个角色形象,其中两块略有剔地。

砖一,雕一挥扇而舞的演员形象。裹双脚上翘幞头,着圆领小袖长袍,腰束帛带,右手挥扇至左肩,左手甩至腰间,双腿屈曲作舞蹈状。这是宋金杂剧中典型的引戏角色舞蹈,出土文物中有许多极相类似的身段。

砖二,雕一演员裹花脚幞头,着圆领小袖长袍,束带,登靴,叉手而立。腰后插一露出半面的扇子。这类形象一般为末色,属打诨的角色。故宫博物院藏两幅南宋杂剧绢画中,其一绘一女子腰后插扇,上书“末色”二字,其二绘一老者亦腰后插扇,上书“诨”字,可证。

砖三,砖已残,存上部,雕一演员裹簪大朵叶子花幞头,裸右肩,右手拇、食二指撮入口中打呼哨,为副净色。副净色打呼哨的文物形象亦极普遍。

这一组杂剧砖雕,造型优美,雕刻细致入微,形象栩栩如生,具有很高的审美价值。它们反映了墓葬砖雕造型艺术的成熟,技法与山西省稷山县马村金墓出土砖雕接近[①],当为盛金时期作品。人物服饰也为这一断代提供了充分的证据,三块雕砖人物的幞头都是曲型金式,尤其第三块簪大朵叶子花的形象,只见于金墓。在黄河南岸发现技法纯熟的金代杂剧砖雕,这还是第一次。

三、伎乐砖雕

伎乐砖雕共 4 块,传与上述杂剧砖雕为一墓所出,规格与之大约相等。然而砖质远较前者疏松,风化剥落严重。雕刻技法亦有差异,前者为半圆凸面高浮雕,后者为半凸面浮雕。

这组砖雕各雕一乐伎奏乐,皆着圆领长袍束带,手执兵器,面侧向右方而演奏。其所执掌乐器分别为:筚篥一,杖鼓一,平面鼓一,另一裹展脚幞头、着大袖袍者所执已不辨,似亦为筚篥。此组砖雕若确与上一组杂剧雕砖同出一墓,则所雕当为杂剧演出的伴奏乐队。

洛宁县社火、杂剧砖雕的发现,使我们加深了对宋金时期民间戏剧活动情况的了解。洛宁地处洛河之滨,东距洛阳 90 千米,在这里出现戏剧砖雕,再一次补充印证了笔者关于北宋杂剧在两京(汴京、洛阳)地带漫延流播的推论[②]。金代戏剧砖雕则迄今只在太行、王屋山与黄河的夹角地带焦作、沁阳等地发现,跨越至黄河南岸还是首次显露,这就扩大了金代晋南地区戏剧砖雕墓群的声势。

洛宁县夹在崤山与熊耳山之间,地狭民贫,据乾隆五十五年《永宁县志》

① 杨富斗:《山西稷山金墓发掘简报》,《文物》1983 年第 1 期。

② 廖奔:《宋元北方杂剧发展序列的历史沉积》,《戏曲研究》第 19 辑。

(永宁即今洛宁)描述,“永之为邑才有百里,而山据其什之七。其车可方轨、马可驰骤者不逾四十里,横计之仅五里许,河身迁徙又荡其半,余不加三里”;其民“极食粗淡,器具牢朴”。尽管如此,当地风俗却是“婿家罄产丧葬事佛”,因而民间在墓葬装饰中仍是极力铺张,精雕细刻。上面提到3块杂剧砖雕与晋南金墓砖雕手法接近,达到极为纯熟的水平,这在“器具牢朴”的洛宁城内确实是极难得的。当地对于戏剧活动以及墓葬建筑雕饰的重视,由此可见一斑。

(原载《文物》1989年第2期)

北宋杂剧艺人肖像雕砖考

北宋末期,杂剧演出在中原大地普及,成为民间热衷一时的文艺活动。流风所及,当时中原地区盛行的仿木结构砖雕墓葬中,亦以之作为重要装饰对象,因而杂剧雕砖时见出土。其中,杂剧艺人肖像雕砖的发现尤令世人瞩目。

最早发现的宋杂剧艺人肖像雕砖,是传出土于河南省偃师市宋墓的"丁都赛"雕砖,原为私人收藏物(定海方若旧藏),珍为秘宝,一向未见著录,中华人民共和国成立后被中国历史博物馆收归国有。2014 年 4 月 12 日,郑州市华夏文化艺术博物馆李宝宗先生从郑州古玩市场地摊发现并收购同类雕砖 4 块,为汴京宋杂剧艺人"丁都赛""薛子小""杨揔惜""凹敛儿"的肖像雕砖,据卖家说出土于河南省温县,经上海博物馆热释光测定年代为北宋末①。

一、北宋杂剧艺人雕砖形象

"丁都赛"4 砖,约高 26.4 厘米、宽 9 厘米、厚 1.5 厘米,砖色青灰,砖质细密。砖面各平面浅浮雕一杂剧人物全身画像,上部一侧凸地印章状长方框内正楷阴刻演员艺名。4 人统一着艺人装,头裹幞头簪花枝,身着补子圆领小袖开衩长衫,腰系锦带,下穿钓敦袜裤,脚着筒靴。又各自按照角色类型,对装扮进行特殊处理,并各执独特道具,做出角色表演身姿。

① 文化部文物保护技术上海检测站——上海博物馆文物保护与考古科学实验室(编号 SB998、SB999)2014 年 6 月 18 日对此 4 砖做出的热释光年代测定报告(040 号)结论是:"使用标准细粒技术或前剂量技术测定该样品烧制年代为:距今 1000±100 年。"

4位杂剧艺人姓名,3人见于宋人笔记孟元老《东京梦华录》。该书卷七"驾登宝津楼诸军呈百戏"条记述上巳节时,皇帝率群臣登汴京宝津楼,观看楼前百戏表演,其中节目有"露台弟子杂剧一段——是时弟子萧住儿、丁都赛、薛子大、薛子小、杨总惜、崔上寿之辈,后来者不足数"。提到的杂剧"弟子"中,有"丁都赛、薛子小、杨总惜"之名。"薛子小、杨总惜"二人名字又见于同书卷五"京瓦伎艺"条,该处记载"崇、观以来"在汴京瓦舍勾栏里进行商业演出的杂剧演员,有"教坊减罢并温习张翠盖、张成,弟子薛子大、薛子小、俏枝儿、杨总惜、周寿、奴称心等"。"崇、观以来"是指北宋崇宁、大观以来。从该书自序还知道,孟元老所记均为北宋末期宋徽宗崇宁至宣和年间(1102—1125)之事,所以"丁都赛"等在汴京演出应该是在这段时间内。平时在市井勾栏瓦舍里撑台,节庆时又能演出于皇帝御驾之前,"丁都赛"等人应该都是当时汴京的当红民间杂剧艺人。

从雕砖人物造型和装扮看,4人系按照当时墓葬杂剧雕砖惯例,一字排列镶嵌,而分别承担了一个角色身份。南宋灌圃耐得翁《都城纪胜》说:"杂剧中末泥为长,每四人或五人为一场……末泥色主张,引戏色分付,付净色发乔,副末色打诨,又或添一人装孤。"所以当时墓葬雕砖多为四五人一组的角色形象。此4人中,"杨揔惜"为末泥,"丁都赛"为引戏,"薛子小"为副末,"凹敛儿"为副净。末泥是戏头,负责安排、调度杂剧的演出,上场念颂诗词歌赋,通常手持竹竿、榾柮等物。"杨揔惜"右手持竹竿,左手置胸前,似恰作"主张"状。引戏担任杂剧开场舞蹈的职能,然后"分付"其他角色上场。其形象特征是通常携带团扇以备舞蹈使用,例如温县前东南王村宋墓杂剧砖雕引戏即在持扇舞蹈①。"丁都赛"腰插团扇,作叉手祇揖状,可理解为正在进行"分付"。副净是杂剧中的滑稽角色,其表演特征是"发乔",亦即装疯卖傻、献笑供谄以逗乐。明初汤舜民《新建构栏教坊求赞》散曲描绘其形象特征是:"付净色腆嚣庞张怪脸发乔科啮冷诨立木形骸与世违。"②就是说,副净色在颜面、形体等各方面都表现出怪异滑稽来。"凹敛儿"即"凹脸

① 参见廖奔:《温县宋墓杂剧雕砖考》,《文物》1984年第8期。

② 隋树森编:《全元散曲》下册,北京:中华书局,1964年,第1494页。

儿”,其艺名或许因凹形脸而生,“凹敛儿”因而是一个天生表演副净的材料。他身穿赭衣,腰插葫芦形扇(扇子亦是副净常用道具,通常开裂或异形),脚作丁字舞步,叉手回看,姿态恰与偃师酒流沟宋墓雕砖打唿哨副净相同[①]。副末系与副净配对的滑稽角色,执掌在杂剧表演中“打诨”,即于副净装疯卖傻的时候,在旁边对他进行讽刺嘲笑,同时用木板、皮棒槌等道具击打其脑袋以制造喜剧效果。“薛子小”右手持典型的副末道具“皮棒槌”,左手拇、食指分开作数落状,角色特征明显。

与当时墓葬杂剧雕砖不同的是,此4砖所雕是真实的杂剧艺人肖像,甚至是京城当红的演员,而不是通常仅为角色形象,因而具有实指的价值,体现了中原民众的“追星”风习。将观众热爱的杂剧艺人肖像雕造于砖面,镶嵌于墓壁,永远陪侍于墓主,这恐怕是艺人本人所始料未及的。

中州宋墓雕砖经常是同模制造。例如前后发现的两块“丁都赛”雕砖即为同模所制。而首块“丁都赛”雕砖藏者定海方若,同时还藏有另外四块仕女雕砖,内容为烫酒、涤器、斫脍及结发,传系偃师同墓所出[②];1959年于偃师酒流沟水库宋墓中另出土有杂剧和仕女雕砖[③],其中一方仕女斫脍砖,与方若旧藏也是同模烧造。偃师酒流沟水库宋墓杂剧雕砖,与洛阳关林宋墓杂剧雕砖[④]同模,偃师酒流沟水库宋墓乐队和庖厨雕砖,又与温县前东南王村宋墓雕砖[⑤]同模。所谓“同模”,指雕砖根据同一模子制出,推测应该是先用模子模压成型,然后用刀雕刻细部而成。这些说明,当时民间烧造墓葬装饰雕砖时,使用通用的模子。

这些同模的杂剧和仕女雕砖皆造型美观得体,构图精致细密,刀法遒劲纯熟,衣饰线条流畅,人物个个毫发毕现、情态传神,具有极高的艺术价值和审美价值。因而模子似不出自一般民间画匠之手,或者竟是将某个

① 参见董祥:《偃师县酒流沟水库宋墓》,《文物》1959年第9期;徐苹芳:《宋代的杂剧雕砖》,《文物》1960年第5期。

② 参见石志廉:《北宋妇女画像砖》,《文物》1979年第3期。

③ 参见董祥:《偃师县酒流沟水库宋墓》,《文物》1959年第9期;徐苹芳:《宋代的杂剧雕砖》,《文物》1960年第5期。

④ 参见张瑾等:《洛阳洛龙区关林庙宋代砖雕墓发掘简报》,《文物》2011年第8期。

⑤ 参见廖奔:《温县宋墓杂剧雕砖考》,《文物》1984年第8期。

名画师的作品取来模勒成型。知名画师为文化名人绘制肖像,或是描绘生活中的人物图像,被民间用于墓葬雕刻的画范。于是我们也就可以理解了,为什么在偃师市、温县的乡间墓葬里,能够看到汴京著名杂剧艺人的肖像雕砖。

二、宋金杂剧的兴盛与中原杂剧砖雕墓葬的盛行

汴京杂剧艺人肖像雕砖在中原地区墓葬中的出现,以及用宋杂剧砖雕装饰墓葬风习的流行,是杂剧演出在中原民间盛行的反映。

仁宗朝以后,经过几十年的休养生息,北宋社会经济文化出现了历史性的繁荣,杂剧在这种基础上迅速发展起来,在徽宗时期达到了大盛。其时汴京已经成为一座东方最大的游艺场,杂剧则是其中最为活跃的表演艺术。在瓦子中的各个勾栏棚里,平日都有"富工""闲人"在游荡,往往聚集数千人观看杂剧以及各种技艺表演。除了日常性的演出,一年中还有许多大的节日庆祝活动如元宵、上巳、中元和皇帝诞辰、神祇生日等,届时勾栏露台弟子与教坊、军中以及开封府衙的演员一起在人烟稠密、交通要闹处临时扎架搭建的露台上演出杂剧百戏,引起众人聚观、城市空巷。作为民间艺术,杂剧演出又顺着水陆通道以汴梁为中心向外辐射,在中州一带形成了一个主要流播区域。

将杂剧普及到各地的主要是民间路岐艺人的活动。路岐艺人是那些"不入勾栏,只在要闹宽阔处作场"[①]的戏班。宋人周南《山房集》卷四《刘先生传》中就描写到这样一个杂剧班子的演出情况:"每会聚之冲、阛阓之市、官府厅事之旁、迎神之所,画为场,资旁观者笑之,自一钱以上皆取焉。"宋人周密《武林旧事》卷六说他们是"艺之次者"。他们在一座城市站不住脚,就向另一座城市流动,或向农村寻求发展,因而横跨数州四处卖艺。苏轼有诗云:"俯仰东西阅数州,老于歧路岂伶优。"[②]就借当时艺

① 〔宋〕周密:《武林旧事》卷六,四库全书本。

② 《苏轼诗集》卷十一《次韵周开祖长官见寄》,北京:中华书局,1982 年。

人们一生奔波、千里风尘的生活来比喻仕途的艰辛。而荥阳市东槐西村出土北宋石棺雕刻的夫妇宴饮观看杂剧图[①],则是宋杂剧在民间供宴演出的一个形象实证。

与宋杂剧发展轨迹和流行地域重合,北宋中期以后,结构复杂的仿木结构砖雕墓葬集中出现于中州地区。这类墓葬,结构模仿现实房屋木建筑的形制,在墓壁上用砖雕造出精细的立柱、额枋、斗拱、藻井、板门、直棂窗、雕花格子门、桌、椅、屏风、花卉等,形制豪华而雕砌,工艺精致而细密。墓中往往雕刻出墓主人神主,并配以杂剧、大曲舞蹈、小唱、说唱、社火装扮等演出场面,形成此类墓葬极其鲜明的特色,其水准和内容在中国墓葬史上可以说是空前绝后。

墓葬装饰内容的一般做法,是将乐舞作场的情景,绘图模勒,制为雕砖,于修砌墓葬时根据需要镶嵌入墓壁的不同部位,使之完成特定的使命。例如杂剧砖雕通常装饰在与墓主人神主位置相对的墓壁上,使之成为墓主人的观看对象。而整个墓室结构的组合,又成为人世间厅堂演出场面的象征性环境,构成一个完整的家庭演出的立体空间。杂剧壁画的位置与杂剧砖雕相同。

这些杂剧文物出土墓葬的墓主身份都是平民,大多属于乡村土财主和富商之类人,墓葬装饰反映了他们生前的生活情况。而只有当杂剧已经成为一种为人所熟悉、所乐于欣赏的娱乐方式,才可能被容许进入墓葬为冥府中的墓主人服务,说明了杂剧日常演出在这一带的盛行。值得注意的是,政和、宣和年间(1111—1125)汴京勾栏中的杂剧名角"丁都赛"等人的形象,被模勒写刻在雕砖上,镶嵌于三四百里之外偃师市民间墓葬的墓壁上,尤为显示了其在中州一带所产生的巨大影响。

既然这些雕砖构图是在绘画的基础上进行加工的,汴京宫廷画院和当时民间的大量画士、画工的作品可能是其画范的来源。突出的例子是河南省温县前东南王村宋墓雕砖[②]和洛阳关林宋墓雕砖[③],乐部和乐人服

---

① 吕品:《河南荥阳北宋石棺线画考》,《中原文物》1983 年第 4 期。

② 参见廖奔:《温县宋墓杂剧雕砖考》,《文物》1984 年第 8 期。

③ 参见张瑾等:《洛阳洛龙区关林庙宋代砖雕墓发掘简报》,《文物》2011 年第 8 期。

饰多作宫廷乐人状,其画范很可能就是当时的宫廷院画。至于墓葬建砌,当时应该有专门的行业承做,所谓“宋临安各业有行帮,泥水中能雕能绘者亦有帮。帮乃相帮也”[①]。北宋汴京确有雕刻工匠,如宋人徐梦莘《三朝北盟会编》“靖康中秩”五十二记载,金人攻陷汴京,曾索要汴京城“做腰带帽子、打造金银、系笔和墨、雕刻图画工匠三百余家”,其中或许即有从事墓葬砖雕者。

三、北宋杂剧装饰墓葬的流行地域

北宋墓葬杂剧装饰的形制各异,有砖雕,有壁画,也有石棺雕刻等,而以杂剧砖雕最为常见。关注一下这类装饰墓葬的出土地点,可以看出其分布情形。黄河南岸的,有荥阳市东槐西村绍圣三年(1096)朱三翁杂剧石棺墓[②],向西有偃师市酒流沟水库杂剧雕砖墓[③]、偃师市出土的丁都赛雕砖[④],向南有禹州市白沙镇杂剧雕砖墓[⑤],再向西有洛阳市关林杂剧雕砖墓[⑥],更向西有义马市杂剧雕砖墓[⑦]、新安县李村宣和八年(1126)宋四郎杂剧壁画墓[⑧]、洛宁县3组杂剧雕砖墓[⑨],继续向西一直延伸到陕西韩城市也出土了盘乐杂剧壁画墓[⑩]。黄河北岸与上述墓葬隔河相望的,则有温县5组宋杂剧

① 〔清〕戚学标《回头想》“茶瓜留话”条,所据材料不详。

② 参见廖奔:《北宋杂剧演出的形象资料——荥阳北宋石棺杂剧雕刻研究》,《戏曲研究》第15期。

③ 参见董祥:《偃师市酒流沟水库宋墓》,《文物》1959年第9期;徐苹芳:《宋代的杂剧雕砖》,《文物》1960年第5期。

④ 参见刘念兹:《宋杂剧丁都赛雕砖考》,《文物》1980年第2期。

⑤ 参见徐苹芳:《白沙宋墓中的杂剧雕砖》,《考古》1960年第9期。

⑥ 参见张瑾等:《洛阳洛龙区关林庙宋代砖雕墓发掘简报》,《文物》2011年第8期。

⑦ 义马杂剧砖雕,出土情况不明,藏三门峡市文管会。参见廖奔《中国戏剧图史》图版2-39及说明文字,郑州:河南教育出版社,1996年。

⑧ 参见杨健民:《中州戏曲历史文物考》,北京:文物出版社,1992年,第57~58页。

⑨ 参见廖奔、杨建民:《河南洛宁上村宋金社火杂剧砖雕叙考》,《文物》1989年第2期;廖奔:《中国戏剧图史》图版2-27、2-35、2-234及说明文字,郑州:河南教育出版社,1996年。

⑩ 参见赵争耀:《韩城宋代壁画墓成功搬家》,《三秦都市报》2009年4月12日。

雕砖的出土,包括此次发现的 1 组 4 块宋杂剧艺人肖像雕砖 ①。这些杂剧装饰墓葬在中州地区的集中发现,宣示了一种曾经的历史文明状貌。

黄河南岸的地理位置,处于汴京、洛阳以至西安之间,杂剧文物集中分布在这一带,有其历史的和现实的原因。唐代都关中,以“其土地狭,所出不足以供京师备水旱,故常转漕东南之粟”②,利用运河岁漕米数十万石以给关中,由江淮船运至洛阳,转陆路驮载入长安。汴洛由于转漕地位重要,日趋繁华。汴洛之途则十分热闹,水路“自江淮达于河洛,舟车辐辏”③;陆路“东至宋汴,西至岐州,夹路列店肆待客,酒馔丰溢。每店皆有驴赁客乘,倏忽数十里,谓之驿驴”④。宋朝都汴,以洛阳为西京,两京所需仍然倚重东南漕运,因而路途畅通。宋王朝为巩固中央皇权,勉力加强东西二京区域间的建设,如宋太宗曾多次迁徙云、朔等边地之民到这里垦荒居住 ⑤,促进了这一地区的经济繁荣。北宋历代皇陵均设在汴、洛之间的巩县,常设人夫开山采石、督工兴建,并设守陵户适时祭扫,皇帝及外国使臣亦常前往拜谒,更增加了这里的热闹程度。

至于黄河北岸的杂剧流动演出和雕砖墓葬的发现,自然是南岸的延伸。而集中出土了杂剧雕砖的温县,其地理位置又有着特殊的条件和内涵。温县处于太行山与黄河之间的平原地带,东渡黄河至汴口入汴水,即可抵达汴京。向北越过太行山,即至河东路(今山西省)的泽州。从地理位置上讲,温县是沟通汴京到河东的一条通道。由于肩负着重要经济使命,当时这条通

---

① 温县 5 组宋杂剧雕砖:廖奔的《温县宋墓杂剧雕砖考》(《文物》1984 年第 8 期)和《中国戏剧图史》图版 2-6、2-258、2-263 考察了温县 3 组宋金杂剧雕砖,其中 2 组平面浅浮雕者可以确定为宋代物,另外一组凸面浮雕者或为金代物;罗火金、王再建《河南温县西关宋墓》(《华夏考古》1996 年第 1 期)考察了宋杂剧雕砖墓一座;郑州市华夏文化艺术博物馆李宝宗先生从郑州古玩市场地摊收购来自温县的杂剧雕砖 3 组,其中一组即此 4 位杂剧艺人肖像的砖雕,另外一组平面浅浮雕者可以确定为宋代物,再一组半圆浮雕者可能是金代墓葬所出。此上一共有可以确定为宋杂剧的雕砖 5 组。

② 《新唐书・食货志》,四库全书本。

③ 《旧唐书・齐澣传》,四库全书本。

④ 〔唐〕杜佑:《通典》卷七,四库全书本。

⑤ 《宋史・太宗本纪》,四库全书本。

道十分繁华。每年,河东出产的矾、薪炭都沿着这条路输送入京[①],而朝廷发送的钱币则由此送往河东[②]。在此基础上,又形成了两地民间演艺活动的密切沟通。北宋末河东泽州人孔三传把诸宫调带到汴京瓦肆里演出,一时风行[③];宋杂剧艺人循着这条通路走向河东,又孕育了金代河东杂剧以及杂剧砖雕墓葬的繁盛[④]。温县与黄河南岸的偃师隔河相望,两地杂剧雕砖的砖质相近,形象相似,技法均为平面浅浮雕,且时有同模雕造,可见当时处于相同的民俗环境。

从“丁都赛”等人在汴京演出,到名声传播至300里外的偃师和温县,再到将其形象模勒造型、烧制成砖,最后在建造墓葬时砌入墓壁,这要有一个过程,因而宋杂剧艺人肖像雕砖墓的修造年代大约应在政和(1111—1117)以后了。此时宋杂剧与仿木结构砖雕墓葬达到了发展的极盛,但短暂的昙花一现却因为巨大的历史变故迅速衰亡。1127年,女真贵族的铁蹄踏灭了北宋王朝的醉生梦死,战火烧毁了中原的辇毂繁华。战争摧毁了宋杂剧和仿木结构砖雕墓所赖以存在的根基,使之从此在中州地区销声匿迹,这种状况一直持续到金宣宗于贞祐二年(1214)迁都汴梁后,金代仿木结构砖雕杂剧墓始出现第二次兴建高潮。

(原载《中原文物》2015年第4期)

① 河东地方产矾,唐代曾于晋州置“平阳院”以收其利(见《宋史·食货志下七》)。宋代矾仍由官卖,然而商人亦多私贩,其自河东到东京必然经由此径。又河东时而输送薪炭入京,亦当经由此道。《宋史·食货志上三》曰:“繇京西、陕西、河东运薪炭至京师,薪以斤计一千七百一十三万,炭以秤计一百万。”

② 《宋史·食货志上三》载:河东租税薄,兵费不足用,宋朝廷“岁出内藏库金帛及上京榷货务缗钱”,由黄河船运至孟州(宋代温县属孟州)河阳渡,然后“或用铺兵厢军,或发义勇保甲,或差雇夫力,车载驮行,随道路所宜”,运往河东。

③ 《东京梦华录》卷五“京瓦伎艺”条所载汴京勾栏技艺中有“孔三传耍秀才诸宫调”。宋王灼《碧鸡漫志》卷二称:“泽州孔三传者,首创诸宫调古传,士大夫皆能诵之。”

④ 对此笔者有专论,参见廖奔:《金世宗、章宗时期河东杂剧的兴起——晋南金代戏曲文物考索之一》,《中华戏曲》第2辑。

宋金元仿木结构砖雕墓及其乐舞装饰

宋金元时期,河南、山西、河北一带地区盛行仿木结构砖雕墓葬,中华人民共和国成立以后这类墓葬出土众多。这类墓葬有三个突出的特点:第一,墓室为砖雕仿木结构,模仿人间居室建筑样式雕造。第二,墓葬装饰多用乐舞场面,内容为杂剧、大曲舞蹈、小唱、说唱、社火装扮等。第三,墓主人身份都是没有功名的平民。与前后期的墓葬相比较,宋金元时期盛行的这类墓葬有着极其鲜明的特色。首先,作为平民墓葬来说,这类墓葬在建筑形制上显得豪华而雕砌,讲究工艺手段的精致细密,它们所达到的水准,在中国墓葬史上可以说是空前绝后。其次,这类墓葬大量使用市井流行的乐舞样式作为建筑装饰,直接反映了当时民俗文化的发达景况和各门类表演艺术的历史演变状貌。由于这些原因,宋金元时期中原一带地区盛行的这类墓葬就产生了特殊的研究价值。本文只是将其价值略作提示,以期引起更多学者的重视。

一

宋金元时期中原一带盛行的平民仿木结构砖雕墓,在中国墓葬史上占有特殊的位置。在长期的历史发展过程中,平民墓葬的建筑形制都是十分简陋的,除去那些极其普遍的土坑墓、土洞墓不论,用砖石材料砌成的墓葬也都简单而一般化,相较于历代皇陵和贵族墓葬的结构复杂、装饰华丽,通常引不起研究者的兴趣。而这批墓葬却打破了历史的常格,虽然在规模上没有突破,通常也都是单室或双室的小型墓,但却在雕饰上极尽铺张用巧,其建筑造型恰可与同时代居室建筑相媲美，横亘在历史中如异峰突起，因而成为特殊的文化现象。我们比较一下历代墓葬的建筑情况，就会对这一情形较为明晰。

先秦时期广泛应用土坑竖穴木椁墓，墓主身份的差异主要体现于墓的规模、棺椁的水准和陪葬人与陪葬器物的有无与多寡。西汉以后洛阳一带先用空心砖砌墓室取代了木椁，又出现前后双室、券顶或穹窿顶的小砖券墓，一些有壁画装饰，而贵族仿地面宅屋模型式的多室结构砖石建筑大型墓葬兴起，用画像砖、画像石作为装饰。魏晋六朝时期普遍为狭小的砖室墓，平面多为方弧形，券顶、穹窿顶或四角攒尖顶，多见壁画装饰。唐代砖墓多为单室方形券顶，一些贵族多室墓则仿照世间住宅，在墓道、过洞、甬道及墓壁绘出阙楼、重楼及立柱、阑额、斗拱等木建筑形制，时有大型壁画。

晚唐五代兴起简单仿木结构建筑墓葬，平面方形或圆形，穹窿顶或四角攒尖顶，在墓壁上用砖粗略雕出木建筑的一些部件。北宋初沿袭，至中期以后，随着社会风习和人间居室的变化，结构复杂的仿木结构砖雕墓葬开始出现并普及，墓室平面有方形、圆形、六角形、八角形，单室或前后两室，墓体结构模仿现实房屋木建筑的形制，用砖雕造出精细的立柱、额枋、斗拱等部件。到北宋末期，原来的一斗三升托替木或“把头绞项造”已发展到五铺作重拱，叠涩顶发展为宝盖式顶藻井①，建筑样式日趋复杂繁缛。墓室四壁雕出板门、直棂窗、雕花格子门、桌、椅、屏风、花卉以及乐舞场面等，以象征厅堂内室设备与墓主文娱活动。

金代晋南一代墓葬将这种仿木建筑形制推进到极致，建筑与雕刻的工艺技术和精密度大大提高，气魄更趋恢宏，装饰日添繁缛。墓室中皆极其华丽堂皇，四壁基部是结构复杂的束腰须弥座，中部周砌雕花格子门，有些还有回廊栏杆，上部为重重叠叠的铺作垂昂，有时砌出重檐屋顶形状。墓室四面一般由四座房屋的外檐建筑构成前厅、后堂、左右厢房式的四合院内天井形制。金代这些墓葬的一个特点是普遍用砖雕刻出墓主夫妇神像，同时有

① 参见中国社会科学院考古研究所编:《新中国的考古发现和研究》，北京:文物出版社，1984 年，第 598 页。

着大量的乐舞演出和孝行故事雕刻。

宋金盛行一时的仿木建筑砖室墓在金代中期达到构建与雕造艺术的顶峰,元代以后走向衰微。虽然部分元墓仍然保持了仿木结构的砖雕墓室,但雕刻已经由精密复杂变为粗糙简单,砖雕部件显得粗疏而不经意。

宋金元时期的这类墓葬中,除了全用砖雕装饰的,另有一些以壁画作为壁间装饰的墓,在建筑结构上它们与砖雕装饰墓大体相同,只是壁间不砌雕砖,而以白粉漫壁,上施彩绘,但额枋斗拱仍然用砖雕成。

明清时期的砖墓多以素砖建砌为简单的长方形墓室,基本上没有装饰。宋金时期盛极一时的仿木结构砖雕墓葬,这时再也见不到踪影了。

二

作为一种特殊的文化现象,宋金元时期的仿木结构砖雕墓葬的产生有着特殊的文化背景。在中国文化史上,宋朝是以商品经济繁荣和民俗文化的崛起为特征的,而金元时期因少数民族入主中原,在礼乐制度与社会观念方面失去严密控制,民俗文化更上升为主导文化。宋金元仿木结构砖雕墓葬的兴起,就是这种文化现象在墓葬建制中的映现。

宋金元仿木结构砖雕墓葬的分布事实上是不均衡的,主要集中在两个范域。一个是从北宋仁宗朝到徽宗朝(1023—1125),集中出土于两京地区,即汴京开封和西京洛阳之间的黄河沿岸一带。一个是从金代世宗朝到卫绍王朝(1161—1213),集中出土于河东南路,即山西省南部和河南省新乡市,两地隔太行山而相连。元代此类墓葬虽也散见于河东南路,但已进入衰竭期,可以忽略不计。上述两个集中形成范域,都有着特殊的社会因素存在,它们促成了仿木结构砖雕墓葬的繁荣。下面让我们略作展开。

宋代以后,中国社会生活进入了一个新的历史发展时期,商品经济的活跃,促进了商业交通网的发达和都市的兴起与繁荣,特别是两京及两京之间地区,成为全国商品经济和商业交通的中心枢纽。到仁宗中期的庆历、皇祐年间(1041—1054),城坊制度彻底废弛①,城市里面商业和娱乐活动中心随处建立,例如汴京出现了许多大的市民冶游点:瓦舍勾栏,终日进行各种商业演出活动,宋代丰富的民俗文化生活由此奠定,时代生活方式和整个的社会心理都被改变。在这种商业文化生活的刺激下,京城一带的社会风气日渐奢靡。《政和五礼新仪》卷首载北宋大观四年(1110)蔡薿奏折称:"臣观辇毂之下,士庶之间,侈靡之风,曾未少革。富室墙屋,得被文绣;倡优下贱,得为厚饰。殆有甚于汉儒之所太息者。雕文纂组之日新,金珠奇巧之相胜,富者既以自夸,贫者耻其不若。则人欲何由而少定哉!"《宋史·舆服志五》载政和七年(1117)臣僚上言亦称:"辇毂之下,奔竞侈靡,有未革者。屋室服用以壮丽相夸,珠玑金玉以奇巧相胜。不独贵近,比比纷纷,日益滋甚。"社会以竞富为尚、浮夸为风,表现在房屋建筑上就是竞相追求华丽奇巧。由于宋代居室制度的限制与制约,平民屋居在建筑体积上难以逾制,但却增饰数量众多的铺作、闹斗、飞檐以及遍施彩绘,追求装饰上的富丽,于是狭小而厚饰就成为此时的民居建筑风格。房屋木建筑朝向繁缛侈靡方向的发展,在地下墓葬的营建中亦得到体现。时人重厚葬,《政和五礼新仪》卷首载大观元年(1107)何谊直札子曾提到当时社会"伤生以送死"的厚葬之风,这种风气导致宋代平民仿木结构建筑砖雕墓葬的普遍兴起。

1126年金人攻破汴京,十数年间,中原扰攘,狼烟纷起,民间仿木建筑砖雕墓绝迹。至金熙宗皇统元年(1141)宋金签订和约,两国息兵,经过二十年的休养生息,从金世宗大定年间(1161—1189)开始,北部中国出现雍熙富足景象。《金史·世宗本纪》称:"当此之时,群臣守职,上下相安,家给人足,仓廪有余。"金人宇文昭《大金国志》卷十八甚至说:"是致户口殷繁充实,北人谓小尧舜云。"到章宗明昌、承安年间(1190—1200),金朝的经济文化达到了高峰,金人刘祁《归潜志》卷十二说当时"政令修举,文治烂然,金朝之盛极矣"。

在这种背景下,作为金朝主要经济文化基地的河东地区,民俗文化空前

① 参见[日]加藤繁,吴杰译:《中国经济史考证》第一卷《宋代都市的发展》,北京:商务印书馆,1959年。

活跃,例如成批翻盖庙宇,组织大规模的庙会社火活动,民间词曲创作与戏曲演出极其兴盛,平阳(今山西临汾)成为当时中国北方的刻书中心等。女真游牧民族的统治初期虽然使农业耕作的社会生产力遭到破坏,但他们却十分重视手工业和商业的发展。金人入汴京,即掳掠了大批的各色工艺人等,押运回燕京和上京(今北京和沈阳),沿途多有逃逸到河东地区的。这种社会背景为当地民俗文化的兴盛提供了条件,而社会消费的趋于奢靡与宗教信仰的泛滥,致使仿木结构砖雕墓葬在当地重新出现并益加踵事增华。金人忽视礼乐,使长期以来形成的稳固社会秩序被打破,造成封建社会中意识形态禁锢方面的某种松懈,例如北宋时期各种社会阶层的住宅、服饰、车马等都有严格的规定,不可逾制(虽然事实上并未能够完全遵守),这些规定在金代都未重申。直至元代中期的延祐元年(1314),风俗过于奢侈,元仁宗才下诏重新规定服色等第、车驾规模等。这些条件为河东南路一带墓葬装饰的繁复走向提供了土壤。金章宗后期,蒙古南侵,1214 年围困燕京并遍掠太行两侧和黄河以北地区,河东南路仿木结构墓葬的兴盛期也就终止了。

三

墓室砖雕是宋金时期发展起来的一项专门工艺技术。历史上有两个时期注重利用砖壁构图来修饰墓葬,一个是汉魏时期,一个是宋金元时期。汉魏墓葬中的画像砖构图与墓葬建筑形制无关,只是拼组成一定的图画和图案来作为墓中装饰,其制法主要是在泥坯上模压图案烧制而成,不用雕刻。宋金元墓葬则利用雕砖来结构墓室的仿木结构部件,即将墓砖根据不同需要烧制雕造成不同的拼装部件,这些部件模仿人间居室建筑木结构的形制制造,经过打磨,然后在砌墓时按照一定的程序组装起来。而在砖雕技术方面奇峰突起的,是这些墓葬中设置的一些乐舞图像,这些由雕砖组成的装饰图像,都经过专门的雕刻打磨而成,体现出专门的工艺技术与水平,而不同时期又有发展与变化。从雕造工艺看,宋金元墓葬乐舞砖雕制作技术的阶段性,与其时墓葬建筑的三个阶段相吻合,分为三个时期,即北宋中后期、金代中后期和元代。

北宋中后期，汴京地区乐舞雕砖大多是依据画范进行平面浅浮雕，即以画范为模，在砖坯上压出人物形象粗胎，然后在略凸出于浅地的人物轮廓上以刀具作阴线剔刻，其刀法纯熟，线条流畅，许多为上乘艺术品。既然这些雕砖构图是在绘画的基础上进行加工的，汴京宫廷画院和当时民间的大量画士、画工的作品可能是其画范的来源。最为突出的例子是河南省温县前东南王村出土的宋墓杂剧砖雕①，它的乐部服饰作宫廷乐人状，其画范很可能就是当时的宫廷院画。至于墓葬雕造，大约已经形成专门的行业。宋代有雕造行业的记载，清人戚学标《回头想》“茶瓜留话”条说：“宋临安各业有行帮，泥水中能雕能绘者亦有帮。帮乃相帮也。”戚氏所据材料不详，但北宋汴京确有雕刻工匠，如宋人徐梦莘《三朝北盟会编》“靖康中秩”五十二记载，金人攻陷汴京，曾索要汴京城“做腰带帽子、打造金银、系笔和墨、雕刻图画工匠三百余家”，其中或许即有从事墓葬砖雕者。

金代乐舞砖雕技法由浅浮雕改为半圆或全圆雕，半圆雕的浮雕凸起通常也很高，有时仅人物背部连在砖面上一点。砖雕的制法大约是在模制基础上再用刀具进行细部加工。金代乐舞雕砖形象与北宋末比稍显粗拙，显然系民间工匠的创造，已经不是依据画范而直接从舞台演出汲取素材，然而人物造型、情态、气质诸方面都更加生动传神，标示了砖雕匠人工艺技术的极大进步。晋南地区由于金代砖雕墓葬的盛行，已经开始成批模制乐舞角色。该地区有不同的墓穴中出现相同乐舞砖雕人物的现象，这说明，烧造作坊也对乐舞雕砖进行批量生产，以供应当地修砌墓葬的不时之需。金代晋南墓葬中乐舞砖雕的普及、工艺的定型化和雕造技巧的提高，以及批量生产等特点，应该是民间需求量增加所刺激成的结果。

元代乐舞雕砖，就雕造工艺、造型等方面看则出现了大倒退，人物形象变得粗拙、简陋，模压成形后不作雕刻修饰，外形轮廓不分明，细部无加工，显示了砖雕技术的衰落。

① 参见廖奔：《温县宋墓杂剧雕砖考》，《文物》1984 年第 8 期。

四

宋金元墓葬中普遍以乐舞内容作为装饰,在时人观念上是追求阴世享乐思想的反映,在制度上是汉唐习俗的遗留与演变,在表现内容上则是当时社会民俗文艺发展情况的折射。

追求阴世享乐的思想早在先秦时期的墓葬装饰中即已显露,但其时为浓重的阴阳异世观念所裹卷,不甚突出。随着时代的推移,墓葬装饰中的神异色彩逐渐减弱,人世温馨日益增强。汉代墓葬里既有众多的日月四神、龙凤升天、辟异驱邪场景装饰,也有众多的车马出行、官场升迁、家居宴饮、厨房炊事、舞乐百戏装饰,反映了时人的迷信观念与世俗生活的交织。以后前者的表现越来越少,后者则日益增多。宋金元墓葬中已经基本以墓主人生活起居与乐舞享乐的场景为主,反映了人们对于俗世享乐的留恋。

在冥世生活中重视乐舞享乐的观念,由先秦一直沿袭而来。秦汉以前的王侯墓葬中随葬大量物品,包括乐器实物,例如编钟、编磬等,其意义关乎礼乐制度,其时盛行杀殉,殉葬者中也会有乐工、优人之类。汉魏杀殉废止,贵族墓葬除各类随葬品外,表现乐舞演出使用各种形式的代用品,如陶俑、帛画、画像砖、画像石、壁画等,纯粹享乐意义突出了,著名的如山东沂南北寨村汉墓画像石雕刻出大型百戏演出场面,内蒙古和林格尔新店子村东汉墓、河南新密打虎亭 2 号东汉墓内都有着大幅彩绘百戏壁画。唐代贵族多室墓中多有伎乐俑、舞乐壁画,其著名者如西安东郊唐银青光禄大夫行内侍省内侍员外苏思勖墓胡旋舞壁画。宋金元仿木结构建筑的平民墓葬里很少有随葬品,有也只是少量简陋的生活用具,但表现乐舞享乐的装饰却随处可见,特别是金代晋南一带墓葬中,乐舞装饰几乎已成为必不可少的内容,墓墓皆有,这说明,人们对于世俗享乐的理解已经完全转移到耳目之娱方面。

就墓葬乐舞装饰的表现内容来说,与汉代集中为百戏、唐代呈现为舞乐不同,宋金元仿木结构砖雕墓中的演出形式呈现出多样化的趋势,当时社会流行的各种各样的表演技艺都留下踪影,如杂剧、大曲舞旋、小唱、说唱、社火装扮、傀儡戏、影戏等,它们反映了民俗文化兴盛的情景。北宋仁宗时期开始，民间各类表演艺术蓬勃兴盛起来，到北宋末发展到极盛，出现孟元老《东京梦华录》卷五“京瓦伎艺”条所归纳的众多技艺品种，包括小唱、嘌唱、杂剧、杖头傀儡、悬丝傀儡、药发傀儡、杂手伎、球杖踢弄、讲史、小说、散乐、舞旋、相扑、掉刀蛮牌、影戏、弄虫蚁、诸宫调、商谜、合生、说诨话、杂扮、说三分、说五代史、叫果子等。这是一个世俗文化充斥市井、深入人心的时代，平民们从来没有这样享乐过，因此他们把这种生活状态也带进墓中。在这众多的技艺种类里，墓葬装饰最为常用的样式集中为三种：杂剧、大曲舞旋和社火装扮。

杂剧是宋金元时期兴起和兴盛的戏剧艺术，由于它特殊的审美方式与吸引力，使之成为最受人们欢迎的表演艺术形式，从宫廷到市井，从城市到乡村，到处都见到其踪迹，平日里、年节间、祭祀日，随时都需杂剧出场助兴。可以说，杂剧已成为当时人们社会生活中不可或缺的内容。由此，杂剧砖雕和壁画也成为仿木结构砖室墓中最普遍的装饰内容之一，往往在一个同期墓群中有杂剧装饰的占很大比重，例如山西省稷山县马村金墓群发掘墓葬九座，其中六座嵌有杂剧雕砖；化裕镇苹果园发掘金墓五座，两座有杂剧雕砖。[①] 大曲原是一种包含器乐、声乐和舞蹈的大型宫廷乐舞形式，起于汉魏，盛行于唐，至宋而靡，其段落、组曲、舞节传入民间，演变为众多独立的段子，成为民间受欢迎的乐舞形式而盛传。大曲舞旋砖雕与壁画也是仿木结构墓里常见的装饰内容，宋金时期在盛行度上可以与杂剧并驾齐驱，元代由于社会演出衰落，墓葬里就少见了。社火装扮是宋金元时期广泛盛行的迎神赛会活动的伴生物，其形式北宋时主要为百戏，金元主要为舞队，尤盛于乡间村里，内容包括耍狮子、跑毛驴、骑竹马、跳鲍老、假妇人、假和尚、伞舞、瓜舞、村田乐、丰收乐等，这些内容在当时墓葬雕砖中也经常出现，但壁画中少见。

墓葬乐舞砖雕的最一般做法，是将乐舞作场的情景，绘图模勒，制为雕砖，于修砌墓葬时根据需要镶嵌入墓壁的不同部位，使之完成特定的使命。例如杂剧和大曲舞旋砖雕通常装饰在与墓主人神主位置相对的墓壁上，使

---

① 参见杨富斗：《山西稷山金墓发掘简报》，《文物》1983 年第 1 期。

之成为墓主人的观看对象。而整个墓室结构的组合，又成为人世间厅堂演出场面的象征性环境，构成一个完整的家庭演出的立体空间。杂剧和大曲壁画的位置与雕砖相同。社火雕砖镶嵌的位置则不固定，可以是墙面上，也可以是壁间拱眼内。

汉、唐贵族墓葬中装饰的伎乐歌舞场面，在宋、金、元已成为一般平民墓中常有的内容，这是一个时代的变化，它标志着世族势力的解体和新兴市民阶层的崛起。而北宋后期到金元时期中原平民墓葬中乐舞场面的普遍出现，则表明这一地区在这个时期中乐舞活动的兴盛和为一般平民所爱好，它标示着中国文化的一个转折——民俗文化阶段的开始。

（原载《文物》2000年第5期）

胡祗遹“九美”说乃为诸宫调说唱而立

元代著名文人胡祗遹精于音律，擅长词曲，有很高的表演鉴赏力，经常与艺人来往，为他们作有多篇文章论艺，其中《黄氏诗卷序》一篇里提出了“九美”的表演理论。一般认为，这是针对戏曲表演所提出的理论①。但是笔者读史时发现，胡祗遹所赠序的黄氏不是戏曲演员而是诸宫调演员，因而胡氏“九美”说的论述对象并非戏曲表演而是诸宫调说唱。

胡祗遹《黄氏诗卷序》曰：“女乐之百伎，惟唱说焉：一、资质浓粹，光彩动人。二、举止闲雅，无尘俗态。三、心思聪慧，洞达事物之情状。四、语言辨利，字真句明。五、歌喉清和圆转，累累然如贯珠。六、分付顾盼，使人人解悟。七、一唱一说，轻重疾徐，中节合度，虽记诵闲（娴）熟，非如老僧之诵经。八、发明古人喜怒哀乐，忧悲愉佚，言行功业，使观听者如在目前，谛听忘倦，惟恐不得闻。九、温故知新，关键辞藻时出新奇，使人不能测度，为之限量。九美既俱，当独步同流。近世优于此者，李心心、赵真、秦玉莲。今黄氏始追踪前学，可喜可喜。”②

以往读此节文字，心中存了一个先入为主的见地，以为就是在评论戏曲表演，于是经常为如下的问题所困惑：为什么在表演中，胡氏要单单捻出“唱说”二字，而不谈“做工”？即使是理解为杂剧中主唱的女艺人以唱说为第一要务，后面的议论仍有诸多矛盾。例如，杂剧演员以扮演逼真为上，怎么能

① 吴毓华《古代戏曲美学史》：“胡祗遹总结元杂剧表演经验的《黄氏诗卷序》……”北京：北京文化艺术出版社，1994年，第60页。

② 〔元〕胡祗遹：《紫山大全集》卷八，四库全书本。其中“忧悲愉佚”的“佚”字，三怡堂丛书本作“快”，当是。

够时刻保持举止闲雅而脱尘出俗？如果扮演的是底层人物，以此要求岂不是脱离对象？而且这一论点又与胡祇遹他处的议论相矛盾。他在特为杂剧女艺人写的《赠宋氏序》和《朱氏诗卷序》[①]两文里，强调杂剧表演要“以一女子而兼万人之所为”，无论扮演君臣、父子、兄弟、夫妇、朋友、医药、卜筮、释道、商贾、儒者、兵丁、媒婆、闺女，要“无一物不得其情，不穷其态”，要“外则曲尽其态，内则详悉其情”。那又怎能永远保持“闲雅”？又如，表现古人的喜怒哀乐要“使观听者如在目前”，此句不可思议，因为杂剧表演原本就是在人前表演古人的喜怒哀乐。其实文中的词语“唱说”“一唱一说”“观听者”和“谛听忘倦”已经透露了说唱表演的信息。再如，要求唱说不要如老僧之诵经，要求演员分付顾盼要使人人都能理解，对杂剧演出来说，这些似乎都缺乏鲜明的针对性。但是，我们换一个角度来理解，把“九美”看成是对说唱艺术的理性总结，问题就迎刃而解了。

其实胡祇遹开篇强调的就是“唱说”，所论述的表演标准也以说唱为中心。我们还注意到胡氏在篇末的赠诗，胡氏说：“（黄氏）持卷乞言，故喻之如此，仍以七言四句歌之：‘沥沥泠泠万斛珠，清和圆滑啭莺雏。阿娇生在开元日，未信传呼到念奴。’”描写的仍然是唱说，而念奴则是唐代著名宫廷歌者[②]。很明显，胡祇遹的议论主要围绕说唱表演而发。

带着这个悬念阅读史料，果然发现，胡氏文中所提到的李心心、赵真、秦玉莲三位艺人，皆为诸宫调演员。因此，宋氏也应该同样是一位诸宫调演员。详说见下。

赵真，又名赵真卿、赵真真，为元代前期诸宫调艺人，擅长演唱商。据宋人张五牛改编的《双渐小卿》诸宫调，享有盛名。元代夏庭芝《青楼集》曰：“赵真卿、杨玉娥，善唱诸宫调。杨立斋见其讴张五牛、商正叔所编《双渐小卿》，因作【鹧鸪天】【哨遍】【耍孩儿煞】以咏之。”元代杨朝英《朝野新声太平乐府》卷九杨立斋【般涉调·哨遍】序曰：“张五牛、商正叔编《双渐小卿》，赵真真善歌。立斋见杨玉娥唱其曲，因作【鹧鸪天】及【哨遍】以咏之。”其曲

---

① 均见胡祇遹：《紫山大全集》卷八。

② 事见〔唐〕元稹《长庆集》卷二四《连昌宫词》乐府及自注，〔北周〕王仁裕《开元天宝遗事》卷上。

文【一煞】中有句:“俺学唱咱,学唱咱,谁敢和前辈争高下。赵真真先占了头名榜,杨玉娥权充个第二家。”杨玉娥是元代后期诸宫调艺人,与杨立斋同时,因为她也能唱《双渐小卿》,杨立斋因而将她与赵真真相比。元代另有杂剧女艺人赵真真(说集本《青楼集》作赵真秀),与之非一人。

秦玉莲,《青楼集》曰:“秦玉莲、秦小莲,善唱诸宫调,艺绝一时,后无继之者。”

李心心,元初大都小唱艺人,兼唱诸宫调。《青楼集》曰:“李心心、杨奈儿、袁当儿、于盼盼、于心心、吴女燕雪梅,此数人者,皆国初京师之小唱也。又有牛四姐,乃元寿之妻,俱擅一时之妙。寿之尤为京师唱社中之巨擘也。”此中虽未明言李心心为诸宫调艺人,只说她是京师唱社里的小唱艺人,但她不是杂剧演员则是明确的。“小唱”在宋代是专门的歌唱技艺,“谓执板唱慢曲、曲破,大率重起轻杀,故曰浅斟低唱”①,与嘌唱、叫声、唱赚等歌唱门类并列。元代小唱所利用的对象自然已经从慢曲、曲破转变为北曲的小令和套数,与诸宫调接近,因此小唱艺人有可能兼擅诸宫调演唱。

既然赵真真、秦玉莲、李心心都是元代前期诸宫调艺人,黄氏能“追踪前学”,她就是一位后辈的诸宫调艺人,大约为元代中期人。“九美”说是胡祗遹针对当时诸宫调说唱表演的丰富实践所提出的理论,弥足珍贵。

当然,弄明白了胡祗遹“九美”说的针对对象是诸宫调说唱,并非否定其对于戏曲表演的理论意义,因为诸宫调为元杂剧的直接来源之一,二者之间有着千丝万缕的联系,元杂剧以唱为主、唱白相间和一人主唱的表演形式、合宫联套的音乐结构都主要来自诸宫调,因而在表演上二者有许多相通之处。只是内涵的科学鉴定有助于对理论准确无误的理解。

(原载《书品》2003 年第 4 期)

---

① 〔宋〕灌圃耐得翁:《都城纪胜》“瓦舍众伎”条,四库全书本。

“舞旋”考

“舞旋”之名常见于宋人笔记史料，多出现在描写宫廷宴乐表演和市井勾栏技艺的文字中，是指称大曲舞蹈的专用名词。然而，迄今为止的古今研究著述里，几乎对之不着一词。“舞旋”的舞姿，为宋辽金时期诸多大曲文物图像所反映，因为今天人们对之缺乏认识，亦未见称用。

王克芬先生《中国舞蹈发展史》[①]宋代部分涉及了“舞旋”，这是很难得的。然而，其释义为推测之词，也不够准确。其文曰：“所谓‘舞旋色’，当是指专业舞人……可能当时舞蹈重视旋转技巧，故泛称舞蹈艺人为‘舞旋色’。”“‘舞旋’，无疑是指专门的舞蹈表演，旋转动作可能是当时舞蹈中的重要技巧。所以把部分舞蹈节目称之为‘舞旋’。”[②]王先生指出了两点，一是“舞旋色”指专业舞蹈者，二是“部分舞蹈节目”称为“舞旋”。但这两点有自相矛盾处，即另外一部分不是“舞旋”的舞蹈节目的表演者，是不是“舞旋色”？如果是，他们表演的当然是“舞旋”，“舞旋”就不是“部分舞蹈节目”，而是“全部舞蹈节目”。如果不是，他们又是什么？从“舞旋色指专业舞蹈者”的结论来推衍，他们只能被定义为“非专业舞蹈者”。显然不能这样定义。再有，另外一部分不被称为“舞旋”的舞蹈节目，又应该称作什么？从这些矛盾处看，王先生的解释不够贴切。

事实上，宋人称“舞旋”时，通常指的是大曲表演里的舞蹈。南宋灌圃耐得翁《都城纪胜》“瓦舍众伎”条曰：“唱叫、小唱，谓执鼓板唱慢曲、曲破，大

① 王克芬：《中国舞蹈发展史》，上海：上海人民出版社，1989 年。

② 同上，第 252、257 页。

率重起轻杀,故曰浅斟低唱,与四十大曲舞旋为一体。"我们撇开"唱叫""小唱"这两种技艺不谈,请注意"与四十大曲舞旋为一体"这句话。"大曲""舞旋"连用,表明了"舞旋"与大曲的关系:二者为一体。"四十"之数,为宋代宫廷宴乐所演奏的大曲数目。元人马端临《文献通考》卷一四六"乐考"十九曰:"宋朝循旧制,教坊四部……所奏凡十八调四十大曲。"也就是说,四十个大曲里的舞蹈都是"舞旋"。

"舞旋"的名称又常与曲破联系在一起。宋人孟元老《东京梦华录》卷九"宰执亲王宗室百官入内上寿"条记载宫廷宴乐说:"第八盏御酒……三台舞,合曲破舞旋。"意思是说舞蹈者表演《三台》曲破,而舞曲破亦称作"舞旋"。曲破为大曲音乐结构中"入破"之后的部分。大曲的音乐结构十分庞大,由数十段乐曲组成,但主要分为三个部分:散序、中序和入破。散序是散板序曲,节奏缓慢,只用器乐演奏。中序开始入拍,节奏渐快,加进歌唱。入破以后节奏加剧,舞者上场,全部表演达到高潮后结束。这就是宋代王灼《碧鸡漫志》卷三所说的:"散序六遍无拍,故不舞。中序始有拍,亦名'拍序'。"宋代陈旸《乐书》卷一八五"俗部杂乐女乐"下所说的:"大曲前缓叠不舞,至入破则羯鼓、震鼓、大鼓与丝竹合作,句拍益急,舞者入场,投节制容,故有催拍、歇拍之异姿,致俯仰百态横出。"曲破为截取了大曲后半部分的专门合舞部分而成,因而它仍然是大曲,只不过是不完整的大曲。舞曲破也就是舞大曲。而由于曲破是大曲表演中的专门舞蹈部分,曲破与"舞旋"的关系就更为直接。《东京梦华录》卷九"宰执亲王宗室百官入内上寿"条还详细描写了舞曲破的情景:"第一盏御酒……三台舞旋,多是雷中庆。其余乐人舞者诨裹、宽衫,唯中庆有官,故展裹。舞曲破撷前一遍,舞者入场。至歇拍,续一人入场。对舞数拍,前舞者退,独后舞者终其曲,谓之'舞末'。"所谓"撷""歇拍"都是大曲"入破"前后的部分。王灼《碧鸡漫志》卷三说:"凡大曲有散序、靸、排遍、撷、正撷、入破、虚催、实催、衮遍、歇指(拍)、杀衮,始成一曲。"对照参看,可以知道它们在整个结构中的位置。雷中庆参加的"舞旋",先是独舞,继而对舞,最后又是独舞结束。这是大曲舞也是"舞旋"的基本路数。

之所以把大曲里的舞蹈称作"舞旋",得名于其舞蹈姿势。陈旸《乐书》

卷一八五“俗部·雅乐·女乐下”说:“至于优伶常舞大曲,惟一工独进,但以手袖为容、踏足为节。其妙串者,虽风旋鸟骞不逾其速矣。”从这段描写中,我们不难品味出大曲舞蹈者迅速旋转的轻扬身姿。从今天见到的宋辽金时期诸多大曲舞蹈文物图像中,亦可以很容易地感受到这一点。因而可知,“舞旋”的得名,即来自大曲舞蹈的极速旋转。当然,类似的其他舞蹈表演,也可以称作“舞旋”,例如宋吴自牧《梦粱录》卷二十“妓乐”条有“街市有乐人三五为队,擎一二女童舞旋唱小词,专沿街赶趁”的说法。

大曲舞旋原本属于宫廷宴乐里的内容。宫廷宴乐里常常杂剧和“舞旋”一起演出,通常是先演杂剧,后演“舞旋”。《东京梦华录》卷十“下赦”条曰:“车驾登宣德楼……楼下钧容直乐作,杂剧、舞旋。”卷八“六月六日崔府君生日二十四日神保观神生日”条曰:“……于殿前露台上设乐棚,教坊、钧容直作乐,更互杂剧、舞旋。”“教坊”“钧容直”都是宫廷燕乐结构,它们同时演出杂剧和“舞旋”这两种技艺,而两种技艺总是“更互”地交替表演。之所以如此,和宋代宫廷宴乐机构的组成有关。南宋周密《武林旧事》卷一“圣节”条、卷四“乾淳教坊乐部”条所记载的南宋宫廷宴乐角色名目,有杂剧色、歌板色、拍板色、琵琶色、箫色、嵇琴色、筝色、笙色、觱篥色、笛色、方响色、杖鼓色、大鼓色、舞旋色。很明显,其中的“杂剧色”为戏剧演员,“舞旋色”为舞蹈演员,“歌板色”为歌唱演员(因为歌者边唱边用拍板自我伴奏,所以称作“歌板色”),其他则都是演奏器乐的人员。那么,除了器乐演奏和歌唱以外,真正的人体表演也就是杂剧和“舞旋”两种。在宫廷宴乐演出里,“舞旋”接续杂剧表演是惯例。《东京梦华录》卷七“驾登宝津楼诸军呈百戏”条说:“后部乐作,诸军缴队杂剧一段,继而露台弟子杂剧一段。是时弟子萧住儿、丁都赛、薛子大、薛子小、杨总惜、崔上寿之辈,后来者不足数。合曲舞旋讫。”其中所列萧住儿、丁都赛等人都是杂剧艺人,在他们演出两场杂剧完毕以后,按照惯例跟着有一段“舞旋”表演,所以叫作“合曲舞旋讫”。

《武林旧事》还为我们记录了一些宫廷“舞旋”演员的姓名。例如卷一“圣节”条里有“舞旋色范宗茂”,卷四“乾淳教坊乐部”条所记“舞旋色”则有德寿宫的刘良佐(官位武德郎)、衙前乐的杜士康、和雇的勾栏瓦舍艺人于庆。范宗茂的表演,《武林旧事》卷一“圣节”条记载了一次实例:“第一盏,觱篥起【万岁梁州】曲破,齐汝贤。舞头豪俊迈,舞尾范宗茂。”范宗茂和豪俊迈配合演出,豪演“舞头”,即《东京梦华录》卷九所说的“前舞者”;范演“舞尾”,即该书所说的“后舞者”,也称“舞末”。齐汝贤则吹觱篥为他们伴奏。刘良佐在卷四“乾淳教坊乐部”条记载的“内中上教博士”(即宫廷乐舞教师)名单里也曾出现,他的职责被直接标作“舞”,也就是舞蹈教师的意思。

“舞旋”表演受到民间的欢迎,于是市井艺人也以之招徕观众,使之成为瓦舍勾栏里众多表演艺术之一种。《东京梦华录》卷五“京瓦伎艺”条记载北宋汴京瓦舍勾栏里的众多技艺种类,其中就有:“张真奴舞旋。”上面提到《武林旧事》卷四“乾淳教坊乐部”条里说的“和雇”来的“舞旋色”于庆,则是宫廷花钱从瓦舍勾栏里雇聘来的民间艺人。

事实上当时市井里专门从事“舞旋”表演的民间艺人数量颇大。1127年,金人攻破北宋都城汴京,曾经从那里掳掠了众多的艺人北归,其中就有“舞旋弟子五十人”①。“弟子”指女艺人,宋代程大昌《演繁露》卷六曰:“开元二年,玄宗……选乐工数百人,自教法曲于梨园,谓之皇帝梨园弟子。至今谓优女为弟子,命伶魁为乐营将者,此其始也。”《东京梦华录》卷七有“露台弟子”一词,指称瓦舍勾栏里的民间女艺人。“舞旋弟子”就是专门从事大曲舞蹈的女艺人。由此我们也可以知道,金代地界盛行大曲“舞旋”表演,一个重要原因是北宋都城艺人因战乱而散布于北方各地,实现了传播。

需要指出的是,宫廷宴乐里表演大曲“舞旋”,最常见的为舞《三台》。如前引《东京梦华录》卷九说“三台舞,合曲破舞旋”,就是舞蹈者表演《三台》曲破“舞旋”。又说:“三台舞旋,多是雷中庆……舞曲破撷前一遍,舞者入场。至歇拍,续一人入场。对舞数拍……”这里的《三台》舞者是雷中庆。《三台》是唐代大曲,唐崔令钦《教坊记》所记46个大曲名目中有《突厥三台》,宋人承袭后可能有所变化。宋代其他大曲舞蹈里也吸收《三台》的片段,例如史浩《鄮峰真隐漫录》卷一所收《柘枝舞》里就包含有“三台舞”一段。《三台》乐曲一共三十拍,演奏之始先击打拍板三下,整曲演奏的目的主

① 〔宋〕徐梦莘:《三朝北盟会编》“靖康中秩”卷五十二、卷五十三。

要是用以送酒。宋代高承《事物纪原》卷二说："三台，三十拍，曲名也。刘公《嘉话录》曰：'三台送酒，盖因北齐文宣毁铜雀台，别筑二个台，宫人拍手呼上台，因以送酒。'李氏《资暇》曰：'昔邺中有三台，石季龙游宴之所，乐工造此曲促饮也。又一说：蔡邕自御史累迁尚书，三日之间历三台，乐府以邕晓音律，制此曲以悦之。未知孰是。'"程大昌《演繁露》卷十一说："所谓三台者，众乐未作，乐部首一人举板连拍三声，然后管色以次振作，即三台度曲也。"《三台》也被民间用作节庆舞蹈。宋人王庭珪【虞美人】"辰州上元"词曰："花衢柳陌年时静，划地今年盛。棚前箫鼓闹如雷，添个辰溪女子舞三台。"[①]由词意可知，《三台》舞蹈不仅进入了市井年节娱乐演出场所，还传播到一些边远州市（辰州为今湖南省沅陵县）。

辽、金两朝都继承了中原的宫廷宴乐，因此也都有大曲"舞旋"的演出，只是未见文献里出现"舞旋"的名称，但文物形象里有着众多的实物。

（原载《中华艺术论丛》2003年第1辑）

① 《全宋词》第2册，北京：中华书局，1965年，第821页。

南宋杂扮绢画考

故宫所藏两幅著名南宋戏剧绢画，一般认为反映的表演形式为宋杂剧，周贻白先生还指认其中之一为《眼药酸》杂剧图①，十分有见地。但更具体地说，我认为这两幅图表现的应该是杂剧的后散段——杂扮的表演场景。

北宋时的杂扮表演与杂剧表演还是两码事，各是各的，并不连在一起。南宋以后，开始把杂扮作为杂剧演出的"散段"，放在杂剧后面演出，使之成为杂剧表演结构中的一部分。所谓"散段"，就是在正式演出过后，留一个余头来满足观众的余兴，类似于后来元杂剧正剧结束以后补充表演的"打散"。其表演形式也较杂剧为简单，宋代赵彦卫《云麓漫钞》卷八所谓"近日优人作杂班，似杂剧而稍简略"是也。

由于在后面添上了一段杂扮(班)表演，南宋杂剧在演出结构上较北宋有所发展，由两段结构改为三段结构。北宋杂剧由艳段和正杂剧组成，南宋则改为艳段、正杂剧、杂扮三段。南宋灌圃耐得翁《都城纪胜》"瓦舍众伎"条曰：

> 杂剧中末泥为长，每四人或五人为一场。先做寻常熟事一段，名曰"艳段"；次做"正杂剧"，通名为"两段"……"杂扮"或名"杂班"，又名"纽元子"，又名"技和"，乃杂剧之散段。

杂扮在北宋时是一种与杂剧相类似的装扮表演技艺，《都城纪胜》说它的起始是"在京师时，村人罕得入城，遂撰此端。多是借装为山东、河北村人

① 周贻白：《南宋杂剧的舞台人物形象》，《文物精华》1959年第1期。

以资笑”。宋代孟元老《东京梦华录》卷七“驾登宝津楼诸军呈百戏”条里有关于北宋宫廷杂扮表演的描写：

……复有一装田舍儿者入场，念诵言语讫。有一装村妇人者入场，与村夫相值。各持棍杖，互相击触，如相殴态。其村夫者以杖背村妇出场毕。

大致是装扮为乡巴佬儿弄乖要嗲来逗乐取笑。《都城纪胜》说的杂扮又名“技和”，南宋吴自牧《梦粱录》卷二十“妓乐”条引作“拔和”。“拔和”即“拔禾”，也就是乡巴佬儿的意思，元刊杂剧《薛仁贵衣锦还乡》里有拔禾，是薛仁贵幼年时在乡下的朋友。

杂扮表演的进一步发展就是装扮各类人物。南宋周南《山房集》卷四《刘先生传》记叙了一个民间杂扮班子的情况，说是“市南有不逞者三人，女伴二人……以谑丐钱。市人曰：‘是杂剧者。’又曰：‘伶之类也。’”他们“所仿效者、讥切者”是“语言之乖异者、巾帻之诡异者、步趋之伛偻者、兀者、跛者”。这说明，杂扮也就是装扮人间万象的意思，大概杂扮的故事性不如正杂剧那么强，着重点在于模仿表演。

杂扮表演的内容不仅仅是装扮某类人物，还模仿各类技艺表演，这一点可以从杂扮又叫“纽元子”的名称看出来。吴自牧《梦粱录》卷十九“闲人”条说：“旧有百业皆通者，如纽元子，学象生、叫声、教虫蚁、动音乐、杂手艺、唱词、白话、打令、商谜、弄水、使拳。”“纽元子”就是百业皆通、能够模仿各类技艺表演的人。灌圃耐得翁《都城纪胜》还说杂扮包括“打和鼓、拈梢子、散耍”，也有这个意思。

《眼药酸》之外那幅杂剧绢画，表现的应该就是杂扮表演场景。图中两个角色都由女子扮演，两人本衣都是小袖对襟旋袄，内束抹胸，脚乘钩鞋，露发髻，戴耳坠。但是，二人又都草草在外面加上个别的男子衣饰，象征着扮为男子。其中左侧一人幞头诨裹，在旋袄外面斜罩一件男式长衫，身后地上放有扁担竹笠，好像装扮成一个农人。右侧一人装扮更加草率，仅仅在头上戴了一个簪花罗帽而已，大概扮作城里人。两个人正在相向作男式叉手揖拜,似乎刚刚相遇,即将开始一场滑稽表演。

杂扮演员多为女姓,杂剧则不同。《武林旧事》卷六“诸色伎艺人”条于“杂剧”项下所记艺人名字41个,唯有“慢星子”“王双莲”名下注为“女流”。于“杂扮”项下记艺人名字26个,虽未注出“女流”字样,但其中“王寿香”“鱼得水”“自来俏”三人名下注曰“旦”。又“眼里乔”“卓郎妇”“笑靥儿”“韵梅头”“胡小俏”“郑小俏”等名字,也都像女子的艺名,可见杂扮里有许多女艺人。由此又为此画内容系杂扮表演提供了一个支撑。

《眼药酸》杂剧图表现的也应该是杂扮表演场景,这从南宋周密《武林旧事》卷十“官本杂剧段数”的分类里可以看出。“官本杂剧段数”一共分为三类,一类为正杂剧,二类为艳段,三类为杂扮。其中凡正杂剧大约都配曲,而艳段、杂扮剧目则基本不配曲,因此剧目单前面120多个配以曲调的剧目,应该都是正杂剧剧目。接下来的43个剧目,都缀以“爨”的字样,是艳段剧目①。再后面的剧目不标明类属,从其名目分析,大约都是装扮社会各色人等,例如标明“孤”字的,都与装扮官吏有关,像《思乡早行孤》《四孤醉留客》之类;标明“酸”字的,都与憨才有关,像《急慢酸》《食药酸》《秀才下酸擂》等,这些应该大多属于杂扮了。《眼药酸》一目,就在这些“酸”类中间。从画面看,其内容是一个卖眼药的人在向一位老者推销眼药,属于装扮社会各类人等的演出。

还有另外两个旁证,说明这两幅图中绘的是杂扮表演。第一,正杂剧演出大多配曲,有乐器伴奏。今存宋杂剧文物里伴奏乐队都很齐全,至少有鼓、笛、板三种。但杂扮短小,滑稽调笑,仅模仿而已,因此不用乐器伴奏。农人进城图上虽有一个平板鼓,但那是在演员上场时“撺掇”用的,不算正式的伴奏乐器。第二,正杂剧一共有五个角色(当然不一定都上场),今天见到的宋杂剧文物图像里,杂剧角色都是一字排开四五人,有末泥、有引戏,而这两幅图里都只有副净、副末两个演员。

(原载《书品》2003年第6辑)

---

① “爨”就是艳段,有一个证据:其中的《天下太平爨》,在元代陶宗仪《南村辍耕录》卷二十五“院本名目”被列入“栓搐艳段”类,说明“爨”与“艳段”可以互换。

宋辽金大曲图考

中华人民共和国成立50年来,不断有宋辽金时期大曲舞蹈的文物图像出土,已经积累了相当的数量。然而,通常人们对之并不认识或不敢确认,往往统称之为乐舞图。现结合文物形象和文献资料,对这些问题做出探讨。

中华人民共和国成立后的第一例北宋大曲舞蹈图,1951年12月于河南省禹县白沙镇颍东墓区"大宋元符二年"(1099)墓前室东壁上发现①,为彩绘壁画。图中共绘乐人11人,其中10人演奏乐器,中间一人为舞者,正在屈膝扬袖作舞。以后,类似的图像又有陆续出土。例如1960年在河北省井陉县柿庄六号宋墓墓室西壁发现的大曲舞蹈彩绘壁画②。图有残缺,从现存部分看,奏乐者6人,舞者1人正扬袖作舞,可惜下部已残。又如1991年在山西省平定县城关镇姜家沟村宋墓发现的两幅大曲舞蹈彩绘壁画③。其一为东南壁壁画,共绘9人,全部为女乐,其中乐人7人,两位舞蹈者皆为幼女,一起拱肘屈膝相向而舞。其二为残存壁画,共绘6人,全部为男乐,其中乐人5人,舞者1人。上述演出场面全部图绘成在室内演出的情状,上面或绘有卷帘和帐幔悬垂,表现的是私邸民宅厅堂演出的情景,或绘有草书屏风,也点明演出地点为厅堂。以上所述皆为北宋时期的大曲舞蹈文物,其出土地点在河南、河北、山西,统属于中原地区。宋室南渡以后,在南宋地界也发现类似的文物。著名的如四川省广元市罗家桥村两幅大曲舞蹈石刻,

① 参见宿白:《白沙宋墓》,北京:文物出版社,1957年。

② 参见河北省文物工作队:《河北井陉县柿庄宋墓发掘报告》,《考古学报》1962年第2期。

③ 参见山西省考古研究所等:《山西平定宋、金壁画墓简报》,《文物》1996年第5期。

1976年4月于南宋墓里发现[1]。两幅石刻都雕刻有8人,皆为7人奏乐,1人舞蹈。姜家沟大曲场面与白沙、柿庄、罗家桥的不同点,在于它的男女乐分置,而后者都是男女乐人混同的。

大曲是一种包含有器乐、声乐和舞蹈的大型乐舞形式。其起源甚早,汉魏时期已经风行,今见宋人郭茂倩所编《乐府诗集》所收历代歌词,于汉代"相和歌"类中即有大曲歌词。大曲之名,据王国维考证,始见于后汉蔡邕《女训》[2]。最早著录大曲名目者,为梁朝沈约《宋书·乐志》,书中于清商三调平调、清调、瑟调下共列出大曲16种,为《东门行》《步出夏门行》之类。唐代大曲极盛,雅乐、清乐、燕乐中皆有之。除辗转承递汉、魏清商乐之外,又大量输入西部边地民族如西凉、龟兹、安国、天竺、疏勒、高昌等地乐曲,其中一部分即成为大曲新声,极大地扩充了大曲的曲调。如宋人宋上交《近事会元》卷四所云:唐明皇开元六年(718)西凉州都督郭知远进《凉州》,天宝中(742—755)西凉节度使盖嘉远进《胡渭州》《伊州》等。它如《柘枝》《胡僧破》《突厥三台》《龟兹乐》《醉浑脱》等,皆标示其所自出。唐代崔令钦《教坊记》记载大曲名目共46种,但远非唐代大曲的全数,王国维即曾为之辑补[3]。唐代大曲如《柘枝》《绿腰》《霓裳》等,常常是诗人歌咏的对象,唐诗中多有反映。例如刘禹锡《和乐天柘枝》有句:"鼓催残拍腰身软,汗透罗衣雨点花。"白居易《乐世》有句:"管急弦繁拍渐稠,绿腰宛转曲终头。"白居易《霓裳羽衣歌》有句:"千歌万舞不可数,就中最爱霓裳舞。"[4]五代顾闳中所绘《韩熙载夜宴图》,则绘出了舞妓王屋山舞《绿腰》的场面。

宋初设置教坊,所奏乐曲有18调40大曲;设置云韶部,奏13大曲;设置钧容直,原奏16调36大曲,嘉祐二年(1057)罢16调,改用教坊17调[5]。宋代又多有创作大曲者,这一点不同于唐人大曲多传自西域。《宋史·乐志十七》说:"太宗洞晓音律,前后亲制大小曲及因旧曲创新声者,总三百九十。

---

① 参见廖奔:《广元南宋墓杂剧、大曲石刻考》,《文物》1986年第12期。

② 王国维:《唐宋大曲考》,《王国维戏曲论文集》,北京:中国戏剧出版社,1984年。

③ 同上。

④ 《刘宾客外集》卷二,《白氏长庆集》卷三十五、卷二十一。

⑤ 参见《宋史·乐志十七》,四库全书本。

凡制大曲十八……曲破二十九……”又宋人吴自牧《梦粱录》卷二十“妓乐”条说：“向者汴京教坊大使孟角球曾做杂剧本子，葛守诚撰四十大曲……”赵光义所撰大曲、曲破，名目俱在，其事不诬。葛守诚所撰四十大曲，则未见详目。南宋灌圃耐得翁《都城纪胜》“瓦舍众伎”条里也有这一句，稍有不同：“又有葛守诚，撰四十大曲词。”那么，葛守诚只是根据旧曲填新词而已。南宋乐人也经常撰大曲献给皇帝，例如乾道、淳熙年间（1165—1189）见于宋人周密《武林纪事》卷七记载的就有：教坊大使申正德进新制《万岁兴龙》曲破，刘婉容进自制《十色菊千秋岁》曲破，教坊都管王喜等进新制《会庆万年薄媚》曲破，都管使臣刘景长进新制《泛兰舟》曲破等。曲破为大曲音乐结构中“入破”之后的合舞部分，仍然是大曲，只不过是不完整的大曲，宋人常常把它独立使用。除以上宫廷所演奏大曲以外，民间也还有从前代传袭下来的其他大曲存在，例如《柘枝》。

大曲规模庞大、段落繁复，动辄好几十段。宋人王灼《碧鸡漫志》卷三说：“凡大曲有散序、靸、排遍、攧、正攧、入破、虚催、实催、衮遍、歇指（拍）、杀衮，始成一曲。”宋代宫廷大曲演出的程序也很复杂，前有勾队，后有遣队，中间有念诗、有唱曲、有舞姿。这一点，从宋人史浩《鄮峰真隐漫录》卷四十五对于《采莲舞》《太清舞》《柘枝舞》《花舞》《剑舞》《渔父舞》等大曲表演过程的记载可以看出来。宋词中亦多有歌咏大曲舞姿者。例如赵长卿【清平乐】“初夏舞宴”咏《六幺》：“满酌流霞看舞袖，步步锦茵红绉。六幺舞到虚催，几多深意徘徊。”刘濬【期望月】咏《霓裳》：“逡巡一曲霓裳彻，汗透鲛绡肌润。”曾觌【浣溪沙】“郑相席上赠舞者”咏《凉州》：“惊鸿宛转掌中身，只疑飞过洞庭云。”①从这些文人词看，大曲也多演出于公卿宴会、士大夫酌饮的场合。民间大曲舞蹈不像宫廷那样守规矩，王灼《碧鸡漫志》卷三说：“后世就大曲制词者，类从简省，而管弦家又不肯从首至尾吹弹，甚者学不能尽。”宋沈括《梦溪笔谈》卷五也说大曲“凡数十解，每解有数叠者。裁截用之，则谓之‘摘遍’。今人大曲，皆是裁用，悉非大遍也”。曲词作者已经不按照大曲完整的音乐结构来填词，往往只填其中一部分，这在宋词里可以见

① 分别见《全宋词》第3册第1790页，第2册第1044页、1316页，北京：中华书局，1965年。

到大量的例子。演奏者也由于经常只奏一部分，而逐渐不能遍奏了。所以士大夫词里描写的情况，以及我们见到的当时墓葬里出土的文物情形，应该都是“简省”以后的情况，只是摘取一个大曲中的某几叠而演奏，反而显得随意灵活，可以在各种较小的场合，例如人家的户室厅堂里进行演出。

宋代宫廷大曲演出由教坊、云韶部、钧容直等乐舞机构承担，民间则由家妓、街市散乐人充任。宋代贵族、士大夫私蓄家妓风气很盛，如高怀德家“声伎之妙，冠于当时，法部中精绝者，殆不过之”；欧阳修家有妙龄歌妓“八九姝”；韩琦“家有女乐二十余辈”；韩绛有“家妓十余人”；苏轼“有歌舞妓数人”；王黼有“家姬十数人”；杨震“有十姬”；张镃有“名妓数十辈”①。宋代朱弁《曲洧旧闻》卷一载，宋仁宗时一位宫人曾言：“两府（中书省、枢密院）两制（翰林学士、知制诰）家中各有歌舞，官职稍如意，往往增置不已。”这些家妓常常在主人宴会时用歌舞侑觞，其中一项重要的内容就是表演大曲舞蹈。宋代沈括《梦溪笔谈》卷五载：“寇莱公好《柘枝》舞，会客必舞《柘枝》，每舞必尽日。时谓之‘柘枝颠’。”在寇准家庭宴会上表演《柘枝》大曲的就是他的家妓们。贵族、士大夫如此，当时的社会豪贵富户也竞相效尤。宋代罗晔《醉翁谈录》壬集卷一“红绡密约张生负李氏娘”载：“……彩云更探消息。忽至一巷，睹一宅稍壮丽，门前挂斑竹帘儿，厅前歌舞，厅上会宴。”描写的就是富民的家庭歌舞享乐场面。沈括《梦溪笔谈》卷九“人事”载：“石曼卿居蔡河下曲，邻有一豪富家，日闻歌钟之声……有群妓十数人，各执肴果乐器，妆服人品皆艳丽粲然。一妓酌酒以进，酒罢乐作……”“歌妓十数人”，已经可以和公卿相比。至于更为普通的人家，则养不起专门的家妓，也可以很容易地到瓦舍勾栏里去聘请民间“散乐人”来演出。宋代吴自牧《梦粱录》卷二十“妓乐”条说：“今士庶……筵会或社会，皆用融和坊、新街及下瓦子等处散乐家……祇应而已。”演出如此方便，无怪当时墓葬里就有了众多的大曲舞蹈场面出现。

与宋朝划地而治的北方辽国地界里，大曲舞蹈文物也很普遍。其最著

---

① 参见谢桃坊《宋代歌妓考略》一文引《宋朝事实类苑》《韵语阳秋》《侯鲭录》《玉照新志》《尧山堂外纪》《西湖游览志余》等书，文载《中华文史论丛》1983 年第 4 期。

名者为河北省张家口市宣化区下八里村发现的系列辽代壁画墓群，其中时见彩绘大曲舞蹈图。早享盛名的是 1971 年春发现的辽天庆六年（1116）张世卿墓前室东壁彩绘大曲壁画[①]，其中 11 人排为两列奏乐，舞者 1 人双手拢袖，抬肩屈肘，扭腰踏足，应节而舞。1993 年春发现的 6 号辽墓前室西壁彩绘大曲壁画则可以和张世卿墓相媲美，其中绘 7 个男乐人奏乐，1 位梳辽式髻、左衽、穿辽式裙的女伎舞蹈，动感强烈。[②]

辽朝为契丹民族，起于临潢（今辽宁省巴林左旗附近）一带，原有其本民族舞乐，后来从石晋政权得到中原乐舞，又于会同九年（946）灭后晋进入汴梁，更得全部中原雅乐、散乐。辽朝建国后，设雅乐、大乐、散乐等，皆出自中原的石晋政权。其散乐，亦设有教坊四部乐，和宋朝相仿。《辽史 · 乐志》"散乐"条称："今之散乐，俳优、歌舞杂进，往往汉乐府之遗声。晋天福三年，遣刘昫以伶官来归，辽有散乐，盖由此矣。"故而，辽朝教坊所演奏的大曲，系由唐朝经石晋衍播而来，与宋朝大曲同出一源。直到后来女真灭辽，得辽教坊四部乐，演奏起来，仍然是"曲调与南朝一同"[③]。辽朝继承了石晋大曲后，遂仿照汉人礼节，于各种正式、非正式场合使用。例如元旦朝会、册立皇后、皇帝生辰、宴请外国使节时，都表演大曲，与其他伎乐交互演奏。贵族臣僚以及豪门大户平日宴集时也用大曲，张世卿等墓葬所绘大曲场面壁画，应该是生活实录。

金朝大曲文物比宋辽更为普遍和常见，在金统治区的黄河以北地区可以说比比皆是。最早引起注目的是 1973 年 10 月于河南省焦作市王庄发掘的金承安四年（1199）邹瑄墓西壁大曲石刻[④]，绘刻乐队 9 人奏乐、舞蹈演员 2 人相向而舞。而此幅大曲石刻因为 1978 年修武县曹平陵村金代石棺大曲石刻的发现，更为引起人们的重视。后者为前者的翻版，与之几乎一模一样，但在大曲场面中刻上了"小石调 · 嘉庆乐"6 个字，这就标出了该幅大曲

---

① 参见郑绍宗：《河北宣化辽壁画墓发掘简报》，《文物》1975 年第 8 期。

② 参见张家口市宣化区文物保管所：《河北宣化辽代壁画墓》，《文物》1995 年第 2 期。

③ ［宋］许亢宗《宣和乙巳奉使金国行程录》，载宋耐庵辑《靖康稗史》。许亢宗时任著作郎，于宣和六年（1124）奉命出使金国，祝贺金主完颜晟即位，于宴会间观赏了辽国教坊乐。

④ 参见河南博物馆等：《河南焦作金墓发掘简报》，《文物》1979 年第 8 期。

表演所演奏的调式和曲牌名称。宋代宫廷教坊所奏四十大曲里有此调,元代马端临《文献通考》卷一四六"乐考"一九考证宋代教坊大曲曰:"十、小石调。其曲二:曰《胡渭州》《嘉庆乐》。"金大曲承宋而来,图中所绘应该即是金人演出宋大曲《小石调·嘉庆乐》的场景。金代大曲文物最为集中的发现地是山西省南部,有着众多的记录,例如襄汾县南董村金墓大曲砖雕、高平县西李门村二仙庙大殿露台须弥座金代大曲石刻图像①等。另外如1973年黑龙江省伊春市金山屯出土辽代八面体石幢②,亦浮雕一支大曲舞队,7人执乐器,1人舞蹈。

金朝为女真民族,最初崛起于白山黑水之地,以后连年伐辽、伐宋,很快据有北部中国。金太祖阿骨打于天辅年间(1117—1122)相继攻破辽上京、中京,继而灭辽,得辽教坊四部乐,自此而有大曲。金太宗完颜晟于天会五年(1127)自汴京掳宋徽、钦二帝北返,同时将汴梁乐伎大批掳回,其中也包括众多的大曲演员"舞旋弟子"。宋人徐梦莘《三朝北盟会编》"靖康中秩"卷五十二、卷五十三记载:"金人来索御前祗候:方脉医人、教坊乐人、内侍官四十五人;露台祗候:妓女千人……杂剧、说话、弄影戏、小说、嘌唱、弄傀儡、打筋斗、弹筝、琵琶、吹笙等艺人一百五十家……又取画工百人、医官二百人、诸般百戏一百人、教坊四百人、木匠五十人……弟子帘前小唱二十人、杂戏一百五十人、舞旋弟子五十人。"金朝由此进一步获取了北宋的大曲节目。金代大曲舞蹈仍然是高堂宴会上的常见表演内容,并承继宋代而能舞《柘枝》,见于文献记载。例如金人元好问《观柘枝妓》诗曰:"腰鼓声乾揭画梁,采云擎出柘枝娘。帘间飞燕时窥影,鉴里惊鸾易断肠。轻细不妨重晕锦,回旋还恐碎明珰。杖头白雨催花集,拂散春风两袖香。"③诗中所歌咏的《柘枝》舞,恐怕只剩下寥寥的几遍舞曲了。

---

① 有人认为此图所绘为"队戏"演出场面,这是不确切的。事实上它与众多的大曲表演场面完全一致,读者经过比较自明。参见寒声、原双喜、栗守田:《高平县西李门二仙庙金代乐舞队戏线刻图考析》,载寒声主编《上党傩文化与祭祀戏剧》,北京:中国戏剧出版社,1999年,第657~663页。

② 参见黑龙江省文物考古工作队:《从出土文物看黑龙江地区的金代社会》,《文物》1977年第4期。

③ 《中州集》癸集第十,汲古阁丛书本。

元朝灭金、灭宋,已尽得宋、金大曲。元代杨朝英编《乐府新编阳春白雪》,于卷首提到元有“四十大曲”,与宋朝教坊表演的数目一致。元代仍有《柘枝》舞。元代王恽《秋涧先生大全集》卷七《醉歌行》诗描写一次演出说:“溪神捧出柘枝娘,翠袖娉婷矜便体。绣靴画鼓随节翻,罗袜尘生步秋水。”它证实《柘枝》舞在民间从唐代一直流传到元代。然而元代大曲演出的文物已经十分少见,表明了这一艺术种类的临近衰亡。

大曲舞蹈最主要的表演形式有一人独舞和二人对舞两种。宋代陈旸《乐书》卷一八五“俗部·雅乐·女乐下”说:“至于优伶常舞大曲,惟一工独进,但以手袖为容、踏足为节。其妙串者,虽风旋鸟骞,不逾其速矣。”这是说的独舞。宋代孟元老《东京梦华录》卷九“宰执亲王宗室百官入内上寿”条描述宫廷大曲演出情景说:“三台舞旋,多是雷中庆……舞曲破攧前一遍,舞者入场。至歇拍,续一人入场。对舞数拍,前舞者退,独后舞者终其曲,谓之‘舞末’。”这里说的先是独舞,舞到“歇拍”以后改为对舞,最终又是独舞。《武林旧事》卷七明确记载了有三种曲破皆为对舞:“教坊大使申正德进新制《万岁兴龙》曲破,对舞。小刘婉容进自制《十色菊千秋岁》曲破,内人琼琼、柔柔对舞。教坊都管王喜等进新制《会庆万年薄媚》曲破,对舞。”又由宋人歌咏中知道,《梁州》里有双人舞。史浩【清平乐】“李漕生日”词有句:“笑待锦花茵上,双鸾舞彻梁州。”①因此我们看到的文物图像,都是由独舞和对舞这两种形式组成的。

大曲舞蹈文物里经常见到的一个姿势是舞者用双手将袖子撮起,从而显得袖笋尖尖。广元罗家桥宋墓大曲石刻Ⅱ、宣化6号辽墓壁画、焦作金邹瑱墓石刻、修武金代石棺石刻、高平二仙庙石刻皆如此。这是当时大曲舞蹈的一种常见舞姿,宋人吕胜己《满江红》“郡集观舞”词描写的“檀板频催,双捻袖、飞来趁拍”②即是。元人还给这种舞姿专门起了一个名字,叫作“双撮泥金袖”。元代孙周卿【双调·水仙子】散曲《赠舞女赵杨花》曰:“霓裳一曲锦缠头,杨柳楼心月半钩。玉纤双撮泥金袖,称珍珠络臂鞲。”③元代白朴

① 《全宋词》第2册,北京:中华书局,1965年,第1277页。
② 《全宋词》第3册,北京:中华书局,1965年,第1758页。
③ 《全元散曲》下册,北京:中华书局,1964年,第1065页。

《梧桐雨》杂剧第二折杨贵妃舞《霓裳》，唐明皇唱【鲍老儿】云：“双撮得泥金衫袖挽，把月殿里霓裳按。”①似乎元人尤其欣赏这种舞姿。

宋代宫廷大曲演奏的乐器，元马端临《文献通考》卷一四六“乐考”一九有考证：“乐用琵琶、箜篌、五弦、笙、筝、觱篥、笛、方响、羯鼓、杖鼓、大鼓、拍板。”但其中的箜篌、五弦、羯鼓，在文物图像里从未见到过，大约民间演出不可能像宫廷里那样乐器齐全吧。我们从南宋灌圃耐得翁《都城纪胜》“瓦舍众伎”条的记载可以看到，临安市井瓦舍勾栏里的演出，已经减去了这些乐器：“旧教坊有觱篥部、大鼓部、杖鼓部、拍板色、笛色、琵琶色、筝色、方响色、笙色。”如果统计一下宋辽金大曲文物里所用乐器，还可以看到这样一个趋势，即丝弦乐器的逐渐减少。例如焦作、修武大曲石刻9、10人的伴奏乐队，竟然已经没有一件丝弦乐器，全部由管乐器和鼓、板组成，其他如襄汾、高平亦如此，这可见出金乐发展之一斑。金、元杂剧演出多用鼓、笛、板伴奏，于此已经见出端倪。下面用表格方式，将宋辽金时期重要大曲文物的伴奏乐器做出统计（见附表）。

宋辽金大曲文物乐队配器统计表

乐器品类 / 配器数额 / 文物名		革				木	竹				丝			金	其他	
		大鼓	杖鼓	手鼓	板鼓	拍板	排箫	觱篥	笙	笛	琵琶	三弦	箜篌	方响	舞者	竹竿子
宋	禹县白沙墓	1	1			1	1	3	1	1	1				1	
	井陉柿庄墓	1	2			1		1		1					1	
	平定姜家沟墓1				1	1	1	1	1		1			1	2	
	平定姜家沟墓2	1	1			1		1		1					1	
	广元罗家桥墓1		1	2	1	1				2					1	
	广元罗家桥墓2			1		2				2		2			1	
辽	张家口下八里墓1	1	2			1	1	2	1	2	1				1	
	张家口下八里墓2	1	1			1		1	1	1	1				1	

① 《元曲选》第1册，北京：中华书局，1958年，第354页。

（续表）

配器数额 / 乐器品类 / 文物名		革				木	竹				丝			金	其他	
		大鼓	杖鼓	手鼓	板鼓	拍板	排箫	觱篥	笙	笛	琵琶	三弦	箜篌	方响	舞者	竹竿子
金	焦作王庄墓	1	2	2		1		3							2	
	修武曹平陵石棺	1	2	2		1		4							2	
	襄汾南董墓	1	1			2		1		2					1	
	高平西李门石刻		2	1		1		2		1					2	1

（原载《中国历史文物》2003 年第 3 期）

宋李嵩《骷髅幻戏图》发覆

李嵩，宋代钱塘人，少为木匠，徽宗、高宗时期被名画家李从训收为养子，受其培养濡染，善人物、界画，为南宋光宗、宁宗、理宗三朝画院待诏。作品有《货郎图》《服田图》《观潮图》《西湖图》《听阮图》《水殿纳凉》《花兰图》《骷髅幻戏图》等。

《骷髅幻戏图》绘有一个大骷髅席地而坐，头戴纱制幞头，身罩长衫，以数丝悬吊一个小骷髅要戏。小骷髅前有一婴童与一身穿对襟旋袄的稍长女童观看。婴童伸手蜷腿作欣跃趋奉状，女童则伸出双手作呵护阻止状。这幅图画虽然以骷髅戏弄为表现对象，却是对宋代市井木偶表演样式之一种——悬丝傀儡演出场景的模拟。大骷髅旁放置一副傀儡戏担子，有两屉箱笼，这是装置木偶用的。担上还带有草席、雨伞等物，是出行用具。后面席地而坐的是他随行的妻子，怀中尚在哺乳一幼子。旁一砖砌坊基，上立一块木板，标出“五里”两字。这是宋代傀儡艺人携家带口游走于道路间四处献技卖艺生活的生动写照。

宋代灌圃耐得翁《都城纪胜》记载临安瓦舍勾栏里演出的木偶戏种类有四种：“弄悬丝傀儡（起于陈平六奇解围）、杖头傀儡、水傀儡、肉傀儡。”宋周密《武林旧事》卷六“诸色伎艺人”条记载则有五种：“傀儡：悬丝、杖头、药发、肉傀儡、水傀儡。”这些傀儡戏种类中，以悬丝傀儡和杖头傀儡的演出最为普遍，一直到今天仍然是常见的木偶戏演出形式，其他三种演出方法则后世失传。所谓“陈平六奇解围”，是指汉高祖时陈平用木偶歌舞的美人计解除匈奴人围困的传说[①],当然不能看作信史。

悬丝傀儡今称提线木偶。唐代已经见到歌咏悬丝傀儡的诗句,例如唐人梁锽《咏木老人》诗曰:“刻木牵丝作老翁,鸡皮鹤发与真同。须臾弄罢寂无事,还似人生一梦中。”[②]宋代是悬丝傀儡的兴盛时期,都市的瓦舍勾栏里常年都有演出活动,并产生一批知名艺人,乡下也有走村串庄的流动演出。著名艺人北宋汴京勾栏里有“悬丝傀儡张金线”[③],临安勾栏里有“悬丝傀儡炉金线”[④]。另外宋代吴自牧《梦粱录》卷二十“百戏伎艺”条评价悬丝傀儡艺人技巧时说:“如悬线傀儡者,起于陈平六奇解围故事也。今有金线卢大夫、陈中喜等,弄得如真无二,兼之走线者尤佳。”用“金线”来称呼悬丝傀儡艺人,当然是他们用线提弄木偶技巧纯熟的缘故。所说“走线者”,可能是提线木偶表演时一种在线上行动的特殊表演。南宋时期还见到福建一带的乡间庙会上盛演悬丝傀儡的记载。诗人刘克庄《闻祥应庙优戏甚盛》诗二首之一描写了他对神庙演出悬丝傀儡戏时村中情景的感受:“空巷无人尽出嬉,烛光过似放灯时。山中一老眠初觉,棚上诸君闹未知。游女归来寻坠珥,邻翁看罢感牵丝。可怜朴散非渠罪,薄俗如今几偃师。”[⑤]村民们去时提灯皆出、万人空巷、兴高采烈,归时游女遗佩、邻翁感叹,引起诗人的怅惘之情。这些充分说明提线木偶演出有着很强的感染力和吸引力。

《骷髅幻戏图》里描画的小骷髅关节很多,悬吊的丝数也很多,至十余条,不仅能够牵动头颈四肢,而且还牵动手腕、臂肢、股肱关节,操作者则以一副丝板协调操纵。这种用丝板帮助操纵提线木偶的表演方法,一直沿袭到今天,福建泉州的提线木偶仍然使用这种方法。丝板控制下,众多线索的配合运用能够使木偶做出各种复杂的动作,模拟活人,惟妙惟肖。由此知

---

① 〔宋〕段安节:《乐府杂录》:“傀儡子:自昔传云起于汉祖在平城为冒顿所围,其城一面即冒顿妻阏氏,兵强于三面。垒中绝食,陈平访知阏氏妒忌,即造木偶人,运机关,舞于陴间。阏氏望见,谓是生人,虑下其城冒顿必纳妓女,遂退军。史家但云陈平以秘计免,盖鄙其策下耳。后乐家翻为戏。”

② 〔宋〕吴曾:《能改斋漫录》卷八引,四库全书本。

③ 〔宋〕孟元老:《东京梦华录》卷五“京瓦伎艺”条,四库全书本。

④ 〔宋〕西湖老人:《西湖老人繁胜录》,北京:中国商业出版社,1982 年,第 16 页。

⑤ 〔宋〕刘克庄:《后村先生大全集》卷二十一,四部丛刊本。

道，宋代的提线木偶已经达到了相当高的演出水平。

至于此图题为“骷髅幻戏图”，大约是取傀儡戏演绎人生、倏忽幻灭之意，体现了古人的人生观念。古人从傀儡戏表演中得出了人生无常、浮世若梦的感觉，感叹命运被神鬼捉弄，恰似行尸走肉，因而时常以此为题来抒发自己的人生感慨。前引梁锽《咏木老人》诗所谓“须臾弄罢寂无事，还似人生一梦中”即是。宋代黄庭坚仿其意，亦作诗一首曰：“万般尽被鬼神戏，看取人间傀儡棚。烦恼自无安脚处，从他鼓笛弄浮生。”[①]元人姬翼也有一首【鹧鸪天】小令形容说：“造物儿童作剧狂，悬丝傀儡戏当场。般(搬)神弄鬼翻腾用，走骨行尸昼夜忙。”[②]大约由傀儡戏的操纵方式最容易产生此类联想，这三首诗不约而同地以傀儡戏演出来比喻人生的无助和无奈。画家则由此进一步生发，把悬丝傀儡的表演人和被操纵的傀儡都画成行尸走肉的骷髅了，蕴藏着操纵者与被操纵者最终都将殊途同归意。这个构想真是神来之笔，不假文字，就能让人一目了然，准确理解到画家的寓意。

同为南宋画院待诏，擅长山水、人物，与马远、夏圭、李唐共为四大家的刘松年，亦是钱塘人，也绘有一幅《傀儡婴戏图》。这幅图直接绘出了悬丝木偶戏的演出场景，可以与《骷髅幻戏图》相参看，只不过所绘内容是儿童要弄木偶而非正式演出。由儿童亦可要弄，见出当时傀儡戏普及程度之高与儿童对之兴趣之浓，由此也反映了当时木偶戏的受欢迎程度。图绘石板曲径、装点有奇石花卉、蛱蝶飞舞的庭园中间，一婴在用桌子、竹竿、围幔架构起来的表演场所里藏身，正专心致志地操纵一具悬丝傀儡。另外还有三具悬丝木偶挂在架上。围幔上粘有悬幅两条、横幅一条，这是模仿当时商业演出挂戏招子的做法，通常上面写明演出的戏目和演出团体及表演者名目。傀儡上挑五根丝线，很明显五根丝线分别操纵头、双手和双脚。傀儡扮作钟馗一类人物，深目虬腮，表情生动，正举手投足而舞。这种上以帐幔遮挡操纵者、下露木偶表演的操作方式，今天还能在福建泉州的提线木偶演出里见到，是很著名的表演方法。观看同时兼任伴奏的三婴，一个把一面板鼓平放在倒

① 〔宋〕黄庭坚：《题前定录赠李伯牖二首》其二，《山谷外集》卷六，四库全书本。

② 《全金元词》下册，北京：中华书局，1979年。

置的木凳里，正在用双槌敲击，一个在敲打拍板，余一人手指木偶正在全神贯注地观看。地上尚有未用乐器笛一支、钹一副。这种表演方式，元明时期人杨景言杂剧《西游记》第六出里曾经描写到。其中人物胖姑儿看了悬丝傀儡演出，回家对爷爷描述说："爷爷，好笑哩！一个人儿将几扇门儿，做一个小小的人家儿。一片绸帛儿，妆着一个人儿，线儿提着木头雕的小人儿。那的他唤做甚傀儡，黑墨线儿提着红白粉儿，妆着人样的东西。"[①]从这段文字中，知道演出有舞台装置，傀儡有艳丽的化妆，用黑墨线提控。

1976年6月出土于河南省济源县勋掌村的一件长方形宋代三彩瓷枕，也于枕面上绘有一幅悬丝木偶图。瓷枕通体施以绿釉，间以黄釉和褐红釉。枕面长48.8厘米，宽18厘米。枕面绘三婴。其中右侧一位挽双髻、着绿衣白裤、坐于石墩上的婴童，以右手执一短杖，杖悬数丝挑起一具皂巾黄衫的傀儡老翁，正在进行非正式表演。中间一个皂衣白裤的婴童横吹一支笛子，同时起舞。左侧一位绿衣黄裤婴童，席地而坐，敲击一面手鼓。玩耍的环境同样是有奇石花卉树木栏槛的庭园。[②] 画面反映的是婴戏悬丝傀儡的简单形式，傀儡可能是玩具而不是正式演具，但也可视为当时悬丝傀儡极其普及情形的写照。

悬丝傀儡戏与儿童游戏发生了极其密切的关系，上述两件文物形象都以儿童戏耍的形式出现，透示出它在当时社会中的盛行与普及。宋人俞文豹《吹剑录·四录》引有包道成咏傀儡戏诗句曰："莫教线断儿童手，骨肉都为陌路尘。"也反映了儿童常常喜欢玩耍悬丝傀儡的情况。宋代市肆所卖杂货中，常见悬丝傀儡玩具，如西湖老人《繁盛录》提到"悬丝狮豹"，吴自牧《梦粱录》提到"线索傀儡儿、狮儿、猫儿"等。宋代儿童画、风俗画多表现傀儡戏的题材，正是当时社会风尚的反映。

（原载《文物天地》2002年第12期）

① 隋树森：《元曲选外编》，北京：中华书局，1959年。

② 卫平复：《两件宋三彩枕》，《文物》1981年第1期。

从梵剧到俗讲

——对一种文化转型现象的剖析

1 到 5 世纪时,梵剧兴盛于印度。随着当时具有强大传播力和渗透力的佛教文化的长驱东进,与之有着生存依托关系的印度戏剧文化也同时向东浸染。但是,它的矛锋却在渐次东传的路途中逐渐磨钝了,变形了。当梵剧传播的前锋达到另外一个强大的文化凝聚体——汉文化的边缘地区时,它就在双向引力场的作用下,与东土艺术里的某些实用形态发生杂糅与融合,形成了新质,蜕变为唐代寺院里的俗讲艺术。其时,中国戏曲正在孕育,它间接地得到了梵剧艺术的营养,随即勃发为东方另外一种成熟形态的戏剧样式。

这是在不同民族文化传播过程中出现的转型现象。对这一例证进行具体分析,或许能够帮助我们接近一种文化发展的规律。

一、梵剧东来之势的形成

2 世纪贵霜王朝迦腻色迦王强大的霸业,使印度文化达到其历史上一个极其辉煌的时期。此时佛教的发展和传播也因为大乘宗的兴起而达到鼎盛。恰值汉朝交通西域的关隘已经打通,抑制不住生命力骚动的印度佛教就随着行脚僧和驼队的足迹来到东土。

印度与中国的文化交往见于史籍可以追溯到西汉。汉武帝时张骞通西域,带回【摩诃】【兜勒】两个曲子,教坊乐工李延年在其基础上重新创造了

28 种乐曲,在宫廷里演唱[①]。从名称看,这两个曲子可能就出自印度。因为"摩诃"显然是天竺(古印度)语中"Maha"一词的对音,印度史诗《摩诃婆罗多》(*Mahabharata*)的首音即与之相同[②]。以后印度乐舞不断地进入中国,例如隋文帝平定五胡之后,在宫廷里设立七部乐,其中之一就是【天竺伎】。

中国与印度的交往长时间里只有西域一条路[③]。西汉时印度已有人来长安贡献方物[④],东汉时则屡屡与中国互派使者[⑤],佛教也在这个时候从西域逐渐东传。西晋以后,中印两国僧人来往就逐渐多起来,中国著名的高僧如南朝宋时考察印度的法显(著有《佛国记》),印度著名的高僧如北朝时经由龟兹来华的鸠摩罗什。东晋时期,天竺乐经过凉州(今甘肃武威)传入中国宫廷[⑥],而天竺佛教乐舞可能早就随着佛教的东来从民间传入了,所以南朝梁武帝才能够在佛寺设无遮大会,大奏佛乐,观赏"法乐童子伎、童子倚歌、梵呗"表演[⑦]。在这种时代背景下,印度梵剧开始由西域东渐。

印度梵剧大约是从祭祀"韦纽天"和"遍入天"的仪典中发展而来,由颂神歌曲和拟神行为逐渐演变而成为戏剧[⑧]。公元纪年前后梵剧开始在印度逐渐兴盛,出现了跋娑、首陀罗迦、马鸣这样的大戏剧家,并产生了世界戏剧理论史上的巨著《舞论》。继而在 3—5 世纪间出现了著名剧作家迦梨陀娑和他的名作《沙恭达罗》,把梵剧的发展推向了鼎盛。可惜的是,印度曾经繁盛一时的戏剧文化,今天却看不到其活动遗迹了,从印度史籍中也找不到其演出记载,反而在中国僧人法显的《佛国记》里保留了一些踪影。

梵剧走向兴盛的时间,恰恰也是中国从西汉到南北朝大力交通西域的

---

① 参见〔汉〕崔豹:《古今注》。

② 向达:《唐代长安与西域文明》,北京:生活·读书·新知三联书店,1979 年,第 253 页。

③ 汉朝与印度的陆路交往经由西域,道远而寇多。据张骞计算,从四川向西南方向进入印度,应该是一条近路。于是汉武帝派使者出四川,准备经滇越而入印度,然而因为当时云南还是不开化地区,到昆明就被当地人杀死,财物被抢走。以后又屡屡派人走这条路,总不能通(见《史记·大宛列传》),只能绕道走西域。

④ 参见〔汉〕刘歆:《西京杂记》卷二。

⑤ 参见《后汉书》卷八十八,四库全书本。

⑥ 参见《隋书·音乐志》,四库全书本。

⑦ 同上。

⑧ 参见许地山:《梵剧体例及其在汉剧上底点点滴滴》,《小说月报》第十七卷号外。

时期,因而梵剧的东来之势就自然而然地形成了。

二、文化转型的阶段性呈现物

20 世纪以来,在新疆屡有佛教剧本发现,迄今已发现有 3 种古文字、多种写本的剧本,它们是印度梵剧东渐的历史见证者,也是印度文化向东土文化转型的阶段性呈现物。

首先,梵文剧本代表了印度梵剧的本土文化范型,为 1911 年德国梵文学者亨利·吕德斯(Heinrich Luders)从 20 世纪初德国探险队在吐鲁番得到的贝叶梵文卷子里发现,包括三个戏剧残卷。其中的《舍利弗传》(*Sariputrapakarna*)比较完整,是一个九幕剧,描写佛陀的两个大弟子舍利弗和目犍连如何改信佛教出家的故事。卷尾注明是"金眼之子马鸣所著舍利弗世俗剧"(世俗剧是印度古典梵剧中与英雄剧相对应的一类戏剧样式)。另外两个剧本残卷不知道剧名,内容同样宣传佛教,据推测也是马鸣创作的。马鸣(Asvaghosa)生平已不可考,大约是一二世纪时的印度佛教大师,在今天所见到的佛教经典中留有许多署他名字的哲学著作和佛教故事集,另外他还有两部长诗《佛所行赞》和《美难陀传》。上述发现的《舍利弗传》剧本里有些诗句就是马鸣从他自己的长诗《佛所行赞》里借用的。[①]

印度本土在南北朝时期(5 世纪)还演出《舍利弗》剧,当时去印度的宋僧法显看到过,他在《佛国记》里说,中印度"众僧大会说法。说法已,供养舍利弗塔。种种香华,通夜然(燃)灯,使彼(伎)人作《舍利弗》"。《舍利弗》剧的名声很大,可能对东土也有影响。唐朝有两个乐曲《舍利弗》和《摩多楼子》[②]是以佛陀弟子舍利弗和目犍连("摩多楼子"即目犍连)的名字命名的,可能就和梵剧《舍利弗传》的乐曲有关。

有意思的是,在上述三个剧本出现之前,人们都没有看到过早期梵剧剧本的实际样式,所谓的印度跋娑十三剧的发现和校刊是后来的事。在梵剧

① 参见许地山:《梵剧体例及其在汉剧上底点点滴滴》,《小说月报》第十七卷号外。

② 《乐府诗集》卷七十八"杂曲歌词"。

东渐路途中出现的这些残卷使人们把梵剧产生的时间向前推了一大步。

其次,吐火罗文剧本是印度向东土文化转型的第一个例证。20 世纪初欧洲人首先在新疆古文书里发现了分属两种本子的吐火罗文 A 本《弥勒会见记剧本》(*Maitreyasamitinataka*)残页,其名字来自梵文,后面的几个字母 nataka 在梵文里意为“戏剧”。后来,1974 年在新疆焉耆县七星千佛洞附近又发现了一个稍完整的吐火罗文 A 本《弥勒会见记剧本》残卷,用婆罗谜字母墨书,其首页有两行文字曰:“在(圣)月整理好了的《弥勒会见记剧本》中,名叫《婆……》第一幕终。”其中的“幕”字是从梵文“napata”(幕)借过来的。[①] 每幕开头均用朱墨标明场次和故事地点,同时也标明了出场人物及其所演唱的曲调。这种种迹象都显现了它作为一个戏剧剧本的明显特征。焉耆县为古代焉耆国旧址,是丝绸北路上的小国之一,其人民所用语言即为吐火罗语。据德国学者汤姆斯(Werner Thomas)的看法,这些吐火罗文 A 本残卷写成于 6 至 8 世纪,即中国的隋唐时代。近代在新疆库车地区还出土了龟兹—焉耆语《难陀本行集剧本》(*Nahd-Acareta Nataka*)以及关于 Aranemi 国王的剧本残卷[②],也都属于吐火罗语语系。由于残损过甚,其具体形式还需要进一步研究。吐火罗文佛教剧本在新疆地区的诸多呈现,是印度文化向东渗透留下的清晰痕迹。

再次,回鹘(突厥)文剧本是印度文化向东土文化转型的第二个例证。新疆曾发现了几种回鹘文的《弥勒会见记》(*Maitrisimit*):一为 20 世纪初德国考古队在吐鲁番地区找到的六个抄本残卷,德国学者按其出土地点称之为胜金口本(2 种)和木头沟本(2 种),还有两种出土地点不明。其中以胜金口本保留下来的页数最多,完好的有十几张,但仍只占全书的十分之一。一为 1959 年在哈密县天山公社发现的较为完整的本子,共约 293 页 586 面(内容完好者 114 页 228 面),装帧形式为梵策式。每一幕前用红墨书写标

① 参见季羡林:《谈新疆博物馆藏吐火罗文 A〈弥勒会见记剧本〉》,《文物》1983 年第 1 期。文中有空缺,季羡林先生根据回鹘文本的《弥勒会见记剧本》,指出这里应该是“婆波离的婆罗门举行布施大会”诸字。

② 参见耿世民:《古代维吾尔语佛教原始剧本〈弥勒会见记〉(哈密写本)研究》,《文史》第 12 辑,1982 年。

出故事地点[①]，每一幕结束时也标明此幕名称等。这和吐火罗文本一样，但是它没有在题目上标明为剧本，也没有标出每场的出场人物和演唱曲调，吐火罗文本的唱词内容，在回鹘文本里则用对话形式替代了。因而从文本形式上来看，回鹘本比吐火罗本的剧本特征要弱。哈密本全剧共存序章和二十五幕正文，德国残卷可看出尚有二十六、二十七两幕，为全剧的尾声。可见这个剧本由序章和二十七幕组成。

回鹘文本《弥勒会见记》的产生年代，学术界有不同看法，而其中 8—9 世纪之间的说法为人们所普遍接受。在 20 世纪初欧洲人发现回鹘文本《弥勒会见记》残卷的时候，由于其戏剧特征不强，没有将它认定为剧本形式，有人干脆将其名字译为《弥勒三密底经》。后来直接标明为剧本体裁的吐火罗文本发现了，才给人们提供了一个比照的机会，使我们知道了回鹘文本正处在从戏剧形式蜕变的过程中。

从新疆继续向东，就到达汉文化的边缘——敦煌，出现在这里的佛教文书文献已经改为主要以汉字为依托，敦煌成为印度向东土文化转型的第一个集结处。

三、梵剧东渐的轨迹

从上述佛教剧本在新疆地区的流传，我们清晰地看到一条印度梵剧东渐的语言转换轨迹：梵文→吐火罗文→回鹘文→汉文。

梵文本是印度语，但是在新疆发现的梵剧残卷却是用中亚婆罗谜字母写成的。这就是说，这些剧本是在新疆本土抄写的，而不是从印度直接传来的。传抄者很可能是新疆当地的佛寺僧人，因为他们通梵语，正像法显在《佛国记》里说的："自鄯善(在今哈密和吐鲁番之间)西行，所经诸国……国国语言不同，然出家人皆习天竺书天竺语。"新疆的本地僧人开始传抄印度梵剧剧本，这是梵剧东渐的第一步。

---

① 沈达人认为所标包含法言的事件发生地点，为传播佛法服务而非为戏剧场景服务，亦备一说。见《〈弥勒会见记〉形态辨析》，《戏剧艺术》1990 年第 2 期。

梵剧东渐的第二步则是新疆人用当地流行的吐火罗语和其他语言传译。在这里,吐火罗语尤其具有重要的历史意义。中古时期,吐火罗语曾经成为中亚地区的一大通行语种,它的流行与当时在这个地区的霸主国大月氏的兴盛有关。大月氏本为居住在中国敦煌、祁连山一带的民族,于前 2 世纪初为匈奴所逐,西迁中亚地区,其语言逐渐和当地民族融合而形成吐火罗语语系。大月氏在贵霜帝国的迦腻色迦王(约 120—162)时达到鼎盛,其疆域北逾阿姆河,东逾葱岭抵天山南路之西,东南逾印度河,成为中亚细亚一个庞大的帝国。东汉时班固定西域,曾经和大月氏战于新疆的于阗—莎车一带。贵霜文化是古代希腊、伊朗和印度文化的混合物,它从印度继承了佛教信仰,并借自己的势力把它极度张扬。大乘佛教和梵剧都在其时其地兴起,马鸣则是大乘佛教和梵剧兴起的功臣。在新疆发现的三个梵剧剧本的作者马鸣,原为北印度人,迦腻色迦灭天竺,将马鸣掳去,使之成为自己的御前诗人①。由此我们可以看到梵剧和吐火罗文的血肉联系了。

当时在新疆城内的一些小国,如焉耆、龟兹等都说吐火罗语。唐朝僧人玄奘赴印度取经路过这两个国家,在他所著的《大唐西域记》里说它们的文字是"取则印度,微有增损",而"经教律仪,既遵印度,诸习学者,即其义而玩之"。它们的文字就是用婆罗谜字母书写的吐火罗文,属于印欧语系。既然读经的人可以直接揣摩梵文的经义,可见其文字与梵文相去不远。那么,这些国家的人们接受并翻译梵剧就是很自然的事情了。

梵剧东来先转换成吐火罗文,与当时佛经汉译的过程也是一致的。中国的佛经翻译最初多是由吐火罗等语言转译而不是直接从梵语翻译过来的,这在今天一些印度文借字里还可以看出来。从南朝人慧皎的著作《高僧传》里还知道,初期来华译经的僧人也多不是印度人,而是月氏人或康国人。这些都说明了一个事实:在印度佛教刚开始向中国汉族聚居区传播的时候,并不是直接进入中土,而是经过了吐火罗语和其他西域语言的中间媒介。

梵剧东来的第三步则是从吐火罗文再译为回鹘(突厥)文。德国学者谬莱(Muller)和泽格(E.Sieg)经过将回鹘文本和吐火罗文本的两种《弥勒会见

① 参见许地山:《印度文学》,上海:商务印书馆,1930 年,第 65 页。

记》逐段对照，指出回鹘文本的《会见记》是由吐火罗文本转译过来的，这种说法为学术界所接受。回鹘为铁勒之一部，经过长期与匈奴、鲜卑、柔然、突厥作战，逐渐崛起为漠北统一的大汗国。唐玄宗时助唐平安史之乱，进入中国西部，以后逐渐衰落。其一支定居新疆吐鲁番，建立高昌国，控制焉耆、龟兹、于阗等国，为今天维吾尔人的祖先。

以上是根据史实考察梵剧东渐的迹象。事实上，我们从《弥勒会见记剧本》本身也可以找出梵剧东传经过了几个阶段的痕迹。在回鹘文本第三幕结束时有这样一段文字："洞彻并深研了一切论，学过毗婆尸论的圣月菩萨大师从梵语改编成吐火罗语，波热塔那热克西提又从吐火罗语译成突厥语的《弥勒会见记》中'无生罗汉的譬喻故事第三幕'完。"在第一幕末尾第16页背面有内容大致相同的一段话，其中将波热塔那热克西提的名字换成了智护法师。这里已经清清楚楚地交代了回鹘文本《弥勒会见记剧本》的由来：首先由圣月从梵语译成吐火罗语，再由波热塔那热克西提和智护（有人认为二者是同一人）等人转译成回鹘语（突厥语），这不正勾勒出了此剧本从梵文到吐火罗文再到回鹘文的脉络线索吗？这个传译序列和我们前面的考察正好是吻合的。

梵剧东渐的三级跳与新疆地区遗留的同期文化遗迹呈三个层面的现状也是吻合的。西方学者瓦尔兹米德（E.Waldschmidt）在考察了新疆的古代雕塑、壁画和绢画风格后指出，这里存在着三个文化期，即600年以前的犍陀罗期，带有波斯萨珊王朝特点的吐火罗期，800年后的突厥——汉族期。[①]这三个时期的划分从时间概念上为我们提供了理解梵剧东渐的文化接受和转型过程的契机。

当然，我们以上所说的梵剧东渐轨迹，仅仅是就今天所见到的材料体现出来的强烈象征意义而言，并非说梵剧的东来就一定要经过上述几个步骤。

以上是从陆路上追寻梵剧东渐的踪迹。其实印度与中国的文化交流还有一条水路，就是从南海乘船来往，在中国的到达地点是东南沿海地区。20

① ［德］瓦尔兹米德：《犍陀罗、库车、吐鲁番——中亚中世纪早期艺术导论》，莱比锡，1925年。转见［德］葛玛丽（A. V. Gabain），耿世民译：《高昌回鹘王国》，《新疆大学学报》1980年第2期。

世纪30年代曾有人在浙江温州附近的天台山国清寺里见到了3到5世纪时印度著名梵剧作家迦梨陀娑的名著《沙恭达罗》的写本，可能就是从水路传入的。郑振铎据此认为到中国东南沿海来从事贸易的印度商船为了祷神而将梵剧演出带来。[①] 德国学者布海歌(Helge W.Burger)向1987年北京中国戏曲国际讨论会提交的论文《中国戏曲传统与印度Kerala地方梵剧的比较》，根据她本人在印度的考察，再次指出中国戏曲与印度梵剧有很多相似之处，并重申到中国来的印度海船用梵剧祷神演出说。[②] 因为梵剧由水路向中国的传播与本文主题无关，这里不详论。

四、梵剧剧本渐次向东传译的原因

新疆本地居民转译佛教剧本，是处于对其戏剧价值的考虑，还是仅仅归因于单纯的宗教目的？我们找不到直接的证据。但哈密回鹘文本的《弥勒会见记》中，抄写者曾标明了其抄写这个剧本的意图，值得注意。

序章第十页正面有这样的文字："在特选的良月黄道吉日，有福的羊年辰三月二十二日，我敬奉三宝的信徒曲·塔思依干都督和夫人贤惠一起，为了和未来佛弥勒相遇，特使人立弥勒尊像一座，并使人书《弥勒会见记》一部。"第十幕十六页背面又说："我塔思依干都督为了(死后)会见弥勒佛面让人抄写。"第十六幕十六页背面则说："此书我们依塔思依干都督之请抄写。"这些出自还愿者和抄写者的自我交代表明：这个本子是当地高昌回鹘王国的佛徒官僚施主为了宗教信仰的目的而出资让人抄写的，并非为了戏剧演出，或为了这部剧本的文学价值。下面还有这类字样："即把此功德首先施向我们的登里牟羽颉毗伽狮子登里回鹘皇帝陛下、值得赞美的十姓回鹘汗国"，进一步说明抄写本子被视为施行功德。[③]

这或许可以解释为什么回鹘文本显示出比吐火罗文本在剧本形式上退

① 郑振铎：《插图本中国文学史》第三册，北京：人民文学出版社，1982年，第568、572页。

② [德]布海歌：《中国戏曲传统与印度Kerala地方梵剧的比较》，《戏曲研究》第24辑，1987年。

③ 译文均转引自耿世民：《古代维吾尔语佛教原始剧本〈弥勒会见记〉(哈密写本)研究》，《文史》第12辑，1982年。

化的痕迹。大概就因为回鹘文本抄写的目的已经不是用于戏剧演出，而转为纯宗教目的，所以在转抄甚至在从吐火罗文翻译过来时，人们不再注重它的剧本形式，所以把有关名词和场景提示省略了。吐火罗文A本是否用作演出的底本，我们不知道，但由回鹘人在转抄或翻译时已不去注意它原是一个戏剧剧本来看，大概至少在8世纪回鹘人统治新疆的时候，这种佛教戏剧的演出已经停止了（或者干脆就没有从印度传过来）。

德国学者葛玛丽（A.V.Gabain）经过对回鹘文本《弥勒会见记》的研究，认为它是供在寺院里演唱用的一种"原始剧本"，所谓"讲唱人（可能由不同的人扮演不同的角色）向人们演唱诸如《弥勒会见经》之类的原始剧本"。[①]如果实际情形是这样的话，就说明梵剧演出东进到高昌回鹘王国的统治地域时已经向说唱形式退化了。还有人指出这种退化发生的原因是当时中国还没有出现完整的戏剧艺术形式，只流行着说唱艺术，所以梵剧采用了适应当地习俗的方式来谋求发展，也有道理。[②]

当然也可以有另外一种解释，即当地本有吐火罗语的戏剧演出，所以才从梵语里翻译剧本，又有回鹘语的演出，所以又从吐火罗语里翻译剧本。塔思依干都督请人抄写剧本的底本原来就是为了演出而翻译的，捐资抄写剧本则有助于帮助佛教戏剧演出的广布——这或者可以解释人们把抄写剧本和抄写佛经一样视为布施功德的原因。

一些迹象表明，中古时期中国新疆一带应该有着原始戏剧的演出。在新疆和田发现的一些陶瓦浮雕中有一些喜剧面具的形象[③]，1903年日本大谷光瑞探险队在库车附近发掘的两件中古舍利盒上画有戴面具跳舞的人物形象，似乎即是当地的初级戏剧或歌舞戏的表演场景。史料也提供了实证性的文献：北宋太平兴国七年（982），宋御前供奉王延德至高昌，其王为之举行盛大宴会，"遂张乐饮宴为优戏至暮"。[④] 金宣宗兴定五年（1221），金朝礼

① ［德］葛玛丽（A.V.Gabain），耿世民译：《高昌回鹘王国》，《新疆大学学报》1980年第2期。

② 姚宝瑄：《试析古代西域的五种戏剧——兼论古代戏剧与中国戏曲的关系》，《文学遗产》1986年第5期。

③ 参见阿卜都秀库尔·穆罕默德·伊明：《浅论西域戏剧艺术的起源》，曲六乙等编：《西域戏剧与戏剧的发生》，乌鲁木齐：新疆人民出版社，1992年。

④ 《宋史·高昌传》，四库全书本。

部侍郎吾古孙仲端路过高昌故地时，还看到“倡优百戏”①。在藏文本《于阗国授记》一书里也提到当地（今和田地区）的戏剧表演。

另外，新疆西边的国家里也有专职戏剧优人存在，例如米国的米禾稼、米万槌擅长表演“弄婆罗门”的戏剧，曾在唐朝宫廷教坊里长期供职。② 这种“弄婆罗门”戏应该和佛教戏剧有关，当然它的表演形式似乎属于滑稽调笑一类的小戏，与梵剧不是一回事。梵剧演出的形式是否传入新疆地区，还有待更多资料的发现才能判明。

10 世纪以后，伊斯兰教的势力东侵，逐渐取代了佛教在新疆地区的统治地位，并迫使回鹘人改变了信仰。因为伊斯兰教没有佛教对待戏剧的热情，原来因佛教而兴起的戏剧活动至少在这时就衰落下去了。其时中原戏剧还没有走向成熟，因而梵剧直接影响中国戏曲的可能性也由此而中断。

五、敦煌残卷中的曲本及其与梵剧的关系

由新疆城内诸国向东再进一步，到达佛教在汉语区域的第一个大据点——甘肃敦煌，梵剧深入到这里以后又发生了什么变化呢？

今天可以从敦煌石室佛教遗书中找到许多颇具戏剧性的俗讲文本，长期以来许多学者一直在探求它们与戏剧演出之间的关系。敦煌俗讲文本里，有一些具备了代言体的形式，并有一定的场景提示，这些是否是戏剧剧本，或是处于什么发展阶段的戏剧剧本呢？

任二北先生的著作《唐戏弄》里举出了几个有关例子，认为接近剧本。一为斯 2440.2 号所载《太子成道经》。敦煌卷子中有关太子成道故事的讲经文或押座文已发现有十余个，任先生认为唯独此卷面貌独特，有多人出

---

① 〔金〕刘祁：《北使记》，〔元〕陶宗仪：《游志续编》卷上，宛委别藏本。

② 〔唐〕段安节：《乐府杂录》。米国为中亚小国，在今乌兹别克共和国撒马儿罕地区西南，《隋书·西域传》《新唐书·西域传》皆及之。唐代西域昭武九姓诸国来华的人很多，后来有的就留寓中国，他们都以国为姓，如康居的姓康、安国的姓安、月支的姓支、米国的姓米等。向达先生认为米禾稼二人即为米国人，见《唐代长安与西域文明》，北京：生活·读书·新知三联书店，1979 年，第 61~62 页。

场，吟白唱词均为代言，还有舞台调度提示，它可能以另一体裁单行，亦即剧本体。[①] 也有学者根据其中有“青一队、黄一队，熊踏”这样类似舞台提示的文字，认为有可能是歌舞剧。[②] 但近来有人从文字校刊方面提出问题，指出任氏所说“多人登场”“开端布置”等，皆非原文本意，所谓“熊踏”也是歌词“熊踏胸兮豹拿背”一句的节文，因而判定此文仍属一篇叙述体的讲唱文。[③] 二为《维摩诘经问疾品》和《维摩诘所说经》两种经文中都出现了“白”的提示，和“吟”并举。[④] 但这显然是说唱中说与唱的分别，而且通篇口气为第三人称叙述体。三为日本人狩野君山从敦煌卷子里抄的一篇失名变文中有“佛子上”的提示。但在变文中标出“佛子”字样者是一种“此处唱佛名”的标志，其他地方相同的例子很多，并非仅仅这一篇所具有的特例。[⑤] 仅就这篇变文看，其通篇仍为第三人称叙述本，并且在文终还有请听众“明日闻钟早听来”的句子，明显是寺院说唱僧人的口气。四为陆翔翻译的法国伯希和所编《巴黎图书馆敦煌写本书目》里面三次提到“戏剧”或“剧本”。一是2504 号，叙文曰：“华文，唐《职官表》及《国忌日表》。此卷以中国戏剧(actes)残文及藏文纸补缀。”二是 2545 号，叙文曰：“华文，《孝经》，极残损。背面录戏剧(actes)。”三是 3352 号，叙文曰：“华文，阿阇世王生平事实剧本(scenes)及十六观。”但任先生自己也说 actes 也可译作契约、公文，scenes 也可译作悲惨的事情，因而需要进一步查证原书。

在敦煌变文里有一些对话体的抄本，如《孔子项橐相问书》《晏子赋》《苏武李陵执别词》《燕子赋》《茶酒论》《齖魺书》《下女夫词》等，有人认为已经接近剧本的形式。但其中所咏一般是第三人称叙述口气，只有《下女夫词》一篇似乎全部用了代言体，而且有人物动作提示，不知是否有人物扮演。

上述例子足以说明敦煌曲本还不具备典型的戏剧形态，而所有这些例证，在情节的完整、篇幅的宏巨、人物的数量、场景的铺排等方面，都无法与

---

① 任半塘：《唐戏弄》下册，上海：上海古籍出版社，1984 年，第 876、964 页。

② 参见饶宗颐：《敦煌曲与乐舞及龟兹乐》，《新疆艺术》1986 年第 1 期。

③ 参见刘瑞明：《所谓唐代两件戏剧资料辨析》，《中华戏曲》第 11 辑，1991 年。

④ 任半塘：《唐戏弄》下册，上海：上海古籍出版社，1984 年，第 964 页。

⑤ 参见刘瑞明：《所谓唐代两件戏剧资料辨析》，《中华戏曲》第 11 辑，1991 年。

前面提到的梵剧剧本及其变种相比，它们显示出梵剧进一步退化的痕迹。

俗讲的形式是对于汉代以来俳优说唱艺术的继承和发扬，它的表演手段基本上是中原式的，它的内容在最初却照搬了以往为梵剧所承载的印度佛经故事——随着佛教东渐而到达东土边缘的梵剧艺术，为了适应水土的需要，在敦煌最终发生了文化转型，向汉化的形式蜕变。继而，寺院俗讲又广为吸收东土的世俗内容，致使这种蜕变朝向更加深刻的方向发展。

六、梵剧艺术对中国戏曲的影响

敦煌俗讲代表了梵剧在汉语地区蜕变后所产生的一种佛教艺术形式，即由过去利用戏剧形式转而到运用梵呗说唱方法来宣扬佛法。

俗讲的形式多种多样，我们今天看到的俗讲底本有变文、讲经文、押座文、缘起、话本以及歌、诗、词、赋等各种文体，可见它是广泛采取了当时民间流行的叙事吟咏方法。上述形式大致可以归纳为两类：一类如《庐山远公话》《舜子变》等完全用散文叙述体，只说不唱；另一类则像《汉将王陵变》《降魔变文》等，韵文和散文相间，有说有唱。唱则曲调皆隶属于一定的宫调，我们在俗讲文里常见到韵语前面标出“平”“侧”“断”等字样，大概即是平调、侧调、断金调的省文。[①]

俗讲的说唱形式直接导致了后来说唱艺术的兴盛。其实早在唐末，四川市井中已经有人开始模仿僧人俗讲来进行表演。唐人吉师老就在诗中歌咏蜀中女子能说唱《王昭君变文》，赞赏她“檀口解知千载事，清词堪叹九秋文”。而她在表演中仍像寺院僧人俗讲一样展示和所唱故事有关的图画，所谓“画卷开时塞外云”。[②] 可见这时的市井表演还没有超出对寺庙俗讲的单纯模仿阶段。

宋代城市瓦舍勾栏兴起后，寺院俗讲衰落了[③]，为俗世说唱艺术所取

① 参见向达：《唐代长安与西域文明》，北京：生活·读书·新知三联书店，1979 年，第 309 页。

② 〔唐〕吉师老：《看蜀女转昭君变》，《全唐诗》下册，上海：上海古籍出版社，1986 年，第 1915 页。

③ 宋人甚至已经不知道“俗讲”作何解释。宋人王灼《碧鸡漫志》卷五曰：“至所谓俗讲，则不可晓。”

代。而宋代几种对戏曲有着重要影响的说唱和歌舞形式如鼓子词、唱赚、转踏、大曲、诸宫调等，都明显遗留有俗讲曲本的结构痕迹。反过来说就是：梵呗说唱等表演艺术因素进入中原地区以后，慢慢站稳了脚跟，在当地土风民俗中流传播衍，成为中原文化的一部分。当中国戏曲在其综合过程中不断吸收民间艺术因素而走向定型时，就把它们多多少少地吸收到自己的艺术成分中来。

梵剧艺术对中国的最直接影响是刺激了叙事文体和音乐结构的发展。中国的叙事文体向来不发达，只要看唐代以前的志怪小说如何简陋就可以知道。唐代传奇文的兴起，才将叙事文向前推进了一大步，而传奇的写作却是受了佛教俗讲文的影响。胡适先生曾说到印度佛教文学对中国文学的深刻影响："印度人的幻想文学之输入确有绝大的解放力。试看中古时代的神仙文学如《列仙传》《神仙传》，何等简单，何等拘谨！从《列仙传》到《西游记》《封神传》，这里面才是印度的幻想文学的大影响呵。"[①]从唐代传奇开始，中国戏曲进入完整剧本创作阶段的前奏才奏响了。

就舞台艺术而言，叙事性表演主要体现在大曲的兴盛上。大曲是一种带有故事情节的歌舞表演，例如《剑舞》表现汉代鸿门宴故事和唐代公孙大娘舞剑器故事。[②] 它虽然不起源于唐宋，但却在唐宋时期达到极盛，这其中不能说没有叙事文体发展的影响。大曲在宋代戏曲里有直接的融会吸收痕迹，宋代官本杂剧段数里就有 103 本大曲，4 本法曲（法曲亦为大曲，只是由于来源于佛经，故名法曲）。[③] 到宋金诸宫调出现后，实现了用歌咏说唱的形式完整地叙述一个故事的功能，更为戏曲的诞生准备了叙事手段。诸宫调也被宋杂剧吸收，官本杂剧段数里也有两本。[④]

从音乐结构形式来看，唐宋大曲主要是相同宫调的多曲连缀，但已经发展了相当的规模。由于大曲中有些来自佛曲（前面讲到的唐代《霓裳羽衣舞》即一例），它的宫调受到佛曲影响自无可疑。诸宫调是由许多不同宫调

① 胡适：《白话文学史》上卷，上海：新月书店，1928 年，第 195 页。

② 参见〔宋〕史浩：《鄮峰真隐漫录》卷四十六。

③ 参见〔宋〕周密：《武林旧事》卷十。

④ 同上。

的曲子连缀而成一种长篇说唱故事体裁,和当时其他一些说唱体裁如转踏、唱赚不同,它具备了庞大的篇幅,从而具备了极大的叙事容量,又具备了精密和严谨的乐曲结构,便于人们在其中从事创作和演唱。只有到了这个程度,中国戏曲从说唱发展变化来的中间环节才能够接通。

诸宫调的音乐结构形式则直接受到佛教俗讲的影响。今天可以在盛唐时期的敦煌遗书里看到诸宫调前身的例子:编号为 S3017、S5996、P3409 的三个内容相同的写卷,今人拟名为《禅师卫士遇逢因缘》,其形式为韵文散文穿插、兼说兼唱,而唱多说少,所唱则明确标示为【揭】(七首,属佛曲)、【五更转】(五首,属商调)、【行路难】(七首,大约为商角调)、【安心难】(一首,属佛曲),为不同宫调的曲调连唱,其结构近似于南宋戏文剧本《张协状元》前面所附的诸宫调段子,应该是宋代兴起的诸宫调最早的影子。[①]

俗讲向诸宫调的变化,是从使用"梵吹"旧音向改用当时民间流行的曲调来演唱,这是一个伟大的转变。这个转变,以往根据史料都认为发生在北宋的都城汴京,其完成者则为孔三传。现在看来这个过程从唐代已经开始了,而发生地域则自敦煌向东。从孔三传为北宋时候的山西泽州人而迁入汴京看,有可能从敦煌到山西的一整个河套地区都是诸宫调的孕育土壤。1907 年、1908 年俄国柯智洛夫探险队在黑水城遗址发掘出的大量汉文文书里找到的平水版《刘知远诸宫调》残卷,应该说具有这方面的象征意义。黑水城为大夏国都,地点靠近敦煌,1125 年为元蒙所破。平水则在山西临汾。这部诸宫调曲本在流传过程中所覆盖的地域恰恰与上述推论吻合。[②]

梵剧艺术还为中国戏曲直接提供了题材内容。宋代官本杂剧和金元院本名目里有一些内容,例如《浴佛》《月明》《打青提》等,都通过不同渠道而取自佛教习俗和传说。其中《浴佛》来自一种传入中国的印度佛教仪节:每年四月初八日释迦诞生日,要对佛像进行洗浴。《月明》则是出自月明和尚

---

① 参见李正宇:《试论敦煌所藏〈禅师卫士遇逢因缘〉——兼谈诸宫调的起源》,《西域戏剧与戏剧的发生》,乌鲁木齐:新疆人民出版社,1992 年。

② 1986 年 9 月,在新疆且末县塔提让乡的一处古遗址中,又发现了署为"至元二十年十二月"(1283)的《董解元西厢记诸宫调》抄件一叶,由元代人手书。可见,诸宫调在元代已流传到更远的西域地区。参见何德修:《沙海遗书——论新发现的〈董西厢〉残叶》,《西域考察与研究(续编)》,乌鲁木齐:新疆人民出版社,1998 年。(廖奔 2006 年 3 月 25 日补记)

度柳翠的传说,当然,这个故事已经中国化了。《打青提》表现佛教弟子目连入阿鼻地狱救母的内容(青提为目连之母的名字)。

印度佛教传说里对于中国戏曲影响最显著的当然还是目连救母故事。目连救母事迹传到中国有两条途径:第一,据考证,目连救母事迹最早见于佛典《经律异相》和《佛说盂兰盆经》。西晋时期月氏三藏竺法护将《佛说盂兰盆经》翻译成汉文。第二,新疆发现的梵剧剧本《舍利弗传》《弥勒会见记》中都表现目犍连(即目连)皈依佛祖事迹,演变为敦煌石室中众多的目连变文、缘起等。由于目连救母事迹符合中国传统伦理中的孝道观念,因而在民间广为传播,又随着中元节盂兰盆会习俗的普及而深入民心。因此,目连救母故事就成为中国戏曲第一个长篇而完整的剧目出现在北宋杂剧的表演中①,并繁衍出后世遍及全国各地的五花八门的目连戏,形成中国戏曲史上一种特殊的文化现象。

七、结语

印度梵剧在向东传播过程中所发生的转型现象,可以被视为不同文化背景和语言环境中文化传播规律的一个典型例证。文化渗透的方式是折射性而非映照性的,渗透的幅度和转型的类型取决于传播源文化繁盛的程度及形式,以及承接体文化积累的厚度和民族心理,当然也要包括其他诸多的社会因素。这种种力的作用,使印度梵剧在经由西域到达敦煌以后,转换成为另外一种与之既有密切联系又有很大距离的艺术形式。

对于中原来说,在新疆发现的文本都是其他民族语言,一直到了甘肃玉门关外的敦煌才真正变为汉文,这似乎也透示出一种历史的信息,即当汉人进一步从各种西域文字里将佛经、剧本翻译成汉文时,其中的剧本更加减弱了其原始的戏剧特征,而朝向纯书面文学的方向发展。又由于戏剧样式引进的困难,说唱俗讲逐渐取代戏剧演出而成为宣扬佛理教义的主要工具。这种变化,与佛教传入中国后以及西域乐舞流入中原后所发生的变化互证,

---

① 参见〔宋〕孟元老:《东京梦华录》卷八,四库全书本。

说明了中华传统文化对任何一种引进的外来文化都会经过一个加工改造、吸收融合的过程。西域戏剧对汉族戏剧发生影响,只局限在某些内容和表现手段的启发上,它不能对其本体的发展进程产生明显的作用。这个事实也再次为世界文化交流的规律提供了证据。

(原载《文学遗产》1995 年第 1 期)

从傩祭到傩戏

傩戏是中国戏曲史上的一个特殊现象。它的产生根基于上古时代先民在交感巫术思维支配下的巫傩厌胜仪式，其形态接近于从最初巫祭仪式里分化出来的原始戏剧的面貌，其中保存了许多中国戏剧从远古走来所裹挟的复杂历史文化宗教艺术和民俗的信息，可以作为中国戏剧的活化石来看待。今天遍布南北各地的傩戏呈现出交杂错综的面目，其中既有仍停留在原始巫教和先民信仰观念阶段的分支，也有已经受到封建社会后期儒释道巫及民间泛神信仰支配而为戏曲表演艺术所涵括的部分，其源头则一律可以伸展到史前巫风。

原始巫祭仪式曾经发生在全球各种人类文化的各个不同角落，它体现了原始人类所共有的史前阶段，中国的巫风遗迹也广泛保存在甲骨文、金文在内的各类史籍、文物及遍布全国各地的史前岩画中。有文字可考的巫祭阶段可以上溯到殷商时代，其时的巫主要具备天神示喻的职能，但也广泛发挥祈福禳灾的功用。周代定鼎后，在传统巫祭活动的基础上，根据王权需要，结合节气承代、气候顺逆和农事丰歉等农耕文化基本因子而主要形成三种祭仪活动：祈求农事丰稔的蜡祭、驱邪避疫的傩祭和求雨的雩祭。前两种属于岁时礼仪，第三种则随机而作。蜡祭和傩祭成为后世祈福禳灾巫祭活动主要的原生处，当然它们根基于先民信仰中朴素的原始自然崇拜观念，与后世功利的鬼神观支配下的巫傩仪式有着根本的不同。傩祭和雩祭的区别则在于，前者为一种正式列入国家祀典的仪礼活动，后者则是官方的敬天祈神活动。周代主持傩仪的方相氏为大司马的属官,他“帅百隶而时傩”[①]。雩祭则由大宗伯的属官司巫主持,他掌群巫之政令[②]。雩祭常常有女巫跳舞乐神,故称“舞雩”,可见雩的舞乐成分大而傩的仪典成分大。但在后世漫长的发展过程中,傩仪把雩祭的舞乐成分也吸收了进来。三种祭仪活动中的傩祭,就是后世傩戏所由产生的语义源。

傩祭出现的时间无法考定。殷商甲骨文里有一个寇字,于省吾先生认为它象形为人执殳在屋子里打鬼[③],可见,殷商时期就已经出现类似驱傩的活动了。傩的正字原为魌,东汉许慎《说文解字》释为“见鬼惊词,从鬼,难省声”。清代段玉裁注曰:“魌,见鬼惊词。见鬼惊骇,其词曰魌。魌为奈何之合声。”清人朱骏声《说文通训定声》曰:“此驱逐疫鬼正字。击鼓大呼,似见鬼而逐之,故曰魌。”后魌字被傩字取代。周代以后,史书开始了关于傩祭的正式记载。

周代律令规定的岁时傩仪一共有三次:三月为诸侯傩,所谓“国傩”,为的是“以毕春气”;八月为天子傩,为的是“以达秋气”;十二月为天下人都参加的大傩,为的是“送寒气”[④]。汉代郑玄注解释这三个时日举行傩祭的目的是:三月促使阴气终止,八月促使阳气终止,十二月促使阴气收敛。阴气不止则厉鬼出行而害人。原因是三月太阳在黄道中走到了昴处,八月运行到昴毕处,十二月行进到虚微处,前两处有大陵积尸之气,后一处有坟墓四司之气,都招厉鬼。这是汉儒按照阴阳五行观念对周代礼仪的解释,把行傩与星相四时扯在了一起。汉代傩仪改为年终一次,但把以往四时傩仪的意义都吸收进来。汉傩里增添的十二神兽,实际上就是一年十二个月和一天十二辰的具象神。另外还增加了120个侲子,也是建立在这个意义之上[⑤]。汉代行傩时皇宫各州县府廨以及民间乡社一齐举行傩仪,实际上是合并了周代的天子、诸侯和乡人傩。隋朝希图上法周代,将傩仪重新改为一年三

① 《周礼·夏官·司马》,汉郑玄《周礼注疏》卷三十一,四库全书本。
② 《周礼·春官·宗伯》,汉郑玄《周礼注疏》卷二十六,四库全书本。
③ 于省吾:《甲骨文字释林》,北京:中华书局,1983年,第48、49页。
④ 《礼记正义》,四部丛刊三编本。
⑤ 今天云南彝族虎神祭里的十二神兽为生肖神,而十二生肖恰与十二辰对应,其本原意义相同。

次，但已经不能扭转民间习俗的定势。唐代州县傩有着规模和礼仪上的详细规定，如："州县傩，方相四人，执戈楯；唱率四人；侲子，都督及上州六十人，中下州四十人，县各二十人。方相、唱率，县傩二人，皆以杂职差之。其侲子，取人年十五以下、十三以上充之。又杂职八人，四人执鼓鞉，四人执鞭戈，今以小戟。"①宋代州县依然承袭了这个传统，苏轼《和子由除日见寄》诗有句曰："府卒来驱傩，矍铄惊远客。"②即反映出这一点。

傩祭里面一个主要人物是方相氏。《周礼·夏官·方相氏》云："方相氏掌蒙熊皮，黄金四目，玄衣朱裳，执戈扬盾，帅百隶而时傩，以索室驱疫。大丧，先柩；及墓，入圹，以戈击四隅，驱方良。"可见方相氏的作用除了逐疫，还在发丧时驱除恶鬼。关于黄帝妃嫫母的传说可能证明发丧是方相氏的最初职能，宋代高承《事物纪原》卷九载："《轩辕本纪》曰：帝周游时，元妃嫘祖死于道，令次妃嫫母监护，因置方相，亦曰防丧。此盖其始也。"方相氏蒙熊皮，汉郑玄注《周礼·方相氏》曰："蒙，冒也。冒熊皮者，以惊驱疫疠之鬼，如今魌头也。"说它跟魌头相像。《说文解字》释䫏字："䫏，丑也。从頁，其声。今逐疫有䫏头。"今人有据唐代记载说方相氏的装扮是全身蒙熊皮的，但那是后世演变成的面貌，实际上隋代以前方相氏只戴魌头，而魌头则是面目凶恶的头套。隋代宫廷傩仪力图恢复周代传统，其中一些制度颇可作为我们理解《周礼》的参考。《隋书·礼仪志》里说方相氏是"熊皮蒙首"，这就提供了比较明确的概念，无非是方相氏带熊皮头套而已。方相氏所戴的魌头比较特殊，汉高诱注《淮南子·精神训》里的"䫏丑"一词，说方相氏是"稀世之䫏"，说明它具有更加特别的面貌。魌头可以被人们用于各种需要戴头套的场合，带魌头的不一定都是方相氏，例如尺郭也戴魌头，《神异经》曰："东南方有人焉，周行天下，身长七丈，腹围如其长，头戴鸡父魌头，朱衣缟带，以赤蛇绕额，尾合于头，不饮不食，朝吞恶鬼三千，暮吞三百。此人以鬼为饭，以露为浆，名曰尺郭，一名食邪。"尺郭是另外一位众鬼畏惧的恶神，事实上殷周时期巫祭泛滥，所崇拜的神鬼众多，使用魌头装扮各种神鬼应该是

---

① 〔唐〕杜佑：《通典·礼》九三引《开元礼》，四库全书本。
② 《苏轼全集》卷二十八，四库全书本。

极其普遍的事。后世的发丧仪式中,两目的魌头也发展成一个协助方相氏赶鬼的角色。今人或者以为魌头就是方相氏,但史书是区分得很清晰的,如宋高承《事物纪原》卷九曰:“宋朝《丧葬令》有方相、魌头之别,皆是其品所当用。而世以四目为方相,两目为魌头。”明朱国祯《涌幢小品》“方相”条说大臣出丧,过去“凡方相辟路,自四品以上皆四目”,到了他的时代已经见不到了。可见古人四品以上用四目方相、四品以下用两目魌头的发丧仪礼是存在过的,方相和魌头是不能够混同的。我们对于周汉时期方相氏戴面具的认识,只能根据文献得出以上结论。时见有研究者把殷商青铜器脸壳等类硬质面具的用途和意义统统归于方相氏,这是缺乏科学依据的。对于方相氏有四目,人们由于找不到类似的面具而产生怀疑,但存世文物里缺乏具体形象这一事实本身,就已说明原来方相氏的头套不是铜、木一类硬质材料制作的,而是用皮做成。清孙诒让《周礼正义》引《慎子》说:“盖周时谓方相所蒙熊皮黄金四目为皮倛。汉魌头即周之皮倛。”可谓认识正确。

方相氏面目凶恶,头蒙熊皮,黄金四目,被用来恐吓鬼怪,人们一般认为,其原型可能和原始部族的兽图腾崇拜有关。或说方相氏与黄帝有关,因为黄帝以熊为图腾;或说与蚩尤有关,因为蚩尤是战神,面目狰狞可怕,东汉张衡《东京赋》所描写的驱傩神兽里就有蚩尤出场:“于是蚩尤秉钺,奋鬣披般,禁御不若,以知神奸,魑魅罔两,莫能逢旃。”对这段话的解释众说不一,但其中有一点是大家的共识,即驱傩仪式可能与模拟黄帝与蚩尤的部族战争场面有关。历史上关于驱傩始自黄帝的传说也为此提供了一点信息:宋代罗泌《路史・后纪》五注引《黄帝内传》曰:“黄帝始傩。”《绎史》卷五引《庄子》逸文说:“黔首多疾,黄帝氏立巫咸,使之沐浴斋戒,以通九窍;鸣鼓振铎,以动其心;劳神趋步,以发阴阳之气;饮酒茹葱,以通五脏;击鼓呼噪,逐疫出魅。”都把傩仪的发明者归于黄帝。直至唐代文献里仍有类似说法,如敦煌卷子伯 3552 号:“驱傩之法,自昔轩辕。”另外,《东京赋》里提到傩仪驱逐的十二恶鬼,大都参加了黄帝与蚩尤的战争①,也可以反证出这一点。

方相氏之外,汉代傩仪里出现十二神,各自有驱魅功能和专门的镇辟对

① 参见陈多:《古傩略考》,《戏剧艺术》1989 年第 3 期。

象，即："甲作食凶，胇胃食虎，雄伯食魅，腾简食不祥，揽诸食咎，伯奇食梦，强梁、祖明共食磔死寄生，委随食观，错断食巨，穷奇、腾根共食蛊。"[①]十二神的来源今天多数已经弄不清楚，一般认为它们原来都是些以猛兽为原型的凶神[②]。十二神之外，参加驱傩仪式的神灵里还有两个重要人物，即神荼和郁垒，《事物纪原》卷八引《轩辕本纪》曰："东海渡朔山有神荼、郁垒之神，以御凶鬼，为民除害，因制驱傩之神。"似乎两个神物还是傩仪的发起者。汉张衡《东京赋》则说："度朔作梗，守以郁垒；神荼副焉，对操索苇。目查区陬，司执遗鬼。"在这里它们的作用是搜寻遗漏的鬼物。后来神荼、郁垒在民间信仰里发展成为门神。

首次详细记载傩仪的文献是《后汉书・礼仪志》。按照它的描述，汉代宫廷大傩的时间是腊月七日晚，由黄门令主持，中黄门和仆射装扮成方相氏和十二神兽，10 岁到 12 岁的黄门弟子 120 人为侲子击鼗鼓，先在帝王殿前齐唱驱傩歌，继而大呼搜索宫内三遍，把火把传到端门外，由骑兵递相传接一直送到洛水抛入河内。这是完全的驱祟仪式，没有添加任何其他的成分。以后历代相沿，逐渐演变。隋朝傩仪改由鼓吹令统帅，侲子用乐人子弟 240 人，其中 120 人执鼗鼓，120 人执鞞角，逐疫时鼓角齐鸣，"作方相与十二兽舞戏"[③]。从参加者身份的变动以及驱傩过程的程式化，可以看出隋朝行傩的表演成分加强了。唐代驱傩又有变化，改在年三十夜举行，由太常寺乐人操办，方相氏"蒙熊皮，玄衣朱裳"变成了"戴冠及面具""衣熊裘"，十二兽自"有毛衣角"变成了红头发穿白地画衣并手持麻鞭甩响，侲子增加到 500 个，全部戴面具，并增加一个唱帅。行傩时由宫廷乐队在紫辰殿前奏乐，皇上设大宴招待臣僚，家属都上棚观看，百姓也可以进去[④]。很明显，唐代宫廷大傩已经朝乐舞表演发展，其年节庆典的性质增强，宗教意味减弱。

见于正史的傩仪，所反映的都是从黄帝传袭下来的正统中原文化的风俗，实际上在荆楚百越地区的边民中，流行着更原始和丰富的巫俗信仰仪

① 《后汉书・礼仪志》，四库全书本。

② 参见萧兵：《傩蜡之风》，南京：江苏人民出版社，1992 年，第 448~565 页。

③ 《隋书・礼仪志》，四库全书本。

④ 参见〔唐〕段安节：《乐府杂录・驱傩》。

式，楚国屈原整理的巫祝祈神歌词《九歌》所概括的只不过是其中的一小部分。南朝梁刘勰写《文心雕龙》，在“祝盟篇”里点明了当时南北巫傩的不同与相通：“侲子驱疫，同乎越巫之祝。”

从以上所说的宫廷傩祭活动来看，行傩的目的很单一，即驱疫禳灾。这一点一直在宫廷里保存到明代。清朝满人民间崇信萨满教，皇家重视藏系黄教，对于巫教则持疏远态度，这种主要建立在中原以南民族信仰基础上的宫廷傩祭就停止了，清廷在岁末时用目连戏来代替傩祭祓除[①]，配合北京喇嘛寺的基地雍和宫跳神打鬼，而命礼部演习包括傩祭人物在内的百戏。清人汤右曾康熙三十三年(1694)作有《莽式歌》一首，其诗序曰：“莽式者，乐舞之名也。岁以季冬隶习礼部，略如古者百戏之属。”诗中有句曰：“傩翁侲子如俳倡。”昭示了这一现象。

民间傩则走了另外一条路子，远在春秋时代，已经成为乡众毕集的一种公共活动。《论语·乡党》赞赏孔子尊敬乡里的举止，说他“乡人傩，朝服而立于阼阶”。在行傩队伍来到自己家门前时，表示对乡老的尊重和恭敬。所以宋朱熹《论语章句集注》卷五解释说：“傩虽古礼而近于戏，亦必朝服而临之者，无所不用其诚敬也。”[②]可见当时的民间傩确实是挨家挨户沿门逐疫的。以后随着民间信仰的世俗化和多元化——杂化，傩祭结合其他习俗向着地区民俗文化的方向发展。南朝梁代民间的岁终逐除已经改变为社火模样，并吸收了佛教神参加。梁宗懔《荆楚岁时记》曰：“十二月八日为腊日。谚语：腊鼓鸣，春草生。村人并击细腰鼓，戴胡头及作金刚力士以逐疫。”梁武帝萧衍佞佛，为佛造丈八铜像，舍身同泰寺为僧，并在全国各地大力兴建佛寺，当时仅建康(今南京)一地就建有佛寺700余所，这导致举国上下的崇佛拜佛热潮。民间就把佛教神以及西域胡人都引入了华夏传统的傩仪中来，使之出现神系杂糅的现象。唐代敦煌一带的傩祭则更是连主神都改变了，用民间传说中更加亲切而人化了的神钟馗取代了方相氏的地位。敦煌写本斯2055号有《除夕钟馗驱傩文》一篇，其中说道：“亲主岁领十万，熊罴

① 参见〔清〕昭梿：《啸亭续录》卷一。

② 孔子朝服而立的目的也是为了保护自己的祖先神不被惊扰，参见《礼记·郊特牲》。

爪硬,钢头银额,浑身总着豹皮,尽使朱砂杂赤,感称我是钟馗,捉取江游浪鬼。”钟馗的本字原为终葵,《礼记·玉篇》云:“终葵,椎也。”就是打鬼时用的棒槌。它又有可能是神物郁垒,唐人周繇《梦舞钟馗赋》说钟馗“彼号伊祁,亦名郁垒”。所说或许有根据。到了唐开元年间,据说一次玄宗曾梦见钟馗为自己吃鬼,醒后命吴道子绘钟馗像,并告示天下①,大概钟馗从此成为民间熟知的驱鬼巨神。和钟馗一起行使逐鬼权力的还有白泽、九尾狐、三危圣者、南山四皓、蓬莱七贤等各路仙怪。而那些虽然听起来凶狠可怕的古代恶鬼,毕竟令后人感到陌生了,于是换成出没于市井乡里的各种俗世鬼怪,诸如醋大之鬼、贫儿之鬼、田舍之鬼、市郭儿之鬼、工匠之鬼、奴婢之鬼、僧尼之鬼、瘶病之鬼、窃盗之鬼、悖逆之鬼、咬蛀之鬼等②。敦煌卷子里有20余篇《儿郎伟》(有的直接标为《儿郎伟驱傩》《驱傩文》)词,为沙州归义军在除夕时的驱傩仪式词。唐代民间的傩祭已经成为典型的傩舞社火活动,其中不乏歌舞戏的因素,这恰恰与当时进化到歌舞阶段的中国戏剧相表里。至于方相氏的职能范围,则由过去的逐疫、丧葬开道和墓中赶鬼三项,缩小到后面的两项,成为单纯的丧葬护卫神。

受到民间的影响,宋代宫廷傩首次改用戏剧艺人来扮饰傩神,宋代孟元老《东京梦华录》卷十“除夕”条说:“至除日,禁中呈大傩仪,并用皇城亲事官诸班直戴假面,绣画色衣,执金枪龙旗。教坊使孟景初身品魁伟,贯全副金镀铜甲,装将军。用镇殿将军二人,亦介胄装门神。教坊南河炭丑恶魁肥装判官。又装钟馗、小妹、灶神之类。共千余人。”这从根本上改变了以往傩仪的宗教面貌,可以推想,宫廷傩祭中的戏剧成分一定更加浓厚。同时还可以推测,由于戏曲艺术的成熟,傩祭向傩戏的发展有了更直接的诱因。南宋宫廷甚至用“女童驱傩装六丁、六甲、六神之类”③,把仪式性的驱傩变为游戏性的戏剧表演。这一趋势的最终结果,就是把驱傩完全融入到戏剧里面去。明初宗王朱有燉的《福禄寿仙官庆会》杂剧专门表演驱傩:“舞童画裤作驱傩神上了。四人红绡金衫子绿裙用五彩画,四人红绡金衫子白裙五彩

---

① 参见〔宋〕沈括:《补笔谈》卷三。

② 参见敦煌卷子伯3468号《进夜胡词》。

③ 〔宋〕周密:《武林旧事》卷三“岁除”,四库全书本。

画，四人红绡金衫子五色裙五彩画，四人红绡金衫子金红裙五彩画，驱傩神十六位分作四队上念：‘升平除夜进难名，画裤朱衣四队行。’”跟随钟馗、神荼、郁垒，“自亭台苑囿搜，把殿宇厅堂扣，越门栏井灶寻，到闺阁帘帷候”。驱傩神失去了其狰狞可怖的原始面貌，变成着装艳丽的可爱舞童了。民间则把驱傩活动发展为浩浩荡荡的神鬼社火出行舞队表演，这可以从下引资料窥测出来。宋代陆游《老学庵笔记》卷一说，北宋政和年间宫廷准备举办大傩，桂林一带供进傩仪面具八百枚，所刻人鬼之像，“老少妍陋，无一相似者”。这些面具所代表的众多神鬼一同在傩仪中出现，会造成何等的壮阔场面和煊赫声势？它们一定把简单的驱鬼仪式极大地丰富和拓展了。行傩者戴面具，这是从方相氏戴魌头开始形成的传统，宋代长足地发展了，桂林还因为制造的傩面具精致而名扬天下①。后世在这个基础上，发展起形形色色的傩戏面具。

在行傩“索室逐疫”的基础上，宋代民间出现了许多打夜胡的游民。宋代孟元老《东京梦华录》卷十“十二月”条曰：“自入此月，即有贫者三数人为一火，装妇人神鬼，敲锣击鼓，巡门乞钱。俗呼为打夜胡，亦驱祟之道也。”宋代梁克家《淳熙三山志》卷四十点明了打夜胡与乡人傩之间的继承关系：“乡人傩古有之，今州人以为打夜狐。”敦煌写本伯 3552 录有驱傩词《儿郎伟》一首，而伯 3468 所录一首宋代《进夜胡词》，与前者词句几乎完全相同，其中也有“驱傩鬼无失”的句子，可见“打夜胡”原本就是驱傩活动。所以宋赵彦卫《云麓漫抄》卷九云：“世俗：岁将除，乡人相率为傩，俚语谓之打野胡。”宋周密《武林旧事》卷三“岁晚节物”条说得更清楚：“市井迎傩，以锣鼓遍至人家乞求利市。”这种习俗始见于唐代，唐李义山《杂纂》“酸寒”条有句曰：“乞儿驱傩。”即属于贫者沿门跳神乞讨一类活动。民间这种装神弄鬼沿门跳弄并讨钱的做法，以后逐渐融入巫师串乡摆坛跳神的形式里去。

宋代见于记载的还有一种军傩，宋周去非《岭外代答》卷七曰：“桂林傩队，自承平时名闻京师，曰静江诸军傩。而所在坊巷村落又有百姓傩。严身之具甚饰，进退言语咸有可观，视中州装队似优也。”实际上周代制度里的傩

---

① 参见〔宋〕范成大：《桂海虞衡志》、周去非：《岭外代答》卷七。

祭就是和军队有关的，方相氏不属于巫官，而隶属司马。方相氏“执戈扬盾”的形象也脱胎于武士战斗之貌。唐杜佑《通典》里把大傩列入“军礼”。大概古人把驱鬼的拟态也看作战斗，而把驱傩和最初的黄帝、蚩尤部族之战联系起来，似乎在这里也有迹可寻。军傩最早似见于北魏的记载，《魏书·礼志》曰：“高宗和平三年十二月，因岁除大傩之礼，遂跃兵示武。更为制令：步兵阵于南，骑士阵于北，各击钟鼓以为节度……各令骑将去来挑战，步兵更进退以相击，南败北捷。”这是北魏统治者希图借巫傩厌胜之术武服南朝的战阵模拟，实开了军队行傩的端绪，而它对于日后战阵戏剧表演技巧的积累以及对元杂剧“调阵子”表演程式的影响清晰可见。宋代桂林军傩已经和优戏接近，说明它的表演中插演了很多故事情节。我们从宋代孟元老《东京梦华录》卷九“驾登宝津楼诸军呈百戏”条的描写可以看出当时军傩表演的痕迹：先有轻健军士百余人持刀盾列阵格斗，表演开门夺桥阵、偃月阵等，然后放爆仗烟火，出假面披发口吐烟火的鬼神携锣上场，再一声爆仗，“有面涂青绿、带面具金睛、饰以豹皮锦绣看带之类，谓之硬鬼，或执刀斧，或执杵棒之类，作脚步蘸立，为驱捉视听之状”。又一声爆仗，“有假面长髯展裹绿袍靴简如钟馗像者，傍一人以小锣相招和舞步，谓之舞判”。后面又有“以粉涂身，金睛白面如骷髅状”的瘦鬼、“假面异服，如祠庙中神鬼塑像”的鬼等数十人先后出场，再有百余人用真刀、木刀互相格斗等。其中出场了大量神鬼，出现了当时驱傩的中心人物钟馗，神鬼的表演“为驱捉视听之状”，并加入军事战阵格斗表演，虽然文中没有说明它来自军傩，但军傩的影子随处可见。只是这种表演发生在三月上巳节前后，纯粹出自娱乐的目的，已经和驱傩的本意无关，这是傩仪向戏剧表演过渡的一个实例。军傩在明、清时发展成贵州的地戏和云南的关索戏。

随着宋室南迁，中原文化的重心南移，作为中原文化基本因子之一的傩仪活动也同时迁至长江流域及其以南地区，在南方巫祝文化的抚育和护卫下生生繁衍。例如明代前期贵州仍在除夕夜驱傩，嘉靖《贵州通志》卷三曰：“除夕逐除，俗于是夕具牲礼，扎草船，列纸马，陈火炬，家长督之，遍各房室驱呼怒吼，如斥遣状，谓之逐鬼，即古傩意也。”驱傩活动逐渐与江南的祈神民俗结合起来，成为一种复合式巫仪。明顾景星《蕲州志》曰：“楚俗尚鬼，而傩尤甚……刻木为神首,被以彩绘,两袖散垂,项系夺色纷悦。或三神,或五六七八神为一驾焉……迎神之家,男女罗拜,蚕桑疾病,皆祈问焉。其徒数十,列章歌舞,非词长短成句,一唱众和,呼咽哀婉。"湖南丰富的祭神歌舞传统为傩仪增添了表演成分,而驱傩内容也在民俗影响下向祈神还愿转化。清嘉庆《灵山县志》卷十三更是提供了一个有代表性的记录:"八、九月,各村多延师巫、鬼师,于社坛前赛社,谓之还年例,又谓之跳岭头。其装则如黄金四目、执戈扬盾之制。先于社前跳跃以遍,始入室驱邪疫瘴疠。亦古乡傩之遗也。"这是对江南巫鬼文化与中原傩文化结合情况的典型状摹,其中的岁终驱祟已经变成了八九月间的赛坛。由于傩祭在民间的进一步巫化和世俗化,其精神与儒家的正宗理性相背逆,因而受到正统文化的排抑。今天保存傩戏的,主要是在远离士大夫文化的边远地区。在巫风浓厚的南方偏远地带兴起的傩坛戏、师公戏等,其实用功能除了传统的祈福避疫,还满足人们各种实际的世俗生活需要,诸如消灾弥病、承嗣赐子、驱凶呈吉、祈雨禳蝗等。以往傩仪的岁时礼仪性也逐渐被巫神根据需要而行仪的随机性所取代,这个过程呈现了民间信仰朝向功利方向的发展。北部中国的很多地区则由于信奉萨满和藏系佛教的蒙满民族长期统治,原本巫祭色彩就比较淡化的傩仪和民间祭神赛社活动结合而进入更加风俗化的傩文化系列。北方傩戏难得见到傩名,大多以民俗社火祭祀的面貌保存下来,如山西的赛戏、队戏、锣鼓杂戏等。只有山西省曲沃县任庄扇鼓傩戏是一个例外,在它的祭旗上专门标出"遵行傩礼禳瘟逐疫"字样,这大概跟它来源于北宋并历代强调遵循旧制的背景有关。

后世各地巫傩所供奉的神明系统庞杂混乱,和历史记载相比已经面目全非,不要说汉代的方相氏和十二神几乎不见踪影(方相氏多化为开路神,神位卑微;十二神仅仅在山西省曲沃县任庄扇鼓傩戏里保存了称谓),连唐宋时期的钟馗也销声匿迹。神的数量急剧扩充,巫、释、道、儒以及历史和民间传说中的人物都可以上神谱,贵州省北部湄潭县抄乐乡傩坛"香位图"上开列的神座有金阙玉皇、孔圣先师、三元凶盘、三洞法王、东山圣公、南山圣母、元始天尊、太上老君、大洪宝山、淹济祖师、三清大道、五岳五天、三消王母、三洞冷坛、金田将军、银角大帝、十圣公主、十圣姊妹、三元法主、三洞梅山、金花圣公、银花圣母、三元将军、四元枷栲、检卦童子、判卦老君、千千雄兵、万万猛将等,又列有佛门启教、道门启教、茅山启教十八先师、梅山启教六真人等追叙教门来历的文字。[1] 很明显,这是傩仪为民间巫教所吞没的征象。贵州省德江县稳坪乡长兴村魏家寨土老师魏观跃珍藏的土家族巫仪抄本《新集三元和会科仪》,并行叙述三教教主释迦牟尼、老子和孔子的家世和生平,三教被混淆杂融在一起,统一于巫的意志之下。各地主神的身份也极其不一,在湖南、湖北、广西、贵州、四川常见的是三元真人,但也有出人意料的,如清嘉庆《临桂县志》曰:"今乡人傩,率于十月,用巫者为之跳神。其神数十辈,以令公(李靖)为最贵,戴假面,着衣甲,婆娑而舞,伧伫而歌,为迎送神词,具有楚词之遗,第鄙俚耳。"这位传说中的托塔天王成为傩神之首。又康熙《贵州通志》卷七"遵义府·苗蛮"曰:土人"岁首则迎山魈,逐村屯以为傩。妆饰如社,击鼓以唱神歌,所至之家皆饮食之"。贵州一些民族的傩神却是通常指为鬼魅一类的山魈,后来汉人移民竟然也接受了这种神系(见《贵阳府志》)。在许多地方的傩戏中,人们普遍供奉两具主神:傩公、傩母。这种习俗早见于唐代陕西一带民间,唐李淖《秦中岁时记》曰:"秦中岁除日,傩皆作鬼神状,二老人各作傩翁、傩母。"[2]各地傩公、傩母的神主也不相同,通常是结合本地信仰习惯制造,如今天西南地区少数民族的傩公、傩母神主一般为当地传说中的人类始祖神,虽然名号不一,本事大致相同,都有兄妹成婚诞育人类的神话,土家族巫仪抄本《新集三元和会科仪》里直接附会为伏羲、女娲兄妹,可见巫傩活动在这些地区受到原始祖先崇拜观念的直接支配。闽北地区的傩公、傩母竟然是弥勒公、弥勒婆,这和当地流行的弥勒信仰有关。傩仪从单纯的驱祟过渡到供奉主神,体现了民间求庇愿望的物化。

全国各地的巫傩,依据其举办性质,可以划分为两种主要的形式:一种是由宗族或乡社出面定期举办的,有全宗族或村社成员参加的宗族社里傩;另一种是由巫师主持的,随时满足民户还愿驱祟要求的家庭傩。很明显,前

---

① 引自庹修明:《傩戏的流布、类型与特征》,《戏剧》1991 年第 3 期。原文颇有传抄误字,今对明显者稍作更正。

② 清雍正《陕西通志》卷四十五"风俗"引。

者具有“乡人傩”的性质,是由上古风习承递下来的正宗傩仪,后者则是傩仪精神和民间巫神崇拜结合后所化生出来的变种,具有更多的世俗性和随意性。事实上,清代以后流行在广大地区的巫傩活动主要表现为第二种形式,而第一种形式只是在安徽贵池的“傩神大会”、山西曲沃的“扇鼓神戏”里还有保存。

近代以来,全国带有巫傩性质的傩戏或宗教剧样式大约有 30 种,分布各地,而不同民族和地区的傩戏呈现出不同的形态面貌。彝族的“撮衬姐”仪式保留原始的自然崇拜而不出现人间神,逐瘟而不驱鬼,表演的变人戏反映的是人类起源和农耕文化的传说,可能带有更多的自发性和原始性。江西婺源汉族的鬼舞、湘西土家族的茅谷斯、内蒙古赤峰蒙古族的呼图克沁等,都带有比较纯粹的巫仪痕迹。而广泛流行于长江流域以南和山、陕等地区各民族的傩堂戏、师公戏、端公戏等,都采取了宗教仪式和戏剧表演杂糅交合的形态,这也是傩戏最为典型的面貌。少数更加进化的傩戏形式如贵州地戏、福建打城戏则已经大体脱离了傩祭仪式而向戏曲靠拢。

从纯粹的巫仪形态过渡到戏剧演出的痕迹,在各地不同形态的傩堂戏、师公戏、端公戏中清晰地体现出来。这类戏都是在受到酬神还神愿之家的邀请后才演出的,其主要目的在于为人还愿而不是让人欣赏戏剧,因此最初都依附于法事活动。法事活动的基本步骤分为三个阶段:请神、酬神和送神。请神过程中巫师的拟态表演原本具备戏剧表演因素,随着对迎取神明的故事背景的进一步展开,比较完善的戏剧形态就出现了。湘西苗、汉地区的傩堂戏在家庭冲傩还愿过程中演出,夜间由法师设坛作法,白天则配合法事表演有关的歌舞小戏,其内容都是迎请各路神祇到坛接受供奉、保佑傩主安康。很明显,这是把法事过程中迎神的步骤戏剧化、把神灵附体转化为神灵登坛,使之更具具象性和娱乐性,以便争取观者。湘南、湘西的师道戏则在法事表演过程中分化出了一出专场请神戏《大盘洞》,详细表现太上老君弟子杨子云克服艰难险阻、战胜把关妖仙而最终请到三霄娘娘等来为傩主消灾弭祸的过程。贵州思南土家族巫傩活动里更增加了酬神表演的成分。土家族傩仪包括开坛、开洞、扫坛三个步骤,其中开洞里演出傩戏,包括正戏和外戏两类,正戏表现请神戏剧,与祭坛有直接关系,角色戴假面,外戏则表现其他和傩仪完全无关的剧目,角色涂面化妆。很明显,它比湖南傩堂戏吸收了更多戏剧表演的内容,已经部分地脱离了巫祭仪式的约束。云南端公戏与贵州傩戏的构成一致,戏剧表演部分分为正坛和耍坛,前者与法事紧密结合,表演者戴假面,后者则移植花灯剧、滇剧、川剧的世俗戏曲剧目。综括来说,这类法事活动中的戏剧因素只是由于巫师扮神的需要才出现的,但它却在不断地向戏剧表演过渡,从开始时的不断增加跳神过程中的扮演成分,将其形象化、戏剧化,逐步过渡到插入越来越多的纯粹戏剧表演成分。以后当外部条件发生变化,法师摇身一变,很自然地就成为纯粹的戏曲演员了。

(原载《传统文化与现代化》1994 年第 2 期)

目连始末

一、目连与救母故事原型

目连救母故事的人物主角目连的原型出自印度佛教传说。综括各种佛教经典里面有关目连的记载可以知道,目连为摩揭陀国王舍城人,属于婆罗门种姓,原名没特迦罗,自幼出家,成名后与舍利弗各领弟子100余人讲道,但是久久达不到极境。一日舍利弗偶然遇见释迦牟尼成道后最初度脱的五比丘之一阿失说而与之交谈,听到释迦牟尼的偈语,心有所悟,连忙告知目连,一同前去面聆释迦讲道,大悟,于是二人带领全部弟子皈依佛教。目连皈依后法名摩诃目犍连(Maha-mau-dgalyayana),或称目犍连,与舍利弗(即弥勒)同为释迦牟尼座前十大弟子之一,舍利弗为右面弟子,智慧第一,目犍连为左面弟子,神通第一,曾以法力助释迦牟尼与六师外道斗法而获胜,为佛教势力奠定根基立下不朽功劳,后被外道梵志用杖打死。

目连救母的事迹似不见于印度佛典。印度梵剧辗转翻译到中国西域地区以后,曾产生了一本回鹘文的《弥勒会见记》,描写舍利弗和目犍连皈依佛祖的故事,在其序章里提到目犍连的母亲曾被人拯救,但拯救者不是目犍连,其文如下:

曾有一次,摩利吉为拯救目犍连罗汉的母亲,涉越无数须弥山的山峰,因目犍连罗汉的圣尊美德,而到达伽阇跋提国,就拯救(目犍连罗汉之母)一事(向天佛)请述时,天佛为(目犍连罗汉)圣尊美德之因,一瞬间抵达伽提伽陀城,再显神灵。①

尽管引文由于原文行文以及翻译的原因不很通顺,但意思很清楚:从事拯救目犍连母亲工作的是摩利吉(意为"天后"),那时目犍连已经取得罗汉之身,摩利吉之所以这样做,是感于目犍连罗汉的"圣尊美德",最后则是由佛祖亲自出面而达到目的。拯救的地点不是地狱而是伽阇跋提国伽提伽陀城,拯救原因则不明。因为《弥勒会见记》的主角不是目犍连,这里只是附带一笔谈到了此事,或许在其他典籍里还可以找到这个故事的完整面貌。

二、目连故事的汉化

(一)佛经中的目连故事

目连事迹是随着汉文翻译佛经活动从魏晋时期开始传入中国的。今天见到有关目连的经文有支谦(大约3世纪时人)翻译的《目连因缘功德经》、竺法护(大约3—4世纪时人)翻译的《目连上净居天经》、宋僧法天翻译的《佛说目连所问佛经》等,《佛说盂兰盆经》也传为竺法护所译,另外还有《佛说净土盂兰盆经》《佛说目连救母经》《大庄严论经》里有《目连教二弟子缘》,《阿毗达磨识身足论》里有《目乾连蕴》,《佛本行集经》里有《舍利目连因缘品》,《佑录》一书著录有《鬼问目连经》等。涉及目连事迹的经文则有《经律异相》《撰集百缘经》《杂譬喻经》《阿含经》《阿弥陀经》《法华经》等,不一而足②。其中目连救母事迹最早见于《佛说盂兰盆经》。

《佛说盂兰盆经》大意说:目犍连得正果后,想超度死去的父母,以报哺乳之恩。他用道眼看到自己的母亲变成饿鬼,就用钵盂盛饭去给母亲吃,可是吃前饭却化成灰炭。目犍连求助于佛,佛要他在"七月十五日僧自恣时",

---

① 引自伊斯拉菲尔·玉素甫等译《回鹘文〈弥勒会见记〉》,乌鲁木齐:新疆人民出版社,1988年,第10页。括弧内文字系译者所添。

② 参见孙昌武:《佛教与中国文学》,上海:上海人民出版社,1991年,第292~293页。

设美食甘脂以“供养十方大德众僧”,说是这样做可以使“现世父母六亲眷属”都“出三涂之苦,应时解脱”。目犍连照办以后,他的母亲当天就脱离了饿鬼道。[①]

日本学术界有人提出,这部《佛说盂兰盆经》在印度梵语原典和西藏译经里都找不到原型,因此应该是中国人自己创作的所谓佛经。[②] 这一推论当然还有待于更充分的证据,但却不是没有道理的,因为释迦之教原来是不注重甚至有些悖逆血亲伦理观念的,并不认“六亲”,这里用超度父母六亲眷属来诱引信徒们斋僧,颇有佛教在最初传到中国时利用汉人的伦理心理来设法立足的痕迹。另外还有一条根据,“盂兰盆”的名词是梵文 Ullamabana 的音译,原为“倒悬”的意思,并不含有中文里“盆”的概念,此经中把它和斋僧的食盆联系起来,所以东晋时候的《报恩奉盆经》和萧梁时候的《经律异相》卷十四第十一就都说“目连为母造盆”[③],到了唐代僧人宗密作《佛说盂兰盆经疏》解释说:“盂兰是西域之语,此云倒悬。盆乃东夏之音,仍为救器。若随方俗,应曰救倒悬盆。”[④]从中也可看出盂兰盆会是在中国培养起来的风俗。

但是,造经的举动获得了成功,导致了盂兰盆会这种在中国、日本等地民间广为普及的宗教风俗。据《佛祖统纪》卷三七,梁武帝萧衍始设盂兰盆斋,施斋供僧,举行诵经法会,举办水陆道场,放焰口,放灯。[⑤] 以后代代承袭下来,并愈演愈烈。《佛说盂兰盆经》还很快东传日本,日本并于推古天皇十四年(606)开始举行盂兰盆会。[⑥] 这成为日后目连戏得以盛行和广泛流传的基础。

敦煌写本佛经里有一种《佛说净土盂兰盆经》(伯 2185 号),成书于 7

---

① 参见孝衡抄:《佛说盂兰盆经疏并序》卷首,北京图书馆普通古籍部藏刻本。

② 此观点见日本学者岩本裕《目连传说与盂兰盆》(京都宝藏馆,1968 年)一书,转见吉川良和《关于在日本发现的元刊〈佛说目连救母经〉》,《戏曲研究》(北京)第 37 辑,1991 年,第 179 页。

③ 《报恩奉盆经》,据北京图书馆普通线装部藏刻本;《经律异相》,据北京图书馆善本部藏南宋绍兴十八年(1148)福州刻本。

④ 《佛说盂兰盆经疏》下,大正藏第十六册。

⑤ 《佛祖统纪》,北京图书馆善本部藏南宋咸淳年间摹刻本。

⑥ 参见《日本书纪》卷二二,东京:东京中央公论社,1987 年排印本。

世纪前半期，是对《佛说盂兰盆经》的直接继承。在《佛说净土盂兰盆经》中，目连故事已经有了一定的发展。首先是对目连的出身来历有了交代：目连为定光佛时的罗陀国人，生于婆罗门家，字罗卜，母亲字青提。其次对于目连救母的缘起作了叙述：青提大悭，不乐布施，罗卜出外远行时嘱咐母亲，家中将有许多客人到来，要她设食款待，青提不但不从，而且制造满地菜蔬狼藉的假象哄骗目连，死后遂堕饿鬼道。后面救母的情节和《佛说盂兰盆经》接近：目连用道眼找不到母亲的处所，向佛哀告，佛告说化为饿鬼，并指示他于夏三月"十五日造作盂兰盆，盛百一物，从杨枝豆末乃至钵盂锡杖等具足"，"施佛奉僧"，目连照办以后，青提即还阳，母子相见。和《佛说盂兰盆经》一样，《佛说净土盂兰盆经》的主题是强调佛法无边，要求常人行善斋僧，后世目连入地狱寻母的情节此时还没有出现。

（二）敦煌俗讲文中的目连故事

寺院俗讲兴起后，大量佛教经典被编为变文之类的通俗说经唱本，《佛说盂兰盆经》《佛说净土盂兰盆经》也就变形为几种俗讲文本，诸如敦煌卷子中的《目连救母变文》《目连缘起》等。在这些俗讲文本中，目连故事又有了进一步的变化。

《目连救母变文》有多种残本，写于后梁贞明七年(921)的斯2614号卷子《大目乾连冥间救母变文》则是一个最为完整的本子，让我们以之为据来与《佛说净土盂兰盆经》作一比较：目连改为南阎浮提人，添加了目连的父亲辅相。其中的重要改动是大大丰富了救母的过程：青提夫人遭到三转报应，先入地狱，再为饿鬼，最后转为黑狗。目连先至天宫向父亲询问母亲的下落，然后入冥府寻找，先后与众鬼、地藏菩萨、五道将军问答，过奈河桥，游男子地狱、刀山剑树地狱、铜柱铁床地狱、阿鼻地狱等，请如来将母亲从地狱救出，造盂兰盆给母亲施食，诵大乘经典七天七夜超度母亲从狗身转升忉利天宫。设盂兰盆会斋僧在这里已经变成了为使"一切饿鬼总得普同饱满"①，显露出盂兰盆会的佛教活动与道教中元节祭鬼以及民间祭奠先祖习俗结合的趋势。

---

① 《大目乾连冥间救母变文》，敦煌卷子斯2614号。

《目连救母变文》里目连上天宫、入地狱的情节设置应该是受到了《目连上净居天经》《鬼问目连经》的启发，关于地狱的具体描写也受到后者的影响，并和《地狱变文》《唐太宗入冥记》等其他俗讲文本产生交互影响，目连母辱僧化为饿鬼的情节也明显借用了《撰集百缘经》中《优多罗母堕恶鬼像》里优多罗母辱僧化鬼和《长者若达多悭贪坠饿鬼缘》里富那奇饿鬼故事的原型。变文强调了礼僧拜佛对于行孝的意义："汝向家中勤祭祀，只得乡闾孝顺名。纵向坟中浇历（沥）旧，不如抄写一行经。"[①]而只有像目连那样舍身投佛，才能超度父母于天堂，对父母尽最大的孝行。这表明了一种迹象：当佛教最初立足时，它需要的只是僧徒的衣食。随着形势的顺转，它就需要吸引更多的信徒来弘扬自己的学说，前提则是攻破汉人的出家违背伦常观念。

《目连缘起》也铺叙目连救母故事。"缘起"一类说唱形式是在讲经前先把经中人物事迹作一叙述，以便于听众对经义的理解，《目连缘起》就是在说有关目连的经文之前讲述的目连事迹。从保存完整的伯 2193 号《目连缘起》内容来看，其取材就来自变文，但也稍有差异，例如增加了对青提所造罪孽的描写：她除了悭贪又"多饶杀害"，"朝朝宰杀，日日烹脆"，还遣家僮棒打僧侣，放狗咬孤老之人，并制造斋僧假象欺骗目连，发毒咒自誓如果说谎就"七日之内命终，死堕阿鼻地狱"等。这样改动的目的是增强因果报应的因缘观念，以显示天理难欺，而为佛法的弘扬做好铺垫。又比如进一步加重行孝色彩，把变文里青提死后目连的"持服三周，追斋十忌"然后出家[②]，改成先有"三年至孝，累七修斋"的举动，完全满足了中国的民俗和伦理要求，从而进一步克服了出家与尽孝的矛盾，并首次将目连的出家动机和其对父母的孝心联系起来："思忆如何报其恩德，唯有出家最胜。"另外还有一处值得注意：文中把盂兰盆解释作"办香花之供养，置于兰之妙盆"，已经是对梵文原意失去理解之后的望文生义了。

目连变文和缘起之类的俗讲文字，除了用于日常寺院讲经活动，可能早

① 《大目乾连冥间救母变文》，敦煌卷子斯 2614 号。

② 《目连缘起》，敦煌卷子北京成字第 96 号。

在唐代已经被广泛用于每年七月十五日的盂兰盆会中，配合目连法事而对听众举行宣讲，从而使目连救母故事成为民间习知的佛教典故，所以诗人张祜才把白居易《长恨歌》里的诗句“上穷碧落下黄泉，两处茫茫皆不见”比为“目连变”来打趣①。从这则逸话我们也可以反推知，上述具有目连上天堂、下地狱内容的变文，其形成时间至少也在中唐以前。

三、宋元时期目连故事的演变

（一）民俗与戏剧中的目连故事

到了宋代，中元节的民俗祭祀活动发展到了一个新的规模。据周密《武林旧事》卷三记载：“七月十五日，道家谓之中元节，各有斋醮等会。僧寺则于此日作盂兰盆斋。而人家亦以此日祠先。”由于中元节这一天集中了三重祭祀功能，因而成为一年中最大的宗教节日之一。北宋中元节的盂兰盆活动，孟元老《东京梦华录》卷八有着详细的记载：

> 七月十五日中元节。先数日市井卖冥器靴、鞋、幞头、帽子、金犀假带、五彩衣服，以纸糊架子盘游出卖……耍闹处亦卖果食种生花果之类，及印卖尊胜目连经。又以竹竿斫成三脚，高三五尺，上织灯窝之状，谓之盂兰盆，挂搭衣服冥钱在上焚之。构肆乐人自过七夕便般《目连救母》杂剧，直至十五日止，观者增倍。

其中劈竹制造所谓的盂兰盆，和衣服冥钱一道焚毁，是宋人的习俗，还见于其他宋人笔记，如高承《事物纪原》、陈元倩《岁时广记》、陆游《老学庵笔记》等，已经和其最初的本意风马牛不相及。高承根据《佛说盂兰盆

① 〔唐〕孟棨《本事诗》曰：“诗人张祜，未尝识白公。白公刺苏州，祜始来谒。才见白，白曰：‘久钦藉，尝记得君款头诗。’祜愕然曰：‘舍人何所谓？’白曰：‘鸳鸯钿带抛何处，孔雀罗衫付阿谁？非款头何耶？’张顿首微笑，仰而答曰：‘祜亦尝记得舍人目连变。’白曰：‘何也？’祜曰：‘上穷碧落下黄泉，两处茫茫皆不见。非目连变何耶？’遂与欢宴竟日。”

经》说它“失之远甚矣”[①],这反映出佛教仪式民俗化后的发展与变异。

而戏剧艺人演出目连救母戏,这是首次见于记载。自七夕过后一直演到十五日,得演七八天吧。《东京梦华录》里提到名字的汴京瓦舍一共有九个,其中桑家瓦子、中瓦、里瓦三个瓦舍就拥有50余座勾栏,如果九个瓦舍的勾栏里都上演《目连救母》剧目的话,全城至少也有几十座勾栏同时演这个戏,它的社会影响之大可想而知。由于缺乏文献记载,其演出的具体情况已经无法判明,一般认为是将目连救母的全过程连续演下来,需时七八天,那就成为一个完整而庞大的剧目的演出,类似于后世的连台本戏。但是根据一些迹象,这种可能性很小。首先,因为表演结构和音乐结构的限制,北宋杂剧的表现力还没有这么强。其次,从明代万历年间出现的第一部完整目连戏剧本《劝善记》一百出也只能够连演三天,反证了这种看法的超历史性。宋杂剧《目连救母》更有可能是像金院本名目里的《打青提》那样,挑选目连故事里便于舞台表现的一些段子来分别演出,每次演一段,散了戏再重新开场演另外一段,七八天内可能会有重复演出的部分。因为汴京勾栏内的演出还不像后世民间目连戏那样,作为一种全民的活动,在演出期间停产停业全部投入,而是人们买戏票进勾栏里面去看,每场看几个时辰。

(二)说经与宝卷中的目连故事

南宋后期曾有《佛说目连救母经》在浙江到广东一带流传,从中可以约略推测到当时目连救母故事发展的面貌。[②]

---

① 〔宋〕高承《事物纪原》卷八“盂兰”条。

② 原本已经逸失,现存日本贞和二年(1346)重刊本,是根据日僧小比丘法祖于元大德八年(1304)在广州买到的文本重刻的,其卷末署记里有如下文字:“大元国浙东道庆元路鄞县迎恩门外焦君庙界新塘保经居亦奉三宝受持读诵经典弟子程季六名忠正辛亥年十月廿二日乙酉呈。”大德之前的辛亥年是南宋淳祐十一年(1251),其时距宋亡以及元朝立国相去甚远,估计应该为日本重刻时添加了“大元国浙东道庆元路”等文字。最初程忠正出资刊刻这部经文的目的只是为了在本地散施,以超度先祖,如经中所说:“若有善男善女,为父母印造此经散施,受持读诵,令得三世父母、七代祖先,即得往生净土,俱时解脱……”而不是为了藏之名山,传之后世,因此在签署时并没有留意专门写明朝代年号和所属行政区划,这是很自然的。当几十年后日本僧人辗转买到这部经文而重刻时,为了标明它的原出处,就把当时元朝的行政区划套进去,造成这个缺漏。

《佛说目连救母经》的文字绝无前代经典的行文板滞和谆谆说教气，它的笔法口吻颇类似于当时的话本，语句简洁明快，叙事清晰流畅，人物对答状貌寓形，即使把它当作文学作品来阅读也并不失色。这很容易解释，因为佛教经典里原本没有目连救母经，这部经文的产生只能是根基于唐宋以来俗讲、说经甚至戏曲艺术中目连故事的原型。从一些迹象来看，它很有可能是节略了当时的说经话本而成。说经是南宋以后在市井瓦舍里发展起来的一种"说话"样式，以演说佛经故事等为其特色，其形式体现为勾连唐代俗讲与明清宝卷的过渡环节。今天还没有发现宋代的说经话本，我们不知道它的具体形式，但从俗讲和宝卷的形式可以推测，它也应该是一种韵文散文相间，二者内容交叉重复的说唱形式。用《佛说目连救母经》与元明之间的《目连救母出离地狱生天宝卷》比较可以看出，两者内容相当一致，后者只是在散文部分之外多出了供吟诵的韵文而已。所以有理由推测这部《佛说目连救母经》是在当时说经话本基础上略去了韵文部分而成。经文内有些地方还明显透示出当时诨经表演或者杂剧演出插科打诨的痕迹：目连来到阿鼻地狱寻找母亲，狱主对他说："今日寻得娘见，将何报弟子之恩？"目连无奈，只好答应事成之后请诸菩萨为他转大乘经典。目连进入地狱与母见面，没说上几句话，别的罪人纷纷不忿，说："他家子母向得相见，我等云何无有出期？"狱主连忙赶目连离开，说你要不放开你娘，"我快炉铁叉望心插取将去"。这种世俗调笑的内容显然不是佛经中应该出现的。

《佛说目连救母经》中主要人物已经定型，但在个性化方面更加典型，目连暗淡了其圣僧光圈而向世俗人物靠拢，从而突出他不避艰难奋力救母的意志，目连之母则进一步显现出市井恶妇的嘴脸。一些具体细节有了改动：青提夫人有了汉姓和排行，所谓"姓刘第四"；家中有了义仆益利和婢女金支；目连经商时间由过去的"不经旬月"变成三年，从而为后世目连戏里加演目连在外的许多遭遇留下空间；加强了目连救母的困难程度，例如地狱名字增加到八个：剉碓地狱、剑树地狱、石磕地狱、灰河地狱、镬汤地狱、火盆地狱、大阿鼻地狱、小黑暗地狱，又有饿鬼道，这是后来发展到十殿阎罗寻母的基础。

还有一个最重要的更改：变文中青提三次被救的顺序是首次如来救出

地狱,二次盂兰盆斋救出饿鬼道,三次目连诵大乘经超度狗身。经文改为首次如来救出大阿鼻地狱,然后诸菩萨转大乘经典超升出小黑暗地狱,再次诸菩萨造幡点灯救离饿鬼身,最后功德结束于目连本人造盂兰盆斋超度母亲脱离狗身而生于忉利天上。这种改动显然突出了盂兰盆会的关键性作用,更加符合民间已经形成的盂兰盆会习俗的信仰心理,为以后目连救母戏曲演出与盂兰盆会祭祀习俗的联姻做好了准备。虽然,它造成了如来的心口不一:目连为母亲堕入阿鼻地狱而愁苦,如来对他说:"目连,我救汝母。"目连问他能救吗,如来说:"我若救汝母不得,长劫入地狱中,代汝娘受罪。"而实际上如来只把刘青提救出阿鼻地狱,但却任她又堕入小黑暗地狱、进入饿鬼道、转为狗身,并没有把她救出来。

《佛说目连救母经》的内容,应该反映了这一阶段民间目连救母传说的基本面貌,从而可以猜测,宋杂剧《目连救母》演出的内容大致与此相仿。

《佛说目连救母经》之后,民间出现诸多的目连宝卷,其中最早的一部是《目连救母出离地狱生天宝卷》,为元明之交时大约出自北方的写本[①]。将《目连救母出离地狱生天宝卷》与《佛说目连救母经》作一比较,得出的结论是:除了表现形式上的差异,二者内容大致相同。两者一产自西北方,一出自东南方,其间覆盖了广阔的地域,应该说原有的目连故事在宋元到明初之间已经基本上定型,因而金院本里的《打青提》、元明杂剧里的《行孝道目连救母》内容不会超出这一范围,它进一步的发展则有待于新的社会因素的出现了。

(三)其他

宋元时期目连故事通过说经、宝卷、戏剧等途径进入民间之后的发展是巨大的,但是在寺院经场中,它仍然保持着比较拘谨的面貌。例如北京图书

---

① 今藏北京图书馆善本部,为大字精写本,配有若干精美的彩绘图画。原为郑振铎藏,郑误将题目中的"生天"写作"升天",称之为"金碧写本",见郑振铎:《中国俗文学史》下册,上海:商务印书馆,1938年,第318页。今见其卷末宝莲座长方框内有金粉题记:"敕旨:宣光三年𣪍旦造。弟子脱脱氏施舍□。"宣光三年(1373)即明洪武六年,其时朱元璋已经统一中原,元朝统治地域退到内蒙古以北和甘肃以西,这一宝卷仍然沿用元代年号,可见产于元朝统治区域,有可能是敦煌一带的写本。

馆善本部藏有一本明刻《慈悲兰盆目连忏法道场》，前后都有元至正十一年(1351)的序跋纪年，其中对于目连救母过程的描述就比较简单，仍然遵循着设盂兰盆斋僧佛菩萨救出母亲的路数，而没有青提一再入劫、目连借助各方力量数次救拔母亲的描写。当然，它也不可避免地受到民间传说的影响，例如其中提到的地狱名称已经足了十个：剉碓、剑树、刀山、镬汤轮、石磕、灰河、火盆、铜柱、锯解、铁磨，这些名称成为后世的通称。有意思的是，它把目连出外经商的地点放在金国地界，使这一故事增强了时代气息，从而增加设置道场的现实意义："闻金地多商货利，获益非常，于是罗卜辞母往斯国中贩商为贾，兹兹为生。"这是佛寺僧人功利心理的显露了。

四、明代中叶目连故事的发展

（一）南北两种目连戏文本

目连救母故事的演变在明代中期以前乏于记载，但到了万历初年却出现了两种值得重视的资料。一为山西潞城县崇道乡南舍村万历二年(1574)抄本《迎神赛社礼节传簿四十曲宫调》中所收的《目连救母》供盏队戏剧目和《青铁刘氏游地狱》的哑队戏角色排场单，一为安徽祁门县清溪村人郑之珍所撰万历十年(1582)刊本《目连救母劝善记》戏文，这真正是空谷足音。它们既反映了目连故事在明代前期一二百年间的飞跃发展，也透示出它在中国南、北地域里的不同足迹。

《礼节传簿》是晋东南农村举行迎神赛社仪式时所遵循的簿规，其中所收录剧目的本事很多出自当地史传演义和民间神话传说，目连故事属于后者。其角色单里对刘青提的剧目提示如下：

> 《青铁刘氏游地狱》一单：舞千里眼、顺耳风、牛头、马面、判官、善恶二簿、青衣童子二个、白魔太尉四个、把金桥大使者、青铁刘氏游十八地狱、目莲僧救母、十殿阎王、净水童子、木叉行者、观音上。

其中出现的许多中国民间传说中的阴曹地府人物都是原来没有的，赴阴间要过金桥，地狱有十八层，阎罗有十殿，更重要的是观音取代了如来的地位，这反映出目连故事的大变迁。

哑队戏是一种装扮游行而不说不唱的表演形式，从抄本中开列的其他哑队戏角色单也多是佛道神话故事，诸如《鬼子母揭钵》《五岳朝后土》《习达太子游四门》《王母娘娘蟠桃会》《唐僧西天取经》《二十八宿闹天宫》等可以看出，它其实是供神仪式的一种延伸，它取目连救母故事的原因大概就是因为其中显现了地狱景象。但它的戏剧性程度则处于比较低级的水平。被运用在祭神仪式过程中的供盏队戏《目连救母》，也只能是演其仿佛，受到时间和空间上的很大限制。

近代晋南原始剧种锣鼓杂戏剧本《白猿开路》或许可以作为《礼节传簿》目连剧目的补充。《白猿开路》的内容为观音命白猿护送目连赴西天求佛，经历许多艰难险阻，收沙僧，斗乌龙，战鱼精，求助于温、马、赵、关四元帅和雷公电母，由关公擒获鱼精。与《西游记》比较，这里的白猿还太缺乏神通，其产生时代可能在吴承恩《西游记》成书之前。上述可以视为明代中期以前北方目连故事的发展轮廓。

《劝善记》是南曲戏文剧本，它成功地运用了南方民间盛行的南戏形式来表演目连故事，得以在其延伸性极大的体制中充分展现自身庞杂的内容，而其含量也已经较明初宝卷有了很大拓展，主要是按照民间实际情形充实了世俗生活的细节内容，又按照生旦表演的路子增添了旦角曹氏的情节线。目连形象的俗世面貌增强，他成为一个虔诚礼佛的小民，为了到西天去见佛，经受了黑松林、寒水池、火焰山、烂沙河等种种磨难，全依仗观音菩萨和白猿法力的保护才得以成行，从这些情节里不难看出与唐僧西游故事的重合。《劝善记》的篇幅也已经十分庞大，长达三册一百折（实为104折，其中四折有词无目），其卷下“盂兰大会”出末云：“目连戏愿三霄毕，施主阴功万世昌。”可见此剧能连演三天，在当时是最长的戏文。

把《劝善记》的内容和《礼节传簿》相较，很容易得出南方目连故事已经发展为具有逼真细节的完整世俗戏剧，而北方仍停留在神话和宗教传说混杂阶段的印象。

明代前期说唱文学极其发达，各种民间神话故事都结合着宗教活动兴盛起来，例如观音故事、西游故事、华光故事、封神故事等，万历年间沈德符《万历野获编》卷二十五批评此前的北曲杂剧说："《华光显圣》《目莲入冥》《大圣收魔》之属，则太妖诞。"说明这些神话传说故事已经广泛进入戏剧领域。目连由原来"神通第一"的佛祖十大弟子之一败落到要由观音菩萨来随时拯救性命，一方面表露了他进一步由神到人的演变痕迹，从而更能够深入民间文化习俗心理，另一方面则说明这一演变出现在中国民间观音崇拜兴起之后。元管道升撰《观音菩萨传略》，元明间宝卷有《香山宝卷》[1]，明万历间戏文有《香山记》，都是演说观音成道故事的本子，它们勾勒出了民间观音崇拜兴起的脉络。其中的观音为妙庄王之女，还带有一点人味，而到了西游、目连一类的神魔传说里就成为完全不食人间烟火的大慈大悲、救苦救难、法力博大、智慧深远的南海菩萨了。

（二）郑本目连的因缘关系

郑之珍（1518—1595）为徽州府祁门县清溪村人，出身世儒，幼习举业，不到20岁就考中秀才补入邑庠，自负雄才，志气凌云，但却时运不济，困顿科场30年，终于失望而放弃科考，恣情山水方外，于万历七年（1579）他61岁以前编成《目连救母劝善记》戏文而行于世。[2] 郑本《劝善记》一经写成，影响立即扩散，"好事者不惮千里求其稿，赡写不给，乃绣之锌，以应求者"[3]。而将本子刻印，更加快了它的流传。其时民间的盂兰盆法事活动继承宋元而方兴未艾，郑本目连戏文就和各地民间盛行的盂兰盆活动结合起来，四处盛演，并且愈演愈烈。明末祁彪佳撰写《远山堂曲品》时，说《劝善记》尽管"全不知音调，第效乞食瞽儿沿门叫唱耳。无奈愚民佞佛，凡百有

① 《香山宝卷》传说为北宋崇宁二年（1103）普明禅师受到神的感示而作，实际上不可能那么早，从观音故事的演变来考察，它只能出现在元代以后。参见［日］塚本善隆：《近世シナ大衆の女神观音信仰》，《山口博士还历纪念印度佛教学论丛》，法藏馆，1955年。

② 见《劝善记》（万历十年刊本）郑之珍、叶宗春、陈昭祥、倪道贤、胡天禄等人序、跋文和安徽祁门发现的郑之珍夫妇墓碑文、《清溪郑氏族谱》等。

③ 《劝善记》明万历十年（1582）胡天禄跋。

九折,以三日夜演之,轰动村社”①。祁氏所见到的《劝善记》是109出,大概是后人增补了的本子,但仍然以演三天为限。

尽管郑之珍《劝善记》的影响很大,但民间演出却不一定遵循他的剧本内容,例如张岱明末在西湖看到徽州旌阳人演出的目连戏就有另外一套路数,他在《陶庵梦忆》卷六里回忆说:“余蕴叔演武场搭一大台,选徽州旌阳戏子,剽轻精悍、能相扑跌打者三四十人,搬演《目莲》,凡三日三夜。四围女台百什座。戏子献技台上,如度索舞絙、翻桌翻梯、筋斗蜻蜓、蹬坛蹬臼、跳索跳圈、窜火窜剑之类,大非情理。凡天神地祇、牛头马面、鬼母丧门、夜叉罗刹、锯磨鼎镬、刀山寒冰、剑树森罗、铁城血澥,一似吴道子《地狱变相》,为之费纸札者万钱,人心惴惴,灯下面皆鬼色。戏中套数,如《招五方恶鬼》《刘氏逃棚》等剧,万余人齐声呐喊……”其中“招五方恶鬼”“刘氏逃棚”的情节都为郑本所无,而剧中表演重武打和杂技功夫,也和郑本不太符合,唯一相同的只是连演三天。推测或者是徽州民间演出沿袭了其他路子,或者是在郑本基础上添加了民间巫傩表演的内容。清初西周生小说《醒世姻缘传》第五回描写的江苏华亭县明末清初演出情况则是:知县让人“在大寺内搭了高台唱《目莲救母记》与众百姓玩赏,连唱了半个月方才唱完”。演出的内容就一定大大超出了郑本的范围,或许已经是四十八本目连戏的演法了(详见后文)。

据说郑之珍兼习吴歈,但他按照南戏格律谱写的《劝善记》却不能昆唱,所以作为安徽人的他对于吴歈也只能是一知半解。《劝善记》在《群音类选》里被列入“诸腔”,在《远山堂曲品》里被列为“杂调”,还被祁彪佳讥为“全不知音调”。后世高腔系统的声腔剧种普遍盛演这个戏,非高腔系统的剧种如福建的莆仙戏里也有目连戏,而很多剧种的目连戏都有着许多郑本之外的情节,因而人们怀疑在郑本之前南方民间已经流行目连戏演出,郑之珍只是对它们做了加工和删改的工作。在郑本刊行之后,民间演出仍然很大程度上按照其原来的面貌自行沿袭,所以才造成上述现象。也有人从分

① 〔明〕祁彪佳:《远山堂曲品》,《中国古典戏曲论著集成》(六),北京:中国戏剧出版社,1959年,第114页。

析郑本情节矛盾入手，指出其中一些漏洞，认为是删改的痕迹。

这种推测有其合理性，因为郑本中确实吸收了许多民间的表演，例如剧中“占扮哑背疯，一人扮二人”“丑扮疯子向天四脚撑上”等舞台导演提示，决不会是老儒郑之珍的发明，其前提也必须是凡读者都对此明了于心。又如“尼姑下山”“和尚下山”两折戏出明显是从民间表演里挪来，其原型见于嘉靖年间冯惟敏所作的四折北曲杂剧《僧尼共犯》，但冯氏也有可能同样采自民间，因为民间尚有《小尼姑》套曲流行。刊于万历元年(1573)的《词林一枝》于卷四中栏的散曲部分收有《尼姑下山》，曲牌为【雁儿落】，不同于《劝善记》里的“尼姑下山”，时间也早于后者，可见另有所本。刊于万历二十一到二十四年(1593—1596)的《群音类选》“诸腔类”里附录了《小尼姑》北曲一折，与《词林一枝·尼姑下山》比较，二者其实是同一内容，只是后者收录了一折全套的北曲，在【雁儿落】前面还有【沉醉东风】【山坡羊】两支曲牌，并同时收录道白，而前者只是截取了一段，并删去说白而已。这个事实说明除了冯氏杂剧，民间还有北曲散套或杂剧《小尼姑》流行，只是彼此之间的因袭关系眼下还不大清楚。又如目连挑经挑母去西天的故事也是来自民间传说，《群音类选·小尼姑》开头的曲词就是“昔日有个目连僧，一头挑母一头经。挑经向前背了母，挑母向前背了经。只得把担子横挑着，山林树木两边分。左边挑得肩头破，右边捱得血淋身。借问灵山多少路，十万八千有余零”。可见这是当时民间熟知的故事，由此也可反证目连西行见佛的传说在郑本成书前已经成形了。万历时北曲杂剧里还有一个《目连入冥》的剧目①，它与郑本目连的关系不清楚，或许作于其前，那么也会对郑之珍的写作有所启发。

问题在于，我们今天见到的所有郑之珍本人以及他的亲朋好友所留下的文字，都确定地说郑本是首次将目连救母故事搬上舞台。如郑之珍序曰：

> ……乃取目连救母之事，编为《劝善记》三册，敷之声歌，使有耳者之共闻；著之象形，使有目者之共睹。至于离合悲欢，抑扬劝

① 参见沈德符：《万历野获编》卷二十五。

惩，不惟中人之能知，虽愚夫愚妇靡不悚恻涕洟，感悟通晓矣。

《劝善记》卷下副末开场词也说："搜实迹，据陈编，括成曲调入梨园。"叶宗春叙则说它是"神以轮回，幻以鬼魅，鼓以声律，舞以侏儒"，陈昭祥序和叶叙内容接近："即目犍连救母事而编次之，而阴以寓夫劝惩之微旨焉。婉丽其词情，而兴其听视之真；朱玄其鬼状，而悚其敬畏之念。"倪道贤《读郑山人〈目连劝善记〉》则曰："摘目连救母事，宫商其节而神赫之，庶偷薄者由良心入吾彀。"总而言之，都是称赞郑之珍把这个劝善的故事搬上了戏台，使其影响民众的效果更强，其语气都不像是原有目连戏的样子。

郑之珍所取材的"目连救母事"的"陈编"究竟是什么底本，没有人透露，只有他外甥胡天禄的跋文说得较为具体："取《目连传》括成《劝善记》三册。"或许郑之珍所依据的旧本只是宝卷一类说唱本和通俗读物如《慈悲道场目莲报本谶法》等，而不是舞台演出本，《劝善记》里的诸多舞台表演只是吸收了当时其他表演里的精华？《劝善记》下卷"三殿寻母"里出现了长达168句的七言唱句，是吸收民间说唱的一个显著痕迹。或许郑之珍的亲友们为了提高郑之珍对目连故事的贡献而有意制造假象，根本无视民间的下里巴人演出？这都有待于更多材料的发现来证实。

当然，也不能排除郑本之外还有其他目连救母戏文存在的可能性。根据我的研究，明代诸多戏曲选本里面所收录的目连戏折，虽然大都是沿袭郑本，但也有明显属于另外一个系统的，如明刊本《时调青昆》次卷收录的《救母记·小尼幽思》，路数就和郑本完全不同，应该是一种青阳腔的本子。由于至今还没有发现这个本子的其他折出，无以比照，它和郑本的关系还弄不清楚。另外，万历刊本《万象新》后集一卷下栏所收《目连劝母修善》的出目，标明首曲首句为【一剪梅】"坟头三载整归鞭"，在郑本中也找不到，很可能也出自另一种目连戏文本。所以，大概可以肯定，至少在郑本流行的同时，他种版本的目连戏也在演出。

五、明末以后目连故事的扩张

明末以后，在民间传说的支持下，目连救母故事又有了进一步的发展，其趋势是将现世的目连故事向二世、三世扩张，并与中国的历史故事相结合，繁衍出越加庞杂的体系，这造成目连戏内容的急剧膨胀。扩张的方向是以目连救母故事为本，向前扩展到其父辈、祖辈，并套入历史事件；向后扩展到目连转生的来世、再世，也插入历史故事。其痕迹可以从清代的各种目连戏剧本和各地方剧种上演的目连戏里看出来，另外宝卷里也有同样的情况。

（一）向前世发展的目连戏

将目连故事向前世发展的，无非是增加目连父辈、祖辈甚至曾祖辈的事迹，其中情节关目和人物名称各各有异。有一条明显的界限，可以把各地的目连戏区别为两个系统，那就是看它的背景是放在梁朝还是唐朝。梁朝的事件是梁武帝出家困死台城，唐朝的事件是唐德宗时的朱泚、李希烈之乱。

唐朝背景的目连戏有清初的剧本作为基础。清初曾出现一本新的目连戏剧本《劝善金科》，内容和郑之珍《劝善记》大不相同。《劝善金科》作于康熙二十年（1681）之后，编者佚名，一共 10 本 237 出，大大超过了郑本的篇幅。[①]《劝善金科》从目连的父亲傅相写起，并把背景放在唐德宗朝朱泚、李希烈谋反之时，借以表彰忠臣颜真卿、段秀实的忠君尽节。从一些迹象来看，添加这些内容似乎不是《劝善金科》的发明，而为前有所承。

乾隆年间词臣张照受敕重编《劝善金科》，在《凡例》里说：

> 《劝善金科》，其源出于《目连记》，《目连记》则本之《大藏盂兰盆经》。盖西域大目犍连事迹，而假借为唐季事，牵连及于颜鲁公、段司农辈。

其中的《目连记》显然不是郑之珍的《劝善记》，因为《劝善记》并不根基于《盂兰盆经》，郑之珍也没有这样说。而《目连记》“假借为唐季事”，《劝善记》却没有明确的时代背景，地点发生在南耶王舍城中，还保留了印度的影子，这一点也不相同。如果张照所说有据，那么，《劝善金科》所借鉴的《目

① 今北京首都图书馆存雍正抄本，其第十本第二十三出有“幸逢大清康熙二十年”字样。

连记》是另外一部目连戏文，背景是唐代，它和《时调青昆》所引录的那部《救母记》和《万象新》所收录的目连戏出，与郑之珍所依据的《目连传》有无关系？这些问题眼下还都不清楚。

康熙本《劝善金科》生发了《目连记》里的颜真卿、段秀实故事，和目连救母故事一道构成忠孝两全的传奇模式，使目连故事发展为跨居两代的连台本戏。但是康熙本《劝善金科》流传并不广泛，当乾隆年间张照本出来后，就湮没不闻了。乾隆年间张照《劝善金科》是在康熙本基础上，经过“斟酌宫商，去非归是”的加工，“数易稿而始成”，张照改动得很大，致使“旧本所存者，不过十之二三耳”①。但张照所做的主要是曲律词格规范化的工作，对于康熙本基本的情节路数没有改动。

康熙本《劝善金科》的上演情况不明，清人董含《蓴乡赘笔》曰：“康熙癸亥，上以海宇荡平，宜与臣民共为宴乐，特发帑金一千两，在后载门架高台，命梨园演《目连传奇》，用活虎、活象、真马。”②这次表演的时间是康熙二十二年(1683)，比前面提到的康熙本《劝善金科》里所称的年代晚两年，是有可能依据它进行演出的。张照本则至少于嘉庆二十四年(1819)十二月在故宫里的重华宫戏台演出了全本，从十一日演到二十日，每天演一本，连演了十天。③ 在《劝善金科》剧本的基础上，发展出北方一路的目连戏，后来北方一些皮黄、梆子系统的剧种，如京剧、西府秦腔、河南梆子等，其目连戏都把背景放在唐代。

以梁朝为背景的目连戏主要是南方各剧种的目连戏，其演出虽然形态各异，状貌万千，但一般都叙及傅家祖辈事迹，而把故事的背景放在梁武帝朝。如福建莆仙戏，江西弋阳腔、青阳腔，安徽阳腔，浙江高腔、调腔，湖南辰河戏、祁剧，四川川剧等，很明显，这些剧种多半是高腔系统的支脉。莆仙戏目连分上、下两部，下部为正式目连故事，上部则为写目连曾祖父事迹的《傅天斗》。湖南各剧种如湘剧、辰河戏、祁剧都有“前目连”或“目连外传”，演

① 乾隆刊本《劝善金科·凡例》。

② 参见康熙本《说集》后集。

③ 见清嘉庆二十四年(1819)“恩赏档”，转引自王芷章《清升平署志略》上册，上海：商务印书馆，1937年，第80~81页。

目连的父、祖两代的来历,湘剧也可以把“前目连”换成《梁传》来演,辰河戏则《梁传》必与《目连》连演。其他如弋阳腔、青阳腔等,虽然没有分上、下部或前、后传,但在头一本里都叙述大体相同的梁代故事。

梁武帝故事是中国民间流传的另一系统的佛教故事,它和目连故事的联结点在于梁皇后郗氏变蟒的传说,其加入目连戏的时间略有可寻。在元代僧觉岸《释氏稽古略》卷二里载录的郗氏变蟒故事情节还非常简单,元后至元四年(1338)由僧妙觉(智松,字柏庭)校正重刊的《慈悲道场谶法》(即《梁皇谶法》)篇首所附《慈悲道场谶法传序》则详细叙说郗氏故事,加入了具体情节,估计郗氏故事的成形就在元代。在此基础上,明代以后产生的《佛说梁皇宝卷》,才具备比较完整的梁武帝故事。[①] 因此,梁武帝故事进入目连戏的时间不会太早,其契机还有可能就是由于郑本目连里提到了郗氏化蟒的典故,民间就把当时已经流行的这一故事加入。

南方目连戏还有另外一个特色,就是把目连戏和其他剧目放在一起,接续演出,共同组成大套的连台本戏。福建泉州提线木偶《目连救母》由《李世民游地府》《三藏取经》《目连救母》三大段组成,连演七天七夜。弋阳腔有《梁武帝》《目连》《岳飞》《西游》四大本连台戏。祁剧有《目连》《观音》《岳飞》《三国》《封神》《西游》六大本戏。湘剧高腔有《目连》《岳飞》《封神》《西游》四大本戏。辰河戏目连有“四十八本目连”的说法,包括《目连》《梁传》《香山》《封神》和《金牌》五种连台本戏,其中《目连》又分《前目连》《后目连》和《花目连》,按照《梁传》《香山》《前目连》《封神》《金牌》《后目连》《花目连》的顺序演出,每天上午演出这些连台本戏的“正戏”,下午还要演出其他剧目的“花戏”或“杂戏”。这种格局大概形成于明代晚期,据说湖南泸溪县浦市镇的浦兴古寺原有明崇祯碑文,称每年中元节寺内修盂兰盆会,演唱四十八本目连戏文,原碑现已不存。实际上整个高腔系统的目连戏,从江西到湖南到四川,都有四十八本目连戏的说法。

① 参见凌翼云:《〈梁传〉初探》,湖南省艺术研究所编《目连戏研究论文集》,艺海编辑部1993年内部刊印。

(二)向后世发展的目连戏

将目连故事向后世发展的方法则是借助佛教的轮回观念,让目连的二世、三世转为他身,从而增添其他故事。今天所见到的几种目连宝卷,如《目莲三世宝卷》、《目连救母宝卷》(一名《黄巢宝卷》)等,都是在地狱救母中间加添目连转世的情节,使目连二世转为黄巢,三世转为屠夫,最后才脱去凡胎,恢复真身,救母生天。很明显,这是把其他传说故事串接进来而形成。祁剧目连在进入八殿地狱后,横生枝节,目连用如来赐给的锡杖震开了夜魔城,锡杖神灯大放光明,众饿鬼趁机全部逃脱。于是佛祖令目连投胎转为黄巢,杀人八百万,正好把地狱逃出的饿鬼全部剿除。绍兴目连戏的老剧目里无目连转世黄巢的情节,但到了民国6年(1917)五社公立的目连戏定场匾额上则于救母生天大团圆后又多出一出《黄巢》,这是受到了其他剧种的影响。

目连转世的故事反映了明清以后民间轮回转世观念的进一步泛滥,实际上在目连戏的许多具体细节上也体现出这种泛滥的浮沫。莆仙戏目连上部《傅天斗》里的梁武帝原为樵夫,因杀猴而转世为帝,猴王则转世为侯景作乱,使梁武帝饿死台城。目连的祖父傅崇因错信李伦而作恶,玉帝遂命破财星投胎为他的二子以败其家,后来傅崇觉察赶走李伦,玉帝又下令雷殛二子,另让神人投胎为他的三子傅相。辰河戏里和《目连》同演的《梁传》说梁武帝及其皇后郗氏是西天菖蒲、水仙二花被贬下界,后郗氏因妒处死梁武帝宠爱的苗宫人而被阎王罚为变蟒。江西弋阳腔目连戏里劝姐开荤的刘贾转为黑驴,僧尼相调的和尚、尼姑转为公狗、母狗,卖酒掺水的张三转为乌龟,卖米发水的李四转为白蛆等。川剧目连戏里的转世更为频繁,并把各个故事里的人物都连在一起,竟然让菖蒲花仙一转为肖衍,二转为乾元,三转为傅相,让水仙花仙一转为郗氏,二转为向氏,三转为刘氏,四转为犬。

(三)目连戏横向扩展的情况

目连戏在民间的长期演出过程中,也不断地吸收民间表演中的各种营养成分,尽最大可能地摄取了一切它所能够获得的内容,使它的躯干像滚雪球一样膨胀起来。它的扩充来源主要有三：

一是把原有目连故事里的情节进一步丰富和充实，例如祁剧里把郑本作为暗场处理的一些细节扩充为整场戏，“刘氏下阴”“狗儿下阴”“金奴下阴”都是这类例子。辰河戏里把郑本“五殿寻母”孝子郑庹夫受到褒奖的事迹敷叙为“蜜蜂头”一出插在前面演。

二是不断把其他剧目的有关内容吸收进来，例如辰河戏目连《耿氏上吊》的情节本是出自演西游记故事的《刘全进瓜》一剧，只是把刘全和李翠莲改为方卿和耿氏，在安徽目连和江苏弋阳腔目连里则变成东方亮及其妻，绍兴目连里又变为董员外董院君。民间兴起的极度浓重的轮回报应观念是目连戏在民间滚雪球的基础。祁剧目连戏里插演“活捉王魁”，而用一个“转世”的情节把它拉入目连戏：敫桂英转为金奴，王魁转为益利。

三是不断把各地民间的实际生活内容吸收进来，例如加进各地原始宗教风俗的内容，辰河戏开场的“发五猖”、祁剧的“锁拿寒林”“请巫祈福”“无常引路”“五瘟赐福”“雷打拐子”等，都是把民间傩祭和巫道祭仪等内容吸收进来的例子；祁剧的“罗卜谢孝”“罗卜拜香”吸收的是民间风俗，辰河戏的“赵甲打爹”“肖氏骂婆”，祁剧的“浪子锄豆”“瞎子逛灯”“瞎子闹店”，模仿的是民间小戏和社火表演等。

六、目连戏得以生生繁衍的文化意蕴

目连戏盛行民间的原因之一是与民间傩祭文化意识相融合。中国民间自远古时期形成通过某种仪式可以祈福禳灾的原始巫傩意识。这种意识通过岁时礼仪周期性更迭的民俗活动形式，在漫长的年代中逐渐演变为一种强大的习俗文化心理，它对于民众的精神影响程度是难以估量的。佛教得以真正在中国民间落定脚根，得力于其祈神仪式和轮回观念与中国民间巫傩意识的相通，而目连戏的产生，则是佛教与巫傩观念达到最后沟通的渠道。所以，中国民间常常直接把目连戏的演出与祈福禳灾的巫傩仪式混为一谈，连宫廷里也不例外。清代宫廷里演出《劝善金科》就是“于岁暮奏之，以其鬼魅杂出，以代古人傩祓之意"①。四川也是一样，"川人恃此以祓不祥，与京师黄寺喇嘛每年打鬼者同意"②。目连戏甚至被用作免灾求雨的工具，清代章楹《谔崖脞说》曰："江南风俗，信巫觋，尚祷祀，至禳蝗之法，惟设台倩优伶搬演《目连救母》传奇，列纸马斋供赛之，蝗辄不为害。"民间巫傩观念是支撑目连戏盛行的主要精神因素。

目连戏的一些演出习俗也充分体现了佛教与中国民间原始巫术意识相融会的情景。各地目连戏演出时，很多都在戏台对面搭设经堂，请僧人在里面诵读经文。开台前先抬南坛菩萨、灵官、韦陀等神像游街，来到台前，还有种种烦琐仪式，然后在台上供奉儒、释、道直至梨园宗师等各路神明的灵位。台上设禁坛封禁，台下供草人镇鬼。观众和演员都吃斋。开台时还要由地藏王、韦陀等法力高强的神明收尽五方鬼煞，并请来五猖神捉寒林和护台，演出完毕要送猖、由钟馗收台等。演出过程中还有"赶吊""捉刘氏""捉叉鸡婆"等类似于驱傩的场景。江西上虞县的"哑目连"简直就是一种祛疫驱祟的傩祭仪式。不难看出，目连戏生存的根基就在于这些原始仪式以及仪式所体现的深层观念中。

目连戏盛行民间的另外一个重要原因，是它那混杂包容的宗教和伦理观念符合了中国百姓的古老泛神信仰观和民俗伦理意识。目连故事虽然是作为佛教意念的载体进入中国的，但它的发展并没有严格遵照单一的宗教渠道进行，其复杂的历史演变过程决定了它广泛吸收中国民间各种庞杂混乱的宗教观念和伦理意识，使之成为地道的中国民俗精神的载体。

目连是中国民俗宗教文化的一个典型代表。它所据以立足的思想根基是中国民间的孝道观念，而它得以衍生膨胀的条件则是自身所建立的庞杂的宗教伦理体系。早在郑本目连里已经出现儒、释、道三教合一的趋势，例如其中"斋僧斋道""议逐僧道"的出目表明，道与释已经被推于相等的地位，"三殿寻母"刘氏困于血湖池里唱十月怀胎歌哭诉女人三大苦、目连用世尊所赐锡杖打破重重狱门救拔亡魂，都与道士超度亡魂仪式里的破血湖、破

① 〔清〕昭梿:《啸亭续录》卷一"大戏节戏条"，续四库全书本。

② 〔清〕徐珂:《清稗类钞》第37册，上海:商务印书馆，1917年。

地狱科仪有关联。而郑之珍编写《劝善记》的主要目的就是用它来劝善惩恶以化俗，弘扬忠孝节义，以有利于世教，这又是儒家的思想。郑之珍甚至在《斋僧斋道》里大谈“儒释混成”“儒道混成”“三教混成”，更直接表明了他的创作意旨。郑本广揽杂收的思想体系，是其后目连戏内容得以无限膨胀的基础之一。

清代以后的目连戏更朝向民俗伦理的方向发展，例如加强了对忠君、孝义、节烈观念的宣扬，其间不乏统治者提倡的影响。《劝善金科》褒掖颜真卿、段秀实在遇难时的忠贞不屈、骂贼捐生，即是最典型的例子。郑本里过奈河金桥的是修得善果的僧、尼、道士，而在祁剧里则改为忠臣、孝子和节妇，可显出目连故事从宗教向世俗的进一步过渡。

总之，目连戏由于它所显示的民俗宗教文化总代表的面目，得以在中国民间生生繁衍。地方剧种目连戏里更多体现出对原始巫傩信仰的依赖和对传统孝道观念的弘扬，说明目连戏并不是作为一种宗教戏剧而是作为一种民俗信仰仪式规范长期存在于民间，这显现了它的深层文化意义。

[原载《民俗曲艺》(台北)1986年第39辑]

目连戏文系统及双下山故事源流考

在近代开展起来的目连戏研究中,一直存在着两个死角:

一是全国各个地区的目连戏,内容和表演形式不尽相同,有些甚至与郑之珍《目连救母劝善记》差别甚大。那么,其剧本的源头,除了追溯到郑本,是否还有其他的并列源?近来虽然有一些学者做了猜测,但并没有提供文献资料方面的证据。

二是近代昆曲和许多高腔剧种演唱的剧目里都有《思凡》和《下山》两出著名的单折戏,其他许多地方戏也有相同的剧目,说明尼姑和尚双下山这一题材内容的影响广远。它们究竟渊源于何处?又具有怎样的发展脉络?20 世纪 30 年代,郑振铎先生在他的《中国俗文学史》里说它们出自明代郑之珍的《目连救母劝善戏文》①,但因为二者之间在文辞上有着很大的歧异,人们心存疑惑。30 年前,赵景深先生与文力先生曾经就尼姑和尚双下山故事的来历进行过一场争论,但由于当时很多流传到海外的资料还看不到,他们仍然试图在目连戏的内部寻找源头,因此也没有得到接近事实的答案②,以后就没有人再进行深入一步的探讨。

以上两个问题,由于近年来诸多明代戏曲选本的发现和公布,变得比较明朗化了,所需的只是进行一些具体的研究工作。我把这些选本中的有关戏曲散出和散套进行互相比勘,以及和郑之珍《劝善记》对照,大致看到了明代目连戏不同的文本情况,尼姑和尚双下山故事的渊源和发展脉络以及各

① 见郑振铎:《中国俗文学史》上册,上海:商务印书馆,1938 年,第 234 页。

② 见赵景深:《曲论初探》,上海:上海人民出版社,1980 年,第 149~171 页。

种有关剧本的交叉和承递关系。下面把我进行的工作梳理出来。

一、明清时期有关目连和双下山故事的戏曲选本

明代中后期产生的有关目连和双下山故事的剧本,今天知道的有嘉靖年间冯惟敏创作的杂剧《僧尼共犯》(有脉望馆抄校本)、万历年间沈德符《万历野获编》卷二十五提到的杂剧《目连入冥》(已逸)及郑之珍的《目连救母劝善记》戏文[有万历十年(1582)原刊本]。此外,明中叶到清初的诸多戏曲选本里也收录了很多有关的戏出和散曲,我见到的有以下若干种:

1.《全家锦囊》[嘉靖三十二年(1553)进贤堂刊本]卷一下栏收《尼姑下山》《新增僧家记》南北散套二套。

2.《群音类选》[约万历二十一年至二十四年(1593—1596)文会堂刊本]诸腔类卷二收《劝善记》的《尼姑下山》、《和尚下山》(又名《古庙戏尼姑》)、《挑经挑母》、《六殿救母》四出,并在《尼姑下山》后附录《小尼姑》南曲散套。

3.《玉树英》[万历二十七年(1599)刊本]目录于卷四上栏收《尼姑下山》《僧尼相调》二出目,正文原缺;于卷五上栏收《劝善记·目连描容》目,正文原缺。

4.《歌林拾翠》(万历二十七年奎璧斋刊本)二集收《目连记》的《发誓》(又名《花园发誓》)、《诉苦》(又名《诉三大苦》)、《见母》三出。

5.《乐府菁华》[万历二十八年(1600)三怀堂刊本]卷四上栏收《目连记》的《尼姑下山》(又作《尼姑下山求配》)和《僧尼调戏》(又作《和尚戏尼姑》)二出。

6.《满天春》[万历三十二年(1604)刊本]下栏收《尼姑下山》《和尚弄尼姑》二出。

7.《玉谷调簧》[万历三十八年(1610)刊本]卷一上栏收《思婚记·尼姑下山》一出。

8.《八能奏锦》(万历爱日堂刊本)目录下卷上栏收《升仙记·尼姑下山》目,正文原缺;又二卷上栏收《升天记》的《元旦上寿、目连贺正》一出。

9.《词林一枝》(万历刊本)卷四中栏收《尼姑下山》套曲。

10.《大明天下春》(万历刊本)卷五上栏收《僧妮相调》一出。

11.《万象新》(万历刊本)前集卷一上栏收《西天记·观音化度罗卜》一出,前集卷二上栏收《出玄记·和尚调戏尼姑》一出,后集卷一下栏目录有《目连劝母修善》《四真血湖诉苦》二出目,正文原缺。

12.《万曲明春》(万历刊本)五卷下栏收《救母记·罗卜思亲描容、罗卜祭奠母亲》一出。

13.《徽池雅调》(万历刊本)二卷下栏收《救母·花园发咒》(又名《刘四真花园发咒》)一出。

14.《时调青昆》(明刊本)次卷上栏收《救母·小尼幽思》一出。

15.《万曲合选》(明末刊本)下卷收《和尚戏尼姑》一出。

16.《醉怡情》(明末清初刊本)收弋阳腔《孽海记·僧尼会》一出。

17.《太古传宗》[乾隆十四年(1749)刊本]"弦索时剧新谱"收《思凡》《僧尼会》二出。

18.《缀白裘新集初编》[乾隆二十九年(1764)刊本]卷二收《孽海记》的《思凡》《下山》二出。

19.《新订缀白裘六编》[乾隆三十五年(1770)刊本]收梆子腔《思凡》一出。

20.《新订缀白裘七编》[乾隆四十二年(1777)刊本]收《孽海记·下山》一出。①

我根据上述剧本和选本进行比勘的结果是:明代戏曲选本里收录的目连戏出大多本之于郑之珍本,但也有明显属于其他目连戏剧本的戏出存在;尼姑和尚双下山故事有独立于目连戏之外的发生发展脉络和在民间的长期

---

① 其中《万曲合选》据明末刊本的过录本(藏中国艺术研究院戏曲研究所资料室),《太古传宗》有乾隆原刊本,《群音类选》据北京中华书局 1980 年影印本,《全家锦囊》《歌林拾翠》《乐府菁华》《玉谷调簧》《时调青昆》《八能奏锦》《词林一枝》《万曲明春》《徽池雅调》《醉怡情》《缀白裘》据王秋桂编《善本戏曲丛刊》第一、二、四、五辑影印本,台北学生书局 1984、1987 年出版;《玉树英》《大明天下春》《万象新》据李福清、李平编《海外孤本晚明戏剧选集三种》影印本,上海古籍出版社 1993 年出版;《满天春》据龙彼德辑《明刻闽南戏曲弦管选本三种》影印本,台北南天书局 1992 年出版。

流传过程,在此基础上曾产生了几种有关的戏文剧本,并被郑之珍《劝善记》部分地吸收;这些有关目连和双下山内容的剧本彼此之间存在着交叉的影响关系。下面分别展开论述。

二、郑本之外的目连戏文信息

明代的目连戏文剧本,除郑之珍《劝善记》外,可能还有其他不同来源的本子,这有两个迹象间接表明:

其一,明末张岱《陶庵梦忆》卷六描写徽州人演出的目连戏场景说:

> 余蕴叔演武场搭一大台,选徽州旌阳戏子,剽轻精悍、能相扑跌打者三四十人,搬演《目连》,凡三日三夜。四围女台百什座。戏子献技台上,如度索舞緪、翻桌翻梯、筋斗蜻蜓、蹬坛蹬臼、跳索跳圈、窜火窜剑之类,大非情理。凡天神地祇、牛头马面、鬼母丧门、夜叉罗刹、锯磨鼎镬、刀山寒冰、剑树森罗、铁城血澥,一似吴道子《地狱变相》,为之费纸札者万钱,人心惴惴,灯下面皆鬼色。戏中套数,如《招五方恶鬼》《刘氏逃棚》等剧,万余人齐声呐喊……

其中的武打和杂技表演占据重要的比重,与郑本风格不同,而《招五方恶鬼》《刘氏逃棚》的关目为郑本所无。

其二,北京首都图书馆藏清雍正抄本《劝善金科》,产生于康熙年间,以之与郑本相对照,内容大不相同。到乾隆时候,宫廷词臣张照又奉敕重编《劝善金科》,他在"凡例"里说:

> 《劝善金科》,其源出于《目连记》,《目连记》则本之《大藏盂兰盆经》。盖西域大目犍连事迹,而假借为唐季事,牵连及于颜鲁公、段司农辈。①

① 有乾隆刊本,《古本戏曲丛刊》第九集影印本。

张照说《劝善金科》的前身是一本把背景放在唐末的《目连记》,其中敷衍了颜真卿和段秀实的事迹。而郑之珍《劝善记》没有明确的时代背景,地点是在南耶王舍城,并不是中国城池,可见其中还保留了印度的影子。张照说的《目连记》本之《盂兰盆经》,郑之珍的《劝善记》并不直接出自《盂兰盆经》,而是本之一本《目连传》[①]。那么,《劝善金科》所根基的这本《目连记》就有可能不是郑本目连,而是另外一种目连戏文。当然,由于郑之珍《劝善记》的影响广远和《劝善金科》的后出,二者之间的承袭关系也是明显的。

这两个迹象对于学术界一直把郑本目连作为唯一目连戏文源头的事实提出了反诘。现在根据所能看到的明刊戏曲选本,我为这种反诘提供两个更加直接的证据。

如果把前述明代戏曲选本里提到的目连戏目作一统计(仅知有双下山内容的剧目不包括在内,因为它们可能不是目连戏,详见后述),一共得到五种名目:《劝善记》《目连记》《升天记》《西天记》《救母记》。通过比勘可以看出,里面收录的戏出都本之于郑之珍本,其中:

《群音类选》所收本直接标作《劝善记》,内容文辞也和郑本一样。

《玉树英》所收《劝善记·目连描容》目录应即郑本《罗卜描容》。

《歌林拾翠》里标为《目连记》的三山,《花园发誓》即郑本的《花园捉魂》,《诉三大苦》即郑本《三殿寻母》的前半,《六殿见母》即郑本同名戏出。

《八能奏锦》里的《升天记·元旦上寿、目连贺正》即郑本的《元旦上寿》。

《万象新》所收的《西天记·观音化度罗卜》,内容是郑本的《过黑松林》一出;《四真血湖诉苦》目录下面注明首曲首句为【寸寸好】"凡人只道阴司远",与郑本《三殿寻母》的开首相同。

《万曲明春》里的《救母记·罗卜恩亲描容、罗卜祭奠母亲》即郑本的《罗卜描容》。

《徽池雅调》所收的《救母·花园发誓》即郑本《花园捉魂》的后半。

---

① 万历十年(1582)刊本《劝善记》胡天禄跋文说郑之珍"取《目连传》括成《劝善记》三册"。

但是我发现还有两种不能被郑本涵括的目连戏文选出，它们是《万象新》所收《目连劝母修善》和《时调青昆》所收《救母记·小尼幽思》两出戏。它们与郑本存在着很大的内容和文辞差异，明显是出自其他的目连戏文。

《万象新》里收录的《目连劝母修善》戏出，其正文已经逸失，目录中在出目下面标明该出戏文的首曲曲牌为【一剪梅】，首句为“坟头三载整归鞭”。在郑之珍《劝善记》里既没有这一出目，也没有首句相同的【一剪梅】曲牌。根据《万象新》所提供的文辞分析，这部戏里的目连于父亲死后在坟头守丧三年，然后回家劝母亲修善。郑本的情节处理与之不同，目连并没有在坟头守丧，而是在家中和母亲一起居丧，三年之后母亲受到舅舅的蛊惑，敦促目连出门经商，目连一去三年始归，接下来才又有《寿母劝善》一出戏。可见《万象新》所根据的是另外一种目连戏文的本子，可惜它的名字已经无从知道了。

《时调青昆》里的《救母记·小尼幽思》和郑之珍《劝善记》的相当出目《尼姑下山》，所用曲牌、文辞完全不同。《救母记》仅仅用了【雁儿藩】一支曲牌，通篇是用下山时或下山后的口气来追叙，例如开头一句就是“小尼姑下山来有些缘故”，然后追忆自己在寺庙里如何受苦、如何思春。郑本则从正面描述尼姑怎样从庙中独自思春到决定逃下山去，用了一支【娥郎儿】和一套属于双调的北曲曲牌，计有【新水令】【驻马听】【得胜令】【水仙子】【折桂令】和【尾声】六支曲子，组成一个完整的套曲。这样，两种本子文辞上的差异当然就很大。很明显，《救母记》不是郑之珍的本子，而是另外一种戏文的本子。从《救母记》的名称上看，它的内容可能也是目连救母故事。只是，这个戏文的其他出目还不得而知，无法知道其全文情况，不能和郑本作全面对照。

根据上文的比较，《万象新》和《时调青昆》里的目连戏选出和郑本目连有相当大的距离，两者的存在应该反映了明代的目连戏有着不同戏文系统的事实。出于《万象新·目连劝母修善》没有标明戏文的剧名，因此不知道它和《救母记·小尼幽思》的关系如何，它们或许是同一个本子里不同的戏出，或者竟是两种目连戏文的本子，这都有待于更多资料的进一步发现，但目前至少可以得出郑本目连之外同时还存在着其他系统的目连戏文本的结论。

三、尼姑和尚双下山故事演变考

（一）嘉靖年间的故事雏形

人们通常知道，明代嘉靖年间冯惟敏曾经创作了一本四折用北曲演唱的《僧尼共犯》杂剧，可能是双下山故事的源头。但是它的内容却和双下山故事相去甚远，大意为僧明进到碧云庵与尼惠朗偷情，为人所捉送官，官断还俗结姻，其中没有下山的情节，尼惠朗甚至都没有出庵。很明显，双下山故事不是从这里直接发展演变出来的，充其量只受到它的一点启发（甚至还可能相反）。

从嘉靖三十二年（1553）刊本《全家锦囊》里，我们却可以找到双下山故事更为直接的源头，这就是其卷一下栏收录的《尼姑下山》和《新增僧家记》两个散套。《尼姑下山》写清净庵中一尼姑思凡，说不如扯了袈裟埋了佛经还俗生子，死在黄泉也快活，用了【引】【山坡羊】两支南曲曲牌。《新增僧家记》说一和尚为人家追荐亡灵时，见到一娇娃而心动，要娶一尼姑离寺还俗，回家孝敬双亲，用了【斗鹌鹑】【要孩儿】【尾声】三支北曲曲牌。虽然两个散套都是独立存在的，其故事情节还没有联系在一起，但尼姑下山、和尚下山的基本路数已经完整存在了。而且两个套曲排在一起，说明人们是把它们当作同类戏谑曲词对待的，后来它们彼此发生关系就是很自然的事了。《新增僧家记》是对旧有《僧家记》的增补，说明它的产生还在嘉靖三十二年以前，从刊本中把曲牌名误刻为"北斗音唇"和"安孩儿"可以看出，刻书人已经对这两支北曲曲牌名称不熟悉，所以才发生错误，更证实《僧家记》已经有了很长的历史。那么，双下山故事的源头就比《全家锦囊》的刊印时间还要提前相当的时间。

（二）万历时期的演变

《全家锦囊》之后，双下山故事的发展呈现出不同形态多个系统彼此影响互为吸收的复杂面貌，形态方面有散曲有戏剧、有零出有整剧，系统方面可以清晰地划为多个不同的并列或前后因承体系。这里根据文辞内容的异同,把它们归纳为四个系统,即《思婚记》系统、《救母记》系统、《出玄记》系统和《劝善记》系统。

1.《思婚记》系统

属于这一系统的尼姑下山文本一共有三种,即《群音类选》诸腔类二于《劝善记·尼姑下山》后面附录的套曲《小尼姑》,《词林一枝》卷四中栏收录的套曲《尼姑下山》,《玉谷调簧》卷一上栏收录的《思婚记·尼姑下山》。其中以《群音类选·小尼姑》套曲最为完整,《词林一枝·尼姑下山》截录了《小尼姑》的后半,《玉谷调簧·尼姑下山》截录了《小尼姑》的前半。三者的文辞大体相同,都是《全家锦囊·尼姑下山》的加工增写本,一些地方对《全家锦囊》作了修改。例如《全家锦囊·尼姑下山》首曲曲词作:

> 昔日贺善生,一头挑母一头经。经向前头背了母,母向前头背了经。善生只得横挑走,山中树木两旁分。借问灵山多少路,十万八千有余零。

《群音类选·小尼姑》作:

> 昔日有个目连僧,一头挑母一头经。挑经向前背了母,挑母向前背了经。只得把担子横挑着,山林树木两边分。左边挑得肩头破,右边挨得血淋身。借问灵山多少路,十万八千有余零。

把贺善生改为目连僧,就把挑经挑母的主人公从贺善生改为目连。值得注意的是,《全家锦囊·尼姑下山》是散套,万历二十一年到二十四年(1593—1596)刊刻的《群音类选》和刊刻时间相去不远的《词林一枝》里收录的仍旧是散套,到了万历三十八年(1610)刊刻的《玉谷调簧》里变成了《思婚记》里的一出戏,这是否勾勒出了这个故事从散曲进入戏曲的脉络?

这个系统的选本中都没有收录和尚下山的内容,所以是否已经将尼姑下山与和尚下山联系起来还不清楚。迄今也没有发现《思婚记》戏文的其他戏出，对于其整个故事梗概还不明了，但根据名称大体可以知道：这是一个专门描写佛门弟子思春的戏，虽然曲文里提到了“目连僧”，但它和目连戏没有关系。

2.《救母记》系统

这个系统实际上只有一种文献存在，即《时调青昆》次卷上栏收录的《救母·小尼幽思》一出戏文。这出戏的文辞与《思婚记》系统的文辞有很大的距离，与《全家锦囊·尼姑下山》虽然有承接关系，但也相去甚远，证明它是从另外的路子对《全家锦囊》本进行了加工改造，是跟《思婚记》系统不同的又一个系统。从题目知道，它和郑本目连一样，主线是描写（目连？）救母故事，写尼姑思春仅仅是其中的一个插曲。《思婚记》系统在后世的影响清晰可见，例如《孽海记》里的《尼姑下山》就是对它的直接继承，以至于一直延续演出到近代（详见后述），而《救母记》系统的后面却绝无来者，这大概与郑本目连的盛行掩盖了《救母记》的光芒，所以《救母记·小尼幽思》也为《劝善记·尼姑下山》所遮掩有关。

3.《出玄记》系统

这个系统的文本有四种，即《满天春》里收录的《尼姑下山》与《和尚弄尼姑》，《大明天下春》里收录的《僧妮相调》，《万象新》里收录的《出玄记·和尚调戏尼姑》。另外《玉树英》目录里收有《尼姑下山》《僧尼相调》二出目，或者也属于这个系统。

上述几种文本的和尚下山，在文辞内容上比较接近，其中《满天春》与《大明天下春》所收戏出的曲词几乎完全一样，《万象新》则有所增补，例如前两者皆以七言诗“林下晒衣嫌日短”开始，后者则在前面增添了一首【娥郎儿】的曲牌，这大概是在舞台演出中文辞和音乐不断丰富的结果。

除了《万象新》，各选本在收录僧尼下山戏出时都不标出剧名，它们有可能只是当时民间舞台上演出的散出戏。其中《满天春》是万历三十二年（1604）在福建出版的戏曲选本，里面收录的剧出大多用闽南语表述，只有《尼姑下山》与《和尚弄尼姑》这两出戏用官话演唱，说明它们是从外地传来的，但既然它们被收入供当地人阅读的戏曲选本中，可见在当地已经受到欢迎。此选本里的其他戏出都明确标出了剧目，唯独这两出戏仅标出目，说明它们没有一个统一的剧名。在近代的莆仙戏舞台演出中,仍然保留了作为散出戏的《尼姑下山》《和尚下山》的出目,大概有其历史的原因。《玉树英》的双下山戏出虽然只见目录,未见正文,但它们肯定不是《劝善记》的选出,因为同书他处还收有《劝善记·目连描容》,明确标出剧目名称,这里不标,说明它们不出自《劝善记》。更进一步,该本所收其他戏出全部都标出剧目,唯独这两出戏不标,说明它们也是和《满天春》里一样的散出戏。《万象新》里面则明确标出剧目为《出玄记》,僧尼故事在这里已经成为整本戏的内容组成了。从散出到整本戏,这是否透示了这个剧目的逐渐演变过程?

从《出玄记》的戏目知道,这个剧本的整体内容和《思婚记》接近,描写僧尼脱离佛门入世还俗的故事,和目连戏无关。传到福建的《满天春》选出也证实了这一点,它们不是作为目连戏的组成部分而仅仅以散出戏的形式传入福建,所以今天的莆仙戏目连里仍然没有双下山的情节(莆仙戏目连被认为是明代从外省传入的)。

《出玄记》与《思婚记》会不会是同一个剧目呢?让我们拿两者共有的尼姑下山内容来作一比较。用分属二者系统的《满天春·尼姑下山》戏出和《群音类选·小尼姑》散曲对校,曲词相同的地方很多,但也存在着较多的繁简差异处。整体来看,竟然可以得出前者比后者更为古朴的印象,因为前者更接近《全家锦囊·尼姑下山》的原始形态,例如它只用【山坡羊】一个曲牌,而后者则有【沉醉东风】【山坡羊】【雁儿落】三个曲牌,又如它的曲词及情节要古朴简陋,后者则明显经过了很多润饰和加工,还在小尼姑的唱词里增添了见几个弟子把弹子打到自己怀里和死后见阎王下油锅的内容。前者只是在结尾处稍繁,但又和《思婚记》系统的《词林一枝·尼姑下山》十分接近。我的结论是:《出玄记》和《思婚记》虽然同出一源,但前者先由散曲形成散出戏并开始舞台演出,然后变成整本戏,后者则在继续经历了民间传唱和文人加工阶段之后才形成戏剧。

4.《劝善记》系统

属于这一系统的尼姑与和尚下山文本一共有 5 种,即郑之珍《劝善记》里的《尼姑下山》与《和尚下山》,《群音类选》"诸腔类"二收录的《尼姑下山》及《和尚下山》,《八能奏锦》二卷上栏目录里的《尼姑下山》目,另外《乐府菁华》卷四上栏里收录的《尼姑下山》与《僧尼调戏》,《万曲合选》卷下收录的《和尚戏尼姑》也应该划归这一系统。其中前三种都是郑本和郑本的选本,例如《群音类选》里直接标明出自《劝善记》,文辞内容也一样。《八能奏锦》虽然标作《升仙记·尼姑下山》,但《升仙记》是当时一部写韩愈雪拥蓝关故事的戏文,里面没有尼姑下山的情节,《八能奏锦》里同时又选录了出自《升天记》的一出戏文《元旦上寿》,实际上就是郑本的同名戏出。那么,所谓的《升仙记》可能是《升天记》的刊误,而《升天记》则是《劝善记》的别名。后两种,《乐府菁华》和《万曲合选》的文辞结构也与《劝善记》十分接近,两者之间存在着很近的关系,具体分析见后。

郑本《尼姑下山》是另外一种对《全家锦囊》的加工增写本,其加工的路数和《思婚记》系统的本子完全不同,这里各选一段曲词作一比较,以见大意:

> 《全家锦囊·尼姑下山》:我将袈裟扯破,埋了藏经,丢了木鱼,弃了铙钹,学不得烈女素香罗,修不得南海观音座……
>
> 《群音类选·小尼姑》:恨不得卖了圣像,拮碎云板,丢了木鱼,撇了袈裟,……典了钟楼,卖了袈裟……
>
> 郑本《尼姑下山》:经常见说尼姑下山,打破铙钹,埋了藏经,扯了袈裟,这都是辜恩负义的所为呵。我而今去则去,说什么打破铙钹;行则行,说什么埋了藏经;走则走,说什么扯破了袈裟。这样人呵,我笑他都是胸襟狭。师父,我身虽去,心犹把你牵挂。

很明显,郑本的语气主要是针对《全家锦囊·尼姑下山》而不是《思婚记》系统的曲词而发的。另外,《思婚记》系统的尼姑下山填为南曲套数,郑本则用了一整套北曲,这点二者也迥异。当然,郑本借鉴《思婚记》的地方也很明显,例如《思婚记》系统的散曲先在搬用《全家锦囊·尼姑下山》时把曲词里的贺善生挑经挑母的本事改为目连事迹,郑之珍《劝善记》里才直接填为目连挑经挑母的戏出,郑本明显效法了前者。

郑本《尼姑下山》的曲词与属于《出玄记》系统的《满天春·尼姑下山》

距离更远,仅看后者只用了一支曲牌,而前者却用了八支曲牌组成长套这一点,就能够说明问题。可见,郑本《尼姑下山》与同时的文本都不相同,是直接上承《全家锦囊》而另辟加工蹊径的又一种体系。

郑本《和尚下山》承自《出玄记》系统,与前者有着明显的继承和发展关系。我们把《满天春·和尚弄尼姑》《大明天下春·僧妮相调》《万象新》里的《出玄记·和尚戏尼姑》和《劝善记》的相同部分抽出来作一番比较,就可以很清晰地看到这种变化:

《满天春·和尚弄尼姑》:开场为七言四句诗"林下晒衣嫌日短……"接念白:"……今日幸喜师父师兄俱不在家,我且往各山前山后游玩一番,多少是好"接曲牌【江头金桂】。(《大明天下春·僧妮相调》与之相同)

《万象新》里的《出玄记·和尚戏尼姑》:开场为曲牌【娥郎儿】"青山影里塔重重……"接七言四句诗"林下晒衣嫌日淡……"再接念白:"……今日师父师兄俱不在山,不免到山前山后游要一会则个。(行介)呀,好春景呵!"接曲牌【江头金枝(桂)】。

《劝善记·和尚下山》:开场为曲牌【娥郎儿】"青山影里塔重重……"接七言四句诗"林下晒衣嫌日淡……"再接念白:"……今日师父师兄往人家做斋去了,我一人在此守家,不免游要一番。(行介)呀,果然好春景。"接【西江月】"对对黄鹂送巧双……"词一首,再接曲牌【江头金桂】。

《出玄记》里较前增添了首曲【娥郎儿】,郑本又较《出玄记》增加了中间描写景致的【西江月】词牌,使得文辞日益丰富和雅化。郑本的【和尚下山】有可能是直接从《出玄记》继承而来的。

值得注意的是,与郑本接近的《乐府菁华·僧尼调戏》和《万曲合选·和尚戏尼姑》,虽然也和郑本一样在曲牌【江头金桂】前面加了一首【西江月】词,但其他许多细节却与【出玄记】系统的各个选本都一样,而和郑本不同。例如:

第一,诸本都有"灵山会上三千佛,天竺求来一卷经"的诗句,唯独郑本"一卷经"作"万卷经"。后者对仗与平仄都稍胜,但失去原有的幽默感。

第二,诸本都在【江头金桂】曲中插白曰:"今日幸得师父不在家,火头砍柴去了,我今欲下山门,须留去后之思。"然后接唱"代他把僧房封锁"。

郑本则在相同的地方作:“今日幸得师父既不在家,火头砍柴去了。”接唱【前腔】“我就此拜辞了菩萨,下山去寻一个鸾凤交。”接白“去便去了,须留去后之思”,再接唱“代他把僧房封锁”。从语义和格律来看,郑本的文辞处理顺畅得多,对于曲牌的填写也更为合乎规范。

第三,诸本【江头金桂】曲词里都有一句“只得靠赖神明,将我舍入空门,奉佛修斋学念经,万苦千辛,受尽了几多折挫”。郑本这一句则为“只得靠赖神明,将我舍出家,我自入空门奉佛,受尽了几多折挫”。郑本把五句曲词减为四句,是为了更加贴近曲律。

第四,各本在和尚见到尼姑时都问:“仙姑何来?”郑本则作“潘尼何来”,后者明显透露出文人的口吻。

第五,除《大明天下春》外,各本的和尚都由净扮,郑本则和《大明天下春》一样由小生扮,可见郑之珍对此做了自己的选择。

第六,《乐府菁华》和《万曲合选》都与《万象新》本一样,在《谨遵五戒》一首诗的前面注明“滚”字,意为滚词,郑本未标。

第七,诸本的出目不是标为《和尚戏尼姑》,就是标作《僧尼调戏》,唯独郑本作《和尚下山》,后者的面貌要端庄得多。

那么,《乐府菁华》和《万曲合选》与郑本究竟谁在前谁在后,是谁影响了谁呢?如果说是后者影响了前者,为什么前者却在许多细节上又返回到最初原始的样子呢?如果说是前者影响了后者,《乐府菁华》标明了剧目为《目连记》,那就要得出郑本前面还有一个目连戏文剧本并直接影响了它的结论。这个剧本是否即《救母记》或者另外一本尚不知名的目连戏呢?根据现有的材料,对这一问题眼下还无法做出判断。

(三)明末以后的继承发展

明末产生了一种弋阳腔剧本《孽海记》,清前期产生了宫廷大戏《劝善金科》,其中的尼姑下山与和尚下山故事分别来自不同的源头,但都对前代有所继承发展。

1.《孽海记》

剧本今不存,只在一些选本里有零出:一是在明末清初刊印的《醉怡情》

里收有《孽海记·僧尼会》一出,标明为“弋阳腔”。二是在乾隆刊本《缀白裘新集初编》卷二里收有《孽海记》的《思凡》和《下山》二出。三是在乾隆刊本《新订缀白裘七编》里收有《孽海记·下山》。这些刊本里相同出目的曲词大致相同。乾隆时期的曲集和曲谱里收录《孽海记》双下山零出的还有不少,例如乾隆二十九年(1764)子麟抄弋腔选本里有《孽海记·思凡》一出,乾隆间精抄本《选声集》里收有《孽海记》的《思凡》《下山》各一出等。但它们都与上述刊本曲词大同小异,彼此有着明显的承袭关系,此处略去不论。

《孽海记·思凡》承自《思婚记》系统,其曲词与《群音类选·小尼姑》接近,而和《救母记·小尼幽思》、属于《出玄记》系统的《满天春·尼姑下山》及郑本目连《尼姑下山》相去甚远。例如它的开首为:

【佛曲】昔日有个目连僧,救母亲临地狱门。借问灵山多少路,十万八千有余零。南无阿弥陀佛。削发为尼实可怜,禅灯一盏伴奴眠。光阴易过催人老,辜负青春美少年。小尼赵氏,法名色空。幼入空门,早年被剃。唉!朝参暮拜念佛看经,何时得了。正是:禅房寂静无人伴,鸟啼花落有谁知。好伤感人也。

明显是从《群音类选·小尼姑》化来,而《救母记·小尼幽思》《满天春·尼姑下山》没有此曲,郑之珍《劝善记》的首曲却是【娥郎儿】,唱的是“日转花阴匝步廊”之类文雅曲词,与之不相干。

但是,《孽海记·僧尼会》(即《下山》)却又交叉承袭了《出玄记》和《劝善记》系统,它在前面提到的一些细节处,或与《出玄记》相同,或与郑本《和尚下山》相同,例如和尚由净扮演,《一卷经》《奉佛修斋学念经》同《出玄记》,而继承了郑本【西江月】及“拜辞了菩萨,下山去寻一个鸾凤交”的曲词,说明它交叉参照了两个本子的下山戏出,而对之进行了综合利用。但是,由于经历了长期舞台实践的缘故,《孽海记》已经大大增减了曲文说白和表演。例如它把开头的曲牌【娥郎儿】改为民间俗曲【光光乍】,使之大大增加了幽默风趣的色彩,引在这里以作对照:

《出玄记·和尚戏尼姑》(净)【娥郎儿】:青山影里塔重重,南无;一径斜穿十里松,南无阿弥陀佛。春来万紫更千红,南无;春去园林一夜风,南无阿弥陀佛。前日是儿童,今朝是老翁,南无;人不风流总是空,南无阿弥陀佛。(《劝善记》同)

《孽海记·僧尼会》(净)【光光乍】:和尚出家受尽波查,被师父打骂逃往邻家。一年二年养起头发,三年四年做起人家,五年六年讨个浑家,七年八年养一个娃娃,九年十年只落得叫一声和尚爹爹和尚爹爹。

结尾处,《出玄记》和《劝善记》二人约好夕阳西下庙前相会,然后合唱【尾声】"男有心女有心,那怕山高水又深。约定夕阳西下处,有心人会有心人",分别从庙前庙后下场之后就结束。《孽海记》则增添一段,写尼姑又转来要和尚驮着过河,加了一节过河的表演:

……(旦下。净走一转介)果然有河在这里,说不得,脱了脚过水去。男有心来女有心,那怕山高水又深。(旦上叫)师父。(净)嘎!你说过山来。(旦)山高走不得。你且过来。(净)如此,你住在那里。约定夕阳西下会。如今不要过去了。

(旦)你驼了我过去。(净)驼你过去?说不得驼介。约定夕阳西下会。(旦)有人来了。(净)在那里?(害怕介)有心人遇有心人。人也没有,只管哄我。如今一双靴子掉在那边去了。(旦)去拿了来。(净)你住在那里。(旦)我在这里等你。

(净)约定夕阳西下会,有心人遇有心人。(旦)快过来,不来我去了。(净)来了。咦!累挫筋,累挫筋,脚儿冻得冷冰冰。约定夕阳西下会,有心人遇有心人。南无阿弥陀佛。(旦)如今好了。【清江引】才好才好方才好,除下了僧伽帽。养起头发来,带顶新郎帽。我和你做夫妻同谐到老。(下)

这一节改动后世昆曲和各地方剧种的演出里都有继承,并各自有所发展。

前面提到，由于我们不知道《思婚记》里是否有和尚下山的内容，也不能直接见到《出玄记》里有关尼姑下山的戏出，因此对于二者之间的影响关系不甚明了。那么，《孽海记》对于它们彼此的继承情况也就同样不能进一步弄清楚。只有一点是可以肯定的，即《孽海记》是它们的直接后裔，而与目连戏没有关系。过去曾经有一些前辈学者以为《孽海记》是封建道学家为目连戏硬加的戏名[①]，现在看来这是一种误解。

从题目上看，《孽海记》似乎只是一个单纯描写尼姑和尚逃庙结姻的戏，与《思婚记》《出玄记》的主题相同。但却有一则资料证明《孽海记》还不仅仅表现这些内容，这是清余正燮《癸巳类稿》卷十五《观世音菩萨传略跋》所透露出的消息。该文曰：

> 元大德丙午岁，赵魏公管夫人书刊《观世音菩萨传略》，谓菩萨为妙庄王第三女，名妙善。盖元僧所述，既装成册。阅明胡应麟《庄岳委谈》，讥其谫陋无识。案宋朱弁《曲洧旧闻》云：蒋之奇因僧怀《昼说》，取唐僧义常所书大悲之事，则此说唐已盛行。今世所演《孽海记》，其事亦然。[②]

其中说到"今世所演《孽海记》"，说明在余的时代，《孽海记》正在演出，而余对之很熟悉。余正燮生于乾隆四十年(1775)，《癸巳类稿》辑成于道光十三年(1833)他59岁时，这个时间正是《孽海记》极其风行的时间，今天见到的《孽海记》刊本和抄本有很多都产生在乾隆、嘉庆时期可证。余正燮当时能够看到《孽海记》全本的演出，得以了解其内容，不像我们今天只能凭借片鳞只甲去臆测，他的说法应该是可靠的。那么，《孽海记》就是一部敷衍观音事迹的剧本，其中穿插有尼姑、和尚下山的情节；或者反过来，《孽海记》在双下山故事的基础上增加了观音事迹，使之在主题上发生了变化。

弋阳腔《孽海记》的双下山戏出曾经产生了很大的影响，在舞台上长期

---

① 参见郑振铎：《中国俗文学史》上册，北京：商务印书馆，1938年，第234页；赵景深：《曲论初探》，上海：上海文艺出版社，1980年，第150页。

② 〔清〕余正燮：《癸巳类稿》，北京：商务印书馆，1957年排印本。

流传，被高腔系统的剧种以及昆曲广泛吸收，并且还被移植到其他剧种里面去。例如明清之际弦索调的“时剧”里有《思凡》《下山》二出（见《太古传宗》），与之文辞内容大致相同，只是改和尚的净扮为丑扮。梆子腔里也有《思凡》（见《新订缀白裘六编》），基本继承了《孽海记》，其中的明显改动，一为改尼姑的旦扮为贴扮，二为将其曲词里提到的罗汉改为明上，由艺人装扮诸多罗汉在舞台上随着尼姑的唱词变化而做出各种表情动作。

2.**《劝善金科》**

这是在乾隆年间用亦腔（弋阳腔的变种）演出的宫廷目连戏。它的双下山戏出主要继承了《孽海记》的相同部分，但也参酌吸收了《劝善记》的一些地方。例如它写和尚下山一场的开头用了《劝善记·和尚下山》的首曲“青山影里塔重重”一段，而不用《孽海记》的【光光乍】，但第二首曲牌以后的文辞则全部承袭了《孽海记》。当然，《劝善金科》也从与梆子腔不同的角度对《孽海记》作了改动，例如尼姑下山部分的罗汉并没有明上，而把尼姑唱词里提到的人家娶亲场景改为明场，用了一场送亲迎亲场面的实景穿插。

如果我们把郑之珍《劝善记》与《孽海记》及《劝善金科》的相同部分作一比较，就可以看出，由于来源的差异以及时代的推移，不同的改本在内容上、表演上、唱词上逐渐丰富，下面各举一段作为例子：

《劝善记》：自恨我生来命薄，襁褓里淹淹疾病多。因此上爹娘忧虑，将我八字推算，那先生道我命犯孤魔，三六九岁定是难过。我的爹娘无奈之何，只得靠赖神明将我舍出家……

《孽海记》：自恨我生来命薄，襁褓里恹恹疾病多。我这和尚在娘的肠子里就是苦的了。因此上爹娘忧虑，一生生我下来，把我八字与一个先生推算推算。咦！那个先生就是我的对头。他说我命犯孤魔，三六九岁难得过。我家娘也是没得奈何，只得将我送入空门奉佛修斋学念经……

《劝善金科》：自恨生来命薄，襁褓里恹恹疾病多。（白）我想人家受苦的，也有老来受苦，中年受苦，再不然十来岁上就受苦，谁似我和尚在那娘肚子里就苦出来了。（滚白）诸人命苦谁似我，孤辰恋照入空门。我还在襁褓里，恹恹疾病多，因此上爹娘忧虑。(白)我那母亲疼子之心，无所不至。请了个算命先生，将我八字推算推算。那先生就犹如活见鬼的一般，他说道我命犯孤魔，三六九岁其实难过。(白)我那爹娘就起了这个念头，(唱)送我向空门削发烧香拜佛，这其间也则是没奈何。

其间的丰富发展脉络显示得很清楚。

四、结论

第一，明万历年间的目连戏文，除郑之珍《劝善记》外，可能还有两种，一种知道剧名为《救母记》，另一种不知道剧名，只知道《目连劝母修善》的出目和首曲首句为【一剪梅】"坟头三载整归鞭"。

第二，明代表现双下山故事的戏文，除了已知的《劝善记》，还有《救母记》《思婚记》《出玄记》和《孽海记》，另外还有作为散出戏上演的《尼姑下山》与《和尚戏尼姑》。

第三，双下山故事源于明嘉靖年间的南曲套数《尼姑下山》和北曲套数《僧家记》，前者被戏文《救母记》《思婚记》《出玄记》和《劝善记》分别吸收，后者被《出玄记》吸收。《劝善记》的双下山戏出分别受到《尼姑下山》散套和《出玄记》的直接影响。在《思婚记》《出玄记》和《劝善记》的影响下产生了《孽海记》。《孽海记》和《劝善记》给《劝善金科》的双下山部分以双重影响。以后的昆曲和各地方剧种的双下山戏出大多承自《孽海记》。

把上述结论用图表的形式表示，就是：

表一：今存明清戏曲刊本中的目连戏文本关系

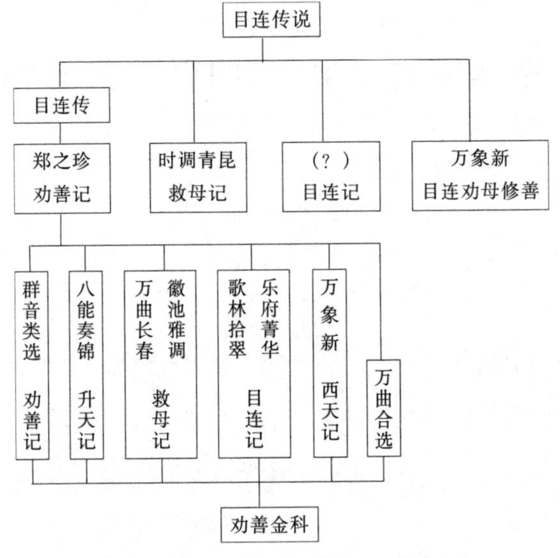

表二：尼姑和尚双下山故事演变图解

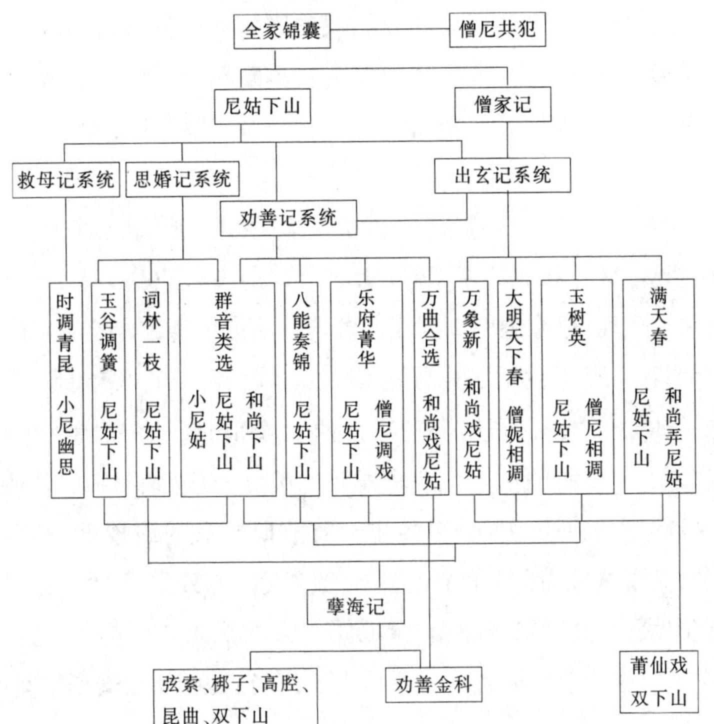

（原载《文献》1996年第4辑）

清前期酒馆演戏图《月明楼》《庆春楼》考

从明后期到清前期，曾经有过一个酒馆演戏阶段，它把宋、元到明初的勾栏演戏与清代的茶园演戏勾连起来，成为这一过渡阶段中戏曲对公众演出所采取的主要形式之一，而与神庙演戏相呼应。酒馆演戏的剧场形式也成为茶园剧场的滥觞。

茶园演戏的图片资料保存得比较多，使我们对其剧场形制及演出情况有着较为详细的了解，但是酒馆演戏的图片却极其难得。近年我在研究剧场发展史的过程中，偶尔从形象资料里甄别出了两幅反映酒馆演戏情况的图片，对之进行了一些研究，颇有收获。现将其发表在这里，以飨读者。

《月明楼》古画高 53 厘米，宽 350 厘米，彩绘，无款识，未见著录。原藏内蒙古自治区呼和浩特市无量（大召）寺，每逢庆典法会时取出悬挂于寺内公中仓正厅，供人瞻仰。现藏内蒙古自治区博物馆。绘制年代不详。

《月明楼》所绘内容，据当地传说，为康熙二十八年到三十五年（1689—1696）之间，玄烨亲自率军至西北某镇时，私访当地酒楼“月明楼”的故事[①]。无独有偶，清代北京民间也流行一则“康熙私访月明楼”的传说，并被谱入鼓词说唱，今有传本。清前期北京的酒楼里，实有“月明楼”其名，见于清戴璐《藤荫杂记》：“《亚谷丛书》云：‘京师戏馆，惟太平园、四宜园最久，其次则查家楼、月明楼。’此康熙末年酒园也。查楼木榜尚存，改名广和。余皆改名。”月明楼由于改名，其地址在道光年间已经为

① 参见赛·文都素《古画“月明楼”简介》，《文物》1961 年第 9 期。

人所忘，清杨懋建《梦华琐簿》说："余初访月明楼，无知者。戊戌夏，云梦道中老仆杨升言，月明楼即在永光寺西街，其地近枣林。世俗相传，有康熙私访月明楼之语，编为歌谣，刻为画图。虽妇人孺子皆能言其事，顾鲜有知其地者。"杨懋建的老仆杨升说月明楼在永光寺西街，亦即在北京城的西南部，永光寺在宣武门附近。但今存本《月明楼》鼓词三部卷二里则称月明楼在北京城的"东门"。虽然遗迹难寻，但月明楼酒馆曾为北京一处实体建筑则是可以肯定的。从传说内容来看，北京与内蒙古大体接近，都说的是康熙微服进入酒馆月明楼饮酒看戏，结账时发现未带银两，遭到恶霸馆主安三太的欺负，因店小二见义勇为而获救，两地有着清晰的源流关系。根据我掌握的材料，当时酒馆戏园盛行于北京、苏州和满人盛京沈阳以及内地城市，但在边地内蒙古市镇出现的可能性比较小，即使有也不会具备很大的规模。鼓词与图画中描绘的月明楼都极具气概与规模，不大有可能是内蒙古的建筑。鼓词中对于月明楼的形状、内部结构有着详细描写，既然道光年间人们已经失去对月明楼的直观认识，那么鼓词应该产生于道光之前，或许就在乾隆年间。那么，这则传说已经历时久远。在呼和浩特口头流传至今的传说，有可能出自北京鼓词。

根据这些情况看，这个传说的原产地大概是北京，或许由于说书艺人、商旅的流动，或移民的迁居塞外，而将北京的传说带到了内蒙古，至于两地传说中的差异，当然是流传过程中发生的变异。北京既然将康熙私访月明楼的故事"刻为画图"，这幅图也就有随着故事传播到内蒙古的可能，为了表示对于大清皇上圣威的内附与歌颂，经过当地画师的再创作，就成了在呼和浩特无量寺长期珍藏而反复展示的这幅画。当然这只是一种推论。

《月明楼》古画产生的时间范围，可以大略推知。如果这幅画的底本果然是从北京来的，那么它就会产生得比较早，可以推到乾隆初期甚至雍正朝。因为北京戏园在乾隆中期以前,已经开始了从酒馆戏园向茶园剧场的过渡,[①]随着看戏在客人赴园动机中占的比重日益加大,园中的戏台建筑也开始占据重要地位,形成独立的格局,这在当时诸多绘画资料中都可以看出。而此图中的戏园里仍不具备真正的戏台建筑,戏曲艺人只在二楼的一侧楼廊内进行表演,反映的是早期酒馆戏园演戏的真实面貌(详见下)。但是,如果这幅画表现的是内蒙古的情景,那就又当别论,其产生时间应该适当后推,因为边地建筑习俗的改变会比京城慢一些。

《庆春楼》年画为苏州桃花坞乾隆朝木版年画,彩印。年画是雕版印刷术兴盛的产物,常常在民间生活中选取题材,《庆春楼》年画就是由苏州工匠创作的这样一幅作品。大约在明末清初,苏州桃花坞木版年画盛行开来,作品流传各地,并传入日本,对于日本浮世绘版画产生一定影响。乾隆时期是桃花坞年画发展的巅峰时期,当时的年画铺可以考见的就有张星聚、张文聚、魏鸿泰、陆福顺、陆嘉顺、墨香斋、张友璿、季永吉、泰源、张湜临等十多家。嘉庆以后,由于现代西方印刷技术的引进,桃花坞年画的市场受到冲击,不得不由城市转向农村,一方面向农民的审美趣味靠拢,一方面尽力降低成本,逐渐变得绘雕粗糙,构图平庸,印刷简陋,因而走向衰落。《庆春楼》年画产生于桃花坞年画的乾隆朝盛期,充分体现了它雍容大度、纤微精巧的风格。只是图上未留下作坊印迹,不知所出,为一憾事。

如果康熙私访故事发源于北京的推论成立,《月明楼》图展示的就是清代前期北京酒馆演戏的真实场景。即使其表现的是内蒙古的情况,至少也为我们提供了当时酒馆戏园内部的一般情景,同样极具价值。《庆春楼》图

① 清人在茶园剧场里看戏的记载,首见于成书于乾隆四十二年(1777)的李绿园白话小说《歧路灯》第十回的描写。商人宋云岫对两位进京待封的名士说:"到明日我请二位老爷到同乐楼看戏,叫你们跟班也看看好戏。"这里提到的"同乐楼"就是一所茶园剧场,因为其中描写剧场的情景是:"云岫引着二公上的楼来。一张大桌,三个座头,仆厮站在旁边。桌面上各色点心俱备,瓜子儿一堆。手擎茶杯,俯首下看,正在当场,秋毫无碍。"园里不设酒席,只准备茶水、瓜子和点心,这是茶楼戏园的经营状况。李绿园描写的茶园剧场是乾隆前期的情景,因为他于乾隆元年(1736)30岁时在河南中举,以后十年间曾数次进京赴会试,屡次失败后,死了这条心,并大约于乾隆十三年(1748)开始写作《歧路灯》,历时30年,于乾隆四十二年写完第一百零八回,而其中有关北京茶园的描写在书里处于靠前的位置(第十回),他的根据可能就是进京会试时所看到的茶园的印象。那么,至少在乾隆前期,北京的茶园剧场已经出现。

则明确无误地体现了苏州乾隆朝的酒馆戏园状貌。从《庆春楼》与《月明楼》中,我们可以略微窥见酒馆戏园的建筑规制。这里主要用北京《月明楼》鼓词作为充实材料,对照二图,对酒馆戏园的形制作一考述。①

《庆春楼》图于楼门口绘出一个木质牌坊,坊额正中悬楼名匾,楷书"庆春楼"三字。戏园设木牌坊、悬楼名匾是当时常规,例如清吴长元《宸垣识略》卷九说北京查楼前面的"巷口有小木坊,旧书'查楼'二字。乾隆庚子毁于火。今重建,书'广和查楼'。"清戴璐《藤荫杂记》也说:"查楼木榜尚存,改名广和。"查楼的木牌坊不是设在门口,而是在前面朝向大街的巷口,因为查楼缩在小胡同里面,所以在巷口悬挂楼名匾以招徕客人。《月明楼》鼓词三部卷三描写月明楼外貌时也提到匾额,但未明说有无牌坊:"佛爷催驴往前走,有个饭铺在眼前。饭铺一(以)上挂的扁(匾),月明楼三字写的端然。"庆春楼牌坊柱子上左右各挂有近期上演戏出的剧目牌,左侧书:"本楼新正月初三日起,十三日止,演全本《忠义水浒传》。"右侧书:"本楼新正月十四日起,二十四日止,演全本《三遂平妖传》。"从中知道苏州酒馆戏园当时的演出是十天一换剧目。北京的酒馆戏园剧目轮换情况不明,但嘉庆以后的茶园演戏则是三四天一换剧目,见清杨懋建《梦华琐簿》的记载。楼门两侧题写的不一定都是上演的剧目名称,例如《月明楼》鼓词十三部描写月明楼此处则是对联:"两边还有一付对,泥金题写七字言。上一联'名驰海外堪无比',下句是'味压京都第一园'。"

庆春楼大门以内设柜房,图上可以看见柜台,上面悬有帐幔,台上摆着算盘、账簿和砚台,柜后两个掌柜,一人手握烟袋,一人握笔书写。《月明楼》鼓词三部卷三的描写相同:"望着铺内看一眼,柜房里面甚威严。拦柜上挂着印花布,上边的花草莲花和牡丹。旁边搬着剪银的剪,还有天平戥子合(和)算盘。满屋的情景观不尽,俱是古画合(和)对联。掌柜的倒有七八个,不是吃酒是吃烟。"这反映了酒馆经营的主要业务还是饮馔酒食类,设柜台便于最后结账,演戏只是辅助经营的特点。柜台上方摆放着写有"酒席"

① 笔者所依据的《明月楼》鼓词版本为已故杜颖陶先生捐赠给中国戏曲研究院的清末怀远堂刊本,注明为"京都东泰山藏版",现藏中国艺术研究院戏曲研究所资料室。

二字的木牌,靠柜旁立的店小二在等待着迎接客人进馆,还可以看到酒馆内部宾客围桌而坐吃喝宴饮的情景,桌上摆有酒饭筷子,更是直接标明了此馆的性质。到了以演戏为主要经营手段的茶园,采取在座上收茶票的方式,门口的柜台就取消了。

客人中,门口一位提箱欲入者值得注意。此人作商业经纪人模样,匆匆而来,大概是当时酒馆戏园的主要客人——商人的形象。当时商人多借酒馆洽谈生意,这在乾隆时期小说《歧路灯》里有反映,其第十八回写商人王隆吉请世家公子盛希侨到蓬壶馆去吃酒看戏,盛希侨说:"贤弟,你是做生意人,请那苏、杭、山、陕客人,就在饭园子里罢了。你我兄弟们,如何好上饭铺子里赴席?"可见有身份的人是不屑进酒馆戏园的。

园外墙壁上另外贴有其他戏园的戏单两张,一书"九如楼新正月演全本《六出祁山》",一书"太□□新正月演全本《下西洋》"。这里又提到乾隆年间苏州三个酒馆戏园的名字:庆春楼、九如楼和太□楼。大概在各个热闹处张贴剧目单是当时普遍风俗,以便广为招徕看客。清吴太初《燕兰小谱》卷五说:"近日歌楼老剧冶艳成风,凡报条有《大闹销金帐》者,是日坐客必满。"自注说:"以红纸书所演之戏贴于门牌,名曰报条。"这是戏园门口的情景,另外大街通衢更是合适之地。《梦华琐簿》说:"《都门竹枝词》云:'某日某园演某班,红黄条子贴通阛。'今日大书,榜通衢,名'报条',曰:'某月日,某部在某园演某戏。'尚仍其旧俗。"《歧路灯》第十回描写到戏园里看戏,宋云岫说:"我今日出去看条子,拣好班子唱热闹戏,占下座头。"次日宋云岫来说:"我今日来请看戏,江西相府班子,条子上写《全本西游记》。"其中所说的"条子",就是张贴的戏目单子。

与《庆春楼》图描绘当时酒馆戏园的正面大门及柜台设置情况不同,《月明楼》图全面展示了酒馆戏园内部情景,与《庆春楼》图恰好形成互补,尤为珍贵。《月明楼》图所绘为一座酒楼的内部情景:中间为一大厅,两侧有楼廊,有楼梯供上下,楼上楼下都有客人围坐酒桌吃席。《月明楼》鼓词三部卷三对二层酒楼的设置及其经营情况有描写:"(康熙)思思想想的把楼上,上的楼来四下观。墙上条山有几付,画的哈哈三位仙。西墙上画的白蛇传,青蛇白蛇找许仙。东墙画的一男共二女,原来是吕布戏刁(貂)婵(蝉)。佛爷看把(罢)当中坐,喊叫一声跑堂官。刘三闻听往上跑,跑在佛爷一旁边。到了旁边单腿跪,单腿一跪请了个安。(白)老爷吃什么酒,吃什么饭,吃什么包子吃什么面?吩咐一声咱去办。(唱)你老爱吃那一样,分付下去往上端。"客人登楼入座后,首先要点酒点菜,而酒席都从楼下灶上送去:康熙点了菜之后,刘三"扒着楼门往下喊,叫了声皂(灶)上的师傅请听言。老太爷要的菜蔬照菜单做,各样的作料配打周全。说了一声掷下去,皂(灶)上的师付取单只一观……"(四部卷二)。进酒馆只付酒钱,只要不点戏,就可以跟着别人看白戏。该书三部卷三说有几个光棍商量:"月明楼上有台戏,掌柜的名字叫安三。他的名字安三太,领了明府银子八万三。到那里又是吃来又是喝,就当咱们哥三过新年。吃了喝了钱无有,若是要钱使八掌扇。"说的都是酒钱,没有说戏钱。戏班是由酒馆固定请好的,所以康熙坐在酒楼上以后,跑堂的刘三对他说:"你老吃酒嫌闷倦,就在楼上把戏观。就近打了一台戏,老四王爷的两腔班。包头的就叫赛中赛,本来盘子长的鲜。别说叫他去唱戏,拉拉手也值八吊钱。"(四部卷二)吃酒的人点戏要另付钱,只要付了钱,每个人都可以点。第十三部写张三上楼后,喊跑堂刘三来问:"我问你今日是谁点的戏,在我跟前细细的言。刘三说二位共点两出戏,头出那位爷点的《五丈原》。《霸桥饯别》是李二太爷点,除此无人看戏单。你老要点什么戏,对我刘三说一番。"点戏时有戏班里的人前来呈上戏单,由雇主随意点:"佛爷说是快开戏,我自看戏我花钱。刘三闻听心喜欢,尊声掌班的你听一言。急急忙忙快打终(咚),这位太爷把戏观。长班的闻听不怠慢,到了佛爷圣驾前。来到驾前单腿跪,单腿跪着献了戏单。佛爷点了四出戏……"(四部卷三)有时雇主自己向戏班要戏单点戏:"老佛爷一见心欢喜,手内擎杯便开言。开言就把刘三叫,叫声刘三你听言。我今要点一出戏,你上那台上去拿戏单。刘三回答说知道,急忙就去拿戏单。手持戏单来的快,递与佛爷龙目观。老佛爷御口钦点一出戏,点的是孔明观星《五丈原》。刘三迈步把台上,就说是大太爷点的《五丈原》。不多时罗鼓一响开了戏,老佛爷代笑手捻髯。"(十三部)通常开戏时间是正午,这时吃酒吃饭的人都来了,点戏的人多,戏班才够经营:"佛爷这里开金口,叫声跑堂的你听言:听说月明楼上有台戏,怎么这咱不开班。刘三闻听开言道:尊声太爷请听言。开的早了不够本，开的晚了无人观。天到晌午才开戏，不到晌午不开班。”（四部卷三）开戏前先打三通鼓以招徕看客：“月明楼上来看戏，鼓打三咚要开班。（白）明公：京外唱戏，二咚就开戏，京里大戏馆子里都是三咚才开戏，在京里听过戏的都知道。”（四部卷五）酒馆附近的人一听到戏开了场，就纷纷来到，吃酒看白戏：“呼啦一声打了咚，到惹的满街开口瞎都念。这个说月明楼上好早戏，那个说无到晌午开了班。不知是那家王爷来请客，若不如也上楼去观一观。八旗老爷人不少，也有朝中满汉官。内外堂上一百单八位，呼啦一声全坐完。”（四部卷四）戏唱得好，吃酒看戏的人就给赏钱，还有赠衣物的：“只听的台下人等齐叫好，这出戏叫他唱的占了先。这一个扔下银一定（锭），那个扔下两吊钱。这一个脱下衣服着手搂，往上一扔是领偏衫。”（十四部）

月明楼在建筑方面的独特之处在于大厅中部有立柱数根，用以支撑屋顶，而后来的茶园为了便于看戏取消了中柱。厅内四处悬满灯笼照明，这是为后来茶园所承袭了的取光方式。大厅正面楼上有戏子一班，正在演唱。其中间二人为演员，一男一女，男子着冲天翎二根，演出内容为《吕布戏貂蝉》，与上引《月明楼》鼓词所说相符。两侧二人为乐师，正在演奏乐器。

从画幅大厅中部没有桌席，两旁的客人有的背对演出而坐，厅里四处站立着闲散人等，厅中设柱，以及缺乏正式戏台建筑而用一侧楼廊代替来看，这座酒楼还不以演戏为主要营业方式，体现了酒馆演戏比较早期的形式。《月明楼》鼓词里则描画出一个完善的戏台，如说：“明晃晃戏台宽又大，上边吊挂甚可观：五色绸子当中挂，宫灯纱灯挂两边。进门台帐是大红缎，牌子写的是‘内传班’。柱子上还有一付对，对子上言语写的全。”（五部卷一）如说：“道（到）了柜房往后走，哨见戏台真可观。南木阁（格）扇刊花样，花卉山水在上边。四根明柱细又亮，中间是二龙戏蛛（珠）上面悬。□□上宫灯风吹金铃响，台坐上周围俱是花栏干。中间挂着一块匾，上边写的‘坐如是官’。两边写‘出将’‘入相’四个字，明柱写着一付七字言。”从中见出：戏台上有四根前柱，上面写有对联；戏台后部设有楠木格扇，上面画有山水画，两旁有悬挂大红缎子的上下场门通向后台；戏台周围有木制栏杆围绕；戏台上边悬挂有纱灯用以照明；戏台旁边挂有木牌，上面写明供奉戏班的名字。这种酒馆戏园戏台的形式已经和后来茶园剧场里的戏台完全相同。《月明楼》鼓词由于流传于民间的缘故,可以将戏园后来发展变化了的情景随意添加进去,因此与古画面貌有了差异。

前面说过,《月明楼》和《庆春楼》两幅画,大体反映了北京与苏州酒馆戏园的面貌。那么,当时北京与苏州两地酒馆戏园的实际设置情形如何呢?让我们来看一些史料。

清初北京专门演戏的酒馆,知道名字的有六家,即太平园、碧山堂、白云楼、四宜园、查家楼、月明楼。其中太平园、碧山堂、白云楼见于康熙时期著名戏剧家孔尚任的诗文集。《燕台杂兴四十首》之八自注曰:“太平园,今之梨园部也。每闻时事,即谱新声。”(《孔尚任诗文集》卷四)《燕台杂兴三十首》之三曰:“压倒临川旧羽商,白云楼子碧山堂。”自注说:“玉池生作《扬州梦》传奇,龙改庵作《琼花梦》传奇,曾于碧山堂、白云楼两处扮演,予皆见之。”(同上)这三座戏园,以太平园最为知名,康熙二十八年(1689)李苍存曾写有几首《太平园》的诗作,原注说:“京师演出之所。”其一云:“新曲争讴旧谱删,云鬟仿佛在人间。诸郎怪底歌喉艳,生小都从内聚班。”内聚班为康熙时期北京的昆曲名班,曾演出洪昇《长生殿》,李苍存看到在太平园演出的艺人都是从内聚班出师的,所以称赞说难怪歌喉如此嘹亮。四宜园、查家楼、月明楼则见于前引清戴璐《藤荫杂记》。

乾隆年间以后,随着在酒馆里看戏风气的发展,北京酒馆戏园的数量又增多了,清延煦等编《台规》卷二十五说,乾隆二十七年(1762)时“前门外戏园酒馆,倍多于前……”反映了这种变化。前门外是酒馆戏园集中的地方,但内城也有类似的酒馆,记乾隆时事的清汪启淑《水曹清暇录》卷十二说:“内外城向有酒馆戏园,酒馔价最贵。初南来者未悉,每受其累,一夕几费十金。”只可惜他们都没有具体说出这些酒馆戏园的名字。

北京以外的酒馆戏园以苏州为多。清代东南都会最初除了苏州,都没有戏园,所以清潘遵祁《西圃集》卷四说:“东南大郡,宁、杭并称都会,维扬夙号繁华,不闻有戏馆之设,何独于苏州而应有之?”苏州在雍正时(1723—1735)出现了第一座酒馆戏园郭园,乾隆年间增加到数十处。清顾公燮《消夏闲记》说:“至雍正年间,郭园始创开戏馆,既而增至一、二馆,人皆称便。”又说:“金阊商贾云集,宴会无时。戏馆数十处,每日演戏,义活小民不下数万人。”乾隆三十一年(1766)沈德潜修《长洲县志》卷十一“风俗”条说:“苏城戏园,向所未有,间或有之,不过商家会馆借以宴客耳。今不论城内城外,遍开戏园,集游惰之民,昼夜不绝,男女混杂。”苏州的这些戏园里都经营酒食,清顾禄《清嘉录》曰:“盖金阊戏园不下十余处,居人有宴会,皆入戏园,为待客之便。击牲烹鲜,宾朋满座。”嘉庆九年(1804)苏州知府胡文伯曾下令永远禁闭戏馆,引起靠此为生的大批人众怨声载道。但是,等胡离任后,苏州戏馆又照开不误,而且更有发达的趋势。在苏州的影响下,慢慢周围其他都市也开始兴建戏园。但到了同治七年(1868),又有江苏巡抚丁日昌下令永远禁止开设戏园:“苏省从前极盛之时,水陆冲衢,商贾骈集,其时地方繁庶,百物丰盈,无业游民因得鸠集资财,开设戏馆,以为利薮。而来往富商大贾,亦复骋怀游目,乐极一时。卒之,天道祸淫,兵戈历劫,旧日歌台舞榭,尽成蔓草荒烟,固由气运之乘除,亦风俗之淫靡有以召之也……嗣后,城厢内外,不得再如从前之开设戏馆,射利营私。有重葺园馆,因而鸠集脚色演唱者,无论已未盖成,一概将房屋基地入官,仍将创造之人从重究办,地保邻右,知情不首,并予责处。”[①]清代苏州等东南繁华都市虽然由于皇帝南巡的机遇而成为戏曲大都,但其专门剧场的建设则比北京要落后得多,其原因之一就是地方官僚一再发布禁令。

乾隆年间的酒楼戏园已经出现了职能转化的兆头,乾隆十九年(1754)进士蒋士铨写有《戏园》诗一首,描写了当时北京一所戏园的情况:“三面起楼下覆廊,广庭十丈台中央。鱼鳞作瓦蔽日光,长筵界画分畛疆。童仆虎踞豫守席,主客鱼贯来观场。充楼塞院簪履集,送珍行酒佣保忙。衣冠纷纭付典守,酒胡编记皆有章。砧刀过处雨毛血,酒肉臭时连士商。台中奏伎出优孟,座上击碟催壶觞。淫哇一歌众耳侧,狎昵杂陈群目张。雷同交口赞叹起,解衣侧弁号呶将。曲终人散日过午,别求市肆一饭充饥肠。”[②]诗中描写的还是酒馆性质的戏园,因为在演出过程中有酒席侍候,所谓“送珍行酒佣保忙”“座上击碟催壶觞”。但从演完之后还要“别求市肆一饭充饥肠”来

① 《抚吴公牍》卷二,南洋书局1909年石印本。

② 〔清〕张应昌编:《清诗铎》卷二十三,北京:中华书局,1960年,第831页。

看，这里却不再卖饭食，已经失去了酒馆的部分职能。特别是诗里叙述的戏园构造已经和后世茶园接近，其功能主要是演戏而不是设宴，只是戏园似乎为露天建筑，从里面可以见到周围楼顶上的屋瓦，所谓“鱼鳞作瓦蔽日光”，这一点与后来茶园全封顶的建筑形制有异。而且，蒋士铨明确提到了当时的茶园戏馆，所谓“近来茗饮之居亦复贮杂戏”即是，说明茶园戏馆在此时已经兴起，所以酒馆戏园受到了茶园形制的反影响。

（原载《中华戏曲》1996 年第 19 辑）

关于古典长篇小说《歧路灯》的注释

我国18世纪的一部古典长篇小说《歧路灯》，经过栾星先生校注，由中州书画社出版了。栾星先生依据十余种民间抄本和不全刊本进行了详细的校勘，又为全书作注千余条，给阅读和研究这部作品以很大方便。栾注一个显著的优点，是不单纯为注释文字而注释，在多数情况下还能依据书中人物形象来探讨作者意图，有助于读者把握书中人物的性格。另外，《歧路灯》多使用河南方言土语，栾星先生的注释在这方面下了很大的功夫，这就能使更多的人越过地区语言差别的障碍来欣赏和评价这部作品。这些努力实在是可贵的。然而在注释方面，我们觉得仍有一些值得提出来商讨的地方。

一、关于字词句的诠释

由于社会制度、道德、风俗习惯的改变，几百年前还是白话的通俗文学作品，现在读起来，就会产生许多文字上的障碍。注家为之作注，是要使读者看懂，因此注释应力求准确、明白。栾注基本上合乎这些标准，然亦有一些不妥当的地方。

第一，注解不够完备，注文只解释了原词的一部分。如二十回注一释“匪辟”曰：“辟在这里作邪解”，“匪”无注，使人不够明白。又四回注二十四释“蓿盘”曰：“蓿指苜蓿，蔬类植物”，“盘”无注。实“蓿盘”指苜蓿的根亭部分，即下文所谓的“菜根亭”。又四回注三释“文昌阴骘文”曰：“是一部宣扬阴阳果报的劝世书……托名文昌帝君所撰。文昌帝君亦名梓潼帝君……”“阴骘”无注。“阴骘”一词在书中屡屡出现，理应注出，原出《尚书·洪范》:“惟天阴骘下民。”孔传:“阴,默也。骘,定也。天不言而默定下民。”后人乃以阴德为阴骘。又如四回注十八释“鲍管谊”曰:“鲍管,指春秋时齐人鲍叔牙和管仲。旧日人多称道鲍叔牙知人而笃于友谊。遂把朋友之谊,称之为‘鲍管谊’。”从注文中看不出管仲跟鲍叔牙是什么关系,使人对“鲍管谊”莫名其妙。

第二,注解未能紧扣文意。如四十八回,原文:“有诗单讲妇女看戏,招侮惹羞,个个都是自取。诗曰:掠鬓匀腮逞艳姿,骊山逐队赛诸姨;……”注文:“骊山在陕西省临潼县东南,山下有温泉,唐玄宗置华清宫,作其游幸之所。赛诸姨,写的是唐玄的故事,杨被册封为贵妃,父兄及诸姊妹皆骤贵。”“赛诸姨”的解释不联系上下文来看,作者这里似以杨氏姊妹歌舞骊山与看戏妇女在公共场合抛头露面作比,注文的角度偏离了。

又六十三回,原文:“阎楷也忍不住泪珠阑干。”注文:“阑干,指眼眶,或用作形容流泪的样子。”解为“眼眶”显然是不对的。后一层意思,若就“阑干”一词本身来说,也不够准确。旧注于“阑干”往往曰“纵横貌”,如岑参《白雪歌》“瀚海(沙漠)阑干百丈冰”,即此用法。又“横斜貌”,如刘方平《夜月诗》:“北斗阑干南斗斜”,就是这种意思。“阑干”一词本身并没有流泪的意思,也不只限于“用作形容流泪的样子”。这里应作“纵横”讲,而流泪一层意思是由前边的文意决定的。

又七十回,原文:“原来当日被夏逢若说合,这姜氏已心愿意肯,看得委身事夫,指日于飞,不料……”注文:“于飞,为‘凤凰于飞’的略语,喻夫妻和谐。”“指日夫妻和谐”,于文意上不通。按此时姜氏尚未与谭绍闻订婚,似还谈不到“夫妻和谐”。“凤凰于飞”亦用为祝婚姻美满之辞,据文意,姜氏此时正眼巴巴地盼望能与谭绍闻早结鸾凤,故此处“于飞”应视为结婚的代名词。

第三,注释意义不够明确。如一〇一回,原文:“过栾城说颍滨”,注文:“苏辙,字子由,宋眉州眉山人。他和……并称三苏。著有《栾城集》。”“颍滨”一词没有解释,使人不知原文与苏辙有何联系。按苏辙晚年致仕,筑室于许州(今许昌)颍水之滨,几十年不与外人相见,自号为“颍滨遗老”。注文应加以说明。又十回,原文:“次日过涿州……说张桓侯”,注文:“张桓侯指张飞,桓侯为谥号。"亦不知张飞和涿州有什么联系。应注出张飞乃东汉末涿郡(即文中涿州)人。又原文:"过沙河县,说宗(应为宋,原文误)广平《梅花赋》",注文:"宋璟,唐南和人……"也应指出唐南和县即文中沙河县。

三十五回,原文:"召南风化依然在,深闺绣帏一小星。"注文:"召是周时召公奭的采邑。《诗经》中搜集召南歌谣成《召南》组诗,为《诗经·国风》之一。它和其他国风一样,也是一地的歌谣。所谓'召南风化',是旧日儒者解诗,给它抹上的伦理色彩。《小星》一诗,……在校注者看来,它是描写一个身份不明的女子,夜晚抱着被子,含怨与一个身份不明的男子幽会,情调并不健康。而旧日儒者解诗,却认为它是对诸侯夫人无妒之德的赞美,甚至把它说成是'万世闺门之法'……"注中并没有说清"召南风化"的含义。《小星》诗,历来解释不一,栾注以情诗目之,然对它的解释及所持的观点却含混而有矛盾。首先,既言一个女子"抱着被子"与一男子幽会,她就一定是主动的,但又添"含怨"一词,使人不好理解。其次,注者能够抹去"旧日儒者解诗,给它抹上的伦理色彩"是对的,但却又说它"情调并不健康",意即不能视为"对诸侯夫人无妒之德的赞美",更不能作为"万世闺门之法",岂不又回到旧儒的立场上去了?

六十二回注十释"辨其昭穆之左右"曰:"昭穆指坟地葬位的次序,始祖墓居中,以下父为昭,子为穆;昭居左,穆居右。这是古代宗法制度的定制。宗庙次序也以昭穆分左右;在祭祀时,子孙也按这种规定排列行礼。"按《礼记·王制》:"天子七庙,三昭三穆,与太祖之庙而七。诸侯之庙,二昭二穆,与太祖之庙而五。大夫三庙,一昭一穆,与太祖之庙而三。"照注文意,则只有大夫之庙秩可以理解。如果是天子之秩,三昭三穆,就无法排列:子为穆当居右,而子为孙父,又当居左,无所适从。事实上古代宗庙之秩,太(始)祖之位居中,二世四世六世居于左,谓之昭;三世五世七世居于右,谓之穆。即历代自太祖起,以下递为昭穆。祭祀、坟葬也是这样。

第四,注释有误。如六十七回"悲哉,秋之为气也"语出宋玉《九辨》,误指为"欧阳修《秋声赋》中语"。

又六十二回注八释"太公"曰:"太公,指吕尚,姓姜,吕氏,名望,字子牙。为周武王之'师'(武官名),也称师尚父。"按据《史记·齐世家》,太公姓姜,名尚,以其先祖佐禹平水土有功,虞夏之际封于吕,以封地为姓,故又曰吕尚。周文王猎,遇太公于渭之阳,与语大悦,曰:"吾太公望子久矣",故号之为"太公望",立为师。武王尊为师尚父。注文以"望"为太公名,误。又太公实为文王立为师,注文"为周武王之'师'"失当。又注文以师为武官名,亦误。按《诗经·大雅·大明》载太公助周武王伐纣事:"维师尚父,时惟鹰扬。谅彼武王,肆伐大商。"毛传曰:"师,太师。"《逸礼》曰:"太公为太师,周公为太傅,召公为太保。"[①]《尚书·周官》:"立太师、太傅、太保,兹惟三公。"孔安国传:"师,天子所师法;傅,傅相天子;保,保安天子于德义者,此惟三公之任。"《汉书·百官公卿表》:"周官,太师、太傅、太保,是为三公,盖参天子坐而议政,无不总统;故不以一职为官名。"《大戴礼记》:"天子不论于先圣王之德,不知君国富民之道,不见礼义之正,不察应事之理,不博古之典传,不娴威仪之数,礼乐无经,学业不法,凡是其属太师之任也。"由以上所引可知,太公为太师,居训导天子、辅佐政事之尊位,非武官。又刘向《别录》:"师之,尚之,父之,故曰师尚父。父亦男子之美号也。"亦与武官风马牛。注者以"师"为武官名,误。

二、关于注释的体例

古典小说的注释,书中词汇万千,哪些该注哪些不该注,很难掌握,体例上不易统一。然终应有一大致框框,不能此处如此,彼处又不如此。栾注中存在着这类现象,举例如下:

第一,次序颠倒、重复。书中一般注法是由前到后顺序而来,前后重见的只于第一次出现时注一次。但亦有第一次出现不注,而见于后注的。如第189页"越外"一词无注,却见于第825页注七;"绿满窗前草不除"一句诗,于第158页不注出处,于第393页又注出。又有前后重复作注的。如"囹圄"第203页和第613页二注;"黑、蓝笔圈点",第113页、第903页二注;"韩琦",第118页、第895页二注;"见背",第137页、第895页二注;"东

① 按其书已佚,引文据《太平御览》卷二〇六职官部四"总叙三师"条,下引《大戴礼记》《别录》同。

方朔”，第53页、第909页二注。又有“交谪”一词，第297页注曰“指妻子的谴责”，不确；第677页又注“家人交相责备”，乃正。

第二，或注或不注。如五十回注七释“觱发”，注音曰：“觱，音必。”不注“发”（音剥）。觱字一般人不认识，不注音最多读不出，而发字不注就读错了。

书中有一些人名、地名、传说、历史事件等，注否不一，如传说人物吕洞宾、二郎神有注，而张果老、韦驮、陈抟老祖无注；历史人物张飞、石崇有注，而蒙恬、苏属国、周处无注；传说故事费长房入壶有注，而老子骑牛过函谷、庄子蝴蝶梦、韩湘子化妻成仙无注；等等。

书中所引典籍经史章句，注者一般都注明出处，如“语出《孟子·万章》”“引语见《论语·子罕》”等。但也有漏注的，如第132页“君子曰终”，原出《礼记·檀弓上》；第701页“予有戒心”，原出《孟子·公孙丑下》；第780页“民具尔瞻”，原出《诗经·小雅·节南山》；第913页“天道远，人道迩”，原出《左传·昭公十八年》；第926页“君子不重则不威”，原出《论语·学而》等，均未注出。

第三，当注未注。栾星先生自道注释本旨说：“于专家或失之琐，于一般读者或尚失之简，取乎其中罢了。”（《歧路灯》校本序）这其中择弃取舍，自有一番甘苦，然仍有值得商讨的地方。统观起来，上、中两册注释范围较宽，几乎有“词”必注，而下册注释范围却太狭，许多含有典故的词都无注，似应统一。还有一些词，看去好似简单，用不着注解，其实里面含有特定的意义，不注不明。如第37页“宣力王家”无注。按《尚书·益稷》：“予欲宣力四方，汝为。”孔颖达疏：“我欲布陈智力于天下四方，为立治之功，汝等当与我为之。”原乃皋陶对禹语，后则改称替人效力任事曰宣力，“宣力王家”即为皇帝效力。第80页“辟四门”无注。按《尚书·舜典》：“询于四岳辟四门。”孔安国传：“询，谋也。谋政治于四岳，开辟四方之门未开者，广致众贤。”孔颖达疏：“（舜）乃谋政治于四岳之官，所谋开四方之门，大为仕路，致众贤也。”后称举荐都市四郊之外贤者为辟四门。

第四，书中标点亦有个别问题。如“纲鉴”一词，校者于第209页加了书名号，意为一部书，而第810页重出时却又未加而作一代词使用了。事实上二者的运用环境是一样的，都是借用为史书类的代称，都不应当作一部书名来看。即使注者本人亦在第 209 页注七中言："《纲鉴》，这里泛指一般史书。"故不应加书名号。又如第 917 页"见父执进则进之"，校者加双引号，意为经典原文，不够恰当。按《礼记·曲礼上》："见父之执，不谓之进不敢进，不谓之退不敢退，不问不敢对，此君子之行也。"作者只是意引，并未用原句。同样的例子还有第 926 页"上行下自效"亦加了双引号。按《礼记·乐记》原句为："上行之则民从之。"并不相同。关于标点的问题还有一些，但这些都不属于注释方面的问题，这里就不再讨论了。

（原载《阜阳师院学报》1985 年第 4 期）

从《歧路灯》看18世纪开封戏曲生活

由栾星先生校注出版的我国古典白话长篇小说《歧路灯》，通过书中对于清朝康、雍、乾时期开封戏曲活动的大量描写，我们可以对当时河南戏曲的流行情况有一个直观的、形象的了解。韩德英先生文章《关于〈歧路灯〉中的戏曲描写》，曾由《歧路灯》中整理出了许多戏曲史料，如当时在开封活动的主要戏曲剧种、演出的剧目等，也涉及当时高台戏、堂戏的演出情况，是很值得重视的。本文打算再从当时的戏曲生活这个角度作一补充，以使我们能够更清楚地看到在18世纪的社会生活中戏曲所占的位置。

一、戏曲已成为当时城乡的主要娱乐方式

清初以来，昆腔、柳子腔、梆子腔已逐渐在中原地带流传并普及，河南各种地方戏也在民间小调的基础上蓬勃兴起。康熙朝结束了全国的分裂局面，经济回升发展，渐渐地出现了一个盛世史称“康乾盛世”，人民生活较为安定，文化娱乐活动也随之而兴盛起来。历史为戏曲的发展提供了适宜的条件。我们从《歧路灯》中可以看出，戏曲活动在当时几乎已经成为城乡人民共同的一种主要娱乐方式，演出频繁，观者众多。

无论城市乡村，每逢节日必定演戏，这已经成了惯例。《歧路灯》第三回曾写到谭孝移、娄潜斋引着两个小学生去看开封三月三的吹台大会：“出南门往东，向繁塔来，早望见黑鸦鸦的，周围有七八里大一片人，好不热闹。‘其中就有’演梨园的，彩台高檠、锣鼓响动处，文官笏，武将舞剑。扮故事的，整队远至，旗帜飘扬时，仙女挥尘，恶鬼荷戈。”三月三日是古代的上巳

日，后来演变为民间的大会，戏班子就在会上搭起戏台，扮演关目，招徕观众。城市如此，乡村也是一样，书中二十一回就说到“乡里小村庄十月初十日牛王社”要演戏。这还是一般节日中的情况，若是逢到新春佳节时，就更加红火了：“况且省城是都会之地，正月乃热闹之节，处处有戏，天天有扮故事的。”（第八回）若是没有戏，似乎就不像过节了。

庙戏就更是常常有的了。书中曾多次提到瘟神庙、山陕庙、城隍庙、大王庙的演出。如四十八回，夏鼎硬拉谭绍闻往瘟神庙中去，“进的庙院，戏台上正演《张珙游寺》一出。看戏的人挤挤挨挨、好不热闹”。非年非节，这只是一般的庙会演出。这种场合里的观众，多是市民阶层的人。七十九回盛希侨奚落衙役谈如菊的话，正说出了这些人在庙院中挨挤看戏的情景：“即在贵处看戏，不过隍庙中戏楼角，挤在人空里面，双脚踏地，一面朝天，出来个唱挑的，就是尽好；你也不过眼内发酸，喉中咽唾，羡慕羡慕就罢了。”这正是普通市民戏曲生活的写照。像这样的翘脚看戏，有体面的人是不屑一顾的。因此，庙戏可说是市民们专门的娱乐场所了。

庙戏里还有一个为数众多的观众来源就是妇女。四回王氏说道：“那遭山陕庙看戏，甬路西边一大片妇女，只显得这巫家闺女人材出众。”谭孝移就说：“山陕庙里，岂是闺女们看戏的地方？”谭孝移是一个正统的封建文人，他是不赞成妇女们在庙院看戏的，但那些市民妇女们却不管这些，只图自己看戏快活。四十九回写山陕庙，“更比瘟神庙演戏热闹，院落也宽敞，戏台也高耸。不说男人看戏的多，只甬路东边女人，也敌住瘟神庙一院子人了”。这巫家翠姑娘不但是山陕庙看戏的常客，甚至连看戏的地点都是长久占好了的。所以王隆吉向谭绍闻介绍说：“我七八岁时，你舅引我来看戏，那柏树下就是他久占下了。只这庙唱戏，勿论白日夜间，总来看的。那两边站的，都是他家丫头养娘。”旧时代的市民妇女往往上不起学，她们的文化常识很多都是从戏里看来的，因此庙戏可说是她们的学堂了。例如巫氏嫁给旧宦裔谭绍闻后，常常一开口就讲戏中的道理，前后曾提到《程婴保孤》《李陵碑》《芦花记》《安安送米》《苦打小桃》《黄桂香推磨》等戏。一次惹得谭绍闻恼怒，骂她：“小家妮子，少体没面，专在庙里看戏，学的满嘴胡柴。”（八十二回）认为她在庙院里看戏，一来丢了面子，二来没学个好样。

城市中一些殷实的门户，逢上家中有红白喜事，为了门面排场，耀祖光宗，要唱堂戏助兴。这样的例子，书中举不胜举。如二十一回城南东乡新发财主林腾云为母亲做寿，叫了茅拔茹的戏班唱《十美图》；六十五回曲来街巫家财主做寿，请绣春班演《封神榜》；六十三回萧墙街谭绍闻送灵柩入土，盛希侨的昆班演《满床笏》，本街朝南顶武当山的锣鼓社唱的是陇州腔《瓦岗寨》；七十八回谭家又做寿，盛希侨送的新打庆寿戏《王母阆苑大会》和排定的《长生殿》，本街的街坊公送了一台民间梆罗卷；四十九回油坊曹相公还愿，也请了苏州新来的班子在山陕庙唱戏，剧名不详，其中有《集贤宾》的曲牌。特别是，曲米街王家财主丢失的一头骡子找着了，"与马王爷还愿唱堂戏"（七十四回）请了一个昆班，可见当时有钱人家唱戏真是巧立名目。有那家境旺的，唱堂戏是经常的事，如五十六回巫翠姐与谭绍闻拌嘴曾说道："像俺东邻宋指挥家，比您家还小么，一年唱十来遭堂戏哩！"按当时规矩，请戏班子唱一次堂戏约需十五两银子①，一年十几次，就要花一二百两银子，真可谓奢靡。由一百回"王隆吉怡亲庆双寿"中，我们还可以看到，当时的市民习俗，谁家发了财，若是不唱上几台戏，那就不合"外边势法"，连亲戚朋友街坊邻居都会看不起。王家原是小本商人，后来渐渐"生意发财"，逢到老双亲做寿，本不愿声张，但"如今曲米街邻居比舍、街上铺户，要送戏哩。十三日早晨就有戏，要唱到十五日。夫妇双寿，送锦帐、鼓乐、炮手"，无奈，只好"胡弄台戏，……就把亲戚打发的喜欢。不过花上不满百的银子，好席好酒，他们就说我王隆吉是个孝子，做下光前裕后的大事"。上述这些城市中的一般富户演戏总还要看个婚丧嫁娶，若是那些世族大家，则是不论时候随心所欲了。云南布政司的孙子盛希侨，"守看四五十万家私，随意浪过"。在蓬壶馆吃酒席，看见瑞云班的旦角好看，马上叫到自己家里来唱，还说："我们要看戏时，叫上一班子戏，不过费上十几千钱，赏与他们三四个下色席面，点上几十枝油烛，不但我们看，连家里丫头养娘，都看个不耐烦。若是饭铺子里，有什么趣处？"（十八回）一副贵公子派头，对于公共场合演戏不屑一顾。

---

① 十八回盛希侨道："我们要看戏时，叫上一班子戏，不过费上十几千钱……"二十二回："柳树巷田宅贺图学，要写这戏，出银十五两。"由此可知，当时唱一次堂戏大约需银十五两。

官府中的戏曲活动也是频繁的。二十一回讲道:“苏昆有一个好班子,叫做霓裳班,却常在各衙门伺候。”因此百姓唱戏一般不敢定这个班子,怕“万一定下,到那日衙门叫的去,岂不没趣呢”。当然这种班子也不是不为一般住户演戏,如上面提到的曲米街王财主家还愿唱堂戏,就“写的伺候大吉爷班”(七十四回)。但这类班子通常却是为衙门服务的,反映了官府好戏的情况。九十五回写河南抚台设宴招待钦差学台,有抚台门上堂官与传宣官文职、巡绰官武弁商量叫戏一事,“如今只把昆班俱合拢来,叫他们一替一出拣好的唱”,并详细描绘了抚台衙门堂上设宴演戏的情景。只因学台是个“班学名臣,板执大儒”,仅看了一出戏便起身离席,希望撤去梨园,书中有如下一段话:“这抚台封疆重臣,本日演戏佐酒,原是未能免俗,聊复尔尔之意,一听此言,即命巡绰官将戏押出。”可见当时官衙演堂戏,已成为官场逢迎的一种俗套。联系到十回宋云岫在北京曾对谭孝移、娄潜斋说:“我异日路过衙门,唱堂戏回敬我,不准推辞。”已知处处如此,相习成风。更有甚者,“不肖州县,意有豢养戏班以图自娱者。……俾夜作昼,非是肆隆筵以娱嘉宾,实则挂堂帘以悦内眷。张灯悬彩,浆酒藿肉,竟有昏昏达旦者。”(九十五回)我们从史料中知道,当时官府曾一再下令禁止民间演戏,认为“伤风败俗”“诲淫诲盗”“靡费金钱”,但他们自己却沉湎欢乐,口耽弦索。九十五回还写道:“大老爷们在京中,会同年,会同乡,吃寿酒,贺新任,那好戏也不知看了多少。”可知戏曲在当时的社会文化生活中已占据着十分重要的位置,这是戏曲发展的必然趋势,只靠几个禁令是根本不可能禁止得住的。

二、戏班子的活动情况

随着戏曲在城乡中的广泛普及,人们对戏曲演出的需求量也增大了,因而当时戏曲团体的活动十分频繁。别的不讲,单是《歧路灯》中提到的在开封作长期演出活动的戏班子就是一个很大的数字。据粗略统计,仅昆班至少就有 12 个:福庆班、玉绣班、庆和班、萃锦班、绣春老班、绣春小班、霓裳班、绣云班、瑞云班,以及盛希侨自己招募,后又买山东大乡绅的窝子班组成的戏班,茅拔茹在苏州招募的戏班,和四十九回提到的“苏州新来的班子”。

其他剧种,如“陇西梆子腔,山东过来弦子戏,黄河北的卷戏,山东泽州锣戏,本地土腔大笛嗡、小唢呐、朗头腔、梆锣卷 ①”,由于书中一般不称其戏班名称,因而无法统计,然仅剧种数目就有八九个,则戏班子数目至少也要有 20 个之多。这些戏班子大多是做商业性质的演出,自挣口粮经费,因而演出是经常的,那么,当时的演出密度是可以想象得到的。

旧时戏班子的组建有江湖班、窝子班等形式,我们从《歧路灯》中可以看到这些不同班子的活动情况。书中直接提到江湖班的有一处,即二十二回中茅拔茹向谭绍闻、夏逢若说道:“只为小弟自幼好弄锣鼓,后来就有江湖班投奔。小弟叫他伺候堂戏,一些规矩也是不知道,倒惹得亲朋们出像。”江湖班是艺人们自行结合成的戏曲演出组织,终年四处漂流卖艺糊口,无一固定的演出场所,收入无保证。特别是,这种戏班子如果没有一个势家做后台,就会常常为人所欺,甚至无法演出谋生。因而为了生存,他们不得不投奔像茅拔茹这样一个旧宦的后代,以为戏主。但“这一等供戏的人,正是那好事、好朋友的”,逢到官宦人家有红白喜事,总喜欢凑个热闹,送台堂戏随喜一番。江湖班本只做公开演出,不惯于酬客,因而茅拔茹说他们“一些规矩也是不知道”,一怒之下,就把这个江湖班辞退了。另外二十一回讲到绣春老班投奔了粮食坊子一个经纪吴成名,“打外火供着”,也和江湖班投奔茅拔茹是一样的性质。十八回王隆吉、谭绍闻在蓬壶馆定下瑞云班的戏请盛希侨,盛希侨点了《潘金莲戏叔》的戏,“锣鼓响动,说了关目,却早西门庆上场。盛希侨道:‘我说这个狗攮的没规矩,不来讨座了。’隆吉道:‘戏园子的戏,担待他们些就是。’”据韩德英先生的考证,“直到清朝末年,开封才有了‘戏

① 栾星《歧路灯》注中说梆锣卷“是陇西梆子腔于清初流入河南后,与河南土生的剧种锣戏(事实上《歧路灯》中提到锣戏是山西泽州所产),卷戏汇流,而产生的一个新剧种”。韩德英则称“它可能是因为一个戏班能够同时演唱这三种不同的戏曲,而称为‘梆锣卷’戏班”。“一个演员可以演唱几种不同的戏曲。”栾说因没有更多的材料,无法证实。韩说似乎与小说本身所提供的材料不符。从小说中提到梆锣卷时前后排列的顺序看,“先数了驻省城几个苏昆班子”,如福庆班、玉绣班等,这是按戏班子排列的。然后又数梆子腔、弦子戏等直到梆锣卷,则明显是按剧种排列的,说明梆锣卷是一个剧种,而不是一个能唱诸腔的戏班子。特别是小说中,与外地的梆子腔、锣戏、卷戏同时提到了“本地土腔”梆锣卷,可见梆锣卷不但是与前三个剧种互相独立的,而且是本地土生土长的,仅备一考。

园'"。最早的记载见于徐珂的《清稗类钞》。[①]《歧路灯》中,第十回宋云岫在北京请谭孝移、娄潜斋看戏的同乐楼是戏园子,一〇三回谭绍闻、盛希瑗在北京"街头看见戏园报帖,某日某班早演,某日新出某班亮台"的"戏园"实指剧场,此外再也没有关于剧场的记载。此处所说"戏园子"并非指剧场,而是说的江湖班。可见,瑞云班也是一个江湖班。江湖班不懂规矩的话已见于茅拔茹的埋怨,所以这里王隆吉也说"担待他们些就是"。又四十二回夏鼎碰到"茅拔茹一班臭卷戏",看到"这狗攮的,如今狼狈不堪,身上衣服也不像当日光彩,穿的一件大褐衫,图跟戏子吃些红脸饭"。这个卷戏班,也应是投奔了茅拔茹的江湖班。

书中直接提到窝子班的也有一处,即七十七回说的"……山东大乡绅养的窝子班。因戏主病故,那老太太拿定主意,说戏班子在家养着不好,一定不论贵贱要卖"。这种窝子班,是戏主出钱招募儿童进行培养而组成的戏班,入班的人除专聘的教师外,都是签订了契约卖过身的,没有人身自由,没有工资,全部都属于戏主所有,要脱离戏主除非拿出一笔巨款来赎身。盛希侨碰到了这个戏班子,"只费五百银子,当下交与一百两,剩下明年全完,批了合同文约,连箱全买了"。这样,他就把这个班子连人带箱由山东运往河南,成了自己的窝子班。在此之前,盛希侨已经在组建自己的戏班子了,四十四回账房满相公曾"奉了家主盛希侨之命,下苏州置办戏衣,顺便请来了两个昆班老教师"。五十回盛希侨对谭绍闻、夏逢若说:"只因赵寡妇儿子小铁马儿,当日招募在班里,先与了四两身价……"可见盛希侨是在招募儿童学戏组织窝子班。戏串成了之后,盛希侨多是在自己家中演戏娱乐,也常在亲友喜庆时送戏助兴,如书中他曾两次给谭绍闻送戏,有时也出去演出,如七十一回提到"往城隍庙去唱",六十二回又说他的戏班到陈留县演出去了。除了盛希侨的戏班,书中另外还有两个窝子班。一个是二十一回按察司皂头张春山"招了一把儿伶俐聪俊孩子,请人教他,还没有窜成的,叫绣年小班"。后来在曲米街巫家唱《封神榜》祝寿的就是这个班。另一个是二十二回,茅拔茹"一怒之间,着人去苏州聘了两位教师,出招帖,招了些孩子,拣了

① 韩德英:《清代河南戏曲活动概述》,《戏曲艺术》1981 年第 2 期。

又拣,拣出一二十个。这昆腔比不得粗戏,整串二年多,才出的场,腔口还不得稳”。为创建这个班,他自言“卖了两顷多地,亲自上南京置买衣裳,费了一千四五两,还欠下五百多账。连脸子、鬼皮、头盔、把子,打了八个箱、四个筒,……连人带箱运到省城”。这个班,就是后来托付给谭绍闻招驾、搅得谭宅鸡犬不宁的那个班。小说中所描写的这些戏班子的组建、活动情况,为我们了解当时的戏曲生活增添了丰富的形象资料。

除了这些专业剧团,民间还有业余的戏班子。如六十三回写到谭绍闻发丧、盛希侨送戏,有个兵丁虎镇邦找到谭绍闻说:“本街上有一道朝南顶武当山的锣鼓社,他们如今生、旦、净、丑、副末角,都学会出场儿。听说娘娘庙街盛宅有送的戏,难说咱一向相好,就不凑个趣儿,岂不叫别人笑话?他们情愿唱几天闹丧的戏。诸事不用你管。若说戏钱,便是把他们当梨园相待,他们就恼了。都托我来说,料谭相公也不好推阻。”锣鼓社是当时的一种迷信组织,每年正月十五都要敲着大锣到湖北省界的武当山顶去“朝山进香”,往返二十日,其他时间则没有什么活动。因此,他们也学会了演戏出场儿。但他们又不是正经梨园,只义务演出“凑趣儿”。由书中看,他们学的是“陇州腔”,即其他地方所说的“陇西梆子腔”。这种业余戏剧团体的存在,说明了当时人们对于戏曲爱好的程度。

三、戏曲艺人的生活

在封建社会中,戏曲艺人的社会地位是极其低下的,被视为“下贱仆人”“臭戏子”,处处被人看不起,因而他们的生活遭遇是悲惨的。这一点在《歧路灯》中随处都有反映。如三十一回荆县令骂一个唱净的演员,“你是个下贱仆人”,表明了统治阶层对演员的轻蔑看法。看戏的人,大多是公子哥儿、地痞无赖,因而艺人们时常是小心翼翼、提心吊胆的,生怕招来横祸。十九回瑞云班被叫到盛希侨家里演出,管家对艺人们争先吩咐:“等它里头拿出饭来,你们都要快吃,旦角、生角却先要打扮停当。少爷出来说声唱,就要唱。若是迟了,少爷性子不好,你们都服侍不下。前日霓裳班唱得迟了,惹下少爷,只要拿石头砸烂他的箱。掌班的沈三春慌得磕头捣碓一般,才饶了。”霓裳班是“常在各衙门伺候”的戏班,见过大场面,经常应付官府,还险些被砸了戏箱,可见演戏这种伺候人的活路是多么艰难!

戏曲艺人的生活不但担惊受怕,而且还受尽了侮辱,特别是那些旦角演员们,当时的人看戏,很少把它作为一项艺术去欣赏,很大程度上都是去看角脚演员的。看一个戏好坏的标准只有一个,就是旦角演员年轻不年轻、长得好不好。如二十一回谭绍闻批评大王庙绣春老班的演出说:“果然不好。那唱旦的,尽少有三十岁。”七十八回萧墙街的街坊们商量共请一台戏,想到绣云班,但又怕请不起,姚杏庵道:“正旦、贴旦委的好看。咱商量个众擎易举,合街上多斗几吊钱,趁谭宅这桩喜事,唱三天,咱大家喂喂眼,也是好的。”这些都是市民意识中庸俗低级一面的流露,是一种歪曲了的戏曲观念。至于那些纨绔子弟就更不用说了。盛希侨看《王母阆苑大会》,“那老旦年纪虽有三十七八岁,绰带风韵。两旦角二十三四岁,三年前还是老爷赏过银鼠袄子,灰鼠套儿。唯有这山东新来苏旦,未到丁年,正际卯运,真正是芯宫仙子一般。把一个盛公子喜的腮边笑纹难再展,心窝痒处不能挠。”(七十八回)这里就根本无艺术可言了。用满相公的话来说,盛希爷是“公子性儿,闹戏旦子如冉蛇吞象一般,恨不得吃到肚里”(七十七回)。他是用玩旦来满足自己的兽欲。一些官员大僚也同样如此,如河南的重臣“河道”,“素性好闹戏旦,是个不避割袖之嫌的。每逢寿诞,属员尽来称觞,河道之寿诞,原是以‘旦’为寿的”(九十五回)。封建贵族官僚荒淫无耻的生活,由此可见一斑。在这些野兽的践踏下,戏曲艺人毫无人身保障和正当的人格可言,只能成为屈辱的玩物而已。

戏曲艺人最怕生老病死。无论名声多么大的旦角演员,也只能红那么几年。青春一过(不是艺术青春),就再也无人理睬了。二十一回说绣春老班那唱旦的,“小名叫做黑妮。前几年也唱过响戏”,如今不值钱了。黑妮才三十岁左右,若在现在,正是艺术上日趋纯熟的阶段,却由于容颜的丧失而失去了艺术生命。同回还说到绣春老班子,“原是按察司皂头张春山供的。如今嫌他们老了,又招了一把儿伶俐聪俊孩子……这老班子……只好打发乡里小村庄十月初十日牛王社罢,挣饭吃也没好饭”。这就是老艺人辛酸一生的悲惨结局。

戏曲艺人的生活如此坎坷多难，一般人家都不愿自己的子弟去学戏。盛希侨班上的小铁马儿，请假回去看母亲，再也不回来了。盛希侨去找时，他母亲左右不让儿子再学戏，"说他也是有门有户的人家，学戏丢脸。又说只守着铁马一个儿子，流落了，终身无依靠"（五十回）。这代表了当时人们的普遍看法。更有对自己子弟拘系得紧的，为了阻住这条路，连人都打死。茅拔茹班上的九娃，"人生的有些轻薄，叫班里一个人勾进来学戏。他叔不依……把他拴的去，班主偷冷又抢回来，后来又唱戏时，全不防他叔领了亲戚，又拴了去。到家拴在树上，尽死打了一顿，锁在一座屋子里"，偷跑出来没几天就死了。那些人为了防止自己的子弟学戏，竟使用了如此残忍的手段。

四、其他

韩德英先生《关于〈歧路灯〉中的戏曲描写》一文第二部分"演出活动情况"，指出小说里提到的戏曲演出分为两类：一是高台戏，二是堂戏。这里再补充一类：饭铺子戏。十八回讲到饭铺子里演戏的情况：王隆吉与谭绍闻商量好，"到蓬壶馆定了桌面，要点正座。又与瑞云班子定了一本整戏。讲明价钱，先与定钱"，然后去请盛希侨。盛说：如果是请商人，"就在饭园子里罢了。你我兄弟们，如何好上饭铺子里赴席？"隆吉脸红道："只因哥好欢乐，那里有戏，所以请在那里。"赴席时三人坐在正面桌上，先泡茶点戏，待戏唱过多半本后再上席。"须臾，别的看戏的都来。各拣了偏座头，……吃东西看戏。"由于书中描写简略，我们还搞不清楚饭铺子里的戏台是怎么个搭法，是常年的还是临时搭起的，但至少可以知道如下三点：其一，这是与高台戏、堂戏不同的又一种戏曲演出方式。其二，蓬壶馆是饭铺子，并非戏园，至少是以饭铺的营生为主的，和戏园子的专门剧场作用不同。其三，饭铺子和戏班子各干各的营业，各收各的钱，二者之间是否有经济往来却不得而知。更详细的情况还有待于进一步考证。

（原载《戏曲艺术》1982 年第 3 期）

关于柳子声腔寻源的争论

我的一本书《中国戏曲声腔源流史》在台湾出版，台湾魏子云教授作序。因地域间隔，书出来后，才读到魏序。序中对于第三章“北方弦索腔种崛起”第二节“南昆、北弋、东柳、西梆”里的“东柳”和“北弋”说法提出质疑。遂复信讨论。信凡二返，对序及信中所论及戏曲声腔史上未能明晰的问题，也没有最后找到结论，因而特公之于众，以待来哲。

魏子云(1918)，安徽淮北人，台湾“国立”艺专戏曲专科教授，著名戏曲家、金瓶梅学家，著述甚丰，主要有《魏子云戏曲集》(四册)、《国剧的舞台》、《看戏与听戏》、《国剧表演概论》、《中国戏剧史》等，另有论《金瓶梅》的著作15种。

《中国戏曲声腔源流史》序

魏子云

认真说起来，我国戏曲的声腔，源流极远。史迁笔下的陶唐时代之“葛天氏之歌”，千人唱，万人和，山陵为之震动，山谷为之荡波，也算得是戏曲声腔的源头吧？不可考矣！若以文学史观来看，戏曲则《诗三百篇》的歌咏，更应是戏曲声腔的源头？不可考矣！如以戏曲的牌名律吕观之，从宋元说起可也，然非源头。再向往处推，戏曲已成为戏剧，不但官府有优人之属，民间也有踏摇之乐，李唐已成之矣，唐之大曲，似尚有遗韵可聆焉！

我中华地大人广，语言驳杂，二千余年来，虽同属汉族，书虽同文而语则未能同声。然而我国戏曲之技,乃以歌舞为艺术主干者,遂因语言之异,地域风尚之别,信似祭祀各有其宗,于是,戏曲的变迁流徙,竟有桔枳虽同种而质变之情形的诞生。年积月累,而血统浑融也日杂,欲求其源也,难哉!

固然,宋人尚遗留有传奇本《张协状元》,元人杂剧本更是秩秩叠叠。且从史料看,传奇与杂剧之两种体式,都是宋代产物。纵可循曲牌顺流而下,堪及明清戏曲的声腔绵续概况,然声腔之衍变,于文可考者,所赖只有曲谱。今见之曲谱,如《九宫大成》与《纳书盈》等,悉为清代录存者,亦多局于昆之南路。(《九宫大成谱》虽有元剧全折,亦难证其即元代所演唱之声腔,声腔之邅变易也。)观之廖著此一戏曲之声腔源流,则衍属于文学者多,归属于音乐者寡。盖音乐以声求,古无留音之具,求之声也实难。不要说往之宋元,即明之弋阳声腔,已无音以证耳之实听,只能从若干文词中知明时之"弋阳"腔,伴奏乐器只有金革并无丝竹,歌时有伴唱之和声,"其调喧"而已。至于实际上的声腔如何?今者,真是人言人殊矣!

譬如说,弋阳腔之被公认者,一是高腔,二是滚板。可是,却有不少论者认为"四平调"就是弋阳腔的遗韵。吾人今可耳聆到的"四平调"(指在皮黄中者),则是标准的平腔而非高腔。纵系变化而来,其变化也不可能有若是之大。

抗日战争,我在浙之绍兴,听过绍兴高腔,又在赣之上饶,听过弋阳高腔(当地人就叫"弋阳高腔"),其声腔确是高亢的,两者虽然方言有别,声腔则大同小异。如今思忆,犹有余音在耳。是不是明代流行的弋阳腔原样的声腔呢?可以说,不可能是。从伴奏乐器说,就有极大的变化,那就是加入了丝竹,有了胡琴也有了唢呐。光从这一点来看,即可证明它的声腔不可能不融进别的声腔来吧?

本书第三章谈到明末清初时的北方弦索腔种的崛起,特别列出一节"南昆、北弋、东柳、西梆",其中的"东柳",指的是山东"柳子腔"。根据《华东戏曲剧种介绍》(纪根垠等著,北京戏剧出版社 1987 年 6 月出版)说:"山东柳子戏是一个相当古老的剧种。清初徽剧尚未进京之前,北京舞台上流行四大剧种：南昆、北弋、东柳、西梆。"又说："其中东柳，即柳子腔。"说是此戏是元明以来，在豫北、鲁西南一带流行的【黄莺儿】等歌唱。说它的歌唱基础是"弦索小曲"，故最早称"弦子戏"。伴奏乐器有弦、笙、笛。打击乐有单皮鼓、大锣、钹、手锣等。由于吴长元在《燕兰小谱》中记演员郑三官演《王大娘补缸》，写了四句诗："吴下传来补破缸，低低打打柳枝腔。庭槐何与风流种，动是人间王大娘。"因而今在皮黄戏中演出的《大补缸》，便被冠之为"柳枝腔"。这么一来它与《小上坟》的声腔同名。"柳枝腔"遂有了两种截然不同的声腔，还流行于今日的舞台上，怎能不令人生疑？

再根据今之剧种整理者的归纳，山东主要大戏是梆子，与所谓"柳子戏"同一类型的小戏，有"吕剧（新创名）、茂腔、柳腔、五音戏、柳琴戏、二夹弦"等。但在豫、皖、鲁、苏边界流行，被人习称的剧名，只有两种，一是"拉魂腔"，二是"二夹弦"。读有关"柳子戏"考证等书所写，所谓"柳子戏"就是俗称"肘骨子"的"拉魂腔"，它的声腔特色就是"茂腔"，每一句歌唱的尾音，必是翻高八度的"哦呵咦"。这是我儿时在家乡看过不止一次的戏。大多是粉戏，而且粉得"有摇飏葳蕤"之风情。至于什么"柳子戏"？这是吾则未之闻也。（我家乡有"柳子集"地名。）

再说，吴长元诗中说的唱"柳枝腔"的《王大娘补缸》，"来自吴中"，廖先生也说到了这一点。那么，吴长元看过的《王大娘补缸》，既是来自"吴中"的"柳枝腔"，那就不可能是我们今日在皮黄班中听到的《大补缸》所唱之声腔。这种声腔是唢呐伴奏。不知吴长元听唱《大补缸》的歌词如何？今在皮黄班中歌唱的《大补缸》歌词是："担起挑子往前走，悬悬活活到王家庄，王家庄的娘儿们长得俏，我一心只想那王大娘……"（记得儿时听来的歌词），看这歌词也不像南方人的口调。可是，《小上坟》的歌词，就不是北方人的口调了。如："你说你是儿夫到，我要盘问大事情。家住哪州并哪县？哪个村庄有家门？爹是谁来娘何氏？你兄弟同胞几个人？"而且，所歌"柳枝腔"的声腔，是笛伴奏，类似苏州滩簧。如果《小上坟》是"柳枝腔"，那么，《大补缸》就不可能也是"柳枝腔"。虽说，同一剧本，若是赢得了观众的喜爱，各地剧种都会翻作他们地方剧种的声腔演出，但声腔可就不是同一样的了。譬如川剧的《秋江》，翻变成皮黄班中演出，已不同于川剧。此剧在汉剧中演出，声腔则已是另一种不同的调子。所以我想，吴长元《燕兰小谱》的《王大娘补缸》，似不是今日在皮黄班中演出的《大补缸》（此剧也叫《百鸟朝凤》）。

我之所以在此以《大补缸》的"柳枝腔"为例来说探索戏曲声腔源流之难，同时，也有特别提出有所请教之意。按此剧的声腔之名，刘吉典先生所著《京剧音乐概论》（人民音乐出版社 1981 年印行）名之为"云苏调"，未详何所据耶？

不过，有关"南昆、北弋、东柳、西梆"的说词，只代表当时在燕都流行的几类较盛的声腔之意，若以之作为声腔于四方区域的剧种代名，窃以为不妥。弋阳腔赣剧也，不能以"北"代。山东虽有"柳子腔"，终非中国东区的大戏。何况"柳子腔"并未享盛名，山东的大戏是梆子，迷人的小戏是"拉魂腔"与"二夹弦"，何得以"东柳"作为山东戏剧声腔的代名？

1991 年 12 月 21 日

子云前辈大鉴：

……

"南昆、北弋、东柳、西梆"不是我的发明，而是引用了戏曲史上的成说。最早见于近人齐如山《京剧之变迁》，其中引述清末民初老伶工胜云（庆玉）自述云："同治初年，余在科班时，曾听见那些老教习们说过，清初尚无二簧，只有四种大戏，名曰：'南昆、北弋、东柳、西梆。'"既然说的是二黄盛行北京之前的情况，说它反映了清初面貌看来大抵不错。老教习们代代相传的口碑应该有它源起的根据。当然，它只是北京剧坛的情况，能不能反映当时全国戏曲发展的整体面貌呢？让我们印证于史籍。

昆曲、弋阳腔、梆子都是当时流行全国的大声腔，这没有问题，关键在于"东柳"。柳子腔系清初一种较大的声腔,确见于历史文献记载。例如清初随缘下士编撰的小说《林兰香》第二十七回,寄旅散人批语云:"昆山、弋阳之外,有所谓梆子腔、柳子腔、罗罗腔等派别。"即以柳子腔与昆、弋、梆子、罗罗并列。乾隆年间柳子腔已经进入北京,并在北京剧坛上以自己的实力与诸腔争胜,小铁笛道人《日下看花记》嘉庆八年(1803)自序云:"有明肇始,昆腔洋洋盈耳。而弋阳、梆子、琴、柳各腔,南北繁会,笙磬同音,歌咏升平。伶工荟萃莫盛于京华。"嘉庆八年去乾隆不远,所言应该至少是乾隆年间事。而乾隆五十年(1785)吴长元《燕兰小谱》"郑三官"条已经明确标出当时北京艺人郑三官擅长用柳枝(子)腔演唱《王大娘补缸》一出戏了。柳子腔唱《王大娘补缸》,系出自江浙地区,吴长元所谓"吴下传来补破缸",因而柳子腔也流行到了南方。把这些资料联系起来看,大概柳子腔当时流行于以山东为中心的我国东部地区是没有大问题的。

不过,柳子腔只是拙著中所论述的清初流行于中国东部的弦索腔的一支,它并不能统括同属于弦索腔的其他腔种如罗罗、河南女儿腔、山东姑娘腔等,我仅仅借用了这个戏曲史上大家熟悉的成说来代替"弦索腔"而已,这已在书中本章做了说明。

至于冠之弋阳腔以"北",也是当时普遍说法。弋阳腔虽是南曲的一种,但它最初可以"错用乡语"的性质决定了它在全国各地流传时,能够不断吸收各地方言曲调,当它在北方长期流传时,就逐渐使它的语音和曲调北方化了。清人入关时,阮大铖曾为他们唱曲,开始唱曲听不懂,后改为弋阳腔就听懂了,并且大加赞赏(见《龙蝉室摭谈》),可以说明这种情况。弋阳腔俗呼"高腔",清人许大椿《乐府传声》说:"北曲之西腔、高腔、梆子、乱弹等腔,此乃别派,不在北曲之数。"他论述的着眼点是金元北曲,所以把高腔《弋阳腔》划入北曲之别派。但反过来看,他已经把弋阳腔视为北曲了。弋阳腔在北京长期演出的一个支,清初变为"京腔",简直被视作北京的代表声腔了,这是弋阳腔最后被冠之以"北"的根本原因。

即颂

大安

晚廖奔拜 1992 年 9 月 4 日

廖奔兄：

序文，有如佛头着粪，略抒己见而已。不过，对于“北弋、东柳”二词，乃弟多年来之成见。柳子戏虽是山东产，如其前身是肘股子（又名拉魂腔），则乡野小戏，一如江、浙之三脚班，两湖之花鼓戏，三小之粉戏类。山东流行者乃梆子，习称大戏。还有二夹弦，在我儿时，大多是案头之小唱，未见登之舞台者。我乡（徐州周遭）之花鼓戏，今则无甚影踪。也是粉戏，但也演大戏，如《五元哭坟》《安安送米》等。至于弋阳，乃时代声腔传播大江南北过了黄河，流传到民国还在江西（赣化）演唱，乡人呼之为弋阳腔，弟抗战在江西、浙江绍兴，仍聆听其高亢入云之声腔。北京在康乾时代之京腔，似为弋阳进入京城之变种。今之皮黄，可能是其嫡系子孙。……总之，弋阳乃南方形成之剧种，虽已川流逆行于北方，终非北戏之代表。北剧之代表乃京剧，再向明代推，也只能以乱弹、京腔名之。以江西弋阳形成之剧种作为北剧之代名，总有些名不符实之感！

此颂

文祺！

弟子云手上 1992 年 9 月 11 日

子云先生台鉴：

……

先生所论，给我很多启发。我反复思考我们论争的基点，在于我主要从史料出发，而先生重于自己的观感实践。看来在史料和现实中间，确实存在着显见的矛盾，例如：为什么历史上似乎曾经兴盛过一时的柳子腔，到后世竟看不到其明显踪影了？今天的山东柳子戏，其本腔的主要旋律是民间曲调（柳子）和其他弦索曲调，也夹杂有大量他种声腔的曲调，诸如梆子、高阳、青阳腔、乱弹、罗罗、皮黄等。它的源头目前似乎只能追溯到清末，它和清初的大戏柳子腔是否一个东西？这都有待于日后进一步探索。

……顺颂

大安

晚廖奔顿首1992年10月28日

廖奔兄：

……

弟写复书，都是随手随意写去，多欠慎考。目的只是与朋友闲谈而已。弟已言明，斯乃弟多年成见。总以为你我从事研究者，似不应拾取前人闲言语，应以情理推衍之。弟之有此成见，乃以清理思绎所及。且由于弟儿时听过拉魂腔与二夹弦，也听过弋阳高腔，与绍兴高腔。今年赣剧演出之弋阳腔，听来已非旧调，像是采茶歌，平平铺铺，已失弋阳高腔高亢与滚板特色。这些，也全是一己成见所及。在《阿Q正传》影片中，居然听到几句绍兴高腔。惜乎杂于嘈杂人声中，又只那短短两三声，虽反复聆之，亦难解思古幽情。每思及此，不禁怅然。去春三月在徐州，观赏梆子排演。吴局长特为弟指明三两人歌古腔数奏(《铡美案》《反徐州》)，余韵至今难忘。犹憾未能聆净之立音(乡俗扬腔)。

祝好

弟子云手上1992年11月9日夜10时

柳子腔补证

廖奔：

柳子腔的前身可能是"高昌腔"，或者曾经又名"猪猖腔"。

根据吴长元《燕兰小谱》，北京剧坛的柳子腔《王大娘补缸》一出戏是出自"吴下"，证明柳子腔曾在江浙盛行。《王大娘补缸》原为民间弦索小调所唱，清李斗《扬州画舫录》卷十一"虹桥录"下载：

小唱以琵琶、弦子、月琴、檀板合动而歌。最先有【银纽丝】【四大景】【倒浆】【剪锭花】【吉祥草】【倒花篮】诸调，以【劈破玉】为最佳……

近来群尚【满江红】【湘江浪】……于小曲中加引子尾声，如【王大娘】【乡里亲家母】诸曲……皆土音之善者也。

前后文意连贯起来看，意思很清楚，即【王大娘】是一种土音小唱，在小曲的基础上，前后加上【引子】和【尾声】，用弦乐器伴唱。

产生于江浙地区的明万历四十八年(1620)昆曲抄本《钵中莲》传奇敷衍王大娘补缸的故事，其中第十四出“补缸”里王大娘与补缸匠二人调情唱民间小调，是全剧最为生动的部分。从全剧情节发展线索来看，这一节调情小调插在里面非常生硬，违背了剧中的情节逻辑，看来这是传奇剧本楔入了民间小调的痕迹（我颇怀疑此剧作者即因为【王大娘补缸】小调的风行，托为故事而搬上舞台，但没能很好地解决全剧情节统一的问题）。

因而，这一段补缸小调很可能即来自李斗所说的小曲【王大娘】。传奇中曲名标作“猺猖腔”，歌为七字句，上下句协韵，共一百一十四句，洋洋洒洒一大段，最后加南曲《尾声》。可能由于剧情关系，删除了小曲前面的“引子”。到了清嘉庆时南府旧小班演出本《钵中莲》（抄本，藏中国艺术研究院戏曲研究所资料室，系万历本的缩改本）里，原来一应杂曲腔调，或删去，或改为昆唱，唯“猺猖腔”保留，但改为“猺猖歌”，并删作六十四句，可见此歌嘉庆时内府戏班还能唱。后世曲调“补缸调”，在文辞结构上与之也近似。

“猺猖”不知所出，焦文彬先生疑为山东高昌地名的音转（见《从〈钵中莲〉看秦腔在明代戏曲声腔中的地位》一文，载《梆子声腔剧种学术讨论会文集》），我与之颇有共识。从“吴下”曾经盛演柳枝（子）腔《王大娘补缸》，甚至传到北京的事实看，这个剧目最初可能即是由柳子腔唱起来的，现在各地梆子、皮黄等声腔里的同名剧目应该是受到了柳子腔的影响。柳子腔产于山东，则它也应该同山东有关，或者即可说山东是其产地。《王大娘》被搬入《钵中莲》而冠之以“猺猖腔”，“高昌”作为地名原有数处，分布全国各地，我们取其山东者。山东之高昌原为西汉侯国，故城在今山东博兴县西南，东汉废。它应该就是此曲的家乡，柳子腔也很可能同高昌有关。

我们从《王大娘补缸》这一剧目本身也可以找到一些佐证。前面说过,传奇《钵中莲》的情节流露出插入“补缸”一节而未能融会贯通的矛盾,可见原来的“补缸”只是民间调情小戏,还没有这么复杂的结构。后世梆子、皮黄中的相同剧目大多承袭了《钵中莲》的路子,尽管情节有所不同,但这是大戏演出的需要。而山东柳子戏演出这个剧目(名为《大锯缸》)则仍保存了原有的简单路子。山东省柳子剧团刻印的《柳子戏剧目汇编》介绍其剧情为:“箍炉匠赵学至王家庄给王大娘补缸,不料贪着王大娘容貌,将缸砸碎。赵学百般赔情,王大娘不允,最后将王大娘推倒,扬长而去。”其主干还是男女调情。(只是这个戏的曲调为罗罗腔,不知与最初的柳子腔之间的互相影响关系如何。)

如果把上述推论的整个脉络勾画出来就是:山东高昌地区的民间弦索小曲《王大娘》,明代后期传入江浙,在当地风行一时,被家乡的柳子戏演为代表剧目,又有人将其情节扩大加工敷衍为传奇《钵中莲》,后者被诸多剧种所吸收。

所以,似乎可以得出结论:高昌腔就是柳子腔。反过来说,“柳子腔”可能产于山东包括高昌一带的地区。对否,当然还需要更多资料的进一步证实。

(原载《戏剧丛刊》1993年第3期)

艺术与考古[①]

这不是一个研究专题，只是由于我长期研究戏曲文物，积累了一些心得体会，所以领了任务讲一讲这个题目。当然题目引起了我的兴趣，愿意从这个角度来考虑一些问题。其实我不懂考古，也不敢奢谈整个艺术。对象是艺术系的研究生，我就尽量靠近一些舞蹈、戏曲、音乐的资源来谈。

我们研究艺术史的，都会涉及一些考古知识，但又对考古学不明所以，于是需要补课。但考古学是一门专门的学问，翻一翻中国社会科学院考古研究所编的《考古工作者手册》就会知道，里面的章节都是非常技术性的内容，例如"考古发掘""考古摄影""考古测量""考古绘图""出土文物的清理和修复""花粉分析与考古学""人骨鉴定""兽骨鉴定""碳-14 断代""陶器热释光法测定年代""古地磁断代法""钾-氩法断代""裂变径迹断代"等。因此，考古学是很深奥的，我们不可能钻到里面去。我们通常只能对它有一定了解，掌握一点常识而已。我们需要的东西不是专门的考古技术，而是辨识文物的常识性知识。

一、考古学推动了人类对于自身文明史的认识

接下来我要讲一讲考古学对于我们研究的重要性。以对中国历史研究的推进为例。河南安阳小屯村的殷墟和甲骨文发现是一个最好的例子。在中国古代社会里，对于中国历史的了解，成文史最早只能推到春秋战国，通

① 本文系根据作者 2005 年 4 月在北京师范大学艺术系的讲座整理。

过《春秋》《战国策》《史记》这些著作来体现。1899年前，人们在安阳小屯村殷墟发现了许多甲骨，即商朝人们用来进行占卜祭祀的龟甲，上面刻有卜辞。最初人们并不认识，说是“龙骨”，后来被学者王懿荣认出（也有说是刘鹗、王襄或孟定生），开始购买并研究，逐渐引起学界重视。1928年国民政府开始组织发掘，先后汇集了甲骨10万余片，一共有4500个单字，经过研究能够明了字意的有1700字，其他还都是个谜。已经被辨认出来的甲骨，为殷商史研究提供了珍贵的材料。人们由此知道，殷（今河南安阳）是商朝的都城，开始于前1300年盘庚迁都到此，毁灭于前1046年纣王亡国，前后经历了254年。这是中国历史上可以确定位置的第一座都城。一批考古学家和古文字学家经过对甲骨文的长期研究，推进了对中国上古史的认识，其中刘鹗、孙诒让、罗振玉、董作宾、王国维、郭沫若等人都是功勋卓著者。

20世纪前叶是中国历史研究获得巨大发展的时期，今天中国历史的知识框架都是那时奠定的，在那之前人们只会读经，缺乏科学的历史视野。而那一代学者之所以能够获得这样的成就，是由于有殷墟这样的考古重大发现。当然，在西潮东渐中获得了新的历史观念也是原因之一。所以陈寅恪先生就把一代学术推进的前提归因于新材料和新观念。王国维先生则提出学术研究的“双重证据法”——文献和文物的互证。20世纪前叶在中国历史研究领域确实发生了革命性的变化，当时的学人精神上都洋溢着一种激扬蹈厉之气，一方面各项重大发现推动着对历史的真实性认识，另一方面人们也反诘以往的上古传说，向其讨要证据。疑古之风中，学人顾颉刚编撰了著名的《古史辨》，向以往一切传说中的历史发问，怀疑论的风潮一直影响到20世纪末。由此，我们便在鲁迅的历史小说《故事新编》里看到了对疑古派的讽刺：“禹是一条虫。”其实，顾颉刚先生自己也并不是完全怀疑传说的真实性的，例如他本人著名的孟姜女传说研究，就主张向民间口头文化寻求证据的方法。

中华文明具有五千年的历史，但有传世文献支持的“信史”仅始于西周共和元年，即前841年，距今不到3000年时间。再往前追溯，则失去根据。在司马迁的《史记·三代世表》中，只记录了夏、商、周各王的名字，而没有标明其各自在位的年代，即“有世无年”，这成为我们了解中华文明史的一大障碍。20 世纪 90 年代,上马了国家“九五”重点攻关项目“夏商周断代工程”,希望通过考古手段进一步推进对于夏、商、周三个朝代的准确纪年。但任务显然过于艰巨,因为考古发现常常依赖于偶然的机遇,并不是你什么时候想找到有价值的文物就能够找得到的。工程虽然也有相当重要的成果,例如于 2000 年 11 月 9 日正式公布了《夏商周年表》,这份年表把中国的历史纪年向前延伸了 1200 多年:推定以周武王伐纣为标志的商周分界为前 1046 年,明确了前 841 年以前西周十王的具体在位年代;推定夏商分界年代为前 1600 年,明确了商武王以下十二王的在位年代,对于商代前期的历史给出基本的年代框架;推定夏代始年为前 2070 年,也相应提出了夏代基本的年代框架。但其结论遭到国际国内许多学者的质疑,原因就在于仍然有许多环节停留于推论,缺乏文物实证。不过,毕竟确凿证明了夏、商、周朝代的基本存在。这一工程的主持者之一、中国社会科学院考古研究所的李学勤先生由此提出了一个著名的口号,叫作“走出疑古时代”,号召人们对传说保持足够的敬畏之心,不要在没有证据的情况下轻易就否定历史传说。这种认识较之疑古时代已经深化了。

另外一个例子是:四川三星堆遗址和金沙遗址的发现,大大推进了我们对于古代巴蜀之国的认识。传说中的巴国和蜀国,都由于缺乏文献佐证而显得虚无缥缈。李白《蜀道难》的诗里说:“蜀道难,难于上青天。蚕丛及鱼凫,开国何茫然。尔来四万八千岁,不与秦塞通人烟。”“蚕丛”和“鱼凫”就是传说中巴蜀古国的两个国王或者酋长,但巴蜀古国究竟是什么时候的事?一片茫然。李白那个时候的人,就是只听说有巴蜀古国,但无法证实,所以说它“四万八千岁”不和秦国通人烟。20 世纪三星堆遗址被发现,我们从出土的众多奇异而精美的青铜面具、玉雕、金饰品中,证实了一个极其发达文明的存在。以后又于 2001 年发掘出另外一个接近的文化:金沙遗址,更多的器物显现着这个文明曾经有过的辉煌。有一年我去日本的岐阜县访问,当地人跟我讲,说日本人是三星堆人的后代。为什么呢?岐阜的图腾是鱼鹰,自古传下来的,当地到处都是鱼鹰的雕塑造型。而他们在三星堆出土物里也发现了鱼鹰的图像。岐阜并没有多少水,有一条长良川河,很湍急,并不适合鱼鹰打鱼。所以他们说他们的图腾是从三星堆人那里继承下来的。

有没有道理，我不知道。

再举个西方的例子。最著名的是18世纪对古希腊、罗马文化遗迹的发掘。在这之前，由于黑暗的中世纪的隔断，野蛮的宗教统治者销毁一切古希腊和罗马的文明遗迹，欧洲人并不知道他们历史上曾经有过的辉煌。虽然文艺复兴时期从拉丁语文献翻译过来大批的古希腊著作，包括德谟克里特、柏拉图、亚里士多德等人的哲学著作、美学著作，以及埃斯库罗斯等人的悲剧和喜剧作品，刺激起欧洲文艺的复兴，但毕竟这些文明的征象缺乏实物印证，普通欧洲人还是觉得与古希腊很隔膜。而16世纪随着哥伦布、麦哲伦等人的航海引起的地理大发现，欧洲人了解到东方有中国和印度这样的悠久古代文明。17世纪到中国传教的耶稣会士把《大学》《中庸》等书翻译到欧洲，并开始介绍孔子及其哲学。当了解到中国具有如此丰厚而古老的文化艺术传统时，欧洲人是把它看成人类文明的来源地而尊崇的。18世纪中国文化在欧洲宫廷和贵族生活中风靡，从庭院、家具、轿子、瓷器、绘画、雕塑到装饰品，到处可以见到中国的风格式样，连戏剧也如此。18世纪印度成为英国的殖民地，印度最早的文献集《梨俱吠陀》（前1200—前1000年）、两大著名史诗《摩诃婆罗多》和《罗摩衍那》（前6—前4世纪）、梵剧《莎恭达罗》等开始引起欧洲人的重视。东方崇拜情绪在欧洲风靡一时。然而，随着18世纪的考古发掘取得长足进展，欧洲人重新认识了古希腊和罗马文明。望着遍布地中海沿岸的建筑宏伟的宙斯和阿波罗神庙、古代剧场和角斗场遗址，西方人不禁心绪激扬澎湃：原来欧洲有着同样古老而更显辉煌的文明史。那时欧洲随着资本主义生产力的发展，已经开始在世界上称霸，英国成为“日不落帝国”，考古发现的刺激，使得欧洲人的心目中确立起西方中心主义。

另外一个例子是金字塔的发现。金字塔当然是埃及的象征，这是世界上最早的一处文明，金字塔和法老墓的发掘永远都是一个神秘的谜，人们对于它们精确的天文数据惊讶不已，例如阳光每年春分那天从斯芬克斯头上穿过，进入金字塔的墓穴，照射到法老雕像的脚下。我这里要说的是中美洲的金字塔。这是又一处被遗忘了的文明。1492年哥伦布横跨大西洋后登上美洲的土地，当时他以为那是印度。那里的印第安人完全没有主权和领土的概念,甚至不认识西方的武器。当他们抚摸哥伦布的佩剑时,不小心就把手割伤了。因此哥伦布向西班牙国王报告说,他发现了一大片上帝赐给西班牙的领土,很容易占领。在那之前,美洲的玛雅文明曾经非常发达,留下许多美洲型的金字塔。在18、19世纪发掘之前,这些遗迹都被泥土、荒草和树木掩盖,无人知晓。

二、艺术与考古

前面谈到的考古推动了人类对自身文明史的认识,其中即包括了艺术的内容,任何一种文明里面都包含着丰富的艺术因素。而与文学、历史的研究不同,舞蹈、戏剧是形象艺术,更加重视考古资料的印证。因为单靠文献资料,我们往往无法确定其描述的形象内涵,常常需要实物图像来印证。当然,美术是更加倚重于考古材料的。

这里就舞蹈研究举一个例子。我们看到的舞蹈文献里,有时会出现一些概念定义,由于时间的逝去和背景的消除,今天已经无法确定其内涵。这时我们就需要结合当时的文物形象资料来参照斟酌,反复琢磨,才有可能逐渐接近真实。比如今天看到的古代舞谱,其中出现了许多名词,怎样理解?例如南宋末周密《癸辛杂识》后集所载《德寿宫舞谱》,其内容如下:

左右垂手:双拂、抱肘、合蝉、小转、虚影、横影、称裹。
大小转撺:盘转、叉腰、捧心、叉手、打场、搀手、鼓儿。
打鸳鸯场:分颈、回头、海眼、收尾、豁头、舒手、布过。
鲍老掇:对窠、方胜、齐收、舞头、舞尾、呈手、关卖。
掉袖儿:拂、躜、绰、觑、掇、蹬、峻。
五花儿:踢、撷、刺、磕、系、溯、捽。
雁翅儿:靠、挨、拽、捺、闪、缠、提。
龟背儿:踏、攒、木、折、促、当、前。
勤步蹄:摆、磨、捧、搊、奔、抬、撅。

一共9个方面,出现了63个术语名词,其内容涉及人体的手、肘、腿、脚、腰、背和肩膀等躯干位置,有垂、抱、转、撺、攒、叉、捧、搀、回头、觑、掇、靠、拽、闪、提、踏、抛、摆、磨、奔、抬等几十种动作。它们的具体舞姿都是什么样的?谁也不知道。只有靠文献记载和图像资料的双重印证,还要加上猜测的成分来判定。猜测本身就是接近真实的步履。

再举一个我本人的经验例子。我考证宋金元时期的大曲舞蹈,就是通过文献与文物的互证法来实现的。唐宋文献里多见大曲的记载,宋金元文物里多见一种舞蹈场面的形象图画,它们是否有关系呢?无人论及。对于大曲舞蹈的内容,过去舞蹈界也没有人涉及,凡碰到的都语焉未详地笼统过去,于是我就跨界域做了这件事。我们在宋辽金元文物形象里常常看到一种特殊舞姿:舞者或拱肘屈膝、或曲膝扬袖,单人舞或双人对舞,例如山西省平定县姜家沟村宋墓壁画、河北省张家口1号和6号辽墓壁画、四川省广元市南宋墓石刻即如此。对照文献资料,我们可以知道大曲舞蹈最主要的表演形式有一人独舞和两人对舞两种,其表演手段则是踏足舞袖旋转。(宋陈旸《乐书》卷一八五"俗部·雅乐·女乐下"说:"至于优伶常舞大曲,惟一工独进,但以手袖为容、踏足为节。其妙串者,虽风旋鸟騫不逾其速矣。"宋孟元老《东京梦华录》卷九"宰执亲王宗室百官入内上寿"条说:"舞旋多是雷中庆……舞曲破攧前一遍,舞者入场。至歇拍,续一人入场。对舞数拍,前舞者退,独后舞者终其曲,谓之'舞末'。")再对照文献里开列的和文物形象显示的乐器种类,就可以得出这些文物图像反映的都是当时盛行的大曲舞蹈的结论。另外我还发现,当时大曲舞蹈还有一种特殊的舞姿,叫作"双撮泥金袖"。例如山西省高平市西李门村二仙庙大殿露台须弥座金代大曲石刻图像右侧第三人、四川省广元市南宋墓石刻大曲图Ⅱ左侧第一人,都是把袖子绞成笋状,双手从内握住(撮住)而进行舞蹈。文献里面有着如下的记载。宋吕胜己《满江红》"郡集观舞"词:"檀板频催,双捻袖,飞来趁拍。"元孙周卿【双调·蝶恋花】散曲《赠舞女赵杨花》:"霓裳一曲锦缠头,杨柳楼心月半钩。玉纤双撮泥金袖,称珍珠络臂鞲。"元白朴《梧桐雨》杂剧第二折【鲍老儿】:"双撮得泥金衫袖挽,把月殿里霓裳按。"以文献资料与文物形象对照,互为印证,就得到了结论。

三、艺术考古的方式

艺术考古不同于专业考古，专业考古的工作在于挖掘、鉴定、甄别、确定年代（例如依赖于碳-14 测定）等。艺术考古也不像古建筑学那样，根据古建筑的风格式样，对照《营造法式》等古籍的记载，来鉴定对象的年代。艺术考古的主要方式是踏勘、调查、收集，把考古学与社会学、民俗学的田野调查方式结合起来，强调的是“看”，是“过眼经手”，掌握第一手材料。

“过眼经手”是文物界和美术界常用的一个名词，意思是你亲眼看到了多少原件。只依赖于别人的记录与描述，或只看复制品是远远不够的，只有亲眼见到原件，并仔细观察和揣摩，才能有真切的感受。举一个例子。我在考察山西稷山马村金代墓葬杂剧雕砖时，就发现了一个现象。之前的发掘报告和其他文章里的描述，都未提及雕砖的一个细部：帽翅。我下到黑暗的墓室里，经过一段时间的适应以后，细心观察，发现在半圆雕的人物的帽子两边的底砖砖壁上，用阴线刻有帽翅。这对了解戏曲服饰的发展是很重要的发现，但以往的描述，由于描述者的粗心和不具备专业眼光，忽略了这个细节。当然也不能完全责怪他们，由于墓室是当地百姓浇灌庄稼时发现的，大量的水和淤泥渗入，泥土把雕刻细部掩盖了。所以，历来文物界和美术界都重视有着丰富“过眼经手”实践的人。单士元老先生在故宫待了一辈子，写了本书叫《我在故宫七十年》，引起学界重视。为什么？他在故宫见多识广啊。故宫是中国藏宝宫，历代文物精品都在其中，从青铜器到名画，无所不包孕其极。巫鸿先生现在在美国搞汉学研究（主要是美术和考古）很出名，他的根底是过去在故宫工作，“过眼经手”过大批的青铜器、文物和绘画作品。

有了自己的“过眼经手”，掌握了第一手材料，说话就有底气了，研究就具备了扎实的根基，而别人则只能根据你提供的材料来说话。比如上面说到我对帽翅的发现，别人就只能信服了。我立足于文物、民间调查材料来写戏曲发展史，由于提供了众多的第一手材料，别人就难于重复了。在我和刘彦君合著的《中国戏曲发展史》出版之前的 20 世纪 90 年代，“重写戏曲史”

的呼声沸沸扬扬,大陆和台湾有几拨学者都在策划“重写戏曲史”,但我们的书出版后,他们都息了念。我感到内疚,有一次对人说:各人有自己的路数,你还可以再写啊。回答说:重写戏曲史离不开近年的戏曲文物和田野调查发现,而这是你的专长,要再写得重新开辟途径,恐怕一时难以奏效。

所以,艺术考古重在考察和调查。要到全国去走,去看古迹、看石窟、看墓葬、看博物馆、看文物仓库、看村落、看庙宇。看的时候一是要注意认真测量和记录,否则看了也无法引用;二是要把资料和数据一次性收集全,不要遗漏,以便备用(包括碑文、老百姓的口传记录等)。考察当然比较艰苦,但也会不时有发现的大快慰,这些你们可以自己去体会。

四、艺术考古的主要资源

这是讲座的主要部分。汉以前的历史久远,艺术考古主要依赖于发掘和出土物,从原始人类的骨器、陶器,到奴隶社会的玉器、青铜器、木器装饰、帛画等,里面有许多的艺术成分。汉魏六朝到唐,则有许多文化实物遗留下来,如完整的墓葬、佛教石窟和壁画、传世的绘画作品等,这些当然与艺术关系密切,壁画、绘画本身就是艺术。宋以后,实物遗留越加丰富。古建筑遗迹开始多了起来,包括神庙、佛塔、经幢等;墓葬雕绘也很多,如砖雕、壁画、石刻等;绘画作品大增,成为重要一类;另外就是器物装饰,瓷枕、铜镜、金银饰物等。明清时期,石窟艺术、墓葬艺术都衰微了,但却有另一支异军突起:民间工艺的兴起。版刻、年画、泥塑、木石砖雕、陶器瓷器、剪纸、织绣等都是,艺术则是其表现的主要内容。下面分时期和朝代来介绍。

(一)原始时期

即旧石器、新石器时期的原始社会。这一阶段主要有三类考古发现可资利用:骨器、陶器和岩画。

第一,是骨器,这是最早的人类文化遗存物。其中偶有骨笛、骨哨等乐器出土,说明原始人已经能够利用最方便的材料来接触音乐。

第二,是陶器,普见于世界各个早期文明,因此可以在全世界的博物馆里大量见到它们的身影。陶器和骨器、石器不同，它是人类的完整创造物，是人类文明到来的曙光。陶器用黏土烧制而成，为各种祭祀与生活器皿，烧制的炉温较后来的瓷器低，因此质地也较瓷器粗（我国最早的瓷器出现于东汉），不上釉，在新石器时代大量出现。我国的仰韶文化里有很多陶器出土，工艺精湛，形状各异。由于质料与炉温的不同，陶器形成不同的色彩，有黑陶、白陶、灰陶、红陶、彩陶等。其中彩陶上往往有花纹，按照一定的审美意识组合，例如鱼形或蛙形几何纹，李泽厚《美的历程》一书里对之有专门论述。对于表演艺术而论，有两件新石器时期舞蹈纹陶盆最为著名，一件系青海大通县出土，另一件则出土于青海宗日，两盆形状一样，皆在内壁上画有人物舞蹈队列，仅人物服装不同，构图十分巧妙，令人叹为观止。两件陶盆都发现于青海，在黄河的源头处，说明我国最早的人类文明发源地要比通常为黄河流域中游地区的认识向西移。这里同时也是长江的源头处，近年学术界越来越认识到长江文明同样是中华文明的发源地，有理由认为原始人是同时沿着黄河与长江两条水系向中下游发展的。另外有乐器陶埙的发现，这是一种小型中空容器，利用小孔吹奏发声，音频悠扬低沉。

第三，是岩画，即原始人刻绘在洞穴、悬崖峭壁上的图画。岩画也是世界现象，发生的地理跨度和时间跨度都很大，时间上说从旧石器时代到铁器时代都有，题材一般是祭祀、狩猎场景和人类与动物图像。我国的岩画主要分布在新疆、内蒙古、甘肃、广西、贵州、黑龙江等省区。与舞蹈关系密切的主要有广西花山岩画、云南沧源岩画、内蒙古阴山岩画（近来还不断有新的发现）、新疆呼图壁岩画等。

（二）先秦时期

即夏、商、周三代到春秋战国时期，即通常所说的奴隶社会。这一时期的考古成果主要有甲骨文、玉器、青铜器、帛画、漆画以及陶俑、木俑等。

第一，甲骨文就是一种可资利用的艺术考古材料。由于甲骨文是象形文字，人们往往可以从其字形结构上看到当时人的艺术概念和审美观念。例如舞蹈的“舞”字，在甲骨文里有许多不同的造型，通常是一个人双手拿着牛尾、羽毛或树枝的形象，表明了最初的舞蹈内涵。又如“傩”字，傩是一种赶鬼驱祟的舞蹈,表演者要戴头套或面具,因此甲骨文里的傩字就是头戴大面具的形象。傩祭在后世发展得很完备,商周之后,汉魏六朝一直到唐都是国祭的重要内容,宋以后又发展出纯粹的娱乐表演,这和戏曲接近了,而傩戏则成为明清时期一直到近代的乡村演出样式,主要见于江西、贵州、云南、湖南等地。傩祭在唐朝传入日本,成为日本古典戏剧能乐的源泉。

第二,是玉器。玉是温润而有光泽的美石,中国古代用它雕琢成礼器和工艺品,在新石器晚期开始出现,是中国著名的特种工艺,其他文明里少见(美洲印第安人的玛雅文明里也有)。我国古代从殷商时期开始把玉用作礼仪用品和佩饰,后世则大量用于生活器物,例如玉环、玉玦、玉佩、玉带、玉册、玉箸、玉玺等。古人重玉,认为玉有美德,国家间交往互赠玉器表示友好。著名的赵国大夫蔺相如赴秦而将和氏璧完璧归赵的故事,则说明古代玉石的价值。河南安阳殷墟出土过大量玉器,一个墓即出土 400 件。四川成都三星堆、金沙遗址也出土了非常众多且精美的玉器。对我们研究有直接用途的是著名的战国玉雕舞女,造型生动,舞姿优美。

第三,是青铜器。青铜为铜锡合金,具有优良的铸造性、很好的抗磨性和化学稳定性。埃及、美索不达米亚在前 3000 年就进入青铜时代。我国在商代有了发达的青铜铸造术,今天出土了从商周到战国的大量青铜礼器、酒器和各类用具、器皿。最著名的青铜器代表是鼎,上面往往装饰有狰狞恐怖的饕餮形象,李泽厚形容为“狞厉之美”。最著名的艺术青铜器是楚国编钟(凡 16 枚为编钟,湖北随州出土 64 枚,各发两音)。另外,四川成都百花潭战国墓出土的宴乐渔猎攻战纹铜壶,云南晋宁石寨山出土的鸟人扮饰纹铜锣,都十分精美而有参考价值。

第四,是帛画,古代在丝织物上面画的图画。最早见于湖南长沙战国楚墓出土物。

第五,是漆画,在古人的棺椁、木制器物上面,用漆涂成的图案和绘画,一般为黑底红纹。著名的如湖北随州战国曾侯乙墓内棺方相氏漆画。

另外还有陶俑和木俑,其中有乐人俑。

(三)汉代

第一类是画像砖和画像石。汉代是中国历史上第一个强盛的封建帝国，经济文化发达，重视开边拓土、建功立业。在富足的社会背景下，王室贵族追求声色犬马的享乐，甚至想象死后的荣华富贵，因此纷纷构建宫殿式的地下坟茔，于是规模宏大的画像砖和画像石墓到处出现。这些墓葬里的画像砖、画像石成为汉代首要也是最为丰富的艺术考古资源。在这些庞大的地下宫殿里，到处看得到用砖石雕刻而成的各种生活、宴乐、渔猎、庖厨、祭祀场景，其中当时的百戏演出场面成为不可或缺的内容。汉代画像砖、画像石墓集中出土于三个地理区域：山东南部、河南南阳、四川成都。这三个地区都是当时的经济文化繁盛区域，产铁，聚商，又各有自己的历史文化渊薮和传统。例如山东为齐鲁之地，春秋战国时期就很强盛，齐桓公据此而称霸诸侯，孔子、孟子、曾参等人又长期在这一带传播文明教化。又如南阳为东汉刘秀的根据地，刘秀据此起兵，推翻王莽的新朝统治。刘秀的大将多出自南阳，所谓“南阳二十八宿”，以后皆封王封侯，死后则在家乡修建庞大的墓葬。

第二类是壁画。上述画像砖、画像石墓里，有时会出现广幅的壁画，内容也多与百戏演出有关。著名的如河南新密打虎亭东汉墓百戏壁画、内蒙古和林格尔东汉墓百戏壁画等，里面的百戏场面规模都很惊人。另一类是陶楼壁画，画在当时烧制的陶楼模型的墙壁上。著名者如河南荥阳河王水库东汉墓出土陶楼上彩画歌舞优戏图。

第三类是陶俑。汉代又有众多的陶俑遗存下来，其中不时见到百戏俑。陶俑在先秦时期还不多，经过春秋战国以后，人们开始具备珍惜人类生命的意识，例如孔子就曾极力反对杀殉——以活人殉葬，斥之为野蛮，后来用陶俑殉葬逐渐取代以生人殉葬，陶俑就多起来了。

第四类是帛画。帛画在汉代发展得很完善，例如长沙马王堆西汉墓出土的帛画就极其精美绝伦。

第五类是铜镜。铜镜是中国古代的照面用具，最早发现于新石器时代的齐家文化中，以后长期沿用，一直到清代才逐渐为玻璃镜所取代。因此，铜镜在古代生活中是不可或缺的生活器物。铜镜用一段时间，由于氧化作用，镜面就会发灰发雾，照不清楚人，需要打磨，于是磨镜成为古代一门工艺。明传奇里专门有叫作《磨镜记》的戏。铜镜的正面鉴影，背面则有各种图案装饰,汉代铜镜的背面不乏百戏演出的内容雕饰。

(四)六朝时期

魏晋南北朝是中国历史上的特殊时期,既是政治黑暗期,又是文化与艺术的觉醒期。由于特殊的政治高压环境,六朝士人普遍感到生命没有保障和人生的虚无缥缈,纷纷向哲学和艺术逃脱。于是,这一历史阶段成为中国历史上艺术极其兴旺发达的时代,一些新的气象出现。例如:首次产生了专业画家,顾恺之《女史箴图卷》《洛神赋》成为绘画史上的著名经典;出现了极其成功的书法家,王羲之《兰亭序帖》成为千古范例;山水画和山水诗兴起;等等。这些影响了六朝艺术考古资源的变化。

六朝的墓葬砖雕在构图和刀法上出现明显变化。例如河南邓县(今河南邓州)出土的南北朝乐舞画像砖,以及著名的“竹林七贤”画像砖,已经展露出衣带飘风、飘飘欲仙的风格,人物造型也变得褒衣博带、广袖高髻。

六朝艺术的一大飞跃是佛教石窟的涌现。佛教于1世纪的东汉时期由印度传入,六朝开始造窟。全国今存120多处石窟遗址中,云冈、莫高、榆林、龙门、炳灵寺、麦积山、大足等皆为世人熟知。如果我们在地图上标出连接线,就会发现这些石窟主要分布在新疆、甘肃、山西、河南等省区,集中于丝绸之路上,其原因是佛教原本即沿丝绸之路传入中国。其中最早的是北魏时代所开石窟,北魏统治者拓跋氏重视佛教造像,建都大同时开凿了云冈石窟,迁都洛阳后又开凿了龙门石窟。全国其他地区石窟群里也有北魏时期开凿的洞窟,例如敦煌莫高窟。石窟里音乐舞蹈戏剧方面的考古资源主要是众多绘有伎乐场面的壁画,以及一些人间娱乐生活场景图。

六朝艺术的另一飞跃是绘画艺术的兴起,今天的传世名作即开始于此时期。

另外,六朝时期的百戏石刻、百戏陶俑则继承汉代而来,而呈现出衰微趋势,最终成为“广陵散”。

(五)唐代

唐代是中国历史上文化最为发达的时期,中华民族的博约精神发展到了极致。唐代大量吸收了经丝绸之路而东来的西域文明,其中包括中亚、西亚直至地中海文明,因此唐代文化广为融合了中西文化,其遗迹呈现出瑰异、奇丽的色彩。

唐代最为发达的是佛窟艺术,我们搞音乐舞蹈研究的人从敦煌莫高窟、榆林窟、新疆伯孜克里克千佛洞、克孜尔千佛洞里,可以看到大量的伎乐壁画,许多带有异域色彩,但又是中土的生成物,反映了当时东西艺术广泛交流和互相吸纳的情景。唐朝曾经大量吸收西域音乐舞蹈成分。经历了魏晋之乱后,由于中原雅乐逐渐遗失,西域乐舞向中原长驱直入,印度、安国、康国、疏勒、龟兹等国家的乐舞逐渐传到中原,唐代宫廷十部乐中,西域乐舞占了绝大部分,这就是我们在石窟壁画中看到的情景。因此,唐代佛窟是乐舞艺术研究的一大资源。

当然,这些资源曾经被历史多次破坏和毁弃。大家都听说过丝绸之路上的盗窃:20 世纪初,英国的斯坦因、法国的伯希和、日本的吉川小一郎、俄国的科兹洛夫、美国的华尔纳等,都到中国的西部来探险寻宝,一拨去了一拨又来。当时大清国处于崩溃前夕,无力阻止他们,甚至不知道他们在做些什么。他们使用了许多破坏艺术品的恶劣手段,例如切割佛头、裁剪壁画,然后连同大量经卷一道运回自己的国家。现在欧美和日本的许多博物馆里,都藏有这类掠夺品。我曾经在新疆克孜尔千佛洞看到被破坏后的佛窟,一尊尊佛像都失去了脑袋,墙面上的壁画剩下一方方的窟窿,真是惨不忍睹,而在西方博物馆里却见到一个个佛头、一方方壁画。当今世界已经掀起归还文物的浪潮,雅典神庙里的美妙雕塑何时能够从大英博物馆里运回希腊,我们拭目以待。我也希望我们的文物宝藏终有一天能够返归故里。(补记:后来见到报道,国际上归还文物已经有了一些先例。例如 1968 年美国纽约大都会艺术博物馆归还玛雅寺院正面壁饰给墨西哥,1978 年荷兰归还印尼布拉姬娜巴拉达浮雕像,2000 年英国归还埃及一尊 3000 年前王后头像,2005 年 4 月 25 日意大利归还了 1937 年从埃塞俄比亚掠到罗马的阿克苏姆方尖碑。对于归还文物,目前国际上一种比较实事求是的看法是:凡不可移动文物,例如著名历史建筑上不可剥夺的部分,应该归还原属地,让它回到原来创造它的文化环境。可移动文物,例如瓷器、绘画作品等,流出的情况比较复杂,应该区别对待。但也有出于自身利益坚决反对的,例如2002年年底大英博物馆等18家欧美博物馆曾联合发表反对将艺术品和文物归还原属地声明。[①])

唐代色彩艳丽的三彩陶塑,是唐人对于陶瓷艺术的一大贡献。有着黄、绿、蓝三色釉的唐三彩,在马、骆驼和人物造型上独具风采,其中的音乐、舞蹈和戏剧人物塑形都很引人注目。

唐代乐舞文化在本土之外有一处重要的保存地,那就是日本宫廷。日本在唐代时曾经派遣了许多"遣唐使"到中国来学习文化,带回众多的乐舞因子。这些乐舞因子被日本宫廷作为国宝保存,一代代传承下来。因此,我们今天可以在日本看到唐代的乐舞遗留,以及面具、服饰、道具等物。于是,研究唐代乐舞,目光必须关注日本。例如在日本12世纪古画《信息古乐图》上,就绘有许多唐代乐舞的画面,其名称有《拔(拨)头》《秦王破阵乐》《罗(兰)陵王》《胡饮酒》《苏莫者(幕遮)》《春莺啭》《苏合香》《采桑老》等。大家知道,这些名字都是唐代乐舞的名字。

(六)宋辽西夏金元时期(略)[②]

(七)明清时期(略)

(原载《中华戏曲》2005年第33辑)

---

① 参见《参考消息》2005年4月28日第12、13、14版通栏标题《中国国力昌盛,呼唤国宝回归》下一组文章。

② 宋辽西夏金元时期和明清时期系采用《戏曲文物类说》一文作讲稿,故略。

戏曲文物类说

由于戏曲活动总是与民间的信仰和民俗活动结合在一起,戏曲文物也大多体现为这些活动的物化形式,其类别多种多样,其载体包括绘画、壁画、画像砖、画像石、木雕、石雕、砖雕、版刻、年画、泥塑、陶器、瓷器、剪纸、织绣及古代戏台建筑等。历史阶段不同,戏曲文物的形态也有差别。下面按照基本形态,把它分为宋元时期和明清时期两个阶段。

一、宋元时期

今天发现的宋元戏曲文物的存在形式有着多种形态,由于它们的产生常常与当时人们的丧葬、祭祀、艺术和生活活动紧密相连,因而其形态也主要表现为这些活动的物质形式。下面把它们归为五类进行论述。

(一)墓葬砖雕装饰

北宋初期墓葬沿袭晚唐五代的简单仿木结构建筑形式,但中期以后,社会风习日渐奢靡,结构复杂的仿木结构雕饰墓葬出现并逐渐普及,不但用砖雕造出立柱、额枋、斗拱等屋室建筑形制,并按照厅堂内室的状貌布置墙壁装饰,例如雕出桌椅门窗,配上墓主人神像,以及歌舞戏曲演出场景等。这类墓葬主要流行于河南中部的开封、郑州、洛阳一带。金代以后,这种墓葬的集中地转移到山西南部盆地,而将其建筑形制推到极致,墓室中往往雕饰得富丽堂皇,四壁基部都是结构复杂的束腰须弥座,中部周遭砌雕花格子门,有些还有回廊栏杆,上部为重重叠叠的铺作垂昂,有时砌出重檐屋顶形状。墓室四壁一般由四座房屋的外檐建筑构成前厅、后堂、左右厢房式的四合院。这类墓葬里戏曲装饰几乎已经成为必不可少的内容。元墓与金墓相较,则出现工艺技术与建筑艺术上的大倒退:墓室结构由精密复杂又变为粗糙简单,雕刻也转为粗疏,戏曲装饰亦成为滥制品。元以后这类墓葬及其附庸戏曲装饰就不复存在了。

这类仿木结构砖室墓中最为普遍的装饰内容就是戏曲砖雕。其最一般的做法是将戏曲作场的情景,绘图模勒,制为雕砖,于修砌墓室时镶嵌入墓壁,使之成为整个墓室结构的组成部分,又成为厅堂之中戏曲演出场面的象征性装饰,与整个墓室的厅堂内室构造或四合院内天井式结构相结合,就组成一个完整的当时家庭戏曲文化生活的立体环境。

墓室砖雕是北宋仿木建筑砖雕墓流行后兴起的一项工艺技术。汉代的砖墓虽然已经普及,但其时画像砖的制法主要是在泥坯上模压图案烧制而成。北宋汴京地区的砖雕从雕造工艺看,大多是依据画范进行平面浅浮雕,即以画范为模,在砖坯上压出人物形象粗坯,然后在略凸出于浅地的人物轮廓上以刀具作阴线剔刻,其刀法纯熟,线条流畅,均为前代所未见。雕砖构图可以看得出是在绘画的基础上进行加工的,汴京宫廷画院和民间大量画士、画工的作品可能是其画范的来源。当时汴京聚集着大量画工,金人攻陷汴京后,曾把众多艺人和手工业者掳走,其中就有"雕刻图画工匠"①。

金代戏曲砖雕技法由浅浮雕改为半圆雕或全圆雕,人物背部一般都连在砖面上。其形象稍显粗拙,显然是民间工匠所为,大概已经不是依据画范而是直接从舞台演出来汲取素材,然而人物造型、情态、气质诸方面都更加生动传神,标示了砖雕匠人工艺技术的极大进步。这些戏曲砖雕多是模制的,相同的雕砖形象常常在不同墓葬中重复出现,可见当时有专门的烧造作坊在进行批量生产,以供应当地修砌墓葬的不时之需。金代墓葬中戏曲雕砖的普及、工艺的定型化和雕造技巧的提高等特点,应该是民间需求量增加所刺激成的结果。元代戏曲砖雕,就雕造工艺、造型方面来看,则变得粗拙、简陋,大概是金末战火导致了盛极一时的砖雕技术的衰落。

---

① 〔宋〕徐梦莘:《三朝北盟会编》"靖康中秩"五十二,四库全书本。

（二）石刻

宋元戏曲石刻和砖雕一样，主要也是墓葬出土物，主要分为两类：一类是墓壁石刻，一类是石棺刻。

墓壁石刻与砖雕的形式接近，作用相同，都是世俗观念的反映。它的出现是与以石料建砌墓葬相联系的。在一些石料采集方便地区，人们普遍用石块建砌坟墓，并在上面绘刻戏曲图像，于是就产生了戏曲墓壁石刻。目前在四川的山区发现了成批的石砌拱墓，其中时有戏曲雕刻。此类墓葬皆有简单仿木结构的雕饰，并于石砌壁面上以阴线雕刻或凸面浮雕戏曲图画以及其他生活图像。中原地区的石刻比较少见，只见到河南省焦作市金代邹瑱墓的实例。

戏曲石棺刻为在墓葬石棺的壁面上雕刻戏曲图像。石棺作为丧具来源甚古，大概可以追溯到先秦时期。《史记·秦本纪第五》说，纣的大臣蜚廉曾经“得石棺，铭曰：‘……赐尔石棺以华氏。’”蜀国的谯周认为此事无稽，但辅以其他迹象，这一条资料至少可以说明汉代以前使用石棺葬，而且石棺上有铭文篆刻。其他迹象就是指今天已经有诸多的汉代石棺出土，有些上面还有百戏场面雕刻，例如四川郫县石棺、壁山县广誉乡石棺等。魏晋墓葬里石棺成为常见棺具，上面流行各种升仙图和祥瑞图案的阴线雕刻，带有浓厚的求仙迷信色彩，表明其时世人乐仙好道的世风和追求仙世享受的生活态度。唐五代石棺雕刻又向伎乐内容发展，最为著名的例子就是前蜀王建墓石棺座基的乐部伎浮雕。宋以后，世俗的人世生活成为石棺雕刻的主要内容，常见的有行孝故事、墓主人生活起居、宴饮庖厨等。从渴望身后超度到追求现世的享受，这是时代心理的变化，反映了世俗观念在祭奠礼仪范畴中的加强。

宋元石棺多以整块条石凿成，腹中凿为棺槽，上覆以石棺盖，外形为首部宽高、尾部窄矮。棺壁外则周遭雕刻，首部常雕作门额，时有板门半开露出半身侍女的图像，用以象征人世居室。它侧壁则阴线雕绘各种生活画面，其中多有戏曲演出的内容。

（三）传世绘画

中国绘画史上在宋代有一个表现内容的巨大变化。汉、魏、隋、唐时期，绘画的主要内容都是宗教画以及皇室、贵族上层社会生活画。宋代社会生活发生的重大变化，反映到绘画中就是表现范围迅速扩大，除了在花鸟画、山水画、界画、道释人物画等方面取得了极高成就，北宋末、南宋初兴起的社会风俗画成为宋代绘画的一大收获。风俗画以当时繁复丰富、五花八门的市井生活和农村生活为对象，其描写题材十分广泛，一如城郭、街市、店肆、摊贩、货郎、闲人、仕女、婴童、僧道、车马、舟船以及村牧、村医、村学、耕织、骡载、牛运等，无不尽收幅中，表现了当时社会生活的各个方面。

张择端《清明上河图》，集界画、山水、人物技巧于一身，全面广阔地展开汴京市井生活的画面，艺术概括力摄人心魄，达到了宋代风俗画的最高成就。除张择端外，苏汉臣、李嵩、李唐、朱玉等，也都是风俗人物画的大家，他们的作品很多为时令招贴画，表现市井生活的内容，带有浓郁的年画味道，其中包括许多儿童生活画。而当时的市井戏曲文化生活，也成为这些画家的表现对象，一应说唱、技艺、杂剧、爨弄、民间社火、傀儡影戏，在宋代风俗画中都有反映。

宋元绘画中人物写真之风兴盛。人物写真从东汉云台二十八将图，唐阎立本绘《凌烟阁功臣图》和各国使臣图，前蜀宫廷画师绘王建及诸功臣像，到宋代为伎乐优人画像，走过了一条日趋世俗化的道路。为优人歌伎写真，在南唐顾闳中的《韩熙载夜宴图》里已经露出端倪。宋元时期为艺人歌伎写真风气甚浓，这从时人的吟咏里常常透露出来。南宋诗人范成大曾戏题赵从善家琵琶伎画轴，词人张炎也有为戏曲艺人褚仲良写真填写的《蝶恋花》词“题末色褚仲良写真”，后者云：“济楚衣裳眉目秀，活脱梨园子弟家生旧。诨砌随机开笑口，筵前戏谏从来有。”[①]这可能是当时一位绘画名家为一位走红杂剧演员画的肖像画。这些艺人写真绘画，也是戏曲绘画的一项内容。“丁都赛”画像砖的底本，即应为此类写真肖像。传世的宋杂剧绢画，亦借助

① 〔宋〕张炎：《山中白云词》卷五，四库全书本。

于写真笔法。

（四）壁画

先秦之时，已经开始在神圣庄重的建筑物如朝堂、太庙、祠堂中绘制壁画。孔子曾在周朝的明堂里参拜古代帝王尧舜等的画像[①]，屈原也曾在楚国的先王庙里观看天地山川神灵鬼怪圣贤的图画[②]。汉代壁画大兴，如果说王逸的儿子王延寿的《鲁灵光殿赋》里描写的光怪陆离的壁画，还只是王府殿堂里的情况，那么，《后汉书·西南夷传》的记载则透示出壁画更普及到一般州郡廨署中："是时，郡尉府舍，皆有雕饰，画山神海灵，奇禽异兽，以炫耀之。"此后，随着佛教寺院以及石窟的兴盛，南北朝壁画创作进入了高峰。唐、宋时期民间杂神淫祠的泛滥，又使佛教壁画更加普及开来。

寺庙壁画中常常有奏乐的场面出现。北宋画院待诏高益就曾在东京大相国寺画有"供献乐部"壁画一堵[③]，当时人沈括称赞说："相国寺旧画壁乃高益之笔，有画众工奏乐一堵，最有意。"[④]壁画图绘奏乐场面，象征着庙里的祭祀仪式。宋元时期祭祀雅乐多由俗乐（包括戏曲演出）代替，故而神庙壁画里也就出现了优戏场面。例如宋李新《跨鳌集》卷十六《潼川二顾相公祠重画记》说，他曾于北宋大观初年进二顾祠，"周揽四阿，循墙而趋，粉垩图绘，皆作伶官弄臣像"。又如元《至顺镇江志》卷八载，县治东北二里有东岳庙，北宋创建，其中"壁画乃大观四年名笔所画，仪卫优伶衣冠器杖皆极精妙"。这两处优人壁画都绘自北宋末的大观年间（1107—1110），此时恰恰是宋杂剧兴盛之时。如果说，这些资料还没有明确指示为优戏演出，那么，南宋范成大《骖鸾录》所记在湖南衡山南岳庙看到的壁画，则是确凿的证据了："自宴乐、优戏、琴弈、图书、弋钓、纫织，下至捣练、汲井，凡宫中四时行乐作务，粲然毕陈。"可惜，这些壁画今天都已经无从得见了。

我们偶尔见到的戏曲壁画出现于山西。山西多有寺观，佛教、道教都把

① 参见〔魏〕王肃《孔子家语》卷三"观周第十一条"，四库全书本。

② 〔汉〕王逸：《楚辞章句·天问序》，卷三"天问章句第三"，四库全书本。

③ 〔宋〕孟元老：《东京梦华录》卷三，四库全书本。

④ 〔宋〕沈括：《梦溪笔谈》卷十七，四库全书本。

这里作为重镇，而它在唐、宋、金、元时期的重要经济、军事、文化地位，以及与长安、洛阳、汴梁隔河相望的地理位置，导致大批名匠巨手往来于大河南北，促进了这一带地区壁画艺术的发展，也培养了当地成批的民间画匠。宋真宗时主持著名道观玉清昭应宫壁画绘制，与武宗元并任左右部长的王拙，就来自山西。山西繁峙县岩山寺壁画的作者，金朝御前承应画匠王逵则有可能是由北宋画院入金的。著名的永乐宫壁画则有洛阳名工马君祥、襄陵名工朱好古参加绘制。另外，襄陵张伯渊、芮城李弘宜、古新田德新、绛阳张遵礼和刘士通父子、龙门王士彦、洪洞曹德敏、孤峰王椿等，都参加过一些寺观壁画的绘制。著名的洪洞县霍山明应王殿壁画，则由当地的"绘画待诏"东安村赵国祥、周村商君锡、南祥村景彦政等人绘制。当时一些村落画匠能画出如此精妙瑰丽的壁画作品，足见艺术修养之深。

壁画中还应划出墓室壁画一类。在前述仿木结构砖雕墓葬里，有一些墓壁装饰不用砖雕图像，而换成壁画。墓室壁画在汉唐时期早已广为应用，因此出现于宋金元墓葬里是顺理成章，只是由于砖雕装饰对它形成了冲击，使之不如以前那么兴盛而已。这类壁画墓在建筑结构上常常与雕砖墓大体相同，只是壁间不砌雕砖，而以白粉漫壁，上施彩绘，但额枋斗拱仍用雕砖砌成。墓室壁画的常见内容仍然为戏曲作场、墓主人生活起居图等。宋元戏曲壁画墓的盛衰过程也一如砖雕墓，兴起于北宋后期，金承之，至元而衰微。

（五）器物装饰

宋元戏曲的兴盛发展，使它在当时社会生活的各个角落都留下了痕迹。许多生活器物上都用戏曲图像作为装饰，这些器物被随葬于墓葬中，又成为殉葬品。多有戏曲伎乐图像出现的器物主要有瓷器、铜镜等。

宋元制瓷业极其发达，近年陶瓷考古成果表明，宋代时我国瓷窑遗址分布达 19 个省、直辖市、自治区的 130 个县。金、元瓷业继承了宋代传统而有所变化发展。由于受到当时戏曲文化生活的影响，宋元瓷器里经常见到以戏曲故事为装饰内容，其中主要为瓷枕。瓷枕最早见于隋，晚唐以来民间流行以瓷枕作睡具，开始大量生产。宋代十分普及，词人李清照《醉花阴》所谓"玉枕纱橱，半夜凉初透"，"玉枕"即指瓷枕。在宋代丰富的瓷窑中，有许多都生产瓷枕，而以磁州窑系制品最为丰富。瓷枕装饰画面，多取材于当时民间生活小景，富有生活意趣和幽默感。从各地博物馆藏品所见，瓷枕装饰除各类山水花鸟鱼虫纹饰外，也有人物故事、马戏、婴戏图，而以后者为多。婴戏图以儿童为表现对象，描状儿童的种种活动：钓鱼、赶鸭、玩耍、游戏、弄木偶、骑竹马等，画面天真烂漫、活泼有趣。人物图、婴戏图中都有表现戏曲伎乐活动的内容。金元瓷枕承宋。元代具有独特风格的是青白釉瓷枕，其枕形从宋代青白瓷孩儿枕、青白瓷卧女枕进一步发展，成为人间居室形状，周壁作隔扇门而镂空，前后堂屋洞开，内有人物，上覆薄片枕面。这类瓷枕常作人物故事。元代其他类型的青花瓷器中，以历史故事作为装饰内容的也十分常见，其内容有周亚夫细柳营、萧何月下追韩信、蒙恬将军、三顾茅庐等，这与元代戏曲、小说及版画的发达有密切关系。

另一种常见的器物装饰为铜镜。铜镜为妆奁之具，其正面鉴影，背面则铸造各类花纹图案以作为装饰。汉唐铜镜花纹少有与伎乐有关的，偶有百戏铜镜。宋金时期发生变化，不但奏乐内容常见，有关的戏剧故事也成为其主题。金代伎乐铜镜常见于东北地区。金代虽然因为铸币需要，实行严厉的铜禁，官府一再下令禁止民间铸造铜镜，例如大定十一年（1171）就曾“禁私铸铜镜，旧有铜器悉送官，给其直之半”①，但民间需求量仍不断增大，反映了汉文化的影响，这是金代戏曲故事铜镜产生的社会基础。

从今天存世的金银器皿花纹雕饰中，也常常看到戏曲情节，它反映了戏曲内容已深入俗世生活和为人所津津乐道。

（六）演出场所

宋元时期出现了正式的戏剧演出场所，主要分作两类。一类是神庙里的戏台及其周围的观看环境——戏台和神庙殿宇廊庑建筑所共同结构成的一个整体演出环境，这是与祭祀相结合的演出活动场所，由唐代佛寺中“戏场”演变而来。一类为城市游艺场所瓦舍勾栏建筑，这是正式的商业经营演出场所。

---

① 《金史·食货志三》，四库全书本。

瓦舍勾栏剧场借鉴了神庙剧场的一些特点,例如设立戏台和神楼,又充分考虑了观众的安置,建成全封闭的形制。剧场为一大棚,四周闭合,上面封顶,演出可以不考虑气候和时令的影响。里面有戏台,环绕从里向外逐层加高的观众座席,构成了适宜观看的剧场环境。勾栏实行商业化的演出方式,正式向观众进行售票。这时,中国剧场的正式形成期来到了。但是,勾栏剧场仅仅运用木料和席棚一类材料拼搭而成,很容易塌毁,因此没有实物保存下来,今天甚至找不到一幅图像。

神庙演剧活动源自上古时期巫觋以歌舞乐神。唐宋以后,神庙建筑形成了大体上的固定格局,一般来说,一个完整的神庙,其结构包括山门、钟鼓楼、戏台、献台(献殿)、正殿、配殿和东西廊房等,周围再以围墙圈绕,占据相当的地面,形成一个独立的内封闭空间。其建筑构成有些可以视地形、环境和财力条件适当增减,例如有些没有钟鼓楼,有些没有献台,有些没有戏台,有些没有配殿和廊房等。各建筑构成的空间分布则遵循中国传统的均衡美学原则,大多按照中轴线呈纵向延伸的排列,形成两边严格对称的格局。

在宋代以后建造的神庙中,戏台成为一个重要的组成部分。一般来说,宋金元时期的戏台都孤立地建在神庙大殿的庭院中间,面向神殿,不和其他建筑相连属,这是由它祭神演出的使用功能所决定的。人们进入庙院,走向大殿时要从两侧绕过戏台。戏台建筑在神庙中的这种相对独立性质,使人们得以对其设置与否进行灵活处理——添置和减去戏台,都不影响整体庙貌和布局。宋代以后,神庙中戏台越来越多,一些原来没有设置戏台的神庙也纷纷增建,今天不时可以见到一些神庙在原有庙院里加盖戏台的碑刻记载。

宋元神庙戏台主要为露台和舞亭两种,前者为戏台的最初形式,后者为戏台比较完善的形式。

二、明清时期

明清时期民间社会的通俗文化极其繁盛,它带来戏曲的进一步依附于民俗文化而生存。因此,明清时期的戏曲文物形态也有一个转折。它不再像宋元时期那样与人们的丧葬活动结合,而更多体现为民俗文化的附载物,作为装饰品而显现。例如民间流行的木版插图、年画、泥塑、砖木石雕、陶器、瓷器、剪纸、织绣等,都成为戏曲文物的依托物。下面分类论说。

(一)版刻

明清时期全国各地尤其是东南沿海地区印行了大量的戏曲图书,它们一方面使当时的剧本得以流传至今,一方面也体现了各个不同时期和地区雕版印刷技术的情况,其中包括印书刻字和图像雕刻两部分。雕版印刷术形成于唐代,当时曾被广泛应用于刻印佛经和佛像。宋代的图书刻印术大兴,有许多宋版书流传至今,其中的插图雕刻也已形成风格。今天见到的金代平水版木刻版画《随朝窈窕呈倾国之芳容》的"四美图"是对宋代雕版艺术的继承。元代说话和戏曲等表演艺术大兴,雕版印刷也开始被应用于大量刻印小说和剧本,今天见到的就有《三国志平话》等 5 种平话小说刻本和元刊杂剧 30 种戏曲剧本。

明代前期社会经济有一个恢复时期,明王朝对文化的控制也比较严,因此戏曲图书的印制不多,中期以后开始逐渐出现。宣德十年(1435)金陵积德堂刻本《新编金童玉女娇红记》杂剧里出现很多插图(86 幅),上图下文,图文并茂,刀法硬截,充满古趣。弘治十一年(1498)北京金台岳家刻印的《新刊大字魁本全相参定奇妙注释西厢记》里共有插图 150 幅,风格遒劲,构图洗练,十分精美。嘉靖、隆庆年间建安书贾刘龙田刊印的《重刊元本题评西厢记》则改革了以往形成惯例的上图下文版式刻法,把画幅推广到占据整页的面积。

万历以后,明代的经济文化高潮来到,戏曲兴盛,戏曲剧本的刻印极度繁荣。当时的安徽、江苏、浙江、福建都是印制戏曲剧本的中心,著名的刻书作坊有金陵的富春堂、继志斋、环翠堂、世德堂等,杭州、苏州、吴兴、海昌等地也刊刻了大量出色的插图剧本。金陵唐氏富春堂大量刻印戏曲剧本,已知的就有一百多种,其插图庄整雄健,人物面貌生动。其中《新刻出像音注李日华南调西厢记》是其代表作品,插图注重对人物心理情绪的刻画,使之显得栩栩如生、呼之欲出。金陵陈大来继志斋刻剧本也是既多又精,一时堪与富春堂对垒,风格转为工整婉丽,人物风姿绰约。环翠堂主人汪廷讷为徽郡巨富,刻图不惜工本,精益求精,其所刻传奇插图多出自汪耕之手。

万历中,徽派版刻异峰突起,徽州歙县虬村黄氏一家几代出了一大批刻工名手,他们的戏曲插图作品精致婉丽、秀逸灵动,最初有黄铤万历十年(1582)刻的高石山房版《新编目连救母劝善戏文》出现,犹粗犷刚劲。以后,万历三十八年(1610)黄一楷刻的起凤馆刊本《王李合评北西厢记》,万历年间黄应光刻的《李卓吾评本琵琶记》、万历四十年(1612)刻的《李卓吾评本玉合记》、万历四十一年(1613)刻的《校注古本西厢记》、万历四十三年(1615)刻的《徐文长改本昆仑奴杂剧》等,发展为缜密富艳、绮丽缠绵。著名的《元曲选》也是由黄应光等人刻图。

明末的戏曲插图刻本形成百花共艳、竞奇斗巧之势,其风格或巨斧直削,不事斤琢;或精雕细刻,力求工稳,各自形成鲜明的特色。其中,崇祯十二年(1639)由著名版画作手陈洪绶(号老莲)绘图,由著名刻工项南洲刻印的《新镌鸳鸯冢娇红记》和《张深之正北西厢记》,具有高度的概括性,传神写意、细腻缠绵,艺术上的造就极高。明末在各地还出现一些以朱墨两色套印的戏曲剧本,吴兴、苏州居多。

清初的传奇刻本继承晚明风格,而又朝向进一步的精雕细琢发展,出现了一批插图珍本,如《一笠庵四种曲》《笠翁传奇十种》《桃花扇》等,图版繁复致密,刀法婉丽明净。乾隆以后,随着近代印刷术的输入,戏曲图绘书籍的刻印走向了衰微。

(二)年画

年画起源于民间岁除时在门上张贴门神画像以避凶逐疫的习俗,文献记载可以追溯到汉代。唐代雕版印刷兴起,为年画的流行提供了技术条件。晚明以来,由于民俗对于年画艺术的青睐,它的发展遇到了最佳机遇。而民间年画的内容中,戏曲占有很大的比重。最初年画对于戏曲的表现主要是在题材上,即选择戏曲的故事情节作为表现和构图的对象,例如早期的苏州桃花坞木版年画《百花赠剑》《游园惊梦》《凤凰楼》等皆是。随着人们对于戏曲热情的高涨,年画也逐渐发展了戏曲的舞台画,即把戏曲演出的舞台场面搬上年画构图,集中表现一个舞台场景,甚至还有的干脆连戏台也一起画了出来。清后期武戏兴盛之后,短打靠扎戏及其舞台架势更多地出现在年画中。戏曲年画的描绘方法常常是由民间画师亲赴剧场,找到一出戏最具代表性的场景或最优美的表演身段,通常是抓取“亮相”的一刹那,当场描下底稿,然后带回作坊,再凭记忆反复修改而成。有时画的是某名伶,还把他的姓名刻上,例如天津杨柳青年画《闯宫》,就刻有梆子演员达子红,京剧演员高福安、薛凤池的名字,这是当时梆子皮黄“两下锅”情景的写照。戏曲年画在全国范围内都有刊刻,其中苏州桃花坞、天津杨柳青发展得最为成熟,艺术价值也最高。另外,山东杨家埠,四川绵竹,福建泉州,安徽临泉,河南开封朱仙镇,山西晋南,河北武强、芦台等地,也都是戏曲年画的集中刊刻地区。

明万历年间,苏州的雕版印刷十分兴盛,影响到民间年画的发展。大约在明末清初,苏州桃花坞木版年画盛行开来,作品流传各地,并传入日本,对于日本的浮世绘版画产生影响。康熙时英国人肯泼佛(E.Kaempfer)曾经在日本搜集到不少桃花坞年画,现藏英国大英博物馆。乾隆时期是桃花坞年画发展的巅峰,当时的年画铺可以考见的就有张星聚、张文聚、魏鸿泰、陆福顺、陆嘉顺、墨香斋、张友璿、季永吉、泰源、张湜临等十数家。嘉庆以后,由于现代西方印刷技术的引进,桃花坞年画的市场受到冲击,不得不由城市转向农村,一方面向农民的审美趣味靠拢,一方面也尽力降低成本,逐渐开始绘雕粗糙,构图平庸,印刷简陋,因而走向了衰落。乾隆年间桃花坞年画主要以风景画为主,戏剧故事画的比重较小,表现的内容主要是昆腔剧目。以后戏剧画日益增多,今天见到大量的清代后期作品,内容则转为以徽戏为主,这是徽戏盛行到京剧产生时期的情形了。桃花坞后期戏曲年画一个典型的特点是详细描画出剧场的状况,有的画中除了登场人物,还绘出舞台建筑以及舞台上的全部装置,例如画面两旁各有台柱,柱上悬匾,台上有栏杆、吊灯、上下场门,甚至连舞台上悬挂的广告牌及其上面的演出文字都一一记录在案。后期桃花坞年画多用大红大绿施色,造成强烈的色彩对比,明快简朴,充满了乡村情趣。

天津杨柳青戏曲木版年画产生于明代末叶,清代最早生产年画的作坊有戴廉增、齐健隆两家，最盛的时候有7000户人家从事此项经营，包括南乡31个村庄，民国初期杨柳青周围还有以印制年画为业者6000多人。杨柳青地近京畿，和桃花坞不同，它的销售对象是京、津地区的皇亲贵戚、官家巨富，因此对画品风格的追求注意典雅温润，侧重人物描写，注重绘制技术。其制作工艺首先由民间画师起稿，刻板后用墨线水印或套印，然后组织周围农村绘工进行添彩敷色加工，其颜色中加调白粉，因此给人以素雅、恬淡、调和、文静的感觉，绝不生硬刺目。杨柳青戏曲年画现存较早的产生于乾隆年间，如《盗仙草》《辛安驿》等，为昆曲、京腔剧种的演出剧目。嘉庆到光绪年间的存画众多，大多反映的是京剧和梆子戏的内容。杨柳青戏曲年画通常不用背景或只用简略背景，而主要绘出剧中人物的当场情态。初期作品人物较少，形象较大，装束与舞台不同。后期作品则常常场景宏大、人物众多，登场人物的服饰脸谱装扮、所持道具砌末、舞台调度以及工架身段等，都直接仿自实际演出。与桃花坞戏曲年画面对看戏较少的农村购买者，随时需用文字对画面进行解说不同，在极其熟悉戏剧情节的京、津民众面前，杨柳青年画常常省略人物标名，这也是它的一个特点。杨柳青戏曲年画式样众多，按照不同的需要来裁截纸张，划分类别，有“贡尖”（整张纸）、“三才”（一张纸三裁）、“对楼”（用两张纸分绘，然后拼接张贴而成一幅）、“四条幅”、“八扇屏”、“中堂”、“横披”及“炕围”等。画面可以为“单出戏”，也可以是由几个场景组成一出大戏。

还有一些重要的戏曲年画生产中心。

例如河南开封朱仙镇印制年画历史悠久。朱仙镇宋代为全国四大商业重镇之一，当时的开封已经盛行印卖门神桃符一类年画①，朱仙镇的年画可能即从那时发源。乾隆时期朱仙镇有木版年画作坊300余家，其中著名的有“天义德”等。今天见到的朱仙镇戏曲年画，内容多为弦索、梆子腔的历史剧目，线条粗犷，色泽艳丽，带有浓郁的农民艺术气息。

河北武强年画始于明朝永乐年间，最早是手工描绘，称“生笔画”，后来改为半印半画，清初则采用木版套色水印。康熙年间有北方民谣说：“山东

---

① 〔宋〕孟元老：《东京梦华录》卷十，四库全书本。

六府半边天，比不上四川半个川。都说天津人烟密，比不上武强一南关。每天唱上千台戏，找不到戏台在哪边。”所说的“千台戏”就是指的戏曲年画。

山东潍县杨家埠最盛时期有100多家作坊，每年印制年画要用36000令纸，村民50%以年画作为副业，同时还要在左近广为雇觅印画工人。潍县戏曲年画以人物为主，辅以简单道具如桌椅等，舞台画面比较净化。除了用一幅画面表现一个戏出场景，还有用四幅、八幅构成连环画式的表现手法，又有把多场次场景集中在一幅画面中，而以山、树、房屋等框范场景空间的。

山西南部今存70余块清代戏曲年画雕版，其中一块残版刻有“康熙×年×月”字样，可见当时晋南的戏曲年画印刷已经兴起。其他还有嘉庆、道光时期的雕版，反映了晋南戏曲年画生产的延续性。清末知道名字的有益盛成和永宁堡的年画作坊。

四川绵竹年画也兴起于明代，清乾隆、嘉庆年间年画作坊已有约300家，分布在县城和城郊西南一带的板桥、孝德、清道、新市、遵道、拱星等乡镇，年画艺人逾千人，而从业人员超过万人。绵竹年画艺人还成立了行会组织“伏羲会”，会址设在南华宫。绵竹年画的品类有门画、斗方、中堂、条屏、案子等，清代中叶时，其产量为每年门神、斗方1000万份，画条200万份上下，行销云贵、两广、湖南、陕西、甘肃、青海、新疆以至东南亚。其生产店家以梁云鹤画店和傅兴发作坊最为著名。绵竹年画里的戏曲部分多以川剧为内容，手法常常是突出人物，略去布景，风格则秾丽柔绵。绵竹年画还有一个特点，即在门画上多用世俗和戏曲人物对子，除他处常见的秦琼、尉迟恭外，武将、武生、加官、状元，诸葛亮、薛仁贵、穆桂英等，都成为表现的对象，反映了当地人民对于戏曲的热爱。

全国各地的年画在发展过程中彼此不断交流并发生交叉影响，例如苏州桃花坞年画广为影响了长江下游地区的南京、扬州、上海、南通等城市的年画创作；山东东昌府年画于明末受到河南开封朱仙镇的影响而形成，又给予后来兴盛的山东潍县年画以影响；潍县年画在清代后期又受到天津杨柳青、河北武强年画的影响，而它的兴盛则影响了山东高密、平度等30多个县的年画。

（三）泥塑

泥塑玩具在宋人画的《货郎图》等图绘里已经见到踪影，元代民间称之为“磨合罗”，很受小儿的喜爱。明以后，泥塑戏文故事人物逐渐多了起来，清代泥塑戏人成为一项专门的手艺。戏曲泥塑在江、浙一带十分流行，无锡、苏州都是集中生产地，北方则有天津“泥人张”作为代表。

无锡惠山泥人的制作相传开始于明代成化、弘治年间，在清代的咸丰、同治时达到极盛。传统的惠山泥人分为泥粗货和泥细货两大类。泥粗货是早期产品，用模具铸型，上色也简略，因而制造的泥人比较粗放。其中有一些“小戏文”，又叫“小板戏”，通常以四人为一组，或皆文人仕女，或皆武将，下部用竹签插在泥板上，武将于泥坯背后插有纸靠旗。这些戏人通常在面部勾彩，以区分行当性格，但整体组合不按戏出场景，透示出早期初创的状貌。泥细货，又称“手捏泥人”，改为全部用手工制作，从脚捏起，完成身子之后再镶手臂，最后添置衣饰袍套和道具。泥细货的戏人作品多取材于昆曲和京剧的演出场景，每档二三人不等，展示一个戏出场面，其造型简练，设色纯朴典雅，人物塑造注意面部表情的体现。同治以后著名艺人秦仁金、傅润泉、陈桂荣等，捏塑了一批京剧题材的戏人，陈有《跪门》《庵会》等 10 出存世。清末著名艺人丁阿金（名兰亭）、周阿生（名生观）则以制作昆曲“手捏戏文”出名，丁有《教歌》《挑帘裁衣》，周有《凤仪亭》传世。苏州虎丘泥人以小巧精致逼真而著名，其创作历史悠久，著名艺人宋代有袁遇昌，明代有王竹林，清康熙时有项天成。大约从清代初期开始捏塑戏文人物，清末的作坊有“老荣兴”“金合成”“汪春记”等耍货店。泥人一般高 10～18 厘米，通常有单人的，用作儿童玩具；也有按照戏出捏塑，而以 8 出或 16 出为一堂的，下面以盘架承接，用于节日庆典和祀神赛社时摆设陈列；还有特制箱柜存放的，可以随时提携搬运。苏州虎丘泥人中有一类绢衣泥人，其头和脚用泥捏塑，而冠服则用丝织物制成。最初大约开始于清代中叶，清末有虎丘山塘“汪春记”作坊最为著名。今存《长坂坡》《金雁桥》《杨排风》等戏出绢人，高 16 厘米左右，其服装制作综合了盘金、刺绣、贴花、彩绘等多种工艺而成，下有八角形的底座。

天津"泥人张"彩塑始于清代道光时期,为张姓家庭传世技艺,已有100多年历史,"泥人张"为民众对之形成的称谓。"泥人张"第一代开辟者张长林(字明山,1826—1906),幼时曾从父学做小型单色泥制玩具,以后把泥塑艺术发挥到极致。张明山泥塑的一个重要题材是当时盛行的京剧戏出。据说道光二十四年(1844)京剧名伶余三胜到天津演出而轰动,18岁的张明山在反复观看了演出之后,为之塑了一尊泥像,抓住了他的神态特征,十分传神,被誉为"活余三胜",一时名噪。后来张又为谭鑫培、杨小楼、汪桂芬、程长庚、田桂凤等京剧名伶塑过像,包括胸像、头像、单人像、全身像等,这说明他有很高的写实能力。据说张明山看戏时,"即以台上脚色,权当模特儿,端详相貌,别取特征,于人不知鬼不觉中,袖中暗地摹捏,一出未终而伶工像成,归而敷粉涂色,衬以衣冠,即能丝毫不爽"①。张明山塑造的戏出有《黄鹤楼》《白蛇传》《夺太仓》《春秋配》《回荆州》《除三害》《西厢记》《风尘三侠》《岳母刺字》《木兰从军》等,都具有很高的艺术价值。张明山之后,张家就以泥塑传家,代有巧匠名作,如第二代张玉亭有《麻姑献寿》,第三代张景钴有《三战吕布》《击鼓骂曹》《长生殿》等,在手法和风格上逐渐变化,塑型尺寸越来越高大,施色越来越富丽,构图越来越多样化,日益追求动态的捕捉,技法益加洗练。"泥人张"的作品远近流传,并为西方人所激赏。清张焘《津门杂记》曰:"城西张姓名长林,字明山,以捏塑世其家。向所捏戏剧人物,各班角色形象逼真,早已远近驰名。西洋人曾以重价购之,置诸博物馆中,供人玩赏。而为人做小照,尤其长技也。""泥人张"传人第四代张铭、张钺,以及以后向社会公开招收的学员都有好的作品传世。

除以上讲到的主要泥塑产地外,全国许多地方也都流行捏塑泥人,并用不同的材料来装饰它,有些很有特色。例如山西省平遥县的纱阁戏人,为泥捏纸扎的戏剧人物,按照戏出场景分别置于木制橱窗箱内,以供观瞻。光绪三十年(1904)平遥纸扎铺"六合斋"艺人徐立廷(徐老三),曾经为平遥城内南北两社制作了36箱,今存29箱,造型极其优美朴素。箱高100厘米,宽70厘米,深60厘米,正面做成舞台台口形状,罩牙雕花,内装屏风隔断。戏

① 1947年2月2日《大公报》文《天津人物志》。

人高约50厘米,材料为头、手和脚泥制上彩,身躯用草秸扎成,外用金银彩纸刻花剪贴。戏出内容有《鸿门宴》《司马庄》《战洛阳》《飞虎山》《碧玉环》《五岳图》《佘塘关》《赶龙船》《春秋笔》《金台鉴》《铁钉床》《斩黄袍》《借伞》等。每年元宵佳节陈列于市楼回廊,供游人观赏。

(四)砖雕、木雕、石雕

戏曲砖雕与石刻宋元时期都曾得到极大的兴盛,它们在明清以来的继续发展是历史的必然。戏曲木雕则在前代少见,或许是由于其材质不易久存的原因,使我们难以看到比较久远的历史遗物。明清戏曲砖雕与石雕从宋元墓葬中走了出来,大量进入俗世的生活环境,木雕也不失时机地掺杂其中,构成明清雕刻艺术的一支劲旅。

明中叶以后,全国的商品经济获得很大发展,涌现出许多富商大贾,他们富比王侯,财力雄厚,在商场上叱咤风云,回归故里则大兴土木,建砌广厦巨宅,以便荣夸富贵,炫耀于市廛乡里。但是由于封建等第观念和官僚政府规条律令的限制,他们不能在建筑的规模和用材上有太大突破,因而转为在有限的空间里倾注巨量的人力、物力来进行精心装饰,恰如安徽《歙县志》所说:“商人致富后,即回家修祠堂、建园第,重楼宏丽。”他们不惜重金招募能工巧匠,精心构筑和雕饰自己的人间极乐殿堂,这就导致了各类建筑雕刻的出现。其中戏曲雕饰成为一个重要的内容。另一方面,由于商品经济的发展带动了商会组织的兴旺,清代在各地商业都市里集中出现了诸多的商业会馆,这些会馆的建筑雕饰更是极尽富丽豪华之能事,从而成为我们今天所见到的与明清私宅雕饰相辉映的另外一种艺术渊薮。全国建筑雕饰集中的地区,都是富商巨贾聚居的地区或商业都埠,东南沿海一带经济富庶地区为多见,突出的如徽州、苏州、潮州等地,另外四川、山西等地也是这类雕饰的常见地区。

通常在这些地区的民间建筑和器具上,例如庭宅居室、会馆楼宇、祠堂庙殿、牌坊亭台、桥梁墓葬,以及家具器物、民俗用品、工艺摆设等,常常饰以精美的砖雕、石雕或木雕作品,以显示阔绰和考究的生活方式与气派。房屋建筑的雕刻一般集中在门楼、门罩、八字影壁、梁架梁托、斗拱、雀替、檐板、檐条、窗扇、墙板、栏板等部位，日用家具中则以睡床、衣橱、屏风、柜盒为主。雕刻的内容以象征吉祥富贵的如意花卉、瑞禽异兽图案为最多，但也有大量的山水人物构图，其中一个精美的部分就是戏曲场面雕饰。

石雕质地细致坚硬，用途广，易历久，因而为人们所喜欢采用。石牌坊、石漏窗、石栏杆、石柱础以及各类石造家具、摆设雕刻，都是其显身手的地方。雕刻技法有线刻、浅浮雕、高浮雕、半圆雕、镂空雕、透雕等类型，其雕刻原则是因材施艺、以刀代笔，根据石料的材质来确定所使用的雕刻技法，并凭借熟练的技巧和实践经验来构图运斤。

砖雕虽然不如石雕耐久，比较容易风化磨损，但它的易于雕造却是一大优点，对材料也不像石雕那样有着特殊的要求，因此在建筑雕饰里更为常见。通常来说，砖雕的雕造工艺都经过制坯、烧制、雕刻几道工序。用来烧造雕砖的泥土要比普通砖的细，一般还要经过水洗、沉淀之后再使用，使之提高纯洁度和黏合力。雕刻的手法多种多样，可以平面浮雕、半圆凸浮雕、高凸浮雕仅留一点与砖面相连，也可以镂空雕刻。一般来说，砖雕的材质比石料疏松，更易于剔刻得玲珑剔透、毫发毕现，艺人们也抓住它的这个优点，在精雕细琢上下功夫。

木雕用于建筑装饰，与石雕、砖雕有着分工，它们的不同运用取决于不同部位房屋构件的材质。通常砖木结构的房屋建筑，石雕、砖雕大量出现于墙壁上，而木雕则伴随着窗棂、门扇、栏板、檐板而存在。另外，日常家庭用具和装饰器具更是木雕显露光彩的场所。

（五）绘画（壁画）

由传统的绘画观念所决定，为文人学士操纵的画坛历来难得表现戏曲的内容，但明万历以后，戏曲版画随着坊间刻印剧本的泛滥而极度兴盛，涌现出一批戏曲版画家，著名者如陈老莲，一生所绘戏出很多，留下不朽名声，其他一些画家如仇英等也为戏曲版画绘制底样。在这种时代风气影响下，少数成名文人画家也偶尔涉及戏画，主要是歌咏著名的戏曲故事和人物。例如传为仇英与文徵明合作的《西厢记》图册，仇英作画，文徵明小楷书写元王实甫《西厢记》杂剧曲词，计有图 20 幅，每图附曲词一页，分别题为《佛殿奇逢》《僧房假寓》《墙角联吟》《斋坛闹会》《惠明寄简》《红娘请宴》《夫人停婚》《英英听琴》《锦字传情》《妆台窥简》《乘夜逾墙》《倩红问病》《郑恒求配》《尺素缄愁》《月下佳期》《堂前巧辩》《长亭送别》《草桥惊梦》《泥金报捷》《衣锦还乡》。尽管此册页可能为后人伪托(书端“嘉靖癸酉”款与历史纪年不符),但绘画风格的恬淡空灵,笔法的工稳细腻,都透示出绘者非同凡响的功力和技巧。

由于戏曲在明清社会生活中占有很大比重,明清院画中表现现实生活内容的卷轴,往往会绘出戏曲演出场景来点缀繁华。例如展现南京都城景观的绘画,明人《南中繁会图》《南都繁会景物图卷》,表现苏州城内外山水街巷景观的绘画,清徐扬《盛世滋生图》,里面都有戏台围观场景出现。至于宫廷画师们为康熙、乾隆皇帝和太后们绘制的诸多千秋万寿图,更是根据当时的庆贺活动绘出了大量戏台演出的实景。

生活在清宫里面的御用画师,由于身份的限定,没有文人画家的那份清高,他们根据帝王的好尚和胃口,或是遵照旨意,还画了大量的戏曲画。北京故宫博物院藏清人《性理精义》《戏出画册》《戏出册》三种,就是这一类绘画册页。从风格看这些画多出自内务府如意馆画士之手。如意馆档案中曾有“著沈振麟画戏出人物册页十八开”字样,沈振麟应该是当时如意馆的一位画师。这些戏画都是工笔细描之作,通常捕捉住最精彩的戏出场面进行描画,并把人物的脸谱扮相、所穿服装以及场上道具等,一一认真描下,观之即如演出在目。

宫廷戏画的绘制有着演出范本的直接实用目的,但戏画本身却有其自身独立的审美价值,当民间画家也来进行这方面工作的时候,他们的作品——戏画就成为一种民间艺术品。清末到民国不断有人绘制类似的戏曲场面画,至今存世,其手法与戏曲年画和宫廷戏画接近,内容则表现当地的流行声腔剧种和盛演剧目。例如知道的有清代道光咸丰年间苏州李涌绘制的昆曲折子戏图 8 幅,同治五年(1866)宣鼎绘制的昆曲折子戏《粉铎图咏》36 幅,清末和民国北京民间艺人绘制的皮黄戏出等。这些戏画和民间戏曲年画的绘制手法接近,它们彼此吸收模仿、相得益彰。

民间戏画还经常采用灯画的形式。灯画的绘制是为了粘贴于灯笼壁上，于每年的正月十五元宵节，供人们赏灯时观赏。灯画根据灯品的不同，其规格、形状、大小都不相同。灯画有的是用木版刻印的，河北武强、山西南部、山东等地都有清代木版戏曲灯画保存，有的则是手绘的。清末北京民间画家就曾经画有昆曲、高腔和秦腔灯画戏出若干幅。

民间戏画里还有壁画一大类。壁画在唐代以前多由文人学士中的画家充任，宋以后以卷轴、扇面和册页为主要形式的文人画和院体画把文人的目光吸引过来，庙宇壁画就让给了民间画匠来制作。

神庙壁画绘制戏曲场景，其传统来自宋元时期。明清以后，由于戏曲的更为普及和深入民间，在广布全国各地的乡间庙宇里，戏曲壁画成为一项最为常见的内容。它们的作者多是参与庙宇建筑绘壁工作的民间工匠。这些工匠往往是戏曲的爱好者，他们在绘制神佛鬼魅及其世界的时候，也把自己或者当地民众喜爱的戏曲剧目和其演出场景画在墙壁上。这些无名氏的作品成为明清绘画里的一项庞大内容，尽管其艺术价值往往并不高，但却造就了民间文化的一大景观，不能不引起我们的重视。

民间神庙戏曲壁画作为衬托性的装饰画，一般绘制在庙宇内非主要的壁面上，例如墙壁的斗拱拱眼处、檐底墙面等。河南省新密市洪山庙清代戏曲壁画即绘于大殿斗拱拱眼壁上，四川省绵竹市鱼泉寺清代壁画则绘在两廊和一座虚阁的过梁上，类似的戏曲壁画在全国各地的庙宇中经常见到。

神庙戏曲壁画里一个特别值得提出的流派是藏戏壁画。藏戏有着自己不同于汉族戏曲的独立形成历史。据说在15世纪时，藏传佛教一位云游高僧汤东杰布为募捐造桥，在藏族传统的宗教仪式、民间歌舞、杂技表演的基础上，逐渐综合成了一种以念诵、演唱、歌舞、表演等诸种手段表现佛本生故事和民间故事的演出形式，表演者戴白山羊面具，因此这种形式被称为白面具戏。汤东杰布晚年时期，民间演出中又在白面具戏的基础上形成一种戏剧性更强的蓝面具戏。17世纪时，藏戏受到五世达赖喇嘛的重视和扶持，正式形成了程式化的独立剧种，其主要剧目有《诺桑法王》《苏吉尼玛》等，主要在每年的宗教节日上演出。由于藏戏与藏传佛教这种血肉不可分割的联系，在藏戏流行地区的众多寺庙壁画里，都可以找到其踪影。

（六）陶瓷

明清时期，随着社会经济中工业成分的迅速增加，以及社会生活中人们对于日用商品和装饰品需求量的增大，陶瓷业获得了长足的发展。

明代流行青花瓷器，通过特种工艺使瓷器呈现透明釉体下白底蓝花的效果。这种瓷器生产过程较为简便，易于制作，而器质花纹的审美效果素净淡雅，朴素大方，给人清新流丽的感觉，加上它能够负载众多表现世俗审美情趣的图案花卉以及人物故事图像，因而一出现即受到社会各个阶层的普遍欢迎，被广泛应用于制作普通的日用饮食和生活器皿，成为明代各个时期官窑和民窑集中生产的类型。青花瓷器在明代实现了其统治地位，直至清代前期它的生产势头仍然未减。

青花瓷器的工艺为表现戏曲内容提供了方便条件——作画者可用毛笔在瓷胎上随意构图而后入炉烘烧。而兴盛的戏曲生活以及随之而起的戏曲版画的发展又为青花瓷器提供了创作源泉和技术借鉴。因而，明代青花瓷器成为戏曲绘画的重要载体，在全国各地的同类产品中，保留了众多带有戏曲场面或戏曲故事的器型。

明代后期彩瓷兴起，先是斗彩，而后五彩，逐渐形成一支与青花瓷器抗衡的大军，由于其色泽的丰富艳丽和表现内容的扩大，吸引了社会的目光，到了清代中期，终于导致了青花瓷器走向衰败。五彩瓷器在斗彩基础上兴起，出现于嘉靖、万历时期，到了清代康熙年间，其生产达到了极盛。它的工艺是以釉上绘彩代替釉下青花，变一次成器为两次入炉。

康熙官窑、民窑皆生产五彩器，后者不受宫廷束缚，器物造型和图案题材更为多样，大量采取戏曲人物故事题材，其绘画风格深受明末陈老莲画派的影响，线条简洁有力，人物面部造型重神轻形。其绘法是先用蓝色、红色或黑色勾勒出人物的面部和衣褶轮廓，然后用平涂敷以各种鲜艳的色彩。

康熙以后，宫廷里兴起受西方工艺影响的珐琅彩瓷，在瓷胎上用珐琅绘法绘制图画，使用进口彩料，其器质地细腻，款式新颖，绘事精致，其效果典雅鲜艳，流光溢彩，为康熙、雍正、乾隆三朝御窑制作，用作宫廷御器，数量不多，极其名贵。其中乾隆御窑古月轩瓷器，多以戏曲题材为表现对象。传说古月轩主人为吴县人,姓胡字学周,先在苏州烧小窑,所制鼻烟壶,彩绘山水人物翎毛花卉,十分精致华美。乾隆皇帝下江南见之,大加赞赏,携之回京,令主御窑。古月轩瓷雍容华贵,多有名士、重臣或帝王品题,常见如戴震、刘墉等人手笔。民国2年(1913),胡氏第七世孙将其世传古月轩瓷180件售与外籍人士施德之(Star Talbot),遂流至国外。

雍正以后流行粉彩瓷器,这是一种在五彩瓷器的绘制基础上,受珐琅彩制作工艺影响而形成的釉上彩新品种。其绘法是在五彩画面的某些部分用玻璃白粉打底,用中国传统绘画中的没骨法渲染,突出了阴阳、浓淡的立体感,人物面部往往施用淡赭晕染,风格绵软,色泽柔和,效果娇艳淡雅。粉彩被大量应用于民间器皿的绘制,其内容与戏曲有着千丝万缕的联系。今天可以见到一些地区流传的瓷盘戏画可以作为例证。

明清时期的陶瓷雕塑、琉璃工艺也有很大发展。广东佛山石湾是南国陶都,以釉稠色重的泥钧器著称。清代以后,随着珠江三角洲的开发,当地的祠堂、庙宇、高档庭院大批兴建,石湾的建筑陶瓷业也随之得到迅速的发展,其代表器型为殿堂的瓦脊人物故事装饰。塑制和烧造瓦脊比一般的建筑陶器要复杂得多,不但需要大规模的窑场,而且要拥有相当精密的技术。佛山祖庙同一时期装置的瓦脊,分别由不同的店家制造,制品水平不分伯仲,专事建筑陶器制造的石湾陶艺花盆行的兴旺繁荣,可见一斑。

佛山石湾戏曲人物陶塑大量制作于清代,不少是粤剧戏装人物。用可塑性强的含沙的石湾陶土塑制,宜于表现筋骨苍劲、肌肉表露的形象。人物均按粤剧的生旦净末行角色及其相应功架造型,服饰装扮也和粤剧一致,如有粤剧特有的"大甲"和带"福"字的方形背旗、额上的大结子(英雄结)、头上的雉鸡尾等。

(七)剪纸、织绣

民间剪纸和织绣品一般出于农家妇女之手。中国古代的女子,根据传统文化的要求,在闺中待字时要从事女红,亦即进行描画、针线、纺绩一类的手工作业,从而培养自己的性格与爱好,同时也锻炼自己手和心的灵巧程度,为成人以后挑起生活担子做准备。剪纸和织绣品,就是女红的一部分艺术成果。这种风气在民间长期保存下来,因此农家妇女常常多会从事这类手工艺术创作。由于明清时期戏曲娱乐几乎可以说是农村女子唯一的娱乐方式,因此她们对于生活的理解,进而对于生活的描绘,自然就有很多是出于戏曲。于是,她们为后人留下了众多的民间戏曲工艺品。

剪纸是运用剪刀(或刻刀)和彩纸进行造型的艺术,织绣则利用针线和织机为构图工具。其流行地域极其广泛,几乎在全国各地都有其踪迹。剪纸的作品类型根据用途有窗花(贴在居室窗户上)、龙船花(贴在灯笼上)、圈盆花(送礼时放在礼物上)之分。织绣的底件则为包括衣物、巾帕、单被在内的各种民间布料品。剪纸和织绣的内容都包括花卉图案、鸟兽虫鱼、神话和历史人物、戏曲故事等。其制作的方法通常都是按照现有底样,以之为稿剪出、织出或绣出新的图画来。底样常常是历代相传、家家相借之物,一部分是民间专门在庙宇里画神像艺人的副产品,一部分则是普通剪纸织绣者的创造。有一些心灵手巧并达到一定手工艺术修养的妇女,在经过了长期的实践之后,逐渐达到了可以随心所欲进行构图创造的程度,她们就是剪纸和织绣底样的创作者。例如在看了一场戏之后,她们就能够凭记忆把其中最为动人的场景描画出来,剪成始件,织绣成底样,以后这些花样就会在其他妇女手中流传。底样在流传过程中也会不断发生移形和变迁,逐渐走向更加洗练和美化。

戏曲剪纸有单个人物的,也有多个人物组成一个戏出场面的,后者又分单幅的、多幅的,多幅的往往按照戏出成套剪制。浙江省永康市、浦江县等,是戏曲窗花创作的集中地区。山西省祁县、新绛县等地也是剪纸流行区域。河北省的蔚县窗花风格独特,它不同于他处的用单色彩纸剪制,而是先用白纸剪成花样之后再进行染色(称为“点色”),通常可以染上三四种不同的颜色。染色由人工操作,一般由妇女和儿童承担,每人专染一种颜色。所用色料是洋红、大绿一类的“品色”,染成的窗花五色辉映,清新可爱。晚清时出现了专门制售窗花的民间艺人,1947 年统计,蔚县的窗花制作者达五六十家,他们的作品远销山西、河南、内蒙古和东北各地。在民国时期的蔚县民间窗花艺人中,有一位王老赏,农民出身,自七八岁时开始学“点色”,20 岁成为著名的剪纸艺人,其作品成为周围 20 余村剪纸艺人的底样。他注重创作戏曲题材的窗花，随时留意观察戏台人物和场面，苦心琢磨，并参考同类题材的年画构图，终于达到了极高的造诣。他一生创作戏曲窗花千幅以上，留下了众多的民间艺术品。

北方的剪纸风格浑厚朴实，西北的更是粗犷单纯，江南的戏曲窗花则柔媚纤丽，构图相当完整，线条也富于变化，人物之外，更有布景、场面，完整体现了舞台形象。

织绣工艺来源于古老的经验，在长期的实践中积累了丰富的技巧和手段。但民间织绣则主要停留在手工阶段，由农家姑娘一针一线绣出，作为自己出阁时的陪嫁品。绣品的种属也因时因地而异，多为生活用品，如其中有"帐幔"、"苫盆"（灯盏或便盆上的遮盖物）、"镜帘"、"钱包"、"耳套"（新娘赠新郎用），以及给未来小宝宝的"兜肚""项圈""风帽"之类。民间织绣以其纯朴、稚拙的风格受到人们喜爱，其中尤以戏曲场面织绣引人流连忘返。

（八）演出场所

明清时期戏曲演出场所主要有三种，一是堂会场所，二是戏园，三是庙台。

堂会戏的演出场所是最为随意的，可以是在民家普通的厅堂里或者庭院里，也可以是在衙门、酒楼、饭馆和一切公共场所里。又有利用四合院建筑的整体布局作为剧场的，通常是主人坐正厅，而把正厅前面的对厅拆去格子墙板，作为戏台。一些豪商巨户也仿照神庙戏台和茶园剧场的样式在家中建筑堂会戏台或小剧场。前者为露天庭院式，即在四合院内仿照神庙戏台样式建固定戏台，观看的人坐在堂屋里欣赏。后者为封顶大厅式，即把戏台建在大厅内，再仿照茶园剧场设酒座、楼座等分别安置客人和女眷。这两类演出场所在各地都有一些古物遗留。官府衙门也是举办堂会戏的一个重要处所。通常衙门演戏在大厅里举行，地方宽绰，戏班可以根据情况用帐幔隔出戏房，留出鬼门供上下场。大厅中部则安放地毯供表演用。

戏园最初的经营形式为酒馆，即一边卖酒，一边演戏。清代前期一些大都市里唱戏的酒馆极多，乾隆以后，酒楼演戏逐渐被茶园所取代。茶园是喝茶看戏的地方。茶园建筑的整体构造为一座方形或长方形全封闭式的大厅,厅中靠里的一面建有戏台,厅的中心为空场,墙的三面甚至四面都建有二层楼廊,有楼梯上下。茶园观众座位按照设置区域和舒适程度分成数等,并按等收费。楼上官座为一等,楼下散座为二等,池心座为三等。茶园里的戏台靠一面墙壁建立,设有一定高度的方形台基,向大厅中央伸出,三面观演。台基前部立有两根角柱或四根明柱,与后柱一起支撑起木制添加藻饰的天花(有些为藻井)。戏台朝向观众的三面设雕花矮栏杆,柱头雕作莲花或狮子头式样。台顶前方悬园名匾。晚清以后,通常在木柱的上方串连一根铁棍,供演武戏(如《盗银壶》《盗甲》《拿花蝴蝶》《艳阳楼》等)时表演双飞燕、倒挂蜡等表现飞檐走壁的绝技时用,据说是永盛魁班的张大四创造的。戏台后壁柱间为木板墙,有些造为格扇或屏风式样,两边开有上下场门,通向后面的戏房。

明清时期许多神庙都直接利用戏台来构建庙中的一重院落,也就是说,利用戏台和厢楼、院墙的连接来分隔庙中空间,戏台已经不再是庙院中间孤零零的存在,而和其他部件连在一起。最常见的一种形式就是把戏台和山门结合起来而形成过路式戏台,可以称之为山门戏台复合型。这种戏台,山门与戏台结合为一体,戏台下开巷道,戏台骑跨在山门入口通道上,形成过街楼式,人们进入山门时要从戏台下穿过,然后到达庙院。山门戏台又可以有不同的设计方法,最常见的当然是台板下面为道路,行走演出两不妨碍。但也有变通的情况,例如道路劈开台基,把它分为两半,平时走人,演戏时在上面搭板,使两边的台基连为一个整体。又有一种变通的形式,即山门开在戏台的旁侧,人们进庙时并不通过戏台,而是从台侧绕过。事实上一些神庙的构建情况是十分复杂的,往往多座庙体彼此勾连,构成一个复杂的建筑群。几座神庙并列而立,同时在神殿对面又并列地建造几座戏台,这种情景在民间也十分多见。有时候由于地形或者经济因素的限制,又可以多座神庙同时利用一座戏台。总之,明清时期神庙及戏台的构建形式多样,布局歧异,一个总的思路就是要合理地利用地形地貌,并根据兴工群众的期望和实际经济力量,来决定选择什么样的建筑样式。

清代宫廷戏台来源于民间的神庙戏台,又借鉴了当时城市戏园剧场的构造,而根据皇室演出的需要,发展到一个更高的阶段。清宫戏台里突出的是三层大戏台，其构造和设备十分复杂，特殊点在于比普通戏台多出二三重台面，演出时可以在多重台面上同时进行，从而表现复杂的场景。三层大戏台有四层表演区，沟通各层台面之间的设备有天井和地井，人可以通过滑轮的作用，从天井或地井自如上下，表现神佛鬼魅的场景。

（原载《戏曲文物发覆》，厦门大学出版社，2003 年）

中国古代剧场形制沿革

中国古代剧场的发展演变历史很长。最初原始时期根基于交感巫术观念的宗教性模仿仪式歌舞,出于宗教氛围和巫术内容的需要,一般选择山林空地、崖壑坝坪等适合制造巫术气氛的自然地形举行,而其附近一定有峭壁岩石以便刻绘深含宗教意味的符号和图形,用以共同创造一个宗教氛围空间。[①] 到了农耕阶段,祭祀农事神明的拟态性乐舞活动(例如"葛天氏之乐")改在田野上举行,甚至夏朝第一位君主启所组织的大型宫廷叙事乐舞《九韶》,仍然是在野外举行,所谓"舞《九韶》于大穆之野"(今本《竹书纪年·帝启》)。这种利用自然地形进行表演的方式,直至前7世纪左右的陈国还有遗留:陈民不分寒暑,聚集在宛丘,手持鹭羽击鼓跳舞(见《诗经·陈风·宛丘》)。宛丘是四周高中间凹的地形,为天然圆形剧场,在这种地形选择里已经加进了便于观者围观的因素。

当原始拟态表演的功利目的发生了从宗教到艺术、从祀神到娱人的转变以后,就引出了戏剧演出的对象——观众,因而最初的演剧场所注重的是对观众的安置。从今存汉代画像砖、画像石形象来看,当时的百戏演出主要在三种场所举行。一是家室厅堂。这是在房屋厅堂里面的演出,文物形象里有许多画出屋顶或者画出悬垂帷幕,表明演出地点是在屋内。这种演出形式实际上是原始巫觋表演由野外进入屋室后的表现形式的遗留,《尚书·商书·伊训》说商代"恒舞于宫,酣歌于室,时谓巫风",就是它的源头。二是屋宇殿庭。就是把在屋子里的演出挪到屋外,在堂前阶下的庭院里或大

① 参见廖奔:《中国早期演剧场所述略》,《文物》1990年第4期。

殿前面的露台上举行。一般是主人和客人坐在堂屋里宴饮,伎人在庭院内表演。也有客人站在庭院里看,汉史游《急就篇》说:"倡优俳笑观倚庭。"唐颜师古注曰:"言人来观倡优,皆倚立于庭中也。"以上两种表演形式实际上就是后世堂会演出的形式。三是广场。广场表演通常为帝王所乐意采取,以夸饰其声势,如汉武帝曾于元封六年(前105)在长安未央宫里的平乐观前举行百戏汇演,他本人则在观上俯看(见《汉书·武帝纪》、张衡《西京赋》)。这三种场所都是为了生活和政治需求建构的,并非专门的演剧场所,因而这时候的中国古代剧场还处在只注重安置观众,不注重表演需要的初级阶段。

汉代广场演出还未见有观众处所的记载,到了隋朝则记载历历,如《隋书·音乐志》说:"每岁正月十五日,于端门外,建国门内,绵亘八里,列为戏场。百官起棚夹路,从昏达旦,以纵观之。"很明显,各类演出是沿路排列的,一直伸延了八里地,而官员则在路两旁架设了众多的棚子安置自己,作为观看处所。棚里设有坐处,可以长久坐着观看,如《隋书·裴矩传》说:"百官及民士女,列坐棚阁而纵观。"这种习俗被唐人继承,如唐朝宫廷驱傩,"三五署官,其朝寮家,皆上棚观之,百姓亦入看"(唐段安节《乐府杂录》)。看棚有时很大,还可以隔成小区,唐无名氏《玉泉子》载,赵琮的妻子在娘家观看演出,因为穷,其他家眷都用帷幕把她隔开。突然朝报赵已及第,"妻之族即撤去帷帐,相与同席,兢以簪服而庆遗焉"(《太平广记》卷一八二)。看棚的形制,在后期被长期沿用,戏台出现后,成为环绕戏台的高档观众席。

随着表演的日渐繁荣,比较固定的演出场所就出现了。这种场所设在寺庙里,最初,佛寺定期的行像礼佛仪式表演和僧人俗讲活动吸引了众多的观众前来观看,如北魏杨衒之《洛阳伽蓝记》卷一记景乐寺说:"诸音乐逞伎寺内:奇禽怪兽,舞抃殿庭;飞空幻惑,世所未睹。异端奇术,总萃其中:剥驴投井,植枣种瓜,须臾之间皆得食。士女观者,目乱睛迷。"佛寺慢慢转变成为市人的游乐场所。宋钱易《南部新书》戊曰:"长安戏场,多集于慈恩,小者在青龙,其次荐福、保寿。尼讲盛于保唐。"从"尼讲"推测,长安戏场的表演还是以俗讲为主。但这并不等于否认戏场里会有其他种类的优戏表演,例如《大宋吴越国慧日永明寺主智觉禅师延寿集》说:"如彼伎儿,取诸乐器于戏场地，作种种戏”（《宗镜录》卷三引），例如《资治通鉴·唐纪·宣宗》说万寿公主在慈恩寺戏场“观戏”。既然有“种种戏”，用乐器伴奏，让人们“观看”，就不只是俗讲了，寺庙里的戏场移到寺外，就成为世俗的游乐场所。《太平广记》卷三百九十四引《集异记》说处州有龙兴寺，“寺前素为郡之戏场”，“寺前负贩戏弄，观看人数万众”。很有可能这个戏场原来在寺内，因为不方便或者其他原因，干脆搬到寺外来。以后市集上的戏场就在此基础上兴起，《太平广记》卷八十三“续生”条引《广古今五行记》说濮阳郡有许多“市场戏处”，各处都见到续生在场，这里的戏场就已经脱离寺庙而成为市井中的纯粹娱乐场所了。这种场所的表演是供人围观的，唐常非月《咏谈容娘》诗说：“马围行处匝，人簇看场圆。”（《全唐诗》卷二〇三）人们从四面把舞者围于“看场”的中心。

寺庙戏场里有无戏台，没有见到文献记载。但敦煌壁画里可以见到许多设在寺庙大殿前面供表演歌舞用的露台，四周围有栏杆，这应该就是戏场的表演台。梁武帝时可能就是仿照寺庙露台的形制创造了被隋人称作“熊罴案”的奏乐台（见《隋书·音乐志》），台高丈余，四周有木栏杆围绕。唐代宫廷里出现“舞台”，唐崔令钦《教坊记》说“内妓与两院歌人，更代上舞台唱歌”。这种舞台或许就是“熊罴案”那样的活动台子，演出时临时搬到庭院里，也有可能就是固定的砖石结构的台子。唐代已经出现此类台子，称为“砌台”，《太平广记》卷二百一十九“周广”条引《明皇杂录》说开元中有宫人“戏于砌台，乘高而下，未及其半，复为后来者所激，因仆于地”。砌台相当高，有阶梯上下，类似于庙宇里的露台。到这一阶段，戏剧演出开始注重艺人的表演场地，使之向专门化的建筑形制发展。另外，歌舞表演通常在豪华的地毯上进行，当时习称为“锦筵”，如白居易《柘枝妓》诗说“平铺一合锦筵开”。锦筵可以随意铺在任何地方，如厅堂、殿庭、露台等上面，以便舞蹈时不致打滑。后世堂会演戏也照例使用地毯，但改称为“红氍毹”。

宋代更加注意为演员表演提供方便的条件，因此产生了“乐棚”建筑。如《东京梦华录》卷六说元宵节宣德楼前大街上“设乐棚，差衙前乐人作乐杂戏并左右军百戏在其中”，正月十六日“（相国）寺之大殿前设乐棚，诸军作乐”，六月二十四日二郎庙“殿前露台上设乐棚，教坊、钧容直作乐，更互杂剧舞旋”。乐棚的建筑使露天表演变为半室内性质,可以遮风避雨,同时又造成回音扩音效果,较之以前是一大进步。宋代看棚仍流行,宋庄季裕《鸡肋编》卷上载,成都阅武场杂剧比赛,“环庭皆府官宅看棚,棚外始作高凳,庶民男左女右,立于其上如山”。看棚之外,又为普通小民增加了站立用的凳子,并且还有层次的递进,可以供更多的人围观,这已经是正式剧场形成的前兆。

宋代在中国剧场史上实现了两个飞跃,一个是庙宇里面亭子式戏台的正式出现,一个是市井中商业剧场的宣告产生。庙宇亭子式戏台的建制,实际上等于是露台上临时设置的乐棚的固定化,即把临时绑扎棚子改为用木石材料盖砌永久性的固定亭子。最早的记载见于山西省万荣县桥上村后土圣母庙北宋天禧四年(1020)《创建后土圣母庙碑记》,碑文里载有“修舞亭都维耶头李廷训”等18人的姓名。山西省东南部也保存了另外几处北宋神庙舞亭式建筑的碑刻记载,但称作“舞楼”,如沁县城内关帝庙元丰三年(1080)《威胜军关亭侯新庙记》碑载有“舞楼一座”,平顺县东河村九天圣母庙建中靖国元年(1101)《重修圣母之庙》碑称“创起舞楼”等①。

之所以称为“楼”,大概是台基很高的缘故,但和“舞亭”应该是一类建筑。元代以后在庙宇里建“舞亭”已经成为十分普遍和流行的事情,所以山

① 唐宋时期的敦煌壁画里所绘《法华经变·火宅喻》图中,常常绘出民宅厅堂歌舞表演场面,以表现该经文故事里诸子贪恋伎乐嬉戏而不知火之将至的内容。有人遂指此类民宅厅堂为戏台,并据以认为唐、五代已经出现土木结构建筑的“一面观戏台”和“三面观戏台”,甚至出现分上、下层的“舞楼”(见杨森《中国最早的两幅舞台(戏台)演出图》,载甘肃省文化艺术研究所编《艺术论文初集》第214~224页,1991年5月内部印发),这实际上是对壁画表象的误读。佛经文献有关内容已经标明“嬉戏”是在一巨富长者的堂宅里进行,而壁画所绘歌舞地点为堂宅也明白不误。如果硬要将其指为戏台,除了与众多史实所指的中国固定戏台最初出现于神庙,以及戏台形制从露台到舞亭到三面观舞台的演变过程发生在宋元时期的事实相悖逆,即使画面本身也与结论相左。因为所有的《火宅喻》图都没有绘出“戏台”下面的观众,有些“戏台”的位置还正对四合院的院门,台上的“演员”似乎在对着大门演出,这与中国戏曲演出习俗不符。更有甚者,莫高窟晚唐第12窟南壁所绘《火宅喻》图中“戏台”为两层(杨文指为“舞楼”),其上层绘五位乐伎表演乐舞,下层则绘一人坐胡床,四人站立,整个画面明显表现的是长者诸子耽于堂宅逸乐的内容,无法指为戏台演出。至于上述壁画堂宅伎乐表演袒露于房屋之外,只是画家为便于透视而省略正面墙壁所致,这种绘画手法见于敦煌壁画,同时也是中国画的传统,有众多画面可以类比。

西省万荣县太赵村稷王庙元至元八年(1271)《舞厅石□》说:“今有本庙,自修建年深,虽经兵革,殿宇而在。既有舞基,自来不曾兴盖。今有本村□□□等,谨发虔心,施其宝钱二佰贯文,创建修盖舞厅一座。”其中所说的“舞基”应该是指露台,为庙内原有建筑,至少是蒙古兴兵以前的遗构,已经经历了很长的岁月,终于在这一年完成了向“舞厅”的过渡。元代遗留有碑刻记载的神庙戏台,还有山西省临汾市魏村牛王庙“乐厅”,万荣县孤山风伯雨师庙“舞亭”、西景村东岳庙“舞厅”,翼城县武池村乔泽庙“舞楼”,河南省渑池县昭济侯庙“舞亭”等(后者见《中州金石目》卷四,其他均有碑石)。元代既然把舞亭称作“厅”,反映了其时戏台建筑的改进。今存山西省临汾市牛王庙元至元二十年(1283)“乐厅”的形制为:四角立石柱,上面为亭榭式盖顶,后部二石柱间砌有土墙一堵,并在两端向前转折并延伸到戏台进深的后部三分之一处。这是典型的元代建制。它表明其时的演出已经由过去“乐亭”的四面观看朝三面观看发展,墙壁的设置则为排除视觉干扰、增加音响效果以及演员换装休息提供了条件。事实上,神庙演出是给神看的,表演从来是对着神殿,过去戏台没有墙时也不可能真正实现四面观看,所以加盖一堵墙只是顺应现实。但这种改革却奠定了中国戏台的基本样式,此后虽然还有变化,但基本格局已经规定下来了。

宋代商业性剧场的产生根基于北宋瓦舍勾栏建筑的出现,汴京瓦舍出现于城坊制度崩溃之后的仁宗朝①,也就在这时,作为中国最早商业剧场的勾栏正式产生。瓦舍是市民进行游艺的场所,其中设置许多勾栏,并卖零食、日常用品。勾栏是艺人进行商业性演出的场所,里面可以表演的艺术种类很多,杂剧为其中的一项。通常是各种技艺分占一座勾栏进行演出,如宋西湖老人《繁胜录》说临安(今浙江杭州市辖区)北瓦里“常是两座勾栏专说史书”,而莲花棚里则“常是御前杂剧”,还有表演小说的小张四郎,“一世只在北瓦,占一座勾栏说话,不曾去别瓦作场。人叫作‘小张四郎勾栏’”。勾栏演出从早上五更开始,一直到天黑停止,如《东京梦华录》说汴京“每日五更头回小杂剧,差晚看不及矣”(卷五),“终日居此,不觉抵暮”(卷二)。勾

① 参见廖奔:《汴京杂剧兴衰录》,《河南大学学报》1987年第2期。

栏为棚木质地,封顶而不露天,四周全封闭,可以"不以风雨寒暑,诸棚看人,日日如是"(卷五),是比较理想的商业剧场。勾栏有木栅做的门,设人把守,进去时要买票,所谓"把棚的莽壮似牛"(《嗓淡行院》散套),所谓"要了二百钱放过咱"(《庄家不识勾栏》散套)。勾栏里面有戏台和观众坐的神楼及腰棚,《蓝采和》杂剧第一折钟离权坐在戏台上,戏班里的人对他说:"先生你去神楼上或是腰棚上那里坐。"观众座位是从前向后逐渐升高的看台,对戏台形成三面环绕的形式,全景看起来就像是一个大旋涡(见《庄家不识勾栏》)。勾栏戏曲演出形式在元代盛极一时,元夏庭芝《青楼集志》说:"内而京师,外而郡邑,皆有所谓勾栏者。辟优萃而隶乐,观者挥金与之。"但是到了明初这种剧场形制却逐渐衰落下来,明代中期已经不见它的踪影。勾栏衰落的原因不明,从此戏曲又重新失去了演出的专门剧场,不得不静心等待清代茶园剧场的到来。

唐宋时期尽管剧场建筑有了长足的发展,人们有了可以集中娱乐的观看场地,但是汉代形成的堂会演出的传统形式并没有由此而消损,反而一直延续下来。毕竟堂会演出比较方便随意,并能够配合家庭中的宴会娱宾、喜庆哀丧以及酬神许愿等事情而随时举行,所以保有旺盛的生命力,在明代中、后期勾栏剧场绝迹而新兴戏园尚未出现时,甚至成为戏曲演出的主要形式之一。堂会演出的环境布置继承汉代而来,而逐渐有所改进翻新并日益逐饰增华。最常见的演出地点还是在厅堂内,大厅中间摆上地毯作为演出场地,周围设桌席供宾主坐赏,另有地方供女眷观看,而用帘子隔开。《金瓶梅词话》第三十六回描写说:"共三个旦、两个生,在席上先唱《香囊记》。大厅正面设两席,蔡状元、安进士居上,西门庆下边主位相陪,饮酒中间,唱了一折下来。"《剧说》卷六引《菊庄新话》里写陈明智堂会演出场景也十分生动:陈表演《千金记》里的楚霸王项羽"起霸",在地毯上龙跳虎跃,又耸喉高歌,震得"梁上尘土簌簌坠肴馔中",而"座客皆屏息,颜如灰"。另外一种常见的演出地点是正厅台阶下面的院子里,唐无名氏《玉泉子真录》曰:"崔公铉之在淮南,尝俾乐工集其家僮,教以诸戏。一日,其乐工告以成就,且请试焉。铉命阅于堂下。"所谓"堂下",就是堂前阶梯下,也就是在庭院里演。如《金瓶梅词话》第四十三回:"阶下戏子鼓乐响罢,乔太太与众亲戚又亲与李瓶儿把盏祝寿。”观看演出的人则坐在厅堂里面饮酒作乐。明清以后又有利用四合院建筑的整体布局作为剧场的，通常是主人坐正厅，而把正厅前面的对厅拆去格子墙板，作为戏台，《歧路灯》第十九回说：“把箱筒抬在东院对厅，满相公叫把格子去了，果然只像现成戏台。”有时为了视野不受干扰，主人在设计房屋时就已经根据演出需要作了改造，明张岱《陶庵梦忆》卷三“包涵所”条说包家“大厅以栱斗抬梁，偷其中间四柱，队舞狮子甚畅”。包涵所有自己的戏曲家班，他设计这座大厅当然主要是为演戏用的，舞狮子只是偶尔为之。那么，演戏时的戏台就具有更大的空间了。《儒林外史》第四十九回还描写了在四合院里看戏碰到的麻烦：“众人陪着万中书从对厅上过来，到了二厅，看见做戏的场口已经铺设的齐楚，两边放了五把圈椅，上面都是大红盘金椅搭，依次坐下……这红娘才唱了一声，只听得大门口忽然一棒锣声，又有红黑帽子吆喝了进来。众人都疑惑：《请宴》里面从没有这个做法的。”原来是官府衙役来捉人，从对厅过来，使看戏的人把他们也当作了剧中角色。在对厅里演出，可以直接把对厅的一部分当作戏房，但也可以利用厢房作戏房，上引陈明智故事，说他“至演剧家，则衣笥俱舁列两厢……少顷，群优饭于厢”。就是在厢房里做演出前的准备工作，演完后卸妆也在厢房里：“陈至厢，忽以盥水去粉墨。”《金瓶梅词话》第四十二回也说：“西门庆分付，西厢房做戏房，管待酒饭。”为了追求气派和声势，也为了摆设更多桌椅以广泛接纳客人，还有在大门口搭戏台、庭院里扎彩棚演出的。《歧路灯》第七十七回谭绍闻添子，盛希侨吩咐管家说：“到明日扎彩台子院里签棚，张灯挂彩，都是你老满的事。”第七十八回说：“整整的三天工夫，把谭宅打扮的如锦屋绣窝一般。门前一座戏台，布栏干，锦牌坊，悬挂奇巧帐幔，排列葱翠盆景。”届时，门口戏台上是街坊合送的民间梆锣卷戏班唱戏，客厅内是盛希侨家班唱戏。《金瓶梅词话》第六十三回写西门庆为李瓶儿做丧事，在院子里搭棚唱戏：“分付搭彩匠把棚起背，搭大着些，留两个门走，把影壁夹在中间。”所用材料有“六十根杉条，三十条毛竹，三百领芦席，一百条麻绳”。这个棚子实际上把整个庭院连影壁都罩在里面，面积很大，“在大棚内放十五张桌席……点起十数枝高檠大烛来，厅上垂下帘，堂客便在灵前围着围屏，放桌席往外观戏”。演戏也和酒席一样在棚中，眷属则在两旁厅堂内吊帘看戏。堂会演出不仅是明清时期家庭看戏的基本方式，而且也是官府衙门喜爱的形式，特别是清代，官员由于不能自由出入戏园，只能在堂会上满足自己的看戏欲。官府堂会的形式和家庭堂会大致相同，只是把地点改为衙门内而已。清代又有借酒楼茶馆演堂会戏的方式，那已经是堂会的变异形式了。

宋元以后出现新的戏曲演出场地，例如茶房酒肆都成为表演的地点。不过在这些地方的演出大多只是清唱而已，不能当场装扮演出，其情形类似于当时的所谓“小唱”。明末开始，酒馆演出进入了一个新的层次，有了专为戏曲表演设置的场地，明祁彪佳《祁忠敏公日记》崇祯五年(1632)五月二十日记曰：“羊羽源及杨君锡缤皆候予晤，晤后小憩，同羊至酒馆，邀冯弓闾、徐悌之、潘葵初、姜端公、陆生甫观半班杂剧。”次年正月十二日记曰：“就楼小饮，观《灌园记》。”就都是在酒馆里看戏的记录。但是当时酒馆的主要营业方式还是出售酒馔，演戏只是临时喊一个戏班前来祗应而已。清代初期，一些酒馆进一步转化为专门的戏院，成为演戏卖酒兼营的场所。其演戏的形式，乾隆时期的小说《歧路灯》里有记叙，第十八回写王隆吉和谭绍闻商量请世家子弟盛希侨到蓬壶馆看戏，说是“现成的戏，咱定下一本，占了正席，叫厨上把顶好上色的席面摆一桌，中席待家人。盛大哥他是公子性情，一定好看戏的。事完了，咱与馆上算算账，你我同摊分资如何？”次日，王隆吉到蓬壶馆定了桌面，占了正座，又向瑞云班定了一个整本戏，讲明价钱，先给了定钱，再去请盛希侨，“希侨道：‘贤弟，你是做生意人，请那苏、杭、山、陕客人，就在饭园子里罢了。你我兄弟们，如何好上饭铺子里赴席？’隆吉脸红道：‘只因哥好欢乐，那里有戏，所以请在那里。’”从这些描写里可以看出，酒馆本身并不设戏，只卖酒饭，但酒馆里设有演戏的场所，供吃酒的人招徕戏班演出用。客人要自己向戏班直接定戏，并给酒馆和戏班分别付酒钱和戏钱。至于戏班是否还向酒馆付场租，文献不明。通常在酒馆里看戏的多是客商，借以经营业务。在酒馆里定戏的客人并没有把酒馆包下，所以还允许其他客人也来吃酒看戏，文中接着说：“须臾别的看戏的都来，各拣了偏座头，吃酒吃饭，走堂忙个不了。”有时其他吃酒的人也可以出钱加演一些戏出，如后来又来了一个破落子弟夏逢若，想结识盛希侨等，就把戏班里的人喊一个来,“解瓶口,取了一个锞儿,说道:‘这是我敬三位爷台三出戏。’掌班的道:‘是。’”这里描述的是酒馆演戏,但文中却一再称蓬壶馆为“戏园子”“戏馆”,可见这种设有演戏场所的酒馆已经开始向戏园的职能演变,它也反过来说明当时并非所有酒馆都设置了专供演戏的设备。酒馆和戏班演出在经济上是彼此分开的,其经营者之所以允许戏班来这里演出也是因为可以吸引更多的酒客。苏州桃花坞木版年画中有一张刻于乾隆年间的《庆春楼》图,表现的正是苏州城内一座酒馆戏园的营业情景:酒馆门口悬有楼名,大门两旁挂有当天上演戏出的剧目牌,进门即柜房,柜房内正厅有客人围桌而坐,饮酒吃菜,戏台的情景看不到了。由于酒馆戏园里饮酒娱宾,客人不免划拳猜令,狂呼乱喊,致使戏曲演出环境极度嘈杂。在这种情形下,一种较为合宜的公共演出场所——茶园剧场就应运而生。

茶园里演戏,其历史和酒楼一样久长,但是酒楼戏园出现后,茶园演戏已经停止。当酒楼演戏不能适应公众欣赏戏曲的要求时,茶园又重新引起重视,因为茶园不像酒馆那样人声鼎沸,于是酒楼戏园开始向茶馆剧场转化。乾隆年间的戏园已经出现了职能转化的兆头,乾隆十九年(1754)进士蒋士铨写有《戏园》诗一首,描写了北京戏园的情况:“三面起楼下覆廊,广庭十丈台中央。鱼鳞作瓦蔽日光,长筵界画分畛疆。僮仆虎踞豫守席,主客鱼贯来观场。”这当然还是酒馆性质的戏园,在演出过程中有酒席侍候,所谓“送珍行酒佣保忙”,“座上击碟催壶觞”。但从演完之后还要“别求市肆一饭充饥肠”来看,这里却不再卖饭食,已经失去了酒馆的部分职能。特别是诗里叙述的戏园构造已经和后世茶园接近,其功能主要是演戏而不是设宴。只是戏园似乎为露天建筑,这一点与后来有异(见《清诗铎》卷二十三)。

茶园剧场出现后,仍然保留了茶园吃茶的习惯,但却以演戏为主要经营业务。茶园剧场的构造,通常为一大厅,厅的前部有戏台,厅中间设池座,周围三面环楼,楼上设官座,楼下的廊里设散座。清包世臣《都剧赋序》描述他见到的茶园说:“其地度中建台,台前平地名池,对台为厅,三面皆环以楼。”《金台残泪记》则说:“凡茶园皆有楼。楼皆有几,几皆曰‘官座’。右楼官座曰上场门,厅楼官座曰下场门……楼下左右前方曰‘散座’,中曰‘池心’……无茶票者曰‘听阑干戏’。”从中可以知道,茶园座分三等,楼上官座为一等,楼下散座为二等，池心座为三等，价钱当然是贵贱不等，还允许无座的人站在楼下的栏杆后面远远地看。普通民众多是在池心看戏，官座则大多为富豪官宦占去。每个戏园的官座都用屏风隔成七八个包厢，《梦华琐簿》说："楼上最近临戏台者，左右各以屏风隔为三四间，曰官座。"靠近下场门的官座历来是被人们争着包的，因为当时狎旦风俗盛行，而下场门处正是最容易和旦角调情的地方，《梦华琐簿》所谓"官座以下场门第二座为最贵，以其搴帘将入时便于掷心卖眼"。至于上场门处，因为锣鼓过于嚣杂，弄得人目眩耳聋，所以没人愿坐。散座和池子里也都有桌子，人们坐在桌旁吃茶看戏。茶园和戏班是租承关系，即戏班在茶园里演戏，茶园把所得到的收入分给戏班①。戏班演出的地点并不固定，通常各个戏班轮流到不同的茶园演出，所谓"诸部赴各园皆有定期，大约四日或三日一易地，每月周而复始，有条不紊也"(《梦华琐簿》)。演出之前，戏班先在街头贴出节目单，《歧路灯》第一〇二回写在北京"街头看见梨园报帖，某日某班早演，某日新出某班亮台，某日某班午座清谈平话、杂耍、打十番，某日某楼吞刀吐火，对叉翻筋斗。"茶园虽比酒楼演戏条件要进步，但仍然十分嘈杂，《梦华琐簿》说："戏园前曰某园，曰某楼，曰某轩。然茶话人海，杂遝诸伶，登场各奏尔能，钲鼓喧阗，叫好之声往往如万鸦競噪矣。"茶园戏院产生以后，成为中国晚期剧场的代表形式，直到19世纪末欧洲镜框式剧场形制传入，它一直是中国剧场的基本样式。

在城市乡村民间还流行另外一种戏曲演出方式——庙会演戏，即利用庙宇里面的固定戏台进行戏曲演出。通常神庙里的戏台设在神殿对面，中间有一个比较大的空间，观众站在空旷处观看。《歧路灯》里有许多描写，如第四回说："那遭山陕庙看戏，甬路西边一大片妇女，只显得这巫家闺女人材出众。"又如第四十九回说："进的庙院，更比瘟神庙演戏热闹，院落也宽敞，戏台也高耸。不说男人看戏的多，只甬路东边女人，也敌住瘟神庙一院子人了。"看来乾隆时期开封习俗，庙里看戏男女是分两边站立的。庙院里站立的地点则没有限制，正殿台阶下、石碑边、卷棚旁都可以站，第四十八回写瘟神庙演戏，"看戏的人，挤挤挨挨，好不热闹。夏逢若附耳向谭绍闻道：'那卷

① 参见齐如山：《戏班・下签》，北平国剧学会，1935年。

棚东边,那老者是家母,你是认得的。'……只听阶砌下石碑边,一人高声道:'……'"庙里看戏没有地方坐,一般是普通小民光顾的地方,富人通常只看堂戏,所以第七十九回盛希侨挖苦淡师爷说:"像你这个光景,论富,你家里没产业,论贵,你身上没功名。即在贵处看戏,不过隍庙中戏楼角,挤在人空里面,双脚踏地,一面朝天,出来个唱挑的,就是尽好。你也不过眼内发酸,喉中咽唾,羡慕羡慕就罢了。"但庙里有时也有楼,只是一般不准在上面看戏,《梼杌闲评》第十三回写魏进忠在城隍庙看戏,看了半天,后来说"腿痛,回去罢……戏却好,只是站得难过"。第二天想了个办法,去向守庙的道士借楼设席,"刘道士道:'坐亦何妨?但是会首们相约,不许各房头客人看戏。恐他们见怪。'进忠道:'不妨,不白看,与他些银子罢了。'遂取出五钱银子交与刘道士。那道士见了钱,便欢天喜地的邀上楼,又叫出徒弟来陪。开了楼间窗子,正靠戏台,看得亲切。进忠又拿钱打酒买菜来吃"。这里的楼当然不是专为看戏而设的,所以道士要偷偷地租给外人。庙里演戏一般由庙产或里社集资开支,但有时也卖门票,《梼杌闲评》第十三回说:"二人来到庙前,进忠买了两根筹进去,只听得锣鼓喧天,人烟辏集,唱的是《蕉帕记》,倒也热闹。"这"两根筹"就是门票,只是不知道具体面值为多少。

中国民间还有许多其他的剧场形式,如在广场、街道、市集等地随处搭设临时性的高台来演戏,水乡还有把船当戏台的等。至于明清以后兴起的各种商会的会馆,以及宫廷里建筑的固定戏台,大多为庙宇戏台形制的继承和延伸,不再专门论述。

(原载《文物》1996年第2期)

中国剧场史研究的承前启后[①]

戏曲学和建筑学界同人首次聚会的中国古代剧场研讨会最近召开,它表明中国剧场学科领域虽远非热闹但也已经有了越来越多的志于此者,而30年前我行走在这条路上时的同行者还寥寥可数。我虽然一直在关注本领域,但毕竟没有进行新的研究,已经略感生疏,我的论文就谈谈对中国剧场史研究80年的推进过程、成果积累及对其缺罅的认识。虽然车文明、薛林平在他们的著述中已经有了详细介绍[②],作为过来人我毕竟有着更为直接的感受,对于前行者的筚路蓝缕之功和开辟期的甘苦也越加珍惜。另外更重要的是建筑学家王季卿教授还为我提供了21世纪后建筑学界在古代剧场研究领域的重大进展线索。

中国是戏曲大国,宋代以后,城乡剧场逐渐遍布中华大地,但历代戏曲研究者从未有人对之投注过注意力。20世纪后科学史思潮兴起,30年代古代戏台一度被时代注目。吴开英教授发现,1928年齐如山考证并主持绘制了从元代到今12种戏台样式,一一加以文字说明,是为中国古戏台研究之滥殇。但我发现,其中把元代戏台样式绘成当街临时圈栏撂地作场式,这应该是臆断。或许是受到启发,王国维的学生,著名考古学家、历史学家卫聚贤1931年在清华大学《文学月刊》第1卷第4期、第2卷第1期上刊发他的家乡万泉县西景村岱岳庙元至正十四年(1354)戏台的照片及《元代演戏的舞台》一文,开考察研究乡村戏台实物之始。他自称对戏曲和建筑不懂,希

① 本文系作者2012年12月21日在同济大学中国剧场史国际研讨会上的发言。

② 参见车文明:《20世纪戏曲文物的发现与曲学研究》,北京:文化艺术出版社,2001年;王季卿、薛林平:《山西传统戏场建筑》,北京:中国建筑工业出版社,2005年。

望引起大家对古戏台的注意。以后齐如山和一些同人与梅兰芳、余叔岩搞国剧学会,办《国剧画报》,开始留意搜集山西等地的剧场照片与资料在画报上发表,这是研究聚焦的开始,惜乎人事和战争的原因阻断了其进程。但那一阶段却形成了一个空谷足音式的成果:1936 年周贻白先生的《中国剧场史》由商务印书馆出版,虽然草创框架尚不完备,其先觉的眼光和视角使之成为中国剧场史的发端之作,由此学科领域得以划定,社会关注度开始形成,其功莫大焉!

然而此后,社会巨变不断发生,时代在迅猛推进,这一领域却由于与时代的隔膜而长期成为沉寂的地带。20 世纪五六十年代的中国,一切都在突飞猛进,戏曲研究也取得长足进展,剧场史领域里却仅有个别值得尊敬的人,躲在历史的角落里默默地耕耘。一位是晋南蒲剧院副院长墨遗萍先生。这是一位乡贤式老革命,承受着多年来的命运坎坷,高度热情地为家乡四处踏勘搜集、记录、整理古代剧场材料,点点滴滴记录在他的文章《记几个古代乡村戏台》(《戏曲论丛》1957 年第 7 期)和铅印本著作《蒲剧史魂》里。尽管他搜集的材料缺乏科学数据,我们仍不能忽视一位老戏曲家对于家乡和祖国古老戏台的热情与执着。而他最先开始对地域现存古戏台的调查,开后来《中国戏曲志》发动的全国戏台田野考察之先河。另一位是中国戏曲研究院资料室的王遐举先生。他自幼习书,1931年于武昌中华大学肄业,后来成为著名的书法家,但在那个时代却因"学无所长"而只能做一些舞台美术的辅助性工作,寂寞的他一个人进行戏台考察、搜集材料,冥思苦想地进行孤独的边缘性研究。他的成果,幸而形成了一本 10 万字的油印本《中国古代剧场》,我于 1982 年进入尘封积柜的中国艺术研究院戏曲研究所资料室,翻开这本纸张黑黄、字迹不清的油印稿本时,感觉是在打开一个从未被人扰动过的历史孔隙。王先生的著作仍然未能建立起中国剧场史的完整体系,历史缺环还太多,阅读后的我脑海里构不成清晰印象,在那一刻我决定继续完善这项工作。龚和德先生在 1961 年到 1963 年间参加由张庚师领衔的《中国戏曲通史》的写作时,则把清宫剧场作为一项重要内容来研究,取得了可喜成果,是为宫廷剧场研究的首创。

山西有着最古老又数量众多的古戏台遗留,有着20世纪30年代被文化界关注的历史,因而在"文化大革命"中,出现了一个奇果:1964年毕业于北京大学考古专业、在山西古建研究所工作的丁明夷先生,培养起独到而可贵的学术兴趣,在文物考古界第一个把注意力投向古戏台,1972年写成《山西中南部的宋元舞台》(《文物》1972年第4期)一文,成为首篇综合考察古戏台的论文。丁明夷先生后来从事石窟艺术研究,学术兴趣没有再回来。1983年出版《中国大百科全书·戏曲卷》,编撰者中王遐举、龚和德和著名建筑学家李道增先生一起撰写了有关词条,进行了对中国剧场史的初步梳理。李道增院士一直从事现代剧场设计与研究,并在清华大学讲授西方剧场史的课程,1959年曾参与设计当时的国家大剧院草图,90年代初在美国讲学时完成了《西方戏剧·剧场史》(清华大学出版社1999年版)一书,全书150余万字、一千多幅图,实为鸿篇巨制。

20世纪80年代以后,新的时代风气酝酿着研究新风,两位戏曲研究生——中央戏剧学院的黄维若和中国艺术研究院的我,不约而同地开始了对中国古代剧场的踏勘考察。作为学生,我们那时几乎没有差旅费,靠拖拉机、自行车、双腿加上背包解决问题,回味起来其过程艰辛而又甜蜜。其时我侧重于戏曲文物研究,当然也包括古戏台,黄维若则专力于古戏台研究,我们同声相应、同气相求。我自然把剧场史划作黄维若的范畴,有意不去碰它,开始只把自己研究的剧场限制在宋元及之前。但后来黄维若的兴趣转向他处,我则经过持续钻研,终于形成了系统的认识,掌握了中国古代剧场发展的脉络,于是在手头其他工作结束之后,开始撰写《中国古代剧场史》,当然把黄维若的成果也吸收进来。

其间,1984年山西古建筑专家柴泽俊发表了《平阳地区元代戏台》(《戏曲研究》第11辑),提出了古戏台形制变迁的有价值的思路,再次引起戏曲界关注,对我的研究有着直接的专业帮助。而1983年开始的由张庚师领衔的《中国戏曲志》创作工程,动员各省区几千名研究人员开展田野调查,对全国的戏台和剧场资料进行了大规模搜集。1987年李畅教授对于日本人冈田玉山《唐土名胜图绘》中所绘伪造北京清代广和茶楼图的辨析[①],令人信服地破除了中国剧场史研究中的一个误区,使我得以不用耽搁,直接接近了清代茶园剧场的构造实情。此时学者型的研究新著出现,周华斌先生在踏勘基础上写成的《京都古戏楼》(海洋出版社 1993 年版)最先空谷传声,开辟了区域古戏台调查研究的著作先河。可贵的是,他立足都城而展望整部中国戏曲史,已经触碰到了剧场史的许多关键环节并做出有价值的论述,这是其他所有后来出版的地域剧场史所不及的。李畅先生 1998 年出版的《清代以来的北京剧场》(北京燕山出版社),则是断代史和演出习俗的专门研究,其可贵之处还在于将范围一直延伸到现当代剧场建筑。

我的《中国古代剧场史》1997 年出版,突破了建构体系的诸多难点和薄弱环节,首次建立起中国古代剧场史的完整框架。我的工作首先是结撰体例,根据实际情形与所掌握材料,采用了历史朝代与剧场类别相结合的灵活论述方式,建立起较为科学的著述架构。通常史著会按照朝代先后描述,但对中国剧场发展史则不能拘泥,因为它的不同类别都有自己特殊的线索,而难以拆分,又常常会缺乏充裕的材料来拆分。例如宋代和元代兴盛天下的勾栏,就无法拆分到两个朝代去分别论述。又如,一些剧场类别在不同的历史阶段不断显隐变化,只有神庙剧场的发展演变贯穿始终,它们无法在相同的时段里对等。采取时代与分类相结合的方法,使我做到了收纵自如,剧场史也展开得十分充分。随后,我开始攻克一个个的具体难点,过程中经常会有快意的发现。比如建立起古代剧场的科学分类,其中“神庙剧场”已经成为学界的通用概念被广泛应用。如归纳出汉代百戏演出的三种场所——厅堂、殿庭、广场,它们奠定后世戏曲场地之源。如在唐代浩繁资料里辨析出剧场史的实际延伸轨迹。如在宋代陈旸《乐书》里发现隋唐演出所用的“熊罴案”,完成了露台建筑与舞台演出之间的联姻。如发现宋代汴京大相国寺里观众倚靠大殿殿柱看戏的记载,证明了最早庙戏观者的站立位置。如结合各地明清现存神庙剧场的考

① 李畅:《〈唐土名胜图绘〉“查楼”图辨伪》,《戏曲研究》1987 年第 22 期。

察，弄清了神庙剧场(包括祠堂剧场和会馆剧场，二者性质上也都属于神庙剧场)建筑结构的演变过程及其时段。如借用清代鼓词《月明楼》的文献描述，对照苏州桃花坞清代《庆春楼》年画和内蒙古呼和浩特无量寺清代《月明楼》古画，捋清了清代酒馆戏园向茶园剧场过渡的情形。还有，依据中国剧场发展具备阶段性的认识反观文物遗存，结合具体考证，辨析否定了汉代百戏陶楼、唐代敦煌壁画演出屋宇为专门的剧场建筑。但著述也留下遗憾。例如中国初期的专门剧场，在历史上曾经兴盛一时的宋元城市勾栏，其建筑造型没有丝毫形象影踪可以追寻，因而只能根据当时人的一些描述文字来进行猜测，多年来我一直试图寻找有关图片而未果。又如中国古代剧场与欧洲和日本剧场在某个阶段有着令人惊讶的相似之处，它引起我对彼此之间存在交流和影响关系的猜测，这是一个很让人感兴趣但又有很大证实难度的视角。目前已经有专家对中日戏台进行比较，但中西比较尚无接续者。再如，我当时能够直接考察的明代戏台实例较少，因此著述对于明代神庙剧场体制的变化语焉不详，令人高兴的是，这一点今天已经得到了彻底解决。最后，我当时研究中最大的弱点也是遗憾，在于缺乏建筑学的专门知识，不能从建筑结构上、各种建筑部件的剧场效应上以及剧场的音声效果上，得出科学数据和结论。我当时慨叹："按说这个题目本不应该是我个人的项目，它必须发挥社会各方面的力量，与建筑研究部门协同工作，进行交叉性的研究，但目前还没有这个条件。"①今天，条件已经具备，建筑学家们来了！

山西师范大学戏曲文物研究所于 1984 年成立后，集中一批学者进行专项田野考察和资料搜集工作，并开始培养戏曲文物研究生。他们一方面在建筑知识等方面进行补课，一方面调动集体的力量，通过经年累月的劳动，大举进行了戏曲文物和古戏台的调查，后续成果十分丰硕。杨太康、曹占梅的上、下卷《三晋戏曲文物考》(台湾施合郑民俗文化基金会 2006 年出版)的主要工作，是对与戏台有关的山西庙宇进行著录与考索。

---

① 廖奔：《中国古代剧场史》，郑州：中州古籍出版社，1997 年，第 2 页。

而冯俊杰的《山西神庙剧场考》(中华书局2006年版)更是集90年代对山西古戏台考察之大成,又被列为全国艺术科学“十五”规划项目,得到了尽可能完备的研究开掘。该书通过归纳总结山西现存古代戏台的众多实例(神庙160余个,剧场180多处),对历代神庙剧场形制,尤其是明代与清代神庙剧场的演进及其类型特征,做出详细描绘,深化了剧场史的认识。车文明在他获得全国优秀博士学位论文奖的《二十世纪戏曲文物的发展与曲学研究》(文化艺术出版社2001年版)之后,持之以恒地先后写出了《中国神庙剧场》(文化艺术出版社2005年版)、《中国古戏台调查研究》(中华书局2011年版),于随同师辈历练本领之后,青出于蓝地独立进行全国范围神庙剧场研究,完成了对全国神庙剧场的类型归纳。

这一二十年间,关注古代剧场的学者日益增多,写出的地域古戏台调研和综合研究著作已经有10余种、论文数十篇。

可喜的是,21世纪伊始,建筑界开始对古代戏台投入越来越多的研究力。建筑学家王季卿先生从1999年开始,在国内外用中英文发表系列论文近30篇,全面探讨中国古代剧场建筑结构及其音声效果①。王季卿先生培养博士生薛林平以山西古戏台为研究对象,指导他写成《山西传统戏场建筑》(中国建筑工业出版社2005年版)一书,后薛林平又写成《中国传统剧

① (1)J. Q. Wang, *Acoustics of ancient theatrical buildings in China*. J. Acoust. Soc. Am., 106(1999) Pt.2, 4aAA2.(2)J. Q. Wang, *Acoustics of Chinese traditional theatres*. Presented at the First Pan-American/Iberian Meeting on Acoustics, Cancun, Mexico(Dec.2002)J. Acoust. Soc. Am., 112.No.5, Pt.2 of 2(November 2002) 4aAAb3.(3) Y. Hsu, W. Chiang, J. Tsai, J. Q. Wang, *Acoustical measurements of courtyard-type traditional Chinese theatres in East China*. Presented at the AES 21st International conference for Architectural Acoustics and Sound Reinforcement, St. Petersberg, Russia (June 2002).(4)J. Q. Wang, *a study on space disposition and cultural context of traditional Chinese traditional building*. Keynote address, The 5th International Symposium of Environmental-Behavior Research Association(EBRA), October 23~26, 2002, Shanghai, China.(5) W. H. Chang, Y. K. Hsu, J. J. Tsai, J. Q. Wang, L. P. Xue, *Acoustical Measurements of Traditional Theatres integrated with Chinese gardens*. J. Audio Eng. Soc., Vol.51 (2003)No.11, 1054~1062.(6)J. Q. Wang, *A primary study of the acoustics of Chinese traditional theatrical buildings*, Technical Acoustics(English Edition), Vol.22(2003)2~5.(7)J. Q. Wang, , *Acoustics of Traditional Chinese theastrical Buildings*. Plenary Speaker, 2008 IEEE International Ultrasonics Symposium(IUS), Beijing, China, Nov.2~5, 2008.(8)J. Q. Wang, , *Acoustics of Courtyard theatres*. Chinese Journal of Acoustics, (2008)Vol.27, No.1, 1~11.(9)J. Q. Wang, *Aacoustics of Courtyard theatres*. Lecture at RPI, Troy, Feb.06, 2007.(10)J. Q. Wang, *Acoustics of Taditional Chinese theatreical buildings*. Invited Lecture at the HKIOA Meeting, March 18, 2010.(11)J. Q. Wang, *Acoustics of Traditional Chinese Theatres*. Keynote Speaker, ACOUSTICS 2012 HK, May 13~18, 2012.(12)F. S. Mo, J. Q. Wang, *Why the conventional RT is not applicable for testing the acoustical quality of unroofed theatres*. ACOUSTICS 2012 HK, May 13~18, 2012.5aAA9.(13)王季卿:《中国传统戏场建筑与音质特性初探》,《第八届(2000年)建筑物理学术会议论文集》(天津),第25~26页。(14)王季卿:《中国传统戏场建筑考略之一——历史沿革》,《同济大学学报》第30卷第1期,2002年1月,第27~34页。(15)王季卿:《中国传统戏场建筑考略之二——戏场特点》,《同济大学学报》第30卷第2期,2002年2月,第177~182页。(16)王季卿:《中国传统戏场声学问题初探》,《声学技术》第21卷第1~2期,2002年,第74~79、87页。(17)薛林平、王季卿:《山西明代传统戏场建筑研究》,《同济大学学报(自然科学版)》第31卷第3期,2003年3月。(18)薛林平、王季卿:《山西元代传统戏场建筑研究》,《同济大学学报(社会科学版)》第14卷第4期,2003年8月,第31~36页。(19)薛林平、王季卿:《山西清代传统戏场建筑研究》,《同济大学学报(社会科学版)》第15卷第2期,2004年4月,第40~46页。(20)王季卿:《析古戏台下设瓮助声之谜》,《应用声学》第23卷第4期,2004年,第21~24页。(21)薛林平、王季卿:《江南八座传统庭院式戏场的音质测量和分析》,《第九届全国建筑物理学术会议论文集(一)》,中国建筑工业出版社,2004年,第383~386页。(22)薛林平、王季卿:《中国传统庭院式戏场声学缩尺模型试验》,《第九届全国建筑物理学术会议论文集(二)》,2004年,第129~132页。(23)王季卿:《庭院空间戏场的音质》,《声学学报》第32卷第4期,2007年7月,第289~294页。(24)王季卿、莫方朔:《中国传统戏场亭式戏台拢音效果初析》,《第十一届全国建筑物理学术会议论文集》,建筑工业出版社,2012年。

场建筑》(中国建筑工业出版社2009年版)一书,并且发表系列论文19篇[①],集中研究全国各地的古代剧场。王季卿、薛林平师生成果的集中展现,就像在中国古代剧场史研究空中划过的一道绚烂极光。清华大学建筑学院的罗德胤也于2003年写出博士论文《中国古戏台建筑研究》,并且有一系列的后续成果。这些著作的一个显著成绩是将建筑测绘、音声勘测手段用于古戏台考察,得出科学的数据,推进了古代剧场史研究的深化。从薛林平的书里我才了解到,建筑史界的中国剧场史研究起步很晚,一直到21世纪初出版的五卷本600万字巨册《中国古代建筑史》(中国建筑工业出版社2001年版),论及古代剧场建筑时仍错误累累。例如说戏台坐北朝南是为了避免演出时产生眩光,说元代戏台往往和山门结合在一起,说明代戏台结构和元代类似等等,薛林平对之一一作了反驳。

近期一个新的成果是综合多学科共同攻关的全国艺术"十五"规划项目结项,出版了《中国古戏台研究与保护》(中国戏剧出版社2009年版)一书。这是一个集合了戏曲史家、考古学家、建筑史家的团队,其成果因此让人耳

① (1)薛林平、王季卿:《山西明代传统戏场建筑研究》,《同济大学学报(自然科学版)》第31卷第3期,2003年3月。(2)薛林平、王季卿:《山西元代传统戏场建筑研究》,《同济大学学报(社会科学版)》第14卷第4期,2003年8月,第31~36页。(3)薛林平、王季卿:《山西清代传统戏场建筑研究》,《同济大学学报(社会科学版)》第15卷第2期,2004年4月,第40~46页。(4)薛林平、王季卿:《江南八座传统庭院式戏场的音质测量和分析》,《第九届全国建筑物理学术会议论文集(一)》,中国建筑工业出版社,2004年,第383~386页。(5)薛林平、王季卿:《中国传统庭院式戏场声学缩尺模型试验》,《第九届全国建筑物理学术会议论文集(二)》,2004年,第129~132页。(6)薛林平:《上海清代晚期戏园研究》,《华中建筑》2009年第1期。(7)薛林平:《湖南传统戏场建筑研究》,《华中建筑》2009年第2期。(8)薛林平:《试论北京清代戏园建筑与文化》,《华中建筑》2009年第3期。(9)薛林平:《北京清代会馆戏场建筑研究》,《华中建筑》2009年第7期。(10)薛林平:《山东清代戏场建筑研究》,《华中建筑》2009年第9期。(11)薛林平:《北京清代皇家戏场建筑研究》,《华中建筑》2008年第4期。(12)薛林平:《江苏清代戏场建筑研究》,《华中建筑》2008年第7期。(13)薛林平:《浙江传统祠堂戏场建筑研究》,《华中建筑》2008年第6期。(14)薛林平:《中国传统戏台中的藻井装饰艺术》,《装饰》2008年第11期。(15)薛林平:《中国传统戏台中的匾额艺术》,《中国建筑装饰装修》2008年第11期。(16)薛林平:《陕西明清戏场建筑研究》,《华中建筑》2008年第12期。(17)薛林平:《北京民国时期的剧场建筑》,《中国近代建筑研究与保护(六)》,北京:清华大学出版社,2008年。(18)薛林平:《安徽传统戏场建筑研究》,《华中建筑》2007年第8期。(19)薛林平:《河南清代戏场建筑研究》,《华中建筑》2007年第10期。

目一新。周华斌先生负责撰写的“中国古戏台的历史演变”章,集中总结了他对于中国剧场史演变的整体看法。罗德胤不仅执笔“中国古戏台建筑形制及类型”章,将他对中国古戏台的建筑学认识集中归纳,而且绘出 70 座古戏台建筑测绘图。车文明负责的“古戏台遗存”章充分展示了他对资料的掌握度,他提供的“全国部分清代戏台基本状况一览表”也是当下最为详尽的统计表。团队一大幸事是邀请到了山西古建学家柴泽俊先生,他对古代剧场研究的再次加盟使得项目把古戏台的保护与维修引入视野。“中国古戏台匾联艺术”章的承担者吴开英教授做出了开创性的贡献,拓展了剧场研究的内容,她对古戏台匾联的搜集与论述也别开生面。但古戏台所包含的艺术成分不仅仅是匾联,首先当然是它的建筑艺术,细分的话可以有结构艺术、顶盖艺术、垂檐艺术、斗拱艺术、脊饰艺术、山花艺术、藻井艺术、勾栏艺术等;其次是雕饰艺术,也可细分为木雕、石雕、彩绘等;然后是匾联艺术。这些内容如果要包容进来的话,最好是设立“中国古戏台的艺术构成”章,仅仅匾联自然是不够的。

总之,经过近一个世纪几代学人的前赴后继和共同努力,中国古代剧场史的面貌终于能够比较清晰地展现在世人面前了。而今天,戏曲界和建筑界的学者又一次坐在一起论道,这是时代的进步,也是中国剧场史研究之福。愿学术在剧场史领域里也一样永远生生不息、继往开来!

(原载《中华戏曲》2014 年第 47 辑)

晋南戏碑偶录

山西省南部地区,以其独特的自然环境和地质、地理条件,保存了自宋至清大批的戏曲活动遗迹,其中尤以古代戏台遗存为著。20世纪80年代初,我因为工作之便,屡屡往来于晋南一带的太行山至吕梁山之间,随处寻访搜集了一批戏台碑刻,其中多有关于戏台创建、祭神献戏等方面的记载,有助于中国古代戏曲史的研究。现将其中一部分抄录下来,刊载于此,作为参考资料,以飨同好。

一、芮城县东关东岳庙金泰和三年(1203)《东岳庙新修露台记》碑

东岳庙新修露台记:□岱岳者,首载于国家祀典。今则天下之广,一郡一邑,莫不卜地建立行祠,镇庇境界。迹夫芮城,乃古之让国也,风俗敦庞,崇敬□□,□化使之然耳。县□□东,营修岳庙□□者久矣。台址宏敞,殿宇廊庑制度完备,□□□丽。惟有露台一所,累土为之,岁律迁□,风颓雨圮,屡修屡坏,终不称于庙□。凡有时祭月享,当奏音其上,用荐束羞,今以卑隘,不克行列□人,乐失其备。□□格思,居民常以为憾,数议兴修,奈何□□□久又寝其议。勇意完葺者,终乏其人。□□□下董公讳章,世居此邑,仰荷□□,□忍坐视其弊,遽乃批露肝诚,誓为经□。□循旧贯,创用砖石增大其基,募□匠□□□费五百余贯。乡众闻之,竞喜为助,□□□□,一一棋布。自乎肇造,□□于今,周及二载,中间工

匠日用馈饷,公□□应办,寒暑不避,始终如一,迩者方□厥功。□台崇七尺五寸,方广二十四步,砖总万有六千数,边隅用石,一百五十□。□砻绝疵,细功鳞砌,荡人耳目。黄童白叟,□□□□□。□牲陈皿者得以展□仪,流官泛羽者得□奏其雅,神人之心,由是知焉。余旅食兹邑,未几数旬。忽旦有夙契吕君讳□来予止舍,告之曰:经守□此庙,以永其岁。今董公创兴露台,能事毕矣。求余为文,纪董公之志。余让之久而渠□益切。在于交情,义难固辞,□询始末,备□于前,俾后来者知作之之始。噫!吕君义士也,悃愊求文,成人之美而贤乎哉!余亦嘉诸,继书于石。时泰和三年岁次癸亥五月戊辰朔十一日戊寅,蒲中进士李鉴记。里人冯翊雷亨书丹。管勾庙主吕经。砌匠河津西王王显。石匠孙寺马忠高头□进并刊。

奔按:庙已于抗日战争时期被日军烧毁,仅余此碑。碑藏芮城县博物馆。

二、芮城县东垆公社东吕村关帝庙元泰定五年(1328)《创修露台记》碑

创修露台记:伏以鹗翥遥空,乃望风而飘举。人祷其神,心获□而隆福。夫芮邑忠孝乡东吕社故祀□昭惠灵显真君,殿宇雄壮,庙貌俨然,廊庑昔皆具备,惟有露台阙焉。里人蒙古拈蛮谨发□诚,愿为胜事,特舍所费之资,命工爨砖琢石,经营创建,不日而成。于戏!斯台既立,若不刻诸于石,恐怕以岁时绵远,无能光先启后,聊具真书以识□□云。泰定五年暮春中旬九日□怡后人刘士昭谨志。修台人拈蛮。母塔海氏。妻舍舍。男锁儿僧。女兜儿碗孝连。大元戊辰岁次。砌匠许德成、王信刊。

奔按:东吕村现存清代并联戏台三座,坐南朝北,其中间一座修为过街楼式,于楼下东壁镶嵌此碑,长0.54米、宽0.36米。关帝庙已改建为小学,存《康熙三十三年孟冬朔日重修关帝庙碑》一块,碑文称庙“创建于顺治初年”,则已非元时旧庙。据《创修露台记》碑文,元时所供神为“昭惠灵显真君”,知此碑乃后人挪移至关帝庙中。

三、临汾市魏村牛王庙元《广禅侯碑》、清同治三年(1864)《三王会碑》

《广禅侯碑》碑面刻文:

牛王庙元时碑记:锦城进士谯正撰文,汾□远尘子书丹。有天地覆载资焉,有日月照临属焉,有鬼神凶吉系焉。天地恩大而莫能报,日月之明运而莫能穷,鬼神之道灵而莫能掩。自古有功于国者,立庙以飨之,血食以祀之,四时致敬,祀典不阙。神之庇佑,岂可胜纪,实在乎人之敬信耳。临汾县西北魏村牛王庙,历数十余载,神之世谱,有自来矣。宋真宗祥符七年秋八月驾谒亳州大清宫,至一山名孤山店,其夜御驾宿于此,众马皆病。帝曰:异哉!问土居之民,此处有何神庙。居民答曰:孤山有神曰通圣郎君,祭之无不应也。于是帝封为广禅侯。一行御马如故。有家存焉,历代享祭。降其后世,祠而神之。今有乡赛二十余村,岁时香火,益胜畴昔。其庙枕村之北岗,姑峰秀于前,汾水环于左,地基爽垲,栋宇翚飞,石柱参差,乐厅雄丽。远近士庶望之,俨然敬心慄慄,罔不祗畏,实一方之奇观。目睹祀事,今罕有之:至于清和诞辰,敬诚设供演戏,车马骈集。香篆霭其氤氲,杯盘竞其交错,途歌里咏,伛偻提携,往来而不绝者,至日致祭于此也。喜其有祷必应,速如影响,灵应昭然,骇人耳目。神之功行,岂易量哉!一夕,信士大枣北孙继先、南羊村左仲文暨和村张郁等访蓬筚,谓予曰:牛王之祠,祭祀久矣,其神妙不可测,合境受赐,六畜平安,将何以答神之休?恳予为之记，刊之琬琰，以传不朽。予固辞不允，愧才疏识浅，老无所成，何以当充。但喜其好事，因抚其实而为之铭。布施本庙地基人魏村皇老师。起盖牛王庙人交底村功德主都维耶。老董事人魏村景提控、交底村郭一郎、南羊村乔提控、和村张四卜、东郭南王八郎、东郭北郭百户。管社村庄开列于后：魏村，交底，岭上村，西郭村，车辐，山底村，亢村，粱、吉家庄，土门村，大枣南、北，南羊村，羊舍村，和村，东郭南，乔化村，徐村，阳皇村，南王村，太明村，吴村，官地里，太涧村，北王平，东郭北，潘家庄。临邑协兴源、丰泰号，洪邑长顺号、长顺炉，各施钱伍百文。津邑铁笔王艺通。住持杨炎春。补充典吏梦九樊锡龄经修原文。詹事府供事焕然张可章录文并书。时大清光绪二十四年岁维著雍阉茂菊月重刊立。

奔按：魏村牛王庙，现存正殿、献殿、乐厅，犹有元时风貌。乐厅规模宏伟，保存完好。前立石柱二，其西柱刻文："蒙大元国至元二十年岁次癸未季春竖石泉南施石人杜秀"，其东柱刻文："维大元国至元年岁次辛酉孟秋月下旬九日竖石匠赵君王"。《牛王庙元时碑记》文乃元朝所刻碑文，岁律迁徙，风摧雨颓，原碑文渐次失显，因于清光绪二十四年(1898)重刻元时碑文于原碑，事见《广禅侯碑》碑阴载文："二十四年……重刻元时碑文于原碑……"元碑不知刊于何年，参乐厅石柱刊立年代，当在至元、至治年间。碑高1.48米、宽0.74米、厚0.15米，碑座高0.5米，碑现立于正殿西廊下。碑文中"休"字当作"庥"。

《三王会碑》碑阴刻文：

尝思庙宇之辉煌，虽关乎气运，而其所以然者，全在乎人之作为耳。魏村三王庙，年远日久，庙中之修理，亦非一次。目刻坚固者可以延年，破乱者甚属难堪。同六社谪议重修戏台、分神殿、西门、路南廊房以及献亭之角，所费钱文，六社均摊。由是神喜人喜，神恩默佑，而一方之人物有不尽为无恙者乎？因勒碑刻铭，以垂后世。议定会规，每年逢会，初十日六社献牲。挨次转牌交社，本社人在中，交社人在东，接社人在西，甚勿紊乱。所写之戏，或是本县，或是外县，总要初九日早刻迎神，十二日早刻送神为止。倘敢以官挟势，强行拉戏，六社公办，决意不准。三王之威名，反不如伊乎？逢会之期，天雨若大，误了日期，出钱四十千文，入公修理山棚，上面要做五大名山，中间五马破曹，下层士农工商游山玩景之势。又四外村中，不要停留贼匪、损人利己。如若强留者，六社公议，定要将窝主贼人立送死地，以除其害，决不食言！为此谨志。(村社人名略)同治拾壹年四月初十日吉立。

奔按：碑高1.6米、宽0.62米、厚0.15米，座高0.32米，现立于牛王庙正殿西廊下，与《广禅侯碑》并排。

四、稷山县城关公社南阳村法王庙明成化七年(1471)《法王庙创建舞庭记》碑

法王庙创建舞庭记：南阳为邑之巨里，人多乐善尚义，尤笃于事神。善士李文远，蚤岁于本庙朝夕躬奉香火。尝会里中长者议，欲于正殿前建舞庭一座，佥曰宜。暨向善多士，协衷致力，纂缘乐就。材料既备，乃请良工，而梓匠苏姓名亨者，欣然应曰：吾注意于斯已久，愿尽心竭力为之，不求其赏。遂树舞庭三架转五，规模雄壮，制作工巧，廉隅整饰，无或尚焉。于是以陈列乐舞，奏格明神，有不宜哉？兴工于成化辛卯之仲春，落成于成化乙未之季夏。佥谓厥工既毕，当有以昭永远。而本村周瑾，亦好善者，躬诣北山之巅，求取美石，付之能匠，磨砻成竭。爰俾不肖，敬录造意兴缘之始末，勒诸石表，庶使后之乐善君子有所观感云。成化七年岁次辛卯月建仲春乙未日。本县儒学生马宗海撰，本村张谦书，宁闰刊，黄士真画。(同刊人名略)

奔按：庙存，主体建筑尚有门楼、舞庭、正殿、廊房若干、后土殿、十神殿，钟鼓楼及献殿已毁，仅余楼(殿)基。舞庭坐东向西，十字歇山顶，面积207.35平方米(14.5米×14.3米)，前台现已用砖垒死。碑存。正面题额《重修法王庙记》，绘刻法王庙庙貌图，中有“乐庭”一座。碑阴刻《法王庙创建舞庭记》文，文中“磨砻成竭”的“竭”字当为“碣”之误。碑高1.4米、宽0.56米。

五、蒲县柏山东岳庙清康熙七年(1668)《献戏碑记》、乾隆十七年(1752)碑、乾隆十八年(1753)碑、乾隆四十二年(1777)碑、道光元年(1821)《东神山补修各工并增三处戏钱碑记》

《献戏碑记》正文：

祝贺圣诞碑记：蒲邑之东，离城五里许，有山如绣，其势崇嶐，其境幽深。而且青松千树，翠柏万丛，郁郁葱葱者，阅岁时而不改。猗欤灵哉！洵可谓风会所聚，胜地不再，而为神明之所必栖者也。山巅之上建立庙宇，其来旧矣。前后制度壮丽，左右规模宏敞，而坐镇中央者，享泰岳其神焉。斯神也，含弘广大，覆育万有，上则福国而亨其磐石，中则福民而乐其康宁，下则福物而绝其夭札。凡薄海之内，孰不赖其帡幪之德哉！故三月廿八乃圣诞辰也，蒲之士女，匍匐进香，竭诚享献，不独一岁为然。而今岁董其事者，则生员曹凤翥，信士阎承禄、张彦秀、李文魁，纠率同人，虔修祀典，粢盛必期其丰洁，牺牲必期其肥腯，而且戏献三台，声彻两间，凡所以尽享祀而洽神人者，靡不至焉。祀毕，鸠工勒石，以纪其事，匪敢自多，其敬恭明神之意也。亦曰：神之福我者无尽，我之极神者亦宜无尽。后人踵而行之，香火不绝，庶可酬神庥于万一云。时大清康熙柒年岁次戊申叁月廿八日立。廪膳生员贺友范薰沐撰。庠生冀骕顿首书。(同刊人名略)石匠张守业、僧人性宗同监。

奔按:庙存,建筑完整,规模宏伟。庙中石碑如林,碑文多称庙历唐、宋、元诸朝,今献殿柱础尚刻有金大定年号,又有元至正辛丑(1361)《重修东岳庙楼铭》一通。戏楼兼作山门,修为过街楼式,为清代面貌。台中悬匾,首题"皇清康熙拾柒年邑武生曹补天敬书",尾题"皇清乾隆伍拾贰年岁次丁未季春重妆"。戏台面积81.92平方米(10.24米×8米),台口面积48.15平方米(9米×5.35米),前台高2.13米。碑存,高1.2米、宽0.65米。

东山为蒲邑巨观,□其上者为泰岳之神,兴云出雨,灵庇无疆。士人每岁于季春廿八日,献乐极赛,相沿已久。嗣因所费无出,久将废坠,爰令募银三百两,付之典商,岁生息银三十金,以为献戏之资。至期必聘平郡苏腔,以昭诚敬,以和神人,意至虔也。乾隆八年夏器等实首其事,因所托非人,骗银误戏,暂觅本县土戏,以应其事。前后搬取戏箱脚价,并定戏献牲等费,约计二十余金,俱系器等首事十人自行备捐,其公项息银有预行支用者,尽数交出,未敢稍侵毫厘。社内众纠首及合会人等,齐集公议:嗣后有失误神戏者,不得开销公项分文,悉照八年为例。遂将本年余息三十金,并本银二百两,置买租产,以垂永久,此买契内所以有二百三十两之价值也。但恐时久例废,有失误神戏仍动公项开销者,器不得已,捐资数金,会合诸纠首公议,勒石为记,庶神会不至疏误,而人心亦绝争端矣。是为记。八年为首绅士郭象升、张赟、贺济,信士王泽、王国璋、王敦、赵朴、曹万土、景成龙。石工秦怀耐镌。邑廪生曹帝器书。乾隆十七年四月朔日邑庠生曹夏器捐银二两勒碑志。

奔按:碑存,高0.96米、宽0.47米。

东山所积银二百三十三两,前俱有碑,无庸赘叙。特是每岁取息于商,亦只可暂而不可久。原纠首十人公议,各分银二十三两三钱。各置买地租三两,随过粮银三钱。又有新添随会十三人,亦置买租银一两九钱,随过粮银一钱八分。已另竖碑。后又有新添随会九人，亦置地租一两，随过粮银一钱五分。今一并交付本山僧人经管。每年十月会收租，次年三月内除完粮三两三钱三分外，其余租银给付值年为首，以作献戏之资，不得预先支取。兹将坐落地名亩数胪列如左，用垂永久云。邑庠生曹景苏等公志。时乾隆十八年荷月中浣吉旦。邑拔贡生曹帝器书。秦怀耐镌。（各人分置地亩略）

奔按：碑存。因仅制局部拓片，故其碑面尺寸不详。

乾隆丙辰岁东神山纠首老先生等十位，因土戏亵神，谋献苏腔。又虑戏资无出，议请封首三十人募银二百两，置租三十三千，每年除纳贡而外，得租三十千，以备戏资，诚盛事也。后又有好善乐施者，续入十数人，置租公用，俱有碑碣可考。近因天时人事之不齐，神事几至废坠。太值四十一年，首事与同事张纬祖、王端、曹子申等十四人，同心协力，遵前人之制，复请封首三十二人，募钱二百余千，除费用刻碑而外，净存钱二百千，放之典铺，每年获息二十千。前后共计有公项钱五十千。每岁加戏一天，每社尽心办理，有余则存之公所，备用不足则值年为首按份均摊。名虽两社，而一切费用一处公算，实为一社。庶新旧为首，互相维持，而神事可以万世无敝。虽然，此岂可云尽善耶？至于踵事增华，较胜于今日者，更有望于后之君子也。是为序。邑廪膳生员冯震太谨志。邑廪膳生员张绶祖敬书。时大清乾隆四十二年岁次丁酉桐月上浣吉公立。（各纠首、封首人名略）玉工宁居恭申镌。

奔按：碑存，高 1.45 米、宽 0.65 米。

东神山补修各工并增三处戏钱碑记：凡事之一举而得者，非奇也。惟一举而两得之人为也，而实神力为之。东山粤自大工告竣后，已阅多年，风雨飘洒，诸处决裂甚多，倘弗及时补葺，一经倾圮，费必加倍，此庙宇之不可不修理者一也。复有三月念八祝贺东岳圣诞之辰，旧规，演乐必须觅自外境，近来邻封渐增戏资，除用神钱外，每分赔垫尚不下五六千。应事者贫多富少，拮据实甚，故人视为畏途，恒多退缩不前耳。即有应允者，总不足二十人，神事不至废坠者几希矣！此戏资之不可不设法者又一也。因于嘉庆庚辰，住持将原管事者纠合一处公议，重号枯朽柏树，爰得价钱壹仟有零。先放于各当典本钱伍佰仟，获息伍拾仟，为添三五七月戏资。下余以备修理，遂从地藏祠起工，渐次东西厨房、正殿、墁院、山门外引路、西禅院、上下华池庙、华门、乐楼、一切门窗，俱各补修毕，连刻碑文，共计用过钱肆佰数拾仟。余钱仍放当典，以备后日补修。斯时毁者补而庙宇完固，戏资增而神事永久矣，讵非一举而两得者乎？爰将神事原委，质直以道，并不敢谓之文也。例授修职佐郎候铨儒学训导庚辰岁贡张琉撰文。男儒学生员国正书丹。（同刊人名略）时大清龙飞道光元年岁次辛巳桂月谷旦。石工宁德盛镌石。

奔按：碑存，高0.7米、宽0.48米。

又，庙中清代碑刻言及戏台和演戏事者尚多，今举其要者如下：

乾隆元年（1736）《东山经久神会碑序》曰："于□春三月之廿八日为尊神圣诞辰，邑之士女，雨集云屯，伛偻磬折，以告虔焉。一时之董厥神会者也，必为之丰粢盛，洁牲醴，举乐奏以和神听，布神贶以洽众欢。其典隆，其制备，递传以来，迄今固未之或衰也。"

乾隆五十四年（1789）《重修东岳大帝宝殿开光建醮演乐碑记》曰："至丙午（1786）十月择吉开光，余等同事诸人与合邑善士，募金建醮演乐，恭迎神驾……岁在大清乾隆屠维作噩桐月下浣吉立。"

乾隆五十四年《重修东岳庙正殿并各工碑记》曰："计自乾隆辛丑（1781）起工，告竣于乾隆丁未（1787），阅七稔而工乃成焉。其间动大工者数次：正殿、献亭、戏楼、地狱禅院并彩绘门楼，工何巨也……时大清乾隆五十四年岁次己酉桐月谷旦。"

同治三年(1864)《东神山同神募义碑记》曰:“东屏胜地,为邑伟观。每届圣诞之辰,牲戏俱庆,乡乐来朝,士民辐辏,遐迩云集。盖邑中佳会也。”

(原载《戏曲研究》1987年第22辑)

一个值得注意的解诗视角

——评《兴的源起》①

从发生学的角度探讨我国诗歌艺术的起源问题,近年来陆续有人尝试。这些尝试都已超越了由人类产生于劳动的命题所引申的艺术起源于劳动——诗歌起源于劳动的共性顺延式推导模式,日渐产生富有启发性的智慧闪光。本书即属于这类尝试中的一种。

诗的赋、比、兴问题,是我国诗歌批评史上一道久远的美学课题。作为诗歌艺术形式美的规范化现象,它在《诗经》中即已显露了完整的类格局。而作为人们理论思维中的审美观照对象,它至少在先秦时代即已被人们留意(《周礼·春官·大师》即已提出诗"六义"说,即风、赋、比、兴、雅、颂),在后世则引起历朝历代直至今天的批评家们奇异纷繁的界说、定义和悬解。然而诸家解说,都限制在从诗歌艺术形式的内在联系方面探求,这固然是本体研究的正确方法,但难道就再无其他途径了吗?

在这一点上,本书提供了足资借鉴的渠道。全书从发生学的角度立论,将兴的起源追溯到人类原始宗教观念中包含了图腾崇拜意义的原始兴象,这些原始兴象根基于自然物象被原始人类赋予特定的观念内容,而这种将客观物象主观化的过程正是持万物有灵信仰的原始人类思维的一大特点。书中指出:原始人类最初的以"他物"起兴,绝不是出于审美的或实用的动机,而是出于一种深刻的宗教原因。因此,当原始人在咏唱中提到一种物象时,这种物象往往是作为观念而存在的。例如,当以鸟为氏族图腾的原始人用鸟起象时,在他们头脑中就会自然涌现出对于祖先的向往和怀念之情,鸟

① 赵沛霖:《兴的源起——历史积淀与诗歌艺术》,北京:中国社会科学出版社,1987 年。

的兴象中积淀了特定的复杂历史背景和文化形态。

由此,本书为《诗经》兴的形式中某些长久无解的疑难现象提供了一种解释的途径。例如解说兴的含义,尽管众议纷纭,但有一基本点则是相同的,即兴的物象一定与诗的内容有着某种形象、性质、情感、氛围方面的关联。然而,往往有些兴象很难找到这种关联点,如《小雅·小弁》:“维桑与梓,必恭敬止。靡瞻匪父,靡依匪母。”为什么见到桑树与梓树就一定要恭敬,并由此而联想到对父母的敬畏和依恋?古人强作牵扯,如朱熹说桑、梓为“父母所植”,所以见到就肃然起敬。但这已经是增文解诗了。事实上在原始兴象产生时期,桑、梓是被作为社树看待的,其中就蕴含了宗族、祖先的宗教意义,因而子孙见到是一定要敬畏和依恋的。这种原始兴象在《诗经》中有所遗留,就使失去了这种宗教意识的后人觉得无法理解了——这是本书富有生气的新见,颇值得继续深入探讨。

然而本书的某些缺陷亦是明显的。其一,一些关键性结论是由逻辑推导得来而缺乏实证的。其二,在比较单薄的例证基础上构筑起理论充分弘扬的大厦。其三,主观随意性判断占较大成分,例如书中认定其时兴已完成了由宗教观念内容向艺术审美形式的积淀过程,然而在解释产生于其后的《诗经》中仍有宗教痕迹保留时,则又认为《诗经》不能完全排除原始宗教观念的影响。其四,书的文字稍嫌芜蔓,包括两个方面:一是全书未能紧扣主题着墨,偶有插入无关的章节;二是行文较冗杂、重复回环,给人“榛楛勿剪”、披沙拣金之感。阅读中似觉现有内容不足以支撑起这本近20万字的著作,而只是一篇长篇论文的材料。

(原载《光明日报》1988年9月20日)

文学史家与审美悟性

——读《古朴的文学》[①]印象

我们目前读到的古代文学史著作,许多都太缺乏对于作品神韵的悟性感知和审美信息传递了。

无可否认,一代人有一代人的观察视角和认知能力,本世纪以来的文学史家,集体肩起了时代的使命,一者沿乾嘉学子之途穷尽传世作品真伪与作者生平迷雾,一者承西来文化之潮扭文体代衰观为历史进化论,一者秉马列主义认识论视文学为时代经济政治产物。于是乎,洋洋大观、体系完备的文学史大厦在五千年文明史的根基上逐步建立起来——这是前辈学者兢兢治史所创设的不可磨灭的业绩。

然而,当我们好奇地进入这些著述的殿堂中遨游,希图一窥传世佳作的真境和奥秘时,却常常懊丧地发现:它们不是被淹没在社会背景的熙熙世流中,就是被分解离析为残骸片段了。由文学史所传达的古典作品信息,与直接吟咏原作所得到的审美直觉,无论如何也找不到明显的联系。记得当年在大学课堂上,为了教科书不能感发我对于唐诗、宋词的直觉悟性——我感到了令人叹息的美,但它们究竟美在哪里?——而懊悔得几乎撕毁课本。

我不敢说西方美学家对这一问题就解决得好,但在我有限的阅读范围内,至少丹纳的《艺术哲学》使我透过理论的描述感受到了作品的鲜活和隽永。我想,由于中国文学史的主流——汉字、诗、词、曲、赋有着特殊的符号意义,也许还是中国古代文论家的体会更加真切,司空图的"韵外之致""象外之象""不着一字,尽得风流",王士祯的神韵说,王国维的意境说,都在此

① 刘毓庆:《古朴的文学》,太原:北岳文艺出版社,1988 年。

问题上有独到的感悟。司空图用雄浑、劲健、豪放、旷达、高古、典雅、自然、含蓄、冲淡、玄远、疏野、清奇、流动、飘逸、绮丽、纤秾等含景寓情、灵动形象的概念来归纳古典诗歌风格,其本身就具有一种审美传导的功能。20世纪30年代的文学史家中,诗人闻一多独树一帜。他的《宫体诗的自赎》述尽了唐诗名篇《春江花月夜》的辽阔、宁静、平淡和无垠。也许这得力于他诗人的敏感和多情?悟诗、解诗是否首先要会作诗才行呢?

于是,现存的文学史著作受到了冷遇——这其中当然还有着更复杂的文化原因,但至少它们应对目前人们疏远古典文学负一定的责任。于是,如何重写文学史,成为人们议而又议的话题。就在这个犹疑与期待的当口上,忽然“冒出”(原谅我用这个带动感的词)了一本新的文学史著作——《古朴的文学》,不能不引起我阅读的莫大兴趣:是熹微的晨光,还是退潮的弃贝?

作者的构想是恢宏的,这从全套书总名为《中华文学五千年》,而首本时限为先秦阶段即已运墨洋洋30万言就可以看出。只此一点即足以令人敬佩。中华人民共和国成立以来,体系较为完备的个人著述,当推刘大杰《中国文学发展史》,书中鲜明的语言个性和时有睿智的审美闪光(这里指初版),至今仍让我回味——以一人之力而完成上下几千年的文学史撰写,无疑是一次功底、学力、意志和耐性的艰巨考验。在时下分段、分代限定个人研究与教学范围日益明确的情况下,更是惊人之举。何况作者还要“走一条新的文学史研究的路子,建立一个新体系”呢?我期待着一个新的境界。

然而,30余万字就在几乎略无波澜的心境中读完了,甚至感到心理上的疲倦——我仍然未能找到灵性的感悟。尽管作者功底的实力是较明显的,对先秦散文的析解也周详而缜密,然而,神话的奇异和神秘在哪里?先民们咏叹的欢快和深沉又在哪里?还有那楚辞的清丽和诡谲呢?在不厌其烦的归纳和分剖所带来的沉闷冗长中,那些鲜嫩优美的篇什都变得枯皱干瘪了。也许,我的要求过分偏狭了一点,文学史本不是欣赏史(但书中恰恰有许多篇幅用于解析),然而,对于古典作品的研究,能够忽略审美吗?

作者在序言中谈到学习古代文学的目的——“认识、批判、继承、发展”,其中尤为强调“认识”的功利效果,却恰恰忘记了审美!我们从“落霞与孤鹜齐飞,秋水共长天一色”的清远诗句里所感受到的,难道仅只是红色、蓝色和野鸭吗？然而，作者却从先民纯情的欢歌中，提炼出了如下认识内容：A.择美标准；B.恋爱方式；C.婚配基础；D.婚礼仪式。并用大量实例去证明它们。或许是出自同一种思路，泛文学意义上的先秦散文因而占去了全书53%的篇幅！

文学是审美活动的结晶，它不是知识读本。只有具备了审美的眼光和心灵，才能够对它真正读解。

我希望我们的文学史家在功力、学问之外，再多一点审美悟性吧！像宗白华、李泽厚那样，像沈祖棻、叶嘉莹那样。

（原载《光明日报》1988 年 11 月 1 日）

触扪晚明社会的大众心声

——读《禁锢与超越——从“三言”“二拍”看中国市民心态》[①]

这是一本视角新颖的书。让我们先稍稍荡开些说去。

中国历史上有两个朝代多狂士,一为西晋,一为晚明。西晋如阮籍母丧而饮酒食肉,穷途末路而哭,大醉六十日,醉眠酒妇侧;刘伶裸处室中,以天地为宅舍,以屋室为衣裤,问客人“诸君何为入我裤中”;阮咸与群猪同瓮饮酒;袁山松出游令左右唱挽歌;等等。晚明人徐渭“自持斧击破其头,血流被面,头骨皆折,揉之有声。或槌其囊,或以利锥锥其两耳,深入寸余”;李贽公然挟妓白昼同浴,出入于孀妇卧室,有人问经学,则曰“此时正不如携歌妓舞女,浅斟低唱”;袁中道“视妻子如鹿豕之相聚,视乡里小儿如牛马之尾行”,不于居处而浪迹天涯;王思任见达官大吏则谈笑大噱,“疏放绝倒,不能自禁”;等等。两个朝代在哲学思想上也都发出了对于人性、人情的真率呼唤。是什么原因造成社会思潮的异动呢?我们知道,西晋是由于社会动乱、战争杀戮,人们朝不虑夕。而晚明则是和平安定时期,这些与世相乖的狂士,其异端思想是从哪儿来的?我们不能不归之于市风的濡染:社会生活方式的重大改变导致人们观念与意识方面的叛逆。

这使我们格外注意到晚明的市风。

文学作品是社会生活的映照。如果说巴尔扎克的《人间喜剧》是19世纪前期法国社会的百科全书,那么“三言”“二拍”也可以说是晚明社会的风俗录,其中“对人情世俗的津津玩味,对荣华富贵的钦羡渴望,对性的解放的企望欲求,对公案、神怪的广泛兴趣”(李泽厚《美的历程》),处处体现了市

① 张振钧、毛德富:《禁锢与超越——从“三言”“二拍”看中国市民心态》,北京:国际文化出版公司,1988年。

民的思想情趣,虽充满了小市民的庸俗、低级、浅薄和无聊,却透示出新的观念的渗入。《禁锢与超越——从"三言""二拍"看中国市民心态》一书,正是从这个视角切入,以探查社会观念变更的轨迹。

"三言""二拍"中充满与传统礼教不和谐的音响。无来由的发迹变泰成为市民们津津乐道的白日梦,地下挖出金银而飞黄腾达的"掘藏发迹"故事不乏其例,上厕所捡到大包银子也屡见不鲜,甚至大仲马笔下的邓蒂斯式的"基督山遇宝"也出现了。魏晋名士以言钱财为忌讳,称之为"阿堵物","管宁割席"故事更体现了士大夫以清高相尚的社会风气。而这里对钱则"人为你惹烦恼,人为你梦扰魂劳,人为你易大节,人为你伤名教"。行商业贾成为社会中一项令人羡慕的行当:只要一朝交泰,就能享受"泼天富贵"。经商甚至冲击了举子之业,儒人士子读书不济,常常就弃儒经商,"图几分利息",更有"徽州风俗,以商贾为第一生业,科举反在次着"。西晋政府鄙商,规定商侩都得在头巾上写明姓名和所卖货名,穿鞋都要一只白一只黑。这种贱商观念在晚明被社会思潮冲得七零八落,李贽高喊:"商贾何可鄙之有?"节烈观也严重退色:蒋兴哥并不过分追究妻子三巧儿长期独守造成的失贞,王从事也不去计较夫人被拐卖与人做妾五年,最后都夫妻重会。还有逃难中两对夫妻失散,交叉凑成新的家庭,以后又彼此交换的佳话。女人离婚改嫁,书中视作当然。无独有偶,李贽也恰恰认为,只要所嫁得人,可以"私奔",为了一辈子的幸福,就不管他一时的舆论沸扬。更多地充斥于书中的,则是一股纵欲的洪流,它席卷了市井街巷、店铺旅舍,席卷了官府衙门、儒斋书房,甚至席卷了神庙道观、僧寺尼庵。对这股洪流,本书做出如下发人深思的评价:"在对性禁忌的历史反动中,在性放纵的快感和满足中,世俗男女、芸芸众生惊讶地发现了人类的天性、人类天性的伟大和不可抗拒!发现了人自己、人自己存在的价值和意义!这,才是这场性欲洪流背后蕴藏着的真正价值!"

同样可以说,"三言""二拍"中所体现的社会价值观念的种种异动,也是人的发现和人生价值发现的结果。当然,这种发现极其盲目和不自觉,其力量亦十分薄弱,但也使中国几千年严密而稳固的价值体系一度震颤。问题是这种震颤旋即消失,倒是值得深思的文化现象。

(原载《光明日报》1989年1月10日)

中华远古的海洋文明

——读《龙凤文化源流》[①]

我喜欢龙凤艺术。北海的九龙壁，故宫的双凤石雕，常常引我流连徜徉。那波涛怒卷中盘曲遒劲、奋须扬爪的龙身，那祥云缭绕里引颈延翼、飘逸流畅的凤体，给人带来威慑、庄严、神奇、崇高、强力、奋争、升腾、流动、圣洁、慈祥的复杂心理感受。这是一个现代人面对最终定型的民族图腾所漾起的历史感与文化感。

然而，作为远古中华民族的两大主要图腾，在至少八千年的演变史中，龙与凤实际上是由众多部族图腾原型复合而成。《龙凤文化源流》带你沿着漫长而迷人的古史传说和神奇的部落神话的历史长廊遨游，告诉你眼前这条有着万乘之尊的龙，曾经是湾鳄、扬子鳄、蛇、鱼、鼋；而这只无比雍荣华贵的凤，曾经是燕子、乌鸦、鹰、鸮、鹫、鹏、鸡、孔雀；而且凤有过蛇颈鱼尾，龙有过鹰爪鸟翅。在漫长的岁月里，生活在我们这块东方厚重陆地上的众多部族，经过斗争与融合、吞灭与同化，逐渐形成了两大文化系列——龙族文化与凤族文化，直至成为我们今天所看到的封建王朝的最高集权象征——龙与凤。面对这种沧桑变迁，你会觉到感慨吗？

但我却更为书中描绘的中华龙凤文化的远播路线所吸引。

在美洲也有类似于中国的龙凤艺术！古印第安文化中也出现了龙与凤的图腾。其龙的演化，也经历了鳄、鱼、鸟的复合过程。其凤的造型，也有“三羽凤冠”与“宝相花”。古印第安建筑的桥涵、滴水上也镶刻龙头，负重基座也用龟趺龙，甚至乐器上用龙头也与中国的囚牛龙相同。古印第安龙

① 王大有：《龙凤文化源流》，北京：北京工艺美术出版社，1988 年。

凤艺术的形象构成和艺术表现、神性和职司、人龙合一人凤合一的祖先崇拜观念，都与中国相似或相同！也有类似“伏羲龙身、女娲蛇躯”的交尾图，也有日中阳乌与汤谷扶桑的太阳鸟崇拜……

这是历史老人无意中做的一种快乐的游戏吗？不。考古学、古人类学、人种学的研究提供了这样的认识：美洲的某些印第安人种，源自史前期东迁美洲的中国古华北人。澳大利亚土著，有四万年前中国北方人的后裔。有史前后，环太平洋各国及众多岛屿都有华人遗迹，至迟在五六千年以前，中华文明已经创建了灿烂的太平洋文化圈！

我们远未认识到远古人类的智慧与活动能力。古中华人不但足迹踏遍了东北亚、东南亚大陆，而且勇敢地由大陆文化走向了海洋文化。河姆渡出土的七千年前的船桨，商殷甲骨文中出现的“舤”“般(舵)”等字，殷墟出土的太平洋、印度洋龟甲、贝壳，都显示出创造海洋文化的力量。而美国出土的七千年前彩钵上的七个易经复卦卦象，以及前面述及的印第安龙凤艺术，则是这种海洋文化的实绩。因此，澳大利亚古人类学家艾伦·索恩满怀敬慕地说：“当尼德特人还在欧洲的山洞里冻得索索发抖之时，来自印尼和中国两地的人们，就已经学会建造和使用船筏，怒海行舟了。”

今天知道古代中国东渡美洲有三条航线：北渡白令海峡，中趁黑潮暖流，南循马尼拉航线。继中国古华北人之后，约在六千至五千年前，夸父族人、少昊族人和颛顼族人，出于对太阳升起之地汤谷的向往，也因战争造成的部族迁徙，相继经白令海峡到达美洲。长江中下游的古苗蛮濮越人则向南延展，历经沧桑而及于东南亚、大洋洲直至南美洲。中华龙凤文化，就随着这种民族的播迁而在太平洋四周流布。以后，分别生活于太平洋东西两岸的古中华人还世世代代保持了联系，由商周而秦汉而晋唐，直迄于宋。美洲龙凤艺术的演进序列在这一漫长的历史时期中与中国始终保持了一致，以及美洲出土了中国历朝文化遗迹即是明证。

我们的祖先面对这个浩瀚辽阔、广袤无垠的太平洋，远不像我们想象的那么瑟缩恐惧。他们通过环太平洋沿岸的众多文化沉淀，向后世子孙们宣示着那远古的海洋文明。

只是在宋代以后，中国的海洋文明衰落了。史书上辉煌灿烂地记载三宝太监郑和远航南亚诸岛、印度、东北非海岸的壮举，只能说明海洋心理的萎缩，它连秦朝方士徐福寻找不死之药、率领三千童男童女乘楼船东渡太平洋的气魄都不如。

海洋文明使人眼界开阔、思维敏捷、性格刚毅、心理开放——这些文化因子也曾经在我们华夏祖先的血液中发挥活性作用。只是远古时期的海洋文化，还只能是大陆文化的延展和附属，在内陆的丰厚土壤上稼穑田力才能得到可靠的收获。因此，具有强大内聚力、向心力、封闭力的大陆性农业生产方式和生活方式，得到了全面的发展，以至在这块版图上实现了最为璀璨耀目的农业文明。然而同时，它也就造成了海洋文明的萎缩。

当另一种强大的海洋文明与新兴的近代工业生产方式结合，孕育成了巨大的生产力的时候，我们的大陆性农业文明显示出了心力衰竭，终而败落下来。这时，人们对远古时期海洋文化的记忆已经久久淡忘了，反而以为海洋心理与我们的民族无缘。实在说，我们的眼光被土地紧紧拴牢，用历史的时间尺度来衡量还只是不太久远的事情。

海洋文明，你能够载着全新的生产方式和生活方式回到我们这块土地上吗？

定型的龙凤图腾，失去了它们的原始野性，变得更加精致雕琢，离它们的原型也越来越远了。因此，它们也就被囚在皇室的座基下，飞不起来了。我想，它们也会怀念以往那自由不羁的生活吧？

（原载《光明日报》1988 年 9 月 6 日）

际会人伦的天象体系

——读《天文与人文——独异的华夏天文文化观念》[①]

我们还是从《三国演义》里半神半人的诸葛亮夜观天象，知道满天星空竟与人世的祸福相联系着。这虽然如鲁迅说的有些“近妖”，但确实为中国古代的一种独特文化信仰。查诸正史，屡有符验。略举一例：汉元年（前206）十月，刘邦先项羽而进驻咸阳，和着胜利的凯歌，金、木、水、火、土五大行星竟鬼使神差般地聚会于“井宿”天区，形成罕见的天文奇观——“五星连珠”。五年后，刘邦便击败项羽，实现了统一。《汉书·天文志》评价这一现象曰：“此高皇受命之符也。”自然现象与人世变迁偶然凑在了一起，便在古代星象学家那里推衍成一种冥冥之中控制万事万物的神奇力量。事实上，历朝历代皇帝登基，总要找一些天象奇观来证明自身之必然。天象不能人为制造，就退而求诸地，于是，河出图、洛出书、黄龙现于渊薮、凤凰出在昆冈之类所谓出于“天意”的臆造便应运而生。天象又是天帝对于人世态度的表征，如彗星出、日蚀现，表明天帝怨怒，就导致一个个宰辅的乌纱落地。这在汉儒董仲舒那里被归纳成理论上的“谴告说”。

中国古代星象学家那里难道就只有这些呓语般的迷信吗？否。中国古代天文学有着与欧洲鼎足而立的严整而独特的体系，英国学者李约瑟博士在《中国科技史》中就有两大卷专论中国的天学。至今我们在历史博物馆看到汉代张衡制作的巧夺天工的浑天仪，在河南登封看到元代郭守敬主持的精密绝伦的观星台，不能不对祖国古代的天文学成就肃然起敬。然而，这些成就的自然科学意义却被古人强大的人文观念在天文学中的有力体现遮掩、抹杀了。

① 陈江风：《天文与人文——独异的华夏天文文化观念》，北京：国际文化出版公司，1988年。

中国的天文学,从它诞生之日起就具有社会天文学的显著特点——这就是我的同窗陈江风的近著《天文与人文——独异的华夏天文文化观念》一书所要告诉我们的。

华夏民族原始的天崇拜,形成了天文学最初的宗教人文内容。而华夏子民对于天体独特的感受能力,则导致中国式的天人观念的诞生。当初人们为摆脱蒙昧的混乱而寻找正常秩序时,日月星辰运行的精确与井然给了他们直观的"理想秩序"的启示,在恐惧、依赖、崇拜之余,他们在意念中构建了一个超自然的神秘王国——天界社会,并借助于它来弥补自身力量的不足。满天星辰围绕北极做规律的运转,造成众星拱卫北极星的局面,又为人们塑造了主宰宇宙万物的至上神——帝。

而实际上,人们是在按照他们熟知的人间秩序来构设天界的,正如法国人类学家卡西尔所说:"人在天上所真正寻找的乃是他自己的倒影和他那人的世界的秩序。"(《人论》)由于人文景观的差异,古希腊的天象世界是一个五彩缤纷、驳杂无序的神话世界,众星座之间的关系是松散的,全天形象显现一种未经组织的自然状态。中国的天界则是以北极帝星为中心,以三垣、四象、二十八宿为主干而构建成的组织严密、等级森严的庞大的空中人伦社会。

天界的"帝"通过天象来显示君临下民,指导人间政治,就与人界产生"天人感应"。故而古人历来认为:"观乎天文,以察时变;观乎人文,以化成天下。"(《易·彖传》)"观天文以极变,观人文以成化。"(《文心雕龙·原道》)"上揆之天,下验之地,中审之人。"(《吕氏春秋·序意》)天文与人文现象被紧紧联系在一起,就形成华夏独异的文化特色:大到国家体制、官制、都城、建筑,小到诗文、书画、文字,几乎中国文化的各种基本形式都在祖述它的天文之源,并因此而形成了具有浓厚宇宙色彩的天人合一的文化系统,陈江风的书中对此有详细论列。

附带说一句,还是在黄河之滨下乡的时候,一天劳累下来,江风晚上总要在屋外仰观一天星斗,时而向我发些梦魇般的议论。不承想竟成为今天文化成果的契机。此中的天人际遇亦实令人钦叹。

(原载《光明日报》1989 年 4 月 18 日)

对中国神鬼文化进程的探究

——读《天·神·人——中国传统文化中的造神运动》①

《天·神·人——中国传统文化中的造神运动》是一本梳理中国宗教、半宗教神系,探讨其产生的文化背景的著作。中国是一个泛神崇拜的国度,大到各种自然现象:天地山川、风雨雷电;小到衣食住行常睹之物:田畴谷蚕、门户灶奥,都有神鬼主持。任意走到一个村庄,都能够轻易访出几座杂神小庙来:东岳庙、娘娘庙、关帝庙、三王(马、牛、药)庙、龙王庙等。神在中国传统文化中确实是一个举足轻重的角色,而其精神影响在中国民间无孔不至的渗透和控制更是令人吃惊。

中国古代造神杂多而混乱,且又旷日持久。在万物有灵的原始自然崇拜阶段,中国除诞生了作为原始宗教主体的天地祖先神祇之外,还同时创造了大量的自然神,这一点与其他各个原始文明相同。然而在人类的理性精神崛起之后,作为精神麻醉的人为宗教风靡一时,席卷了多数陆地。在中国,却仍然未能遏止住民间自造神祇的泛神倾向。中国称得上真正宗教教派的道教、佛教神,都最终被民间传统祭祀习惯所改造、所同化,由体系神变为民间杂神,没入芸芸众神的混合队伍之中。因而,中国民间的杂神系,旁枝错出,芜蔓横生,尤其难为梳理。

本书按照中国神祇的源生阶段,对于众神的初创、派生、衍流的历史进程所作的勾勒是颇具提纲挈领性的。书中将中国的造神归纳为三个自然阶段:第一,原始宗教阶段。自然崇拜导致了神力非凡的天地神、英雄神、祖先神以及触目皆是的司命神、社稷神、先农神、风匠雨师、山鬼河伯的诞生。第

① 马晓宏:《天·神·人——中国传统文化中的造神运动》,北京:国际文化出版公司,1988年。

二，精神宗教阶段。精神迷醉导致佛教、道教两大宗教神系产生，然而却未能压倒中国的准宗教——儒教的天人合一信仰，同时又须向民间鬼神信仰习惯做出巨大让步。第三，三教合一并走向世俗化阶段。各神系界限被打乱，众神合流，深入到人们日常的世俗生活中，再次形成泛神统治局面。这种在时间上横计、统系上缕析的坐标定向法，使杂乱的中国神系呈现出寻找归属的趋势。

中国的传统信仰中，万物有灵的原始宗教观念一直保持了下来，即使是在哲学理性精神崛起之后的长期封建社会里，广大与文化知识无缘的底层百姓仍长期牢守着这一信仰。这是中国民间杂神众多并且一直到近代仍然不断产生的思想基础。中国的老百姓对待宗教有一种实用主义的倾向，他们敬神常常是为了现实的、浅显的目的，要求立竿见影，这种近乎巫术崇拜的迷信心理，造成了中国特殊的宗教土壤，任何人为宗教在这里的传播都必须适应这一特点。书中正确地指明了上述两点，就令人信服地解释了一系列的中国民间宗教现象：佛教传入东土后，就由一种沉思默想、静观顿悟的精神宗教变成了与老百姓行为处世、一举一动息息相关的劝善信仰，而其中派生出来的“心即是佛”的禅宗和口诵阿弥陀佛号的净土宗能在中国帝王、士大夫和芸芸百姓中风靡一时，观世音菩萨由西方三圣之一的佛身化为手持鱼篮、净瓶的美女，最后变为送子娘娘，弥勒佛也由未来佛身转成大肚子的布袋和尚；为什么中国土产的宗教——道教具有如此庞杂、混乱、错综交织的神系，并且一直到明代还吸收了大量的民间神祇入道，道士也去主领各地产生的杂神之祀；为什么神仙鬼怪、善人恶人以及佛、道单神，都能堂而皇之地坐进民间土祠，享受香火。尽管限于本书的主旨，作者未能深入挖掘中国民间宗教心理长期保持原始信仰方式的文化根基，然而却为我们提供了一种认识中国泛神现象的文化——心理途径。

中国还有一个特殊的历史文化现象，即神权与政权的合一。宗教信仰、天神意志总是构成国家政治的有机成分，宗教意识总是转化为帝王崇拜，它造成人民对于统治者的奴性，带来整个民族文化精神中的依赖心理。这是一股强大而顽固的历史惰性力，长久支配着我们国民的文化心理构成，其阴影一直拖到了今天。本书对这种文化现象产生的历史渊源的追溯，带有总结性批判的意义。

由于本书是从宏观的角度把握中国传统造神文化的，在有限的篇幅内对于几千年历史中繁杂的宗教现象只能是匆匆掠过，因而给人仓促感和线条过粗的印象。我期待着作者在这一领域内再有一本周密和从容的著作来弥补这种印象。

（原载《光明日报》1988 年 10 月 4 日）

一支绚烂的文化源头

——读《楚文化史》[①]

楚文化应该有一本专史。

楚人只是中原众多原始民族派系中的一支——祝融的后代，在周成王时，楚人的酋长熊绎被封在荆蛮之地，才建立起周朝诸多封国中偏远狭小的楚国。即使楚庄王时经济、军事力量崛起，荡平江汉，问鼎中原，跻身于“春秋五霸”之列，即使“战国七雄”逐鹿中原，楚国地方五千里，带甲百万，楚师出入于齐鲁之野，楚国仍未能奠定一统基业，于前223年亡于秦，从此楚文化就消融在整体的华夏文化中。但是楚文化却是中华文化中一种极有生气、极富活性力的生命因子，它对于中华民族从气质、性格、心理到思维方式、创造能力、审美体验等各方面所产生的影响，都是难以估量的。

楚人的文化渊源虽也出自华夏，但楚国被封之地在当时却属荆蛮异域，已出了中原文化的圈子，而处于楚蛮、濮人、巴人、扬越文化的包围之中。因而它在西周时非夏非夷，春秋时亦夏亦夷，华夏视之为蛮夷，蛮夷则视之为华夏。楚人自己乐于以华夏自居，向往一种更高等的文化形态，然而当其行为不符合中原礼数时，例如封子为王，攻伐无罪，则又以“我蛮夷也”来搪塞。因此，楚人既有吸收中原发达文化、处处模仿中原的一面，又有体现边缘文化特色、不受中原影响的一面。这种特殊的历史地位造成了楚文化的茁长和奇特魅力。

楚国地处江、汉、沅、湘之间，山川瑰奇。其山，“峻高而蔽日”“幽晦而多雨”；山中有林，“杳以冥冥，猿狖所居”。其水，有洞庭湖：“嫋嫋兮秋风，洞庭波兮木叶下”；有长江：“湛湛江水兮上有枫，目极千里兮伤春心”。这云缠雾绕、如

① 张正明：《楚文化史》，上海：上海人民出版社，1987年。

情似梦的山水环境,极易激发人们神奇美妙的玄想,在楚民那里,就培植起浓烈的原始宗教情绪。由于楚地偏远,当中原文化的理性精神已经普遍崛起,孔子已经“不语怪力乱神”时,楚民仍在热烈地向虚幻中的神鬼歌乐鼓舞。中原民族对于鬼神的印象是畏惧和恐怖,孔子“敬鬼神而远之”,楚人却认为神鬼亲近可玩,例如山鬼是一位美丽而柔情的少女:“既含睇兮又宜笑,子慕予兮善窈窕。”湘君、湘夫人则彼此情意缠绵:“沅有芷兮澧有兰,思公子兮未敢言”“横流涕兮潺湲,隐思君兮悱恻”。楚人这种浪漫主义的思维特点,由于没有受到中原理性思维方式的过强冲击,而得以保留到战国时代,随即孕育了楚文化在哲学、文学、音乐、舞蹈、美术、工艺方面的突出成就。

楚人的帛画神彩飞动,那振翼高蹈的凤、盘曲遒劲的龙,与人物的娴雅雍容相衬映。楚人还雅好音乐,“高山流水遇知音”的佳话源于楚。惊动世界的考古发现:大型古代宫廷架悬乐器——曾侯乙编钟出土于楚(曾)。楚国的秀丽山川既孕育了《沧浪歌》《越人歌》那样清丽动情的诗篇,又培育了巫山神女那样意惹情牵的神话。至于庄子散文的奇思异想、汪洋捭阖、怪诞诡谲,屈原辞赋的气往轹古、辞来切今、惊采绝艳,更是衣被千古辞人,濡染万世笔墨。不可想象,假使没有《庄子》《离骚》,中国文学漫长的历程中将会怎样地缺乏灵动之气。楚文化更为超绝的作品,则是幽思玄远的老、庄哲学,它那有无相生的宇宙意念、超然物外的人格理想,不仅从一个方面支撑了中国士大夫几千年的人生信仰,而且影响了近代人类的整体理性思维。

楚文化,与北方中原文化并行的南方文化,与理性的、现实的、沉稳的文化性格相鼓荡的浪漫的、幻觉的、玄思的文化素质,构成了华夏文化活性躯体中不可偏废的一半,世世代代将她的子孙浸润。

楚文化应该有一本专史,现在,它出现了。《楚文化史》绎述了楚文化从筚路蓝缕到茁长鼎盛的过程,显示了楚文化从物质到精神各个方面的实绩,探讨了楚文化勃兴的历史机遇和文化环境,可谓全面总括。书中行文轻快流畅,把一部专深的学术著作写得文彩绚烂,也属一奇,是否也是受到了楚俗楚风的濡染?

(1988 年 10 月 20 日)

学术也是一种机缘

——陈江风《汉画与民俗——汉画像研究的历史与方法》序

学术也是一种机缘。不是吗？且看江风和我的学术道路。30年前，我俩一块儿在黄河之滨种植水稻。那时我写诗，用以排遣心灵的苦闷和文化的失落，这似乎是常规的做法。江风呢？神了，夜观天象！其效果则是经常从嘴里冒出什么黄道十二宫、天蝎座、人马座、双子座之类稀奇古怪的名词。这些概念近年来已经成为歌星和电影明星们吉星高照的热门追求，当时却弄得正在种地的我不时一愣神。这些是科学？知识？神话？民俗？它还很容易地使人联想起诸葛孔明那近乎谶纬和迷信的人世预言。然而，谁承想这些兴趣的自然延伸和先验的自我选择，分别成为了我俩各自学术道路的起点。我由新体诗到古体诗，由诗到词到曲到戏曲到民俗，江风则由天象到古天象到古文化到古神话到古民俗——这里似乎是殊途同归，但又各自轨道并不交叉，相同的只是共同奠定了学术道路。

机缘无时不在，我俩又前后脚地进入河南大学中文系求学，同窗数年，然后分开了，各自去开辟学术前景。然后又是一个机缘，把我俩共同拉向了汉画像。

那是1984年，江风在北京师范大学访学，常到我存身的中国艺术研究院来叙谈，老友相聚，欢洽异常。时值南阳市文化局正委托我和一些人参与筹备一个全国性的汉画像学术研讨会，我盛情邀请他一道赴会，他欣然应允。使我们共同与汉画像结缘的是各自的学术兴趣，我是由中寻找汉代百戏的影迹，提交的论文题目是《论汉画百戏》。他则从中发现汉人的天文意识，撰写了题为《南阳天文画像石考释》的论文。当然，这还是浅表原因，南阳在我们两人心底所产生的共同吸引力，则来自我们对中原传统文化底蕴的一致向慕。南阳,曾经在中国统一历史上的第一个文化高峰——汉代,雄踞一方,显赫当时,创造了璀璨的人文遗迹。今天在南阳大地上随处显露的众多汉墓以及汉代画像砖、画像石,把两千年前那个盛世的遗风骄傲地向世人夸耀。我的祖籍是南阳,更为其文化内蕴所倾倒。然而却只在那年参加汉画会议时叩访过它一次,也是仅此的一次,敦朴的南阳盆地给我留下了刻骨铭心、终身难以磨灭的印象。江风以后却有机缘于 2000 年调任南阳师范学院副院长,彻底投入了南阳文化的怀抱,这是后话了。

谁知那次以后,江风对汉画的研究就一发而不可收。他很快就发表了《关于唐河针织厂汉画像石墓中的两个问题》《"羲和捧日,常羲捧月"画像石质疑》等一组考据文章。1988 年,他的第一本学术专著《天文与人文——独异的华夏天文文化观念》问世,我欣喜地发现,书中竟有两三万字的汉画像研究专章。我虽然对汉画像艺术爱不释手,到各地去考察时常对之流连忘返、反复把玩揣摩,在撰作《中国戏剧图史》《中国古代剧场史》等著作时也时而征引参照,然而未能进行深入一步的研究。一二十年过去了,江风在从事古代文学和民俗学两个硕士点教学以及大学行政管理工作的同时,在文化学和民俗学领域里辛勤耕耘,先后出版了五六本专著。最近,他忽然把一本 20 多万字的汉画像研究书稿送到我的案头,命我作序,我不禁大惊讶、大快慰,也大惭愧。

展阅老友新作,先睹为快,左撷右掇,目不暇接。我感喟他对事业的执着追求、锲而不舍,钦羡他学术思维的敏锐与研究方法的不断更新和超越,更感受到他在驾驭材料、构建全篇方面的日趋成熟。通过书稿可以看出,江风注重汉画研究的知识准备,主张从事汉画研究要熟悉汉画发展历史,要对不同地区的汉画内容、风格、艺术特色有一个总体的了解,要有历史、民俗、哲学及其他文化知识作为基础,反对割裂画像与墓葬的关系、孤立地对单独画面作推测性研究,主张运用系统的方法、综合的方法、结构分析的方法,把宏观、中观和微观视角交叉建构、结合运用。这些,是他得以在研究方面取得进展,得以实现观念更新、自我超越、方法改善与理论创新的认识前提。书中一些考据的章节,尤可以见出江风的历史识见与文典功力,这里以对玉璧功用的考证为例。通常仅以为玉璧作为珍宝具有价值功能,江风却运用文化学、神话学、典章名物学的综合视角，揭示出玉璧所具有的神性和多重象征意义，以及这一意义不断发展的链条连缀：圆以象天——天门的装饰——天门的象征符号——礼天的礼器——礼天后的祭献——君臣相见的礼器——区别君臣地位的等级象征——交往中的信物与礼物——珍宝。一个隐而不彰而又十分复杂的学术问题被叙述得清清楚楚、深入浅出。江风的考据，旁征博引、有理有据，长者万字，洋洋洒洒，短者七八百字，惜墨如金，用工宏巨，论证精细，其治学严谨于此可见一斑。

汉画研究是一个庞大的系统工程。江风的探索开了一个好头，尽管研究还是初步的，其征程任重而道远。目前的汉画研究亟待取得历史性的超越，研究队伍庞大而水平参差不齐，论文成果不少而系统专著匮乏。由此，江风《汉画与民俗——汉画像研究的历史与方法》这样的专著面世不仅非常需要，而且十分及时。然而我更希望那解不开的汉画情结，能够驱动江风继续不懈地努力，使之早日形成体系更为完备的汉画研究方法论，从而完成汉画学学科体系的建构。不知江风可否不失时机地捕捉住这一历史机缘？

我衷心地期盼着。我也期盼能与江风会于南阳，品茗饮酒，重话沧桑。

（原载《中国艺术报》2002 年 5 月 10 日）

读书笔记:读余秋雨先生《中国文脉》

阅读了《新华文摘》上的一篇好文章,是余秋雨的《中国文脉》。全文近3万字,一气呵成,粗线条地概括了中国文化(以文学为主径的小文化)的经脉。余秋雨先生的文化眼光、概括力和艺术感觉都是超常的,表达力更是一流的,因此文章写得中气充沛、淋漓酣畅。而这种驾驭历史、囊括文化、指点江山、评判古今的做法,没有宏大的视野、敏锐的洞察力、鲜活的欣赏力与聪颖的表达智慧,也无法奏其功。尤其是,在荷池蛙鸣、一派持续长久的众声嘈杂之中,蓦然听到一声嘹亮的鹤唳,能不给人精神一震、情感陡涨的振聋发聩感?

当年读到李泽厚十几万字的著作《美的历程》,感觉他能用哲学家的抽绎法把浩瀚庞杂的中国文化库藏精粹为审美线条,实为史家之绝唱,果然此书也在时代学子中风靡一时。今余秋雨也在另一层面上运用此法,而篇幅更精短,抽绎更简括,那是需要非凡驾驭力的。

我长久困惑于一种学术堆积:随着历史研究的深入细致,史著的容量和篇幅日益扩大,笔触则日益细腻发散具体而微,读者便日益身陷深山密林之中而迷失了道路与方位感,仰头不见天日,只见铺天盖地的阔叶针叶树冠藤萝、陡峭山径崖壁巨石。学术开辟为时代积累起巨量的丰厚与弘博,也给普通读者把握传统设置了无以数计的路栅道障。因此我一直在思索如何把历史写薄。余秋雨先生以往的著述已经显现了他这方面的天才能力,这次试探再次提供了一个有价值的案例。

且看余先生的惊绝概括力与描述力:“没有巴比伦的残忍,没有卢克索的神威,没有恒河畔的玄幻。《诗经》展示了黄河流域的平和、安详、寻常、世俗,以及有节制的谴责和愉悦。"又如:《诗经》是"平原小合唱",《离骚》是"悬崖独吟曲"。再如:"从宣讲到提问,从解答到无解,这就是诸子与屈原的区别。"敏锐的感觉,精巧的比较,准确的捕捉,灵动的表述,鲜明的个性化视角带来独特的观察与状摹,你可以不同意他的概括,但又不得不为其聪颖洞见而称奇。且看他对孔子和老子风格差别的把握:"孔子的声音,是恂恂教言,浑厚恳切,有人间炊烟气,令听者感动,令读者萦怀。""老子的声音,是铿锵断语,刀切斧劈,又如上天颁下律令,使听者惊悚,使读者铭记。"读之能不为其颖悟发现和传神捕捉而会心愉悦?在这里,中国文化的连辟相喻隐寓比兴修辞方法再次显露了其传达幽微表意真切的功能,虽羚羊挂角无迹可寻但开冥发悟洞穿透彻。大言的功用不只是"欺世",也有"顿喝"式的发蒙开悟。

然而,阅读过程中不断"惊艳"的快感,也时而被一些地方阻断。读余回思,令我排拒于心、梗阻于喉的,原来是作者在快意概述中未能一以贯之地将他的主张贯彻到底。文章论述的是中华"文脉",点题在"脉",自然应该历时态地把中华文化长河中时而上浮时而潜隐的脉线提拎出来,是为正务。然而文中论说却不断脱离了文脉提拎而转为历史个体的文化成就排行。排行自然是不按照脉线行进的。譬如山峰与山脊的连线构成山脉,虽然高低不平起伏跌宕,但逶迤宛转绵延不绝。而单纯以高度为标准的山峰排序,只构成坐标,却切除了脉源。我们看他论述唐代书家:"第一名:颜真卿;第二名:欧阳询;第三名:张旭;第四名:怀素;第五名:褚遂良;第六名:柳公权;第七名:孙过庭;第八名:虞世南。"这只是从作者认为的"吨位"大小做出的列序,而不体现文脉。若从文脉论,颜真卿书法初学褚遂良,后从张旭得笔法,排列一定是褚遂良、张旭在前而颜真卿在后。欧阳询、虞世南则因开唐代书法之先风而应先列。这种排法虽更加靠向了历史顺序的轴线而似乎令著者无所作为,但文脉却清晰地显现出来。在粗线条提拎脉络时,你尽可以略去次高峰只数最高峰,而用最为突出的山峰来代表此一山脉,但却不能把山脉切为几段,再从高到低重新组合,从而颠倒错乱地去列数峰峦脉序。

于是,余先生一些设问和处理就成了非命题。如问:"在文脉上,老子和孔子谁应领先?"文脉延伸过程中,当然是谁的时代在前谁领先,时代在后者只能是加入进来，而不可能是在后者奠定文脉，在前者作补充。当然，由于老子和孔子同时代，他们只能是共同奠定文脉。至于他们在文化史上孰轻孰重，那是文脉之外的另一个价值判断命题，与文脉构成本身无关。事实上，老子和孔子既然有着不同的风格倾向，你完全可以让他们分领端庄厚重与斩截玄思不同散文体的文脉。

另外一个问题是“大言”之难度。粗线条提炼、把历史写薄，都需要“大言”，需要俯瞰历史的气度与指点江山的魄力。然而问题的另一面是，对象越大越难以把握，因为你必须具备更完备的知识框架和足够的文化存量，这就为“大言者”设置了越加弘博的前提条件。而与宋代以前的情形不同，在21世纪这个知识爆炸的时代，任何一个学者都显得狭陋，都不可能实现知识的全覆盖。能做的只是：在自己熟悉的领域里概括，否则会时而显露知识的罅隙，留下硬伤。举本文中的一个例子：说南唐李后主在亡国被俘押解到汴京之前，“从政远不及吟咏”，事实上李煜在汴京仅生活了两年即死去，他的词作主要还是此前创作的。当然，被俘至宋使他的心境发生重大改变，他那些情感深挚的代表作得以产生，但这不等于他此前没有吟咏。而且还恰恰相反，或许正是由于南唐词人们，包括李璟、李煜父子，终日只知道吟咏风花雪月，才造成了南唐的迅速灭亡。至于文中把词说成是“这个倒霉皇帝所奠定的那种文学样式”，就不仅完全忽略了词体发展始于隋唐兴于五代所走过的漫长路途，一笔抹除了从李白、温庭筠到冯延巳和《花间集》的众多词体探路者，也割断了文脉。意识到“大言”之难，为我今后从学设置了警惕的路标。

然而当我从“文脉”的本义在于“脉”出发，品读完了余文以后，却惶恐地感到，或许是我错误地理解了余先生对于“文脉”的定义！人家原本不是把“文脉”解释作“文学衍生”的脉络或脉搏，而应别有他意，否则不可能出现我上述那么多问题。于是重新审视，哦，原来问题的症结点在于余先生强调的是“等级构成文脉”。原来他不是在文学的长河里搜寻鱼群迁徙的痕迹，而是在比较哪条鱼最大！梁山泊英雄排座次、大学排名录、富豪榜是世俗爱好的做法，用在文化上自然也可区分大树与细草，但却与文脉无关。你完全可以在文学品象上区分等级，例如把先秦诸子分成庄子、孟子为第一等级，老子、庄子为第二等级，韩非子、墨子为第三等级，别人也可以见仁见智地作其他区分，但你却无法把文脉分成等级。尽管你可以说文脉到了唐朝呈现得最为旺盛，因为有了李白、杜甫、王维、白居易、李商隐、杜牧，你却无法说唐朝文脉的第一等级是李白、杜甫，第二等级是王维、白居易，第三等级是李商隐、杜牧……

当以文学人物的“吨位”为坐标来排序时，恰恰是舍弃也就割裂了文脉。

（原载《光明日报》2013 年 1 月 8 日）

附录：关于我评点余秋雨先生《中国文脉》时或有曲解原意的致歉信

前向我读了余秋雨先生的《中国文脉》一文，受启发颇多，也有疑问，一时思如泉涌，写了一篇读后感，刊登在 2013 年 1 月 8 日《光明日报》上。后《文学风》杂志愿意将我的读后感重刊一次以飨特定读者，于是我将文章传去。

编辑张吉安先生在编发过程中，向我提出对余文中一个问题的不同理解，惊出我一身冷汗——很可能是我将余先生的原意歪曲了，我也在快意阅读、快意写作的过程中犯了快意理解的误解错误，等于是使用了归谬法后再对余先生进行批评，于是贬低了余先生的文化价值。如果是这样，我在此对余先生郑重道歉！

于是我提出不再重刊拙文，但张吉安先生说可以把我和他讨论的内容公之于众，如果确实误解了余先生，也可以通过这次刊登对公众更正。我也乐意借此机会对余先生道歉，因此同意了。下面是张先生与我的两封信件。

廖先生：

大作《读余秋雨先生〈中国文脉〉》是一篇好文章，已由主编审定，发我刊今年第二期。在编排过程中，我觉得对文中的一段话还没有很好理解：

说南唐李后主在亡国被俘押解到汴京之前，“从政远不及吟咏”，事实上李煜在汴京仅生活了两年即死去,他的词作主要还是此前创作的。

我理解为:您的意思是余秋雨的“从政远不及吟咏”的结论是不准确的。但其中您又说李煜的词作主要还是他未去汴京前当皇帝时创作的。接着您又说:“而且还恰恰相反,或许正是由于南唐词人们,包括李璟、李煜父子,终日只知道吟咏风花雪月,才造成了南唐的迅速灭亡。”那么读者就可以认为:李煜父子是因“从政远不及吟咏”而亡国的,余秋雨的结论就没有“硬伤”。这应该不是您的意思。

不知是我理解错了,还是某些语境问题造成了歧义,或是您一时疏忽漏掉了一些文字。本来我们准备删去此段话,因为下面您又指出了余文中的另一处硬伤,不妨碍您的举例说明。但我怕自己的理解有误,就特致信于您,也可说是请教(惭愧得很,我还没有读过余秋雨的《中国文脉》,一时又找不到该书)。因刊物发排在即,恳请您拨冗及时回复。

《文学风》编辑部张吉安

张吉安先生:

我原来理解“从政远不及吟咏”的意思是“他因为当皇帝而没工夫没心思写词”,所以生发出后面的议论。现在你理解作“他的政绩远不如吟咏的成绩”,我过去没往这层上想。找出原文看看,或许余教授的本意就是如此。如果那样,我就是在先歪曲理解了人家的文章后再来进行批驳。这惊出了我一身冷汗。为此,我想请求此文不要在贵刊再发表了,我也许还得为自己歪曲了人家的意思而在适当的场合道歉。

多谢你的指出！也为给贵刊增添的麻烦而道歉!

廖奔

乡村社会报告[①]

乡村社会报告的主旨为:通过对某处现存传统乡村社会状貌的实地考察,解剖麻雀,并以全国的普遍情形作为参照,找出保护方面存在的问题,在此基础上,用全球化和发展的眼光调整战略思路,提出一项由国家出面发动的工程设想。

一、关于乡村社会保护工程的构想

(一)文化内涵

所谓乡村社会,指的是人们按照传统生活方式建立起来的村镇社会形态。

中华民族在她几千年的繁衍和发展中,创造了灿烂的民族文化。封建时代中后期,建立起以儒学为主导的社会政治形态、文化形态和生活形态。这种形态渗透到社会的各个角落,体现于人们生活的各个方面。乡村社会,就是其中极其重要的组成部分。

中国社会生产力曾经长期处于自然经济阶段,聚族而居、渔樵耕读的乡村社会形态是中国封建社会之本,是其最小的细胞。封建时代的士子、官僚、商人,都是以乡村生活为依托,从这里出发走向城市、走向全国,然后又回到乡村。乡村是中国封建社会的家园。

① 本文含“古徽州地区族居古村落考察报告”。

因而,历代成功人士都经营乡村。他们在外面做了官、赚了钱、见了世面、提高了文化品位,然后就携带着巨大的财富和丰富的文化信息回到乡村,将心力倾注于营建乡村生活环境。他们的实绩是极大地提高了乡村生活的品位,留下众多令我们今天惊叹不已的文化遗迹。这些遗迹是中国封建时代官、商、农结合而一的社会形态的产物,是那个时代辉煌的印证。

由于19、20世纪100年的连绵战争以及20世纪100年的政治、经济和文化更迭,旧有的社会结构与生活模式被彻底涤荡,传统的乡村社会也受到强大冲击而风化,遭到极大破坏而残毁,彻底失去了往昔的面貌。

然而中国地博途僻、水重山复,在远离大道通衢处、山泽僻壤间,仍然保存有星星点点的乡村社会遗迹,那就是一些比较完好的古村镇群落及其自然和人文环境。近年为世人所熟知的如山西中部以几个大院为中心的古民居群落,安徽黟县、歙县古民居和古牌坊群落,环太湖水乡诸镇(周庄、同里、角直、乌镇、南浔、西塘)、浙江楠溪江古民居群落,江西乐安县流坑村古民居等,事实上还有更多。

这些乡村社会遗迹保存了中国传统生活的旧有格局,例如聚族而居、耕读为本、保持井然的宗法秩序、家族共同繁衍、与周围环境相处于天人合一的氛围之中等,反映出中国封建社会基本细胞的真实面貌,对于我们了解自己的传统提供了典型实例。

然而,由于社会变迁和改造,这些遗存形态也正在急遽风化,而由关注所带来的维护措施中又有许多反而加剧了其风化。政府有关部门虽然对之投注了相当的注意力,但在思维方式、整体思路、注目重点等方面都有很大的偏离和问题,主要是只把它们作为物化的具体对象来看待,未能认识到其作为乡村社会缩影的文化价值。也就是说,只盯对有形遗产部分的维护,而未意识到对其辐射而出的无形部分意义和价值的保护与发掘。

乡村社会是中华民族的一支传统血脉,是民族文化的根须、土壤和灵魂。我们必须把仅剩的血脉、根须、土壤和灵魂保持住,使之成为宝贵的文化遗产而存在,同时在21世纪里让它对世界开放,使之成为世界遗产而进入全球化的文化交融。

由此构想,启动一项由国家出面发动的乡村社会保护工程。

（二）缘起与思路

我们以往都是从文物保护的角度涉及乡村社会的。然而，仅仅依靠个别物化对象，远远不足以维持乡村社会这一空间结构。单讲文物保护，往往会只注重于单个的实物对象，而忽略了它的生存空间及其发散式意义蕴含，仅仅撷取花蕾，而忽略了其根茎叶脉土壤肥料及生态环境。而且，从文物保护的角度看问题，乡村社会的价值似乎不够大，它的物化形态时代比较晚，存留又相对普遍甚至普通，常常是一个一个的村落，甚至一片村落，整体保护则投入过巨。

我们不能停留在一般的文物保护意义上来认识和实践这一行动，必须更新观念，重新认识其范畴、对象、意义和价值。

有重要参照意义的是目前世界文化遗产保护的一种新方式：文化生态保护方式。这种方式对有形遗产连同形成这种遗产的人类生存方式一并保护，在保存一个古老村镇原貌的同时不打乱其传统的日常生活方式。我国已经在贵州、云南等省份开始了对少数民族地区的民族民间文化生态保护行动，例如 1995 年建立的贵州六枝梭戛生态博物馆（原生态苗族居住村寨的活性博物馆），这是十分必要也是及时的。

然而，这里所说的乡村社会，主要是汉族聚居区的文化遗迹，其民间文化生态结构已经被打破，传统的活文化（亦即传统生活方式）已经基本荡然无存，村落中的人们早已开始了不同于以往的生产和生活行为，他们对传统的乡村社会已经感到相当的隔膜。这一点与少数民族个别自然村落中的人们仍然采用着古老的生产方式、保持着旧有的生活习俗不同。如果按照国际通行的标准，它已经不符合进行生态保护的基本条件。

但这不等于说，乡村社会形态所负载的历史文化信息也已经一并涤荡净尽，恰恰相反，从这些有形古村镇中，我们可以强烈感受到传统文化包拢天地的裹卷力和固有生活方式持久向今天渗透的气息。

眼前正在发生的是，面对社会生活的巨大变革，也面对一个世纪乡村传统经济和文化的凋敝，乡村社会正以极快的速度萎缩和消亡。新的社会结构及其物化成果正在长入和彻底覆盖传统。

旧有的文物保护模式不足以抵制这种长入和覆盖。

代表了中国封建社会细胞标本的乡村社会遗迹正在消失。

我们必须拓宽眼界、另辟思路，寻找更切合实际的保护方法。

乡村保护工程就是独立于旧有文物保护模式和民间文化生态保护模式之外的第三条道路。

（三）构想

这是一种介于文物保护和生态保护之间的文化保护模式，它吸收前者对固定对象的保护法则，也汲取后者对活文化的传存经验，建立起一种既保护原有村镇建筑及其环境，又注重研究挖掘其意义蕴含，并且按照这种内涵来维护甚至恢复传统社区环境的方式。

启动乡村社会工程的目的是为了进一步引起各级政府和民间的重视，增强和提高保护意识。措施可以分几步走。在国家财力不够雄厚的情况下，它更多地具有舆论和导向意义，使有关机构和民众先期进入对之自觉维护状态。当财力许可时，政府和社会财团可以逐渐投入。

民间文化生态保护区一般由政府投资建立起信息服务中心，负责支持生态区的研究、管理和维护工作，也负责向参观者提供有关资料介绍和服务。乡村社会保护工程可仿照这一做法，建立相应的规则和工作方法，以弥补一般的文物保护法则及其实施中的欠缺部分。

采取的步骤为：启动国家乡村社会保护工程，成立专门的委员会，研究和制定有关政策，发布有关规定。委员会由国家有关机构抽调人员共同组成，办事机构可隶属于全国文物局。

通过媒体向社会以及世界发布工程信息，并进行相应的理论阐释和广泛的宣传，以期最大限度地提高其辐射面和影响度。同时与联合国教科文组织、世界遗产委员会进行沟通，向其提供有关思路，谋求理解、支持与声援。

国家划拨少许启动经费，用于工程的项目建设。直接保护经费，一部分从原有的文物保护费里支出，主要来源则是通过调动地方文化与旅游开发积极性来注入投资，以及利用工程本身所产生的号召力吸引海内外资金流入。

具体进程中可将保护与参观旅游开发相结合。根据各地情形,可划定较大的保护范围,将一个地区的乡村文化空间整体纳入保护视野,例如徽州乡村社会圈域、南溪江乡村社会圈域、环太湖水乡诸镇乡村社会圈域等,自然村镇连同它的自然景观、山川水域、田野道路以及文化蕴含等一同进入规划蓝图。

(四)意义

中华民族的强大繁衍力和亲和力,使之在以往的几千年时间里,构筑起严谨的社会结构与生活模式,它包拢了从宫廷到民间、从城市到乡村各个社会阶层的生活。随着上层建筑的改变和社会的转型,宫廷和城市生活早已发生了天翻地覆的变化,旧式的生活模式早已一去不复返。然而,乡村社会仍然保留着少部分旧有空间。儒教统领与宗法结构合一的乡村社会,是中国封建社会的根基和底座,一滴水可以折射大海,透过它可以反映出整个封建大厦的面貌。

国家正在陆续启动的民族民间文化生态保护工程,是针对少数民族地区的。乡村社会更多则是汉族聚居区域的文化遗产,代表了封建生活的主流形态。汉民族的民间文化资源已经遭到破坏性侵蚀,又由于结构的庞大积重而长期不自觉,致使延续了数千年之久的汉文化传统资源已经被耗竭殆尽!然而,以汉文化为主要特征的中国传统儒教宗法社会形态,是长久支配了中国历史,迄今仍然对国民文化心理产生影响,并直接对亚洲儒文化圈以及国际华人世界发挥现实支配力的形态。我们必须了解我们的传统,台湾和海外华人需要找到他们的根脉!因此,开展乡村社会保护工程义不容辞、刻不容缓。

21 世纪是文化交流与融合的世纪,同时也是文化多元化的世纪。21 世纪一个强大的经济支柱产业是文化旅游。文化旅游的开发依赖于文化资源。中国最丰富也最具代表性的是传统的儒教和乡村文化资源,它的影响力和辐射力已经遍布全球,成为 21 世纪文化交融中不可缺席的重要成员,同时也是形成世界各地华人向心力和凝聚力的本源。

以往我们注意了黄帝陵墓、孔子故里、北京故宫等中国历史上重大政治和文化遗迹的宣传保护，众多历史名城、名胜古迹的开放游览，这些都是有助于文化保护和扩散的。但是，随着民主和多元化时代的到来，世界的注意力有着向民间形态日益贴近的趋势，普通游客会更有兴趣去观赏凭吊古人日常生活的遗迹，因此乡村社会被推向前台。在中国广袤的大好河山之间，也应该有着不同形态的文化遗迹供人游览。

借助于乡村社会工程的启动，可以有效吸引海内外同胞和华侨对这方面的投资赞助。乡村社会带有明显的宗族痕迹，同宗同姓的情况普遍，同时又谱系完整，族规、村规、民约健全，并具备祠堂、牌坊等显性宗法文化象征物，可以成为海内外华人追究姓氏来源或分支走向、寻祖问宗的目的地。以此为依托建立起寻根文化之旅，可以有力地引导旅游趋势，充实和丰富旅游的文化含量。更重要的是，可以通过调动血缘情感来最大幅度地吸引投资，用于乡村社会的保护。例如利用姓氏来网络族人，开辟经费来源。

（五）内容

我们所面对的乡村社会是一整个古代乡村生活的空间，它不仅仅是人们的住所、祠堂、牌坊、街巷等单个物化形态，也不仅仅是展示屋宇的内部功用，如门额、天井、堂屋、厢房、寝室、闺房、读书楼、厨房、厕所、柴房、仓廪、作坊、花园、夹道、边门等，还不仅仅是展示人们的生活质量和文化品位，例如建筑艺术、庭院艺术、雕刻艺术、牌匾对联、家具摆设等，而且包括当时人们生活方式各个方面的遗存，像体现宗法生活和乡村管理方式的宗祠分布、宗法权力及其运转规则，体现家族制度的族规族谱及其执行和传衍，体现日常生活内容及其节奏的街巷和更鼓楼设置及其制度，体现阶级和邻里关系的房舍占地和连接方式，体现人们经济关系的买卖和租赁契约及其订立规则等。然而，这还远远不够。

我们还必须注意到与乡村社会有着紧密联系的、古人历史的和观念的世界。历史的世界，指的是一个村镇的历史文化渊源。长江流域及以南地区的古老自然村镇，许多与西晋时期的北方少数民族内迁、唐末的藩镇之乱、两宋时期的宋室南迁等重大历史事件相关联，其最初的源头可以追溯到中原衣冠旧族的举族南迁。这类村镇的家族谱系可以一直上溯至那个时代的某个始祖,而几百上千年地延续连接不断。正是由于这个原因,才形成其严密的宗法规制、强烈的家族观念、浓郁的归属意识。而避世远祸的思想,使这些族居村落都选择建于群山林莽间、人迹难至处。也恰恰由于这个原因,这些乡村社会才得以生生不息地长期延续下来。我们今天要寻找中原文化的活体遗迹,在中原地区很难找到,却要到这里来寻求。观念的世界,指的是村落建构所遵循的宇宙、哲学和人生的理念,从中体现出古人对于天人关系、人与自然关系、人与环境关系的深刻理解。当我们看到那些严格按照天人合一、顺从自然、注重和谐原则规划出的古老村落状貌,借山引水育林而成一方水土,无不叹为观止,其中掩映着神秘而科学的宇宙生存法则,又岂能仅仅用一句风水谶纬的迷信观念来概括!

除此之外,乡村社会的空间里还要包括丰富的无形文化形态:民间习俗、宗教仪式、交接礼仪、生活习惯、地方音乐舞蹈和戏剧、手艺工艺和技巧等等。

具体而言,乡村社会里所包含的环境文化、牌坊文化、祠堂文化、屋宇文化、家居文化、营商文化、姓氏族谱文化、民俗文化等,都是值得我们今天格外重视的对象。

(六)结语

乡村社会是中国传统社会的基础,它从历史和观念的角度对今天的民众社会心理以及世界华人的宗族观念和文化情结发挥着深层作用。经历了巨大的历史变革,乡村社会已经成为现代社会荒圮后院中的断瓦残垣,其遗迹仍在迅速风化。然而,它又是中国现代文明中极其宝贵而无法复制的文化资源,是中华民族内聚力和向心力的物化体现与观念寄托物。

我们有责任和义务,为中华民族保存好这些文化遗物,并传给我们的子孙。

启动国家乡村社会保护工程刻不容缓。

二、古徽州地区族居古村落考察报告

(一)缘起

2001年7月8日至28日,我参加中央党校培训部中青班社会考察组,于安徽省古徽州地区民间古村落,就文物与民间文化生态保护、开发和利用专题进行调研活动。

经过实地考察了解,掌握了许多第一手材料和信息,积累了感性认识。在对资料进行了分门别类的整理、归纳、分析、总结后,结合全国的普遍情形,上升到全局和战略思维高度,我得出这样一个结论:国家应该启动乡村社会保护工程。

(二)选择古徽州地区进行考察的原因

近年来,随着国民文化生态意识和文物保护意识的不断提高,也随着申报联合国自然和文化遗产活动的展开,人们越来越加强了对各地现存古村镇的注目。其中,古徽州地区的古村落有其突出特色。这不仅因为黟县的西递村、宏村古民居,歙县的棠樾牌坊群,已经列入世界文化遗产名录(就在我们考察结束的时候获悉,这三处又被列为国家重点文物保护单位),而且因为当地还有着未能引起注目但具备相同价值的众多古村落,更因为徽州文化的博大精深,使我们能够进一步了解和探讨乡村社会与古代文化生活形态之间的关系。

古徽州原又称新安,即今天的黄山市所辖地区。黄山市的古代文物遗存主要体现在古民居方面,地面文物5000多处,其中古建筑4700余处,主要是明清民居和祠堂,又有古牌坊110余座,可以说在这里古街镇、古村落、古巷里比比皆是,保存比较完好的古村落有近百个。

明清时期,由于徽商崛起,徽州拥有了很强的经济实力,成为富庶繁华地区,徽文化在此基础上发达起来。徽州最著名的历史建树当然是徽商网络,绵延上千年,雄踞400载,明清时期成为与晋商并立的两大经济力量,支配着中国的商业命脉,我国长江流域中下游地区曾有“无徽不成镇”的说法。文化方面的概念则有新安理学、新安医学、新安画派、新安弈派、徽派朴学、徽派篆刻、徽派建筑、徽派盆景、徽版印刷、徽州木雕石雕砖雕、徽州古傩戏目连戏、徽菜、徽漆、徽墨、歙砚等。徽文化研究今天已经引起国际学界的注目和重视,据说徽学和藏学、敦煌学并列为中国地方文化的三大显学,国际讨论会已经开过多次,世界上产生了众多的徽学专家和专著。

徽文化的兴盛,为乡村社会注入了深厚的文化底蕴,以至今天的古村落遗存里保留着众多典型的传统社会特征。

徽州又具备相对封闭隔绝,然而却秀丽神奇的自然地理环境。徽州地处皖南重峦叠嶂的群山之中,主要以黄山为依托,周围有九华山、天目山、昱岭、白际山作为屏障。在古代,这里交通比较闭塞,社会联系相对隔绝。过去进出山走陆路翻山越岭十分艰辛,主要依靠水路沿新安江向东南连接浙江千岛湖。这种环境条件为徽州乡村社会得以隐藏自身、躲避战乱与人祸、长期自我繁衍提供了便利条件。

近代以后,由于外部条件的变化,徽州乡村社会走向衰败与消亡。而皖赣铁路的开通,黄山机场的修建,黄山名胜风景旅游区的开发,以及即将开通的合黄高速公路,增加了这里的喧闹。旅游开发,使得保存了千年之久原始面貌的徽州乡村社会开始了最终的风化历程。

(三)徽州地区乡村社会的特征

1.历史悠久而传承性强

徽州许多古村落的形成,都可以归结到历史上中国多次大战乱中的中原衣冠南移。史书记载,三国时期古歙古黟地区为山越人所盘踞,孙权派大将贺齐荡平之。今天定居于此地的各姓居民,大多是此后迁自中原地区。北方的家族,为逃避战乱,举族南迁,在徽州这一僻地偏壤处择地建村,聚族而居,累世繁衍至今。常常一个村落只是一姓,“绝无一姓搀入者”。族姓许多被作为村名,如郑村、许村、江村、黄村、方村、王村等,这些村落一般都能归源到一个始祖或迁祖。徽州有着千年世系的村落比比皆是,所谓“千家之家,不动一抔;千丁之族,未尝散处;千载谱系,丝毫不紊;主仆之严,数十世不改”(赵吉士:《寄园寄所寄》)。随着族众繁衍,当村庄发生人口稠密、不利居住的情形之后,族人就会在旁侧另择地点、按照房系分建他村。每一个家族都非常重视建宗立祠、修继族谱,因而往往经历千年而谱牒不乱。这些家族由于是易地建宗,脱离了本土环境,反而有着不化的中原情结,因而其初祖都顽固守护中原习俗,继承者则小心翼翼地保持着对原有文化传统的传承。以之与中原地区今天的情形相对照,则后者由于战乱频仍、民族杂居,村落多为杂姓,不见宗祠,少有族谱,历史晚近,文化习俗变迁甚大。

2.有着严格聚族而居的宗法社会结构

出于敬宗收族的需要,每个族姓都建有规模不等的各级祠堂,分为宗祠、支祠和家祠。村中寄托信仰、处理大事的地方是宗祠。宗祠集政权、族权、神权于一身,放置祖宗牌位,享受祭献香火,是村中绝对权威的象征。村人历代都以宗祠为社会中心,宗祠总是村中最豪华的建筑场所。家族中人如果出人头地,首要任务就是翻修或重建宗祠。宗祠之外,各个分支房系还有自己的支祠,在其中处理自己房系的事务。有些村有多个支祠。另外还有家祠。祠堂的普遍存在,体现了乡村社会严谨的宗法体制。祠堂有着建立法统观念、维护村落秩序、协调族际和人际关系以及救助贫弱的功能,体现了家族对于族属的控制和扶助,既有强硬的专制性又有充分的人文关怀。

3.天人合一、顺从自然的居住思想

村落选址大多依山傍水,营村竖幢力求贴近自然,讲究天人关系,注重与环境的和谐,村庄被建成“山为骨架,水为血脉”的生命有机体,或云“以山水为血脉,以草木为毛发,以烟云为神采”(呈坎村楹联)。呈坎村为丰山等山峦所环绕,中有坎水过村。呈坎村楹联曰:“丰山拱应家声振,坎水环流世泽长。”“形如八阵迷宫似,得天独厚少灾情。”当地村庄许多都是这样水流进村、傍路开渠、绕户穿室、聚塘成湖,既方便日用、点缀和改善居住环境,又可防火、供应田畴用水,一举数得。如果缺乏自然水系,居民就从远山凿渠引水。周围环境也进行生态规划,并制定严格的村规民约,力图保持久远的生态平衡。村规中常见有禁止开山采石、滥伐林木、破坏水土的条款。黟县西递、屏山、临溪、龙井等著名村落,都是在自然中谋求最佳生态聚居空间的实例,充满了生机活力。徽州村落规划的一个特点是运用仿生学原理,将村庄布局建成牛形、船形、棋盘形等。例如黟县宏村为“牛形村”，亦即以耸峙的雷岗山为牛头，山上高大苍翠的古树为牛角，全村鳞次栉比的屋舍为牛身，青波荡漾的塘湖为牛胃，九曲十弯的穿村水渠为牛肠，村边四座木桥为牛腿。四面山青峰黛、湖蓝水碧，村落就如一头牛静卧于青山绿水中般悠然自得。

4.注重儒教，强调读书和明理

徽州人以读书为要务，保留了中原衣冠的文化底蕴，走科举入仕的道路，是其首要人生价值选择。当地许多村落都建有书院，著名的如紫阳书院、环古书院、东山书院等，时而延请大家名流前来讲学、切磋学问。南宋朱熹就曾经在紫阳书院讲学。徽州历史上以科举入仕者众多，“一门九进士，同胞两翰林”“父子尚书”“弟兄翰林”的现象多见，明清时期产生了胡宗宪、汪道昆、许国、戴震这样名重朝野、事见史传的鸿儒硕士，近代又有陶行知、胡适等文化名人出现。家族制度要求并保障村落中每一个人都能享受到良好的教育，因而徽州一景是“山间茅屋书声响”(康熙《祁门县志》卷一)，“十户之村，不废诵读”(徽州楹联)。当地家族以文教育人，以文化立村，颇为自负的是“礼乐传家绳祖武，诗书继世翼孙谋”(呈坎村楹联)、“几百年人家无非积德，第一等好事只是读书”(西递村楹联)。而认为“三世不读书，归于小人”(呈坎村《罗氏族谱》)，或曰“三世无读书，三世无仕宦，三世不修谱，则为下流人”(同前)。

5.开放的、向外开拓式思维方式

限于地理条件，徽州人口繁衍到中古时期已经是“地狭人稠”，当地俗称“八山半水半分田，一分道路和庄园”，失去了充分延展的空间。自然资源的匮乏，迫使徽州人建立起向外拓展谋生道路的勇气和眼光，不断地向外寻求生机。与此相适应，徽州人教育重实用，重视对其生存技能的培养。村人于课举子业之外，或学算学、医学，或习文、学画、学厨艺、学砖木技艺，而尤重商业。经商获利迅捷而报酬丰硕，俗谚说：“出门包袱雨伞，归来腰缠万贯。”这种暴发梦却是许多徽州人获取成功的真实人生写照。尤其在明清时期，徽州人经商取得全国性成功，为家族和村落带来最大的利益，使得他们对经商刮目相看，封建时代重儒鄙商的观念在徽州是不存在的。西递村楹联“读书好营商好效好便好,创业难守成难知难不难"就充分透露了这一信息。由此,徽州人往往年少便告别家乡,出外闯荡,学习经商,遍尝人世艰辛,当地民谚因而有"前世不修,生在徽州。十三四岁,往外一丢"的心酸叹语。然而,徽州人走向山外,见了世面,开阔了眼界,历练了人世交接本领,砥砺了营商才干,获取了事业的成功,也提高了家族的自信。歙县昌溪村祠堂楹联所谓"科第尚哉必忠孝节廉自任畿端方可无愧祖宗,读书贵矣但农工商贾各专一业便非不孝子孙",体现了徽州人重实用的人生目标和价值追求。

6.深厚的宗族观念

徽州人的人生价值取向不仅仅指向个人的获取事业成功,更重要的还在于获取成功之后的为宗族和乡里造福,保证和维护村落繁荣与家族昌盛。徽州人外出做官、经商都是昌衍宗族的手段,目的则是回归乡梓、造福里人,这使得他们在外时总是互帮互助、互牵互引、誉损并承、荣辱与共。徽商的网络联谊行为极其突出,徽商会馆遍布长江水域,网络信息与乡梓信誉是徽商有着巨大竞争潜能的重要原因。获利之后,徽商不是努力使之向产业资本转化,把兴趣倾注于无限的增值生息上,而是将大量钱财携归乡里,耗费于村落建设中,营建居室、祠堂、坟墓、牌坊、学校、街巷,或开渠引水、疏浚河道,或筑路架桥、便利交通,或购置义田、大办福利赈济,或续修族谱、为族人接宗继统。作为个人,他们博得一个乐善好施的美名;作为宗族,则由此得以休养生息、恢复生机。

(四)乡村社会遗迹的内容

1.环境文化

徽州"山限壤隔""丛岩复岭",一个个家族村落避地于山重水复里,隐藏于崇山峻岭间,因而历史上少遭战乱兵燹破坏,当地人颇盛行抗日战争时期日寇扫荡绕山而过不见村落的传说。我们在徽州坐车行进,公路总是沿着山罅延伸,路旁一道清澈的溪流伴随,旁侧一座座清丽的山峦掩映。山环水绕、峰回路转之间,忽然就有一片田园乐土出现在眼前。那往往是一处山中坪坝,周围群山环绕,中间田畴碧绿,上面点缀着"霭霭远人村,依依墟里烟",人民安居乐业。其情其境,颇似东晋陶渊明文赋里所描述的桃花源状貌，无怪有一种说法：桃花源就在徽州。古人讲地气，山水氤氲为地气胜出的征象。徽州自然风景如画，所谓"黄山向晚盈轩翠，黟水含春傍槛流"（宋郭熙《林泉高致》），占尽地气，"有好山好水当门环抱地气盛人文自盛千秋叠出英奇"（呈坎村宗祠楹联），因而为历史孕育了一方文明，为当代保存了一缕文脉。幽清者如黟县宏村，一汪碧水环村，清澈怡人，为这炎炎夏日散播着沁凉。水面上有荷花片片，岸旁则杨柳拂水。远处则是群山、白云、蓝天，山影云影和民居的倒影荡漾在水中，晃成一片波光，成为一个巧借自然的人文景观。

2.牌坊文化

今天的徽州大地上，到处可见雄踞的石牌坊。这些石质的古代建筑物，骑路而踞，高插入云，牢固地矗立在田野山庄间，构成一种特异的生存方式，发出强大的精神威慑力。它提示着乡村空间为传统礼教稳固盘踞，且用这种昭然的姿态告知世人，同时也警示村人。外人从村旁路过，感受到的是村庄的赫赫声威；到外地游宦或经商的人归来，感觉到的是家族的泱泱气度。竖立牌坊的直接或表面目的是旌表显宦、廉吏、乡贤、孝义，内在精神则是维护一种井然而不容违僭的礼仪秩序。徽州竖立妇女贞节牌坊甚多，除表明宋明理学的控制深入民间以外，还有着极其现实的功利目的。由于外出游宦和经商是徽州男人的一般人生方式，留下女人长久守候家园，因此宗族需要用极其严格的节烈观来控制妇女的精神。徽商许多在扬州经营盐业，娶回扬州女，当地称之为"扬州太"。"扬州太"是徽州一大特色。扬州女在繁华开放的城市长成，贞节观念相对松弛，来到徽州，徽文化立即用缜密逼仄的宗法空间来控制和约束她们，迫其恪守妇道。节烈牌坊就在这种无言的压迫中发挥着形象震慑作用。牌坊为皇上钦赐，荣显门庭、光宗耀祖。族人由此得沐皇风、骄傲乡里。徽州各个家族村落之间竞相竖立牌坊，就展开了事实上的竞争，彼此以量多为胜，在结构和雕刻装饰上也竞新逐异，竞争反过来又促进了牌坊的繁衍。歙县见于记载的牌坊有 200 多座，今存者仍有 80 多座。棠樾村原有牌坊 10 座，现存 7 座，皆为四柱三开架结构，在村头一字排开，巍峨高耸，参差列队，梁柱硕大，气势轩昂。黟县西递村村口，原来甚至立有牌坊 12 座，是一个气势更为宏大的牌坊列阵，可惜毁于"文化大革命”，现在只剩下一座“胶州刺史坊”，每日茕茕孑立、孤单望月，独自回忆着昔日的峥嵘。

3.祠堂文化

徽州村村有祠堂。黄山市徽州区呈坎村曾建有大小祠堂20余座，今天保存下来4座。歙县棠樾村鲍氏宗祠里还有男女祠堂各一，呈坎村罗氏宗祠里面也有一个附属女祠。棠樾村人鲍象贤于明隆庆元年（1567）所撰《西畴祠规》曰：“祠堂所以尊祖，尊祖所以敦睦。一本之义既明，亲爱之心自起。”（载《棠樾鲍氏族谱》）明确宣示了祠堂维护宗族繁衍的社会功用。宗祠里都藏有宗谱，其准则为祠堂功能的细化，一般包括敦孝悌、睦宗族、勤职业、慎婚娶、严继祧、重坟茔、崇祭祀等。呈坎村罗氏宗祠享堂墙壁上悬挂的8块字匾，赫然刻出该族的族规：（1）妥神灵；（2）严非族；（3）戒妄婚；（4）勉右文；（5）敦本业；（6）勖长厚；（7）警入祀；（8）议综理。内容涉及族人生活的各个方面，包括对神灵祖宗的态度、婚丧嫁娶、生老病死、为人处世、职业道德等。违反了族规要受到处罚，处罚方式有打板子、挖眼睛、开除出族、驱逐出村甚至处以极刑等，严苛而血腥。族人的责任和义务还有维护族产、兴修水利、发布赈济等。牌坊、祠堂、宗族事务，构成乡村的小社会空间，不管它是建立在一种怎样的基础之上，客观上稳定了社会的道德秩序和行为规范。呈坎村宗祠楹联因此曰：“十四世本源深远赖前人教孝教忠俎豆常新春祭秋尝崇典制，五百年树叶繁荣愿后嗣学诗学礼簪缨弗替左昭右穆肃成仪。”

4.屋宇文化

汽车从徽州丛山间狭窄的平原上驰过，到处可以看得到黑白相接的马头墙和错落有致的民居，构成复杂而洗练的空间几何图形，那是典型的徽州民居样式。由这些民居组合成的村落空间变化而有韵致，建筑色调朴素而淡雅，狭窄细长的街巷，一色的青石板路，路旁细渠的水淙淙流动，夹巷而起的高墙及其上面的挑檐拱角遮蔽着、切割着天空，这些共同构成徽州民间生活观念和现实的世界。徽州民居建筑一个显著的特点是屋宇和院落结合而不分、融合为一体，当地俗称“一颗印”结构，即在四方印框里面展开布局。跨入高大的马头墙门楼，里面即是一个小天井，天井对面即厅堂，却没有前墙和门棂隔开，就那么空敞着，对着天井，天井成为人在屋里的有机活动空间。原因是当地气候温暖，不用封闭式屋宇。天井采光、散热，天井中部的方形水池又成为承接和储存雨水的地方。厅堂两旁有侧房，顶部有二楼甚至三楼，用于住人，有木楼梯上下。四外砖墙虽高却非承重墙，因此仅一砖厚。内部还有独立的梁架结构，通常明露在墙外面。建房程序为先起梁架，后添砖墙，砖墙拆去梁架不塌。“一颗印”结构造成高墙深宅的感觉，外墙窗户又少而小，便于防盗阻窃，为青壮男人外出后的老人、妇女和儿童建砌一方平安世界。房屋内部充满了砖雕、石雕、木雕镶嵌，为居室平添一派艺术氛围。最有特点的是门罩，每家门前都在高大的平面墙壁上，按照门楼的式样建起仿木结构的飞檐斗拱，竞奇逐异，主人的财力和气势都在门罩上显现。大的门罩，甚至模仿四柱三间五檐的牌坊建砌，远远望去，在门墙上矗立起一座牌坊。徽州居室就这样在有限的空间内调整结构布局，并进行精心雕琢，构筑起温馨宜人的居处环境。

5.居处文化

与别有特色的民居相辅相成的，是伴随传统居处生活无处不在、不可或缺的大量人文创造，楹联、字画、碑刻、木刻、古籍、牌匾等皆为其内容。楹联文化是徽州古村落一大景观，这里几乎家家户户都有楹联，既体现人们的人文关怀、处世哲理、生活态度，又展示书法艺术，四处看得到笔墨意趣，闻得到翰墨飘香。牌匾文化是徽州另外一大景观，当地的祠堂、社屋和高门大宅中，都有牌匾作为文化点缀。呈坎村曾有着众多的牌匾，“文化大革命”中散落毁弃星散，近年来共搜集得 28 块。最早为元至大四年(1311)光禄大夫李孟书赠国子监祭酒、村人罗绮的“大司成”匾，另一块是明洪武二年(1369)翰林院学士宋濂为村人罗颂、罗愿兄弟题写的“文献”匾。著名的如明万历年间名士书法家董其昌为罗东舒祠题写的“彝伦攸叙”匾，清嘉庆皇帝于嘉庆十年(1805)敕赠村人罗廷梅的“七叶衍祥”匾，清道光十九年(1839)两广总督林则徐题赠村人罗绶的“累世簪缨”匾和同年题赠罗绶、罗宏化的“观察河东”匾等。众多的楹联和牌匾，与遍布乡民宅第的字画、经籍、古玩、饰物等，共同奠定了徽州乡村社会的文化品位。

6.营商文化

徽商少时大都接受过正规的儒学教育,或在家乡浓郁的儒文化氛围中耳濡目染,因而崇儒尚文,具备一定文化知识,从商之后则“贾而好儒”,少金银气,有着鲜明的儒商气质。徽州人经商多明义理,义理由读书得来。棠樾村人鲍元康在《棠川诗会序》中论及读书明义理与经商的关系曰:“夫不读书而专意于理财,其流必归于不义;不力学而专意于俭家,其弊有至于忘亲。何者?身不修也。读书以理财,则知取与之分;力学以治家,则知本末之序。”强调经商要知道取与之分、本末之序,这就是徽商的境界。徽商能够做到儒商合一、先儒后商、以商助儒,经商之道以诚待人、以信接物、以义为利、以心为质,加上肯于吃苦、管理精细、洞察“盈虚之数”、精于“进退存亡之道”,因而才获得事业上的成功。当然,徽商的成功因素也还有借助族力、优游官场、以官保商、官商一体等诀窍。徽商的支柱产业为盐业,其次为典当、钱庄、南北杂货、丝绸布业等,范围宽广,其日常经营的成功还得力于经商求利的豁达态度。西递村楹联就透示出徽人目光长远、雍容大度的气势,如“作退一步想”“世事让三分天宽地阔,心田存一点子种孙耕”“快乐每从辛苦得,便宜多自吃亏来”等等。

7.族谱、族规文化

徽州人重视族谱,各个家族都以连续修谱为要务。朱熹说:“三世不修谱,则为不孝。”这句话成为徽州人的警语。徽州谱类众多,生子入添丁簿,然后有家谱、支谱、族谱、世谱、宗谱、通谱等谱牒。谱序严整,便于族人寻根找姓、序长幼辈分。呈坎村罗氏,唐末由江西南昌柏林村迁来,带来排辈的“柏林世称”,亦即生子起名字的时候所遵循的世序,其歌诀云:

> 盛世实用君,成彦伯公叔。以之懋宪光,秉兴克永福。亨运会时来,贤嗣序昭穆。富有本日新,德业世常禄。

每一代人起名,都要取其中对应的一个字插入,作为排列世序的根据,决不紊乱,为的是“叙彝伦修名孝第,陈俎豆登进诗书”(呈坎村楹联)。族有族产,平时用于祭祀及支持丧失劳动力的家庭,荒年用来对族人施行赈济,家族则通过赈济规条来调节风化秩序。棠樾村鲍氏《敦本、体源二户规条》规定，族产收获的稻谷平时用于赞助“本族鳏、寡、孤、独四穷之人”，每人根据不同情况领取不同数额；逢灾年可以平粜给族人，但“盗买祖坟公产，盗砍荫木者”“聚赌者”“酗酒、打架者”“干犯长上、品行不端及好与人寻事争斗者”“妇人打街骂巷、不守规法者”都不准粜。家族通过实施族规来调节邻里关系、维护风化。

8.**其他民俗文化**

徽州乡村社会里还有着丰富而种类繁多的民俗文化形态，许多今天都可以划归无形文化遗产的范畴。例如每年隆重举行的社屋祭祀、祠堂祭祀、神庙祭祀仪式，届时有着迎取神像游街和众人参拜赶寿的热闹活动，并演出各种民间社火和民俗曲艺节目。徽州还有着古老的戏曲文化，例如傩戏、目连戏等。徽州是目连戏的故乡，因而明嘉靖末年祁门县的郑之珍才得以根据民间演出本进行加工整理，结为篇幅最大的传奇剧本《目连救母》，而剧本的定型反过来又进一步推动了当地目连戏演出活动的兴盛。明代嘉靖年间，这里还产生了南戏旁支徽州腔，万历时期兴盛一时，与青阳腔（池州调）共称为“徽池雅调”而流行全国广大地区，其遗韵保留在清代的徽戏里，而徽班的足迹遍及长江流域和东南各省，成为今天徽剧的前身。又有皖南花鼓戏、黄梅采茶调等民间小戏盛行。

（五）保护状况与存在的问题

通过与当地文化、文物和旅游部门座谈，向有关管理人员调查了解，以及进行实地踏勘，我们对于徽州乡村社会的保护状况有了一个基本的了解。从总的情况来看，个别对象已经进行了旅游开发式的维修和保护，大多数仍处于自然风化的过程中，情况堪忧。

当地主管部门反映的问题，主要集中在对保护的无能为力方面。归纳为以下几点：

1.**文物保护与开发的矛盾**

保护时常遭到开发的干扰和破坏。黄山市徽州区文化局分管文物的殷副局长说，地方旅游部门常常和文物部门争夺文物管理权。双方的责任和观念不同,对待文物的态度、方法和手段就不同。文物部门通常是以保护为重,开发部门通常是以经济效益为重。前者注重保护第一,注重文物的长远文化价值。后者注重效益第一,注重文物的现实经济开发价值。然而,“旅游是地方财政收入的一个重要支柱,我们则只会要钱,人家当然说话气粗。有些东西划归了人家管理,他们愿怎么弄就怎么弄,经常损害了文物,我们也没有办法”。

2.文物多头管理政令不一的矛盾

一项文化遗产的管理,往往牵涉到多个部门,如城建、土地、旅游、文物等部门,大家各自都行使权力,管理就乱了套。上面同样如此,比如国家文物局管文化遗产,自然遗产又牵涉到建设部,申报世界遗产要报教育部,办理外交手续又要经过外交部,碰到事情不知道找谁。事实上这是存在于全国的普遍性问题。我国目前对于自然文化遗产资源缺乏统一的管理,国家风景名胜区归建设部管辖,国家森林公园归林业局管,国家自然保护区分属环保总局、农业部、林业局、海洋局、地矿局、水利总局管。森林、土地、水域、遗产资源分属不同部门管理的情形,加上经济利益的纷争,就造成不协调的矛盾。

3.主管部门权限不够的矛盾

随着旅游热的升温和旅游购买的膨胀,近年来拆卖古民居建筑构件的事情大量发生,窗棂、门扇、雀替、斗拱、砖木石镶饰件都成了商业对象,在市场上大量可见。县一级主管部门既没有文物鉴定权,又没有文物执法队伍,对于此类现象常常是看得到的管不到,管得到的看不到,眼睁睁地看着大量古民居建筑构件在文物市场上流失。

4.村民住房需求增长与古民居保护的矛盾

村落中的古民居属于私产,房屋年久失修,不利居住,而村里控制建房用地,村民就要求拆老屋建新房。古民居每年都有被拆毁的。村民认为老房是祖宗遗产,自己有产权,可以随意处理。而国家无力把古民居买下来,无法阻止拆除。黄山市徽州区文化局方耀进局长说,现在许多古民居风雨飘摇,住在里面的农民就想自行改建,变更结构,甚至想拆房。区里管不了,只好给他们画饼充饥,说是国家早晚要开发利用这些古建筑,发展旅游,就像西递村、宏村那样,那时你们的老房子就值钱了,要有长远的眼光,现在先坚持一下,暂时做些局部维修。农民不愿意出维修费,维修了也不解决他们现在的住房问题,但也希望日后能有发财的机会,于是在矛盾中坚持着。但这种状况坚持不了多长时间,国家一定要尽快拿出办法。

5.最重要的还是古建筑自然损坏严重与修缮经费严重不足的矛盾

黟县2000年全县财政收入4300万元,可用财力仅2900万元,属于吃饭型财政。全县拥有3000多幢明清古民居建筑,无力维修保护。1999年、2000年县里为西递村、宏村申报世界文化遗产投入600万元,对核心保护区古民居进行修缮,对村落环境进行综合整治,已经是竭尽全力,对其他众多古村落则无能为力了。

我感觉到的问题有如下几点:

(1)对古村落的保护,其范围应扩大到周边整个环境和整个乡村生活形态。歙县棠樾村牌坊群的保护范围现在止于村口大路旁,事实上应继续延伸到对面的土山上。这样,当人们登临山顶,回身俯视牌坊群、村落和远山近水所组成的完整画面时,才能够对这里的地理和文化生态环境有一个直观的感受,有助于更深刻地理解徽文化的内蕴。省文物部门在黄山市徽州区潜口村选点迁建的古民宅,仅注重了古建复原,未注意恢复其配套设施及环境。我在参观时注意寻找民居中与生活相关的设施,例如厨房、厕所以及花园等,但没有找到。由潜口村民居出来,路旁水田里农民正在劳作,几位男女村民把一丛丛的稻秧拔出来,在水里涮干净了,一排排地摆在一旁,等待挑秧人来挑到大田里去,供插秧用。放眼青山绿水,一派熙熙气象。我向省文物局汪副局长建议,古民宅区在建设过程中千万别把这块农田消灭了,让它成为一个自然生态景观。我前年到日本岐阜一个民俗村参观,人家的环境原貌就保存得很好,有了完整的生态环境,参观才有内涵,政府要做的只是把停留地和接待搞好。而我们现在往往忽略生态环境这一块。

(2)保护政策和措施不配套,却急于开发旅游。我在黟县宏村就看到了令人不快的事情。村庄里散布着许多美术学校的学生,在对古建筑进行写生。一个女学生将涮颜料笔的水倾倒在村中水渠中,渠水马上变成乳灰色。导游阻止她,她理直气壮地说别人都这么倒的。果然,前面的渠水也是乳灰色的，村中鸭子不识水色，仍在里面觅食嬉戏。又有几个学生在一栋大宅院门前，把擦满颜料的五彩布甩在地上，弄得台阶石面和石板路面红一片紫一片，手上的颜料也顺手擦在石门框上。我把这个问题反映给县文物部门领导，他说游人不自觉。我提出应该制定参观规则约束游人，同时又要现实解决涮笔问题，例如准备一口大缸。他说该村由旅游公司开发经营，言外之意颇有权限方面的难度。我再继续谈这件事，他只好支吾了事。这么一件很容易解决的小事却又事关大局，没有得到及时的处理。

（3）保护中的破坏。参观黟县宏村承治堂一间大房间时，导游介绍说这里原来是厨房，现正在改建为旅游餐厅。在一些正式开放的厅堂里，有旅游管理人员在陈列的八仙桌上摆酒吃饭，看到导游带我们进来，和导游彼此招呼着、笑着，说是我们连个躲的地方都没有。黄山市徽州区文化局殷副局长说，破坏文物的还包括这几年的电视剧组。由于徽州古牌坊、古民居的声名，引来了众多的电视剧组。他们常常是带了省委宣传部的介绍信来，信里说是重大题材项目，要求支持。于是到处扯起电线拍片，很容易引发火灾。一次竟然在罗东舒祠架起一个火盆烧火，不让架不行。人家来头大，说话横，我这小干部管不了。我们问：拍片大概有些经济收入吧？殷说：免费！或给个三五百的。可是二三十人一拍一天，光门票钱一人 20 元就得五六百。有一次在古建筑墙上刷上红军标语，拍完片就走了，标语也弄不掉了，真给红军丢人。我说："你为什么不坚持原则阻止他们？""坚持原则？我刚说按照文物法不能办，省里领导的电话就打来了，命令你办。"

（4）未及保护但保护已经迫在眉睫。黄山市徽州区呈坎村可以作为代表。呈坎村历史悠久，南宋理学家朱熹曾为之题联曰："呈坎双贤里，江南第一村。"这是一座基本呈自然状而未经维修保护的村子，虽说当地政府已经在村中成立了文物管理站，并组织进行了罗东舒祠和长春社的翻修。我们考察时，陪同说呈坎村有三街 99 巷，旧有"呈坎民居甲徽州"之誉。整体感觉村落破败，又脏又乱，到处布满了灰土。路旁水渠淤积着烂泥，散发着恶臭。古老民居或几家合住，或空置而堆积柴草杂物，一般都破败颓圮，被烟火熏得漆黑。古建筑多为砖木结构，而村民在其中堆置柴堆，点火造饭，极易失火。村中水循环系统已经长久废弃，取水扑火困难，又无其他防火措施，时有失火烧毁古建筑的事件发生，例如溪东街罗会鑫宅（明建）近年就因为火灾焚毁。村中又有许多乱占乱建而有碍环境的新房，夹杂于古建筑之间，都是水泥筒子，无任何美感可言，和老房子风格极不相称，破坏了村庄的整体协调感。呈坎村以往有明代建筑36处，1987年还有31处，1991年余27处，今余20处（其中有七幢三层楼）。近10年间将明代建筑居室拆改为新式楼房的有5处，为庄继录宅、谢兰花宅、罗会杰宅、罗会灿宅、罗维茂宅（均向有关部门办理了报批手续）。中华人民共和国成立前留下来的旧照片上显示出周围山上原有古茂森林，现早已砍伐殆尽。类似呈坎村这样有价值而未经保护的古村落，在徽州山区里很普遍，省文物局汪顶胜副局长说他曾乘拖拉机在山中转，到处都是古村落。

（5）保护只体现于具体物化对象上，无形文化形态少有人注意。对古建筑之外而与之相配套的一整个传统生活方式，例如信仰、习俗、行为规范、文化修养、艺术情趣等内容，只有外来专家和文化人进行个体的搜集研究，缺乏实质性的保护措施。旅游部门为旅游而开发的民俗表演，目的单一，为经济收入服务，与保护无形文化无关，有时还造假文化，不无哗众取宠之嫌。

（6）一些地方官员保护生态环境、可持续发展观念淡薄。有的主管领导注重的是政绩，是上开发项目，注重的是短期经济效益，是直接收益的大小，统计数字注重的是投入产出比。很少有人从避免超载开发、错位开发、过度开发，尽可能为后人保留文化遗迹的角度看问题。在急于开发思路支配下，往往把文化遗产地方资本化、企业化、股份化，而向旅游开发公司出让遗产资源管理权，承包开发。从理论上讲，文化遗产的产权归国家所有，然而这种拥有在法律上缺乏明确的排他性，因而各级政府及部门都可以把自己视作拥有者而抢占其经济开发权，并进一步认为自己对这种开发权有随意处置权。

通过考察，我提出需要进行理论探讨的问题：

（1）关于保护与开发的关系。有些专家单纯强调文物保护，而不赞成旅游开发，认为开发会伤及文物。其照原样保护文物的出发点是好的。但开发有利于早日开始保护行动，有利于增强保护实力，有利于提高当地居民的保护意识，对保护文物是有效的。保护与开发应该是相辅相成的关系。问题在于如何进行开发,如何处理好保护与开发的关系。以往在这方面的争论,实际上并不是要不要开发的问题,而是如何开发的问题,如何体现“保护优先”,使文物能够得到永久利用的问题。如果错误地把发展旅游业,带动地方经济理解为可以对文化生态进行无限制的肆意开发和索取,可以带有掠夺性和压榨性地开发,那就等于把国家文化遗产这类公共资源变成地方和局部利益集团的摇钱树。另外,为追求直接经济回报而对文化遗产进行过度开发,使之城市化、商业化、工业化,带来的负面影响是巨大的。例如浙江温州雁荡山小龙湫承包给个体公司经营以后,私人老板在悬崖上修建水泥电梯房,电梯的震动会造成山体松动不说,美丽的自然景观也被破坏殆尽。开发旅游,如果缺乏配套的法律、法规和政策,就会为一些利益驱动者钻空子。

(2)对于易地搬迁文物加以保护的看法。黄山市徽州区潜口村旁山坡上,文物部门买下一片坡地,建为潜口民宅,陆续把周围一些古老民居移建于此。这项工程从 1982 年启动,现已在北坡上移建了 12 座明代民居,称作“明园”。下一步计划在南坡上继续移建 10 座清代民居,称作“清园”,预计 2003 年完工。对于这一做法,有人有不同看法,认为易地重建改变了民居的原有环境,失去了其价值。这也是一个有两面性的问题。应该看到,许多古民居散落在村庄里保护不了,如果不及时抢救出来就毁坏了,贯彻“保护为主,抢救第一”的方针是必要的。易地保护也是国际上通行的办法,日本明治村博物馆就是一个成功的例子。但是,易地保护只能是应急措施,不能成为古村落集中区域的普遍做法。还必须寻找一种根本性的解决办法,那就是启动国家乡村社会保护工程。

让文化遗产在我们的手上完好无损。

让乡村社会的物质和精神形态成为我们与后代共同分享的资源。

让文化继续成为我们的立国之本。

(原载《徽学》2002 年第 2 卷)

中国非物质文化遗产特性论

今天人们对人类非物质文化遗产的概念已经有了充分的了解,它是人类文明的一半,是人类所创造文明中未能以物质形态固化的部分。如果综括联合国教科文组织历次确认并一再修改的定义,人类非物质文化遗产的概念表述出来就是:通过群体或个体口头表达的、来自传统而被同一文化社区所采用的、能够代表其文化与社会特性的形式,主要有口头传说、表演艺术、风俗礼仪、工艺技能等。以往我们所理解的人类文化遗产实际上指的是物质遗产,如长城、金字塔、罗浮宫等,它们是人类既往文明的固化生成物,而未包括人类非物质形态的文化遗产,如部落祭祀仪式、社区狂欢节、口头和身体相传的各种表演或手工技艺等,它们是人类以往文明的活体延续和发展。将物质形态与非物质形态一并囊括,人类文化遗产的范畴就更加完备而了无孑遗。中国因为文明程度和传统的原因,是非物质文化遗产的大国,我们因而对联合国教科文组织明确并实施这一概念抱有感激与强烈回应。然而,我们究竟拥有什么样的非物质文化遗产?它们具有什么基因与特征?它们在走向现代的过程中处于什么状态?如何看待这些遗产并正确对待之?这些问题仍然需要进行深层次的理论思考。

一、中国非物质遗产的文化基因

中国是古代文明高度发达国度,历史悠久而传统沿袭不断,地域广袤而民族形态众多,敬天法祖而注重经验积累,政体森严而民间空间广阔,讲礼重文而文化兼容性强,详于记载而习于民间采风,这些特殊条件造成非物质文化遗产的众量产生与连续传承。

历史文明发达的国家非物质文化遗产相对丰厚,这是由其文明积累决定的。历史上曾经高度发展的文明,无论美索不达米亚、古埃及、古希腊、古印度、中国、印加、玛雅等,都有较大的文明积累值,这其中物质和非物质文化成分总是伴生而共存的。但是这些文明中能够显现给今天世人的大多为物质文明,即遗留下来的建筑、雕刻、绘画、文献等,归入世界文化遗产的范畴,还不属于非物质遗产,因为它们"死"了。只有其中仍然存活的传统文明,才能够保留"活"的历史形态。这就产生了第一个条件:只有历史文明未曾断绝的国家,才能保存最多的人类口头非物质遗产。人类文明史多因战争、宗教等原因造成中断,我们知道,美索不达米亚文明存在于至今仍在尝试彻底解读的楔形文字里,古埃及、印加、玛雅文明留给世人的是无穷无尽的考古猜测与索解,了解古希腊文明曾经不得不转道阿拉伯文献,而古印度的梵文与梵剧早已被雅利安人阻断。因此,唯有中国,从甲骨文转换为金文衍生出后世真草隶篆的文字史从未间断,由夏、商、周奠定后世长久沿袭的宫廷礼乐和民间礼仪现代以前从未间断,由先民农事祭祀节令仪典演变而来的民间信仰年节庆贺仪俗现代以前从未间断——或者采用联合国教科文组织的一个概念来说:中国的"文化空间"基本未间断。中国非物质文化这种不间断的连续性,曾给西方提供了解已中断文明的参照物:20 世纪西方戏剧在寻找本源的现代派探索中,曾经向传统的中国戏曲寻找流失了的古希腊和莎士比亚戏剧舞台的本原成分。上述古老文明之外的次生文明,积累的物质文化遗产就较少,传存的非物质文化遗产也较单薄。

中国古代占支配地位的是大陆自然经济状态下的农耕文化,它依自然界的时序、韵律、节奏发展,敬畏、顺从和亲近自然,而历代经验积累与传承成为最重要的文明基因。因此中国传统文化一个突出特征是敬天法祖、注重前人经验,以天为则、凛遵祖制,信奉法古主义,遵循文化守成,所谓"天命不可违"(《晋书・石季龙传》)、"祖述尧舜,宪章文武"(《礼记・中庸》),一切以祖先和古人为圭臬,制度实行总要看古人是否做过,哲学思理总要看古人是否说过,行事做人总要从古人那里寻找成例,古已有之成为万事之法,所谓"天不变,道亦不变"(《汉书・董仲舒传》)、"祖宗之法不可变"(《宋史·司马光传》)。历史上的政治变革常常遭致保守观念挫败甚至阻断,因而“托古改制”往往成为变法的借口,“复古”成为改变现状的捷径。民间社会的演变与发展也按照既定之规而循规蹈矩,以不变应万变,我们从江南许多来自中原的移居村落今天仍然保存了众多中原古俗可以看出来。数千年来这种思维方式深入影响和控制着民族心理,保存和遵循古人制度、礼乐、仪俗、规则,恪守前人经验与规范,成为根植于心的文化传统,成为众量传存非物质文化遗产的前提。

中华文化是礼乐文化,古代以之确立有效的政治秩序与和谐民风,所谓“礼者,天地之序也”“乐者,天地之和也”(《礼记·乐记》)。夏、商、周三代形成完备的礼乐制度,例如周朝形成冠、婚、丧、祭、朝、聘、乡、射礼和六代之乐,经春秋战国的动乱遭到破坏,孔子因而“克己复礼”大力倡导和宣扬以挽其颓势,以后历代缜密修补严格执行,礼乐文化日益深入民间。长期指导中国传统精神生活的“十三经”中即有《周礼》《仪礼》《礼记》三部著作专门讲礼仪,总称“三礼”,规定了从宫廷到民间、从日常起居到红白喜事、从祭祀到禁忌的各项文明礼仪,无论身处庙堂之高还是江湖之远,无论是家国政治还是民事活动,都被完备而繁复的礼节笼罩着。礼仪有吉、凶、宾、军、嘉礼五大类,各有众多分支,与人生关联的如诞育、成人、婚配、丧葬等,都有繁冗严密的规定。礼要有乐来配合,所谓“礼节民心,乐和民声”(《礼记·乐记》),因此礼仪活动通常都和奏乐表演连在一起。而统治者尤其重视乐的敦化作用,《孝经》说:“移风易俗,莫善于乐。”礼乐进入民间生活,长久化生为民俗,就成为后世非物质文化遗产的渊薮。

中华古国的政体森严,尤其秦以后形成统一中央集权制,便于在政体、法律和文化层面上维护制度体系。一部二十四史证明,无论朝代如何更迭,制度体系总能迅速重建并巩固,保持强劲的连续性与传承性。与之相辅相成的是宗法制度下千年不变的民间社会,构成村落文化的广大空间,家国礼仪深入民众社会生活。“十户之村,不废诵读”(徽州古村落楹联),长期处于自然经济状态,聚族而居、渔樵耕读的乡村社会形态是社会最基本的细胞,是传统文化的家园,儒教统领与宗法结构合一,居处环境与自然、人文因素合一,包蕴了复杂的文化空间,包括了丰富的无形文化形态:宗教仪式、年节庆典、民间习俗、交接礼节、生活习惯、特色音乐舞蹈戏剧曲艺、专门化的手工艺和技巧等。乡村每年代序性举行的社屋拜奠、神庙祭祀、祠堂典礼和多种多样的节令活动，包括各种迎神奉像、行傩逐疫、民间社火、场圩文化空间序列，都成为非物质文化遗产的库藏。

非物质文化遗产的特征与民族性紧密相关。一般来说，不同民族因其生存环境与生活习俗的不同，形成相异的文化性征，构成不同的文化板块，也就产生不同的非物质文化形态。中华文明以黄河、长江两河流域为主发祥地，逐渐覆盖江南漠北，扩布到周边山陬海隅，地域广袤而民族众多。在中华民族发展的历史长河中，形成了众多的共生民族。最初即有华夏和东夷、西戎、南蛮、北狄之说，从生产方式可以划分为农耕、游牧、渔猎等不同经济生活类型。而经过漫长的历史演进，总体形成了以汉民族文化为主体、各民族文化相互渗透融合而成的华夏文化共同体。今天中国 13 亿人分布为 56 个民族、使用 82 种语言，是世界上人口最多的多民族国家，每一个民族都因其所处自然和社会环境的不同而保持特殊的生产、生活和感情表达方式，因而拥有独特的非物质文化遗产。

华夏文明在多民族长期共同发展过程中确立了文化的和合特征，《论语·述而》说："礼之用，和为贵，先王之道斯为美。"其特点是宗教排抑性弱，文化包容性强。在原始占卜巫术基础上形成的易文化，通过对自然与社会规律观察总结而孕育的太极、八卦思维和阴阳五行观念，都是讲矛盾统一辩证关系的，其阴阳调和、相辅相成的认识基础，长期支配了中国文化的走向，归纳为原理就是"和实生物，同则不继"（《国语·郑语》）。统治中国思想文化的儒学只停留在学术层面而未转化为真正的宗教形态，能够容纳其他思想体系，隐忍了历史上的儒、释、道三教合一，中国因而未发生世界其他地区宗教事件中消灭异己文化的决绝行为。当然中国历史上偶有禁佛事件，更多出自经济原因①，也毕竟只是历史长河中的瞬间，常态还是包容。汉

① 中国历史上出现过"三武一宗"四次由国家出面进行的禁佛事件，即 444 年北魏太武帝拓跋焘、574 年北周武帝宇文邕、841 年唐武宗李炎、955 年后周周世宗柴荣的禁佛。四次禁佛皆非涉信仰而为世俗原因，多因佛寺占地避税、耽搁劳力、减弱国力而起。禁佛做法主要也只是压缩寺院的规模和数量，并不以禁绝之为目的。

文化正统的长期历史过程中发生过多次少数民族入主，这些入主者也反过来采纳汉文化，入主者自身迅速汉化，而将自己的原始文化掺并进去，形成文化混同。至于东汉吸收印度佛教，唐代以后又容纳了众多西来宗教，如祆教、景教、摩尼教、伊斯兰教、基督教等，各种宗教同生共存，更是体现了中华文明地覆海涵的文化性格。而上述海纳百川的文化涵容历程，孕育了中国非物质文化遗产的庞大容量。

中国传承非物质文化遗产的一个经典性条件是它统一而定型的文字史。一个民族如果没有进入文字时代，它的文化和历史就很难为后人所认识并传承因而极易消失，或者仅停滞在模糊的口头阶段。有了文字、文献对口头文化的记录，历史才有了清晰的延展脉络和节律。汉字5000多年的历史，从甲骨文、钟鼎文、石鼓文、简书、帛书、碑书固定到纸文献的经、史、子、集，记载一脉相承、历代不绝，留下众多史实、神话、传说、诗歌、逸事、民间故事，不仅详细记录了中华各部族的历史文化足迹，还包括了周边国家如日本、朝鲜、越南和西亚、东南亚的史迹，甚至一些国家最初的史书也是用汉字写成的。一些民族则参照汉字结构法创造自己的文字，例如西夏，由此有了自己的历史和生活记录。这个特殊条件强有力地支撑了非物质文化遗产的香火延续。例如一部二十四史，虽说只是帝王将相史，也还是绵延不绝记录了人类文明活动的伟大工程①，历朝历代的政治制度、宫廷礼仪、祭祀典礼、宴乐活动等因而得以蹈袭有据。

中国传统又历来重视民间采风，《孔丛子·巡狩篇》说："古者天子命史采诗谣，以观民风。"《春秋公羊传·宣公十五年》"解诂"说："故王者不出牖户，尽知天下所苦，不下堂而知四方。"《诗经》中的许多篇章就是史官在各国民间记录下来的歌谣。先秦史籍里经常录载口头民歌，一个突出的例子是用汉字翻译出来的《越人歌》②，这种习惯沿袭下来，历代都重视记录民间

---

① 即使是少数民族入主，也仍然沿袭惯例而撰修前代史，例如元代脱脱主持修订了宋、辽、金三代史。历代文人更将听闻记录作众多的野史逸志。

② 〔汉〕刘向《说苑·善说篇》记载，一次楚国国王子皙泛舟河上，越国船夫唱歌，他一句也听不懂，让人记录并翻译过来，就成了一首美丽抒情的歌谣："今夕何夕兮搴舟中流，今日何日兮得与王子同舟。蒙羞被好兮不訾诟耻，心几顽而不觉兮得知王子。山有木兮木有枝，心悦君兮君不知。"

歌谣,留下众多文献。最著名者如宋代郭茂倩编辑的《乐府诗集》,分 12 类记载了上古到汉唐时期的祭祀歌曲、宴会歌曲、街巷歌谣、舞曲琴曲等的歌词。明清时期则编纂了众多的地方小曲歌词选集如《雍熙乐府》《万花小曲》等。历代文人也自觉地从民间歌谣里汲取营养推动诗歌创作[①]。而历来的地域民情风俗,方志著作皆载。秦汉时期的郡书、地理书、都邑簿开其先河,宋代方志正式兴起并迅速普及后,都将其列为重要内容。例如各地方志都详细记载当地礼仪、岁时、信仰、生活各种民俗,重要的节庆、祭祀、庙会活动内容等。文字记载与口头传承的交互作用,保证了非物质文化遗产历史文脉的长久延续不断。

由于以上特殊文化基因的作用,中国拥有世界上最大的非物质文化遗产库存就成为必然。

二、中国非物质文化遗产的特征

由上述特殊条件决定,中国非物质文化遗产除具备非物质性[②]、口传心授性[③]等人类非物质文化遗产的共性外,还有许多自己的独有特性。

(一)由传统文明高度发达决定其包罗广泛性

与一些人口较少民族单一国家仅传承一部分或某几项非物质文化遗产不同,中国文化中包含有联合国"人类口头和非物质遗产代表作"概念的全

① 例如明人李开先《词谑》里就记录了一些他认为可以开人思路的民歌,著名的如《捏泥人》等。他还记载了一个故事:李崆峒十分推崇汴梁民歌,终日在街巷听之不厌,有人来向他学写诗,他就让人去街上听民歌,那人果然大有收获。

② 非物质性是人类非物质文化遗产的基本定义,即不以物质形态为载体的人类文化遗产,存在于人们的口头传说和表述中、各种民俗节庆礼仪和艺术表演中、传统工艺和技能的操作实践中。它是我们观察、研究和保护非物质文化遗产的出发点和归宿。

③ 非物质文化遗产都是以口传心授的方式被创造和传承下来。一代一代人的口头创作,通过心口相传的方式延续和继承,形成民族文化记忆。

部类别(从联合国已经颁布的3批90项[①]“人类口头和非物质遗产代表作”类别看),而且多数类别都有着大量显现,并且中国有着许多独有的非物质文化遗产类型。中华文化传承了众多的各民族口头传说、多民族史诗吟诵、宫廷和民间的各类祭仪典礼、广场性狂欢共娱的各种文化空间、样式繁杂的音乐舞蹈戏剧曲艺杂技游戏表演、民间美术和传统技艺的各样技能。仅从国家文化部颁布的两批10类1028项名录内容看,就有民间文学84项、音乐139项、舞蹈96项、戏剧138项、曲艺96项、体育游艺杂技55项、美术96项、技艺186项、传统医药17项、民俗121项,一般来说都具有与世界非物质文化遗产名录已发布项目的同等价值。此外,中国拥有许多深含东方经验把握与思维玄机的智慧结晶,诸如农历和二十四节气对自然规律的掌握、人体经络与针灸使用、中药与各民族草药的疗效与炮制、中餐厨艺烹调与众多地方菜系、中华武术、苏州园林的布局情趣与意境设计、古典诗词曲赋俳偶对联的语言使用方式、文房四宝制作运用及书法国画的创作等,都是独有的非物质文化遗产。其中如唐诗的律学、宋词的音韵学、元明清曲的曲律学是人类发展到极端的文学、语言学技巧,湖南江永县的女书则是起源或许十分悠久的世界上唯一一种女性文字[②]。

(二)由文化包容性强决定其多元杂糅性

例如民间宗教信仰的多元,构成信仰仪式的多元。原始信仰与巫教的长期存在,儒、释、道三教合一的文化环境,共育了民间信仰的普泛化,使之形成交混杂糅状态。民间礼敬的人、神、仙、鬼众多而庞杂,天地君亲师,儒释道巫,甚至山精水怪、树魅狐妖都可以成为奉祀对象,普通小民的信仰心理是有病乱求医、见神即磕头,以功利和实用主义的灵验与否为信

---

① “人类口头和非物质遗产代表作”的评选从2001年开始,每两年一次,每次一国只可申报一项,鼓励多国联合申报,不占名额。2001年宣布了第一批19项代表作的名单,2003年宣布了第二批28项, 2005年宣布了第三批43项,共计90项。

② 女书流行于湖南省江永县及其毗邻的道县、江华瑶族自治县的大瑶山和广西部分地区,今天见到的最早记载是太平天国(清朝咸丰年间)发行的“雕母钱”背面用“女书”字符铸印的“天下妇女”“姊妹一家”字样。女书的起源可能十分古老,学者做出种种推测,有三代时期古夷文说、商代古文字说、古越文字说等。2004年9月20日,女书的最后一位自然传人阳焕宜谢世。

仰标准。民间信仰的神系因而十分混杂，今天见诸史籍的中华民间诸神有 200 多种，分属不同神仙谱系，还有其他众多的杂神、土神不计，尤其巫傩信仰的神系庞杂混乱之极①，各种城乡聚处地则是儒厦、佛寺、道观、杂神淫祠共存。庞杂的民间信仰拥有综合混乱的仪式空间，似儒似佛似道似巫、非儒非佛非道非巫、亦儒亦佛亦道亦巫，时见如来、三清、财神、关帝共享香火，而和尚看守道观、道士主持杂庙的现象也常见。例如民族文化的多元。各民族有不同的史诗传唱，汉族有《黑暗传》，藏族有《格萨尔》，蒙古族有《江格尔》，柯尔克孜族有《玛纳斯》。各民族有自己的特色服饰、房屋建筑式样、生产生活方式和音乐舞蹈样式。各民族更有自己的特色文化，如纳西族的东巴文化，有着自己独特的象形文字和众多经典文献、独具一格的祭祀与舞乐仪式等。同一个东西，不同民族又有不同的呈现方式，如同属傩仪，彝族有“撮泰吉”，苗族有“磨过”与“芒蒿”，仫佬族有“依饭节”，土家族有“毛古斯”，蒙古族有“呼图克沁”；同为萨满仪式，除东北的满族、鄂伦春族、达斡尔族、赫哲族、鄂温克族各自不同之外，蒙古族有“博”，维吾尔族有“巴克西”，藏族有“本波”，侗族有师公，彝族有“苏尼”，羌族有“释比”。

（三）由政体森严和民间社会完整决定其朝野共享性

古代中国无论官方还是民间，都例行举办级别不同、内涵一致的祭典礼拜、年节仪俗活动。有由国家出面举行的大型祀典，如皇帝祭后土、祭太庙、祭社稷坛等。地方当局也奉皇帝命或按惯例祭祀当地的山川宗庙文苑先神，各个都邑学宫年年都在孔庙祭孔，而曲阜孔庙每年阴历八月二

---

① 例如贵州省湄潭县抄乐乡傩坛“香位图”上开列的神座有金阙玉皇、孔圣先师、三元凶盘、三洞法王、东山圣公、南山圣母、元始天尊、太上老君、大洪宝山、淹济祖师、三清大道、五岳五天、三消王母、三洞冷坛、金田将军、银角大帝、十圣公主、十圣姊妹、三元法主、三洞梅山、金花圣公、银花圣母、三元将军、四元枷梼、检卦童子、判卦老君、千千雄兵、万万猛将等，又列有佛门启教、道门启教、茅山启教十八先师、梅山启教六真人等追叙教门来历的文字。又如贵州省德江县稳坪镇长兴村魏家寨魏观跃珍藏的土家族巫仪抄本《新集三元和会科仪》，并行叙述三教教主释迦牟尼、老子和孔子的家世和生平，三教被混淆杂融在一起，统一于巫的意志之下。

十七日孔子诞辰时举行的祭孔大典“释奠礼”两千多年从未间断，成为世界祭祀史上的奇迹。乡间村落的宗庙祭祀也年复一年周而复始地永续进行，由宗庙家族制度维系运作。民间神庙也祭祀香火不断，多有持续千年的，见于各地碑刻与方志记载。根据历法和节气组成完整的节日系统，而众多的民俗节日庆贺构成繁杂的节令文化。汉族一年中大小节日连缀不绝，正规的传统节日如正月初一春节、正月十五元宵节、四月五日清明节、五月五日端午节、七月七日七夕节、八月十五中秋节、腊月三十除夕等，宫廷和民间庆贺都有一套完整的习俗。① 如岁末除夕皇宫驱傩赶祟演变为京城的岁时景观，而天下都邑也都于同日举行盛大仪式。② 元宵节看灯则在北宋末发展为京城的全民游乐活动，届时徽宗亲至街巷“与民同乐”③。又有中元节礼佛、下元节瞻道，朝野共庆、天下为欢。各少数民族在发展过程中更形成生动活泼、丰富多彩的民族风情节日，如藏族的雪顿节、穆斯林的古尔邦节、彝族的火把节、壮族的歌圩节、傣族的泼水节、白族的“绕三灵”狂欢节等，展现出不同的民风民俗、庆贺仪式、民族歌舞、民族服饰等。由朝野共享的性质所决定，古代中国发展成为一个最大的文化空间，其气场延续几千年而绵延不绝。

---

① 例如春节前后习俗：从冬至开始家人团聚、穿新衣服、备办佳肴、祭祀祖先。腊月初八吃腊八粥（七宝粥、五味粥）。腊月二十三过小年，家家宴饮放炮、邀亲访友。腊月二十四是“扫尘日”打扫卫生，家家户户备酒果烧纸送灶王爷上天，富裕人家请僧道念经，晚上在床脚处点灯“照虚耗”。腊月二十五煮“人口粥”敬食神，然后就是换门神、挂钟馗、钉桃符、贴春牌、贴年画、贴窗花、贴春联、贴挂签（流苏），等着庆贺除夕。除夕夜家家张灯结彩，吃年夜饭（也叫团圆饭），饮屠苏酒（也叫辟岁酒），晚辈磕头，长辈赠压岁钱，全家围炉而坐守岁，半夜子时放鞭炮送走恶鬼、除旧迎新。大年初一一大早先放一挂鞭炮以清除秽气，然后拜贺长辈。大街上到处结彩搭棚，售卖各种新鲜吃食和喜庆玩物，人们熙熙攘攘游赏。初二祭财神，初三后开始四处拜年、串亲戚，穿新衣、提花花绿绿的贺节物品，有骑马的，有坐轿的，有走路的，逢人道喜，四处一片欢庆。初五是“破五节”，初七是“人胜节”（“人日”），初八是“八仙节”，这几日家家饮宴，笑语喧哗，有条件的地方还要耍社火、唱大戏。然后最隆重最正式推出的还有正月十五的元宵节，届时村村镇镇闹花灯，把过年推向最后一个高潮。

② 参见宋代孟元老《东京梦华录》、吴自牧《梦粱录》及各地方志有关记载。

③ 〔宋〕孟元老：《东京梦华录》卷六“元宵”条，四库全书本。

（四）由渗透力强决定其流播迁转性

中华非物质文化的传播性很强，自古以来一直在不断流播迁转。最初在中华腹地和周边区域流播，例如浙江余姚河姆渡、陕西西安半坡、山东泰安大汶口、河南渑池仰韶、四川三星堆等不同文化类型中的玉文化、陶文化、青铜文化、金饰文化等，彼此都有相同与相异的成分。随后向更加辽远的地方流播，最著名的实例当然是丝绸之路上的播迁——丝织和养蚕技术的传播是古代中国对于人类文明的最大贡献①，烧瓷技术的传播发展则使得今天的日本瓷、欧洲瓷得以较艺于中国，13 世纪末马可·波罗热衷于向欧洲介绍中国的燃煤烧水做饭②，茶艺则成为东方国家甚至世界的爱好，小到筷子的使用习惯也遍及中华文化圈，而当代针灸与中医、中餐厨艺、中式家具及园林设计等正在向西方扩散，至于造纸、印刷、火药和指南针技术的传播渠道则早已消失于历史的无意。境内民俗文化呈地域性分布的特点突出，十里不同风，百里不同俗，彼此之间又有着承传迁转的明显痕迹。戏曲声腔在传播到全国各地过程中与当地语言、曲调结合而形成新的腔种或交叉腔种，据 1959 年统计全国戏曲剧种共达 360 多种③，成为世界一大文化奇观。其中如梆子剧种在陕西、山西、河南、河北、山东发展为多种风格的地方梆子，组成梆子腔系；花鼓、采茶、花灯系统的剧种各地都不同。民间歌舞技艺同样：民间鼓乐风格突出的有晋南威风锣鼓、陕西安塞腰鼓、京西太平锣鼓等；同为秧歌舞，安徽花鼓灯、东北大秧歌、海城高跷、济阳鼓子秧歌风格迥异；各地有各地的舞狮、舞龙、踩跷、抬阁绝技。民间年画有苏州桃花坞、天津杨柳青、山东杨家埠、四川绵竹、开封朱仙镇、河北武强等不同形式流派，

---

① 中国通往西方的著名的丝绸之路，早在先秦时期已经形成，前 400 年左右希腊人克泰夏斯（Ctesias）已经在著作里提到中国，他称之为“赛里斯（Seres）”，意即丝绸。以后“赛里斯”的名字屡见于希腊人、罗马人、埃及人的地理和旅行著作。参见 Henry Yule, *Cathay and the Way Thither* (London: Printed for the Hakluyt Society, 1866), No.1。

② ［意］马可·波罗：《马可·波罗游记》第二卷第三十章称，中国人用矿山采出的一种黑色石块作燃料，热力很高。陈开俊、戴树英、刘贞琼、林键译《马可·波罗游记》，福州：福建科学技术出版社，1982 年，第 124 页。

③ 根据 1959 年《戏剧报》中华人民共和国成立十周年专刊统计。

民间剪纸有陇东、陕北、晋南、河北蔚县不同风格代表。

（五）由大陆型文化特征决定其中心发散性

文明总是由中心发散的，由一个强势传播源向弱势承受区域发散，从宫廷传到民间，从都市传到农村，从大陆传到周边。宫廷礼仪散落到民间便成为民俗，例如晋东南民间保存的明万历二年（1574）抄本《迎神赛社礼节传簿四十曲宫调》，以及与之配套的活的祭祀仪式系由宋代宫廷礼俗沿袭流变而来[①]。汉文化扩布到少数民族地区又成为当地的民风，例如云南丽江纳西族却保存了远较一般汉族地区浓郁的中原文化氛围，以及汉族地区久已散佚失传的唐宋道教洞经音乐[②]。中华大陆文化由于积累丰厚而具有很强的辐射力，历史上长期保持扩散的态势，在周边造成中华文化圈，例如周围的朝鲜、越南、日本等国家都使用汉字、推行儒学、接受华化佛教、承袭中国典章制度等[③]，因而许多文化理念与习俗、宗教情感、祭祀礼仪、节庆风俗成为文化圈内共有的精神财产。在中心部位长久遗失的文明却可以在周边找到痕迹，孔子所谓"礼失而求诸野"[④]，例如日本晚近宫廷舞乐里保存了中国隋唐宫廷乐舞的众多成分[⑤]。

这些特性，共同结构出中国非物质文化遗产的状貌，也结构成中国与周

---

① 参见廖奔：《晋东南祭神仪式抄本的戏曲史料价值》，《中华戏曲》1993年第8辑。

② 参见廖奔：《丽江风韵》，《中国作家》2002年第7期。

③ 参见武斌：《中华文化海外传播的历史规律》，《光明日报》2008年8月21日。

④ 《汉书·艺文志第十》："仲尼有言：礼失而求诸野。"四库全书本。

⑤ 《大日本史·礼乐志》说，日本从推古朝开始有了隋唐音乐。到日本文武天皇大宝二年（702）在宫中设立雅乐，其中即有唐朝的伎乐和乐师，能演奏隋唐乐曲150多首。其乐礼制度也来自隋唐。日本圣武天皇设置内教坊，让女伎们专门学习唐乐。以后，唐乐作为宫廷雅乐一直留传下来，直到现在日本宫廷每逢大典仍奏《万岁乐》和《太平乐》。日本12世纪一本记录乐舞形象的《信西古乐图》中摹绘了腰鼓、揩鼓、揭鼓、鷩篥、奚娄、箫、筝、横笛、五弦、尺八、琵琶、笙、箜篌、方响等从中国传入的乐器，以及《皇帝破阵乐》《苏合香》《秦王破阵乐》《打球乐》《柳花苑》《采桑老》《胡饮酒》《放鹰乐》《案弓字（安公子）》《拔头》《还城乐》《苏莫者》《苏芳菲》《罗陵王》等唐代舞蹈。今天日本著名的古物陈列馆——奈良市正仓院里还保存了很多唐代乐器和服装器具，舞名有《破阵乐》《罗陵王》《三台》《浑脱》等，都出自唐代的大曲。唐代大曲《兰陵王》在日本传演到今天，因而现在还可以看到与之有关的面具文物计64件，最早的有1211年的铭文（见日本《舞乐面遗品之种类目录》《舞乐面铭记年表》，西川杏太郎编《日本の美术》第62期第104~107页，昭和四十六年）。

边国家非物质文化遗产之间的文化关系。

三、中国非物质文化遗产进入现代的特殊方式

所谓非物质文化遗产,是以现代社会生活作为参照物确定的概念,更多是指工业文明前的文明创造物,它随着现代文明的深入开掘而逐渐消亡。由此论之,工业文明历史浅近的国家,其非物质文化遗产与现代社会的接壤与交合部更为广阔,中国即是这方面一个典型。

中国非物质文化遗产是以特殊方式进入现代社会的,这决定了它的现存面貌。在中国长期的古代社会中,属于精神成果的非物质文化保持了质的千年延续不变与量的永恒积累叠加。然而进入近代以来的一百多年间,这种状况彻底改变了。

长久保持了发展恒定性的农业中国,并未像欧洲那样从自身肌体中自发生长起工业革命的初始动力,而是在受到帝国主义的侵略和掠夺之后才被动开始现代变革。因而,中国是以完整而缜密的一整个古代文化体系与现代突然遭遇的,这个体系曾经焕发出历史文明的耀目光焰。然而现代文明的竞争遵循的却是另外一套法则,它迫使之前的传统文明全部萎缩甚至覆灭。人类众多的悠久文明面对着一个共同的艰难选择:要么被动保持传统质直至最后灭亡,要么主动吸收新质转换为现代文明。世界上一些自强的古老民族采纳了后者,其中包括中国。于是,现代化道路在脚底下展开,传统文明则成为遗产。

当中西体用之辩和"以夷制夷"的幻景最终被现实阻断和粉碎时,国人认识到仅从器物层面无法挽救中华文明的颓势。面临民族危亡的中国不得不选择决绝的文化革新姿态,用彻底破除旧有制度体系、认知体系和价值体系的手段来引导自身跳出封建轮回、实现民族自强。这正如鲁迅在《华盖集·忽然想到》中所比喻的:"我们目下的当务之急,是一要生存,二要温饱,三要发展。苟有阻碍这前途者,无论是古是今,是人是鬼,是三坟五典,百宋千元,天球河图,金人玉佛,祖传丸散,秘制膏丹,全都踏倒他。"而民主与科学成为中国新文化的旗帜。百余年来,中国文化经历了剧烈的动荡、风化、

更新与再生，其中有成功也有挫折。五四新文化运动荡涤旧文化，中华人民共和国建立起人民共和的新型政体，中华人民共和国成立后移风易俗破除封建迷信，新时期以来倡文明树新风，道道波涌的共同作用使中华民族的文化精神得到了大幅度更新。然而西方强势文化的大举进入，政治极左思潮的干扰破坏，也使优秀的传统文明质过多流失，特别是"文化大革命"的"破四旧"致使许多传统断绝。

百年来的西方文化潮涌与现代工业文明的入主，使传统中国的自然经济状态受到极大冲击，前期还只是造成文化杂糅，未能阻断传统，随着20世纪后期工业化和城市化步伐的推进加剧，商业市场与消费经济的迅速崛起，传统的农业文明向工业文明、科技文明与商业文明急速转型，社会生产与生活方式发生了彻底的变革，属于非物质遗产蛰伏地的旧有文化就成了最后的融冰。针对现代都市文明来说，作为人类文化记忆的非物质文化遗产，是旧有生活方式的智慧结晶，是祖先留下的文化基因，我们需要保存住这些文化符号，以延续自己的民族血脉。然而，社会的现代化进程却又是消灭这些文化符号的罪魁祸首——这是人类文明的一个发展悖论。好在现代人类从文明教训中逐渐懂得了尊重传统的意义和价值。先于我国开始工业化的一些东方国家也先于瞩目非物质文化遗产，日本早在50多年前已经提出"无形文化财"的概念[①]，韩国也较早开始了对无形文化的保护行动[②]。中华人民共和国成立以来形成保护民族民间文化遗产的概念并付诸行动，也成为联合国抢救人类非物质文化遗产理念的前奏，然而，我们以往的理解和措施远不够全面和完善，加上极左思潮的干扰和扭曲，长期以来步履艰难。

今天我们面临联合国教科文组织所描述的典型化困难局面："随着当今世界的全球经济一体化，不计其数的文化遗产形式正面临着消失的危险，并受到文化标准化、武力冲突、旅游业、工业化、农业区缩减、移民和环境恶化

---

① 日本明治30年(1897)即制定了《古社寺保护法》，1950年颁布《文化财保护法》。

② 韩国1956年颁布法律保护文化遗产，后来又建议由联合国教科文组织于1993年启动了"人类活瑰宝"体系。

的影响。”①我国非物质文化遗产受到冲击和消解的问题越来越突出。例如作为传统戏曲大国，我国的剧种近30年来急剧萎缩，种类数量上锐减，一半剧种专业剧团消失，只有业余演出，许多剧种唯余一脉香火只剩下一个剧团成为所谓的“天下唯一团”②。中国宫廷乐庞大而完备的体系不复得见了，反倒是周边国家保有其吉光片羽的折光，例如韩国宫廷宗庙祭祀乐本是以中国宫廷仪式记载为基础而形成的完整演奏程序，越南宫廷雅乐也受到中国的明显影响。许多民间传统被冲击得残缺不全，无法聚合成为完整的文化空间，例如佛教和道教法事、集市庙会广场文化活动、祭祀行傩和演剧、社区狂欢节等，这也是为何我国颁布的非物质文化遗产名录中文化空间较少的原因。③ 例如北京老天桥市场原是一个著名的文化空间，首批入选代表作里摩洛哥加玛广场文化空间的例子，就与之十分相像。加玛广场是当地人聚集游艺的场所，其内容包括说书、杂技、戏剧、舞蹈、耍蛇、吞火、算命、占星、卜卦、牙医、草药、文身、布道、出售食品等——这与我们所了解的老天桥市场如出一辙，但天桥却消亡了。韩国申报成功的江陵端午祭对于中华端午节日仪式保存完好而又有许多衍生发展，使之文化空间的味道更加浓郁，而我国遍布全国各地仍然呈活体状态的端午节习俗，除划龙舟、吃粽子等节目外，已经较缺乏内涵。汉民族春节习俗从保存完整程度说，甚至可能出现大陆不如台湾、海内不如海外的情况。今天我国保存较完整的文化空间一般只在边远少数民族地区，例如一些歌圩节之类，它们受到的时代冲击相对较小。

① 联合国教科文组织：《人类口头和非物质遗产代表作申报指南》，北京：文化艺术出版社，2005年。

② 据2005年中国艺术研究院完成的《全国剧种剧团现状调查》，我国20世纪50年代末，全国有367个戏曲剧种，其中50多个为新产生的剧种。现存剧种仅剩267个，其中有一半的剧种仅有业余演出，有60多个剧种没有音像资料保存，许多地方剧种还正在走向消失。而据中国民族民间文化保护工程国家中心提供的一项最新调查资料，有文字记载和演出活动的剧种，1982年尚有394种，到了目前，还在舞台上演出的剧种只有100多种，能为大家稍稍熟知的剧种则不到50种。

③ 乌丙安先生统计，在我国公布的首批518项国家级非物质文化遗产代表作中，文化空间类项目为50项，仅占9.65%。乌丙安：《民俗文化空间：中国非物质文化遗产保护的重中之重》，《民间文化论坛》2007年第1期。

传统文化加速消亡的结果,是由它所寄托的民族精神、民族情感、民族审美理想的淡化与稀释,必然带来民族个性的变异和扭曲、民族特征的弱化和消亡,最终引起民族文化基因的改变。为世界各民族所特有的不同思维方式、价值观念和审美理想,如果被一致的现代工业文化符号所取代,七彩的世界就会统一为灰色,人类文明就会陷落于万劫不复的境地。在保持文化多样性方面,作为人类非物质文化遗产最大渊薮的中国,负有更大的历史责任。

四、中国非物质文化遗产保护的特殊性

由于现代工业化切断各民族传统、格式化生活方式给当代人带来的警醒与反思,我们日益强烈地确立起抢救非物质文化遗产的信念。而由中国经济力快速攀升和提高综合国力的需要,我们业已拥有了相当的抢救实力与具体的文化诉求。因而,推行保护非物质文化遗产的国家行动已经成为现实实践。

在保护行动理性推进的过程中,我们经常遭遇的是如何对待中国非物质文化遗产特殊性的问题,这个问题从理论和实践两个方面展开。前者是指如何看待既有的非物质文化遗产,如何为之定性,确立何种保护观念,属于认识和观念的范畴;后者是指一个正在迅速现代化的社会如何处理好发展与传承的矛盾,前瞻性、预见性地为非物质文化遗产保护预留空间的问题,属于社会实践的范畴。

(一)中国非物质文化遗产的性质复杂性

由于中国非物质文化是一整个完整制度体系和思想体系的产物与附着物,当中国的现代化步伐首先以制度变革的方式推进时,它的制度根基就坍塌了。这是历史发展的必然,是不以今天人们意志为转移的既往客观现实。旧制度的坍塌是现代中国崛起与腾飞的起点,是当今中国以现代化强国面貌挺立于世界东方的前提。而制度层面的非物质文化遗产的死亡,是人类文明轮回的体现,哀婉的挽歌也挽留不住它的仙逝。至于依附于旧制度的

社会认知体系、伦理体系与价值体系的随之坍塌,则是应当并且值得审慎对待的,因为旧文化中包孕着我们的传统基因、民族特征与文化个性,新文化也不可能在脱离母体的情况下凭空造就。

当我们把传统文化从旧制度的框范中剥离出来,我们看到了中华文化的智慧性、哲理性和永恒性,看到它为人类文明所提供的特殊贡献,更看到它对人类未来发展的特殊影响力。例如中华文化的天人合一、和谐共处、辨证施治等理念,正在和已经成为今天人类思想的共享物,为世界的均衡发展提供着精神上的源泉与动力。而更多体现在伦理层面、道德层面和民俗层面的非物质文化遗产,则是包蕴民族精神气韵、孕育民族性格气质、培养民族审美习惯的丰厚土壤,伦理层面的许多东西今天要重新认识,道德层面的许多东西可以继承,习俗层面的许多东西可以传接。

即以传统中国的代表征象礼教为例。从根本上说,礼是用来节制社会等级的,是封建制度、等级观念的反映。《礼记·曲礼》孔颖达疏云:“礼者,所以辩尊卑,别等级,使上不逼下,下不僭上。故云礼不逾节,度也。”封建礼教所严以标举的等级观念、尊卑秩序、亲疏有别、专制主义,其精神实质是建立在不平等的人与人关系基础之上、为维护专制社会政体服务的,自然不与现代民主自由精神合拍。然而传统礼教所倡导的仁爱、正义、和谐、节制、美善、忠孝、睿智、虚静、自然、诚信等义理(香港陈杰思教授归纳为十大义理),则是协调人际与自然关系、维护良好社会环境、保持崇高道德情操的人类智慧升华。当我们破除了专制体制,建立起民主政治以后,以增加人的品质修养为目的,在传统基础上重塑人文之礼,礼的内在精神就转为当代社会宝贵的人文资源了。①

中国非物质文化遗产中也包含有与时代精神和现代科学知识相背离的内容,已经不适宜于应用到今天的社会生活,例如万物有灵、因果报应、禁忌避讳、跳神装鬼等属于愚昧迷信的产物,即使是在古代社会也不为智者所取,孔子“不语怪力乱神”“未能事人,焉能事鬼”“未知生,焉知死”(《论

① 参见陈杰思:《人文礼教与封建礼教》,《纪念孔子诞生2555周年国际学术研讨会论文集》卷二,2004年。

语》)的务实态度影响了历代知识阶层,历来对这类愚俗都有鄙夷之声。当它们仍然呈现为活体状态时,会对某些社区人众的文化心理产生扭曲影响,这是在传承和保护非物质文化遗产时特别要关注的。

非物质文化遗产时而呈现为综合杂糅的复杂内容团块,精华与糟粕共存,例如一些文化空间,在民间仪式习俗的表演中,也夹杂有一定愚昧迷信的成分,对其定性尤其是对待一定要慎重。单纯剔除其糟粕成分的做法可能损伤了整体,使得文化空间残缺不全和分裂为碎片,甚至可能因影响了生态环境而危及其活体生命(这是以往的教训)。我们还要认识到,有些因时代观念局囿或人类认识局限性而暂时不能辨识其终极价值的非物质文化遗产,对它们的真实价值判断需要合适文化环境的确立。而传统文化具有不可再生性,一经毁坏就会永久失去,因而对之要慎而又慎,有些要留给时间来判断。总而言之,对待非物质文化遗产与对待任何遗产一样,持保守立场更为稳妥。

对待非物质文化遗产的这种复杂性,可以用一种文化超越性的眼光作为认识基础,即任何文化生成物在历史上发生影响都有一个随时间推移的因素,彼时彼地的人类局限,只在一个相对时段内左右人们的思维,超出界限之后,人的认识发展并超越了,它就仅剩下中性的文化痕迹保留在记忆里,不再能够支配人们的现实实践。这时,它会因为仍然具有认识意义而具备保护价值,成为我们了解古代人类思维过程与传统文明发展曲径的载体。因而,无论何种性质的非物质文化遗产,只要它已经与现实环境相脱节,就都成为人类既往文明的标本,具有认识和研究价值,而值得珍视与保护。原始部落的宗教仪式不能对现代社会文明发生侵袭致病作用,是因为后者已经与之实现观念隔离而免疫。建立在这种眼光基础上的保护方案,自然是分层次地对待非物质文化遗产。今天已经确立的社会活体传存和博物馆式保护两种方式,是较为符合实际的,即适宜于现代社会需求的部分可以直接进行活体传承使之生生繁衍,反之则采取博物馆式方法珍藏,包括类似于实验室培养基中的活体延续,使之在不对社会生活发生直接作用的情况下,保留其认识和研究价值,而留待时间的解读。就像生物界和医学界,即使是对待严重危害人类生存的霍乱病毒,也为了研究而保存在严格控制的试管中一样，使之成为单纯标本意义上的存在。

（二）中国非物质文化遗产保护的前瞻性

中国的非物质文化遗产保护工作存在着特殊困难。一方面非物质文化遗产众量存在的现实，使保护成为巨大的任务和负担甚至发展障碍；一方面非物质文化遗产更多存在于文明边缘地区，这些地区也因封闭而不开化，缺乏自觉理性的保护意识，更重要的是这些地区多为贫困地区，缺乏保护的经济支撑力——其主要现实需求与心理期盼是迅速发展和进入现代文明，当发展与传承构成矛盾时，发展并尽快脱贫会作为社会的第一要务而压倒保护性考虑，这也成为许多地方对非物质文化遗产进行超载开发与商业利用而造成保护中破坏的诱因。

非物质文化遗产活态保护的理念，也成为横亘于发展与传承之间的矛盾添加剂，有人将其作为阻挡区域民众融入现代化生活的障碍，因为当非物质文化遗产呈现为活体时，可能会对现实人群的观念发生作用而成为社会现代意识的反动。这里有一个立足点的问题，有一个站在此文化之内与之外看问题的立场区别，即保护工业文明前非物质文化遗产的概念，是后工业社会人类思维的进步体现，但也可以见出外在于传统文化本身的超然。当文化之外的人要求其中的人保持既定生产与生活方式以供展览时，文化中人通常是反抗而要走出去追求新的文明的。这也就是国际上的文化生态保护区之所以不容易长期维持的原因，美国印第安人、爱斯基摩人保留地如此，新西兰毛利人保留地亦如此。因此，做好非物质文化遗产保护工作，既要考虑此文化所化地区之外的社会公众意识与整体利益，也要考虑之内人群的现实和心理需求而采取适当的支持与补偿措施，有时要做的可能就只是等待。

解决上述问题的关键因素，在于非物质文化遗产的保护工作要有前瞻性，而前瞻性的支撑力来自眼界与胸怀。首先我们当然无权阻断非物质文化遗产的脉息，因为继承这笔遗产不是我们这一代人的特权，而是我们与千秋万代后人的共同权利，我们要随时想着为子孙留下什么，世界的物质资源不能耗尽，文化资源同样。其次还要从文化可持续发展的角度看问题，正确处理发展与保护的现实矛盾，在发展之初就预留出非物质文化遗产的保护空间，宁可发展慢一点，也不要因为片面强调速度而牺牲掉非物质文化资源。反之，这些资源在一定的时间却可以成为地方文化与经济发展源源不绝的动力。一定要在非物质文化遗产一旦破坏便不可再生的认识基础上，为之划定绝对禁区，同时要避免人为开发的扭曲使之失去本原性、纯粹性与基因性。

（原载《光明日报》2008 年 11 月 13 日）

文化苏州

一

苏州已经沉默得太久了。

今天的人们,似乎早已忘却了古来口口相传的说法:“上有天堂,下有苏杭。”人们跑深圳、跑珠海、跑香港、跑巴黎、跑伦敦、跑纽约,总是兴冲冲而去,然后带回一袋一袋的金项链、玉耳坠、粉底霜、人头马、打火机、巧克力、领带、皮鞋、香水、光盘,以及对异质世界的热切感受与浅薄回味。而作为人们历代叠积形成的心底向往,曾经被视为“天堂”的苏州,缩到了遥远记忆的角落里,成为废旧而少人问津的老式花园。

苏州是一种成熟的文明。现代社会疏忽了苏州,也就疏忽了自身的一种完美存在。但苏州并不失去什么。或许,她心底偶尔也曾飘过一丝凄凉、些许遗憾,然后就释然了。她惯性的雍容心态与婉约秉性,使她平静而沉稳地斜倚在美人靠上,稍微闭目小憩一下而已。

二

苏州是坦然的。三千年来,她通过自己的血脉——发达的河渠港汊和运河,源源不断地为中华文明输送营养液,成就了自己的特殊功业。

这一处环绕于太湖、阳澄湖之间,风调雨顺的水乡泽国,是鱼米蚕桑的渊薮,是富民强国的基地。春秋时吴国据此而称雄,曾因为与楚国争夺桑树而发生卫权战争。南北朝时这里成为天下粮仓,隋朝和唐朝开通大运河,源源不断地从这里向京师漕运稻米,供应国都日常用度和军队饷粮。汉唐丝绸之路上,吴绫与楚绢、蜀锦、齐纨、鲁缟一起被车载船装地输向遥远的地中海。宋代经济中心彻底完成了南移后,一首民间谣谚充分揭示了苏州所占据的重要位置:"苏湖熟,天下足。"明中期以来苏州手工业发达,与江宁(南京)、杭州成为全国三大丝织中心。元、明、清都在这里设有织造府,为皇室供应大批的上乘织绣品。

古代社会里的苏州,首先是因了她的有利于国计民生而获重的。

如果千百年来输送于中华帝国的仅仅是稻米绮罗,苏州充其量也就只是一个面目姣好的村姑织妇而已。事实则不然——苏州更是中华几千年文明里的一处重要文化艺术渊薮。

三

苏地孕育了清丽的吴文化。

虽然,作为江南水乡精气氤氲的吴文化,后来被汇聚为吴越文化,又很快被楚文化所融解,但是后世人们能直接感受到的,除了窸窣嘈切温柔甜美的吴侬软语,似乎只剩下吴声歌曲,所谓吴歈。然而,苏州由古至今民间生活的各个方面,又处处体现出吴文化的浓厚韵味,呈现为一种独特的极富艺术气质的生活方式。

吴歌词气清新,曲调婉转,情感真挚,对中国诗歌词曲以及音乐发展的影响是极其深刻的。我们读南朝的《子夜四时歌》:"春林花多媚,春鸟意多哀。春风复多情,吹我罗裳开。"似出水芙蓉一样的发乎天然,出乎纯情。南宋的《月儿弯弯照九州》,明代的《栀子开花六瓣头》,都久久传颂于民间。今天我们仍然能从苏州评弹和滩簧里,感受到一星半点的吴歌神韵。至于旋律抑扬顿挫、一波三折的昆曲,则是以另一种面貌呈现的吴歈。

苏州更以她富含艺术素养的生活方式,向人们显示吴文化的神韵。苏州人讲究吃穿,味感细腻,面料挑剔。于是创作出各类苏式菜肴、苏式点心,辅以太湖菱藕、阳澄湖蟹，细细品味人生的丰富与多汁。于是发明出吴绫苏绣，裹贴得周身与床帐间流光溢彩，认真涂敷岁月的颜色与质地。坐在堂屋里，手里摇着书画点缀的苏扇，呷一口清纯的太湖碧螺春茶，抬眼满是精雕细刻的苏式家具，四处摆放、吊挂着琳琅满目的苏州琢玉、苏州金银器、苏灯，好不令人惬意。步入书斋，墙上悬垂的是苏州人绘制与装裱的精致书画，架上陈设的是苏州人刻印与珍藏的典雅书籍，案上摆置的是精心制作的苏州湖笔、吴门印章，这些共同创造出一个幽雅闲适、耐人寻味、供人吟咏的人文环境。走到花园，四望是苏州藤萝、苏州盆景、千奇百怪太湖石、幽幽小池曲水。苏州人发展了在方寸之间，叠山理水，起栋架梁，调理奇石异木，点缀书画雕刻的匠心和文心，创造出咫尺山水意境。终日起居于这种幽雅环境里的苏州女人们，被熏陶出了苏州丝绸的本性，轻言细语，柔软温馨，谨慎操持生计之外，也唱唱昆曲，听听评弹，滋养起内里的丰润精神。

苏州是最适合人文居住的地方，也是最出生活艺术的地方。苏州人的高雅气质，苏女的温柔性格，都是这种环境里的生成物。

苏州的生活艺术，是士大夫审美情趣与世俗消遣观念的完美结合。它使人们的日常闲居更加精致和考究，平添了多少典丽、儒雅、细腻、体贴、温馨与柔情。这些，不都是吴文化在晚近社会里的弥漫性延伸吗？

苏州便发育成了一位文化修养和艺术气质极高极浓的江南美女、大家闺秀。

四

苏州于是在中国文化史上有了许多故事。

最初的吴王夫差因为贪恋美女西施而丢掉江山的孟浪与荒唐，在苏州人看来并非耻辱，英雄也难免儿女情长。倒是虎丘山路旁侧被齐刷刷劈开的试剑石，充分显示了乃父阖闾的大丈夫雄心。

唐朝的苏州，以寒山寺知名。张继一首《枫桥夜泊》，牵动了中国文化的无尽遐想与幽思。羁旅、暝泊、霜月、渔舟，悠悠的寺钟声里，引惹起一个民族心底的朦胧忧愁。中国诗歌文化中的自然闲适意象、悠远淡泊境界都体现得十分到位。

历史上有名声的文化人,除战国四君子之一的春申君黄歇以此地为大本营以外,先后主政苏州的有白居易、韦应物、刘禹锡、文天祥、况钟。白居易在这里留下了文化善举,于衙署公务之余,发民夫修起一道七里长堤——"白堤",一千多年来苏州人由阊门到虎丘的踏春与赏秋就有了便径。

苏州人善画。南朝时候出了一个画家张僧繇,留下一则人闻人羡的画龙点睛传说,鼓舞了里人长久的丹青热情。明中叶吴中名家占了天下画家的大半(屠龙《画笺》语),旗帜性人物有沈周、文徵明、唐寅、仇英,称为"吴门四家"或"明四家",他们的影响笼罩了有清三百年的山水画,直有不可一世之概。有独特画风的画家也就有独特的作风,民间于是传诵着他们各自的传奇故事。其中尤以唐伯虎跑到金陵去为人作仆、"三笑"点秋香的慕色佳话为美谈。

苏境出奇石、多园林,诱引着四方乃至帝王的赏玩之心。宋徽宗好奇花异石,竟然从苏州千里漕运"花石纲",在东京汴梁建起皇家花园,取名寿山艮岳。清帝康熙、乾隆祖孙皆好游,屡屡来访苏州胜景,返回燕都即掘湖起山架厦建亭,四处装点太湖石,希图在北方留住苏州的湖光园影。

苏州还有一个盛大的虎丘曲会,从见于记载的嘉靖年间到明末,至少也传习了百余年。每年中秋的八月十五夜,郡人倾城出动,齐集虎丘山的千人石上,举行曲会,比赛南北歌调,唱为凤唳龙吟声,吸引了天下的目光。

苏州因为这些故事,增添了在中国文化史上的分量。

而因为苏州,中华文化和艺术才更加丰富、全面与完整。

五

当然,与其他许多历史名城相比,苏州愧于政治功业,羞谈军国抱负。苏州有的只是文化。

满布小桥流水的苏城从来缺乏王气。吴王曾经梦想依托这里的富山肥水对越国称霸,最终反被越国所灭。吴国亡后,此地的政治硝烟散尽,从此再不为英雄目光所注视。一度稍微勃发的阳刚之气,彻底消融于潺潺蜿蜒的渠水之中，化作千巷万弄的丝竹声。

因有姑苏山而得名姑苏的这座小城，也就如同其名称的意象一样，更加丰溢着女性的倩影柔情，成为中国传统文人所激赏的园林小小。历代问鼎逐鹿者都只把她视为消遣散心的花园，沙场征战之余、政治角逐间隙，闲来乘兴到此冶游、休憩一下而已。

苏州成为中国文化的后院，悄悄躲在金陵旁侧的荫翳之下，更远藏于燕都之南，遥遥避开了宫廷的权势余威，另开一方自我调息的文化天地，绣织成一幅神清气爽的江南乐壤图。

历来的文人士大夫，或以此地为沧浪之畔而栖，或以此地为退耕之所而隐，筑庐辟园，布山聚水，于自然清丽中化释精神郁勃、消融心田块垒。文人的聚居与挥毫吟哦，又提升了姑苏的文化修养与艺术气质，越加映照出江南倩女的靓丽润泽。

六

就在这样的文化背景里，苏州孕育出一种精雅到极致的艺术——昆曲。

昆曲始自吴歈。吴歈原是民歌，当地野老村姑皆所爱好。明太祖朱元璋要昆山百岁野老周寿谊唱昆山腔，周老请求唱吴歌，即吴地民歌，于是唱道："月子弯弯照九州，几人欢乐几人愁。几人夫妇同罗帐，几人飘散在他州。"质白凄清，淡淡哀愁。

元明时期，吴地躲在政治权力的夹隙，处于北曲南曲之交，隐于民间唱自己的曲子。昆山元末有歌者顾坚，明嘉靖有曲师魏良辅，代代隐者在此水磨冷板地习练啭喉抒腔，平息调气地研琢曲境歌理，逐渐把昆曲打磨得精致细腻、曲折婉转，于是一发而天下惊艳！

昆曲的曲挨冷板一波三折气无烟火曲境幽深，与苏州园林的境界相吻合，为追求内心平静和自然闲适美的士大夫阶层所激赏。在中国古代文化的传播中，历来是士大夫引领时代潮流，昆曲于是迅速遍播晚明国中。与在北京模仿苏州开园建囿一样，皇室也钟情于昆曲。昆曲于是俨然成为"官腔"，在官府和皇廷登堂入室。

昆曲成为天下的昆曲，苏州则成为天下昆曲之都。明清天下昆曲的戏子皆来自苏州，进而天下戏班的服装行头亦皆系苏州出产。苏州梨园供奉戏神的老郎庙，成为天下梨园的总庙。天下戏界唯其马首是瞻，苏州好不气派！

然而沧海桑田、世事万物盈亏之理，昆曲亦无法逃脱。经历了 18 世纪的俗风转向，19、20 世纪的战乱、西潮东渐和中国古典文化向现代转型，昆曲一度成为一息尚存的一线游丝。“原来姹紫嫣红开遍，似这般都付于断井颓垣。”三四百年前传奇巨擘汤显祖《牡丹亭》里的名句，成了昆曲的历史谶语，预示了它的现代宿命。

苏州也同样遭到冷落。几十年中，旧文化的断壁颓垣上覆满尘埃苔藓。

七

2001 年，联合国教科文组织忽然爆出新闻：昆曲被确定为世界“首批人类口头和非物质遗产代表作”。苏州顿时进入现代传媒的聚焦。这正应了辛弃疾【青玉案】的词境：“蓦然回首，那人却在灯火阑珊处。”

然而，当我们回望苏州的时候，却发现今天的时代早已变奏，匆忙焦虑业已支配社会百年，旧式水磨调的依稀回忆幻成梦魇，当年的才子佳人也多变成了作秀狂。与这种心态相适应的，是摇滚的声浪轰鸣，是扩音器与频闪灯的交辉，是声光电讯回荡不已的耳鼓共震。

昆曲，这一富含传统气质、长期衰而未绝的优秀遗产，究竟还有多少生机与活力？

反之，当代观众对于昆曲是否仍然保有热情与向往？

有识之士在行动。各种意在激活昆曲现代生命的活动开展起来。

苏州有了一系列的大胆举动。于是，世纪之初的全国剧坛上，观众的心被苏州昆剧团青春版的《牡丹亭》、“原汁原味”的《长生殿》演出搅起阵阵涟漪与潮涌。于是，昆曲历史上就留下了一段值得回味、耐人咀嚼的佳话。

八

《牡丹亭》是青春的祭礼,是自然人性的赞美诗,它所赋予主人公的生生死死不可阻止的爱恋意志是那样的强烈,使之足以与迦梨陀娑的《沙恭达罗》、莎士比亚的《罗密欧与朱丽叶》相辉映,并列为人类三大爱情经典剧目。

生活于明中叶的汤显祖,得力于万历社会思潮的人性躁动和大胆叛逆,注入《牡丹亭》以强烈的青春光辉,将其聚焦成一束刺穿中国封建礼教数千年阴霾的耀目之光。

苏昆剧团的青春版《牡丹亭》,以舞台的光艳色彩为基调,以演员的青春靓丽为旋律,在昆曲演出界掀起一股返老还童的强大气流,搅动了青春中国的心弦。

如果说《牡丹亭》是青春偶像,《长生殿》则是典丽贵妇。

或许是历史的偶然。在苏州修了白堤的白居易,以唐明皇与杨贵妃生死爱情的题材写过一首著名长诗《长恨歌》。时光跨越近千年,清朝康熙时代的洪昇把它改写成了昆曲剧本《长生殿》。

《长生殿》是昆曲全盛时期的一部大创作,结构鸿巨、格律严整、声韵和谐。如果说,明万历时候的汤显祖《牡丹亭》用昆曲演唱还存在着乖舛不谐的话,经过苏州一带的吴江派曲家们的精心核律与勉力倡导,到了洪昇的时代,人们驾驭昆曲格律与场上规则的意识已经自觉,舞台技巧业已荏熟而得心应手。洪昇《长生殿》出,天下叹服。《长生殿》遂与后继而来的孔尚任《桃花扇》形成清代的双峰并峙,把昆曲创作推向了历史的制高点。

要上演这样一部饱蕴文化内涵的经典剧作,必得事先抱定了敬畏传统之心,才能传达出其古色神韵。于是我们看到,苏昆版的《长生殿》以现代派的复古观念为指归,一笔一画皆体味到洪昇深心,一涂一抹尽调敷出传统色彩。

《牡丹亭》和《长生殿》惹动了传媒。昆曲成了一种现代文化行为。

苏州,因了她丰厚的文化遗产,更因了她的昆曲行动,日益受到现代生活的瞩目。

九

我与苏州交往,即由于昆曲的引线。几次去苏州,或是专门听昆曲,或是出席昆曲研讨会。于是抽暇游拙政园、踏沧浪亭、登盘门、寻桃花坞、叩寒山寺、访虎丘,用自行车轮轧遍了苏城的小巷与河桥。

我曾经徜徉于不同文明的物质遗产:埃及与墨西哥的金字塔、希腊与罗马的古代剧场和竞技场、南亚的佛寺、日本京都的神殿、欧美的近代都市,常常在心中比较这些遗产的同质与异质点。但人类的口头非物质文化遗产,却是决定和支配固化遗产本质的因素,它们是物质文化遗产活的魂灵,常常被忽略了。

苏州作为中国古代名城,有着众多的物质文化遗产,也有着昆曲这样的口头遗产,同时用固化的和活的形式向我们勾勒出中华历史文明的轮廓。苏州的价值因而不可比并。

经过了今天的建设,苏州事实上已经成为一个复活了古老青春而又有着独特历史文化品格的现代都市。但她首先是文化的苏州。

我景仰于文化苏州。

(原载《中国文化报》2005 年 3 日 3 日)

棠樾牌坊

在中国的乡间僻壤上行走,你有时会蓦然发现一座牌坊,高大、突兀、森严、冷穆,透示出古代礼法社会的神秘信息,令人震颤。而我在古徽州歙县的棠樾村,却看到了林立的牌坊群!它挺立在广袤的乡村原野上,永久地沉静地沐浴着日月,使我真正感受到了强烈的心灵震撼。

一

汽车从山间狭窄的平原上驰过,远处的村落不时凸现出马头墙的白墙黑脊,引起我们的注目,那是典型的徽州民居样式。一座牌坊矗立在远处的一个村口,引动了一阵惊喜。汽车拐上田野间的小道,穿越一些村庄,由南侧进入棠樾村。下了车,接待者引领着向村东穿出,蓦然一列石牌坊迤逦来迎。

牌坊一共有七座,巍峨高耸,参差排列,从西南向东北方向连为弧形,骑跨在村东大道上,如一道道天门畅开。

面对着这突现眼前的奇异景观,我顿觉失语,脊梁上似有一道冷气向上袭来。

我呆呆地望着这些巨大的石质门坊式建筑,不知所云。它们骑路而踞,高插入云,似牢固矗立在田野间的一座座实体徽号,发出强大的精神威慑力。随着你的走动,众牌坊便上下左右移动,改变构图,组合为不同的空间结构。但无论怎样组合,相同的感觉是远处有青山,近处是绿水,田野环绕,生机盎然。在这苍茫的自然底色中,一组带有神秘人文内蕴的雕塑符号突兀挺立,而又与周围的自然背景和谐相融。这是怎样一种感觉啊！它提示着乡村空间为传统礼教稳固盘踞,构成一种特异的生存方式,而用这种昭然的姿态告知世人,同时也警示村人。

我默默走近去,仔细端详着。这些牌坊梁柱硕大,气势轩昂,皆为四柱三开架结构,全部为石质,用徽州青石砌成。其中五座为显柱式,外观皆为四根石柱高耸,中有横板相连,颇具鼎峙之威;两座为屋檐式,柱头隐去,不似前者的剑拔弩张,而颇有庙堂感。而从架设的先后时间看,则两座隐柱屋檐式在前,较为朴素,后来的五座皆改成显柱式,外向跋扈。牌坊的细部雕刻平琢浑磨,不甚精致,唯以浑朴粗犷为务,越发显得手法洗练老苍。

我在牌坊间徜徉着。酷日当头,一会儿已经汗流浃背。其他人懒得远走,停在了那里。我一个人沿着土路,穿过一座座牌坊,一直走到最东北尽头的土坡上,然后回过头来观看。

这里视野更为开阔,观测角度也恰到好处,一溜儿七座牌坊和它们后面的村庄民居连为一个建筑整体,透出一种蓬勃的气韵。

第一座牌坊外面是一条乡间土道,过去曾经是村旁的主干道,现在改了道路,这里有些湮废了。

可以想见,过去外村人从这里路过,面对着盛大的牌坊列队,感受到的是此村的赫赫声威。外地游宦或经商的本村人归来,从这里进村,首先感觉到的也是家族的泱泱气度。

好动的小谭被我的举动启发了什么,也提着相机跟过来。他走到牌坊尽端,回过头去,忽然有所感悟,紧着选点拍照。其他人远远看到,也陆续走过来,无不惊异于景观之壮阔,纷纷用相机把自己印进画面。

二

牌坊原来并不具备特殊的意义,它最初只是普通宅院的门额,起一定的装饰作用。后来人们让它独立出来,把它修建在宫、观、坛、庙等大型建筑前、重要建筑群的入口处以及城市坊巷口,它就日益增添了华贵、尊显的意味。宋元以后,民间更用它作为个人身份贵显、行为节烈的象征性标志,以向世人昭示其尊崇和荣耀。及至明清时期,中国礼法结构的乡村社会进入透熟阶段,上自朝廷,下至僻地荒壤,人们逐渐习惯于用建立牌坊来旌表达官显宦和义士烈女,以作为一种价值崇尚,于是中国大地上陆续遍布了石质、木质的大小不一、雕造不等的各式牌坊,这成为封建社会一道特殊的人文风景线。只是由于近一百年的社会变迁,摧毁了这些牌坊的大部分,我们才会为其仅剩的一些遗迹叹赏称奇、莫名惊诧。

棠樾村的七座牌坊中,最早一座为西头第二座,建于明永乐十八年(1420)之后不久。此坊的建立却是为了旌表前朝人。宋末当地盗乱,村人鲍宗岩在山谷躲避,被强盗抓住,强盗将其绑在树上准备杀死。他的儿子鲍寿孙前去乞求强盗放了父亲,用自己代死。父亲说:"我老了,就这一个儿子传宗接代,哪能杀他?我愿意自己死。"两人互相争死不已,强盗心中有所感动,把两人都放了。他们的事迹在村中传为佳话,以孝义相标榜,被官府笔录上报,后来元人脱脱在主持修订《宋史》时,把它收入《孝义传》里。到了明朝永乐十八年,皇帝朱棣读史读到了这件事,大加赞赏,为之赋诗二首,并敕令在村中建牌坊一座,赠额"慈孝里"。从此,棠樾村东头有了一座庄严巍峨的牌坊,使族人得沐皇风、骄傲乡里,孝义传家也成为族人的处世楷模。

此前歙县已有几座牌坊。一是紧挨棠樾村北侧的槐塘村程氏家族为表彰宋代四名显宦而立的"状元坊",结构为四柱三间三楼。程家于南宋时期出了一位状元程扬祖,一位右丞相程元凤,一位工部侍郎程元岳,一位直秘阁学士程念祖,同时一门四显宦,程氏盛极一时。即使如此,当时竖牌坊还只是几人共立一坊,尚无后来的奢靡,只在额坊上书"状元坊"三字,在横板上分别题写"丞相""亚卿""学士"等字样。一是紧挨棠樾村东南侧的郑村郑氏家族为表彰元代三位乡贤而建的"贞白里坊",结构为二柱单间三楼。里人郑千龄为官清廉有政声,人称"贞白先生",为乡里赢得了"贞白里"的佳誉。前后村落都竖有牌坊,村盛族旺,棠樾村人好不钦羡。现在自己也有了钦赐的牌坊,可以与之相颉颃了,鲍家觉得分外荣显门庭、光宗耀祖。

到了明代嘉靖年间,鲍氏家族中出了一位杰出人物,名鲍象贤,牌坊群中的第二、第三座牌坊都因他而起。他因为仕途的成功,促成了氏族的繁盛,也促成了棠樾牌坊群的中兴。

鲍象贤年青时在村中读书，于嘉靖八年（1529）考中进士，初授官御史，后来在云南平叛中屡屡立下奇功，官阶持续飙升到兵部右侍郎。又在广东、广西平叛中功勋卓著，朝廷因此封他的一个儿子做官。最后以兵部左侍郎的官阶告老还乡，卒于隆庆元年（1567）①，次年封赠工部尚书。就在鲍象贤进入官场不久的嘉靖十三年（1534），朝廷旌表了他的父亲鲍灿，原因是鲍灿对母亲有特异孝行，在母亲双脚溃疡时他每天用舌头为之舔疮，竟然治好了她的病，于是封赠鲍灿为兵部右侍郎，村中因此立起第二座牌坊。这座牌坊当然不是为鲍象贤立的，但却是为他父亲立的。他父亲尽管有孝行，北京的朝廷怎么会知道皖南乡间的事？当然是鲍象贤奏知了皇上。鲍象贤是朝廷进士和命官，于平叛有功，他父亲又有特殊孝行，旌表一下有助于倡导风化，于是此事就自然成行了。说到底还是因为鲍象贤出人头地的结果，当然，鲍象贤的经济实力也足够承担这项工程。

至于第三座牌坊，则是在鲍象贤死后55年的天启二年（1622），明熹宗朱由校敕令为之修建的。朱由校之所以想起来旌表一个隔代老臣，原因大约和当时的国家政局不稳、朝廷急需将帅之才有关。朱由校即位伊始，北有清军铁骑压境，南有川贵叛乱，内有白莲教起义，而明廷兵部无可用之才，因此他于天启元年（1621）三月下诏曰："国家文武并用。顷承平日久，视武弁不啻奴隶，致令豪杰解体。今边疆多故，大风猛士深轸朕怀。其令有司于山林草泽间慎选将才。"（《明史·熹宗本纪》）因为缺乏"大风猛士"之才为朝廷效力，挽狂澜于既倒，朱由校不由想起了在嘉靖朝屡立战功的鲍象贤。一介文官而以赫赫战功显，又是在明朝中叶的太平盛世之时，鲍象贤的功业殊非寻常。朱由校因而为他建立牌坊，借以晓谕天下，起到倡率作用，就是自然而然的事情了。圣意一出，族人蠢动，鲍氏后人立即以族资兴建了这座牌坊。

鲍象贤的牌坊是为本朝本代人立的了，而且因为一个人一下子立起来两座，这件事在族人以及其他村落和家族人心中引起的情感震荡和深远影

---

① 《明史》卷一百九十八本传称："招拜兵部左侍郎，年老引去。隆庆初卒。"据明隆庆二年（1568）朝廷颁布的《明兵部左侍郎特赠工部尚书鲍象贤诰命》，知其时鲍象贤已卒，则鲍象贤之卒年为隆庆元年（1567）。

响可想而知。棠樾村头从此有了三座牌坊。鲍灿的牌坊紧挨村头,立于“慈孝里”坊以里,式样也模仿“慈孝里”坊。鲍象贤的牌坊则被村人远远地立在了大路口,一方面因为借助他的显赫功名可以向外人显示棠樾鲍氏家族的声威气势,一方面也不无新的憧憬与期盼:三座牌坊之间留下的空地,有待鲍氏后人不断用新牌坊来填充。果然,以后陆续又立起的牌坊,都添置于这三座牌坊之间,逐渐增加到七座。而与鲍象贤有关的这两座牌坊,一远一近,一首一尾,统领着这一庞大的牌坊群列阵。

三

鲍象贤牌坊的结构不同,为显柱式,四柱突出于楼檐上而拔地冲天。在此之前,歙县已经掀起竞相修建牌坊的热潮,产生了一批牌坊,各自在建筑式样上争新斗奇,但皆为隐柱式。

一个牌坊集中地是郑村。感于棠樾村建起了“慈孝里”新牌坊,郑村的元代“贞白里坊”相较已显得陈旧,郑氏族人于是积累资财,于弘治年间(1488—1505)进行了重修。郑村居住的另外一姓——汪氏家族也不甘落后,于正德年间(1506—1521)为汪氏先贤一下子建立起三座牌坊,当中一座是为唐初越国公汪华所建的四柱三间五楼式“忠烈祠坊”,旁边两座形制稍简,为两柱单间三楼式,一座是为宋代汪叔詹立的“司农卿坊“,另一座是为他的儿子汪若海立的“直秘阁坊”。三座牌坊并列,建筑规模气势恢宏。于是郑氏更积聚力量,于万历四十三年(1615)新建家族祠堂,同时也架起四柱三间五楼式郑氏宗祠坊,与“贞白里坊”相辉映,而和汪氏三坊抗衡。

槐塘村也不满于只有一座“状元坊”,而于正德年间为元末本村受到朱元璋召问的乡贤唐仲实建起“龙兴独对坊”,因为打朱元璋的旗号,更是建为四柱三间五楼式、满布高浮雕装饰的豪华结构。

另一个异军突起的村子是许村镇,曾于正德二年(1507)为本村当朝人许伯升建起“五马坊”,于隆庆年间(1567—1572)为本村一对年过百岁的夫妇寿星建起“双寿承恩坊”,于嘉靖年间为本村当朝人许琯建起“薇省坊”,均是四柱三间五楼式,结构上已经没有新意。

丰口村则于嘉靖年间为本村当朝人郑氏父子建起造型独特的“廷尉坊”，坊形打破以往的平面结构，四根立柱结为四面亭子式，顶部则每面都设三重楼檐。

这时，歙县城内官高位重的许国“大学士坊”出现了。大学士许国为三朝元老，于万历十二年（1584）被恩准建坊，一时众襄其事，城乡官商吏民纷纷解囊赞助。如何把牌坊建得前无古人后无来者，既华丽巍峨又威武壮观，能够与许国的身份相称呢？这难不倒徽州的建筑师们，他们参照传统的四柱坊和丰口村的四面“廷尉坊”，将二者结合，建起骑街的四面坊，略同于将两座牌坊前后并列并相连为一座整体。同时在柱式上又有创新，那就是将原来的隐柱式改为显柱式。这样，从前、后看，都有四根石柱冲天而起。许国石坊遂成为徽州石坊艺术的经典之作。

许国官高一等、财大气粗，鲍氏无力与之相竞，只能还回到一面坊的式样上来，但取了许国石坊的显柱式，于是典型的四柱三间三楼显柱式牌坊便诞生了。这种式样的牌坊虽然并不奢华，加之主人还有意用净素雕刻来显露平实，显得较为朴素，但它的外观造成的强烈效果却大大超过以前：四根直接戟指天庭的石柱，就像四根纛竿，昭示着昂扬奋发的力度和精神。此后，歙县的牌坊风格便为之一变，全部如法炮制，以前那种隐柱式的牌坊不复存在了。

到了清代乾隆年间，歙县又掀起一轮架设牌坊的热潮。槐塘村北面的稠墅村这时异军突起。稠墅村的第一座牌坊是建于明崇祯元年（1628）的“父子大夫坊”，旌表汪克明、汪懋功父子两位大夫。乾隆年间又连着建起三座，即乾隆十五年（1750）为汪祖晖妻吴氏建贞节坊，乾隆二十七年（1762）为汪廷璋父祖三人建“褒荣三世坊”，乾隆三十九年（1774）为汪廷瑞妻建节孝坊。这一下稠墅村有了四座牌坊，和棠樾村一样呈纵列摆在村口，亦颇具气势。雄村曹氏家族也于乾隆年间建起“大中丞坊”和“四世一品坊”。这些牌坊全部都是四柱三间三楼显柱式。

棠樾鲍氏牌坊群这时却显得沉寂，还是原有的三座，久久不见添建，族人心里一定十分惶然。原因是明摆着的：经历了明末战火祸乱，鲍氏家族一蹶不振，再无底气和实力于外在峥嵘上与人相竞。不仅如此，村里原有的祠堂庙宇等建筑也因风雨侵蚀、年久失修而残毁,四望一派断壁残垣、腐梁折栋,鲍氏家族已经显露出明显的衰败迹象。然而,眼看着别村他族的发达,鲍氏族人心中难道无有戚戚之感、重振之心吗?否!只是这种欲望一直在长久地潜伏着和压抑着,等待最终爆发的时机。

四

乾隆后期,转机终于来了。鲍氏家族中出现了历史上又一位重要人物——盐务巨商鲍志道。鲍志道,字诚一,好肯园,乾隆八年(1743)生,嘉庆六年(1801)卒,为鲍象贤九世孙。他出生的时候,家道早已中落,他幼时只读过几年书,11岁便为生计所迫,一个人出外谋生,沿着祖上立下三座牌坊的村头土路离开家乡。他先走到江西鄱阳、浙江金华等地,当学徒、做苦力,学习了会计、经营等手艺,20岁搭乘一条商船到了扬州,在豆腐店记账、盐场帮工。经历了人世多重磨难和历练之后,鲍志道已经早熟,这时一个机遇来临了。

扬州盐业大贾、歙县人吴尊德因为商务隳颓,正在物色一个精明干练而又牢靠可信的经理人,他看中了这位小同乡,把祖业重担交付给他去经营。鲍志道果然不负其望,凭着自己的才智与勤谨,革除陈规陋习,创造有效的经营方式,十年而使吴氏盐业骎骎中兴,他也成为在扬州享有盛名的盐策经营家。

吴氏家族举额相庆,鲍志道却有着自己的想法。离开家乡20年,村庄和家族的破败之象不时萦回心头,简直是魂牵梦绕。他要建立起自己的盐业,拥有真正的经济实力,那时他就回报家乡父老,促成家族的中兴。乾隆三十八年(1773),鲍志道辞去吴家差事,开始独立经营淮南盐业。依赖过去建立起来的良好信誉基础和关系网络,他不出数年即一跃成为扬州盐商巨户,后又被推举为两淮盐务总商,掌握了巨大的财经命脉。此时,鲍志道开始着手经营家乡。他在村里办书院、建祠堂、置义田、搭桥梁、疏浚河床、开辟道路,当然,他没有忘记实现自己心中的耿耿之志:扩建村东的牌坊群。

架设牌坊是要经过圣恩批准的,主要有两种可行之途:一是以功名彰显，一是以节孝称名。棠樾村当时没有达官显宦，唯一的办法就是向上申报节烈人物事迹。族中先后选了两名节妇，经过运筹帷幄，将其事迹重重申报，终于受到朝廷批准建立牌坊，于是，棠樾村在乾隆四十一年（1776）和五十二年（1787）分别为鲍文龄妻汪氏和鲍文渊继妻吴氏立起两座节孝牌坊。实在说，这两位节妇的事迹在当时社会里并不显得多么突出，汪氏只是"年二十五守节，卒年四十五"（《歙县志·烈女》），吴氏事迹丰富一些，但也不是很特别："事病姑尽礼，二十九岁夫故，氏扶前室子鲍元标成立，修九世以下祖墓，葬夫同族属未葬者，守节逾六旬。"（同上）她们的事迹，即使是和本村明朝洪武年间鲍颖继妻宋礼玉相比也不及。宋礼玉从夫仕宦到陕西耀州，夫遭惨变处死，她怀抱婴儿，几千里餐风露宿、扶柩归葬。归后儿子又死去，她矢志不嫁，尽心抚养前妻子、侍奉公婆。30 年后，受到朝廷旌表。然而，棠樾村必须有本朝本代的节妇坊，事迹不强，鲍志道可以凭借自己的影响力来进行运筹打点。他最终获得了成功。

但是，五座牌坊仍然不能骄于歙里，不足以表现鲍家现时的盛气，还得继续添建。前两座牌坊申办节烈成功，族人受到鼓舞，也受到启示，有节有孝才为双全，于是又动起干戈，于嘉庆二年（1797）为孝子鲍逢昌立了一座孝子坊。鲍逢昌为清初人，曾万里寻父，为父吮疮，又为母千里攀崖采药，割股煎药，曾于乾隆三十九年（1774）受到朝廷旌表。然而当时族人无力建坊，此时又翻起旧账，动土兴工，完成夙志。

鲍志道做完了这几件族中大事，心愿已了，于嘉庆六年（1801）溘然长逝。逝前他已经掌管两淮盐务 20 年，成为江南首富，藏镪百万，显赫一时。殁后，其长子鲍淑芳接任总商职位，继续经营家族基舍，并完成父亲一个未能明言的夙愿——为自己建立一个牌坊。

从现有六座牌坊的排列顺序可以看出，鲍志道和族中耆宿们是有着精心设计的。最两头的两座，两位兵部侍郎坊，是为显宦之坊，象征着对皇朝之忠。各自向内一座，是两座孝子坊——元朝子代父死的孝子和清初寻父的孝子，象征着对先人之孝。再各向内一座，是两座节妇坊，象征着女人的节。排列如此规整，然而两座节妇坊的立坊时间却都在清初孝子坊之前，可见在立坊时已经事先规划出空缺位置，为孝子坊的添建预留了空间。两侧各三座牌坊建完之后,中间还留了一个位置。如果按照“忠孝节义”的序列排,牌坊的意义中尚缺乏一个“义”字。

原来,鲍志道父子知道自己既非朝廷正式命官(虽然特赐官衔已经不少),也就不可能由仕途得到敕建牌坊的殊荣,他们只能在“义”字上打主意。什么是“义”?义务、义举、义事也。鲍氏父子富可敌国之后,为乡里和淮扬一带做了大量修桥补路开仓赈济之义事,又为朝廷做了大量输捐输米助饷治水之义事。日积月累,积水成河,积米成箩,善名鹊起,达于天庭,终于感动了皇上,得到嘉庆皇帝“乐善好施”的封赠,所谓“义”。于是,鲍淑芳于嘉庆二十五年(1820)建起最后一座牌坊,完了鲍志道一生的心愿。

从此,一列七座牌坊高高地矗立在了棠樾村村头,向世人显示着鲍氏家族的隆兴昌盛、繁衍不息。

五

鲍氏牌坊群的兴建史透示了一个家族盛衰更迭的内在气息。值得注意的是,它的两度兴盛,都是由于出了某个人物。而一个人的力量就足以支撑起整个家族景况的中兴,决定氏族上百年的气韵!中国古代聚族而居的村落,就是依靠这种支撑力而长期生生繁衍,经久不息。

当然,棠樾村的牌坊另外还有三座,只是不列队于村东牌坊群中,而是散建于村内,大约是因为不同宗支的缘故。歙县见于各种记载的牌坊有200多座,今存者仍有80多座,上述仅九牛一毛,不过举其例而已。相邻的黟县西递村村口,原来甚至立有牌坊12座,是一个气势更为宏大的牌坊列阵,可惜毁于“文化大革命”,现在只剩下一座“胶州刺史坊”,每日茕茕孑立、孤单望月,独自回忆着往日的峥嵘。

我在牌坊间久久徜徉,想象着自己若在当年进村,时间还原到它的历史背景中去,我从这一座座牌坊脚下穿过,一定不会无视头上这千斤临顶的巨大压力。我会不得不恭敬敛容、谨慎择足,小心翼翼、战战兢兢地迈动步子,未到村头,心理承受力早被摧垮。想到这里,尽管骄阳似火,心中仍然不寒而栗。

陪同开始催促,我们只好从牌坊阵中返回,匆匆前去观看紧挨着的鲍氏宗祠,然后还要匆匆赶到黟县去。

我边走边回望,望那迤逦改换着队形的牌坊列阵,望那葱翠原野间矗立的宏巨石质符号,心底颇感怅惘。

那里留下一个需要继续索解的问号。

(原载《东方艺术》2003 年第 1 期)

踏访中国古戏台

小时读鲁迅的《社戏》,很神往他与小伙伴们划船到临近的赵庄去看戏的经历:"……最惹眼的是屹立在庄外临河的空地上的一座戏台,模糊在远处的月夜中,和空间几乎分不出界限,我疑心画上见过的仙境,就在这里出现了。"那在水边立着的是一座什么样的戏台呢,竟被称作"仙境"?我搜索枯肠,竟想不起自己见过那样的戏台。也是,我哪里见过什么老戏台。我生活在中原一座小城里,这座小城因中华人民共和国成立初期改作省会的缘故,急剧地扩张了,飞快地建起许多工厂和机关大院来。平时看戏,都已经是在大礼堂里,西式的样式和西式的灯光大幕,坐在固定的折叠椅上,散戏时人一站起椅子合上,到处一片"啪、啪"声,哪里还有"月夜"的"仙境"感!

谁承想20世纪80年代初读研究生时,我竟然选择了古戏台作为考察对象。一进入山西、河南的乡野大地,就被民间星罗棋布、形态各异的众多老戏台子弄得眼花缭乱,几乎村村都有、遍地皆是。于是我开始像蜜蜂一样四处采撷:先是向县志等历史书籍里寻访,继而向当地老乡打探,然后是兴冲冲前往,乘公交车、搭拖拉机、骑自行车、坐马车、徒步,用各种可以借用的方式跨越旅途前往目的地。每见到一座老戏台,都是惊讶、叹赏、照相、测量、印拓、记录,忙个不亦乐乎、流连忘返,身边总围着一大群村里的孩子和大人,他们好奇地叽叽喳喳问个不停。其间时而为古戏台的宏阔富丽惊得瞠目结舌——原来乡间还藏有如此美丽丰富的文化宝藏!因而翻山越岭、涉水踏泥而不觉其苦。一次冒雨踏访,见几条山道上迤逦不绝的孩子都朝同一个方向走,有的披着蓑衣,有的戴着草帽,有的干脆顶着白色的化肥袋子,酿成坡地一道雨中风景。问他们干什么去,回答是:"到张村戏楼瞧戏去!”瞧他们兴高采烈、冒雨而行的样子,就像是去赶一场文化大集,我才感受到戏台在乡里生活中的位置和分量。

最初震惊我的是晋南的元代戏台。进入临汾魏村牛王庙的院子,愣然一座台基高耸、四角立柱、顶盖广覆、飞檐挑角的巨大亭式建筑撞入眼底,古朴浑厚,气势夺人。原来关汉卿写、珠帘秀演的那些荡气回肠的元杂剧,就在这样的舞台上呈现!震惊尚未结束,当天在 5 千米内又见到了临汾东羊村东岳庙戏台!屋顶十字歇山、台侧三面环墙,又是另外一种建筑式样。然而,同一天还见到了第三座临汾王曲村东岳庙元代戏台!这三座戏台相距竟然只有 10 千米,却都已经距离我们 600 多年!如此密集的分布,当年临汾地区的元杂剧演出曾经是怎样的兴盛呢?我被这种联想引惹起长久的热情和心底憧憬。以后,我就带着这种震惊的余悸,陆续把山西南部现存 10 余座金元戏台看过了一遍,每见到一处,都增大着震波。想想看,今天全国早期戏台遗存只在山西南部见到!它们映射着当年金元杂剧以及中国戏曲的成熟与辉煌!

在总结了金元戏台的不同式样和基本风格之后,我得出早期戏台朴拙敦厚的整体印象。这种朴拙敦厚在明清时期发生变化,朝向复杂结构和重叠雕饰的方向发展,令我印象深刻的,是一些庙貌结构的层累和戏台建砌的繁复。如山西介休县后土庙明代戏台那样层檐联厦、重重累累的复杂结体,把风格推向了气势恢宏、巍峨壮观,与之同时的是并联台、三联台、品字台、骑门台、过路台等各种戏台结构的诞生,它们无不使你赞叹不已、流连忘返。其中异军突起的一支,是各地会馆戏台的竞藻夸富、争奇斗艳,著名的如河南社旗山陕会馆戏台、安徽亳州花戏楼,商帮在尊崇神灵、敦睦乡谊的同时也显示了审美趣味和经济实力。然而,遍及北方村庄的大量普通老戏台简陋又狭小,简直混同于一般村庄的砖瓦房屋,则与上述繁缛浮华的巨构形成鲜明的对比和反差,传达了晚清民间社会破产与凋敝的意象,观之令人唏嘘慨叹。

后来有条件到全国各地行走,日益领略了南方戏台的琳琅满目与斗彩争艳。与北方的厚重宏阔不同,南方戏台通常走精巧灵动一路,屋檐愈加反翘飞升、装饰重累,台身愈加雕造夸饰、金裹银敷,台基也由北方的砖石垒砌改为柱撑架空的干栏式结构。许多顶部采用复杂华丽的累檐飞脊形式，内部则是重重叠叠的藻井结构，各各争奇斗艳、彼此称胜。戏台各处往往镶嵌众多的砖、石、木雕图案，镂空雕刻众多仙侣人物、亭台楼阁、山水花鸟、祥禽瑞兽，显现了高精的雕造工艺和追巧的审美趋势。福建、广东的戏台更是敷粉彩、镶金饰、贴陶砖、堆灰塑，把个戏台层层累累堆积做销金窟，这种风格影响了港、澳、台地区甚至整个东南亚。其他如牌匾的精致讲究，楹联的奇巧工稳，书法艺术的极度弘扬，都成为古戏台的看点，引你流连忘返。北方人到此往往会被其金玉富贵的氛围所裹胁，强烈感受到民风的浮华艳丽。南方也见到更多戏台的类型，水畔戏台、桥上戏台、宗祠戏台等，走在江南大地上，时时会有惊喜的发现。至于临时用篷席搭建的戏台，以往年节时一定城乡比比皆是，今天反映在许多明清绘画里，我也搜集了许多例证。

与上述民间戏台相比，宫廷大戏台当然是最为宏伟壮观的了。我到北京故宫宁寿宫和颐和园内的德和园里两座三层大戏楼去考察，深为其规模宏大、设计巧妙所折服。戏台有 20 米高，有三层台面供表演，曾经一次演出登台几百人。它的二层和三层有天井，一层有地井，供演员乘吊索升降穿梭，表演神魔鬼怪跨越天界人间的内容。其建筑艺术和使用功能堪称古戏台的典范，可惜过去只供皇室享用，隔绝了人世，现在则成为游人观瞻的对象。

中国古戏台的发展折射着古老戏曲曾经走过的历史足迹。20 世纪 50 年代时，全国各地遗存的古戏台约有 10 万座，到 2008 年统计，仅剩 1 万余座。我考察的 20 年中，随时随处见到古戏台的倒塌隳颓，惹人伤感。好在进入 21 世纪之后，随着经济力量的攀升和民众对文化遗产重视程度的日益提高，各地纷纷投入人力、物力对古戏台进行修复维护，许多古戏台已经面目一新。我希望这硕果仅存的万座古戏台，能够从此作为传统智慧和艺术结晶，被民族永久珍藏。

（原载《中国艺术报》2013 年 9 月 27 日）

踏勘中原戏曲墓葬

中华人民共和国成立之后的三四十年间，尤其是20世纪七八十年代，在河南省中部开封到洛阳的黄河沿线，以及山西南部的汾河两岸，出土了成批的宋金时期平民的戏曲装饰砖雕墓葬。它们在中国古代文化层中，前瞻无古人，后望无来者，恰如横空出世一般，把集束的璀璨烟花留在了历史的天空中。

30多年前我在中原读大学时，已经听闻并留意这些戏曲墓葬，到北京读研后即将其纳入论文考察范畴，因而与之结缘，这一契机也让我从此行走于中原宋金大地上。

我先是踏勘了宋文化的沿黄河区域。黄河南出禹门后，至潼关而东入河南境。其北侧耸峙着太行山脉南端的中条山、王屋山，其南侧绵亘着秦岭山脉的崤山、熊耳山。在这两大山脉的间隙里，黄河先是以湍急之势通过三门峡，至孟津以东进入黄淮平原，河床顿宽，流速骤减，形成巨大的冲积扇，历经洛阳、孟县、巩县、温县、荥阳、郑州、开封而东北流入渤海。在冲积扇的北部，有沁、丹二水自太行山南来注于黄河，南部有伊、洛二水自熊耳山北来注入黄河，这些水道形成冲积扇上的水利网，使这一带成为河南省的主要农业区之一。目前发现的宋代戏曲砖雕墓主要就集中在这个冲积扇上的汴、洛一带。

宋代平民戏曲砖雕墓都是小型仿木结构建筑，方形或六边形，穹窿顶，内壁模仿当时木结构房屋式样，雕砌为厅堂内室的形状，还遍布桌、椅、屏风一类砖雕装饰。在这些墓葬墙壁上，往往有戏曲装饰内容，或为壁画，或为砖雕画。砖雕画的最一般做法，是把戏曲演出的情景，绘图模勒，制为雕砖，于砌墓时镶嵌入墓壁，使之既成为整个墓室结构的组成部分，又成为厅堂之中戏曲演出场面的象征性装饰，与整个墓室的厅堂内室构造相配合，就组成一个完整的当时家庭戏曲文化生活的立体环境。

金代戏曲墓葬区域的行走则是在山西中南部。山西省左为吕梁山，右为太行山，中间为一连串的串珠状断陷盆地，黄河支脉汾河由北至南纵贯上下，蜿蜒于盆地之间，造成灌溉便利、土壤肥沃的条件。中南部的晋中地区、临汾地区和运城地区，占据山西省五大盆地之三，是山西省的主要农业区和经济活动中心。目前发现的金代戏曲砖雕墓主要集中在这些盆地上。

金代平民砖雕墓更是把仿木建筑形制推进到了极致，雕造的工艺技术大大提高，墓室四壁基部是结构复杂的束腰须弥座，中部周砌雕花格子门，有些还有回廊栏杆，上部为重重叠叠的铺作垂昂，有时砌出重檐屋顶形状。墓室四面一般由四座房屋的外檐建筑构成前厅、后堂、左右厢房式的四合院内天井形制。在这些墓葬的墓主夫妇雕像对面，通常雕有戏曲演出场景。

行走在中原大地上，不时就会碰到一座甚至一群宋金平民砖雕墓，里面布满戏曲装饰，带给我以极大惊喜，引我沉迷，促我探研。由于时光久远，戏曲形成期的宋金时代，日常演出的情景早已被光阴尘埋，给我们了解它设置了障碍。然而，通过这些凝固的历史图像，我们不是可以窥见它当年的演出盛景、听得见它当时演出的喧闹声吗？这种文化契机，最终促成了我中国戏曲史研究思路的成形。

我了解到，宋金时期繁盛的商业环境和良好的戏曲发展背景，是这些戏曲砖雕墓葬的社会成因。

北宋立都汴京，180 余年间，以汴京为中心的中州地区达到其历史上经济文化发展的最繁盛时期。北宋中期以后，在日渐发达的商品经济刺激下，社会风俗趋于繁缛侈靡，表现在当时的房屋建筑上，是小木作的流行，竞相追求华丽奇巧，增饰数量众多的铺作、闹斗、飞檐以及遍施彩绘。折射到墓葬制度中，就是平民仿木结构砖雕墓的盛行。而当时戏曲活动恰好发展到了广为普及的程度，成为这一地区文化繁荣的主要标志，因而被采纳到墓葬装饰中。汉、唐贵族墓葬中装饰的伎乐歌舞场面，在宋代已经成为一般平民墓中常有的内容，这是一个时代的变化，它标志着世族势力的彻底解体和新兴市民阶层的崛起。从另一个角度来说,则反映了戏曲已经从贵族的红氍毹上走向民间,成为活跃在广大平民中间的普及艺术。

靖康之难后,此类墓葬在黄河南岸潜迹,代之而起的是金代在山西南部的集中兴起。金世宗大定年间,金立国已五代,又经过几十年的经济文化发展,民间渐渐医治了战争的疮痍,山西一带民间生活便日渐繁盛起来,戏曲演出也重新开始繁荣。相较于宋代来说,金墓中的戏曲砖雕更加普遍,通常为模制,说明民间有专门的烧造作坊进行批量生产,以供应修砌墓葬的不时之需。从雕造工艺来看,宋代戏曲雕砖多是依据画范进行平面浅浮雕,即于略凸出于浅地的人物像上作阴线剔刻,而其构图基本上还是在绘画的基础上进行加工的,汴京宫廷画院和当时民间的大量画士、画工的作品可能是其画范的来源。金代晋南地区已经没有那种画工云集的条件,戏曲雕砖主要是雕造工匠们的创作,技法改为半圆和全圆雕,然而演员造型、情态、气质诸方面更加生动传神,展示了砖雕匠人工艺技术的极大进步。金代墓葬中戏曲砖雕的普及、工艺的定型化和雕造技巧的提高等特点,应是民间需求量增加所刺激的结果。

透过这些沉睡地底数百年的墓葬戏曲雕砖,我们不是可以感受到宋金时期民间戏曲蓬勃兴旺、热闹红火的演出声势吗?

宋金时期中原一带盛行的平民仿木结构砖雕墓,在中国墓葬史上占有特殊的位置。在长期的历史发展过程中,平民墓葬的建筑形制都是十分简陋的,除去那些极其普遍的土坑墓、土洞墓不论,用砖石材料砌成的墓葬也都简单而一般化,相较于历代皇陵和贵族墓葬的结构复杂、装饰华丽,通常引不起研究者的兴趣。而这批墓葬却打破了历史的常格,虽然在规模上没有突破,通常也还是单室或双室的小型墓,但在雕饰上极尽铺张用巧,其建筑造型恰可与同时代居室建筑相媲美,横亘在历史中如异峰突起,因而成为特殊的文化现象。

在中原大地上四处行走,窥探宋金墓葬的奥妙,领略戏曲生活的历史繁华,不是一项令人兴趣盎然的事情吗?

(原载《中国艺术报》2014年2月26日)

请重视汉族古村落的保护[①]

我是一个文化学者，从20世纪90年代开始关注古村落保护。文人大都多愁善感，尤其是到了这个年龄，特别喜欢习近平同志"留住乡村"那句话，因为我们所有有关唐诗宋词的记忆，有关祖国大好河山的感慨，有关乡关何处的眷恋，都和乡村、田园联系在一起。

我国古村落有不同内涵。一种是少数民族聚集地，由于具备民族性和文化独特性，以往比较重视；另一种是汉族古村落，它的内涵则需要重新认识。而因为现在的存量比较大，人们觉得司空见惯，对它的价值往往认识不清，或者似是而非，导致破坏比较大。

一、汉族古村落的文化内涵

两千年中，汉民族建立起以儒学为主导的社会政治形态、文化形态和生活形态，渗透到了社会的各个角落。自然经济形态的聚族而居、渔樵耕读的传统村落，是中国封建社会之本，是它最小的细胞。封建时代的士子、官僚、商人，都是以村庄生活为依托，年轻时从这里出发走向城市、走向全国，老了又都回到村庄。传统村落是中国封建社会的家园。因而，历代成功人士都经营村庄。他们在外面做了官、赚了钱、见了世面、提高了文化品位，携带着巨大的财富和丰富的文化信息回来，就把心力倾注于营建村庄生活环境，留下众多让我们今天叹为观止的文化遗迹。古村落是中国封建时代官、商、农

① 本文系笔者2014年12月12日下午在全国政协双周协商会上的发言稿。

合一的社会形态的产物,是那个时代辉煌的印证。乡村社会是我们民族的一支传统血脉,是民族文化的根须、土壤和灵魂。孔子说:“礼失而求诸野。”今天我们的汉族房屋式样,反而要到台湾去寻找,到东南亚、欧美中国城去寻找,自己的却毁坏了,十分可惜。

二、汉族古村落的南北类型

北方是汉族的祖基,北方人南下后,又在南方因地制宜建起村庄,因而北方古村落应该更重要。但是从今天的存留看,情形恰恰相反。北方由于战乱频仍,村落不断遭到破坏,所以今天的北方村庄独姓的少,杂姓的多,很少见到宗祠,往往历史短暂。我插队的中原黄泛区就只有土坯茅草房,改革开放之后才逐渐换成了砖瓦水泥房。

反而是南方,由于中原衣冠旧族南移,更好地保留了汉文化的根脉,又由于背井离乡更加珍惜传承,所以南方村落更古、更早,承继千年不变的村落很多,有更多的传统文化内涵,例如八卦易经、山水协调、宗族文化、耕读传家等等。因此看汉族古村落要到南方去看,了解汉族传统生活要到南方古村落里去找。

今天北方古民居只在较为偏僻的山西山区保留一部分,平原地区几乎难以见到,而且时间晚。大家都知道山西的古建筑最多,今天唐宋建筑基本上都在山西,古村落也多。一方面是它得天独厚的自然环境,气候干燥,土厚壤丰,又躲藏在太行、吕梁两大山脉之间,便于避开战乱;另一方面是明清山西钱庄商人崛起,而官商结合的实力让山西的古堡寨子,能够模仿京城王公贵族宅院,气势恢宏,又兼有军事坞堡的功能,但不如南方建筑的精致文雅和日常生活化。

三、汉族古村落破败的原因

我们常常会疑惑:过去人们怎么会有那么大的财力建起高宅深院,而今天住在里面的人连维修、维护的力量都没有?其原因:一是晚清中国农村破产，帝国主义掠夺、军阀混战、水旱蝗灾，清朝康乾盛世积攒的国力民财毁耗殆尽；二是抗日战争和解放战争，消蚀了国力。中华人民共和国成立后农民分配居住在过去的深宅大院里，私宅成了大杂院，没有产权只有使用权，所以只消耗不维护，因为过去维护的钱也是从外面带回来的而不是庄稼地里长出来的。中华人民共和国成立60年实行的举乡村以养城市、奉农业以养工业的政策，使农村无力维持祖业，外出做官者也没有力量帮助维修老屋。新时期以来，农民工最初把钱寄回家里盖新房，盖新房比维修老房更容易更省钱，后来干脆在城市安家脱离了根。

四、对策措施建议

知道了这些历史背景，制定政策时就会有针对性。靠农业是养不活古村落的。今天的城镇化建设资金，应该有一部分投入古村落维护。另外，要转变保护观念和操作思路：其一，对传统村落进行保护的手段，不是都要改建博物馆，而是要建成民俗村。其二，保护的目的不是为村民和地方从中直接获取经济效益，而是要维护好传统生态。其三，要加大政府投入，借重但不是乞灵于更多引进资本。其四，要树立起村民的主体意识，不是要各级政府用外力来保护他们的村落，而是他们要保护好自己的生活环境。其五，更要防止引进资本支配了村民的自主权，村民得不到利益，伤害群众的积极性。最后，要摒绝政绩工程，防止因关注和重视所带来的不当保护措施加剧对传统村落造成进一步的开发性破坏。

如何看待中国的非物质文化遗产[①]

我今天演讲的题目是“如何看待中国的非物质文化遗产”。起因是我的一篇文章《中国非物质文化遗产的特性》最近在《光明日报》发表后，收到一定反响。例如贵协会的前辈、老专家陶阳先生，就在中国文联老干部团拜会上点名要见我，见后紧紧握着我的手，说拜读了我在《光明日报》上的文章，很激动，说“此前曾经看了许多有关文章，唯你说得透彻”。由于报纸删削了部分内容及全部注释，向秘书长又帮我发表在民协的《民间文化论坛》上，并特邀我来举办这个讲座。附带说一句，《光明日报》上的文章已经被《新华文摘》2009年第3期转载。由于文章大家都有了，我今天不细讲其内容，大家可自看。我主要介绍一下我写此文的动机、目的和一些认识基点，大概对大家会有一些新的帮助。

一、前提

先谈谈我为什么写这篇文章。首先是我对于非物质文化遗产有一定了解。我长期研究民间戏曲文物、宗教戏剧、地方戏曲声腔剧种，在20世纪80年代初即经常到山西等地民间调研考察，“读万卷书”我不敢吹，“走万里路”我倒走了不少，接触并研究过众多的古代墓葬、庙宇、古戏台，以及属于民间文化范畴的民间雕刻、泥塑、绘画、年画、剪纸、刺绣等。2001年我在中央党校中青班学习，曾经考察过皖南古村落如西递村、宏村等，写了一篇关

---

① 本文系根据笔者2009年2月20日在中国民间文艺家协会的讲座整理。

于如何保护古村落文化生态的报告，提出古村落保护不仅要注意其房屋建筑，而且要关注其周围自然和人文环境，交上去后石沉大海。2001年联合国教科文组织颁布第一批"人类口头和非物质遗产代表作"，昆曲申遗成功，我是舆论启蒙者和行动支持者。加之我对于中国古代文化和民俗文化都有一定了解，因此写作此文有前提准备。

其次是我看到当下在非物质文化遗产领域里理论与实践的困惑。我碰到过几个例子，说明人们观念上的混乱。一个是前年国人讨伐韩国以端午祭申遗，认为端午节是中国的东西，传到了韩国，我们申遗才是正宗。另一个是文联党组书记李树文同志曾经质疑傩文化，那年你们民协在江西搞傩文化节，树文同志疑惑地说：傩文化里面有许多封建迷信的东西，值得这么搞吗？不是所有的东西都是非物质文化遗产，都值得继承。人们对于非物质文化遗产的理解和认识大约可以分为左、右两个阵线，彼此观点不一致，互相打得不可开交。官员的认识一般偏"左"，例如说："难道封建迷信、算命、看风水、跳大神也都成了应该保护的遗产？"一些左派学者的文章也继承"五四"精神，强调要批判传统文化的糟粕。认识显右的为一些专业学者和从业者，如刘魁立、刘锡诚先生等都连续发文，疾呼要痛责批判论和分层次对待非物质文化遗产，强调保存第一，指斥那些左论是在毁灭文化遗产——这些观点是比较客观的，但也有认识偏差。更右的则以我的同学田青为代表，他现任中国艺术研究院非物质文化遗产中心副主任，曾经引用鲁迅一段话来说明过去被我们打倒的东西，今天都成了非物质文化遗产，都成了好东西。鲁迅《华盖集·忽然想到》里说："我们目下的当务之急，是一要生存，二要温饱，三要发展。苟有阻碍这前途者，无论是古是今，是人是鬼，是三坟五典，百宋千元，天球河图，金人玉佛，祖传丸散，秘制膏丹，全都踏倒他。"田青说：你看，三坟五典、百宋千元、宗教仪式、中医中药，现在不都是宝贵的非物质文化遗产？

那么，非物质文化遗产到底应该怎么看？这些困惑不解决，理论就无法前行，实践更是遇到大量的麻烦，甚至影响到政策制定的正确性与可行性。我经过理论思索和论证，自认为解决了这些问题。

二、思路

时下许多讲非物质文化遗产的论文还停留在对其一般性的探究，如非物质性、口头性、传承性等，这些是人类非物质文化遗产的共性，但不能解决中国的问题，须更深入一步研究中国现存非物质文化遗产的特性。

什么是非物质文化遗产？凡非物质的文化遗产即是。我们说非物质文化遗产占了人类文化遗产的一半，其实更多。它深入到我们的生活中，祖宗传下来的都是。老百姓经常会说“俺爹说……俺娘说……”，说的什么？说的都是前人经验，也就是非物质文化遗产。我们在民间可以接触到大量民谚，也都是非物质文化遗产。例如说：“箩卜快了不洗泥。”“与人方便，自己方便。”这些是什么？是前人经验总结，是生活哲理、处世哲学。也有许多是有关农事的，如“春打六九头”等。所以说，非物质文化遗产在我们周围到处都是。

真有那么多？是！其实道理很简单，中国是一个生产非物质文化遗产的大国。我对于非物质文化遗产的产生有几个认识：一是古代文明发达的国家就多，二是文明古老的国家就多，三是文明不间断的国家就多，四是文明注重精神建设的国家就多，五是文字记载不间断的国家就多（例如过去日本、韩国、越南都用汉字撰写历史，后来韩国、越南都消除汉字，于是青少年对自己的史书也无法读懂了。现在他们开始重新重视汉字，否则会造成自己的历史断裂）。——这些，中国占全了。

我们对于非物质文化遗产的理解有一个概念深化的过程：最初我们称俗文学（郑振铎有《中国俗文学史》）、俗文艺，后来称民间文艺、民间文化，现在的非物质文化遗产概念与民间文化有大部分重合，也有小部分不尽相同。民间文艺、民间文化的概念不尽科学，未形成单一的排他性，又未确立明晰的边界线，例如民间文艺明显是与上层文艺、精英文艺相对的概念，但它们之间如何区分，有一个很宽的模糊带。更要命的是，民间与宫廷、精英的对应，明显带有等级差异，不是平等的概念。现在的非物质文化遗产概念，既解决了外延清晰的问题，也解决了等级差异问题，它只是一个科学的类概念。最近看到国家文物局单霁祥局长的一篇文章,谈到我们对待物质遗产的概念也逐步明晰,过去讲"文物保护",现在讲"文化遗产保护"。"文物"指文化物,有珍宝、财宝、宝藏的意思,通常指值钱的东西,民间的东西当然看不上。"遗产"则指一切人类文明物,从财宝到生活用品都包括在内,无论它是否值钱。这就由等级思维方式过渡到重视人类的一切既往文明,是一大进步。过去我们读国内学者写的历史书籍,大约继承"二十四史"而未能摆脱帝王将相史的阴影,20 世纪 80 年代我们看到一些西方学者写的中国历史研究著作,开始重视民间生活史,例如唐代生活史等,切入生活内部,很有意思。我们今天的人对古代是充满了好奇心的,但许多问题并没有弄清楚。比如说我很感兴趣的是:古代的士人从广东、福建那么远的地方到京城来赶考,他们是怎么来的?骑马、坐轿、乘船、租车?路上怎么住店?驿站是接待官员的,他们当然不能入住。他们会不会碰到强盗?像《水浒传》里描写的,到处都有黑店、卖人肉包子的。我过去读古代剧本和小说,经常看到这类描写:秀才赶考被强人抢劫了,丢进水里,经过许多磨难,最后大团圆。以往的历史研究书籍里都不涉及这些,近年来的著作开始扩大范围,例如有人写了《明代生活史》之类的。

那么中国非物质文化遗产的特性是什么?我从中国文化基因角度来考虑,就发现:

首先,它众多。它是世界上最多的。为什么?一是中国的历史悠久又未曾断绝,文明一旦断绝,那就只剩下物质遗产,没有非物质遗产了。二是中国注重传承,中国是最注重绍继古代传统的国家之一,日本当然也是。三是中国古代的国家政体森严,有的小国不行,没能建立起相对固定的朝纲政体,历史上周边的国家都向中国学。四是中国重视礼乐文化。五是文化和合特征,和谐交融,不消灭谁毁弃谁,而西亚和欧洲接壤处的世界三大宗教发源地发生了不少宗教倾轧和战争。中国民间的和合二仙是大家熟悉的,它具有象征性,主婚姻,阴阳调和的,讲究的就是和合。六是统一而定型的文字史,今天在山东发现了许多动物股骨上面的文字符号,四川三星堆遗址和金沙遗址的金银青铜器上也有许多文字符号,一说这些为秦统一前的各国文字,如果那时不统一,发展至今就会成为欧洲各国语,今天闽语、粤语和北方话的差别远大于欧洲各国语,而我们彼此仍然能够互相沟通,文字的功劳也。秦朝统一车轨、度量衡和文字,前者的现实意义强,后者则在中华民族的统一大业中有着绝对不可低估的重要性。七是历代重视采风,向民间学习,这不是今天才开始提倡的,《诗经》就是史官从各国记录下来的民歌。记录很重要,记录下来后人才能传承,否则会讹传。开封有犹太人后裔,是唐代来华的,改革开放后西方犹太人发现了他们,去看他们做礼拜,发现他们念的经文是古犹太语(他们自己已经不明了这些语言的含义,因此语音多有念转了的),做的礼拜是古礼,于是都到这里来朝圣和做研究。因此不能一概排斥文字记录。八是地域广阔、民族众多。这些使中国非物质文化遗产大量存在。

其次,它复杂。跟上面说的历史悠久、地域广阔、民族众多、文化融会等相联系的,是中国非物质文化遗产的包罗广泛、多元杂糅、朝野共生、流转播迁、中心发散等特征,不再细述。

三、一些认识基础

其一,我从研究戏曲民俗切入,了解到中国古代早已从制度社会进入民俗社会,因此留下大量民间文化空间。三代建制,从原始耕作生活中开始尝试建立国家体制和礼仪制度。秦统一后制度凝固为儒家的伦理体系、三纲五常,经两汉休养生息,生产力进步,社会繁荣,六朝民俗始盛,传日本吴语、胡公头、傩歌舞,完成于宋。宋徽宗正月十五到街市上与民同乐,这是中国封建社会从未有过的事情。经历蒙古族、满族的统治,尤其满族的异常汉化,使汉人士大夫不再坚持朝纲上的“道统”(明清之际士大夫心理矛盾最为突出),而化入、潜藏入对民俗生活的留恋,居家村落庭园的自我完善。清初一些美学家如李渔写有《闲情偶记》,对于如何修砌园林、起栋架桥、生活装饰、妇女化妆、培养女乐等都有论述,整个一部生活美学;如沈复写有《浮生六记》,记录了他与妻子二人的高雅文化生活状态与方式。蒙学、民间信仰通俗读本、民间教育传播手段的流行,《三字经》、《百家姓》、《增广贤文》(欺人是祸,饶人是福。知己知彼,将心比心。钱财如粪土,仁义值千金。路遥知马力，事久见人心。美不美，乡中水，亲不亲，故乡人。逢人且说三分话，未可全抛一片心。有意栽花花不发，无心插柳柳成阴。画虎画皮难画骨，知人知面不知心。易涨易退山溪水，易反易覆小人心）、观音菩萨《心经》、道家《太上感应篇》、鼓词、道情、历史演义说书——把圣人教诲、宗教典籍、历史经验都通俗化和生活化，使古代文化派生为民俗。民俗社会造成广阔的民间文化空间。

其二，我了解到民间文化空间的缜密完善，例如皖南古村落的例子。我生于北方长于北方，北方经过历代动乱——从东晋衣冠旧族南移开始，北方经历了多少动乱！一直到清末的八国联军、军阀混战、抗日战争等，北方农村农民早已破产，村子都是非常破败的，村中姓氏丛杂，同姓村基本没见过，也没有见过祠堂，因此我一直对家族宗祠制度不甚了了，只是从鲁迅、巴金等人的书和其他书里读到。等我见到了皖南古村落的布局和家族结构，才真正懂得了这里面有多么大的民间空间。这些乡村社会保存了中国传统生活的旧有格局，例如聚族而居、耕读为本、保持井然的宗法秩序、家族共同繁衍、与周围环境相处于天人合一的氛围之中等，反映出中国封建社会细胞的基本面貌。当然戕害人性是一方面，另一方面也维护了家族的发展繁荣，例如设救助金、助读金、赡养金等，救助家族里的穷人和孤寡鳏独，帮助他们读书上进，都是支持家族人众生活并鼓励奋斗的。村落宗族制维护了封建伦理社会的千年香火延续，留下了大量非物质文化遗产。

其三，如何看待这些非物质文化遗产，不能脱离大的历史背景与环境。许多否定“五四”传统的人忘记了，新文化运动的起因是反对帝国主义的入侵。如果没有晚清以来帝国主义对中国的觊觎、欺辱、侵吞和瓜分，中国仍然保持她的自在发展状态，当然也可能会长期平稳而和熙，但她的社会早已停滞了。康乾盛世时中国的生产力已经停止发展，日本经济史学家的结论是：“康乾盛世”人均 GDP 最高时仅为明朝末年的 1/2。从汪中求和王筱宇《1750—1950 的中国》（新世界出版社 2008 年版）书中为我们提供的 GDP 走势图上就能看出，从乾隆二年（1737）之后，中国的经济就直线下降。康乾盛世鼎盛时期的乾隆十五年（1750），GDP 占世界总量的 32%，几乎是 1/3，而当时欧洲最强大的英国、法国、普鲁士、俄罗斯和意大利五国之和仅占

17%。但人均水平,俄罗斯和意大利与中国相近,英国、法国和普鲁士都已超过中国。清政府面临的最大问题是人口压力过重。盛世时期,人口从1亿增至3亿,是明朝最多人口统计数的5倍。我见到一些当时外国传教士的笔记,他们来中国,见到农民用粪养田,感到奇怪,专门记下一笔,这是由于欧洲地多,实行轮耕制,种一季,就让土地歇两季,不用上粪庄稼就能长得好,欧洲当时法律禁止连耕,违禁要惩罚。而中国当时人均土地很少了,不能轮耕,但连耕地力不足,只有上粪。就是在这种国力衰竭的情况下,京城人还在玩鸟、听戏、逛庙会、看社火、下窑子、进赌场,游手好闲,无所事事。但帝国主义不允许这种生活存在了,大炮把它轰灭了。这是历史的抉择,不以人的意志为转移,我们绝不能忘记!“五四”新知识分子认识到:不彻底摒弃旧的制度体系,中国就无从彻底改变命运,因而对旧文化采取了决绝态度。然后才有了中国革命的成功和自立于世界之林,才有了我们今天的国家复兴。封建制度不能使中国强大,甚至停留在那里中国就会亡国,这就是中国为什么摒弃了它的原因。

其四,反过来,制度文化消灭了,那封建时代的民俗文化是精华还是垃圾呢?是精华多还是垃圾多呢?需要辩证地看,具体问题具体分析。而且糟粕也是有时限性的,一个时间段里是糟粕,超出时间段,解了毒,解了密,不具备腐蚀作用了,就不是糟粕了,而且其中还有许多内容可以成为营养成分。例如村落宗族统治被社会主义村委会取代多年之后,宗族压迫早已不复存在了,而其中的许多民生观念、家族观念、邻里观念、自然观念、环境观念则都是有益于现代生活的。还有些东西被人为复杂化了。例如最近看到人们在争论风水究竟是遗产还是糟粕,其实风水理念里包含着许多我们祖先对人与自然关系的客观观察、理解和经验总结,例如阴阳、八卦都富有启示性。但它被历代术士附加了许多迷信成分进去,人为地拔高其地位和价值,这部分就是糟粕。但它的核却值得研究,不能一提风水就反感,那还是固定思维的产物。

其五,现在非物质文化遗产存在着保护和发展的矛盾,这从过去建生态村时就开始出现了。前几年从西方学习了一种对古村落的文化生态保护方式,这种方式对有形遗产连同形成这种遗产的人类生存方式一并保护,在保存一个古老村镇原貌的同时不打乱其传统的日常生活方式。我国已经在贵州、云南等省份尝试了对少数民族地区的民族民间文化生态保护行动，例如1995年建立的贵州六枝梭戛生态博物馆（原生态苗族居住村寨的活性博物馆）。但遇到极大困难，当地人认为你不让他们进入现代生活、过上好日子，"你们在城里吃香喝辣的、看电视、用冰箱、吹空调，让我们像原始人一样过日子，再给你们提供参观展览！我们的子孙难道就世世代代不能读书和出人头地，永远享受落后？"还有，保护中的破坏，我们见得太多了，政绩主义、地方光彩论、广告目的使一些保护区染上太重的商业色彩，大家知道近年联合国给予一些商业色彩浓厚的世界遗产以黄牌警告。例如超载开发使世界自然遗产九寨沟受到联合国的黄牌警告，然后拆了许多违建宾馆、饭店等商业设施，我们中国摄协的宾馆就是在那时拆除的。但是，如果一味不让开发，没有经济力量来保护，又会发生自然耗损，这个矛盾很尖锐。皖南许多古村落形成古今夹杂的房屋格局，天线、空调机穿插在古建筑的风景线里。最近看到文化部提出"生产性保护"的概念，很有见地。最近世界经济危机，又给非物质文化遗产保护增加了困难。在这种大的背景下，非物质文化遗产保护面临新的课题。

读史札记

一、文人与盐商

袁枚(1716—1798),字子才,号简斋、随园,少负才名,21岁进士,历任溧水、江浦、沭阳、江宁县令,然倦于仕途,40岁休官告归,居随园,以吟咏著作为乐。素有才子、奇才之称,以诗盛名当时,为性灵派主将,古文骈体,亦纵横跌宕,书法则朴实老拙,刚劲凝练。老来著述等身,百方筹措却乏刻书之钱。袁枚有妹名素文,聪颖善诗,婚后丧夫,郁郁成疾,40岁即亡,遗一孤女。寡妹无款治丧,侄女无力置妆奁。袁枚走出书斋,抬眼望世,真是备感凄凉。由此可见百无一用是书生。

徽州盐商鲍志道(1743—1801),号肯园,出身贫困,11岁离家至江西鄱阳学会计,备尝人世艰辛,20岁赴扬州,佐理乡人吴某治理盐业,后独立经营,不过数年一跃而成扬州盐商巨富,被推举为两淮盐务总商。徽州民谚曰:"去时包袱雨伞,回来腰缠万贯。"斯之谓也。

鲍志道平时附庸风雅、仗义疏财,他广接文人,与袁枚亦有交,闻知袁枚窘境,当即馈资相助。袁枚因此得以刻书、葬妹、嫁女,一解当头之困,了却心中悬悬。鲍志道又牵线搭桥,要一个名叫运台的人,给袁枚的外甥汪氏安排事情做,同时资助袁枚刊刻其亡妹的诗稿。袁枚的感激心情可想而知。

徽州歙县堂樾村鲍氏族谱里,附载了当时袁枚写给鲍志道的一封手书,其词其语,可怜备至。书曰:"昨晚团先生来,备述老长兄(指鲍氏)关切之情,不但老人(袁枚自称)刻书之费有所取资,而亡妹一家之寡妇孤儿,俱免填于沟壑,可谓仁人之言,其利甚溥,铭感之忱,非言所罄。老人今日买舟,明日吃运台晚饭后即挂帆行矣。汪甥履历及亡妹诗稿当即于席间面致之,看作何言说,还当走告,以便大君子终始成全之也。先此申谢。不宣。肯园长兄阁下。袁枚拜手。"感激涕零之情,溢于言表。鲍氏族人以之为荣,于族谱里大书一笔。一代大才子,也不免口腹之虞,不得不向商人乞怜,其心中悲怆乎?酸楚乎?

袁枚留下了诗篇和万古才名,鲍志道业随人去,转瞬即灭。后人记住了袁枚,无人知晓鲍志道。文学真乃经国之盛事,不朽之大业,还应该说:传名之正途。

历代士、农、工、商,商排末位。儒家鄙商、贱商,认为商人无德、无商不奸。谁承想,一夜商潮卷入,满世皆商,商者现代社会之支柱也。经济仕途,亦为显要之世务。文学反昧而不彰,于世无补,于人无用,渐行渐灭,连名也无人知晓了。

于是我辈渐明世理:以文经国,国尚虚浮。经济仕途,实为实业。此乃现代社会之公理也。如果不识其变,胶柱鼓瑟,不免仍然是老袁枚一个。

然,确乎?

二、读《浮生六记》①

此乃清雅恬淡之小品文,然又非短文之集,自有整具佳构在。初不知其为美文,闻人誉之,试读两次,未觉其美,弃之一旁。盖其卷一叙夫妇情趣,所言皆日常生活、细微末节之事,猝读之,不易入其境也。

近闲居无事,信手抽出此书把玩,聊以永日。渐读渐佳,至其叙及人世艰辛、佳偶夭折处,描写情深,竟感动备至、悲伤涕出,始知文思之隽永。同治甲戌香禅精舍近僧序中评曰:"凄艳秀灵,怡神荡魄,感人固已深矣。"实乃的论。

以吾品之,其动人处在卷三"坎坷记愁",叙人生多艰、命运横舛。而动

① 北京人民文学出版社 1980 年据俞平伯 1922 年校点朴社本排印,卷尾附录序三跋一。

人由寓情来，情之所寓，又实自卷一“闺房记乐”始。唯有夫妇情深，才能患难与共，唯有共承患难，伴侣中逝才有深沉悲痛，此《浮生六记》寓情之深处也。至若卷二“闲情寄趣”、卷四“浪游记快”，作者着笔之情调、之意趣、之鉴赏、之品藻，皆文雅而有思致，落墨之简洁、之素净、之神清、之气爽，皆疏落而淡远。唯其如此，才能与卷一、卷三神思相通，意理接近，始得凑足完篇。俞平伯序论曰：“说它是信笔写出的，固然不像；说它是精心结撰的，又何以见得？”叹服之意，尽在言中。我亦如之。遗失之卷五“中山记历”、卷六“养生记道”，一为漫游琉球日记，一似道家修持心得，失之似非大碍，精华已在前四卷中，不必过于遗憾也。

今读此书，有实意四：

一曰知古人日常生活之实境。此乃纪实笔记而非小说家言，人民文学出版社重印作“中国小说史料丛书”之一种，“刊印说明”作“自传体作品”，恐失作者原旨。卷首作者自道“不过记其实情实事而已”，只是实录也。既是实录，清人日常生活，晏寝起居，游历交接，历历在目。古典小说四大名著，三无此功，唯《红楼梦》一种近此，功不可没矣，然所绘乃高门显宦生活。至平民日常情景，更由此书描出。我至苏州、徽州，考察古乡村社会遗迹，周庄、同里、西递、宏村，村镇、祠堂、牌坊、居室，应有尽有，所缺者，生活于其中之古人耳。今由书中得之。尤为紧要者，作者即生活于苏州，卜居沧浪亭畔，又有徽州绩溪之游，恰在这一地域文化圈内。读之联想可也。

一曰知古人立身之不易。著者沈复出身世家，不务农工，不必力田纳租，虽为生计所困，但坐馆为幕，开书画店，皆不离文墨之事，仍可视为清雅。然为礼法所拘，妻得罪而不能辩，父误己而不能言，唯有抛家别子，仓促出奔，寄人篱下，恓惶如丧家之犬，终至妻丧子亡女别、父逝弟仇母怨。以此联想起康熙传奇名家洪昇之家难，以往余百思不解，意谓骨肉应不如是，今解之矣。

一曰知古人生活意趣之雅、鉴赏之精。书中描写历历，且津津乐道。诸如居家相处则衡文论诗、评字品画、烹茶试茗、邀月酌饮、吟诗联句、嘲戏雅谑、种花植兰、点缀盆景，出外游历则湖亭山林、园囿桥栋、怪石古木、崖岸水泽、访幽探僻、踏荒寻径。沈复于剪栽盆景、点缀奇石、分布山石、结构园林各个方面，颇有心得见解，无怪康熙奇人李渔得以撰述《一家言》，集日常生活美艺之技巧品藻于一身，即普通人如沈复者亦能言之，时尚然也。

一曰知古人小品文之笔法。书中叙事，不急不促，委委道来，分析细致。描写状物，点画尽意，曲尽其致，惜墨如金。寓情于中，隐而不发，令读者自己品评体会。俞平伯喻之为："妙肖不足奇，奇在全不着力而的妙肖；韶秀不足异，异在韶秀以外竟似无物。俨如一块纯美的水晶，只见明莹，不见衬露明莹的颜色；只见精微，不见制作精微的痕迹。"洵为知音。

（原载《书品》2002年第5期）

“文学遗产”里外观

由于个人际遇与治学路径的缘故，我一生向学，既在文学遗产里面，又在它的外面，也既在《文学遗产》里面，又在它的外面，因此作里外观。

说在文学遗产的里面，是因为我“出身”于此，而一生读书作学问，也都以之为鹄的。说在它的外面，是因为我又天马行空地到处乱走。同样，研究成果最早以发表在《文学遗产》为最高荣耀，但后来又四处去染指。

说我出身于此，是因为大学“投胎”于中国语言文学系，自然是“科班”。当然，进大学中文系的初衷，是因为下乡时爱好文学创作，写诗歌、散文、剧本、小说而不成，因而进大学深造和修炼，目的是提升修养与积累之后，创作能够出人头地。然而事与愿违——大约许多有着和我一样初衷的人在走完这条路径之后也和我一样感到事与愿违，结果发现在经历了严格的文法、语法、修辞、造句——“的、地、得”训练之后，再写出来的东西虽然句式上一定是工稳整饬无懈可击的，却彻底告别了原生性创作的鲜活与生动了。于是，我转而朝学者型社会角色发展，朝文学遗产挺进。

进中文系学习，自然会立即接触到文学遗产，因为在大学四年制的学科设置中，中国文学史的课程占据了最大的比重，这既是由中国文学历史悠久、传统深厚所决定——现代与当代文学因而完全无法与古典文学相比肩，又是由中国语言学无法脱离文学史的积累与制约而自立，外国文学虽然是题中应有之义但毕竟在中文系居于从属地位所决定，因而于情于理于法于义，中文系的对象都主要是中国古典文学，文学遗产于是一下突兀到了学子们的面前。

上述是教育体系所决定，我个人在其中还付出了自觉追寻的努力。既然经历了"文革"的十年焦渴,干旱心田巴望文学雨露的浇灌,一进入文学书库,我很自然就从中国文学的源头开始汲取,《诗经》、楚辞、汉赋、六朝骈文、唐诗、宋词、元曲、明清传奇小说涓滴不漏地一路恶补下来,剩下的时间也就只剩下准备考研了,因而大学期间用功专注于文学遗产。虽然由于兴趣所分性向所好,同学中自有人去专攻现代文学、当代文学、外国文学、文学概论、古汉语、现代汉语、语言学等,我却一下子就胶着在古典文学上了,因而校方组织"单科竞赛",我竟偶然摘取了古典文学头魁,这更使我坠入此行成为命定。

于是,我的阅读重心游弋于其中,论文选题自其中产生,考研方向也自其中选定。我因而把《光明日报》"文学遗产专刊"上面刊载的文章全部阅读一遍,1983 年在上面发表处女作《"传奇四变"说新探》,则给我带来不止是初战告捷的惊喜——它还带给我一张古典文学研究的入场券,或者用后来我从事戏曲研究时在行里学到的戏话说:祖师爷赏我这碗饭吃。

如果再扩展至大环境的裹挟,则又有一番对时代的审视。中华是文学尤其是诗歌的国度,历代政治文学不分,文人词臣前赴后继,连皇室都热衷于诗词,毛泽东更是把诗词做到了家。新文化开展、新学起始之后,传统学术析为文、史、哲、政、经各类,文学独立而出,新民主主义革命则首先造成文学大军,新中国所以是从文学走来,故而又对文学遗产格外青睐。《文学遗产》在第一代治新文学者如郑振铎手中创刊,遂支撑古典文学研究广厦 60 年。中华人民共和国成立初期,由于特殊的政治作用,文学又受到高度重视,对大众的文化普及教育更使得文学似乎引领了时代,而当时刚刚起步的新文学成就不丰,建设新文化势必借重古典文学,《文学遗产》便成为时代的旗帜。政治领袖偏爱,不断用诗词创作、评点古典小说的形式推波助澜,促使古典文学一枝独翘,除大学、高中师生以及文学、教育、出版工作者广泛关注外,机关、工矿、军营甚至农村也不乏爱好者,汇集成古典文学阅读与品鉴的人气,那时一本研究小册子竟能发行几万册,成为后来文学研究者的梦臆。即使是经历了"文革"的隔断,重新聚合的拨乱反正之力,依然试图将古典文学从波谷推向浪峰。当然,逆动时代失望不可避免——这就是我这一代人画出的轨迹。其后,社会以及学科的新的沧海桑田就开始了。

《文学遗产》作为这个时期专一的高端杂志，建立起一个阵地，高举起一面旗帜，团结起一支队伍，使得古典文学作为学科的征象得以确立、阵地得以确认、任务得以确定，于是引领了一代风潮。这期间中国的古典文学研究者皆唯其马首是瞻，以在上面发表论文为追求目标、为价值认定、为学术骄傲。一本杂志，带动了一个学科的昌盛不衰，它的学术规范则成为古典文学研究的法本，其历史功绩众所瞩目也。

然而，究其一生，我在《文学遗产》杂志上发表的论文却寥寥无几，遍查记录，仅仅一篇《南戏〈宦门子弟错立身〉源出北杂剧推考》(1987 年第 2 期)，一篇《从梵剧到俗讲——对一种文化转型现象的剖析》(1995 年第 1 期)，多乎哉？实在不多也。自己都感到讶然，虽然知道少，却没想到这么少，竟然还自称古典文学研究者！竟然这次还收到《文学遗产》编辑部的 60 年纪念文集稿约！先是觉得赧颜，不想写这篇文章，放了好久，竟觉得不能辜负美意，也觉得不能就这样自己把自己开除出古典文学研究队伍，遂又寻机觅缝挖空心思地琢磨能否自圆其说，于是就起了下面即将展开的“在外”议论，来自我开释——这也说明，我还是和《文学遗产》编辑部同人保持了长久密切的友好关系：经常一起坐而论道，因我与其一乃同道、一乃同情也。然而姻缘际遇，我毕竟离纯粹的古典文学研究渐行渐远了，这就构成了我所说的“在外”。

我因研究古典戏曲之故，对家乡中州出土的宋元戏曲文物着迷，大学即开始关注，读研后以之为题，做了许多田野踏勘和考察，兴奋在黄河冲击平原和熊耳、太行、吕梁的山间土塬上跳动。以后在中国艺术研究院供职，该院前辈治学路径重实际爱实践，更助长了我的这个癖好。而我研究戏曲史，也认识到不能像一些前行者那样搞成文本史，因为戏曲是一种活的舞台和民俗存在，除文学研究所关注的剧本(如从关汉卿到汤显祖到孔尚任的创作)之外，它更要上演，因此还应该包括音乐、表演、导演、服装、扮相、道具、演出场地，以及演员、观众、演出环境、演出习俗在内的一整个综合对象，它的研究不但要涵括戏曲艺术的各种组成成分，最好再把戏曲的演出方式甚至民俗环境囊括进来，而仅从戏曲文本出发立论，戏曲史是不能够成就的，甚至不可能卒篇，却会失之毫厘谬以千里。因而，我研究戏曲史的着力处在于:第一,在戏剧起源与形成问题上从人类学、形态学角度另辟蹊径;第二,对文物发现、社会调查与文献研究成果进行综合处理;第三,彰显长期处于潜隐状态的民间宗教性、民俗性戏剧形式与行为;第四,对戏曲声腔流变进行综合梳理;第五,观照戏曲演出场所和环境及其对戏曲形态的影响;等等。这些,都是远远跨乎文学遗产界外的。

进而,在分析古典戏曲剧本时我认识到,许多前行者之所以隔靴搔痒、纸上谈兵,讲出来的道理时而不顾"登场",时而不顾演出实际,还时而脱离观众口味,或许是他们没有培育出舞台欣赏眼光,仅从剧本谈剧本,仅从文学谈剧本,事实上,是仅从书斋谈剧本。其结果是谈论无非主题立意、篇章结构、格律词采,而议论则都成了文词欣赏。然而,今天的看戏经历告诉我们,一部剧作是否成功,不是仅读案头剧本就能够准确感受到的,就连最优秀的剧作家、最成熟的批评家都无法保证这一点,它最终还是要经受舞台实践的检验,要看它是否能够取得演出成功。自古以来,所有的剧作者都在追求这种成功,而不是只停留在写作剧本文辞上,但我们今天的研究者却大多停留在这里。同理,戏曲理论与批评亦是以舞台演出实际而非剧本为鹄的的,如果不了解这一点,我敢说你就没有弄懂什么叫作戏曲理论和批评。于是,我在经历了大量当代舞台观摩、提高和培育欣赏能力与审美眼光的前提下,在积累了大量当代戏曲评论与批评实践、提高和培育品鉴能力与衡量眼光的前提下,才回过头来进行古典戏曲文本的梳理,从而确立起自己的衡量尺度和品评尺度,确立起自己的戏曲史框架和戏曲批评史框架。因而,我的研究朝向"立体"方向开展。

跳出文学遗产,还由于我自觉的返古意识。读大学中文系的课程,我感觉眼界被一个较为狭小的框子框住了,对于传统文化未能窥见冰山一角,因而仍然不了解古典文学的庐山真面目。或者换句话说:这么读书,并未窥见古典文学冰山在海平面之下的庞大基座。因为我们读的那些文学典籍,都是今人从古典瀚海里舀取出来的,更精确地说,是用海水蒸馏出来的提纯水,它的原生状态却远不是这么纯净和分类清晰,古人平日喝的也绝不是这种水。古人私塾开蒙,蒙馆的学生重在识字,读的是"三百千",即《三字经》《百家姓》《千字文》,以及《千家诗》《声律启蒙》《增广贤文》一类识字、学诗和做人手册;经馆的学生忙于举业,读的是"四书五经",即阐发孔孟之道的《论语》《孟子》《大学》《中庸》和文史哲总一的《诗经》《尚书》《礼记》《周易》《春秋》。再扩而大之、广而统之,则进入经、史、子、集四部类中游弋,更芜而杂之、冗而赘之,则三教九流无所不包。古人创作文学作品,是在如上知识积累基础上的思维和智慧结晶,而我们理解古人作品,可以不了解其形成基础乎?可以不探触其阅读视界乎?

新文化兴起时,一些提倡新教育的人指斥以往私塾不开设算术、历史、地理、格致课程,导致学子知识面过窄,而教材长期不变,又导致他们的知识老化,故而倡导新学。然而文、史、哲学条分缕析之后,我们又数典忘祖,进入另外一个层次的形而上学,使得文学研究营养单一,如贫瘠土壤里长出的小苗般羸弱黄瘦,而且研究者黄鼠狼下老鼠——一代不如一代,近亲繁殖、土豆块茎种植退化,今人不可望第一代新学人项背,后人又赶不上今人。如果只知道文学遗产,而不知道文、史、哲传统,就是只知其一不知其二,就是作茧自缚。今天的学术体系已经将本属完整的古代学术体系切割得七零八落、面目全非,如果我们再没有自觉的认识基点与自觉的理解努力,古典文学研究岂不逐渐萎缩乃至于绝种乎?而恰恰相反,西方大学里汉学系所的建制,却又是文、史、哲不分家的模式,余波波及香港大学。我们学人体制、袭人窠臼,人却复发我本体、直指我本宗,其中余味,值得品咂。

20世纪80年代古典文学界关于宏观研究和大文学史观的讨论,力在破除旧的眼界和思维藩篱;90年代初文艺界关于重写文学史和戏曲史的讨论,更是力在开创新的认知体系与境界。那是一个"大文化"的时代,小说、美术、电影创作都追求文化和历史含量,文学研究则尽力扩展到文化研究。我躬逢其事,躬耕于戏曲史研究一隅,幸有所成,于是从文本走向舞台,从书斋走向田野,从平面走向立体,从文学走向实学,成果因而专门针对文本者少而有意针对实物者多,把研究做进了文化范畴。也因此,我阅读的刊物从《文学遗产》扩展向《历史》《考古》《文物》和各类众多的文化杂志与戏曲杂志。而且,随着学术兴趣的延伸和转移,我日益对民间文化传统的众多方面产生关注,对习俗、信仰、仪式、居家艺术、栖息环境、古村落统统着迷,也就越来越跳到了文学遗产和《文学遗产》的外面。

于是，我的研究论文也大多发表在《文学遗产》之外，而覆及《文物》《文物天地》《故宫博物院院刊》《民间文化遗产》这类杂志。但是，文学遗产和《文学遗产》却永远是我关注的重点。当然，无所限制的外延延展也会使得文学研究逐渐脱离本体而与文化研究界域混淆，就如后来人们批评文学变成了文化学一样，那就本末倒置了——这是又一个层面的辩证，就不在这里展开了。

以上是我对文学遗产和《文学遗产》的“里外”说辞，写到这里有些心虚，倒像是对自己某种怠惰的一篇自辩文字，又像是对自己治学路径的一种自我嘘饰，但也无如之何了。最后再说几句题外话：现在我供职于中国作家协会，翻查资料，方知道《文学遗产》最初就是 1954 年由中国作协创刊的，后来划归北京大学文学研究所，后者辗转成为今天的中国社会科学院文学研究所，而我又是在中国社会科学院文学研究所取得的古典文学博士学位，其中的因缘姻戚关系，更不得不视为命定，这于我难道不是加额之幸？

（原载《文学遗产六十年》，社会科学文献出版社，2014 年）

诗、词、曲、赋作为人类非物质文化遗产的独特价值

今天世界眼光开始关注人类非物质文化遗产,10 年来各国申报的非物质文化遗产项目数以百千计,但人们好像还没有注意到:语言是人类最本质的文化遗产,文字又是语言最重要的部分,而诗、词、曲、赋则是人类语言和文字富于美学意味的精粹结晶,因而是具有独特价值的人类非物质文化遗产。

一、语言和文字是人类最重要和最本质的文化遗产

人类之所以能够从动物超越出来而成为这个星球的统治者,就是因为有了语言、有了复杂思维,语言是人类思维和表达的基本方式。

语言的最高形式是文字,文字是记录和传承语言的最好方式之一。有了秦始皇统一的汉字,才有今天汉族语言的统一,否则闽南语、客家语、粤语、吴语和北方话的区别不会小于欧洲各国语——印度 40 多种方言彼此不能沟通,却只能用英语作为官方语言的悲剧未在华夏发生。

文字记录生活与历史,我在土耳其博物馆看到一块赫梯人的楔形文字泥板,上面就记录了 6000 年前一位商人妻子的叮嘱与担忧。甲骨文让我们部分了解了殷商,但前面的夏代历史缺乏文字记载,仍然需要探求,于是就有了李学勤先生主持的夏、商、周三代断代工程。三星堆、金沙遗址没有文字,一个灿烂的文明就长久湮灭而不为人所知,今天仍留下一堆问号。

有了汉字,中国就有了二十四史,甚至连周边国家的历史也被记载和反映。日本、朝鲜、越南最初都用汉字写历史,《日本书纪》《三国史记》《大越

史记全书》等皆是。今天韩国民族主义精神高涨,在文字中清除了汉字,年轻人就无法再阅读原版历史。连土耳其今天研究奥斯曼帝国史也仍然要从《明史》里寻找蛛丝马迹。

所以,有文字支撑的语言是人类传承文明的一条根本渠道。

二、诗、词、曲、赋是语言的精粹形式,是人类运用语言的智慧结晶

人们在实践中发现语言有节奏和韵律,有音节美和声韵美,于是开始利用它为美化语言形式和强化语言效果服务。

最初的诗歌是劳动诗,所以马克思主义认为艺术起源于劳动。例如《吴越春秋》里面记载的一首狩猎诗《弹歌》:“断竹,续竹,飞土,逐肉。”(砍断竹子,制作竹器,发射泥丸,射击野兽)念起来两字一句,各自押韵(虽然普通话不押韵,但我用湖南话念就押韵,这是古今语言发生变化的缘故),以最精粹的形式表达了意义,同时又赋予其音韵美感,于是易诵易记,感染力大大增强。

随着语言的演变和时代风气的转换,汉语发展出诗、词、曲、赋多种韵文形式,形成赋、比、兴原则和四、五、七言到杂言诗、到词、到曲,还有赋、颂、骈文等不同的规则要求,就构成人类语言中最有音乐感、表现力、传达力和感染力的一支。我们都知道莎士比亚的十四行诗,西方汉学家更知道中国有着格律、韵脚和规则严格得多的各种古体诗歌。

三、韵文的演变规律:渐近自然

古人曰:“丝不如竹,竹不如肉。”丝弦乐器不如竹制乐器,竹制乐器又不如人声。为什么?以其渐近自然也。四、五、七言诗歌的发展也是如此,古诗十九首对《诗经》的四言构成重大突破,“三曹”七言诗又对古诗形成突破,屈骚自由体汪洋恣肆的运用更是为中国文学增添了奇谲瑰丽的色彩,它的登峰造极则是汉赋的极致,最终走向了语言与文字堆砌的负面。由诗到词到曲的变化,日渐放松平仄韵脚的限制,增加对衬字的运用,日益接近口

语,就是所谓的“渐近自然”。所以到了明代,人们已经知道自觉从民歌中汲取创作源泉,明人李崆峒教人在汴梁市井上听人唱歌来提升自己的诗歌水平就是一个典型的例子。据李开先《词谑》记载,有人问李崆峒,写诗有什么诀窍呢?李崆峒说,你到街市上去听听吧,一定有所收获。于是那人就在汴梁市井里游逛,听到市民到处都在唱小调,真让人心有所动。那人回来对李崆峒说:诚如所教。一直到毛泽东“5·23讲话”提倡向人民群众学习语言和诗歌,延安诗人开始挖掘民歌的宝库,创作出许多鲜活生动的诗歌,丰富了我国的诗歌宝藏。例如李季的《王贵与李香香》用信天游体:“山丹丹开花红姣姣,香香人材长得好。”比兴起势,有着浓郁的民间气息。我最近才知悉,信天游最初是匈奴、突厥等游牧民族的民歌,由来已古。又如阮章竞的《漳河水》:“漳河水,九十九道湾。层层树,重重山。层层绿树重重雾,重重高山云断路。”极富音节美、色彩美,声韵铿锵,果然名作!

四、珍惜这一传统文化结晶

眼下我们面临全球化背景下保护本土文化资源、守望精神家园的重任。什么是我们的精神家园?古典诗、词、曲、赋都是寻找我们情感寄托、身份认同和精神归属的对象,也就成为我们最重要的精神家园之一隅。诵起“床前明月光,疑是地上霜”,就勾起浓浓的乡念;想到“独在异乡为异客,每逢佳节倍思亲”,就引来沉沉的乡情;“少小离家老大回,乡音未改鬓毛衰”的诗句,催发出的是对岁月的感慨;“枯藤老树昏鸦,小桥流水人家,古道西风瘦马。夕阳西下,断肠人在天涯”的意境,唤起的是对人生旅迹的沉醉。这些都沉淀为我们民族的集体记忆,化为我们民族共同的精神魂魄。诗、词、曲、赋因而成为我国独特的非物质文化遗产,需要加以百倍珍惜和好好保护。

今天我们学写诗、词、曲、赋,首先要重视和认真学习其古典形式与格律。虽然如毛主席所说,今人做古诗不能太拘泥于格律,更不能因词害意,但你必须先要了解它、熟悉它、掌握它,然后才谈得到突破它和超越它。如果没有这样一个过程,从伊始就打开枷锁、放开裹脚布,没有体会到“戴着镣铐跳舞”的滋味,当然写不出古典的感觉。那么你就去写新诗好了,可以随你的思绪自由奔放、纵马由缰。

诗、词、曲、赋在我们今天创造和谐社会的文化氛围中，自有其不可替代的价值与意义。

（原载《中国艺术报》2011 年 6 月 17 日）

从宏观角度审视中华艺术的走向

采访人:《文汇读书周报》记者汪炜

被采访人:《中华艺术通史》分卷主编廖奔

问:从艺术整体的视角撰写发展史,这在我国还是第一次。为什么要从宏观的角度来审视中华艺术的走向?

答:我国以往编写的艺术史都是门类艺术史,亦即按照现代分科的概念对艺术现象进行分门别类的研究,例如戏曲史、舞蹈史、音乐史、曲艺史、建筑史、雕塑史、书法史、绘画史等等。学科分支是西方概念,尤其是西方近代以来在自然和人文科学理念支配下形成的结果,有其科学性与现代性的内涵,20 世纪初期中国接受了这种理念及其实践,在大学和科研部门里普遍建立起分类学科的应用系统。但是古代中国的情形不同,受到思维融通混一观念的影响,古代中国人对艺术的感觉也是融通混一的,许多今天的学科分支在古人那里常常是难以明确区分的,例如乐舞一体、书画同源,特别突出的是戏曲,它是一种包含了诗、歌、乐、舞、表演、念诵、对白、技能、武术以及美术等众多艺术特质的综合艺术形式,在西方艺术里缺乏对应物。(当然,即使是这里的"艺术"概念也是由西方引进的,古代中国"艺术"一词指的是各种技能,包括书、数、射、御、医、方、卜、筮等,内涵完全不同)因此,适应于中华艺术的这种特质,我们需要取得综合融通的视野。另外,在相同的历史时期和环境背景下,由于艺术家们的宇宙观、哲学与艺术思维方式、认知世界的方法、美学原则、欣赏趣味有着接近的倾向,不同艺术门类的作品会形成趋于一致的审美风尚,它们在历史的长河中显现为明显的发展波,体现出共同的律动。当我们对对象进行单个审视的时候,它们的共性不容易体现。这些,要求我们从整体的角度来审视中国艺术史。

问:这种视角最大的特色是什么?研究中是不是要相应地增加很多困难?

答:它使我们跳出门类艺术史的思维和专业局限,取得从整体而不是局部感知艺术发展脉冲、把握其规律的自信。困难也来自相同的方向,每一位撰述者都只是门类专家,而不是艺术史通才,要从容驾驭对象我们深感功力不足。我们进行了力所能及的尝试,取得的效果是明显的,但也应该承认,最终并未实现全面突破。

问:在《中华艺术通史》的写作过程中,有什么新的学术观点或者有趣的发现?

答:这当然不胜枚举。即以我主编的《五代两宋辽西夏金》卷为例,一个有趣的发现是艺术在此时形成某种综合趋势,它导致了艺术的嬗变。我在书里是这样描述的:"随着宋代艺术各个门类的高度发展与走向成熟,艺术不同种类之间的交流、互渗、转化与融和也在渐次发生,并形成一些崭新的综合性艺术门类,例如诗歌、书法、绘画、篆刻艺术在绘画中的合一,音乐、舞蹈、诗歌、说话艺术在戏曲中的合一等,这些新兴的综合艺术样式对于后世产生了极大的影响。"我想每一个参加者都会有自己的收获,因为"通"了,视野打开了,就有新的发现和新的观点产生。

问:中华文化是各民族文化长期融合而成的,那么中华各民族文化的类似性和最大的差别在哪里?它们的融合有没有一个母体呢?您觉得文化的融合受哪种因素的影响最大?

答:我以为,在脱离了蒙昧时代以后,中华初民的文化体现为炎、黄以及其他不同部族文化的集合体,那时文化的共性是天籁初开,混沌粗莽而自然天成,个性则体现为不同自然山川、地理风物赋予了不同人群以各自的习俗与爱好。待各民族在长期过程中自然形成以后,个性文化就凸显了。它们之间的类似性在于一致的东方思维方式(与西方相对而言),最大差别在于不同的生产和生活方式奠定了不同的文化性向(例如中国历史上突出的农耕文化与游牧文化)。但民族文化的融合不仅仅是共时态的行为更是历时态的行为,因而其母体不来自一个或几个强大的现时民族而来自一个强大的历史文化传统,在这里就是指华夏文化在历史长河中逐渐汇聚而成的强大传统,它统摄和支配了所有土著与入侵的文化,它也形成文化融合的支配力。

问:读《中华艺术通史》我有一种自豪感,因为我看到中华艺术以一种鲜明的民族特色屹立在世界的东方。有人说"越是民族的就越是世界的",您认同这种观点吗?

答:中华艺术是人类古老艺术中生生不息繁衍至今的强大一支,它已经而且必将继续对世界文化产生重大影响,这是值得我们中华子孙骄傲与珍惜的。所谓"越是民族的就越是世界的",强调的是保有文化个性,而文化个性是艺术的生命力和价值所在。但它正在被全球化的浪潮所侵蚀,被趋于一体化的消费观和文化时尚所蚕食。消费文化和时尚文化也追逐个性,它发掘个性来满足商业上的同化需求,从而淹没个性。在这种环境背景下,坚持"民族的"似乎成了一种坚守的奢望,这是我们时代的悲剧,但更是有良心的艺术家的使命与责任。

问:我国的民族文化艺术在发展过程中受了不少外来影响,您认为这种影响带来的是局部还是根本的改变?

答:前面讲到华夏文化强大的历史传统,这种传统一直到今天仍然支配着我们的思维习惯,它构成我们的"根文化"。这个传统因而形成活的磁场,几千年中不断把周边各种外来文化因素摄入,很快就把它们加工转化为氨基酸和营养液,使之成为自身成分。但19世纪末期以后西方强势文化的到来情形则不同,这是人类文明另外一种获得极大发展而具备强大现代性的文化,它与中华古老文化冲撞的结果是引起后者的蜕变,而后者则必须在蜕变中更生,否则就会遭致淘汰。百年来众多中华仁人志士和全体国民的勉力奋斗皆为此。奋斗的结果令人欣慰,引起世人的瞩目,这就是现代化中国在东方的昂首挺立。

(原载《文汇读书周报》2006年12月29日)

走出辞赋小圈子　做出文化大境界[①]

问:您写了《北京赋》,引起很大反响。您为什么选择了这个题材?

答:几年前,《光明日报》推出了《百城赋》专栏。顾名思义,“百城赋”就是百篇以城市为主题的辞赋作品。中国历史悠久、文化底蕴深厚,历史名城何啻成百上千,骚人墨客正可以尽情濡墨挥毫。然而,这其中描写北京的作品,无疑是最让众多文人期待的。北京,中华人民共和国的首都,中国的六朝古都,在政治、历史和文化地位上,没有一个城市能与之抗衡。我有幸在这座城市里生活了 30 年,耳濡目染,处处留心,对之积累起一个完整而全面的文化历史印象,想用赋文把它表现出来。

问:论者说您在赋中用北京城市的发展变迁,折射出中华民族的历史兴衰,从而勾画了中华文明整体推进的轮廓。

答:用赋体形式描写北京这座最著名的城市,对于创作者而言,无疑是一种严峻的自我挑战。历史上描写京都的辞赋作品很多,一些成名的京都大赋如张衡的“两京赋”、左思的“三都赋”等,当时即“洛阳纸贵”,以后获盛誉两千年,树立了后人难以企及的标杆。北京成为京都以后,历代赋篇迭出不穷,也积累起丰厚的传统,成为横亘于后来作者之前的山峰。尤其近代以来,随着历史文化的急剧变迁,北京面貌、精神和生命发生了天翻地覆的变化,恰值当下辞赋重现中兴之象,如何站在时代的高度,摒除传统赋体的侈奢堆砌之弊,为北京重新作赋,体现为历史的重任。想要作好这篇赋,并不是一件轻松的事,我最初的压力很大。

---

① 本文系根据中华辞赋杂志社编辑张文馨对笔者的采访整理。

状摹京都的赋很多,历朝历代都有,不乏鸿篇巨制,然而汉代以后,难有成功者,风气转换使之然也。例如描写北京的大赋就有许多,几乎没有什么有影响的。对于我来说,北京作为对象太大了,其历史文化过于悠久丰厚,含覆内容过于庞大驳杂,写起来难免挂一漏万、以偏概全。我又不希望自己写出的是徒堆砌辞藻、见物不见人、缺乏独立思考、既"劝百讽一"又少有抒情和个人色彩的作品,因此在动笔前曾经历了一个较长的思考期,直到认为自己已经把握住了独特的切入视角和写作的主题——从地域文化的角度切进去,用北京城市的发展变迁,折射中华民族的历史兴衰,特别是近现代以来中华民族所获得的伟大成功——文化和文明转折的成功,来整体把握中华文明的路径,从而勾画出中华文明整体推进的轮廓。整体构思一出来,创作的速度就很快,几天时间就完成了。

问:于是一篇洋洋近五千言(注释文字还要翻倍),气势磅礴而面貌崭新的京都大赋就诞生了。《北京赋》发表后,获得了各方面的赞誉,特别是其鲜明的主题、独特的立意、深厚的历史内涵、广博的文化视野、独具匠心的谋篇布局及斐然的文采,使之在"百城赋"的众多作品中另辟蹊径、独立翘楚,为辞赋圈内所称道。有人评论说,没想到一篇赋写就了一部中华文明史。这样的评价让您感到欣慰吧?

答:我当然很高兴,因为这正是我的追求。但我还是有自己的遗憾。它的内容太过博大,以至于文辞显得促迫而优美程度不够。当然,我对自己的要求是作品宁可以质胜,也不能反过来以文胜质。刘勰在《文心雕龙》中说过文与质的关系,质是根本,是基础。质当然需要文的帮助,所谓"言者无文,行而不远",没有文采作品会缺乏感染力。但再有文采,失去了根本也不行,那会言而无物,走向反面,历代赋体文章的失败大多在此方面。当然,我尽量兼顾两方面,但最后的呈现,文辞上还是有欠缺,只有最后一段描写北京景色的部分差强人意。我读到《光明日报》的《百城赋》里一些小赋,行文优美,词句铿锵,十分佩服。但是我要求《北京赋》必须以庄重、大气的面貌出现,因为它必须和北京作为国都的身份相匹配,这个目标大体实现了。

问:认识您,是因为您发表了《北京赋》。阅读您的简历,才发现您首先是一个戏剧史家和文化学者,同时又是一名中国文化机构的官员,头上有众多头衔。但您又爱好广泛,诗、词、曲、赋、书法均有涉猎,是一个地道的、浸淫在传统文化里的文人。您为何对传统文化如此感兴趣?

答:孔子说:“郁郁乎文哉!”中国自古就是最为重视文化的国度,有着重文的悠久传统,因而中华文化博大精深,覆盖面很广。就说中国在文字方面的创造性工作,底蕴极其深厚,充分显示了传统文化的魅力。例如文体方面,历代传统文人有着众多探索,诗、词、曲、赋、铭、记、序、跋,洋洋洒洒,蔚为大观。其中尤以重视诗词创作著名。唐宋以后实行科举制度——现在全世界的公务员制度从中国的科举制度里吸收了很多经验,科举考试考什么,考的就是两方面:“明经科”和“进士科”。“明经科”考对古人哲学思想、对传统伦理道德和治国理念的理解,是从思想意义上说的。“进士科”则是从文学才华方面说的,考的就是诗、词、曲、赋,所谓“以辞赋取士”,这在全世界是独一无二的。由此我们可以看到古人对于官员文化修养的重视程度。我们经常说一个人文质彬彬。什么是质?就是你的本色,你的内涵。什么是文?就是你的修养,你的气质,你的才华,你的文辞表达能力。二者缺一不可。重视文化,就是重视人的文化素质的提高、精神境界的攀升。

问:您在繁忙的公务与个人文化追求之间是如何处理时间的?

答:人在工作之余总能挤出点时间,就看时间用在什么地方。我个人的这些文化习惯,说得冠冕堂皇点是一种精神追求——提高个人的文化素质和素养,说通俗点就是一种爱好。如果你没有这些爱好,自然享受不到传统文化所带给你的乐趣。比如诗、词、曲、赋,如果你没有一定的修养和底蕴,你就欣赏不了它的美,就会失去不少乐趣——古代有文人圈(士阶层圈),在文人圈里,如果你对诗、词、曲、赋没有个人的修为和见解,是要被人笑话的。

问:如今喜欢传统文化的人越来越多,不仅是专业文化工作者,各行各业的人都表现出日益浓厚的兴趣。您怎么解释这一趋势的成因?

答:这是现代人的精神需要造成的。我们都生活在繁杂喧闹的现代社会里,传统的田园风光早已找不到了,但我们每个人都会希望自己有一个精神栖息地。人都需要精神抚慰。生活在快节奏都市生活里的人,时间都被繁冗的事物占领,承受着巨大的工作压力,这时越加需要内心的宁静,想回归到自己内心世界的田园静谧里去。而从事传统文化例如诗、词、曲、赋和书法的写作,是对精神的调节。比如你在忙碌一天之后拿起毛笔来写字,烦乱的心情马上就会平复,一刻之间就能恢复到气定神闲。

问:闲暇时涉猎的多个文艺门类,哪个对您更重要?

答:我没有做过特别的比较,兴之所至,随心所欲,随遇而安,没有把谁当成更专门的事情。

问:为什么现在赋体创作那么兴盛?您能谈点看法吗?

答:盛世作赋,是自古以来传统。每逢盛世,国力强盛,民族精神弘扬,就需要有能够和它相称的文学作品来歌颂它,而传统文体中最能广泛体现时代气韵和状貌的就是赋体。

汉赋最为兴盛,为什么?汉朝出现了文景之治,国力强盛,版图辽阔,经济发展,文化繁荣,在当时的世界上达到了人类文明的最高峰。西汉张骞"凿空"西域,打开了交通东西方的丝绸之路,世界因而知道有"汉",我们至今被称作汉人。于是在文化上,呈现为赋体的盛行,那些规模庞巨的作品正好可以映衬时代的壮阔,现在读起来,仍然感觉汪洋恣肆、气势恢宏。但赋在汉以后开始走下坡路,诗、词、曲和其他文体代之而兴,这有深刻的时代原因制约。仅从文体特征看,赋体虽有其他文体不可比拟的优势,但也有重大缺陷,太过铺排和铺陈,描写面面俱到,文字缺少鲜活的生命力,内容看不到人的精神感悟。发展到极端,就变成了字词的堆积,一大堆的生僻字,把字典都搬出来。古人也说,赋很容易就弄得"劝百讽一"。只有兴,没有刺,缺乏现实观照,缺少思考,缺少志向表达,赋还有多少生命力?而且赋很容易被统治阶级利用,使之成为单纯歌功颂德的工具。我们看汉以后的朝代,什么时候统治阶级需要歌功颂德了,什么时候赋就出来了,所以好赋越来越少。

在历史的淘洗下,赋一度走向消亡。今天,随着人们对传统文化的日益重视,越来越多的人喜欢古典诗、词、曲、赋的创作,而随着国力转强,辞赋创作似乎也在骎骎乎走向中兴。这应该说是一个好的势头,人们更多地浸淫于古代文化,会对传统有一个全新的理解。通过参与创作实践,人们可以增加对赋体的了解,更好地驾驭这一文体,使之为当代社会文化服务。但是创作中也出现了值得警惕的迹象,随着赋体作品的增多,八股风出来了,雷同的痕迹越来越多,创新的成分越来越少。比如写一篇城市题材的赋,基本上就是山川风景、文物古迹、历史人物、土产民俗和当代建设的排比类推。当然,辞赋创作越往后越难写,出新越不容易。

问:对于我们《中华辞赋》杂志,这本成立于2008年年初的国内外第一本辞赋专业期刊,您有什么希望?

答:《中华辞赋》杂志可谓应运而生,恰好满足时代的焦渴、作者和读者的期盼。可以看到,在它的大旗下已经聚集了很大的人气。刊物负有导引创作风气的功能,杂志社责任重大。如果有可能,开展一些理论探讨和评论,讨论讨论辞赋发展的方向和路径、样式和风格,也可以谈谈创作中出现的问题,或是针砭优劣、对一些好的篇什和章节段落作些评点,这样能使辞赋创作发展得更健康。

由于《中华辞赋》《光明日报》的推波助澜,关注辞赋的人多了,而赋体的繁荣又带动了各种古文体的发展。杂志社刊稿似乎不必把自己限定为单纯的赋作,把自己的手脚捆住,如果开阔眼界、扩大视野,对"辞赋"做出广义的理解,把其他古文体也包含进来,天地会更大,受众会更广,必将对整个古文体的复兴起到推动作用,同时也为赋的发展留出一定缓冲的时间和空间。

问:怎么才能把诗、词、曲、赋知识传授给更多的年轻人?

答:为什么非要耳提面命式地要求年轻人做什么事呢?我们只要踏踏实实做自己的,影响开去,逐渐就会有很多年轻人裹卷进来,受到感染,耳濡目染,成为专家。将来年轻人一定会超越我们。因为我们这一代处于继往开来的位置,既缺乏旧的国学根底,又不具备开阔的新技术和世界性视野。年青一代有更好的社会条件和教育条件,无战争,无动乱,衣食无忧,知识量大,21世纪中华文化的传播寄希望于他们,但这要依靠他们的自醒意识、主动承担。

问:您曾留学西方,还想请您谈谈对东方文化的整体看法。

答:人类文明在发展的过程中,避免不了武力的破坏。例如汉文化郁郁乎文哉,很美丽,但总是敌不住外族的入侵,人类文明的悲剧因而发生。历史上先进文明往往因为一些落后部族的入侵,导致文明的毁灭,从世界范围内看都是如此,古巴比伦、古埃及、南美的玛雅文明,这是人类文明的悲剧。

好在中华文明有韧性,一直坚持和传承下来,没有断档,这是非常难能可贵的,显示了中华文化的强大生命力。

东方文化是日神文化、日神文明,西方文化是酒神文化、酒神文明。什么是日神精神?就是庄重、典雅、大度、稳态。从民族性剖析,中国人自古以来讲究中庸之道。近年海外华人赠送清华大学一批中国古代竹简,一批专家正在破译,上面的内容非常有价值,其中就记述了周文王给儿子专门讲中庸之道。中庸之道是中国上古三代以来奠定的一种处世态度。什么是中?不过度,不强求,不偏激,不极端,不过分,我们做事尽力了就行。我们习惯说老实人不吃亏。老实人其实经常吃亏的,他一定是先付出,先退让,最后达到和谐的共存。中庸之道在"五四"时期被批判得很厉害,那有特定的历史背景:晚清时一味讲中庸,就要被人消灭了,就像其他消失的文明一样。当国家处于落后和被人宰割的境地,我们只强调中庸,只能亡国。那么,强国之后呢?还得要保持世界的和谐,这个时候,和谐、中庸之道的思想,自然又回来了。

西方文化是典型的酒神文化。古希腊崇拜酒神精神,酒神是什么状态?颠狂状态。酒神节的时候,人们彻底放松,任意喝酒,歌舞狂欢,一切束缚都不存在。西方人的民族性里是有这种倾向性的,所以比较冲动、外向、刚烈、无拘无束。这是西方文化的优势,同时也是一种劣势,所谓成也萧何、败也萧何。好的方面在于它追求自强不息、张扬个性、强调竞争,坏的一面则体现在爱争斗、好侵略。17 世纪以后西方开始称霸全球,这是其民族性基因决定的。

站在人类整体立场上观察的话,两种精神缺一不可。中国人很理智、很克制,过分压抑,曾经导致中华文明的衰落。西方强势文化确实造就了一个新的世界——现代社会是建立在西方文化基础上的。但是,如果酒神精神张扬过度了,也会出问题,不可收拾,比如现在的世界性金融危机,就是西方文明不可解决的问题。世界需要平衡,两种文化应该融合,东西方文化不可或缺,最终达到互补、共赢。

问:中华文化正以其无尽的魅力焕发出新的生机,这一切都得益于中国的日益强大。在采访即将结束时,您还有什么嘱言?

答：自古以来，国强则文盛，汉强、唐强，汉赋、唐诗就盛。这几年，我们一个强国的轮廓已经出来了，中华民族几千年的强国梦正在实现。我们有了底气，世界爆发经济危机，我国反而在全球具备了更大的金融影响力。现在在世界各种政治、经济和文化场合，我国不断发出自己的声音。这是包括辞赋在内的所有中华优秀文化复兴的背景。只要我们搞好自己的经济建设、国家建设，中华文化就会勃兴。同时，我们还要保存好已有的文化遗产。20世纪中国传统文化曾经遭到很大破坏，造成流失，现在我们有了实力，就更需要加强对传统文化的保护，因为它们是中华文化的基因，基因丢失了，我们就不是我们自己了。

（原载中华辞赋网2009年5月21日）